今夜微雨──獻給讀者一首詩

譚宇權

今夜天依然不滴下許多辛苦過後的眼淚
我則獻上
多年的積蓄交到你的手中

一本堅硬的如石子的
卻充滿熱血的澎湃
讓他自己去訴說
過去一切的艱難吧

唯你能認識我了解我的過去
剩下的
就請
他們自己說個明白

如今
我會坐在日落的沙灘上等你

或站在馬路上
細數往來的人群
回到母親般的書裡
回憶甜美的過去

今天的夜裡
你會回到燈下
一頁頁細細品嘗
直到牛肉麵的香氣出現

請告訴我讀書的滋味如何

2020聖誕節

孔子（西元前591年-西元前479年）　　孟子（西元前372年-西元前289年）

哲學研究叢書・學術思想叢刊

先秦儒家哲學詮釋與評論

譚宇權　著

哲學、存在與性情、思想
──譚宇權《先秦儒家哲學詮釋與評論》推薦序

　　哲學是一門你想逃避它都逃避不了的學問！這是我常與學生們提到的。你每天都生活在哲學之中。你每天說話時會用到的語句，一定會涉及到極為哲學的問題。我們說話時離不開「有沒有」、「在不在」、「是不是」、「該不該」、「好不好」、「美不美」這些語言格式。「有沒有」、「在不在」，這是存有論（ontology）的問題。「是不是」這是知識論（epistemology）的問題，「該不該」，這是道德哲學（moral philosophy）的問題，「好不好」這是價值論（Axiology）的論題，「美不美」這是美學（aesthetics）或是藝術哲學的論題。

　　顯然地，哲學是伴隨著人的生活世界而誕生的，它離不開人，離不開生活世界，離不開人參贊於天地人我所成的生活世界而起的種種思考、表達、認知、評價，以及實踐的問題。儘管這門學問，是先從西方被強調了出來，但並不意味著其他人類文明沒有哲學。這好像是西方人現代拿所謂的「西裝」作為一般正式的服裝，但這並不意味著其他人類沒有正式服裝，當然不會說其他文明的人類不穿衣服。這是很容易明白說清楚的。基於這樣的理解，中國，作為幾千年的文明古國，當然有哲學，只是這哲學的樣貌不會是西方哲學的樣貌，但不能說不是西方的樣貌就說它不是哲學。說中國文明沒有哲學，只有思想，這些講法是錯的，沒什好說。之所以這樣說，是因為太將就西方人，太以西方為標準了。

　　我常以西方人用刀叉來用餐，與我們華夏人用筷子用餐作對比，當然，重點要能把飯菜吃進肚子裡，不是一定要用甚麼工具來者。若

執著「叉子」才是標準，那我們只能說「筷子」是極為愚蠢的「叉子」。因為一支叉子有好幾個牙，好叉得很，但筷子一支只有一個牙，又鈍鈍的，叉起來十分費力，而更奇怪的是用兩根來叉，真是莫名所以。問題是：筷子根本不是用叉的，筷子是用夾的，這工具雖然效益上也是要把食物送進肚子裡去消化，但工具的使用方式卻是不同的。顯然地，不能拿叉子的標準來看筷子，當然也不能拿筷子的標準來看叉子。中國哲學與西方哲學的異同，是明顯的；但近代以來，我們卻常常拿西方的叉子來看中國的筷子，說中國的筷子的不是，這真是一種嚴重的誤置。

這種想通過叉子的方式來理解中國傳統使用的筷子，而忘了是否也可以經由筷子來理解西方人用的叉子，只以為單面向的一定要用西方的叉子來理解筷子，這顯然是不對的。不過，我正想說在哲學上，或者在其它學問上，這種情形還蠻多見的，這種叫做「逆格義」，或者也稱為「反向格義」。「格義」是拿自己相近的概念範疇去理解別人的哲學與文明義涵，而「逆格義」則是反向，它是拿著別人的概念範疇，回過頭來理解自己、詮釋自己。「格義」是容易拿自己的去涵蓋別人，甚至遮蔽了別人，而「逆格義」卻是容易拿別人的來涵蓋自己，當然也容易拿別人的遮蔽了自己。這都是不好的。恰當的方式，應該在正、逆兩向的格義下，彼此對比，發現其可行不可行，發現其遮蔽如何遮蔽，從而解開遮蔽，而有一嶄新的開啟。我想真理之為真理，乃存在的開啟與彰顯也，正乃如此也。

格義沒關係，但不要只單向，要正反兩向，你來我往，一而再，再而三，久了，也就清楚該當如何了。該當如何跨越正反向的格義，而進到更為深層的理解與詮釋。這時，你可能會重新調節你的視點，開啟重新的視域，並且尊重別人的視點，以及關注別人的視域。再視點的轉移下，去體貼同情，在視域的融通下，而有更寬廣的天地，作為存在的底依，讓您能更恰當的去理解對方，也更恰當的理解自身。

有了理解、有了詮釋，有了彼此的尊重，同中有異、異中有同，交談對話、共生共長。我想這是適當的做學問方式，也是適當的中外文明互鑒的方式。

記得二十多年前，我擔任南華大學哲學所首任所長時，請了中國社會科學院哲學所的資深研究員、著名哲學家葉秀山先生來校講學。葉先生他強調中西哲學的對比與融通是必要的，而且是可以期待的，他認為起先可能糊里糊塗的理解，但久了會相互理解的，理解了、詮釋了，綿綿若存、生生不息，就會做出成績來。他說就像和麵一樣，剛開始和的時候，和得兩手滿滿都是，黏糊其上，但你不要急，只要繼續和，不斷的和，和得久了，和麵就這樣，久了，麵還其為麵，手回歸於手，清清楚楚的、明明白白的。該回到自身的回到自身，該融通的也就融通了。哲學方法強調的歸返自身，歸返存在應該就是這樣。

認識譚宇權博士，在上個世紀九〇年代中，我應臺灣師大人文研究中心當時擔當主任一職的莊萬壽兄之邀請，回臺灣師大，為校外人士開兩門課，一門是「思想方法」，一門是「莊子解讀」，就在這兩門課上認識了譚博士。那時他還沒念博士，他是中學的歷史教師，他喜歡提出很多有趣而深刻的問題，有時也幾乎被他難倒。不過，「知之為知之，不知為不知，是知也」，這是孔老夫子用來告誡子路的，但卻可以做為用來作為擋箭牌，本來忠於真理就該如此。再說「三人行必有我師，是故弟子不必不如師，師不必賢於弟子，聞道有先後，術業有專攻，如是而已」。韓愈在《師說》裡面說的，這是最好的寫照。師生與其說是如父子，不如說師生是朋友。說為「父子」講的是「傳承」，說為「朋友」，這是「相與講習」。相與講習，道理才會深入，那果真是陶然稱樂呢？

譚宇權博士之於我，與其說是老師與學生的關係，毋寧說是朋友的關係。這樣的師友關係已經繩繩繼繼、綿綿若存，有了二十多年。二十多年來，他憑著他的著作，跨過了碩士這階段，直接進到國立中

央大學哲學研究所攻讀哲學博士。他修過我許多課，在課堂上，產生激烈的辯論有之、熱切的討論有之，悅樂如如也。我之於中國哲學，承襲著當代新儒家的詮釋，比較是同情的理解多，雖然我也有些批評。但我怎麼批評，都還是較為同情，這相較於譚宇權來說，他比較接近於自由主義的立場，對於中國哲學的批判，有時激烈一點。但因為激烈所以讓我有更多反思的機會，對於我的學問研究那可真是好事。我一直強調在真理學問面前，我們都是學術公民，要平等的去看待彼此，要面對的是真理，千萬不能搬些不必要的磚塊來砸人，或者砸自己。在學問真理面前當得敬畏謙卑。

譚宇權的基本態度是與我相同的，但由於他的批評有力而激烈，卻得罪了某些當道，這讓他博士念了又念，念了好多年，看來他就是不屈服。老實說，這不屈服的個性，所顯露的真性情，恰是與我一樣，因此，儘管我與他對中國哲學很多看法不同，而且大大不同，我都很珍惜他的看法。我更珍惜的是他的性情，他寧可得罪某些當道，而讀了好多年、又好多年，但終於畢業了。中央大學這哲學博士拿得可有意思得很，從這裡我看到了譚宇權的生命韌度、力度，他是有穿透力的，他是有跨越性的。

我二〇〇〇年八月從清華大學回到臺灣師範大學任教，譚宇權也來聽課，他有興趣的發起一個活動，要我講述我自己的哲學，他全程錄音，每周兩次，歷時好幾個月，這對我來說，是一挑戰，也是一次很好重新整理自己思想的機會。後來，我在中央大學哲學所博士班開了不少課，他進了博士班來，修了課，也做了不少次的錄音，這些錄音有許多已經整理成講稿，不少就收在《儒學轉向》、《儒學革命》等書裡。還有不少，沒整理的，還存在他那邊。那真是一段快樂的日子。《周易兌卦》〈象傳〉「象曰：麗澤兌，君子以朋友講習。」這重掛的兌卦說的是喜悅快樂，朋友講習之樂，其樂如如無礙，生機洋溢也。

不只如此，譚宇權博士還寫了好多新詩，詩興盎然，情意綿綿，

畫了好多素描，筆觸雅致，婉約嘉美。這可真是有才氣方做得成的事，令許多同道師友欣羨不已。寫詩、畫畫，也要理解、也得詮釋；不過，這藝術文學之創作，所重在於直覺觀照，秉其性情，肺腑流出。有人說，寫詩、畫畫與做學問頗有異同，做學問得條分縷析、分析綜合、科判對比、論證嚴謹。不過，我認為這只是表象的不同，骨子裡，我認為它們是通達為一體的。他們都要有真性情，都要有回到存在自身，面對真理、堅持真理的勇氣。

譚宇權博士《先秦儒家哲學詮釋與評論》要出版了，他要我寫一篇序，我想了想，回憶起以前種種，思緒難已，就此汩汩而出，寫成了這篇文字。敘明了哲學必歸返存在，而存在必秉乎性情，有了性情，才有思想。我認為這本文集，是譚宇權博士的修學心得，是秉其性情、奮其偉力的著作，值得深思研究、理解詮釋、批評討論。是為序。

林安梧

辛丑二○二一陽曆元旦後三日於臺中元亨書院

（林安梧，臺灣大學首位哲學博士，曾任清華大學通識教育中心主任、臺灣師大國文系教授、慈濟大學人文社會學院院長，中央大學哲學所教授，元亨書院創辦人，山東大學特聘教授）

自序

　　儒學是中國兩千多年來歷久不衰的顯學，我作為一位長期研究中國哲學者來說，能夠利用餘生在新儒家大本營──中央大學哲學所博士班讀書，真是三生有幸！我們都是一本繼承唐、牟的研究儒學兢兢業業的精神，去發揚孔孟的哲學文化。我常以為：儒家原創者孔子，不是口號的製造者，也不是知識的發明者，但他們為道德理想犧牲的精神，卻能躍然紙上。所以我們今天要談孔孟，必須把握其中的「求仁得仁、雖千萬人，吾往矣」的犧牲精神去從事這種生命的學問，才沒有白費工夫。

　　不過，儒家的實踐者不是一位盲動者，因此我們的努力，必須建立在首先能夠瞭解這種學問的基礎上。但我並不是主張從小就要去背誦這些深似海的經典；今天社會上有一些一知半解的人，提倡兒童讀經。其苦心是值得嘉獎的，可是其效果是違反教育原理的；此因人類能力的發展是從淺入深的。但這些兒童讀經運動家不去研究這種教育原則，結果變成盲動是必然的。

　　基於此，我在此主張成人讀經運動。其目的，就是在人的智力發展到一定的程度時，將中國文化中最核心的部分──孔孟哲學與相關的先秦哲學，作為其日常朗朗上口的經典。

　　當然，這些寶典是不容易理解的；例如宋朝大哲──朱熹一生不知反覆閱讀《四書》多少次，而且在誦讀之中，每每有新的體悟與高見。這就是我這本書著作的原意，就是我們必須從反覆閱覽中，獲得生命的智慧。

　　可惜，今天許多讀《四書》或孔孟的人士，多半捨近求遠，所以

經常抓住他們一兩句話就大發議論。反之,本書試圖以淺近與實例去說明瞭解孔孟之前,必須具備的基本知識。

根據我的淺見,我們瞭解中國這些古代經書,必須有下列的知識。

一　古漢語學的知識

我們知道人類文字是逐步發展出來的;例如今天我們認為的古文,就是當年的白話文。最重要的證據就是《論語》與《孟子》這兩本書上的對話,就是當年的口語。至於文學作品《詩經》與《楚辭》,也都是使用當時最淺顯的口語,去抒發人類的感情。

我這樣說,意義在於,在這些當初的白話文,一旦變成現人不懂的古文之後,許多奇怪的解讀都會出現了;原因就是許多當時的口語在今天的口語與文字中,已經在意義上產生變化。現在舉例來說,我曾經聽到一位教授職業科高中國文的先生得意地說:

> 這些學生是將出社會工作的。所以我教《論語》第一課,就說:孔夫子教我們學習一門技能之後,就要反覆練習!

又有一位升學班的國文老師對我說:

> 孔子就是一位主張升學班學生平日必須不斷去反覆練習聯考升學題的好老師;因為這就是學而時習之的精義!

我聽了這些高見之後,真是啞口無言!因為這種隨心所欲的解讀,正好反映出一種怪現象,就是將孔孟的學問借自己之口,來表達自己的見解。但這樣的怪現象,我在本書已一再舉例說明:其荒謬的程度。所以先不在此說明。而我現在要表達的要義是,如何進入古人的世

界，與其共遊？文字學就是第一門徑；舉例說明如下：

（一）子曰：「學而時習之，不亦說乎？有朋自遠方來，不亦樂乎？人不知而不慍，不亦君子乎？」

「學而時習之，不亦說乎？」、「有朋自遠方來，不亦樂乎？」以及「人不知而不慍，不亦君子乎？」中的「不亦……乎？」有趣的是，在百多年後的孟子口中，從文獻來觀察，仍然是當時人的口語。

例如齊宣王問曰：「文王之囿方七十里，有諸？」孟子對曰：「於傳有之。」曰：「若是其大乎？」曰：「民猶以為小也。」曰：「寡人之囿方四十里，民猶以為大，何也？」曰：「文王之囿方七十里，芻蕘者往焉，雉兔者往焉，與民同之。民以為小，不亦宜乎？臣始至於境，問國之大禁，然後敢入。臣聞郊關之內有囿方四十里，殺其麋鹿者如殺人之罪。則是方四十里，為阱於國中。民以為大，不亦宜乎？」（梁惠王下：9）

在這一段話中，我們清楚可見孟子說：「民以為小，不亦宜乎？」與「民以為大，不亦宜乎？」的口語。

所以首先我必須指出：「口語的使用方法」是我們觀察中國語言文字不變，或將來經過一段時間之後產生變化的要點，這是我要還原古人要義的重要根據。

現在再從孟子說「文王方四十里，為阱於國中。民以為大，不亦宜乎？」的「不亦宜乎？」是肯定語來分析，其使用於回答對方疑問時，而給出的肯定的話語。

而根據此使用，我認為：《論語》的第一段話是在其弟子提出對學問的方法、共同學習之後的樂趣，以及長年累月在學習路上的辛苦等疑問時，孔子都抱持完全肯定態度的具體證明。那麼，我們若沒有經過類似的論述，去任意解讀《論語》的意義，不是白費功夫嗎？

這就是說，我們解讀古文時，必須先具備一些古文的常識；如將

相關、相近的經典文字的文法做解讀，才容易得其真相。至於「朋」一詞，與「朋友」一詞也要進行分別；例如《荀子》〈致士篇〉說的「朋黨」與孟子說的「朋友信之」的朋友不同；其前者是負面的看法，後者指以倫理道德建立的社會關係。而「朋」的單獨運用，在《論語》中，可解釋為「同道」。[1]

（二）子曰：「人而無信，不知其可也。大車無輗，小車無軏，其何以行之哉？」（為政：22）

一般解讀是孔子說：「人無信譽，不知能幹什麼？就像大車沒有車軸，小車沒有車軸，怎麼能啟動？」等於沒有解讀；因為根據專家的考證，輗與軏不同；「輗」連接於牛；「軏」連接於馬。[2]所以讀古文也必須借助專家的研究成果，才能深入研究。

二 歷史知識

儒學是一種不斷綿延發展的學問，不是一種成規。所以研究先秦儒家，必須具有歷史的眼光不可；例如牟宗三認為：「孔學起於周文疲弊」；這是淺近簡化的說法。其詳，必須去參考專家的研究。而我們必須有考證的功夫；如孔子說：「吾自衛反魯，然後樂正，雅頌各得其所。」（子罕：15）；根據《左傳》的紀錄也說：

> 冬，齊仲孫湫來省難，書曰，仲孫，亦嘉之也，仲孫歸曰，不去慶父，魯難未已，公曰，若之何而去之，對曰，難不已，將自斃，君其待之，公曰，魯可取乎，對曰，不可，猶秉周禮，

1　「脊令在原、兄弟急難。每有良朋、況也永歎。兄弟閱于牆、外禦其務。每有良朋、烝也無戎。」（《詩經》〈常棣〉）

2　富金壁，《新王力《古代漢語》注釋匯考》，（北京：線裝書局，2009年），頁83。

> 周禮，所以本也，臣聞之，國將亡，本必先顛，而後枝葉從
> 之，魯不棄周禮，未可動也，君其務寧魯難而親之，親有禮，
> 因重固，間攜貳，覆昏亂，霸王之器也。（閔公元年）

我們從「公曰，魯可取乎，對曰，不可，猶秉周禮，周禮，所以本
也，臣聞之，國將亡，本必先顛，而後枝葉從之，魯不棄周禮，未可
動也，君其務寧魯難而親之」；這一段話中，瞭解到：魯國是保存周
禮最豐富的國家是沒有問題的。

所以要真正瞭解《論語》的意義，必須借助於「豐沛的歷史知
識」。那麼，不讀歷史，卻光依賴經典本身去瞭解真相，不但是不足
夠的，而且是緣木求魚。

三　哲學知識

所謂哲學，簡單說，是一種抽象的知識。所謂「形而上者為之
道，形而下者為之器」。從此定義下，我們可以瞭解一般人不容易瞭
解的道的真正意義，就是建立在一種哲學體系中最為核心的部分。

例如孟子與子思都說：「誠者道也，誠之者，人之道也。」這是
說：他們有一個共通之處，就是將抽象的根，視為最高的道德——
「誠」。但老子卻否認：可以使用這種名言概念來表達的形上之道為
真理。他認為：「道可道，非常道。名可名，非常名」又說：「無名，
萬物之始。」這就是中國哲學的分支處；儒家主張人為之誠，但道家
根本否認人為的本根——「道」。所以說：「道法自然」，「自然」就是
「本然」，或無法運用語言概念去表示的本體（Being）。[3]

3　西方大哲海德格對於道家的深刻理解，已經能打開我們瞭解中國哲學家的路；包括
　　老子莊子，我認為：他們的作品充滿詩人哲學家的意味；詳見我的博士論文《老子
　　的自然哲學》（中央大學哲學所，2018年）

　　基於此，我們研究中國哲學如果缺乏哲學的知識，就無法理解孔孟哲學的深層面的重要意義。舉例來說，孟子將其性善論建立在形上的「本心」上。「本心」是一種經由他體會出來的本體。所謂：「鄉為身死而不受，今為宮室之美為之；鄉為身死而不受，今為妻妾之奉為之；鄉為身死而不受，今為所識窮乏者得我而為之，是亦不可以已乎？此之謂失其本心。」（告子上：10）；所以我們可以說，他把這種體會到的抽象人類必須具備的良知良能，以「本心」來比喻。那麼，我們不必以知識的方式去追問：「你何以證明其存在？」；因為中國哲學是一種生命哲學或人人必須具備的生命哲學。換言之，他跟你講的是應該如何去做人做事的學問，而不在跟你說：何以如此的知識。

　　不過，中國哲學的特質中，還包括其實用面；譬如孟子的仁政論，是這種生命哲學的運用部分；所謂「親親而仁民，仁民而愛物。」無可諱言的，在中國哲學的後來發展中，由於太重視內修，已嚴重忽視外王或經世致用的部分。所以即使進入明朝之後，雖然受到西方哲學與文化的重大衝擊之後，已無力去虛心接受近代化的西方文明。

　　但我作為一位自由主義的哲學家，卻認為：除非我們能夠以民主寬容的心胸，去接納西方近代的文明與此文明背後的文化，否則，我們如何真正去吸收西方文化中的優點？

　　換言之，我們不能夠任意去歌頌中國古代文明，也不可以意識形態去任意踐踏中國文明。因為前者，是建立在失落之後的民族主義之下的文化觀，是一種不健全的文化復興的方式。後者，則是失去民族文化的盲目主張，更是一種不健全、甚至自廢的文化復興的方式。

　　可是，何謂健全的文化復興呢，就是必須一方面發揚中華文化中，必須以真誠實踐的道德精神去建設當代中國文化之外，另一方面，必須打開心胸去直接接納西方文明中，有我們不如的部分；包括民主與科學之外，更要接受西方自文藝復興以來的藝術與宗教。反

之，許多文化的保守主義者最大的毛病是，「古已有之」。例如說我們的孟子哲學中，早已有民主的學說。試問，這樣的現代化，是健全的嗎？

因此，本書最大目的，是想從中國哲學與文化的主要源頭——孔孟哲學，去探索我們文化與哲學的特質。更我希望從此探究中，發現其中的優點與不足。然後我們接下來的努力，便有可靠的奮鬥方向與目標，是為序。

二〇二〇年十二月十一日致遠樓

目次

第一部分　經典詮釋方法論

第二部分　孔孟詮釋之我見

第三部分　評論各家的孔孟評論

導 論

　　哲學是我終生的最愛的學問。我在這本書中，將分享我對於研究中國哲學的樂趣，但更希望將我研究先秦哲學的方法，在此表述出來。

　　在我少年時代，就有機緣每周一次在學校大禮堂上，由校長邵夢蘭主講的《四書》課。她似乎希望我們也能成為她的如孔子的門生。當年，我們被規定必須都是席地而坐，聆聽他一句句講經說法。

　　及長，我似乎墮入五四運動時代對待孔孟思想的迷失之中，所以對於這樣的經典，自然荒廢多時。但從青少年時代開始，對於哲學之嚮往，已到廢寢忘食的地步，可是依然對於臺上國文老師的講解，不得其門而入。

　　所以我自大學畢業之後，乾脆在家發憤自修，曾經將先秦的中國哲學文本廣泛閱讀；這是受徐復觀文章的提示。今天回想起來，他那種的研究經書的方式是正確的；因為我們如果總是閱讀學者整理出的概論一類的著作，則往往只能通過「第二手的資料」去瞭解一家經典的話，則可能永遠在聖賢的文本之外徘徊不前。

一　我真正研究先秦儒家的起源

　　但真正投入儒家的學術研究，是我到中央大學哲學研究所博士班以後的重大事件。我現在回憶當年的研究，完全是我對自己的重要要求，非申請到什麼計畫。但當年我經常去參加儒學研討會的論文大多散失了。可是中大，一向是新儒家研究學問的重鎮，所以我有幸能夠聆聽牟宗三的大弟子們講論牟先生的學問，才漸漸感受到真正能夠進

入儒家孔孟門戶的快樂。

換句話說，論一家學問，不是任何人關在家裡單打獨鬥可以順利完成的。可是，今天社會上，有許多人經常把孔孟當作一件時髦的事來做。結果，他們口中的孔孟，經常禁不起該門專家學者的考驗。現在就以我瞭解的牟宗三學問來說，人家一生都投入這項工作中進行研究，所以到最後，才能恰如其分地將儒家講得通透與深入。

另外，今天研究中國哲學的人士，至少，必須受過哲學的長期訓練與培養之後，能夠比較中西哲學的不同。最後，再回過頭來，才能瞭解中國哲學的特質是什麼？

根據牟宗三的分析，中國哲學是一種有關如何建立超越生命的學問。但一般不懂這種重要特質的人，就會根據他過去在其個人研究領域學習到的思路，去進行一種硬生生將學問放在知識界的領域中，任意去解讀；例如不管是何種學派的學說，都使用科學理論去解釋（Scientific theories are used to explain them, regardless of the school of study.）。這就說明我前面說的：如果是一位學者；例如他對於哲學的修養不夠或根本闕如，卻自以為是地去進行所謂獨到見解的詮釋，則會出現一些可笑的解讀。

反之，你即使對於當代哲學大師；如唐君毅或牟宗三的學問不同意，但因為他們都是該行內的重要學者，又在學問研究上，已經到達爐火純青的地步的學問家，因此，我們至少做到去初步認識到他們已經成就的學問（例如唐君毅著作的《心靈九境》或牟宗三的《圓善論》）。否則，時下許多以個人好惡的解讀，都可能落入「以外行人想講內行話」的窘境。不但如此，這一些最可爭議的作品的創造者，時常還想成為中國哲學的指導老師。試問，這不就好像一個人沒讀懂牛頓的萬有引力定律與愛因斯坦的相對論，就來大談現代科學理論一樣荒謬？

另外，我仔細讀以上這兩位哲學大師（唐先生與牟先生）的有關

中國哲學的著作之後，才知道：什麼才叫做「做學問的真誠與知道用功的方向」；特別是，我們當代的哲學大師，能夠深入中國與西方的哲學經典之中，進行比較研究，才體會出中國哲學是以體會與實踐作為主軸的生命學問（Our contemporary masters of philosophy can go deep into the Chinese and Western philosophical classics, comparative research, only to realize that Chinese philosophy is based on experience and practice as the main axis of life science.）[1]或說，科學家無論自然科學類的，還是人文科學類的，都是設法從建立外在的知識為起點，來解決生活中遇到種種問題，而非生命上遭遇何種困難。所以前者，是屬於知識性的問題的學者，但後者純然是，希望建立自己一套能夠生命發生困難時，解決「到底如何去安頓生命」的問題。

二 儒家學問是一種「安頓身心」為出發點的學問
（Confucianism is a kind of learning which is based on the mind and body.）

所以，我在此必須再度強調中國學問是一種「安頓身心」為出發點的學問；儒家是中國哲學最重要的一支，所以在我們遭遇後者的問題時，就不是知識來解決問題的。譬如，在一個人遇到婚姻問題，可以求教於以科學問病為主軸的心理師，進行「科學化的治療」（In a person encountered marital problems, you can seek advice from the scientific question as the main axis of the psychologist, scientific treatment.）。但求教於中國哲學有研究與通達的人，他教授的是有關身心安頓的問題。在這個時候，你或許可去找心理師來解決，但心理

---

1 牟宗三：《中國哲學十九講》，臺北：聯經出版事業公司，2003年；或牟宗三，《中西哲學之匯通十四講》，臺北：臺灣學生書局，1990年。

師最後，可能將這樣的問題拋還給案主；因為心理問題最後，還必須靠案主自己去幫助自己。試問，如果你遇到這樣的情況怎麼辦？

我在前面一再說：中國哲學的一種重要特質，事實上對於身心的安頓有極有效的方法（A trait of Chinese philosophy, in fact, has a very effective method for the physical and mental well-being.）；例如《中庸》說的：「喜怒哀樂未發，謂之中，發而中節，謂之和。」。但其中的以「發」與「未發」產生的「中」與「和」，必須靠個體的長期的道德修養。而道家，我認為也有夠合乎人性的修養，譬如平常能夠知道「逆來順受」的智慧，來解決生命中不斷產生的各種煩惱。例如老子說過：

> 其政悶悶，其民淳淳；其政察察，其民缺缺。禍兮福之所倚，福兮禍之所伏。孰知其極？其無正。正復為奇，善復為妖。人之迷，其日固久。是以聖人方而不割，廉而不劌，直而不肆，光而不燿。（57）

這就是說，「趨利避害」通常是一個人在世間的一種正常反應，也是世俗人的共同要求。但利益不是經常會自動送上門來的，所以失落的機會很大。於是，令人產生禍福無常的真實感受。而這樣的人類幾乎是普遍的命運，困擾住我們時，該怎麼辦？

在這方面，老子教導人們必須產生一種高明的知見，就是認為：人生過程中的種種禍害不會永遠跟住我們走（The scourges of life will not always follow us.）；這是一種高明的哲學智慧。所以我們閱讀先秦儒家或道家哲學經典，首先必須認識到他們是如何教我們在面對人生困境中，能夠因我們具備孔孟或者老莊的智慧而及時脫困。

然而，這些生命智慧，是一種必須經過自己長期的修養，所以怎樣落實於生活中，變成一種我們在日常生活中，必須的道德修養。

　　反之，許多人將孔孟老莊的學問，以口號來提倡，便是一種根本未進入中國哲學的門戶的辦法。何況，我們讀這些聖賢書，就是必須將其中的生命智慧完全融在吾人的生命中體會。又由於能夠體會其中的價值，最後才談到獲得，而非成為一個人的口頭禪。所以實踐的學問的把握與身體力行，必然成為我們瞭解之後，最重要的功課。

　　可是這樣重大的實踐要件，為什麼不能成為今天許多自稱學者專家的人去完成？不但不準備去實行，還有人在研究之初，就以艱深或偽學來敵視它，更奇怪得是，只會將他們過去在西方科學研究上的訓練與方法，強解強讀中國哲學。

　　接下去，我先說明這樣的解讀的不合理的原因。我認為：再重新認識中國哲學的究竟時，最重要的工作是——設法理解中國哲學家使用的思維方法是「體悟」，而非科學的推理；因為中國哲學的起源，是從感知宇宙萬物的偉大（The origin of Chinese philosophy is the greatness of perceiving all things in the universe.）。[2]但他們進入這樣的

2　中國儒家為例，它們經常以文學的手法，去做比喻的說明；如孔子說：「季康子問政於孔子曰：「如殺無道，以就有道，何如？」孔子對曰：「子為政，焉用殺？子欲善，而民善矣。君子之德風，小人之德草。草上之風，必偃。」（顏淵：19）；季康子問政：「如果殺掉惡人，延攬好人，怎樣？」孔子說：「您治理國家，怎麼要殺人呢？如果您善良，人民自然也就善良。領導的品德象風，群眾的品德象草，風在草上吹，草必隨風倒。」；又魯哀公問於孔子曰：「寡人生於深宮之中，長於婦人之手，寡人未嘗知哀也，未嘗知憂也，未嘗知勞也，未嘗知懼也，未嘗知危也。」孔子曰：「君之所問，聖君之問也，丘、小人也，何足以知之？」曰：「非吾子無所聞之也。」孔子曰：「君入廟門而右，登自胙階，仰視榱棟，俯見几筵，其器存，其人亡，君以此思哀，則哀將焉而不至矣？君昧爽而櫛冠，平明而聽朝，一物不應，亂之端也，君以此思憂，則憂將焉而不至矣？君平明而聽朝，日昃而退，諸侯之子孫必有在君之末庭者，君以思勞，則勞將焉而不至矣？君出魯之四門，以望魯四郊，亡國之虛則必有數蓋焉，君以此思懼，則懼將焉而不至矣？且丘聞之，君者，舟也；庶人者，水也。水則載舟，水則覆舟，君以此思危，則危將焉而不至矣？」（哀公：10）；David S. Nivison, Bryan W. van Norden: *The Ways of Confucianism-Investigations in Chinese Philosophy*（儒家之道：中國哲學之探討）（Chicago and La Salle: Open Court, 1996）pp.32-33.

世界時，不是西方哲學家或科學家實地去觀察；這是造成中西學問分歧的開始。

其次，我們古典的哲學家，它的目標是要人們成為一個對生命的道德實踐，具備高度覺悟的人。反之，真正去瞭解地上的爬蟲是如何進化到這個樣子，鳥兒會在天上飛翔，都不是他們學問的重點。所以孟子研究人性的究竟，教人返回自己的內心去反省，而非將人性做對象去研究（Therefore, Mencius studies human nature, teaches people to return to their hearts to reflect, rather than human nature as the object to study.）。那麼最後造成我們的文化發展，朝向內心去覺悟，而非向外去推理（So in the end, our culture develops towards inner awareness, not outward reasoning.）。我認為：如果我們能夠這樣進入中國古代哲學家創造的哲學體系，才不會受到過去受的科學訓練，以科學的眼光去任意支解中國哲學。

三　閱讀中國哲學必須重視體會而非靠邏輯去檢視
（Reading Chinese philosophy must pay attention to experience rather than logic to examine）

我可以舉出一個真實的親身經歷的例子來說明；過去我在師大進入教研所讀書，有一教授著書強烈質疑《中庸》上說的：「誠者自成也，而道自道也。誠者物之終始，不誠無物。是故君子誠之為貴。誠者非自成己而已也，所以成物也。成己，仁也；成物，知也。性之德也，合外內之道也，故時措之宜也。故至誠無息。不息則久，久則徵，徵則悠遠，悠遠則博厚，博厚則高明。博厚，所以載物也；高明，所以覆物也；悠久，所以成物也。博厚配地，高明配天，悠久無疆。如此者，不見而章，不動而變，無為而成。」中的「不息則久，久則徵，徵則悠遠，悠遠則博厚，博厚則高明。」的「推理方式」，

似乎認為是一種似是而非的學說；因為這樣模糊不清的表達方式，是必須完全合乎邏輯的方式來改進的或澄清的。真是無獨有偶，我在David L. Hall（郝大為）、Roger T. Ames（安樂哲）合作的《漢哲學思維的文化探源》上，也看到相同的看法。[3]但我對這樣的問題，主張對中國哲學長期的研究者說：詩人的眼光來分辨這件事才能清楚瞭解中國哲學是這樣表達的原因，因為：「這樣的說法，只有證明一件事，就是以上學者，他們以西方的邏輯眼光，來辨別中國哲學家的思維」（Such a statement, only to prove one thing, is the above scholars, they take the western logical vision, to distinguish the thinking of Chinese philosophers.），已經犯了「西方文化中心主義的謬誤」，就是，對於不同於其文化思維的哲學系統，缺乏相應理解所產生的重大錯誤（The fallacy of Western cultural centricism has been made, that is, the lack of a corresponding understanding of the philosophical system different from its cultural thinking results in a major mistake.）。

但後來我又在師大上林安梧授課；當時我選他的《莊子》。上課重視「高聲朗誦經文」。他曾對我說：「中國經典是哲學家從生命體會中建立的智慧。但我們如何去體會它，才是正確的呢？就是要靠不斷的反覆朗誦。但在朗誦中，必須體會出其要義。所以我每經過幾年之後，必須朗誦四書一遍。」[4]經過這樣對於生命經典的真實體會之後，我真是受益無窮！

不僅僅如此，由於中國經典的閱讀，必須先放下研究西方經典重視「檢查其中邏輯推理是否合於法則」的學問研究方式，才能知道：「原來在閱讀經典必須大聲朗誦。目的，就是設法去體會（玩味）其

---

3 David L. Hall（郝大為）、Roger T. Ames（安樂哲）合著：《漢哲學思維的文化探源》（南京：江蘇人民出版社，1999年），頁149。

4 例如最近我經常收到他給大家的中國經典如四書五經、老莊文本，以及《六祖壇經》的臺語朗讀錄音。

中的意義」；例如我讀《老子》第一章：「道可道，非常道。名可名，非常名。無名天地之始；有名萬物之母。故常無，欲以觀其妙；常有，欲以觀其徼。此兩者，同出而異名，同謂之玄。玄之又玄，眾妙之門。」事實上，哲學家老子在此，是將他體會到的：有關形上學重視的本體論與宇宙論，做一番「詩性的表達」（In fact, the philosopher Laozi here, is what he realized: about the de facto emphasis on ontical theory and cosmism, to do a poetic expression.）；因為老子這本書，多具備詩人語言的充分運用。有關此理，我已在討論老子哲學的書中，詳細分析了。

同理，子在川上，曰：「逝者如斯夫！不舍晝夜。」（子罕：17）；意謂：孔子在河邊說：「時光如流水！日夜不停留。」；這不是具備詩人情懷的詩人，從水的不停流動，而有的感慨嗎？而詩人孔子似乎是從水的日日夜夜的奔流細項，以感悟的上，得出一種生命必須剛健的生命智慧。所以我一直認為：中國哲學與西方哲學的不同在於，西方哲學在培養一個人瞭解外物的知識，中國哲學是培養一個人生命的智慧（The difference between Chinese philosophy and western philosophy is that western philosophy cultivates a person's knowledge of foreign objects, and Chinese philosophy cultivates a person's wisdom of life.）。例如在此的水是日日夜夜不停地向前奔流。但這時孔子看到的水性，只是一種詩人感悟到的「象徵」而已。其重點則是他能將從水這種性質中，「體會」出人的生命該如何去奮進！

同樣的道理，在孔子解讀《詩經》未收的一首詩時，對學生這樣說；原文是這樣的：

> 「唐棣之華，偏其反而。豈不爾思？室是遠而。」子曰：「未之思也，夫何遠之有？」（子罕：31）

意謂：有一首詩這樣說：「唐棣開花，翩翩搖擺，我能不思念嗎？祇是離得太遠了。」孔子說：「不是真的思念，如果真的思念，再遠又有什麼關係？」。現在我們從孔子對於這首詩的解讀來說，孔子解釋的方法有一個道德主軸，就是「真誠」（就是《論語》紀錄的「詩，一言以蔽之，思無邪！」這樣看來，孔子對於中國最早的《詩經》，是重視能夠從《詩》中，學習到怎樣表達（「不學詩，無以言！」）。所以孔子對於《詩》的重視，也表達出中國早期文化對於思維，可以說強烈受到《詩經》思維（一種經由對萬物體會）之後的影響。所以，如果要研究孔子哲學的特質，必須注意到他們運用的思維方式，是一種模糊性的詩人思維；包括對萬物的體會或玩味（If we want to study the qualities of their philosophy, we must pay attention to the way they use thinking, which is a vague poet's thinking）。或說，以一種直覺替代邏輯推理（Or replace logical reasoning with an intuition.），是我們重新認識中國先秦主流哲學的開端之一。這是我們重新認識中國古典哲學，必須注意到的。

當然，我在這裡還要指出：孔孟都是一位具有道德感的哲學家，因此他們讀《詩經》，與現代詩人的讀法有相當大的差異；就是兼具善與美的訴求；例如張亨以指出的：孔子與弟子盍各言爾志中，曾點回答的：「莫春者，春服既成。冠者五六人，童子六七人，浴乎沂，風乎舞雩，詠而歸。」夫子喟然歎曰：「吾與點也！」（先進：26）；是「美和善的境界，不只存在於音樂或其他藝術的審美經驗中，同時也是一種理想的人生境界。」[5]。所以我們研究孔孟的境界時，不能視為一種僵化或頑固不靈的教條來閱讀；因為生命的超越，來自於對生命善與美接合之後。這又牽涉到我們怎樣以同情的閱讀與理解問題。

再舉一個重要的實例來說，孔子最喜歡在君子與小人之間做比

---

5 張亨：《思文論集》（臺北：臺灣大學出版中心，2014年），頁75。

較，也說明君子該如何去建立？如他說過這樣的話：

> 君子懷德，小人懷土；君子懷刑，小人懷惠。（里仁：11）
> 君子喻於義，小人喻於利。（里仁：16）
> 君子欲訥於言，而敏於行。（里仁：24）

於是很多學者，就設法去將這些說法，將他歸納出「君子」的定義。請問：這樣去理解孔子學說，對不對呢？首先我認為：中國哲學不是知識的建構。所以我們研究他們的思想，不能依照西方哲學家的方法去分析。但，至今，許多受過西方哲學訓練的大師；如勞思光就犯這樣的錯誤；例如：他在討論孟子的學說——性善論時，竟然說：

> 孟子立說，只能扣緊價值意識一面說話，對於價值判斷之基礎未做剖析；所以四端之心，擴充之義，只能解釋有價值之存在，及價值自覺可以展開而已。[6]

這在表面來看，好像說對了。但，他不明白儒家與許多中國哲學家的思維是不同於西方的；通常，西方哲學家喜歡對自己的基本概念或學說進行詳細的分析，以建立一種清晰的概念，作為建立知識的基礎。可是，中國哲學家如孔孟或老莊，卻重視生命問題的內心體會（Chinese philosophers, such as Kong Meng or Laozhuang, care to the inner experience of life problems.）。換句話說，孟子的性善論是他體會出來的。此一如上述的君子，通常，不是從其歸納出的表現中說明。[7]

---

6 勞思光：《中國文化要義》（香港：中文大學出版社，1965年），頁21。

7 子謂子賤，「君子哉若人！魯無君子者，斯焉取斯？」（公冶長：3）；孔子評論子賤：「這人是個君子！如果魯國沒有君子，他怎麼會有好品德？」又如子謂子產，「有君子之道四焉：其行己也恭，其事上也敬，其養民也惠，其使民也義。」（公冶長：16）；孔子評論子產：「具有君子的四種品德：行為謙遜，尊敬上級，關心群

又如孔子論管仲，就是從其「整體的表現」來觀察，所以孔子從來未對他重視的君子與仁下定義（Confucius's theory is to observe from his "whole performance", so Confucius never paid attention to him under the definition of gentleman and benevolence.）；原因在於孔子不是在建立道德知識，而在建立一種崇高的人格。而這樣的人格，是一個人修養到一種境界之後，會自然呈現出一種偉人的氣質。所以孔子論君子或一個人是否達到他的境界，不是從君子或仁人上說，而是從這個人是否達到他樹立的標準上說。

但氣質是精神層面的表現，又是抽象的概念，也如同老子說的「道」，是不可言喻的。所以，最重要靠我們能夠去「直覺」不可。但勞思光，竟然沒有這樣去理解中國哲學，是一大敗筆。因此，我認為他是使用西方哲學家的建立知識的方式，去想瞭解中國哲學，是會出問題的。

或許讀者還會問一個重要的問題，就是到底中國哲學家為何會以

衆疾苦，用人符合道義。」；又如評論管仲：子曰：「管仲之器小哉！」或曰：「管仲儉乎？」曰：「管氏有三歸，官事不攝，焉得儉？」「然則管仲知禮乎？」曰：「邦君樹塞門，管氏亦樹塞門；邦君為兩君之好，有反坫，管氏亦有反坫。管氏而知禮，孰不知禮？」（八佾：22）；孔子說：「管仲真小氣！」有人問：「管仲儉樸嗎？」孔子說：「他家不僅有三個錢庫，而且傭人很多，怎麼儉樸？」「那麼管仲知禮嗎？」「宮殿門前有屏風，他家門前也有屏風；國宴有酒臺，他家也有酒臺。管仲知禮，誰不知禮？」；或問子產。子曰：「惠人也。」問子西。曰：「彼哉！彼哉！」問管仲。曰：「人也。奪伯氏駢邑三百，飯疏食，沒齒，無怨言。」（憲問：9）；有人問子產怎樣，孔子說：「慈善的人。」問子西怎樣，說：「他呀！他呀！」問管仲怎樣，說：「是個人才。伯氏被他取消了封地，過了一輩子苦日子，直到老死也無怨言。」子路曰：「桓公殺公子糾，召忽死之，管仲不死。」曰：「未仁乎？」子曰：「桓公九合諸侯，不以兵車，管仲之力也。如其仁！如其仁！」（憲問：16）；子路說：「齊桓公殺公子糾時，召忽殉死，管仲卻不去死。管仲不算仁人吧？」孔子說：「齊桓公九合諸侯，不用武力，都是管仲的功勞。這就是仁，這就是仁。」；子貢曰：「管仲非仁者與？桓公殺公子糾，不能死，又相之。」子曰：「管仲相桓公，霸諸侯，一匡天下，民到于今受其賜。微管仲，吾其被髮左衽矣。豈若匹夫匹婦之為諒也，自經於溝瀆，而莫之知也。」（憲問：17）

感性能力為主，來建立其哲學思想？這是一個好問題！我的回答是，在先秦時代的他們，依然生活在一個宗教與神話相當濃厚的時代中。所以這些思想家經常受宗教中鬼神觀念的重大影響。

例如重視理性思維的墨子竟然主張「明鬼」、「上同於天」之說。孔孟雖主張回到人本身去肯定人的道德性，但他們對於中國古代的神話卻是深信不疑的；[8]如對堯舜禹的歌頌，甚至於將他們當作如聖人的一種重要典範。然而，神話中的創造，都是利用人的想像力去構成的；如中國古來的「嫦娥奔月」的神話。我們不必信以為真。

當然，利用這種想像力來從事創作的詩人哲學家如老子，在創作其道論之際，已經賦於「道法自然」的特性。所以自然，跟神話創作中的想像相同有不同；同者在於都是利用到人類的感性能力中的想像力，去構成一種個人主觀的世界或價值的境界。但，它是一種本體的存在，有已經超越主宰萬物之性質，所謂：「生之、畜之，生而不有，為而不恃，長而不宰，是謂玄德。」（10）「道生之，德畜之，物形之，勢成之。是以萬物莫不尊道而貴德。道之尊，德之貴，夫莫之命常自然。故道生之，德畜之；長之育之；亭之毒之；養之覆之。生而不有，為而不恃，長而不宰，是謂玄德。」（51）。所以老子是中國哲學史上，是第一位能夠超越宗教信仰的大思想家，而孔孟依然對於不可思議的天，以道德信仰與道德實踐來回應；我認為這是老子與孔子學說分道揚鑣的開始。

四　以同情的理解去閱讀經典
（Read classics with compassion）

所謂同情的理解，是設法回到經典作者所處的時代中，以同理心

8　袁珂：《神話：從盤古到大禹》（臺北：五南圖書出版公司，2015年），頁28。

去解讀其價值與內涵的意義（The so-called understanding of compassion is to try to go back to the classic author's time, with empathy to interpret its value and connotation of the meaning.）。反之，我最近發現臺灣有一種怪現象，就是以「臺灣意識」為本位，去對孔子與孟子的學說進行負面的批判（Based on "Taiwan consciousness", we should make negative criticisms of the theory of Confucius and Mencius.）。其意義似乎在於：想把與中國文化有關的一切都踢出去。所以，我在本書中，收入對黃文雄與許仁圖的孔孟解讀，進行嚴厲批評的論述。因為後者，他雖然出身臺大哲學系，但他在解釋孟子時，竟然看不到孟子的特長之一，就是能夠論辯是非。不但如此，他將孟子的論辯視為「好耍嘴皮！」所以事實上只會看到別人的弱點，卻無能將孟子重要的三辯（王霸之辯、義利之辯以及與告子之論辯），在整個孟子哲學的詮釋中闡釋出來。試問：這算什麼樣的學術研究呢？

　　至於黃文雄的批判，更是不堪一讀；例如他這樣談《論語》：「包括《論語》在內的中國《四書五經》，到處都是仁義與道德等訓示與主張。深入探究後發現，中國古代典籍的眾多道德宣示，都不是那個時代中的實況，而是相反的情形，正因為沒有，所以需要大力鼓吹。」[9]；現在從他的批評可知：他研究孔子時，根本不能真正閱讀到體會到孔子說的：「殷因於夏禮，所損益，可知也；周因於殷禮，所損益，可知也；其或繼周者，雖百世可知也。」[10]；上引這段話就

9　黃文雄著，蕭志強漢譯：《論語反論：破解中國千年思想宰制迷思》（臺北：前衛出版社，2016年），頁15。

10　子張問：「十世可知也？」子曰：「殷因於夏禮，所損益，可知也；周因於殷禮，所損益，可知也；其或繼周者，雖百世可知也。」（為政：23）；子張問：「十代以後的社會制度和道德規範可以知道嗎？」孔子說：「商朝繼承夏朝，改動了多少，可以知道；周朝繼承商朝，改動了多少，也可以知道；以後的朝代繼承周朝，即使百代，同樣可推知。」又如：子曰：「人而不仁，如禮何？人而不仁，如樂何？」（八佾：3）；孔子說：「對於不仁的人，禮法有何用？音樂有何用？」林放問禮之本。

可以證明：孔子是一位決心繼承中國三代的優良文化的大師；因為上文所顯示的就是，他已經發掘其中的差異與優點在周代時，已經完全繼承下來了。

至於他曾說：「周監於二代，郁郁乎文哉！吾從周。」（八佾：14）；這是說：「周禮借鑒了夏、商兩朝的禮法，真是豐富多彩啊！我贊同周禮。」。所以黃文雄對於孔孟的真誠繼承中國文化的決心，是一片空白的。所以我不想對於他的論述或其他中國經典的汙衊，在此進行反駁，但讀者可以從我的文章中去瞭解。

相對於言，有一位受社會尊敬的國學大師南懷瑾先生，我至今對於他在討論先秦儒家時的草率感到十分的驚訝！例如：他對於孟子說的「口之於味，有同耆也。易牙先得我口之所耆者也。如使口之於味也，其性與人殊，若犬馬之與我不同類也，則天下何耆皆從易牙之於味也？」（告子上：7）這樣評論：

> 孟子這一段話的問題太大了，如果我是孟子的老師，一定用紅筆把它勾掉。易牙做的菜好吃與否，當然我們沒有吃過，但齊桓公是山東地方的人，大概也喜歡吃大蒜大蔥的，如給南方人喜歡吃魚腥海鮮，別的地方人怕死了；四川人喜歡吃辣椒，江浙人碰也不敢碰；鹹、甜、苦、辣、酸，五味俱全的怪味雞，川、湘人士所愛好、江浙人吃了要昏倒。所天下的異味，好吃或不好吃，完全是習慣養成，不能用來論人性。[11]

子曰：「大哉問！禮，與其奢也，寧儉；喪，與其易也，寧戚。」（八佾：4）；林放問禮的本質。孔子說：「這個問題十分重大！禮儀，與其隆重，不如節儉；喪事，與其奢侈，不如悲戚。」；凡此，都已經顯示孔子對於中國文化與哲學之繼承與發揚的決心。

11 南懷瑾：《孟子與滕文公、告子》（臺北：南懷瑾文化事業公司，2014年），頁119-120。

南懷瑾的論述在表面上似乎有道理；就是說，根據他個人的經驗，來論人類的口味，是來自後天的環境的差異，而產生許多不同地域人的特殊口味。但孟子說：「口之於味，有同耆也。易牙先得我口之所耆者也。」究竟何指？根據對於《孟子》有深刻研究的楊伯峻的譯注說：「口對於味道有相同的嗜好；易牙早就摸準這一點嗜好。假使口對於味道人人不同，而且像狗馬和我們的人類本質上的不同一樣，那麼，憑什麼天下的人都追隨易牙的口味呢？」[12]但這樣的翻譯，亦然無法讓我們對南懷瑾的上述反駁釋疑。

根據我對《孟子》這段話的「玩味」，孟子在此的類比，是從人類都喜歡的食物或其他共同的嗜好部份去掌握；例如人都喜歡吃香氣四溢的食物。這就是從共同點來說的，而不是從地域性的食物嗜好來說的。所以我認為：南懷瑾上述的論述，是否已經偏離孟子在後來講的「至於心，獨無所同然乎？心之所同然者何也？謂理也，義也。聖人先得我心之所同然耳。故理義之悅我心，猶芻豢之悅我口。」

我認為這樣去解《孟子》，才能彰顯出孟子論性的普遍性的意義。這就是我說的：我們解距今兩千多年前的經典時，必須有的「同情的理解」。

何況，孟子又曰：「口之於味也，目之於色也，耳之於聲也，鼻之於臭也，四肢之於安佚也，性也，有命焉，君子不謂性也。仁之於父子也，義之於君臣也，禮之於賓主也，智之於賢者也，聖人之於天道也，命也，有性焉，君子不謂命也。」（盡心下：70）；這就是說：它原來重視的是「君子不謂性也。仁之於父子也，義之於君臣也，禮之於賓主也，智之於賢者也，聖人之於天道也，命也，有性焉，君子不謂命也。」（人類能夠掌握的道德人性部份），而非不能掌握的人欲部份（口之於味也，目之於色也，耳之於聲也，鼻之於臭也，四肢之

---

12 楊伯峻：《孟子譯注》（臺北：五南圖書出版公司，1992年），頁358。

於安佚也，性也，有命焉，君子不謂性也。）所以我們必須針對孟子主要的道德訴求，來論孟子哲學的要義。反之，像南懷瑾只會從《孟子》的「枝節問題」上指責，似乎已成為吹毛求疵的論述（Nan Huaiyu will only blame Mencius on the "branch problem", which seems to have become a nitpicking argument.）。

當然，我不否認孟子所適用的「類比法」是一種不夠嚴謹的方法；因為通常使用它的人，是想藉 A 來說明他最後的訴求理論；如使用「口之於味也，目之於色也，耳之於聲也，鼻之於臭也，四肢之於安佚也」（C）來說明「仁之於父子也，義之於君臣也，禮之於賓主也，智之於賢者也，聖人之於天道也」（D）；但連孟子也知道：這兩者的重大的差異，就是他說的「性也，有命焉，君子不謂性也」（C）與「性也，有命焉，君子不謂性也」（D）之間的重大差異；就是說前者，是富貴的不可掌握與後者人性是可以掌握的重大差別。所以若我們也是去斤斤計較於中國各地的食物是否可以歸納為一種嗜好，則這樣的辯論，不是脫離《孟子》的重點，去找出他們不重要的，被指責的失誤之處來品頭論足嗎？

另外，南懷瑾對於孟子與告子的辯論這樣批說：

> 我們先研究孟子自己的話，在〈離婁〉下篇中，孟子曾經說：孟子曰：「天下之言性也，則故而已矣。故者以利為本。」……這裡孟子說「故而已矣」，這個故字相當於本然一詞的意思。……孟子說：世界上的人討論人性，都是站在自己的立場，根據自己的經驗和觀點，利用現成的觀點而已。[13]

於是批評孟子與告子的不是：「孟子先用一頂大帽子，把告子的話壓

---

13 南懷瑾：《孟子與滕文公、告子》，頁54-56。

下去，蓋住了。不過，如果講辯論的邏輯，孟子的譬喻是不太合適的」[14]

但南懷瑾忘了孟子對於自己的人性說，是一種為仁性放在「道德領域」中，進行的反思；例如《孟子》這樣記錄：

> 公都子問曰：「鈞是人也，或為大人，或為小人，何也？」
> 孟子曰：「從其大體為大人，從其小體為小人。」
> 曰：「鈞是人也，或從其大體，或從其小體，何也？」
> 曰：「耳目之官不思，而蔽於物，物交物，則引之而已矣。心之官則思，思則得之，不思則不得也。此天之所與我者，先立乎其大者，則其小者弗能奪也。此為大人而已矣。」（告子上：15）

「心之官則思，思則得之」；就是說：根據自己的經驗，是經過反省人性之後，獲得一種知見。所以這裡的「之」是指：大體。而思，是對於這一大體的覺悟（經過反思之後的覺悟）。所以跟一般人站在知識的立場（功利的立場；如告子），問為什麼（「則故而已矣。故者以利為本。」）不同。其旁證有二：

（一）墨子說過：

> 然則欲同一天下之義，將奈何可？故子墨子言曰：「然胡不賞使家君試用家君，發憲布令其家，曰：『若見愛利家者，必以告，若見惡賊家者，亦必以告。若見愛利家以告，亦猶愛利家者也，上得且賞之，眾聞則譽之，若見惡賊家不以告，亦猶惡賊家者也，上得且罰之，眾聞則非之。』是以遍若家之人，皆

---

14 南懷瑾：《孟子與滕文公、告子》，頁56-57。

欲得其長上之賞譽，辟其毀罰。是以善言之，不善言之，家君
得善人而賞之，得暴人而罰之。善人之賞，而暴人之罰，則家
必治矣。然計若家之所以治者何也？唯以尚同一義為政故也。」
（尚同下）

這是說：「既然如此，那麼想統一天下各人的道理，將怎麼辦
呢？所以墨子說道：為何不試著使家君對他的下屬發布政令說：『你
們見到愛護和有利于家族的，必須把它報告給我，你們見到憎恨和危
害家族的也必須把它報告給我。你們見到愛護和有利于家族的報告給
我，也和愛護和有利家族一樣，上面得知了將賞賜他，大家聽到了將
讚譽他。你們見到了憎害家族不拿來報告，也和憎害家族的一樣，上
面得知了將懲罰他，大家聽到了將非議他。』以此遍告這全家的人。
人們都希望得到長上的賞賜讚譽，而避免非議懲罰。所以，見了好的
來報告，見了不好的也來報告。家君得到善人而賞賜他，得到暴人而
懲罰他。善人得賞而暴人得罰，那麼家族就會治理好。然而計議這一
家治理得好的原因是什麼呢？只是能以向上統一道理的原則治政之
故。」

這是從利上說，如何有利於天下治理之利？這就是當時不歸墨學
就是歸楊朱的人性論的，就是重視求故之論述方法。而告子與孟子對
於人性辯論中，也是如此：

告子曰：「生之謂性。」

這是說：根據他在客觀世界的觀察，一切生物都有其特性，就是
他說的性。但孟子反駁的第一步曰：「生之謂性也，猶白之謂白
與？」曰：「然。」；這是講客觀世界呈現一種普遍性。所以告子毫不
遲疑說：「對的！」但孟子又從客觀世界中的普遍特性說：

> 「白羽之白也，猶白雪之白；白雪之白，猶白玉之白與？」告
> 子曰：「然。」

但這一次，孟子將他在道德世界中覺知的人才有的道德性，與客觀世
界的普遍比較說：

> 「然則犬之性，猶牛之性；牛之性，猶人之性與？」（告子
> 上：3）

這當然會形成兩界的混淆。但告子提出仁內義外說時曰：「食色，性
也。仁，內也，非外也；義，外也，非內也。」；明顯是不能明白，
《孟子》書的性善論是建立在人的內心世界，才能成為個人的一種自
我要求。所以在孟子問告子：「何以謂仁內義外也？」告子回應說：

> 彼長而我長之，非有長於我也；猶彼白而我白之，從其白於外
> 也，故謂之外也。（告子上：4）

這已將孟子建立在內心的道德世界中的義，比作客觀世界的長幼
之分。所以證明告子開始就是從其經驗世界建立的人性論（知識性或
功利性的人性論），來與孟子辯論。所以孟子必須從道德的世界的想
法回應對方，而說：

> 異於白馬之白也，無以異於白人之白也；不識長馬之長也，無
> 以異於長人之長與？且謂長者義乎？長之者義乎？

但告子依然堅持他在客觀世界對於義的論述：

> 吾弟則愛之，秦人之弟則不愛也，是以我為悅者也，故謂之內。
> 長楚人之長，亦長吾之長，是以長為悅者也，故謂之外也。

所以孟子說：

> 者秦人之炙，無以異於者吾炙。夫物則亦有然者也，然則者炙
> 亦有外與？（以上見告子上：4）

這是孟子從內在之反思來看人類食物之嗜好，是來自主觀所形成之普
遍性。這是我所謂的必須先站在孟子的立場，去瞭解《孟子》的原義。

（二）現在我再回到上文的後面論述

> 所惡於智者，為其鑿也。如智者若禹之行水也，則無惡於智
> 矣。禹之行水也，行其所無事也。如智者亦行其所無事，則智
> 亦大矣。天之高也，星辰之遠也，苟求其故，千歲之日至，可
> 坐而致也。（離婁下：54）

我根據孟子的思路：

> 1.「所惡於智者，為其鑿也。如智者若禹之行水也，則無惡於
> 智矣。禹之行水也，行其所無事也。」

這是說：以傳說中的「大禹治水」的方法，是順水性來治理。所以我
認為我們對我們人類具有的道德世界中的善端之性，也必須如此。

> 2.「天之高也，星辰之遠也，苟求其故，千歲之日至，可坐而
> 致也。」

這就是說，天極高、星辰之遙遠，只要能推求其所以然，以後一千年的冬至，都可以坐著推算出來。

從這裡可知：孟子說的「故」這一重要概念，是屬於知識性的功利概念。所以他在這裡是從天高與星辰之遙遠的「原因」（或研究為什麼的道理）去舉例。同理，上述孟子說：「天下之言性也，則故而已矣。故者以利為本。」；必須從孟子對於在客觀世界中，求為什麼是這樣的一切追求原因的方法不以為然。何況，他接下去又說：他以順水性來比喻他主張的順善端之性，而且是存在於價值世界的道德之性去行為。所以南懷瑾最後對孟子的「孟子先用一頂大帽子，把告子的話壓下去，蓋住了。不過，如果講辯論的邏輯，孟子的譬喻是不太合適的。」[15]

可是，這樣去理解《孟子》，往往是「斷章取義的理解」（But this is how to understand Mencius, often "out of context understanding"）；反之，若學者能夠將《孟子》全文融會貫通之後，瞭解他對於自己的人性論是建立在價值世界中，才能做貫通的詮釋（On the other hand, if a scholar can integrate the full text of Mencius (as I have done with the relevant chapters of Mencius above), understand that his theory of human nature is based on the world of value, in order to make a consistent interpretation.）。所以孟子總是以客觀世界的道理來做比喻，於是，在此他已將「求故」的哲學思維，與「其直覺人性的思維」分別開來了（Thus, here he has separated the philosophical thinking of "seeking cause" from the "thinking of the human nature of his intuition".）。

當然，由於篇幅的關係，我在此對一般人認為的中國哲學大師——南懷瑾的輕率的孟學解讀，只做到抽樣的批評。目的就是希望將來更多的孔孟學者，必須避免上述「斷章取義的解讀」。

---

15 南懷瑾：《孟子與滕文公、告子》，頁56-57。

五 孔子與孟子之學，是教導人們活得像一個人這樣的存在（Confucius and Mencius taught people to live like a human existence.）

上述以提到，有人是孔子之學是偽君子之學。可是我請這種批評孔孟的人士注意下列的話——

先說孔子是如此說的：

> 子路問成人。子曰：「若臧武仲之知，公綽之不欲，卞莊子之勇，冉求之藝，文之以禮樂，亦可以為成人矣。」曰：「今之成人者何必然？見利思義，見危授命，久要不忘平生之言，亦可以為成人矣。」（憲問：12）

這是說：子路問孔子怎樣算完美的人，孔子說：「如果具有臧武仲的智慧，孟公綽的清心寡欲，卞莊子的勇敢，冉求的才藝；再加上知禮懂樂的修養，就可以算完人了。」又說：「現在的完人就不必這樣了，見到利益時，考慮道義；見到危險時，奮不顧身去附和天命；長期貧窮也不忘平日的諾言，也可以算完人了。」

這裡已經指出：他的學問是以大人或完美的人為最高標準；就是必須集合幾個弟子的專才之外，加上有中國文化的修養。但至少必須以見利思義、見到國家有難願意為國捐軀，以及言而有信。

> 又公伯寮愬子路於季孫。子服景伯以告，曰：「夫子固有惑志於公伯寮，吾力猶能肆諸市朝。」子曰：「道之將行也與？命也。道之將廢也與？命也。公伯寮其如命何！」（憲問：36）

這是說：公伯寮在季孫氏面前誣衊子路。子服景伯將此事告訴了

孔子，他說：「季孫氏被公伯寮的讒言所迷惑，我有能力殺了他，將他陳屍街頭。」孔子說：「理想能夠得到推行，是時運決定的；理想得不到推行，也是命運決定的。公伯寮能把命運怎樣？」；由此可見：孔子認為成功與否，命運是一大因素。所以他認為作為一位有德性的人不可以不知道命運之道理。所以論語最末章這樣指出：

子曰：「不知命，無以為君子也。」（堯曰：3）

所以孔子晚年是以瞭解命運之理，作為他的一生最後也是最重要的功課。何況他從《易經》去瞭解命運（「五十以學《易》，可以無大過矣！」）這也就是孔門弟子——子張說的：

士見危致命，見得思義，祭思敬，喪思哀，其可已矣。（子張：1）

這是說：「有志者應該見到危險時，奮不顧身去完成天命；見到利益時，考慮道義；祭祀虔誠，居喪悲哀。這樣就可以了。」所以這樣解讀上述孔子「見利思義，見危授命，久要不忘平生之言，亦可以為成人矣。」；可以相互發明。

然而：怎樣理解命運？必然成為孔子學說的最重要繼承者——孟子討論與重視的。

現在我從在《孟子》之中，研究有關「命運的討論」有下列的三部分：

（一）孟子將榮譽與汙辱從仁的實踐或敗壞上分別

孟子曰：「仁則榮，不仁則辱。今惡辱而居不仁，是猶惡溼而居下也。如惡之，莫如貴德而尊士，賢者在位，能者在職。國

家閒暇，及是時明其政刑。雖大國，必畏之矣。《詩》云：『迨天之未陰雨，徹彼桑土，綢繆牖戶。今此下民，或敢侮予？』孔子曰：『為此詩者，其知道乎！能治其國家，誰敢侮之？』今國家閒暇，及是時般樂怠敖，是自求禍也。禍福無不自己求之者。《詩》云：『永言配命，自求多福。』《太甲》曰：『天作孽，猶可違；自作孽，不可活。』此之謂也。」（公孫丑上：4）

在此，孟子對於《詩》云：「永言配命，自求多福。」《太甲》曰：「天作孽，猶可違；自作孽，不可活。」的引用，就可以證明他與孔子一樣，是一位性命論者。詳細來說，一個人是否能夠「德福一致」，完全取決於，是否能回應天所賦予的善端之心。所以從此可以說：人類必須在符合天命之下，才是完成高貴人性的方法。

（二）完成君子之道的方法

跟孔子上述的話幾乎一模一樣；他說：

孟子曰：「堯舜，性者也；湯武，反之也。動容周旋中禮者，盛德之至也；哭死而哀，非為生者也；經德不回，非以干祿也；言語必信，非以正行也。君子行法，以俟命而已矣。」（盡心下：79）

所謂「君子行法，以俟命而已矣。」，與孔子說的：「不知命，無以為君子也。」（堯曰：3）。所以譚家哲的孟子哲學中，「命」是不重要的學說，完全是無稽之談！

（三）最重要的證據是：

> 孟子曰：「口之於味也，目之於色也，耳之於聲也，鼻之於臭
> 也，四肢之於安佚也，性也，有命焉，君子不謂性也。仁之於
> 父子也，義之於君臣也，禮之於賓主也，智之於賢者也，聖人
> 之於天道也，命也，有性焉，君子不謂命也。」（盡心上：70）

這一段話的重要意義在於他又以他平常慣用「比喻方法」，來建構一套他所體會的天道觀，就是認為：人存活在天地之間，雖然無法改變命運，如孔子在世間之時，經常遇到的危難一般。但，若能運用天命所賦予的性，去發揚光大（就是《中庸》說的「天命之為性」），就能成為君子。

但像這樣重要的道理，與整個儒家的發揚有密切的關連，確實常被學者如譚家哲忽略。或說，一個人家的研究者若連孟子沒有到這樣的「體悟」，都無法體會，就談不上有能力談孔孟之學了；誠如〈盡心篇〉第一章上說的：

> 盡其心者，知其性也。知其性，則知天矣。存其心，養其性，
> 所以事天也。殀壽不貳，修身以俟之，所以立命也。

這已經將孟子的天命的重要概念──「立命」（建立正確的命運觀）完成了！反之，哲學家與一般老師的不同之處是，前者根據形上的道理（如這裡說的天或天命），來建構一種新的「性命合一」的論述。當然，這樣的天人合一說，是中國儒家學派哲學家的特色；就是以「仁」為核心下所建構的價值世界。反之，若如譚家哲那樣判定，則孟子哲學是一種無頭無腦的哲學（引用王陽明說的「大頭腦」的說法）。

　　而孟子又曰：「莫非命也，順受其正。是故知命者，不立乎巖牆之下。盡其道而死者，正命也。桎梏死者，非正命也。」（盡心上：2）；「正命」的方式，就是把握天命之性去修養。或說，盡力行道而死的，是正常的命運；犯罪受刑而死的，不是正常的命運。這樣的論述，才能完成一種有系統而完整的天人合一之說，不是嗎？反之，譚家哲的「由弟子造之說」，根本不合乎一位偉大哲學家完成一種重要的儒家學說的常態。何況，根據〈盡心下：3〉的紀錄：

　　　　孟子曰：「求則得之，舍則失之，是求有益於得也，求在我者
　　　　也。求之有道，得之有命，是求無益於得也，求在外者也。」

　　這與孟子說的「學問之道無他，求放心而以矣！」是一致的。而追求善端之心，是在人心之中（「所謂仁，人心也。」）。所以要證成孟子的理論，如果缺乏譚家哲應想撇開的〈盡心篇〉，根本是說不通的。

　　進一步說，孔孟說的在命運控制之中的生命，就是要做到孔子與其學生主張的「見危受命」與「見利思義」。因為這才能夠在「義命對揚」中，不忘平生所立下的大志向。

　　總之，我對於當前許多奇奇怪怪，專門以個人主觀設法去推測儒家的真相的言論，感到相當難以接受。所以，不斷希望我們在研究孔孟學說之人，必須先從「學有專精」做起，而且，一生都能夠反覆去研讀的相關做入手。

　　其次就是，有具體的證據才能建立新說。不但如此，學問需建立在可以讓學者繼續討論的空間的地步；因為這樣才讓你的發明，獲得別人進一步去證成。這才叫科學的治學態度。否則，學問上的是與非，將永遠被「似是而非的許多臆測所蒙蔽了」！

六 研究孔孟時，到底要怎樣進入其世界？

講到此我必須進入一個重要的問題中，進行研究，就是研究孔子孟子的學者，到底要怎樣進入孔子孟子的世界？當然，各種行家有的主張史學的進路，有的是訓詁學或文獻學的進路，有的能夠針對孔孟的哲學體系，採取哲學的進路。我主張的是「哲學的進路」（What I'm advocating is "the path of philosophy."）；因為前兩者的進路只能夠從史料的演進或字義在疏通之後，解釋其個別文句的意義。可是哲學本是一個完整的體系。所以採取哲學的進路，就是設法從哲學來解讀哲學更是今天最重要的工作。

當然，我不否認像錢穆在《論語新解》那樣的註解的必要，又經過他的註解之後，我們也更能瞭解每章節的意義，可是就全整的孔子哲學體系而言，這樣的註釋可能是模糊的（I do not deny the need for annotations such as Qian Mu's in The New Commentary, and after his annotations, we can better understand the meaning of each chapter, but in the case of the whole Confucius philosophical system, such annotations may be vague）。

舉例來說，他以整理歷代註解來解讀《論語》之前的必要工作；如解釋〈學而篇〉「時習」的概念時說：「此有三說，一指年歲言，二指季節言，三指晨夕言。」「習者如鳥學飛，數數反復。」[16]；這樣的解讀是對的，也是初步認識孔子學說時，必要的「經學訓練」。但問題在於他缺乏學院的哲學訓練，所以在哲學認識上，他是吃虧的，也就是說，他對於中國哲學的經典認識是從史學進入。可是，有關整個哲學上的整體詮釋，他往往缺乏哲學系統的眼光，所以在瞭解孔子哲學的全盤性真相方面，他的眼光依然不夠；例如他在這本書中，從頭

---

16 錢穆：《論語新解》（臺北：東大圖書公司，1988年），頁2。

到尾，無法提出他對孔子整個哲學體系的觀察與具體的看法。所以經常流於字義或句義的個別解釋而已。

同理，西方當代漢學家 Ben Jamin I. Schwartz（史華茲）著的 *The world of Thought in Ancient*（《中國古代的思想世界》），雖然是一部以受西方學界推崇的巨著，但我閱讀後，不免會說：雖然他使用一章（〈孔子：《論語》的通見〉）的篇幅去講孔子其學說，[17]可是，他講的東西卻不是以哲學的觀點去做整體之論，而是瑣瑣碎碎講了許多無關孔子哲學思想的話。

另外，有關孔子學說中，最重要的部分：天道與性命的關係、如何修養性與命的部分，乃至於與教化之間的關係，都沒有提及。尤其，對於與先秦儒家最有關係的《大學》與《中庸》的闕如，實顯示出，作者對於儒家的認識是模糊不清的！[18]

基於以上的理由，我是從以下的論述怎樣重新詮釋先秦儒家？作為介紹本書各篇的論述方法。

（一）首先我認為：中國哲學的研究可以充分運用現代哲學詮釋學的方法

就是認定：詮釋就是一種哲學系統的重建；因為中國先秦哲學如孔孟哲學、《中庸》以及《大學》的著作，比較像是一本本的對話錄。所以，如果我們永遠停留在「註解經書」的層次上，進行個別意義或某種概念的研究，而不能來到孔子「一以貫之」的地步去做「通貫的瞭解」，將無法瞭解其學說的全貌。因此，經學家的《論語》研

---

17 Ben Jamin I. Schwartz（史華茲）著，程鋼譯，劉東校：《古代中國的思想世界》（*The world of Thought in Ancient China*）（南京：江蘇人民出版社，2003年），頁58-139。

18 此書第七章〈對儒家信念的辯護〉，只討論到孟子與荀子的學說，卻對於《大學》與《中庸》的闕如，實是他對儒家在後世的發展美有清楚的認識。Ben Jamin I. Schwartz（史華茲）著，程鋼譯，劉東校：《古代中國的思想世界》（*The world of Thought in Ancient China*），頁270-335。

究，經常只能做到「史的研究」而已，卻未能達到哲學意義的瞭解。

換句話說，我追求的詮釋，是一種「全盤性系統的掌握」（The interpretation I seek is a "mastery of the whole system"）。在這一方面，我認為：無論《大學》還是《中庸》，早已朝這方面去詮釋先秦儒家的學說。現在，我先以《大學》進行分析。其次，才是《中庸》的分析。我已整理過的圖表來表示如下：

《大學》綱要分析圖表

先秦儒家的目標在　1.明明德　2.親民　3.止於至善	
修養方法論（一）	知止到有定，再到能靜，再到能安，再到能安，再到能慮，最後能得。
修養方法論（二）	物有本末，事有終始，知所先後，則近道矣。
修養方法論（三）	古之欲明明德於天下者，先治其國；欲治其國者，先齊其家；欲齊其家者，先修其身。
修養方法論（四）	欲修其身者，先正其心；欲正其心者，先誠其意；欲誠其意者，先致其知，致知在格物。
性質	是一種道德修身的哲學。
重要理由：「自天子以至於庶人，壹是皆以修身為本。其本亂而末治者否矣，其所厚者薄，而其所薄者厚，未之有也！此謂知本，此謂知之至也。」	

以下我在根據這張表論中庸哲學如何表現一種道德哲學？

根據朱子曰：「右經一章（從「大學之道」到「未之有也」），蓋孔子之言，而曾子述之。」[19]我的解釋是：「右經一章」未必是孔子親口說的「修養綱領」。但其要義，已被具有哲學頭腦的弟子（可能是曾子或其他弟子），將孔子的學說「一以貫之」後，才能綜合成一部具有概括性與開創性的儒家論述。

---

19 朱子：《四書章句集注》（臺北：鵝湖出版社，1984年），頁4。

　　所以這樣一部重要儒家經典，在我們具有哲學修養的人看來，可以從這樣的說明與整理，發現到：它絕不是什麼「科學」的《大學》。

　　因為從以上第一張圖表上來看，全文在講一個人必須從最基本的「修身」做起，然後，才到齊家治國以及平天下的地步。其中，必須重視按部就班去進行。這就是孔子終生追求的學問，就是修身之學。

　　而修身，如果不能從最基本之處做起，不就如嬰兒不會爬，就想走路，怎麼行？所以以孔子也曾說下列的一段話；他說：

> 子曰：「譬如為山，未成一簣，止，吾止也；譬如平地，雖覆
> 一簣，進，吾往也。」（子罕：19）

這是說：「譬如堆山，還差一筐，沒堆成就停了，功虧一簣是自己造成的；譬如填坑，祇倒一筐，繼續填下去，堅持不懈是自己決定的。」；這就是說：個人修身的重要。所以《大學》說的「大學之道，在明明德，在親民，在止於至善。知止而后有定，定而后能靜，靜而后能安，安而后能慮，慮而后能得。物有本末，事有終始，知所先後，則近道矣。」根本不是蔣介石說的科學精神，[20]而是做人學問之次第。這可以說是一般做人的基本常識，其中，雖然包括一些科學家精神，但由於孔子不是講科學，所以正確的解讀是：修身就必須「修身養性」。而養性，必須從「定、靜、安、慮、得」的「學問次第」上去進行不可。所以他說的，只是不能投機取巧而已（So what he said, just can't speculate.）。那麼科學之說，顯然是太過或根本還未讀通《大學》這本書，就來大談，焉有不錯之理？[21]

---

20 蔣中正撰：《科學的學庸》（臺北：中央文物，1970年），頁1-10。

21 Umberto Eco with Richard Rorty, Jonathan Culler and Christine Brooke -Rose Edited by Stefan Collini，王宇根譯：《詮釋與過度詮釋》（*Interpretation and Overinterpretation*）（香港：牛津大學出版社，1995年），頁63-65。

（二）運用綱舉目張的概念

就是先能夠將一家思想做成一個清楚的綱要。這樣做的目的，就能讓我們以後能就依照這一綱要，去建立一些重要的命題。

又，可以根據這些命題去構造一種哲學體系；例如子思的《中庸》就是如此。所以如果我們能夠仔細閱讀這本著作，而且必須經常能夠反覆去思考其中的要義，然後可以瞭解到這一個經過審思考才形成的哲學體系。也明白，原來對於這一部為後世遵從的經典，受學者不斷研究的原因；[22]例如它開始的最重要三句話，是用來表達其中的主要命題。這命題就是：

　　天命之謂性，率性之謂道，修道之謂教。

根據我的理解，子思是從孔子的「天命」為研究的開端。而「天命之謂性」，就是開始從「性」來把握天命之理。這是什麼意思？根據我的研究是，由於子思發現：「天命」或「天道」是不容易去清楚解釋的；因為在中國古人生活的時代，科學尚未發達。而當時的社會文化，最重要的就是感性的詩歌（如中原為主的《詩經》與南方的《楚辭》，以及跟文學極有相關的許多神話故事）[23]

---

22 朱漢民、肖永明著：《宋代《四書》學與理學》（北京：中華書局，2007年），頁96-97。

23 根據袁珂的研究，中國古代神話如盤古開天、皇帝、堯舜以及大禹的神話，都成為中國哲學家；包括儒家、墨家，以及法家最喜歡使用的；如子貢曰：「如有博施於民而能濟眾，何如？可謂仁乎？」子曰：「何事於仁，必也聖乎！堯舜其猶病諸！夫仁者，己欲立而立人，己欲達而達人。能近取譬，可謂仁之方也已。」（雍也：30）；子貢說：「如有人能讓百姓都得到實惠，又能扶貧濟困，怎樣？可算仁人嗎？」孔子說：「豈止是仁人！必定是聖人！堯舜都做不到！所謂仁人，祇要能做到自己想成功時先幫別人成功，自己想得到時先幫別人得到，就可以了。推己及人，可算實行仁的方法。」；子路問君子。子曰：「脩己以敬。」曰：「如斯而已

　　所以我根據上面的論述，對《中庸》進行考察時，發現子思留下一句值得我們深思的話；子思這樣說的：

　　　君子之道費而隱。夫婦之愚，可以與知焉，及其至也，雖聖人
　　　亦有所不知焉；夫婦之不肖，可以能行焉，及其至也，雖聖人

乎？」曰：「脩己以安人。」曰：「如斯而已乎？」曰：「脩己以安百姓。脩己以安百姓，堯舜其猶病諸！」（憲問：42）；子路問君子，孔子說：「提高自己的修養，對人恭敬謙遜。」「這樣就行了嗎？」「提高自己的修養，使人心安。」「這樣就行了嗎？」「提高自己的修養，使百姓過上太平的生活。這一點，堯舜都難做到。」子思說：「仲尼祖述堯、舜，憲章文、武；上律天時，下襲水土。辟如天地之無不持載，無不覆幬，辟如四時之錯行，如日月之代明。萬物并育而不相害，道并行而不相悖，小德川流，大德敦化，此天地之所以為大也。」（31）；這是傳說中德的感性故事人物跟孔子的功績合一來論述。但這樣的合一，是根據價值世界的觀點，以主觀的感知，去決定道德秩序與物理世界的合一；如以「小德川流，大德敦化，此天地之所以為大也。」來比喻天地的偉大。又如子墨子曰：「昔者堯舜有茅茨者，且以為禮，且以為樂。湯放桀於大水，環天下自立以為王，事成功立，無大後患，因先王之樂，又自作樂，命曰《護》，又脩《九招》。武王勝殷殺紂，環天下自立以為王，事成功立，無大後患，因先王之樂，又自作樂，命曰《象》。周成王因先王之樂，又自作樂，命曰《騶虞》。周成王之治天下也，不若武王。武王之治天下也，不若成湯。成湯之治天下也，不若堯舜。故其樂逾繁者，其治逾寡。自此觀之，樂非所以治天下也。」（三辯篇）；墨子說：「以前堯舜只有茅草蓋的屋子，所謂禮樂不過如此。後來湯把桀放逐到大水，統一天下，自立為王，事成功立，沒有大的后患，于是就承襲先王之樂而自作新樂，取鎊為《護》，又修《九招》之樂。周武王戰勝殷朝，殺死紂王，統一天下，自立為王，沒有了大的後患，于是襲先王之樂而自作新樂，取名為《騶虞》。周成王治理天下不如武王；周武王治理天下不如成湯；成湯治理天下不如堯舜。所以音樂逾繁雜的國王，他的治績就逾少。由此看來，音樂不是用來治理天下的。」；這樣的歷史觀毫無事實的根據，何況墨子是根據她的肩相愛較鄉立的觀點去建立其學說，就是韓非子後來批評的：「孔子、墨子俱道堯、舜，而取舍不同，皆自謂真堯、舜，堯、舜不復生，將誰使定儒、墨之誠乎？殷、周七百餘歲，虞、夏二千餘歲，而不能定儒、墨之真，今乃欲審堯、舜之道於三千歲之前，意者其不可必乎！無參驗而必之者、愚也，弗能必而據之者、誣也。故明據先王，必定堯、舜者，非愚則誣。愚誣之學，雜反之行，明主弗受也。」（顯學篇）；換句話說，由於當時學者對於知識性的歷史觀未建立，所以這樣的史觀是感性的史觀，所以不足取。

亦有所不能焉。天地之大也，人猶有所憾，故君子語大，天下
莫能載焉；語小，天下莫能破焉。《詩》云：「鳶飛戾天，魚躍
于淵。」言其上下察也。君子之道，造端乎夫婦，及其至也，
察乎天地。（12）

這是說：我們必須區分為兩種道：「天道」與「人道」；前者是指宇宙
根本之道，但它是超乎我們感官之外的抽象存在（This is to say that
we must distinguish between two ways: Heavenly Way, which refers to the
fundamental way of the universe, but which is an abstract existence
beyond our senses.），所以，聖人也所不知（「及其至也，雖聖人亦有
所不知焉」、「及其至也，雖聖人亦有所不能焉。）」這是說德高的聖
人，對於外務的道理有所不知？原因是「天地之大也，人猶有所憾，
故君子語大，天下莫能載焉；語小，天下莫能破焉。《詩》云：『鳶飛
戾天，魚躍于淵。』言其上下察也。」但這就是根據觀察後，借用感
性的詩句去直接表達出來：原來，天地之間的道理，確實非被稱聖人
的人有所不知的。

　　但這種天人合一的道理，卻能通貫在價值世界中，讓一般人去知
道其中的真相，並加以實踐。

　　所以我們必須通過這一段話去理解：就能明白原來孔子、子思所
傳的道，不是科學的道理，而是從他建立的價值世界，綜合真實與價
值兩界之後，進而在道德世界中重視身體力行先秦儒家之人道。那
麼，今天一切試圖使用科學理論去解釋儒家，都可能荒謬之極！

　　至於南懷瑾不自覺使用佛家理論說：聖人是頓悟者，根本是落入
「不瞭解孔子自述一生，到老年才開始讀有關天命的《易經》道理」
的問題中。何況，孔子「從心所欲，不逾矩」是到七十歲之後的事。
所以，他在《中庸》解讀上的問題是，若隨意將六祖慧能的學說，去

詮釋先秦儒家學說，也犯了任意比附的問題。[24]

此外，他將佛經《般若波羅密多心經》上說的「無智亦無得，以無所得故，菩提（覺悟）薩埵（有情）。」；作為「真正的聖人，他與一個平凡的普通人相似。」[25]，來說明：「君子之道費而隱。夫婦之愚，可以與知焉，及其至也，雖聖人亦有所不知焉；夫婦之不肖，可以能行焉，及其至也，雖聖人亦有所不能焉。」但這樣的解讀方式，也形成一種讀儒家經典的重要問題；因為根據我在上面的分析可知：上引文的重點是指出重點：天道之難解，但人道則易行。

基於此，我做一個中庸哲學的綱要表，以顯示子思是怎樣去詮釋孔門哲學？

中庸哲學的綱要表（孔子、子思、孟子、荀子思想演變表）[26]

		解　釋
孔子	五十知天命	到五十歲才能透徹天命的道理。所以《中庸》第一句話就說：「天命之為性」，實給了不容易瞭解的天命之理較淺近的論述。
子思	（一）天命之為性	這是在天人合一原則下，建立的完整論述。所以研究先秦儒家與宋明理學都需要先研究《中庸》。
	（二）率性之謂道	從性上論人生之道；這給孟子極大的啟發。
	（三）修道之謂教	教育成為儒家很重要的一環。我認為在這方面，荀子的功勞很大；換言之，《中庸》上的論述很可能是與荀子相互影響的。

---

24 南懷瑾：《話說中庸》（臺北：南懷瑾文化公司，2014年），頁365。

25 南懷瑾：《話說中庸》，頁258。

26 許朝陽在〈宋代理學所建構思孟學派的文獻問題與理論歧義〉中認為：「孔子、曾子、子思、孟軻一系為儒家系統」（《輔仁國文學報》第33期〔2011年10月〕，頁63-87），我主張：應該加入荀子師說的學說。而勞思光根本否認《中庸》在先秦哲學中的地位；相關研究有：金起賢，〈勞思光先生對先秦學史研究方法論評述〉，（《鵝湖月刊》第244期〔1995年10月〕，頁42-50）

以下，是我對這張表內如概括的解釋是：

（一）天命之為性

子思對於天道的解釋是「天地之道，可壹言而盡也。其為物不貳，則其生物不測。天地之道，博也厚也，高也明也，悠也久也。今夫天，斯昭昭之多，及其無窮也，日月星辰系焉，萬物覆焉。今夫地，一撮土之多，及其廣厚，載華岳而不重，振河海而不泄，萬物載焉。今夫山，一拳石之多，及其廣大，草木生之，禽獸居之，寶藏興焉。今夫水，一勺之多，及其不測，黿鼉、蛟龍、魚鱉生焉，貨財殖焉。《詩》云：『維天之命，於穆不已！』蓋曰天之所以為天也。『於乎不顯！文王之德之純！』蓋曰文王之所以為文也，純亦不已。」；在這一段話中，我們瞭解到子思對於宇宙萬物的偉大，是抱持著一種道德性的眼光去作出結論的。或說：這是對於觀察萬物之後，以「文王之德」來形容以上這些他觀察到的現象（如「今夫天，斯昭昭之多，及其無窮也，日月星辰系焉，萬物覆焉。今夫地，一撮土之多，及其廣厚，載華岳而不重，振河海而不泄，萬物載焉。今夫山，一拳石之多，及其廣大，草木生之，禽獸居之，寶藏興焉。今夫水，一勺之多，及其不測，黿鼉、蛟龍、魚鱉生焉，貨財殖焉。」）。

這些都是我們今天可以實際觀察到的客觀世界的真實現象。但他用的卻是詩人的「維天之命，於穆不已！」（The life of the heavens, Wu Mu!）的感性語言去表達。[27]請問：這裡透露出何種重要的訊息呢？凡研究中國先秦哲學的人，都知道：這樣的天地，是一個天人合德的天地。

---

27 《周頌》「維天之命，於穆不已。於乎不顯，文王之德之純。假以溢我，我其收之。駿惠我文王，曾孫篤之。」（2）；翻作白話是「是那上天天命所歸，多麼莊嚴啊沒有止息。多麼莊嚴啊光輝顯耀，文王的品德純正無比。美好的東西讓我安寧，我接受恩惠自當牢記。順着我文王路線方針，後代執行一心一意。」

　　那麼，我可以肯定說：「天命之謂性」，則這個「性」是一種道德化的性；此證諸《中庸》，確實是一種「價值之性」。所以，子思用「誠性」作為其學說中的人性，而且形成一貫的說法。

　　因此我多年前就已經提出一種主張：說《中庸》說的人性論，可能是在孟子之前，就從天人合一的觀點，肯定人必須有一種超越世俗的道德性——誠性。

　　反之，根據天人合一的架構，人若能夠盡性，就可以「參贊天地的化育」（合乎天道之運行）。但這是從「價值天」上說的話（But that's what value is said in heaven.），所以子思是第一個開啟「天命之謂性」的大哲；他說：

> 唯天下至誠，為能盡其性；能盡其性，則能盡人之性；能盡人之性，則能盡物之性；能盡物之性，則可以贊天地之化育；可以贊天地之化育，則可以與天地參矣。（23）

這一些語言是一種以「感性為主」的「哲學語言」（These languages are a kind of "philosophical language" which is based on "sensuality".）。所以我們不可以邏輯的語言去質疑這段話的可靠性；例如「能盡其性，則能盡人之性（A 則 B）；能盡人之性，則能盡物之性；能盡物之性，則可以贊天地之化育；可以贊天地之化育，則可以與天地參矣。」的解讀，不能視為邏輯的推理；如（A 則 B）、（B 則 C）、（C 則 D）、（D 則 E）的關係；因為這純粹是一種一個人在感觸中，使用感性語言的解讀所形成的論述。

　　根據近代西方哲學家海德格的說法，像老子的道（Being）就是一種經由作者所體會之宇宙本體的直接呈現（A Tao like Laozi's is a direct presentation of the cosmic body experienced by the author.）；如老

子說此道，以「大」來呈現。[28]而子思，以「博也厚也，高也明也，悠也久也。」；都是屬於一種作者在感觸時使用的感性的語言或詩人的語言的表現方式。

又根據 Robert Mugerauer 的說法：Heidegger would have used the term "expression" notonly because he thought of language with metaphysical distinctions, but because he thought the reverse also is true; language appears in metaphysical guise only where it is already thought by means of experience, which refers back to the "I"as in Dilthey's Erlebnis.（海德格爾會使用「表達」一詞，不僅因為他認為語言具有形而上學的區別，而且，因為他認為反之也是正確的；語言只出現在形而上學的框架裡，它已經成為經驗，這指的是「我」，如德里達在埃爾勒布尼斯中的用語。）[29]

他的意思就是說：這些形上的語言特徵就是直接的或經過感性獲得的結果，所以最後必須使用感性的或詩人的語言去表達出來；如上引的詩句是直接使用「維天之命，於穆不已！」所以，作者不必就此做進一步的解釋。

所以我們若能夠根據這一套使用特殊語言所構造的哲學思維進路，去瞭解他所建造的哲學體系的真相，的確可以少走許多冤枉路。

換句話說，子思留下的《中庸》這本書，如今已經逐漸被認為是，介於孔子與孟子之間的偉大哲學創作，其重要性當然是不言而喻的。所以，像過去的宋明理學家們早就重視這本書，而整個宋明哲學都是朝這方面去發展道理就在此。

---

28 孔子形容天也說：「大哉，堯之為君也！巍巍乎！唯天為大，唯堯則之。蕩蕩乎！民無能名焉。巍巍乎！其有成功也；煥乎，其有文章！」（泰伯：7）；孔子說：「堯當君主，偉大崇高，可比於天！他的恩德，無法形容！他的功勞，千古留芳！他的制度，光輝燦爛！」

29 Robert Mugerauer, *Heidegger's Language and Thinking*, Humanities Press International, Inc., New Jersey, London, 1988, p.25.

　　例如《中庸》第十三章說道：「君子之道費而隱。」這是說：君子之道是十分廣大（無所不在）的。[30]另外，子思講的道理，是在價值世界中，也就是上述的內心的修養上，所以他雖然也說天之道，但整個哲學思想是以修養為最大的目標。所以《中庸》第二十章說：

> 誠者，天之道也；誠之者，人之道也。誠者不勉而中，不思而得，從容中道，聖人也。誠之者，擇善而固執之者也。博學之，審問之，慎思之，明辨之，篤行之。有弗學，學之弗能，弗措也；有弗問，問之弗知，弗措也；有弗思，思之弗得，弗措也；有弗辨，辨之弗明，弗措也，有弗行，行之弗篤，弗措也。人一能之己百之，人十能之己千之。果能此道矣，雖愚必明，雖柔必強。（20）

　　這是從天道講起，論誠之的方法；是把握根本之道之後，講修養之道。但在第二十六章上卻反其道來說：如何進行道德的修養，來配合天道？

> 誠者自成也，而道自道也。誠者物之終始，不誠無物。是故君子誠之為貴。誠者非自成己而已也，所以成物也。成己，仁也；成物，知也。性之德也，合外內之道也，故時措之宜也。故至誠無息。不息則久，久則徵，徵則悠遠，悠遠則博厚，博厚則高明。博厚，所以載物也；高明，所以覆物也；悠久，所以成物也。博厚配地，高明配天，悠久無疆。如此者，不見而章，不動而變，無為而成。（26）

在這一段話中，「成己，仁也；成物，知也。性之德也，合外內之道

也」；此顯示出儒家在先秦時代就想從價值世界的體悟，去建造一種內外一體的哲學。但這樣哲學中，實存在唯心主義的問題，所以我們不必為它做過多的辯護。

（二）率性之謂道

這就是子思說的：「誠之者，人之道也。」根據他的說法是，「誠者，天之道也；誠之者，人之道也。」又說：「誠者不勉而中，不思而得，從容中道，聖人也。誠之者，擇善而固執之者也。」；我認為：「這是設法突破老子的擇善而不固執之」的學說；在這方面，西方的學家 David S. Nivison 認為：孟子與荀子的學說，就是用來對抗老子「上德不德，是以有德；下德不失德，是以無德。上德無為而無以為；下德為之而有以為。上仁為之而無以為；上義為之而有以為。上禮為之而莫之應，則攘臂而扔之。故失道而後德，失德而後仁，失仁而後義，失義而後禮。夫禮者，忠信之薄，而亂之首。前識者，道之華，而愚之始。是以大丈夫處其厚，不居其薄；處其實，不居其華。故去彼取此。」（38）；我認為十分有理；因為老子對於儒家講的道德，認為已經出現極大的問題，就是指重視形式的奢華。所以提出一種恢復到之本質的「法自然」的學說。但或許大家並沒注意到：早在孟子與荀子之前的子思，已經有對於善的堅持的學說。[31]所以子思說的性是善性，而率性就是遵循此性而行。

至於子思又繼續說的方法論，是一種能夠徹底反思儒家哲學的方法論述；如說：

> 博學之，審問之，慎思之，明辨之，篤行之。有弗學，學之弗
> 能，弗措也；有弗問，問之弗知，弗措也；有弗思，思之弗

---

31 「誠之者，擇善而固執之者也」（《中庸》：22）；又引孔子的話，子曰：「回之為人也，擇乎中庸，得一善，則拳拳服膺而弗失之矣。」（《中庸》：8）

得，弗措也；有弗辨，辨之弗明，弗措也，有弗行，行之弗篤，弗措也。人一能之己百之，人十能之己千之。果能此道矣，雖愚必明，雖柔必強。（22）

這就是一種教人不但要注意實踐的學說，而且在實踐之中，必須知道「審問之，慎思之，明辨之」。所以從此我必須再次指出：《中庸》這本書的重要性，就是教人實踐時，同時必須不斷重視反思一種道德的實質意義。[32]否則，形成在實踐中不知思考的問題。凡此，就在發揚孔子重視思考的重要原則。

（三）修道之謂教

教的意義在此不需要多說；因為孔子是一位老師，其弟子或能發揚其學說的人，就是老師（荀子更主張老師的重要）。在這方面，我認為：《中庸》也表達相關的思想；如說：

自誠明，謂之性；自明誠，謂之教。誠則明矣，明則誠矣。唯天下至誠，為能盡其性；能盡其性，則能盡人之性；能盡人之性，則能盡物之性；能盡物之性，則可以贊天地之化育；可以贊天地之化育，則可以與天地參矣。（21）

「自誠明，謂之性；自明誠，謂之教。」；我根據朱熹的註釋是，「自，由也。德無不實而明無不照者，聖人之德。所性而有者也，天

孔子曰：「君子有九思：視思明，聽思聰，色思溫，貌思恭，言思忠，事思敬，疑思問，忿思難，見得思義。」（季氏：10）；孔子說：「君子有九種事情要考慮：看要考慮是否看清楚了、聽要考慮是否聽清楚了、臉色要考慮是否溫和、表情要考慮是否謙恭、言談時要考慮是否忠誠、工作時要考慮是否敬業、疑問時要考慮請教、憤怒時要考慮後患、見到好處時要考慮道義。」

道也。先明乎善，而後能實其善者，賢人之學。由教而入者也，人道
也。」[33]；這就是說，人生有智愚之別。所以聖人之學較快；所謂孔
子弟子說老師是：

> 大宰問於子貢曰：「夫子聖者與？何其多能也？」子貢曰：「固
> 天縱之將聖，又多能也。」子聞之，曰：「大宰知我乎！吾少
> 也賤，故多能鄙事。君子多乎哉？不多也。」（子罕：6）

所以子思便說出「人一能之己百之，人十能之己千之。果能此道矣，
雖愚必明，雖柔必強。」的話。

那麼，讀經必須這樣能夠先抓住其要義；如《中庸》最初的三個
重要命題。之後，我們根據這一命題去瞭解其全書，便思過半矣！

七　儒家現代化的問題

（一）改進讀經的方法

最後根據我上述的論述，準備將本書中討論一個重要的問題：儒
家要現代化的問題。為什麼這是重要的問題？因為我覺得：怎樣讓儒
家思想在現代社會形成巨大的影響力，是我們今天提倡儒家的重要目
的。但究竟我們可以從何方面去提倡呢？今天有人提倡讀經，或許是
一種可行的辦法。但我認為：儒家思想在人類社會中，能夠歷久不衰
的主要原因是，將人的地位大大提高的關係。何以說？

如孟子一生主張的人天生具有的善端，就是一種合情合理的學
說。理由有二：（1）維繫社會的倫理道德，需要有一種超乎理性或功
利的倫理道德；如對父母之孝。（2）從道德理性來說，現代科學以證

33　朱熹：《四書章句集注》，頁32。

明人類天生就有一種智慧是一般動物缺乏的，所以孟子提出的善端之說，可以從此獲得證明。

我這樣的回應，乃是針對現代社會許多人對於人的價值的嚴重忽略；例如竟然有人將人作為一般動物而不加以區別。所以，形成人欲的過度使用的問題。反之，中國哲學家無論儒家、墨家以及道家哲學，無不「主張節欲」的理由就在這裡（Chinese philosophers, whether Confucian, Mexican or Taoist, have no reason to advocate abstinence here.）。基於此，我認為我們將來為復興儒家思想，必須從如何能夠利用子思的真誠之道（誠者，天知道。誠之者，人道）作為主要的道德訴求。否則，現代儒家可能會再度被專制異化為「三綱五常」更嚴重的儒家（Otherwise, modern Confucianism may once again be desoized and alienated into a more serious Confucianism of the "the three cardinal guides and the five constant virtues".）。

再者，近年來，現代倫理學的興盛，的確有助於新儒家的復興；此乃因現代人類社會由於工業化之後，社會形態呈現過分忙碌的問題。所以在競爭中，已使人們天天疲於奔命；此不但是增加心理疾病的重要原因，也是許多不治之症的來源。現在以前者來說，許多人天天忙碌到最後，經常會提出一個問題問自己：「我到底活在世界的意義何在？」這是種從存在主義下的哲學思考，就是人類能自覺地回到生命本身存在的意義問題。

所以我首先認為：人類存在的意義與價值的自覺，正式傳統儒家曾經反省過的；例如孟子就曾經說過：

> 人皆有不忍人之心。先王有不忍人之心，斯有不忍人之政矣。以不忍人之心，行不忍人之政，治天下可運之掌上。所以謂人皆有不忍人之心者，今人乍見孺子將入於井，皆有怵惕惻隱之心。非所以內交於孺子之父母也，非所以要譽於鄉黨朋友也，

非惡其聲而然也。由是觀之，無惻隱之心，非人也；無羞惡之心，非人也；無辭讓之心，非人也；無是非之心，非人也。惻隱之心，仁之端也；羞惡之心，義之端也；辭讓之心，禮之端也；是非之心，智之端也。人之有是四端也，猶其有四體也。有是四端而自謂不能者，自賊者也；謂其君不能者，賊其君者也。凡有四端於我者，知皆擴而充之矣，若火之始然，泉之始達。苟能充之，足以保四海；苟不充之，不足以事父母。（公孫丑上：6）

在我讀這一段話時，特別注意孟子對於「人存在」的反思，就是從四端之心上去定義人的價值應該是什麼。[34]但請注意：這純粹是一種「價值上的定義」。但我們從這一重要定義中，發現到：儒家對於人存價值的強調─就是能夠不苟且偷生。所以孟子更強調：

自暴者，不可與有言也；自棄者，不可與有為也。言非禮義，謂之自暴也；吾身不能居仁由義，謂之自棄也。仁，人之安宅也；義，人之正路也。曠安宅而弗居，舍正路而不由，哀哉！（離婁上：10）

這就是說，人若不能夠遵守天生具有的仁義去行，就是自暴自棄之人。不僅如此，今天的人類若任意去自殺，或主張無病痛就想安樂死；這樣消極的想法，似乎已成為我們這個時代的人類，面臨的重大問題。所以新儒家在這一重大的問題上，究竟能提出何種良方？便是

---

34 牟宗三認為：「人之所以為人，此中之所以，有從形成之理方面說，有從實踐之理方面說。這兩者絕不可混。而實踐之理有從為人之後或內在於人方面說，有從在其為人之前或外在於人方面說。這亦不可混。牟宗三：《道德的理想主義》（臺北：臺灣學生書局，1982年，修正五版），頁124。

值得我們今天必須面對的問題。所以我希望:我能夠在本論文集中,對這樣的回應這樣現代化儒家的問題。

以上就是我希望學界能夠將中國儒家經典活化去閱讀的具體辦法。

(二)具有科學學術訓練的讀經

這是指必須將閱讀或研究儒家經典,建立在具有學術水準的標準之上;所謂具有學術水準,簡單說,就是當我們建立一種新說時,必須有實際的證據與論述。所以一切信口雌黃的解讀,應該將它放在一邊。這樣做的目的是,我看到今天許多有關《四書》的研究著作,其作者經常可以依照自己一時的感受或心得,就表述出「沒有實際根據的說法」;如上述那些充滿仇視眼光的著作,還包括被稱為國學大師的著作;例如奉天學院出版的毓老師講的《論語》,竟然將《詩經》講成社會學;他說:

> 「誦詩三百」「詩,可以興,可以觀,可以群,可以怨。」
> (《論語·陽貨》),「誦詩三百」就是社會學;不瞭解社會學,
> 怎樣為政?[35]

曾子有疾,召門弟子曰:「啟予足!啟予手!《詩》云『戰戰兢兢,如臨深淵,如履薄冰。』而今而後,吾知免夫!小子!」(泰伯:3)

這是說:曾子得了重病,將學生召集起來,說:「同學們啊,看看我的足!看看我的腳!看看受過傷沒有,我一生謹慎,總是小心翼翼,就像站在深淵之旁,就像踩在薄冰之上。現在,我的身體再也不會受傷了!」;這明明是藉《詩》來明志。所以詩是作為一種表現個人內在修養的作品。這與社會學何干?

---

35 愛新覺羅毓鋆講述;蔡宏恩、許晉溢筆錄;許晉溢整理:《論語》(第三冊),(臺南:奉元出版事業公司,2020年),頁1038-1022。

但《詩》在孔門的最大作用在哪？子曰：「興於詩，立於禮。成於樂。」（泰伯：8）；孔子說：「以吟誦詩篇抒發熱情、以堅守禮法建功立業、以聆聽音樂愉悅身心。」所以我們可以說，詩是孔子禮樂之教的一部分。與社會學無關。何況，下面一段話說：

> 陳亢問於伯魚曰：「子亦有異聞乎？」對曰：「未也。嘗獨立，鯉趨而過庭。曰：『學詩乎？』對曰：『未也。』『不學詩，無以言。』鯉退而學詩。他日又獨立，鯉趨而過庭。曰：『學禮乎？』對曰：『未也。』『不學禮，無以立。』鯉退而學禮。聞斯二者。」陳亢退而喜曰：「問一得三，聞詩，禮，又聞君子之遠其子也。」（季氏：13）

陳亢問伯魚：「你學到了密傳嗎？」伯魚答：「沒有。有一次他一個人站在那，我快步過庭。他問：『學詩了嗎？』我說：『沒有。』『不學詩，就不能掌握說話的技巧。』我回去學詩。又一次他又一個人站在那，我快步過庭。他問：『學禮了嗎？』我說：『沒有。』『不學禮，就不能立足於社會。』我回去學禮，就聽過這兩次。」陳亢回去高興地說：「問一件事，得到三方面收穫：知道《詩》的作用，禮的作用，又知道了君子並不偏愛自己的兒子。」

這就可以與上引的「興於詩，立於禮，成於樂。」對勘，就是他們都是孔子六藝的一部分。就是作為表達個人以文雅方式的說話技巧。

又子曰：「誦詩三百，授之以政，不達；使於四方，不能專對；雖多，亦奚以為？」（子路：5）；孔子說：「讀了許多書，讓他乾工作，卻完成不了任務；讓他搞公關，卻完成不了使命。這樣的人，書讀得再多，又有什麼用？」，被他認為是社會學，不如視談話術，與孔子說的「不學詩，無以言。」相當。

又子曰：「小子！何莫學夫詩？詩，可以興，可以觀，可以群，

可以怨。邇之事父，遠之事君。多識於鳥獸草木之名。」（陽貨：9）

這是孔子說：「同學們，為什麼不學詩呢？學詩可以激發熱情，可以提高觀察力，可以團結群眾，可以抒發不滿。近可以事奉父母，遠可以事奉君王；還可以多知道些鳥獸草木的名字。」與社會學無關，倒是與孔子說的倫常之道有關。

不但如此，他不知道：社會學是門現代的科學，是屬於知識之學。但《詩經》明明是一部文學作品，不是嗎？但現在我要問的是，這樣的論斷，問題在哪裡呢，就在於研究一種學問，必須先去參考有關專家的著作，看看人家是如何做學問的？我認為起碼必須從一兩位學有專精的相關著作入手；例如錢穆這樣的大師，對於〈陽貨篇〉的詩，「可以興，可以觀，可以群，可以怨。邇之事父，遠之事君。多識於鳥獸草木之名。」是這樣翻譯的：

> 學了詩，可以興起你自己，可以懂得如何博觀於天地，可以懂得在群中如何處，可以懂得處群時如何怨。近處講，懂得如何奉事父母。遠處講，懂得如何奉事君上。小言之，可以使你多認識一些鳥獸草木之名。[36]

所以孔子從《詩》學到的重點是，做人之道，而非社會學。何況，近代社會學是研究社會現象的科學，[37]與孔子的倫理學有一段相當的距

---

36 錢穆：《論語新解》，頁627-628。

37 社會學（英語：sociology）起源於十九世紀末期，是一門研究社會的學科。社會學使用各種研究方法進行實證調查和批判分析，以發展及完善一套有關人類社會結構及活動的知識體系，並會以運用這些知識去尋求或改善社會福利為目標。社會學的研究範圍廣泛，包括了由微觀社會學層級的機構（社會學）（社會行動）（agency）或人際互動，至宏觀社會學層級的社會系統或結構，社會學的本體有社會中的個人、社會結構、社會變遷、社會問題、和社會控制，因此社會學通常跟經濟學、政治學、人類學、心理學等學科並列於社會科學領域之下。社會學在研究題材上或研究法則上均有相當的廣泛性，其傳統研究對象包括了社會分層、社會階級、社會流

離。所以若沒有相當的學術訓練，就將古代經典任意去解釋，顯得相當粗糙，是禁不起人們考驗的。

（三）以哲學眼光來反省儒家思想

可是，當今學界還有許多人看不起孔子的學說，認為它不是哲學。但我卻從人類開始去研究如何生活上看中國哲學；因為在人類文化發生之初，許多大智慧家就開始研究：人在這個變動中的社會中，到底該如何生活？

結果，中國哲學家選擇的是，精神生活方面的修養；例如：孔子說：

> 「聖人，吾不得而見之矣；得見君子者，斯可矣。」子曰：
> 「善人，吾不得而見之矣；得見有恆者，斯可矣。亡而為有，
> 虛而為盈，約而為泰，難乎有恆矣。」（述而：26）

孔子說：「聖人，我不可能看到了；能看到君子，也就可以了。善人，我不可能看到了；能看到一心向善的人，也就可以了。沒有卻裝作擁有、空虛卻裝作充實、貧窮卻裝作富裕，打腫臉充胖子的人很難一心向善！」所以這就是說，一種追求有教養的文明人哲學，才是孔子開創的學問。像這樣的智慧，我們稱它為生命的學問可能較貼切。

但在提倡這種學問時，必須是真心誠意的。所以其孫子思，以

動、社會宗教、社會法律、越軌行為等，而採取的模式則包括質化和量化的研究方法。由於人類活動的所有領域都是由社會結構、個體機構的影響下塑造而成，所以隨著社會發展，社會學進一步擴大其研究重點至其他相關科目，例如醫療、護理、軍事或刑事制度、網際網路等，甚至是例如科學知識發展在社會活動中的作用一類的課題。另一方面，社會科學方法（social scientific methods）的範圍也越來越廣泛。（https://zh.wikipedia.org/zh-tw/%E7%A4%BE%E4%BC%9A%E5%AD%A6；2020/9/1瀏覽）

「誠」為這種學問實踐的根本。[38]所以它絕不是假道學。但更不是科學；因為科學研究是在外在的世界。反之，孟子已經明白指出：儒家之學是時時能夠反省自己的言行之學。所以他說：「仁義禮智，非由外鑠我也，我固有之也，弗思耳矣。故曰：『求則得之，舍則失之。』或相倍蓰而無算者，不能盡其才者也。《詩》曰：『天生蒸民，有物有則。民之秉夷，好是懿德。』孔子曰：『為此詩者，其知道乎！故有物必有則，民之秉夷也，故好是懿德。』」（告子上：6）

又說：

> 昔者曾子謂子襄曰：「子好勇乎？吾嘗聞大勇於夫子矣：自反而不縮，雖褐寬博，吾不惴焉；自反而縮，雖千萬人，吾往矣。」（公孫丑上：2）

這雖然不是人人可做到的生命智慧，但是我們生活的標竿。至於孟子說的「君子所以異於人者，以其存心也。君子以仁存心，以禮存心。仁者愛人，有禮者敬人。愛人者人恆愛之，敬人者人恆敬之。有人於此，其待我以橫逆，則君子必自反也：我必不仁也，必無禮也，此物

---

38 「誠」也是一種從內心的修養概念。所以我認為：如果在孔子之後到孟子期間，有關人性的討論經常懸而未決；例如王充在《論衡》中提到，「周人世碩以為人性有善有惡，舉人之善性，養而致之則善長；性惡，養而致之則惡長。如此，則性各有陰陽，善惡在所養焉。故世子作《養書》一篇。宓子賤、漆雕開、公孫尼子之徒，亦論情性，與世子相出入，皆言性有善有惡。孟子作《性善》之篇，以為『人性皆善，及其不善，物亂之也。』謂人生於天地，皆稟善性，長大與物交接者，放縱悖亂，不善日以生矣。」（本性篇）；這樣的發展之中，我認為：子思在《中庸》裡說的誠性，是對於天命與性之間，已經現做了「內在超越性」的肯定。另外蒙培元根據地下出土的《性自命出》與《中庸》的「天命之為性」相符合。所以我根據這種論述，更加可以說：《中庸》就是子思最後的著作。另一值得參考的文獻是：伍振勳：〈先秦《中庸》文本的行程及解讀問題──「述者」文本觀點〉，《臺大中文學報》第52期（2016年3月），頁1-42。

奚宜至哉？其自反而仁矣，自反而有禮矣，其橫逆由是也，君子必自反也：我必不忠。自反而忠矣，其橫逆由是也」（離婁上：56）；確實是儒家的精華，就是他們先不去要求別人能夠實踐道德。而且，在個人追求道德時，沒有獲得尊敬時，反而能回到自身上做更大的反省。這就是孔子說的：「人不知，而不慍」的君子精神的具體表現。

基於此，我認為：改進讀經的方法，的確要多讀，而且要反覆閱讀，以達到完全遵循其理路，去玩味其中意義不可的地步。

八　結論

一、讀《四書》必須先參考先賢或專家學者的相關研究，然後才不會失去重心。

二、閱讀經典是終生的工作，前輩重視的句句讀經或抄書，是重要的法門。

三、檢視個人單打獨鬥研究上產生的問題，並將先秦儒家哲學放在哲學的園地中，作合乎學術之研究。

第一部分
經典詮釋方法論

第一章

談《論語》的詮釋方法

──以〈學而篇〉為討論中心

一　前言

　　最近我在許多圖書館中，發現一種很好的現象，就是大家對於中國最重要的經典──《論語》紛紛提出自己的高見；但其中，有的竟然將這本書批得體無完膚。[1]我看完之後，認為這樣的批評，是徹底失去學習經典的意義的；因為今天我們所處的時代，雖然是一個可以「容許異議」的時代，卻同時也應該是一個必須知道：「學術討論之為學術該如何討論，才是理性」的時代。因此所謂學術討論，不但不是漫無實際根據的謾罵，而且必須在討論之前，必須對這家經典必須具備起碼的常識；例如我們研究《論語》這部經書時，首先必須知道：他是教人怎樣做一個道德的人。否則，如果這樣的基本常識都欠缺，還大罵它視偽學，不僅失去學者個人的學術地位，而且，對一般讀者而言，也可能被人誤導。

　　基於此，我現在試回到《論語》的第一章〈學而篇〉，做為討論孔子學說的中心，以研究：到底我們在研究中國經典，可以採取何種適當的方法？但我在這裡所說的「可以採取何種適當的方法」，並不是我說的才是唯一的方法，而是到底我們以何種詮釋《論語》的方法，才能在學術殿堂上開始進行理性的討論？

---

1 黃文雄著，蕭志強漢譯：《論語反論：破解中國千年思想宰制迷思》（臺北：前衛出版社，2016年），頁15。

　　這是我在論述《論語》的第一章之前，必須跟讀者做清楚的交代。

　　換句話說，我在此提出的一切見解，可以根據必須有我的論述背後的實際根據，否則我們的討論便意義不大，甚至沒有意義。

　　基於此，本文將從以下諸方面進行討論：

一、解題

二、本文的問題意識

三、本文的寫作動機、目的以及方法

四、相關文獻探討

五、《論語》的第一章〈學而篇〉做為討論孔子學說的中心的經典詮釋

六、《論語》的經義與詮釋

二　解題

　　我當初選擇這個重要題目來做，源於對於中國哲學經書的詮釋，有一番體會，就是我們解讀中國經書時，不能全使用西方學者治漢學的方式；因為中國哲學是一種「實踐的生命之學」。所以使用西方哲學家所採取的「知識進路」去做「名詞的解析」，或許可以分析出某些模糊不清的意義，但如孔子說的「仁」或「義」，本是一種境界完成的實踐概念。因此「如果只以分析的方式去歸納其意義，就可能像唐君毅的《論語》或《老子》「道」之解題，有時無法完全詮釋出其中真正的生命意義；雖然他主張必須從宋明理學來識孔子的學說，也就是能回到儒家的脈絡中瞭解儒家，但我卻認為：瞭解儒家的本初意義，必須先從孟子或代表儒家最初發展的《中庸》與《大學》，甚至於《孟子》上，同時去進行瞭解比較相應；因為這些思想的發生，代表先秦儒家是如何根據孔最重視的「思考與學習」的基本原則，去建構出的新一代的哲學。所以，我主張：我們首先必從這些接下去的儒

家經書論述中，去理解與比較出孔子學說的意義，可能比一般追求基本概念的分析的方法，更具意義。[2]

　　為此，我以最近讀到中國孔子學院院長楊朝明主編的《細讀論語》，引證宋代一位學者認為：《論語》第一章是進入孔子學說之門的篇章來說明其理解孔書的方法。例如他說：梁人皇侃的《論語義疏》：「皆行人之大者，故為諸篇之先。」又認為：「子思這樣條次編輯，既符合乃祖孔子原意。」但他論述中，卻以《孔叢子》與《孔子家語》等充滿「偽造痕跡」的書籍，作為論述的根基，[3]便是一種令人遺憾的論述！

　　不僅如此，我對於歷代善讀《論語》的諸家說法來觀察，《論語》的〈學而篇〉固然是我們進入孔門的重要開始。或說，我們如能夠對於這一章每句話的意義充分掌握之後，才談得上瞭解孔子到底說的是什麼。

　　例如「學而時習之」的意義，眾說紛紜，但我們該採取那種意義去解讀，才合意的呢？就是我做此文的意義。

三　問題意識

　　即到底我們在閱讀《論語》中，應該持何種眼光與方法，去理解這部主宰中國兩千多年以來思想與行為的重要經典；特別是，在對岸的學者中，經常以其領導人對於研究孔子，必須從《孔子家語》之類的古籍去研究，或持西方哲學家、漢學家的知識論眼光去分析之時，我們是否能回到中國哲學本身的特質（包括先秦儒家的根本精神），去考察其真相？所以本文的重心是落在孔子之學到底何指？

2　唐君毅：《中國哲學原論》〈原道篇1〉（臺北：新亞研究所、臺灣學生書局，1978年），頁145-149。

3　楊朝明主編：《細讀論語》，（臺北：寂天文化公司，2017年），頁4-26。

四　研究的動機目的，以及方法

今天研究《論語》的學者有如過江之鯽，但經常令人有眼花撩亂之感。所以經常有人問我：研究孔子的哲學，是否必須只從《論語》作中心？我的答案是肯定的！因為這是一本準備給中國古代人普遍能夠閱讀的書籍，所以編者當年是使用當時社會的白話文，去紀錄孔子與弟子之間的對話，以利於一般人的瞭解。但，它經過千年以上的文字獄與語法結構變化之後，已經產生一個重要的問題，就是不容易真正能夠去瞭解其中的意義究竟何在？例如他說的「學」，究竟與我們今天學生在學校講的學習內容，是否完全相同？又不同在那裡？

所以我主張：在我們研究一般學者所最重要的第一章時，是否能夠透過《論語》之外的三書，去進一步掌握孔子學說的意義。因此，我在此處寫作的方法，是以〈學而篇〉為中心，不僅要去分析其意義，而且從《大學》、《中庸》，以及《孟子》對於學習意義的詮釋，來瞭解《論語》全書的要義。

五　相關文獻探討

今天世界各國研究孔子哲學的風氣漸漸恢復起來，或許中國有十三億人口，連習近平主席也談《孔子家語》的重要。但我們作為一位嚴謹的學者來說，如果是像他們這樣不嚴謹；竟連《孔子家語》這樣的「偽書」[4]也視為珍寶，則是學界的一大悲哀！基於此，我在論述本文主題：談《論語》的詮釋方法 —— 以〈學而篇〉為討論中心之前，必須先以幾位研究孔子學說的著作最為討論問題的重要參照。

---

4 我所謂的偽書，是指一部沒有經過考證或證據不足，又不是過去學者經常引用的，去作為解釋孔子學說的主要來源。

（一）中國古代的朱熹

在中國哲學史上，我對於朱熹的學問向來佩服！因為我們不管他與現代新儒家所重視的心學儒家怎樣不同，但觀察他一生對於孔孟所代表的《四書》的研究，真正可以說能夠做到投入一生精力的地步。所以他的學問儘管與其他儒家不同，可是，至少表現孔子當年重視的學問不斷去專研的態度，而且卓然有成，是不容今天學者忽視的，也是我們讀者應該學習的精神。在此，我必須先指出的，就是他在《中庸章句序》上說的先秦儒家如何傳承的重大問題；他說：

> 然當是時，見而知之者，惟顏氏、曾氏之傳得其宗。及曾氏之再傳，而復得夫子之孫子思，則去聖遠而異端起矣。子思懼夫愈久而愈失其真也，於是推本堯舜以來相傳之意，質以平日所聞父師之言，更互演繹，作為此書，以詔後之學者。蓋其憂之也深，故其言之也切；其慮之也遠，故其說之也詳。其曰「天命率性」，則道心之謂也；其曰「擇善固執」，則精一之謂也；其曰「君子時中」，則執中之謂也。世之相後，千有餘年，而其言之不異，如合符節。歷選前聖之書，所以提挈綱維、開示蘊奧，未有若是之明且盡者也。自是而又再傳以得孟氏，為能推明是書，以承先聖之統，及其沒而遂失其傳焉。[5]

像這樣的儒家傳承之說，我在多年之前，已經提出子思的《中庸》是存在孟子之前的學說。[6]後由大陸地下的出土，已加以證實；即在孔子之後，其孫子——子思著的《中庸》這本書，是我們今天研究孔子學說的第一本重要參考書。現在，我更要指出：根據王充〈本性篇〉

5　朱熹：《四書章句集注》（臺北：大安出版社，1996年），頁19-21。
6　譚宇權：《中庸哲學研究》（臺北：文津出版社，1995年），頁1-23。

上說的：「周人世碩以為人性有善有惡，舉人之善性，養而致之則善長；性惡，養而致之則惡長。如此，則性各有陰陽，善惡在所養焉。故世子作《養書》一篇。密子賤、漆雕開、公孫尼子之徒，亦論情性，與世子相出入，皆言性有善有惡。孟子作《性善》之篇，以為『人性皆善，及其不善，物亂之也。』謂人生於天地，皆稟善性，長大與物交接者，放縱悖亂，不善日以生矣。」（本性篇）這一段話的重要性，就是說：在孟子提出其性論之前，儒家在這方面，早已經形成這方面的不同討論（只是一直未定論而已）。

而我與朱熹提出的「儒家承傳之說」的目的，就在於讓我們瞭解到，「歷史性發展的瞭解」（An understanding of historical developments），是瞭解一家哲學核心討論中一種「重要而必要的方法」；例如：在孔子孫子──子思《中庸》的人性論中，已經表現出對人性是誠性的充分肯定，也可能是孟子性善論之前的重要的儒家理論。

而後來，經過現代中國的地下資料《性自命出》的發現，我們也能證實這一點，就是在孔子死之後，其弟子先提出一種儒家早期的性有善有惡論。[7]它可視為與孟子作《性善》之篇之間的哲學論述，而《中庸》，既然是一部公認的，重建儒家哲學體系的重要著作，所以我首先欣賞朱子這種「終身對於四書研究」的治學態度，因此也認為他的相關著作，是我們瞭解孔子學說時，首先必須參考的「重要資料」。

（二）中國大陸的張祥龍（1949-）

張祥龍是美國紐約大學哲學博士（1992），現在是北京大學哲學系教授，也是一位重要的比較東西哲學的重要學者。他在《先秦儒家哲學九講：從春秋到荀子》中，提出許多個人創新的觀點；其中包括：在這一書中第一講的「我們強調『樂』和『詩』對於理解孔子思

---

7 丁中江：《簡帛文明與古代世界》（北京：北京大學出版社，2011年），頁182-183。

想的關鍵意義。」[8]

他的論述是：「你學了六藝，光會背書，是君子嗎？也不是。君子必須有在藝術中時機化的本事。」[9]又說：「仁人是什麼？就是君子的原本完整的時機化或生存時間化。仁人與君子沒有什麼不同，只是把時機化實踐得更徹、更充分。這主要是指將君子所學的藝本身回過頭來又化入『親親』之中，讓他們達到父母的池愛、父母的孝愛的時量化的境地，讓藝獲得鮮明的代際肉身感受，從而得其親，並由此更充分地體會到親親本身藝術性和嬰兒成長的仁——仁道性。」[10]

何謂「藝—術中時機化？」又何謂「仁人是什麼？就是君子的原本完整的時機化或生存時間化」？像這樣的表述，可能除了更讓人對於孔子的仁人與君子更加不懂之外，請問在此詮釋的意義何在？

但就孔子的所謂君子來說，我們並不難懂。根據我的理解，孔子或孟子講的是生命哲學，而非美學。前者我稱為一種道德哲學，是生命如何經過漸進的道德實踐，而達到的生命境界；在這方面，孔子提出的道德修養很多；例如第一章的：子曰：「學而時習之，不亦說乎？有朋自遠方來，不亦樂乎？人不知而不慍，不亦君子乎？」（1）；有子曰：「其為人也孝弟，而好犯上者，鮮矣；不好犯上，而好作亂者，未之有也。君子務本，本立而道生。孝弟也者，其為仁之本與！」（2）；子曰：「君子不重則不威，學則不固。主忠信，無友不如己者，過則勿憚改。」（8）；子曰：「君子食無求飽，居無求安，敏於事而慎於言，就有道而正焉，可謂好學也已。」（14）。

這樣去瞭解，是非常明白簡單的精神生活上的修養；包括一個人在家能孝順父母、尊敬長上、友愛兄弟，以及與朋友交，能信守承

8　張祥龍：《先秦儒家哲學九講：從春秋到荀子》（桂林：廣西人民出版社，2010年），頁5-32。

9　張祥龍：《先秦儒家哲學九講：從春秋到荀子》，頁9。

10　張祥龍：《先秦儒家哲學九講：從春秋到荀子》，頁9。

諾，就這麼簡單，為什麼要將這樣的道理，以一些如上的「不易的概念」講孔子的學說，讓人如入五里霧中呢？還有讓人理解論語的意義嗎？

（三）臺灣的傅佩榮的《論語解讀》

作者是耶魯大學哲學博士，在臺大哲學系教授中國哲學多年，對儒家哲學有其精到；例如其《樂天知命：傅佩榮談《易經》》能將孔子與其的弟子對於《易經》在居安思危的要義上的闡發，的確是解決一般人對於儒家所要進一步瞭解天意之後，獲得安身之道的重要著作。[11]但他一向主張以「向善論」來詮釋《孟子》，則曾經引起學界極大的反彈。

不過，今檢視其《論語解讀》上的，以「向善論」來詮釋孔說，則有相當合理之處；因為孔子從未研究人性的善惡，最多說過：「性相近，習相遠」的話。當然，傅佩榮的上述論述，還必須進一步去加強其論據，以便說明：孟子有與孔子學說相同的部分，但孟子所以能夠成為一位能發揚孔說的大思想家，其創建究竟在何處？

不過，現在我從傅佩榮的《論語解讀》，來觀察他在詮釋《論語》的主要貢獻，是他能夠提出個人在解讀上的不同看法；如孔子說：「未若貧而樂，富而好禮」中，在「樂」之後加上一「道」字；[12]因為孔子提倡的正是「安貧樂道」；如子曰：「飯疏食飲水，曲肱而枕之，樂亦在其中矣。不義而富且貴，於我如浮雲。」（述而：16）；葉公問孔子於子路，子路不對。子曰：「女奚不曰，其為人也，發憤忘食，樂以忘憂，不知老之將至云爾。」（述而：19）。又《知不足齋叢書》本、《古逸叢書》本《論語集解》作「樂道」。又將「思無邪」的

---

11 傅佩榮：《樂天知命：傅佩榮談《易經》》（臺北：天下文化出版公司，2011年），頁6-35。

12 傅佩榮：《樂天知命：傅佩榮談《易經》》，頁8。

思，作「語詞」解，所以無意義。[13]今試考察《論語》中的相關「思」的用法；如：孔子曰：「君子有九思：視思明，聽思聰，色思溫，貌思恭，言思忠，事思敬，疑思問，忿思難，見得思義。」（季氏：10）

　　這是說：「君子有九種事情要考慮：看要考慮是否看清楚了、聽要考慮是否聽清楚了、臉色要考慮是否溫和、表情要考慮是否謙恭、言談時要考慮是否忠誠、工作時要考慮是否敬業、疑問時要考慮請教、憤怒時要考慮後患、見到好處時要考慮道義。」；則「思」在「思無邪」中，也可作「考慮」或「反思」解；或說再運用《詩經》時，能夠舉一反三。所以我認為：傅佩榮經常將《論語》作類似以上「解讀」，是有根據的。

　　再如他在解讀《論語》的「巧言令色，鮮矣仁」上，說：「以（仁）來彰顯『仁』的整個生命過程，就是如何從前能走向實現，在抵達完美。」[14]；這樣的詮釋，實有助於讓讀者對於仁的真實意義，因為中國哲學家，不是在追求純粹的知識，而是教人怎樣去實踐仁。在這方面，正是我要在本文中去強調的。但我認為：從其他三書（《大學》、《中庸》以及《孟子》）更能彰顯孔子第一章的意義。

（四）美國的安樂哲與羅思文合作《《論語》的哲學詮釋》

　　安樂哲（Ames, Roger T.）著作許多中國哲學的研究著作，能直接閱讀中國古代經典，其早年著作《孫子：戰爭的藝術》（*The Art of Warfare*）被公認是當代中國軍事和哲學研究的里程碑的著作，現任夏威夷大學中國哲學教授安樂哲、羅斯文，上海復旦大學高級客座教授，合著有《中國之鏡》（*A Chinese Mirror*）、《探索〈論語〉的儒家精神性》，收入杜維明、M. E. Tucker 編《儒家精神性》（*Tracing a*

13　傅佩榮：《樂天知命：傅佩榮談《易經》》，頁10-11。

14　傅佩榮：《樂天知命：傅佩榮談《易經》》，頁4-5。

path of Spiritual Progress in the Analects）。

這是一本值得細讀的有關《論語》的著作；因為在此書之前的導論，給出許多西方和學家在詮釋《論語》的重要心得。但我也注意到：他們對於孔子天命的觀念上的詮釋，沒有注意到《易經》是孔子研究「天」重要的來源。不過，他注意到：「天是一個神、人同形同性的概念。這種性質揭示出它與『神話即歷史』的觀念的密切聯繫，歷史人物被尊崇為神靈，此即中國人祖先崇拜的淵源。」[15]

換句話說，我們通常看到《論語》或其他經書上所出現的堯舜，經過神話學家的研究，可以瞭解到：理解中國古代神話中的一部分，也有助於對孔子說的理解。在這方面，具有理性思維的哲學家如荀子，早就懷疑其事蹟的可靠，例如他說：

> 有擅國，無擅天下，古今一也。夫曰堯舜擅讓，是虛言也，是淺者之傳，陋者之說也，不知逆順之理，小大、至不至之變者也，未可與及天下之大理者也。（正論）

這是否定堯舜禪讓的傳說。又理性主義者韓非也認為：

> 世之顯學，儒、墨也。儒之所至，孔丘也。墨之所至，墨翟也。自孔子之死也，有子張之儒，有子思之儒，有顏氏之儒，有孟氏之儒，有漆雕氏之儒，有仲良氏之儒，有孫氏之儒，有樂正氏之儒。自墨子之死也，有相里氏之墨，有相夫氏之墨，有鄧陵氏之墨。故孔、墨之後，儒分為八，墨離為三，取舍相反、不同，而皆自謂真孔、墨，孔、墨不可復生，將誰使定世

---

15 安樂哲、羅思文合著，余瑾譯：《《論語》的哲學詮釋》（桂林：中國社會科學出版社，2003年），頁47。

之學乎？孔子、墨子俱道堯、舜，而取舍不同，皆自謂真堯、
舜，堯、舜不復生，將誰使定儒、墨之誠乎？殷、周七百餘
歲，虞、夏二千餘歲，而不能定儒、墨之真，今乃欲審堯、舜
之道於三千歲之前，意者其不可必乎！無參驗而必之者、愚
也，弗能必而據之者、誣也。故明據先王，必定堯、舜者，非
愚則誣也。愚誣之學，雜反之行，明主弗受也。（顯學篇）

這是韓非以其理性的推論，視儒家與墨家都是以堯舜作為其效法的對
象。但效法的事實內容都不一樣。所以即使在儒墨發達時代，堯舜究
竟是何人？就是研究中國哲學的專家至今也無法定論。所以安樂哲、
羅思文在此的重要貢獻，就是指出：我們研究《論語》時，也必須知
道：孔學中所包含的神話部分。[16]

　　不過，我對於安樂哲、羅思文對於孔子中心概念──仁的詮釋，
若僅停留在：「人是指一個完整人而言，即：在禮儀角色和人際關係
中體現出來的，後天所獲得的感性、美學、道德的宗教的意識。正是
人的自我領域，即重要人際關係的總和，使人成為完全意義上的社會
人。」[17]；「使人成為完全意義上的社會人」是否與孔子說的「君子」
相應，就必須再去考察。

　　因為孔子在《論語》第一章上，就是以「巧言令色，鮮矣仁！」
來說明：反仁的人，其具體表現是怎樣的。換言之，詮釋孔子最重要
的學說，必須認識到這是在個人修身的道德實踐上去進行論述，而非
以知識學的觀點去定義仁的意義，成為一個「社會人」為起點。進一
步說，所謂「仁」，主要是一位具有道德理性，從《大學》說的「修
身」，在生活中不斷去鍛鍊出一種「崇高的人格」，而非像西方哲學

---

16 參考袁珂：《中國神話傳說：從盤古到秦始皇》（石家莊：世界圖書出版公司，2012
　年），頁166-199。

17 安樂哲、羅思文合著，余瑾譯：《《論語》的哲學詮釋》，頁49。

家，以社會人的建立為起點建立學說；例如孔子對於建立君子人格上
的要求，雖然包括理性上的「辨惑」功夫，但辨惑，是以「忠信」為
要；例如說：

> 子張問崇德、辨惑。子曰：「主忠信，徙義，崇德也。愛之欲
> 其生，惡之欲其死。既欲其生，又欲其死，是惑也。『誠不以
> 富，亦祇以異。』」（顏淵：10）

今觀子張問提高品德、明辨是非的方法。故孔子的回應，也是落在如
何分辨是非上，才不至於成為一位糊塗蛋。

此又可以由樊遲從遊於舞雩之下，曰：「敢問崇德、脩慝、辨
惑。」子曰：「善哉問！先事後得，非崇德與？攻其惡，無攻人之惡，
非脩慝與？一朝之忿，忘其身，以及其親，非惑與？」（顏淵：21）；
此處孔子更以「善哉問！」來回應樊遲「敢問崇德、脩慝、辨惑。」；
由此可見，理解到孔子之學，包含對於行為對錯上的思辨能力的培養
上的功夫是不可缺少的；這是我們在解釋《論語》中，必須有的基本
認知。

換句話說，西方學者長期以來對於孔子重視親情的仁德，似乎太
強調「感情作主」，作為他們對孔學的看法（如芬格萊特主張的孔子排
除仁的自主性之說）[18]。其實，在孔子哲學中，一直是強調「辨惑」的
重要學習功夫。所以，我必須在此再次強調：我們回到《論語》文本
之外的三書（《大學》、《中庸》，以及《孟子》）中的為學的方法才能通
透孔子的精義；因為這在我們研究《論語》時，上述三本書，是有相
互發明的關係，所以是絕不可少的參考經書。不過在研究上述三本參

---

18 彭國翔編譯，安樂哲（R.T.Ames）：《自我的圓成：中西互鏡下古典儒家與道家》
（石家莊：河北人民出版社，2003年），頁14。

考文本之前，我必須先去研究《論語》到底是如何詮釋「學」一詞的意義？

六　《論語》〈學而篇〉做為討論孔子學說的中心的經典詮釋

（一）從《論語》獲得的一般瞭解

　　根據我們對於《論語》的一般瞭解，它是在孔子歿後，由其重要的弟子；如有子、曾子、子夏，以及子禽、子貢等人，根據他們對老師學說的理解，編撰起來的一本能夠呈現孔子學問的「對話集」。所以其地位，如同王陽明死後，由其弟子編輯出的《傳習錄》，是不容小覷的！可是，過去有位研究者將這樣重要經典的思想家，卻認為《論語》不像一本哲學著作；因為哲學必須有形上的論述。[19]但我卻認為：這是對中國哲學的嚴重誤解；其中最大的誤解是，不了解中國哲學是建立在「天人合一」的思想架構上。因此孔子到了晚年，還說過：「五十以學易，可以無大過矣！」這就證明他在晚年已深入形而上的天命之理（《易經》）的研究，而且頗有心得。但有人若以下列記載來反駁孔子不懂天命之理，到底對不對？

　　　　子罕言利，與命，與仁。（子罕：1）

我認為是一知半解的回應；因為這句話只表示說：孔子一生追求的是淺近的建立精神生命的智慧，所以不談如何去營利？至於形而上的概念；如仁與性命之抽象之理（如老子之道），雖是他少談及的，但並不能證明他不重視天命之學。換言之，《論語》這本書代表他的學說

19　方東美：《方東美先生演講集》（臺北：黎明文化事業公司，1980年），頁164-165。

的重心，是先落在形而下的生命哲學的紀錄，但後期紀錄如《易繫傳》上的孔子說過的才是一本真正的哲學紀錄。因此我主張必須從《易經》的〈十翼〉，去做研究。但由於許多事後人的加油添醋，可能會讓人不知所從。

不過，他不主張談形而上學（天命之學）確實是無可懷疑的事實；證據在《論語》的最後一章：

> 子曰：「不知命，無以為君子也。不知禮，無以立也。不知言，無以知人也。」（堯曰：3）

在此，他明明講：「不知命，無以為君子也」，但必須注意的是，他為建立「天人合一」之君子道，所以對於「抽象的天道」（形上的部分），也視為我們作為君子修養必須有的修養；此如同他曾經說過的：「加我數年，五十以學《易》，可以無大過矣。」（述而：17）一樣，是將抽象的天理，作為道德修養的一部分。可是，按照我們對於儒家的「發展次第」來觀察，必須是先從「形下的部分」（如孔子的學習基本的為人之道；如孝順父母開始。又如孟子說明學問之道時說：「求放心而已」，就是一種重視形而下的道理。等到〈盡心篇〉，才說：「盡心養性」，才到「知天、事天」）的建立。所以我主張：孔孟必須一體去考察的原因在此。

不僅如此，我重視：在我們詮釋《論語》時，必須注意回到他與學生對話中去理解。例如：

> 有子曰：「其為人也孝弟，而好犯上者，鮮矣；不好犯上，而好作亂者，未之有也。君子務本，本立而道生。孝弟也者，其為仁之本與！」（學而：2）

翻成白話是有子說：「孝敬父母、尊敬師長，卻好犯上的人，少極了；不好犯上，卻好作亂的人，絕對沒有。做人首先要從根本上做起，有了根本，就能建立正確的人生觀。孝敬父母、尊敬師長，就是仁的根本吧！」像這樣的話語，本是很「平實」的人倫道理，就是將「孝道」作為其根本之道的核心觀念；其理由是，「孝敬父母、尊敬師長，卻好犯上的人，少極了」；「不好犯上，卻好作亂的人，絕對沒有」。試問：這不是一種「平易近人」的道德教訓嗎？其要義見下圖：

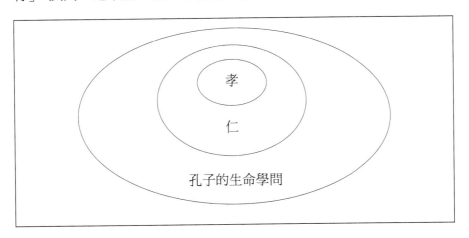

可是，又值得注意的是，我們若能從這裡觀察孔子所教導出的學生（如有子）的話，知道：孔子教出的重要的或得意門生，是一位能夠以「道理」去說服人的學者。換句話說，孔子所傳播的學問，也是建立在「說理上」的道德學問，而非某些不懂孔學的人，只看到一些話語像是在教訓人，就認為孔子是「不以道理」來說服人的思想家。在〈顏淵篇〉上又紀載說：

> 哀公問於有若曰：「年饑，用不足，如之何？」有若對曰：「盍徹乎？」曰：「二，吾猶不足，如之何其徹也？」對曰：「百姓足，君孰與不足？百姓不足，君孰與足？」

這是說：哀公問有若：「饑荒年，國庫空，怎麼辦？」孔子的大弟子──有若說：「賦稅減半。」「現在我還嫌稅少，怎麼能減半？」「百姓富裕了，您還會不富裕？百姓貧窮了，您哪來富裕？」；可見：孔子的門生有若，是一位具有頭腦的學者，這也可反證：孔子教育出的學生，能夠繼承一種「理性的傳統」，而非「教學生必須亦步亦趨的傳統」。

這是我從《論語》的第一章與他章上提出的具體證據。不過，本文既然是以〈學而篇〉為討論中心，我先將這一章的要義與其弟子的見解，列出一張表格，讓讀者更容易瞭解，其當年其弟子是怎樣去編輯這一本重要的書籍的？

《論語》第一章出現的對話表

	出現的重要人物	〈學而篇〉各章要義	分析
1	孔子	人不知而不慍	起（比較第16章）
2	有子	孝為仁之本	起（比較第9章）
3	孔子	鮮仁的人	起（比較第14章）
4	曾子	重視內省	
5	孔子	為政之道	
6	孔子	為人之道	
7	子夏	學習人倫之道	
8	孔子	君子之道	
9	曾子	重視孝道為根本之道	終（比較第2章）
10	子貢與子禽	論孔子的氣質	
11	孔子	孝順方法	
12	有子	主張：以禮和之	
13	有子	主張：以禮講信與恭	
14	孔子	為仁的方法	終（比較第3章）

	出現的重要人物	〈學而篇〉各章要義	分析
15	子貢	孔子讀《詩》的方法	
16	孔子	不患人之不己知，患不知人也	終（比較第1章

進一步分析：

我們詮釋中國古代經典，最重要從文本開始；因為今天許多人喜歡西方漢學家的概念式的詮釋，於是中國哲學家的美意，卻在支離破碎中，失去其中最強調的生命價值。基於此，我首先強調：必須將《論語》的每一章作「整體的研究與分析」。

孔子歿後，其弟子可能為其老師的學說無法推行。所以在第一章與末章，將孔子「知其不可而為之」的心情記錄下來，希望將來有人能夠發揚光大。

孔子學說的重心在「仁」；他提出的方法與缺乏仁之人的真相；子曰：「巧言令色，鮮矣仁！」子曰：「君子食無求飽，居無求安，敏於事而慎於言，就有道而正焉，可謂好學也已。」正好相對。

發揚孔子之道的重要弟子是有子與曾子；包括後者能夠以「內省」的方法提升生命的意義。所以在生命學問上，對於儒家的發展具有重大的啟發作用。有關這一點，我將《論語》上的「觀」（考察）進行分析，就可以證明：孔子最重視一個人是否言行一致。例如孔子說過：子曰：「父在，觀其志；父沒，觀其行；三年無改於父之道，可謂孝矣。」（學而：11）；這與子曰：「視其所以，觀其所由，察其所安。人焉廋哉？人焉廋哉？」（為政：10）；子曰：「禘自既灌而往者，吾不欲觀之矣。」（八佾：10）；子曰：「居上不寬，為禮不敬，臨喪不哀，吾何以觀之哉？」（八佾：26）；子曰：「人之過也，各於其黨。觀過，斯知仁矣。」（里仁：7）；宰予晝寢。子曰：「朽木不可雕也，糞土之牆不可杇也，於予與何誅。」子曰：「始吾於人也，聽其言而

信其行;今吾於人也,聽其言而觀其行。於予與改是。」(公冶長:
10);子曰:「如有周公之才之美,使驕且吝,其餘不足觀也已。」
(泰伯:11);子曰:「小子!何莫學夫詩?詩,可以興,可以觀,可
以群,可以怨。邇之事父,遠之事君。多識於鳥獸草木之名。」(陽
貨:9)

以上引述說明:孔子重視觀察或考察一個人是否以真誠去修行,
所以儒家最強調的是落實倫理。

再說曾子的孝道,亦見《大戴禮記·曾子大孝:2》說:

> 公明儀問於曾子曰:「夫子可謂孝乎?」曾子曰:「是何言與?
> 是何言與?君子之所謂孝者,先意承志,諭父母以道。參直養
> 者也,安能為孝乎?身者,親之遺體也。行親之遺體,敢不敬
> 乎?故居處不莊,非孝也;事君不忠,非孝也;蒞官不敬,非
> 孝也;朋友不信,非孝也;戰陳無勇,非孝也。五者不遂,災
> 及乎身,敢不敬乎?故烹熟鮮香,嘗而進之,非孝也,養也。
> 君子之所謂孝者,國人皆稱願焉,曰:『幸哉!有子如此!』
> 所謂孝也。民之本教曰孝,其行之曰養。養,可能也;敬,為
> 難。敬,可能也;安,為難。安,可能也;久,為難。久,可
> 能也;卒,為難。父母既歿,慎行其身,不遺父母惡名,可謂
> 能終也。」

我雖然不認為《大戴禮記》是一本可靠的古代典籍,但是根據《論
語》的紀載,這裡所留下的紀錄,與此的曾子當年的主張是相合的。
所以,曾子的確能夠發揚孔子以「孝心」為中心的中國倫理道德。

小結

「觀」——這一個重要的概念是孔子考察一切,或反省一切學生

作為的重要方式；他對得意門生顏回的評價，也是如此；如子曰：
「吾與回言終日，不違如愚。退而省其私，亦足以發。回也，不
愚。」（為政：9）；子謂子貢曰：「女與回也孰愈？」對曰：「賜也何
敢望回。回也聞一以知十，賜也聞一以知二。」子曰：「弗如也！吾
與女弗如也。」（公冶長：9）子曰：「回也，其心三月不違仁，其餘
則日月至焉而已矣。」（雍也：7）；子曰：「賢哉回也！一簞食，一瓢
飲，在陋巷。人不堪其憂，回也不改其樂。賢哉回也！」（雍也：
11）；子曰：「語之而不惰者，其回也與！」（子罕：20）；子曰：「回
也非助我者也，於吾言無所不說。」（先進：4）；以上的引言，都可
以證明：儒家的傳統是重視「自我要求的道德反省」。所以說他們都
是喊口號，是不通的說法。而這種實踐之學，後來由孟子徹底發揚，
此由他說的：「學問之道無他，求放心而已矣！」的「求」來展現其
意義。

　　曾子之學得到孔學真傳的另一重要證據；見《論語》的諸多紀
載；例如：

　　　　曾子曰：「士不可以不弘毅，任重而道遠。仁以為己任，不亦
　　　　重乎？死而後已，不亦遠乎？」（泰伯：4）

曾子說：「有志者不可以不培養堅強的意志，因為責任重大而且道路
遙遠。以實現全人類和平友愛為自己的責任，這樣的責任不是很重大
嗎？為理想奮鬥終身，這樣的道路不是很遙遠嗎？」

　　這與孔子的生平自述是切合的；「吾十有五而志于學，三十而
立，四十而不惑，五十而知天命，六十而耳順，七十而從心所欲，不
踰矩。」；像這樣的奮鬥至死，還以「不踰道德規矩」為一生職志的
人，我們也能從曾子的言行，去瞭解孔子整個學說的真相。

（二）孔子的邏輯法則

研究孔子的思想，另一重點就是能夠把握到孔子的思維法則；這種思維法則，在近代對於中國哲學有深刻研究的學者；如 Hansen, Chad Deloy（1942-）已經發現到：這是帶有「詩性的」（poetic）的思考法則。[20]

我認為他是對的；因為在《論語·學而篇》上紀載：

> 子貢曰：「貧而無諂，富而無驕，何如？」子曰：「可也。未若貧而樂，富而好禮者也。」子貢曰：「《詩》云：『如切如磋，如琢如磨。』其斯之謂與？」子曰：「賜也，始可與言詩已矣！告諸往而知來者。」（15）

這是孔子贊同學生以精益求精的方法去進行道德的修養（樂：或作「樂道」。《知不足齋叢書》本、《古逸叢書》本《論語集解》作「樂道」。）

《詩》云：「如切如磋，如琢如磨。」見「瞻彼淇奧、綠竹猗猗。有匪君子、如切如磋、如琢如磨。瑟兮僩兮、赫兮咺兮。有匪君子、終不可諼兮。」（詩經·淇奧篇）「如切如磋、如琢如磨」，本用來形容一位君子精益求精的精神，在《論語》中的對話，也是一種運用詩人的類比法（analogy）[21]，去表達出子貢怎樣從孔子的施教中，以「詩人的類比法」，進行孔門之道德思考方法。

何況，在《論語》中，紀載這樣的故事說：

---

20 Hansen, Chad Deloy (1942-), *Philosophy of Language and Logic in Ancient China,* The Univ., of Ph. D., 1972, Univ., Microfilms, A XEROX Company, Ann Arbor, Michigan, 1973, p.2.

21 同上註，Hansen, Chad Deloy (1942-), *Philosophy of Language and Logic in Ancient China*, p.2.

　　陳亢問於伯魚曰：「子亦有異聞乎？」對曰：「未也。嘗獨立，鯉趨而過庭。曰：『學詩乎？』對曰：『未也。』『不學詩，無以言。』鯉退而學詩。他日又獨立，鯉趨而過庭。曰：『學禮乎？』對曰：『未也。』『不學禮，無以立。』鯉退而學禮。聞斯二者。」陳亢退而喜曰：「問一得三，聞詩，聞禮，又聞君子之遠其子也。」（季氏：13）

　　一般學者將其中的部分翻成白話是：陳亢問伯魚：「你學到了密傳嗎？」伯魚答：「沒有。有一次他一個人站在那，我快步過庭。他問：『學詩了嗎？』我說：『沒有。』『不學詩，就不能掌握說話的技巧。』我回去學詩。」[22]但我認為是不足的；因為：「不學詩，無以言」不止於無法應對而已，而且必須包括以詩經上的詩人用來描寫的形容詞，來建立實踐道德之知識。

　　所以我們若能認識到：上述的道德教化，是要靠取自於詩人經由想像的修飾詞（如〈淇奧篇〉「如切如磋、如琢如磨」，本用來形容一位君子精益求精的精神），來進行哲學的思考。但在這種思維上，出現類比的「詩人修飾詞」。那麼，我們可以從這種思維法則，去重新思考：何以孔子對於這種生命學問的重點，是落在對於君子境界的詩人描繪中，而非如西方哲學家所專注於的孔子概念的意義思考上。

　　換句話說，至今許多研究孔說的學者，依然如墨子一般，將孔學的問題是為：不去追求「何以故？」的問題上去思考，卻根本忽視於上述的：孔門的基本科目之一，是將《詩經》道德化。並且他們的思考中，必須瞭解怎樣借用詩人創造的，如對君子境界的「描寫詞彙」，去進行哲學人生的思考。並且從這種文學性的推論中，建立一種實踐道德的知識。進一步說，在孔子哲學中，他不是沒有教學生如

22　https://ctext.org/analects/zh?searchu=%E4%B8%8D%E5%AD%B8%E8%A9%A9(2020/6/16瀏覽)。

何叫學生理性的推理知識,而是,他所教的道德知識的重點,完全是落在實踐上的。所以上述的「如切如磋、如琢如磨」,本是用來形容一位君子「精益求精的精神」中,表示出實踐中的「精進」的必要。因此,我翻譯孔子說的:「不學詩,無以言。」,是指:論述孔門學問的方法,必須從《詩經》的諸多形容詞,用於對建立道德知識之上。

再如發揚孔子學說最有力的孟子,曾經這樣去形容孔子人格與其學說的偉大:

> 孔子之謂集大成。集大成也者,金聲而玉振之也。金聲也者,始條理也;玉振之也者,終條理也。始條理者,智之事也;終條理者,聖之事也。智,譬則巧也;聖,譬則力也。由射於百步之外也,其至,爾力也;其中,非爾力也。(萬章下:1)

從他的「金聲而玉振之也。金聲也者,始條理也;玉振之也者,終條理也。始條理者,智之事也;終條理者,聖之事也。」就可以認識到:中國哲學家思維的方式,是以「詩人的眼光」去形容他所觀察到聖者的生命境界。所以我們必須說:中國哲學家常使用文學的眼光去體會他們所建立的生命學問。那麼,若一位採取片段語句的分析,經常會獲得瞎子摸象的結論。這就是我上述的,從《孟子》去詮釋《論語》,是一種可行性高而必要方法的原因。

(三)孔子的人倫之道與其實踐道德的重要關係

孔子的人倫之道與其實踐道德的重要關係,是一體兩面的關係;就是在他談論道德時,就是從人倫中去申論其重視的道德究竟是指什麼?

譬如孔子在〈學而篇〉上說:

　　弟子入則孝，出則弟，謹而信，汎愛眾，而親仁。行有餘力，
則以學文。(6)

便是主張：「年輕人應該孝順父母，尊敬師長，認真誠信，廣施愛
心，親近仁人志士。能輕鬆做到這些，才可以從事理論研究。」；這
已是一下子提出：父子、師生、朋友以及眾人之倫；構成儒家的五
倫。不過，若忽略此處重視的廣施愛心於眾生（所謂博施於人之倫
理），就不知：善讀經書者必須具有程子提示的「玩味」的方法（A
good book reader must have a "taste" method that is prompted by Cheng
Zi.）。這也是我從孔孟相同處，去詮釋孔子學說的方法。

　　至於子夏曰：「賢賢易色，事父母能竭其力，事君能致其身，與
朋友交言而有信。雖曰未學，吾必謂之學矣。」(7)

　　這是提醒我們說：「重賢輕色、盡心孝順父母、盡力獻身國家、
交朋友言而有信的人，即使沒有高等學歷，我也認為他已經受到了良
好的教育。」；這裡包括對國家之倫，是值得今日讀《論語》必須注
意的，從其學生的言論去理解其老師學說的方法。

　　最後看〈學而：8〉子曰：「君子不重則不威，學則不固。主忠
信，無友不如己者，過則勿憚改。」；這是將其人學的重心——代表
其學說的要義——忠（內在修養的象徵概念）與信（內在修養所推行
出的象徵概念）做具體的詮釋。換句話說，孔子之忠信之道，就是具
體通俗的儒道。所以對這種學者不滿的老子，在攻擊禮教時說過：
「禮者，忠信之薄，而亂之首也。」這句話不全是否定儒家，而是指
出：儒家若只靠禮教來推行忠信，可能會產生適得其反的結果。

　　所以我從儒道的爭論中，也可以認識到，孔子的倫理學的真相。
而此真相是能夠反省禮之本的理性道德之學的人，不僅是老子，還包
括孔子；所謂：

> 林放問禮之本。子曰：「大哉問！禮，與其奢也，寧儉；喪，
> 與其易也，寧戚。」（八佾：4）

基於此，我再度認為：孔子之學是一種重視理性的道德實踐之學。至於墨子對他的「嚴格批評」，若從這一角度來觀察，又有些 over 了。

（四）孔子之學是平易近人之學

這就是說，許多人認為：孔學終必包含許多玄學的道理。但根據我的研究，他一生少有將一些抽象的概念；如他經常跟學生提到的「仁」這一核心概念，先行定義，卻是以未完成的人的言行來說明一個人是否已經做到仁？這可以從〈學而篇〉中的「巧言令色，鮮矣仁！」可以證明。換句話說，在中國哲學家的想法中，概念是一種必須付諸行動的表現，而非以西方哲學家為學的方式，因此必須從仁的實踐是否來論仁。

以下是舉實例來說明這樣重要的道理：

子貢曰：「如有博施於民而能濟眾，何如？可謂仁乎？」子曰：「何事於仁，必也聖乎！堯舜其猶病諸！夫仁者，己欲立而立人，己欲達而達人。能近取譬，可謂仁之方也已。」（雍也：30）就是在子貢說：「如有人能讓百姓都得到實惠，又能扶貧濟困，怎樣？可算仁人嗎？」孔子說：「豈止是仁人！必定是聖人！堯舜都做不到！所謂仁人，祇要能做到自己想成功時先幫別人成功，自己想得到時先幫別人得到，就可以了。推己及人，可算實行仁的方法。」這是明白以神話中的賢德之人的行為，作為他建立人之境界的說明。而且又將人的標準：「夫仁者，己欲立而立人，己欲達而達人。」又說：「能近取譬，可謂仁之方也已。」；這就是以「堯舜之人格」作為標準，來說明其人之境界，或說使用「類比法」來說明人這這抽象的概念之實際意義。但在《論語》中，這種情況就很少出現。這說明什麼？我的看

法是，他要將「抽象的道理」化成一種「易知易行」的學說。[23]

　　另一個重要的例子見公冶長篇：

　　子張問曰：「令尹子文三仕為令尹，無喜色；三已之，無慍色。舊令尹之政，必以告新令尹。何如？」子曰：「忠矣。」曰：「仁矣乎？」曰：「未知，焉得仁？」「崔子弒齊君，陳文子有馬十乘，棄而違之。至於他邦，則曰：『猶吾大夫崔子也。』違之。之一邦，則又曰：『猶吾大夫崔子也。』違之。何如？」子曰：「清矣。」曰：「仁矣乎？」曰：「未知。焉得仁？」（公冶長：19）

　　現在從這段話的「語意」上來分析，仁的境界是孔子追求的修身與愛眾人的最高境界。相對而言，一個人如令尹子文一樣有道德修養，算是仁嗎？可是孔子認為只是修身（或忠）而已。所以若以「修身之道」（或忠信之道）來說明孔子之道，只是做到獨善其身而已。進一步說，能夠要博愛救人，才算是一位真正得其道的人。

　　或有人如孔子的得意門生司馬牛問孔子仁或君子完成的方法，孔子卻認為，並不是一件難如登天的事。所以曾有下列兩段極為重要的對話：

　　司馬牛問仁。子曰：「仁者其言也訒。」曰：「其言也訒，斯謂之仁已乎？」子曰：「為之難，言之得無訒乎？」（顏淵：3）

　　司馬牛問君子。子曰：「君子不憂不懼。」曰：「不憂不懼，斯謂之君子已乎？」子曰：「內省不疚，夫何憂何懼？」（顏淵：4）

　　經過以上的分析之後，我認為：詮釋孔學是一件重要的事；包括能從整部《論語》中的每一章節去進行理解。這樣的工作，卻是不容易的；但至今許多學者不去理解這是一部是以「實踐為主」的經典，

---

23 西方重要的漢學家David S. Nivison對：「仁遠乎哉？我欲仁，則仁至矣！」的教育家孔子的心意是有相當認識。於是說：「孔子可能只是假定：如果我知道我應該做一件事，我就會在一定程度上被促動去做，這使我的失敗更應該受到責備和更惱人。」，David S. Nivison，周熾成譯：《儒家之道》（*The Ways of Confucianism Investigations in Chinese Philosophy*）（南京：江蘇人民出版社，2006年），頁99。

所以，設法以自己過去養成的西方邏輯法則去詮釋孔說，在一開始詮釋時，可能就走錯路了。

（四）要透過《易經》的道理去研究孔子學說嗎？

我的回應是，一般人不必；因為孔子根本是一位平易近人的學者與教育家；這在《論語》中，也有實際的記錄說：子罕言利，與命，與仁。（子罕：1）；這是說：「孔子極少談論：私利、命運、仁道。」。但他除從仁的實踐面來詮釋仁之外，對於命的研究，也是深入的；例如在《論語》中，曾經有下列重要的紀錄：

> 季康子問：「弟子孰為好學？」孔子對曰：「有顏回者好學，不幸短命死矣！今也則亡。」（先進：7）

> 子曰：「回也其庶乎，屢空。賜不受命，而貨殖焉，億則屢中。」（先進：19）

第二句話不好解；孔子說：「顏回的學問不錯了吧？可他卻一生貧窮。子貢不相信命運，卻能經商致富，對市場行情判斷準確。」；這可能就是孔子開始懷疑人類命運的原因，就是一個人的命運不是按照一個人道德修養來決定其是否獲得福氣。後來在孔子大弟子中，也對於命運進行重要的討論；譬如司馬牛憂曰：「人皆有兄弟，我獨亡。」子夏曰：「商聞之矣：死生有命，富貴在天。君子敬而無失，與人恭而有禮。四海之內，皆兄弟也。君子何患乎無兄弟也？」（顏淵：5）；司馬牛憂傷地說：「別人都有兄弟，唯獨我沒有。」子夏說：「我聽說過：『死生有命，富貴在天』。君子敬業而不犯錯誤，對人恭敬而有禮。四海之內，皆兄弟。君子擔心什麼沒有兄弟？」

凡此可以證明：一般人若要瞭解孔學，設法讀通《論語》已足。

但若要進一步研究中國哲學的源頭──性命之學的起源（如上述的福德是否一致的天命之理），必須繼續讀通《易經》的道理不可。又若問：孔子到底真正懂《易經》的道理嗎？有學者認為他「一知半解」；因為《論語》中，只記錄過：

> 子曰：「南人有言曰：『人而無恆，不可以作巫醫。』善夫！」「不恆其德，或承之羞。」子曰：「不占而已矣。」（子路：22）

孔子說：「南方人有句話：『人無恆心，巫醫也當不好。』說得好啊！易經上說：『不能堅守德操，就會蒙受羞辱。』這句話是說，沒恆心的人註定一事無成，求卦也沒用。」但這樣質疑孔子「對《易》之是否確切明白」[24]，不免是「知其一，不知他的整部學說的究竟」嗎？

　　所以我主張首先我們必須回到這本經書的許多有關天命的部分來進行理解；如：

> 子路問成人。子曰：「若臧武仲之知，公綽之不欲，卞莊子之勇，冉求之藝，文之以禮樂，亦可以為成人矣。」曰：「今之成人者何必然？見利思義，見危授命，久要不忘平生之言，亦可以為成人矣。」（憲問：12）

子路問怎樣算完美的人，孔子說：「如果具有臧武仲的智慧，孟公綽的清心寡欲，卞莊子的勇敢，冉求的才藝；再加上知禮懂樂的修養，就可以算完人了。」又說：「現在的完人就不必這樣了，見到利益時，考慮道義；見到危險時，奮不顧身；長期貧窮也不忘平日的諾言，也可以算完人了。」

---

24 譚家哲：《周易平解》（臺北：漫遊者文化事業公司，2016年），頁46-48。

　　「見危授命」與子張的論述同，就是《論語》紀載的，子張曰：「士見危致命，見得思義，祭思敬，喪思哀，其可已矣。」（子張：1）；子張說：「有志者應該見到危險時，奮不顧身；見到利益時，考慮道義；祭祀虔誠，居喪悲哀。這樣就可以了。」

　　從此來論，孔門不僅僅研究《易經》中如何「逢凶化吉」之理，而且主張以道德的修養來面對人生中的福禍問題，例如孟子提出「正命」的概念，其含義就在此。同此我們還可以說：「追求正義的生活，即使遇到殺生之禍，也甘之如飴」；這正是以其哲學的實踐來做為對付命運的道理。這也是孔子的面對災禍中的心態；如：

　　　　子曰：「天生德於予，桓魋其如予何？」（述而：23）

孔子說：「老天賦予我高尚的品德，追殺我的人能把我怎樣？」

　　　　子畏於匡。曰：「文王既沒，文不在茲乎？天之將喪斯文也，後死者不得與於斯文也；天之未喪斯文也，匡人其如予何？」（子罕：5）

孔子在匡地被困，他說：「文王死了後，文化遺產不都由我繼承嗎？老天若要滅絕文化，我就不會掌握這些文化了；老天若不滅絕文化，匡人能把我怎樣？」

　　這就是孔子在讀《易經》之後，在知天命中，更能夠去相信一個更理想的「道德天存在」的具體證據。所以我對於下列的談話有我的重要詮釋：

　　　　孔子曰：「君子有三畏：畏天命，畏大人，畏聖人之言。小人不知天命而不畏也，狎大人，侮聖人之言。」（季氏：8）

孔子說：「君子有三件事要敬畏：敬畏天道的指揮、敬畏大人物、但更敬畏聖人的話。小人不懂自然規律因而也就不敬畏自然，不尊重大人物，戲侮聖人的言論，就不能以追求道德為終身追求的目標。」

總之，這是孔子對於命運的實證方法。但他根本是一位「德福一致」的信仰者。所以他對自己曾經遇「凶」的事，發表過上述的重要談話。因此，善讀《論語》者，能做到瞭解《論語》的意義是第一步。其次才去考察其解釋《易經》道理的〈十翼〉（例如〈易繫傳〉）。

（五）可以透過《大學》《中庸》來認識孔學嗎？

我的答案是肯定的；因為以上的論述，已經從孟子、荀子、墨子，乃至老子學說的比較中，試圖證明：《論語》的第一章中的學問的方法次是什麼？大體而言，他的學，是指：做人道理之學。但這種學，不能只將學習與實踐合一而已。相對而言，孔子強調的學思並用的原則，以指向人類必須運用道德理性，去分辨是非善惡，才能到學習的最大目的。

現在，為彰顯此一種要意義，再從我強調的「四書一體」的學習原則，來認識孔學的真相如下：

1　從《大學》來說

以朱熹的詮釋來講，他首先說：「子程子曰：『《大學》，孔氏之遺書，而初學入德之門也。』於今可見古人為學次第者，獨賴此篇之存，而《論》、《孟》次之。學者必由是而學焉，則庶乎其不差矣。」；這一段話證明：宋朝思想家程氏兄弟對於《大學》的重視程度，也標示出道德修養唯孔門的要義。故《論語》第一章的「學」，自然指學道德修養的做人學問。

但《大學》中，更強調：一套自修的方法學。所謂「知止而後有定，定而後能靜，靜而後能安，安而後能慮，慮而後能得。」；「定」

是指：人心的穩定。所以後面的「靜與安」，才能呈現出穩定之後的心理平衡的狀態。但在整個思慮過程中，重點在能夠在不安的環境中，依然能保持清明的深謀遠慮，然後才有所得。

在以作者的「物有本末，事有終始，知所先後，則近道矣」來說，此說明：我們對於孔子之道的理解，必須有更多的思慮，就是能反省一件事或物的源頭與最終的結果的因果關係；因為這才是他所追求之道。因此；這也顯示出：《大學》作者能夠充分瞭解孔子學，必須有「思慮功夫之外的反省與綜合的能力」。

2 從《中庸》來說

從《中庸》來說，更能彰顯此意義；例如：如果他是孔子的孫子——子思之書，則它能夠根據孔子留下來的，給他的遺訓——中庸之道，發展出形而上的誠道體系（綜合天人之道的新體系），就是他在審慎的思慮之後，對孔學的發揮；因為他認為：「學」不止於「學習」而已，而是包括以下表所分析的重要部份（①、②、③）：

中庸為學方方法論表

		原則分析	相對的結果
1	博學之	基本原則	有弗學，學之弗能，弗措也
2	審問之	重要原則1	有弗問，問之弗知，弗措也
3	慎思之	重要原則2	有弗思，思之弗得，弗措也
4	明辨之	重要原則3	有弗辨，辨之弗明，弗措也，
5	篤行之	最重要原則	有弗行，行之弗篤，弗措也。
重點：學、思、行			
聖人與學者的區別：「誠者不勉而中，不思而得，從容中道，聖人也。誠之者，擇善而固執之者也。」			

從此「學問次第」來觀察，其孫論述孔子學而的學問步驟是非常清楚的。因此，我們若對於孔門學習，不只限於「博學」與「實踐」兩大原則；因為「反思」若闕如，則成為一般百姓而已。而「思」，必須遵守的三原則是：「審問之，慎思之，明辨之」。這與孔子的：「學而不思則罔，思而不學則殆。」（為政：15）是一致的，而且有更精到的闡發。因此，我肯定：即使我們在開始解讀《論語》第一章，都必須去同時參考《中庸》這一章進行解讀。

（六）如何從孔子的知識論問題，來論孔子之學

再有一個重要問題，就是胡適以「正名主義」來詮釋孔子的知識論。[25] 我以為：從〈學而篇〉子貢與孔子的對話來觀察孔子的求知方式：對於孔子如何以《詩經》的片段語句去闡發一種實踐道德的知識，更有助於我們對於瞭解孔子如何去運用《詩經》。

或說他總是透過《詩經》（或這種民間逐漸形成的成語），來表達他建立的知識更深層的意義。而且我必須再度強調：這是一種根據他所建立的學問，以道德理性的方法，去推出更合其理論系統的真正意義；例如《論語》曾指出：

> 子夏問曰：「『巧笑倩兮，美目盼兮，素以為絢兮。』何謂也？」子曰：「繪事後素。」曰：「禮後乎？」子曰：「起予者商也！始可與言詩已矣。」（八佾：8）

子夏問：「『笑臉真燦爛啊，美目真嫵媚啊，天生麗質打扮得真高雅啊。是什麼意思？」孔子說：「先有宣紙，然後才能繪畫。」子夏問：「先有仁義，後有禮法嗎？」孔子說：「子夏，你啟發了我，可以

---

25 余樹蘋：〈從方法論的角度看胡適的《中國哲學史大綱》，《青海民族大學學報（教育科學版）》2010年第4期，頁1-4。

開始同你談詩了！」；這就是孔子想要學生從《詩經》中，推出的思考方法。但這是他實踐道德的方法。畢竟，與觀察外物不同而進行的不同的；因為他主張學生從既有的文學作品去取經。所以這是一種很特別的思維方式，所以我名之為文學性的推理方式。

又曾子有疾，召門弟子曰：「啟予足！啟予手！《詩》云『戰戰兢兢，如臨深淵，如履薄冰。』而今而後，吾知免夫！小子！」（泰伯：3）；曾子得了重病，他借助文學《詩經》，去闡揚其奮鬥的意志，與孔子在川上曰：「逝者如斯夫，不舍晝夜」，有相同的意義。

最後研究子曰：「興於詩，立於禮。成於樂。」（泰伯：8）；的確存在孔子知識論的玄機；因為子曰：「小子！何莫學夫詩？詩，可以興，可以觀，可以群，可以怨。邇之事父，遠之事君。多識於鳥獸草木之名。」（陽貨：9）；孔子說：「同學們，為什麼不學詩呢？學詩可以激發熱情，可以提高觀察力，可以團結群眾，可以抒發不滿。近可以事奉父母，遠可以事奉君王；還可以多知道些鳥獸草木的名字。」

我們在這裡必須從以上的翻譯「學詩可以激發熱情，可以提高觀察力」中，瞭解到原來孔子主張的建立知識的方法，是靠《詩經》的引導，而非直接去外界觀察。所以這也深深影響到中國兩千多年來的知識走向，是內省的，非外察的（荀子的知識論，因被長期打壓，而不得發展的重要原因）。

反之，代表孔子這一學派的發展，最重要是：《中庸》（將孔子「晚年知天命」的部分哲學化）與《大學》（將孔子學系統化）。還有，最後的《孟子》。現在就孟子而言，他在建立其最重要的理論中，主張能夠運用孔子的「反思」原則。所以曾經說：

乃若其情，則可以為善矣，乃所謂善也。若夫為不善，非才之罪也。惻隱之心，人皆有之；羞惡之心，人皆有之；恭敬之心，人皆有之；是非之心，人皆有之。惻隱之心，仁也；羞惡

之心，義也；恭敬之心，禮也；是非之心，智也。仁義禮智，
非由外鑠我也，我固有之也，弗思耳矣。（告子上：6）

其中說：「仁義禮智，非由外鑠我也，我固有之也，弗思耳矣。」的
「思」，正是後代儒家，能夠有重大的發展的「秘密武器」。同理，以
上所論之《中庸》（據說作者是子思）論述其學問時，說：「博學之，
審問之，慎思之，明辨之，篤行之。有弗學，學之弗能，弗措也；有
弗問，問之弗知，弗措也；有弗思，思之弗得，弗措也；有弗辨，辨
之弗明，弗措也，有弗行，行之弗篤，弗措也。」（22）與《論語》
紀載的子夏曰：「博學而篤志，切問而近思，仁在其中矣。」（子張：
6），是相吻合的。

　　所以我們今天要真正能夠解讀《論語》的要義，必須熟讀《論
語》之外，必須從孔子弟子──子夏，孫子──子思的《中庸》，以
及孟子如何經由孔子的學問處，進一步去瞭解。

（七）從孔子哲學在哲學上的位置，來瞭解《論語》每一段話的意義

　　最後，我要提醒，若要清楚掌握研究《論語》的意義，必須跳脫
過去將他視為一種「格言集」的窠臼；因為我們從「一以貫之」的觀
點，來論孔子這一本書，就可以知道：這是一本闡發哲學思維，又有
「嚴密系統」的哲學著作。在此，我所說的哲學，是指中國哲學與西
方哲學建構最大的不同，就在於他是一位真正的哲人。所以能夠從
「生命的體悟」中，獲得的智慧，向學生表述。而其學生，在老師死
後，憑記憶將他收集起來成冊，這正是《論語》之來源。以上所述，
包括《論語》中的以下紀載：

子曰：「參乎！吾道一以貫之。」曾子曰：「唯。」子出。門人
問曰：「何謂也？」曾子曰：「夫子之道，忠恕而已矣。」（里

仁：15）；又子曰：「賜也，女以予為多學而識之者與？」對曰：「然，非與？」曰：「非也，予一以貫之。」（衛靈公：3）

就是說：中國哲學家與一般論學者的著作不同之處是，後者指以生活片段經驗去建立一句句的生活智慧，但前者先有一種根本觀念，作其「哲學的核心」；孔子的哲學核心是「仁」。所以我們必須從此瞭解其哲學的意義；例如在〈學而篇〉上說的「巧言令色：鮮矣仁！」這此短短的一句話，已經讓我們認識到其哲學是注重道德實踐的「真誠」。所以後來其孫子——子思，將天道與人道的根本——「誠」的本體，成為一種新的命名。則更證明中國儒家的發展中，以形而下的論述，漸漸上升到形而上的高度去講抽象的哲學之理。那麼，我們更有理由說：儒家在孔子時，以建立一種具「哲學深度與高度」的規模（When Confucianism was at Confucius, he built up a scale with "philosophical depth and height".）。後來，又經過哲學性的思維更強的子思建立《中庸》的哲學體系之後，到了宋明理學家，更將《中庸》的哲學做更強大的發揮。如以「天理」、「心體」的概念進行抽象的思維論述。

不過，中國哲學家重視的是如何讓一個人建立道德人格，所以他們必須從事哲學家必有的形上思考；如說「誠者，天道，誠之者，人道」的話，就可以證明。而「誠者，人之道」的意義是，以「實踐」作為教導人遵循這種以成為根源的哲學方式，去從事道德修養；包括能將《詩經》上說的：「如切如磋，如琢如磨」，做為——在生活中必須天天去鍛鍊的一種比喻，並以此精神作為精益求精的法則。

或說，孔子一生教學生最重要的，不僅僅是教學生去學習其學而已，換句話說：他曾讚揚顏回的能夠「聞一知十」，或對重要的思想傳人——子夏能夠指出：「博學而篤志，切問而近思，仁在其中矣。」中包括的「博學」（對道德倫理有關知識的學習）、「篤志」（堅實追求的心志）、「切問」（懇切的追問），以及「近思」（就生活問題而反思）正

是孔子要求人們最必須具備的學習法則。所以最後我必須指出，真正
能夠去審問這些學問的真相的學者，才能進入其哲學的堂奧中。

七　《論語》的經義與詮釋

　　所謂詮釋，經過以上的分析，是在整個孔子哲學體系中去瞭解，
而非從某一句話中去尋找，更非以個人主觀的臆測去下結論。所以論
述《論語》之難，在於分析合理與每一種結論有具體的根據；誠如前
賢有言：「有幾分證據，說幾分話。有七分證據，不說八分的話。」所
以讀經書的意義必須相當謹慎。

　　現在就舉一個實例來說明這樣的道理。例如有學者將孔孟分家來
論述。但他的理由卻是似是而非的；例如他認為：「在心性之學中缺
少智性的層面，如上所說，智性在孔心性之學中是指通過學習而成就
道德的一種能力和性向。這種能力和性向在孟子身上是沒有的。換句
話說，在學習問題上，孟子與孔子發生了分歧。」[26]

　　他這樣的結論，原來出自他認為孔子的心性學有欲性、人性以及
智性三個層面。但孟子少了智性。[27]

　　可是他根本忘記孟子就是以論辯起家。例如他對於人性論的建
立，就是以個人體悟而來的內在的本性論，作為與告子辯論人性真相
的基礎。今先以如何運用思（體會）去建構其哲學來分析：

　　　孟子曰：「離婁之明，公輸子之巧，不以規矩，不能成方員；
　　　師曠之聰，不以六律，不能正五音；堯舜之道，不以仁政，不
　　　能平治天下。今有仁心仁聞而民不被其澤，不可法於後世者，
　　　不行先王之道也。」

26　楊澤波：《孟子評傳》（南京：南京大學出版社，1998年），頁350。
27　楊澤波：《孟子評傳》，頁348-349。

> 「故曰，徒善不足以為政，徒法不能以自行。《詩》云：『不愆
> 不忘，率由舊章。』遵先王之法而過者，未之有也。聖人既竭
> 目力焉，繼之以規矩準繩，以為方員平直，不可勝用也；既竭
> 耳力焉，繼之以六律，正五音，不可勝用也；既竭心思焉，繼
> 之以不忍人之政，而仁覆天下矣。」（離婁上：1）

「既竭心思焉，繼之以不忍人之政，而仁覆天下矣。」中，他使用
「既竭心思焉」，就是教為政者必須以智性能力，才能推行其善政。
至於前段「堯舜之道，不以仁政，不能平治天下。今有仁心仁聞而民
不被其澤，不可法於後世者，不行先王之道也。」中，分明是以其主
張的人正來實行理想的仁政。這就是創造性的詮釋，焉能直指孟子哲
學說中，沒有智性？因此，我們不能夠因為孟子主張的仁性，比孔子
的人性論能夠進一步的創造，就否認孟子的智性運用。

　　又根據楊澤波的以上說法，或許指孔子有「性相近，習相遠」
與、上智與下愚」的區分。但根據《孟子》的紀載，他對於孔子的孫
子──子思的學說，是一脈相傳。而且，他可能從這一哲學系統，瞭
解到當時人不知道的孔子有關人性論的主張；例如孟子有關其人性論
的創作根源，有下列重要的論述：

> 孟子曰：「愛人不親反其仁，治人不治反其智，禮人不答反其
> 敬。行有不得者，皆反求諸己，其身正而天下歸之。《詩》
> 云：『永言配命，自求多福。』」（離婁上：4）

「愛人不親反其仁，治人不治反其智，禮人不答反其敬。」明明在說
明：他肯定人類具備仁、義、禮、智的四端之心，楊澤波是無可否認
的。而智於孟子，進一步說明的學說來源包括：

孟子曰：「仁則榮，不仁則辱。今惡辱而居不仁，是猶惡溼而居下也。如惡之，莫如貴德而尊士，賢者在位，能者在職。國家閒暇，及是時明其政刑。雖大國，必畏之矣。《詩》云：『迨天之未陰雨，徹彼桑土，綢繆牖戶。今此下民，或敢侮予？』孔子曰：『為此詩者，其知道乎！能治其國家，誰敢侮之？』今國家閒暇，及是時般樂怠敖，是自求禍也。禍福無不自己求之者。《詩》云：『永言配命，自求多福。』《太甲》曰：『天作孽，猶可違；自作孽，不可活。』此之謂也。」（公孫丑上：4）

孟子一再引用《詩》云：「永言配命，自求多福。」，或許就是得自「《詩》云：『永言配命，自求多福。』」的重要靈感。《詩》云：「迨天之未陰雨，徹彼桑土，綢繆牖戶。今此下民，或敢侮予？」孔子曰：「為此詩者，其知道乎！能治其國家，誰敢侮之？」的啟發。

　　所以最後再從孔子一脈──子思以內在的誠道，作為其學說的重要來源。這就是在子思主張的「反諸身不誠，不順乎親矣；誠身有道：不明乎善，不誠乎身矣。誠者，天之道也；誠之者，人之道也。誠者不勉而中，不思而得，從容中道，聖人也。誠之者，擇善而固執之者也。博學之，審問之，慎思之，明辨之，篤行之。有弗學，學之弗能，弗措也；有弗問，問之弗知，弗措也；有弗思，思之弗得，弗措也；有弗辨，辨之弗明，弗措也，有弗行，行之弗篤，弗措也。人一能之己百之，人十能之己千之。果能此道矣，雖愚必明，雖柔必強。」（22）與「自誠明，謂之性；自明誠，謂之教。誠則明矣，明則誠矣。唯天下至誠，為能盡其性；能盡其性，則能盡人之性；能盡人之性，則能盡物之性；能盡物之性，則可以贊天地之化育；可以贊天地之化育，則可以與天地參矣。」（23）

　　相對而言，孟子也有類似的話如：

> 孟子曰：「霸者之民，驩虞如也；王者之民，皞皞如也。殺之而
> 不怨，利之而不庸，民日遷善而不知為之者。夫君子所過者化，
> 所存者神，上下與天地同流，豈曰小補之哉？」（盡心上：13）

在這一段話中，呈現的要義，就顯示出：中國哲學家將天人合觀或天
人一體觀的重要現象。因此像楊澤波將孟子的人性論，單獨拿出來比
較孔孟的不同，根本是一種未進入狀況的說法。

所以我主張我們閱讀《孟子》時，必須將它放回「孔子—曾子—
子思—孟子」的歷史的脈絡中，去發掘其中的真義。否則我們將會落
入人云亦云的陷阱之中。

凡此，這是我閱讀經典《論語》時，一再主張：「要《四書》合
觀」的重要理由。

八　結論

到底我們在閱讀《論語》中，應該持何種眼光與方法，去理解這
部主宰中國兩千多年以來思想與行為的重要經典；特別是，在對岸的
學者中，經常以其領導人認為研究孔子，必須從《孔子家語》之類的
古籍去研究，或持西方哲學家、漢學家的知識論眼光去分析之時，我
重視能夠回到中國哲學本身的特質，去考察其真相。此外，閱讀《論
語》，或許學者各人有不同的心得與見識，可是，如果他們根據的
是，一般未經證實可靠的古代文獻（如《孔子家語》之類的古籍）去
進行研究，或持西方哲學家、漢學家的知識論眼光去分析之時，我們
就必須去考察他們是否能回到中國哲學本身的特質，去建立新說。

其次是，孔子學說既然是以「實踐」為思想核心（學而篇第一章
第一句話已揭露），所以，我們不但應該回到經典本身去進行一手的
研究，而且不只以分析他提出來的概念（如仁義）而已；因為概念的

分析，並不是孔子最後的目的。

又本文主張的以小題大作的方法，去瞭解孔子說的：「學習」到底以何為主要內容？最後的結論是，學習他的學問之後，必須加以實踐，才是最重要的事，但學習不是一件盲從的事，而是如何將其教訓，從生活中進行反思的學習（包括《中庸》的三原則：審問、慎思、明辨）。最後能夠將老師的學說運用的日常生活當中；這是篤行。這是我何以這樣推崇《中庸》的原因。不過，在詮釋孔子方面，我更重視孟子進行的創造性詮釋；因為這才是我們學習古聖人學說之後，必須做的發揚工作；雖然這是不容易的工作，卻是最有意義的工作。

總之，本文以談《論語》的詮釋方法——以〈學而篇〉為討論中心為題，來論述孔學的解讀方法，主張將《四書》作一綜合性的瞭解，才是一種拿研究前人哲學就是研究其哲學史的讀法。其要義，就在於從一脈相傳的學說，整理出重要表達的思想。基於此，我認為我們還可以進一步說，我們從孟子發揚孔子、曾子以及子思的天人合一的學說之後，才能建立《中庸》說的「天命之謂性」的性善說。反之，如楊澤波式的，任意去割裂孔孟之間的關聯性與延續性，或將自陷於誤解的迷失之中。

當然，過去新儒家經常將荀子徹底排斥在儒家之外來看，也犯了一個嚴重的錯誤，就是荀子學說中，也包含許多孔子哲學的成分，卻視而不見；例如荀子對禮教的重視，是我們瞭解孔子何以必須重視三年之喪的原因。從這一點來論，我們必須學習西方哲學家的精神；例如黑格爾的哲學，就是在反省康德哲學之後，能夠回到古希臘前期的思維，從事哲學的建構。[28]因此，我們今天若要真正瞭解孔孟，也必須以寬宏的眼光去重新認識荀子的優點，並且承認其對中國哲學的巨大貢獻與價值。這是我對於重新詮釋先秦儒家學者共勉的要點。

---

28 加達默爾（Hans-Georg Gadamer）著，趙燦譯：《哲學的開端》（*Der Anfang der Philosophie*），（上海：華東師範大學出版社，2019年），頁3-4。

參考書目

黃文雄著，蕭志強漢譯：《論語反論：破解中國千年思想宰制迷思》，臺北：前衛出版社，2016年。

唐君毅：《中國哲學原論・原道篇1》，臺北：新亞研究所、臺灣學生書局，1978年，三版。

楊朝明主編：《細讀論語》，臺北：深思文化創意科技有限公司，2017年。

張祥龍：《先秦儒家哲學九講：從春秋到荀子》，桂林：廣西人民出版社，2010年。

傅佩榮：《樂天知命：傅佩榮談《易經》》，臺北：天下文化出版公司，2011年。

安樂哲、羅思文合著，余瑾譯：《《論語》的哲學詮釋》，桂林：中國社會科學出版社，2003年。

安樂哲（R.T.Ames）著，彭國翔編譯：《自我的圓成：中西互鏡下古典儒家與道家》，石家莊：河北人民出版社，2003年。

方東美：《方東美先生演講集》，臺北：黎明文化事業公司，1980年，再版。

孫中興：《穿越時空，與孔子對話》，臺北：三采文化公司，2017年。

丁中江：《簡帛文明與古代世界》，北京：北京大學出版社，2011年。

Hansen, Chad Deloy (1942-), Philosophy of Language and Logic in Ancient China, The Univ., of Ph. D., 1972, Univ., Microfilms, A XEROX Company, Ann Arbor, Michigan, 1973.

David S. Nivison 著，周熾成譯：《儒家之道》（*The Ways of Confucianism Investigations in Chinese Philosophy*），南京：江蘇人民出版社，2006年。

譚家哲：《周易平解》，臺北：漫遊者文化事業公司，2016年。

譚家哲：《論語平解》，臺北：漫遊者文化事業公司，2012年。

譚宇權：《中庸哲學研究》，臺北：文津出版社，1995年。

余樹蘋：〈從方法論的角度看胡適的《中國哲學史大綱》〉，《青海民族大學學報（教育科學版）》，2010年第4期。

加達默爾（Hans-Georg Gadamer）著，趙燦譯：《哲學的開端》（*Der Anfang der Philosophie*），上海：華東師範大學出版社，2019年。

楊澤波：《孟子評傳》，南京：南京大學出版社，1998年。

第二部分
孔孟詮釋之我見

第二章
道德情感與儒家現代化
——以強化孟子的人性論為討論中心

一　前言

　　最近閱讀黃慧英在〈儒家倫理現代化〉中，討論到，究竟我們應該如何讓傳統儒家現代化的問題。他的專注點是集中在「禮」的問題上；他說：

> 禮作為具體的禮儀必須適應時代，才能發揮其正面意義，舉例來說，對於傳統禮制中對婦女的需要與願望，他們對社會、家庭、丈夫、子女的要求與期望——其中有些是作為一個人應該享有的平等對待及尊重（例如能完全支配自己的生活、職業、前途等），另一些是作為一個女性的特別需求（如職業婦女在家務的分工上能得到充分的支持）。[1]

我對這位學者對於儒家現代化具有這樣濃厚的興趣，表示佩服！因為我們今天不缺有關傳統儒家的研究，但在如何讓儒家現代化，則是當前一件迫切需要去進行的學術研究工作。

　　何況，我們在從事學術研究中，不能永遠停留在理解或詮釋的有限範圍內。可是究竟我們應該如何進行儒家現代化的工作呢？現在從

1　黃慧英：〈儒家倫理現代化〉，劉述先主編：《當代儒學論集：傳統與創新》（臺北：中研院文哲所，1995年），頁33-50。

黃慧英的文章論述路數可知：他是重視在儒家的民主現代化的議題
上；例如他認為：必須將過去儒家重視的主體性，過渡到個體性去；
他在結論上說：

> 我們不得不承認儒家對個體性的重視，不及其對人的道德理性
> 的重視。[2]

我對他能虛心承認儒家的不足，再次表示極大的敬意！因為儒家在現
代社會中，必須生存，不是靠少數學者在作文世界中，歌頌傳統儒家
如何偉大可以完全解決的。所以作為同是一位孔孟的研究者，我認為
目前該進行的工作真是千頭萬緒；原因就在於，如何將兩千多年前的
珍貴智慧，經過不斷的詮釋，讓今天年輕人能理解之外，更重要是，
能使用現代學術的方法，如分析哲學所強調的論證方式，去強化其說
服力。因此，本文重視的，是通過適當的理解孟子的人性論之後，希
望將其中說服力不夠的地方指出來，並從事強化的工作。但我在此必
先聲明：我的工作不在打擊孟子，而是設法在反省其學之後，能夠增
加其論證能力，這是我主張的現代化儒家的意義。本文將從下列幾方
面進行論述：

一、本文的問題意識

二、文獻探討

三、孟子的人性論要義與我的疑問

四、孟子人性論存在的問題

五、儒家現代化的必要、意義、以及方法

---

2 黃慧英：〈儒家倫理現代化〉，劉述先主編：《當代儒學論集：傳統與創新》，頁33-
50。

二　本文的問題意識

　　儒家的現代化是今天學界的共識，但至今堅持保守主義的儒家，依然對於儒家的問題抱持不願反省的態度；這是我感到十分憂心的；因為一種哲學的發揚，絕不是靠不停歌頌其偉大面就可以獲得解決的。不過，作為當代新儒家大師的牟宗三，既然已經對儒家的現代化提出很好的建言；如在中西文化會通中，學習對方的優點，是值得我們重視的。但，究竟我們該如何學習呢？

　　本文，將從這一角度去對孟子的人性論進行反思，所以問題意識是，如何在現代化社會中，使孟子的人性論具有更好的說服力？

三　文獻探討

（一）牟宗三對於儒家現代化的論述

　　牟宗三一生對於儒家現代化之言論很多，其要義在於：瞭解到民主政治與科學對於儒家的發揚上，佔有極為重要的地位；他說：

　　　　科學知識是新外王中的一個材質條件，但是必得套在民主政治下，這個新外王中的材質條件才能充分實踐。否則，缺乏民主政治的形式條件而孤離地講中性的科學，亦不足稱為真正的現代化。[3]

　　在他說這話時，是站在反對共產黨之極權來說的。但其中的盲點是，儒家的現代化，並不是只重視民主一項而已；因為科學在他來說，

3　牟宗三：〈新版序〉，《政道與治道》，收在《牟宗三先生全集》10（臺北：聯經出版事業公司，2003年），頁19。

也是中國傳統文化中最缺乏的。那麼，我們在儒家現代化中，究竟該如何吸收其精華呢？就是將傳統儒家的論述能力增強。譬如在我們研究孟子的人性論中，如何將其中一些獨斷論的部分，以較強的論證，去幫助其成為有說服力的學說呢？這將是我輩現代化孟學的一種方法。

現在所謂獨斷論，是指他在推理中，並沒有形成一種有效論證時，我們究竟是去為他圓說？還是大膽去糾正呢？事實上，受過邏輯訓練的牟宗三，在其代表作：《圓善論》中，也不客氣指出：孟子在與告子的論辯中，雙方出現的邏輯上的錯誤，[4]這就是我們今天在發揚孟學中，準備就理（科學推理）來為他補強的地方。

另外，牟先生晚年曾說過：

> 中國沒有科學，已經知道向西方學習，西方人除了文明科技外，如何解決後現代化的文化問題？好好向中國儒、釋、道三教學習。應該可以得到一些啟發，這叫中西文化的會通。[5]

他提出「中西文化的會通」或相互學習的概念是我完全同意的；因為每一種文化都有其優點。所以相互學習，至少已打破過去張之洞式的「中學為體、西學為用」的故步自封的，以「中國文化為中心」，不願真正虛心去接納西方文化優良部分的心態。

但現在我們必須指出：在利用西方哲學與吸收西方哲學的優良論

4　例如牟宗三對於孟子與告子的論辯，告子曰：「生之謂性。」孟子曰：「生之謂性也，猶白之謂白與？」曰：「然。」「白羽之白也，猶白雪之白；白雪之白，猶白玉之白與？」曰：「然。」「然則犬之性，猶牛之性；牛之性，猶人之性與？」；評孟子與告子的問題在於：「孟子這樣的問難，其心目中有所指。然由『生之謂性』推下來而致其溪中之所想，期間有兩跳躍與滑轉。告子一時辨別不清，遂致語塞。」（臺北：臺灣學生書局，1985年），頁8。

5　牟宗三：《牟宗三先生晚期文集》，收在《牟宗三先生全集》27（臺北：聯經出版事業公司，2003年），頁419-438。

證方式中，我們做得實在不夠；如至今我們的儒家界，對於做為中國主流的先秦儒家如孟子的哲學，依然未能在吸收西方分析哲學的優點上，必須進行自我反省的工作；在這一點上，我認為高柏園在〈論牟宗三先生對儒道思想之區分〉的結語中，很含蓄地說：

> 然而牟先生完全以道德來規定創造的意義，自是可有甚至是十分精到之論。但是筆者認為此中仍有可討論的空間。易言之，除了道德的創造之外，我們不否認有宗教的創造、美學的創造以及知識的創造。因此，當牟先生以道德規定創造的同時，便很自然地將其他創造隸屬於道德創造之下，前言之宗教創造即是一例，而牟先生在《現象與物自身》一書中提良知的自我坎陷以及德行的優先性等義，則是試圖以道德創造含攝知識活動。[6]

「試圖以道德創造含攝知識活動」本是儒家向來存在的問題；如《周易・繫傳》作者說：「象傳：天行健，君子以自強不息。」[7]孟子中也紀載說：

> 徐子曰：「仲尼亟稱於水，曰：『水哉，水哉！』何取於水也？」
> 孟子曰：「原泉混混，不舍晝夜。盈科而後進，放乎四海，有本者如是，是之取爾。苟為無本，七八月之間雨集，溝澮皆盈；其涸也，可立而待也。故聲聞過情，君子恥之。」（離婁下：46）

6　高柏園：〈論牟宗三先生對儒道思想之區分〉，收在江日新主編：《牟宗三哲學與唐君毅哲學論》（臺北：文津出版社，1997年），頁267-288。
7　☰乾：乾：元亨，利貞。象傳：天行健，君子以自強不息。

「原泉混混，不舍晝夜。盈科而後進，放乎四海，有本者如是，是之取爾。苟為無本，七八月之閒雨集，溝澮皆盈；其涸也，可立而待也。」居然可以讀出「故聲聞過情，君子恥之。」的結論；這是建立在天人合一的基本架構上的論述，也就是將自然秩序與道德秩序合一的論述。但這種「試圖以道德創造含攝知識活動」，一直為當代儒家大師牟宗三所繼承，卻未顧慮到如何可放在知識的架構去證成？

換句話說，儒家可以繼承「先秦儒家道德創造含攝知識活動」的傳統，卻在論述儒家現代化的實踐中，是不能滿足上述牟先生所追求的科學現代化的自我要求。所以，這樣「試圖以道德創造含攝知識活動」已經與他在上述指出的：必須去學習西方文化的優點之主張，是完全違背的。那麼，今天要追求儒家的現代化時，必須回到先秦儒家泰斗孟子的人性論中，去進行現代化的工作，就有必要。

（二）安樂哲（Roger T. Ames）對於孟子人性論的反省

安樂哲（Roger T. Ames）是一位近年來對於中國哲學，特別是儒家孔孟哲學有深刻研究的重要學者，他在〈孟子的人性概念：它意味著人的本性嗎？〉中，提出孟子人性論的問題；他的論述是：

> 當孟子認為這「『四端』非由外鑠我也」時，他正在談論的是它們並不完全適合源於某種外在的根源。但內外之用法不能夠被兩元化地來理解。[8]

這是說，在孟子以四端之心是一種內在化為其論斷人性為善之前提之

---

8 安樂哲（Roger T. Ames）：〈孟子的人性概念：它意味著人的本性嗎？〉，收在安樂哲（Roger T. Ames）、江文思（James Behuniak Jr.）主編，梁溪譯：《孟子人性之學》（*Mencius' L'earning of Mental-Nature*），〈北京：社會科學文獻出版社，2005年〉，頁86-124。

時，已經忽略他同時重視的天人合一論，是內外一體的；或說，是其論證：「非由外鑠我也」時，天若是一個外在的神明，則人性之善內在化之說，已經同時忽略其客觀面之事實。所以他又強烈的批評孟子的論證中存在的重大問題是：他又說：

> 因為性有內外──孟子能夠堅持「知其性也，則知天矣『和』萬物皆備與我者也」──兩個方面。盡量小心的避免使「性」內在化和心理化，我們必須說，在孟子的傳統中，把任何階段上的人──甚至是嬰兒──描述成為一種抽象的和孤立「個人」大概是有問題的。[9]

這是說：他發現我們一向將人性善說作為我們的傳統文化的主流思想，並作為我們傳統之信仰（如三字經書的人之初，性本善）。但我們同時忽略了，在我們討論孟子時，必須有一種學術的論證精神，就是能像安樂哲（Roger T. Ames）一樣，必須能夠將我們從前作為我們中華文化信仰的學說，置於學術的平臺上進行討論，這才叫儒家的現代化，不是嗎？換句話說，學術討論，必須先拿開對中國文化信仰包袱的負擔，進一步以寬闊的心胸去反省在孔子之後，曾經出現在討論人性的各家學說，包括孟子的性善說中的論證問題，進行反思；這是我在本文中，講的儒家現代化的目的。

9　安樂哲（Roger T. Ames），梁溪譯：〈孟子的人性概念：它意味著人的本性嗎？〉，收在安樂哲（Roger T. Ames）、江文思（James Behuniak Jr.）主編，《孟子人性之學》（*Mencius' L'earning of Mental-Nature*），頁86-124。

三　孟子的人性論要義與我的疑問

（一）從天人合一知道去瞭解孟子的人性論要義

通常討論孟子的性善論的學者，經常將孟子與其弟子之間的人性論，作為研究孟子人性論的中心。但在孟子人性論中，有兩個極為重要的概念，必須視為其建構人性論的中心觀念；即「天」與「命」的概念；例如孟子曾說：

> 盡其心者，知其性也。知其性，則知天矣。存其心，養其性，所以事天也。殀壽不貳，修身以俟之，所以立命也。（盡心上：1）

在這一段話中，表現出一種道德實踐的過程。其重要的目標之一是「事天」，但由其「殀壽不貳」來看，「修身」則變成立命的根本方式。今所謂「殀壽不貳」，若是指「天之命有夭壽窮達賢不肖」[10]，則建立正確命運觀的方法是靠個人的道德修養。所以在孟子人性論的大綱中，「命」是他肯定的。可是最重要的是，必須以「道德修養」作為其解決人類命運問題之方法。

不過，在其道德實踐中，「知天」與「事天」則成為重要的工作。但何謂「知天」與「事天」？「事天」若是指：「參天地、贊化育之能」[11]，則孟子是在儒家弟子──子思所建構之誠道系統中，完成其思想體系；例如子思在《中庸》中說：

> 自誠明，謂之性；自明誠，謂之教。誠則明矣，明則誠矣。唯

---

10 焦循撰，沈文倬點校：《孟子正義》（下）（北京：中華書局，1987年），頁879。

11 焦循撰，沈文倬點校：《孟子正義》（下），頁878。

天下至誠，為能盡其性；能盡其性，則能盡人之性；能盡人之性，則能盡物之性；能盡物之性，則可以贊天地之化育；可以贊天地之化育，則可以與天地參矣。（23）

從這一論述可知，在孟子的「盡其心者，知其性也。知其性，則知天矣。」之前，可能就有子思「唯天下至誠，為能盡其性；能盡其性，則能盡人之性；能盡人之性，則能盡物之性；能盡物之性，則可以贊天地之化育」的「盡性──盡人之性──盡物之性」的論述。[12]只不過，子思重視的起點是：「能盡其性」，而孟子，從「心」上做起點，顯有差別。或說：孟子已經體悟出「盡心」與「養心」是盡性的根本方法。

不過值得強調的是，孟子之「知天」的「思」的意義，我認為，這表現出儒家一種從此道德心上領悟的思維活動，而非推理的活動，是很明白的；例如儒家創始者──孔子說的「聞一知十」，就是弟子能從《詩經》中的一句經文，「覺悟出」一種道德實踐的道理（is that the disciples can "realize" the truth of a moral practice from a verse in the Book of Poems）。而思，有覺察的重要意義，見《論語》的〈季氏篇〉。[13]而究竟孟子的天、命與其性的關係是如何呢？

以下是孟子整個人性觀的要義所在；他說：

口之於味也，目之於色也，耳之於聲也，鼻之於臭也，四肢之

---

12 如果《中庸》是一本孔子孫子──子思的重要著作的話。而這樣的論述，確實有其論證上的可能；見譚宇權：《中庸哲學研究》（臺北：文津出版社，1995年），頁1-23。

13 證據如孔子曰：「君子有九思：視思明，聽思聰，色思溫，貌思恭，言思忠，事思敬，疑思問，忿思難，見得思義。」；孔子說：「君子有九種事情要覺察：看要覺察是否看清楚了、聽要覺察是否聽清楚了、臉色要覺察是否溫和、表情要覺察是否謙恭、言談時要覺察是否忠誠、工作時要覺察是否敬業、疑問時要覺察請教、憤怒時要覺察後患、見到好處時要覺察道義。」（季氏篇）

於安佚也，性也，有命焉，君子不謂性也。仁之於父子也，義
之於君臣也，禮之於賓主也，智之於賢者也，聖人之於天道
也，命也，有性焉，君子不謂命也。（盡心下：70）

這是說，作為一位有德的君子，必將感官之性（或物質性的需求）視
為外在的、由不能學知的命運或無法操之在我的命運。但聖人之道，
則將道德人倫之心性，作為他們追求天道的內在的根本法則；因為這
樣的天道，才能把主動權歸於自身。這就是孟子曰：「求則得之，舍
則失之，是求有益於得也，求在我者也。求之有道，得之有命，是求
無益於得也，求在外者也。」（盡心上：3）的道理。我對這一段的詮
釋是：

求知在我之道：主動權歸還於我的盡心；這也就是上述的聖人之
道，則將內在的道德人倫之性，作為他們追求的天道。

反之，如果我們將主動權歸於感官之性；就是「求之有道，得之
有命，是求無益於得也，求在外者也。」的意義。

其旁證是孟子說的：

公都子問曰：「鈞是人也，或為大人，或為小人，何也？」

孟子曰：「從其大體為大人，從其小體為小人。」

曰：「鈞是人也，或從其大體，或從其小體，何也？」（告子
上：5）

曰：「耳目之官不思，而蔽於物，物交物，則引之而已矣。心
之官則思，思則得之，不思則不得也。此天之所與我者，先立
乎其大者，則其小者弗能奪也。此為大人而已矣。」

我也一樣可歸為兩類；

一、耳目之官耳類：「目之官不思，而蔽於物，物交物，則引之

而已矣。」結果是失去自主性。

二、心之官類：「心之官則思，思則得之，不思則不得也。」顯然認為內在之性才有價值，並作為一且感官的主宰。

所以從這一比較中，顯然有貶低感官之性的功能。

（二）我的疑問

但耳目之欲，顯然是一般人之欲望，我們如何去克服呢？孟子曰：「萬物皆備於我矣。反身而誠，樂莫大焉。強恕而行，求仁莫近焉。」（盡心上：4）；「萬物皆備於我矣。反身而誠」，就是孟子想拉近眾人對於其道的迷惑，所以說出以「萬物皆備於我矣。反身而誠」的方式，去回應人們希望「樂莫大焉」的訴求。所以孟子必須以「萬物皆備於我矣」作為其論述人有道德心的學說。但這樣的訴求，是否已經忽略一件重要的事，就是在他肯定「心之官的功能」的同時，是否已經貶低人類的生活基本需求中，必須同時需要的欲求之心呢？因此孟子弟子公孫丑也曾經認為，孟說可能已經變成一種陳義過高的學說，[14]也就是我在此疑問的焦點。

（三）孟子性善論的建構過程與其要義

為瞭解孟子學說的真相，我在本節中，將研究的是，孟子性善論的建構過程與其要義。在上一節中，我重視的是，其性善論中，是包括哪些重要的概念必須先去認識的。我以實例證明是「天」與「命」兩大概念。在本節中，我從孟子性善論的建構過程與其要義，來進入其道德世界。我認為：其中有下列幾個重要概念，必先去釐清的；包括上引的「心」與「性」，乃至相關的「情」與「才」；如孟子與其的

---

14 例如他的大弟子公孫丑曾質疑老師：「道則高矣，美矣，宜若登天然，似不可及也。何不使彼為可幾及而日孳孳也？」孟子曰：「大匠不為拙工改廢繩墨，羿不為拙射變其彀率。君子引而不發，躍如也。中道而立，能者從之。」（盡心上：41）

弟子——公都子的對話中，曾出現的重要概念，都必須先去澄清：

> 公都子曰：「告子曰：『性無善無不善也。』或曰：『性可以為
> 善，可以為不善；是故文武興，則民好善；幽厲興，則民好
> 暴。』或曰：『有性善，有性不善；是故以堯為君而有象，以
> 瞽瞍為父而有舜；以紂為兄之子且以為君，而有微子啟、王子
> 比干。』今曰『性善』，然則彼皆非與？」

從這一段紀載可知；孟子時，已出現許多有關人性論的討論；至少有
下列四種：

一、告子的「性無善無不善說」。

二、性可以為善，可以為不善；是故文武興，則民好善；幽厲興，
　　則民好暴。

三、有性善，有性不善；是故以堯為君而有象，以瞽瞍為父而有
　　舜；以紂為兄之子且以為君，而有微子啟、王子比干。

四、孟子的「性善說」。

　　接著，孟子曰：「乃若其情，則可以為善矣，乃所謂善也。若夫
為不善，非才之罪也。惻隱之心，人皆有之；羞惡之心，人皆有之；
恭敬之心，人皆有之；是非之心，人皆有之。惻隱之心，仁也；羞惡
之心，義也；恭敬之心，禮也；是非之心，智也。仁義禮智，非由外
鑠我也，我固有之也，弗思耳矣。」（告子上：6）

　　在一段話中，就呈現出：「心」、「性」、「情」、「才」等重要概
念。通常有學者以為：孟子的「性」、「情」、「才」是同一概念；如其
情的「情」可解釋為：「實情」；如孟子說：「故聲聞過情，君子恥
之。」（離婁下：46），就是說：一個人的名聲超過實情，是會被君子

恥笑的。[15]

　　但這是一種唯一不變的可能詮釋嗎？事實上，孟子曰：「牛山之木嘗美矣，以其郊於大國也，斧斤伐之，可以為美乎？是其日夜之所息，雨露之所潤，非無萌蘖之生焉，牛羊又從而牧之，是以若彼濯濯也。人見其濯濯也，以為未嘗有材焉，此豈山之性也哉？雖存乎人者，豈無仁義之心哉？其所以放其良心者，亦猶斧斤之於木也，旦旦而伐之，可以為美乎？其日夜之所息，平旦之氣，其好惡與人相近也者幾希，則其旦晝之所為，有梏亡之矣。梏之反覆，則其夜氣不足以存；夜氣不足以存，則其違禽獸不遠矣。人見其禽獸也，而以為未嘗有才焉者，是豈人之情也哉？故苟得其養，無物不長；苟失其養，無物不消。孔子曰：『操則存，舍則亡；出入無時，莫知其鄉。』惟心之謂與？」（告子上：8）

　　其中的論述是：

> 牛山之木嘗美矣，以其郊於大國也，斧斤伐之，可以為美乎？
> 是其日夜之所息，雨露之所潤，非無萌蘖之生焉，牛羊又從而
> 牧之，是以若彼濯濯也。人見其濯濯也，以為未嘗有材焉。

今從孟子以「牛山之木」來比喻人之性，這是從人本身所具備的本質來說，與其抽象之性作比較，一者是物質性，另一者屬於在價值世界中說的人的特性（經過與禽獸做比較之後）。所以其中的分別是必要的；就是「才」是一種身體中所擁有的本質。「善性」則是不同於動物性之人的特性。這就給我一種重要的提示，就是孟子對於其領悟到

15　徐子曰：「仲尼亟稱於水，曰：『水哉，水哉！』何取於水也？」
　　孟子曰：「原泉混混，不舍晝夜。盈科而後進，放乎四海，有本者如是，是之取爾。苟為無本，七八月之閒雨集，溝澮皆盈；其涸也，可立而待也。故聲聞過情，君子恥之。」（離婁下：46）

的善性，可以從不同角度去詮釋，那麼他說的「情」，還有比「實情」更好的解釋嗎？

　　現在回到，「仁義禮智，非由外鑠我也，我固有之也，弗思耳矣。故曰：『求則得之，舍則失之。』或相倍蓰而無算者，不能盡其才者也」；由此可見：孟子經過「思」（覺悟或領會）出的本心的德性，是存在人的本心之中。同理，上述出現的「情」，就可以就事實上說是就「今人乍見孺子將入於井，皆有怵惕惻隱之心」之道德感情。或說，若從孟子以上的論證的角度來說，這個性善之情，也可以人抽象的道德感情來說；例如孟子在論證其性善說中，曾經說過下列一段重要的話：

> 人皆有不忍人之心。先王有不忍人之心，斯有不忍人之政矣。
> 以不忍人之心，行不忍人之政，治天下可運之掌上。所以謂人
> 皆有不忍人之心者，今人乍見孺子將入於井，皆有怵惕惻隱之
> 心。非所以內交於孺子之父母也，非所以要譽於鄉黨朋友也，
> 非惡其聲而然也。（公孫丑上：5）

所謂「人皆有不忍人之心。先王有不忍人之心，斯有不忍人之政矣。以不忍人之心，行不忍人之政，治天下可運之掌上。」到「凡有四端於我者，知皆擴而充之矣，若火之始然，泉之始達。苟能充之，足以保四海；苟不充之，不足以事父母。」，都是建立在對天下蒼生之道德情感上。由此可見：孟子的性善論也就是希望建立在「同情共感」的道德情感之上說[16]。

---

16 另一孟子論證是：（孟子）曰：「臣聞之胡齕曰，王坐於堂上，有牽牛而過堂下者，王見之，曰：『牛何之？』對曰：『將以釁鐘。』王曰：『舍之！吾不忍其觳觫，若無罪而就死地。』對曰：『然則廢釁鐘與？』曰：『何可廢也？以羊易之！』不識有諸？」（梁惠王）曰：「有之。」（孟子）曰：「是心足以王矣。百姓皆以王為愛也，

　　其所以能夠這樣肯定人有這樣的道德情感，又是經過「今人乍見
孺子將入於井，皆有怵惕惻隱之心。非所以內交於孺子之父母也，非
所以要譽於鄉黨朋友也，非惡其聲而然也。」的論證而來。所以孟子
是某種程度上，是以人在某種狀況下會有道德情感的發揮。所以上述
的「乃若其情，則可以為善矣，乃所謂善也。」，也可以解釋為「人
在某種狀況下會有道德情感的發揮。」但這是事實嗎？或問：「今人
乍見孺子將入於井，皆有怵惕惻隱之心。非所以內交於孺子之父母
也，非所以要譽於鄉黨朋友也，非惡其聲而然也」？是一個全稱命題
嗎？或具有道德的普遍性嗎？[17]

　　如果不能成為全稱命題的話，有何狀況出現？就會出現孟子說的
禽獸吃人的狀況，所以他對於人的肯定，仍然留下一個伏筆，就是他
認為的：「仁，人心也；義，人路也。舍其路而弗由，放其心而不知
求，哀哉！人有雞犬放，則知求之；有放心，而不知求。學問之道無
他，求其放心而已矣。」（告子上：11）；這也就是說：人類雖然有四
端之心（仁義禮智），但最後，還必須說：「凡有四端於我者，知皆擴
而充之矣，若火之始然，泉之始達。苟能充之，足以保四海；苟不充
之，不足以事父母。」

臣固知王之不忍也。」王曰：「然。誠有百姓者。齊國雖褊小，吾何愛一牛？即不
忍其觳觫，若無罪而就死地，故以羊易之也。」曰：「王無異於百姓之以王為愛
也。以小易大，彼惡知之？王若隱其無罪而就死地，則牛羊何擇焉？」王笑曰：
「是誠何心哉？我非愛其財。而易之以羊也，宜乎百姓之謂我愛也。」（梁惠王
上：7）

17　其旁證是郭店楚簡《有性》說：「性自命生，命自天降，道始於情，情生於性。始
　　者近情，終者近義。知情者能出之，知義者能內之。」；張立文解釋說：「因『道始
　　於情』，所以說『始者近情』；『情生於性』，所以說『終者近義』，情是可發為外的
　　情感、情緒；性是內在的心性。」；依此，孟子的「乃若其情，則可以為善矣，乃
　　所謂善也。」的由外在的情緒或道德感情（外在的，可見的對象）來證明不可見的
　　善性的存在，是合理的。張立文解釋見其論文：〈略論郭店楚簡的「仁義」思想〉，
　　沈清松主編，《跨世紀的中國哲學》，〈臺北：五南圖書出版公司，2001年〉，頁205-
　　228。

這就證明：孟子講的道德修養，是一種「應然」而「非本然」的道理。而此道理的論證，也只有：「今人乍見孺子將入於井，皆有怵惕惻隱之心。非所以內交於孺子之父母也，非所以要譽於鄉黨朋友也，非惡其聲而然也」這樣簡單的事實論證。可是這一事實論證的有效性是否能周延呢？

又就事實來說，人類社會經過長期的道德教化之後，「今人乍見孺子將入於井，皆有怵惕惻隱之心。」的確有其合理性，或說：道德教育的卻必須有教師的輔導不可。然而，孟子所肯定的四端之心固有說，還必須做進一步的檢驗，不是嗎？

或許有人認為：孟子不是指出人天生就有善性的表現，那麼不是更需要去進行後天教化的工作麼？誠如《中庸》所謂的：

> 天命之謂性，率性之謂道，修道之謂教。道也者，不可須臾離也，可離非道也。

由此可知，孟子繼承的子思之學，也分別了；「天命之謂性，率性之謂道，修道之謂教」的層次：1. 人天生稟賦的層次；2. 以此四端之心為追求生命之道；3. 但最後依然必須去接受老師的教誨。而在此論述中，孟子是注重第一與第二層次的發揮。至於第三層次的發揮，就顯得「薄弱一些」，不過至少他還強調「自學」（凡有四端於我者，知皆擴而充之矣）。但這裡的危險是，人生於世的各種學習，是否更需要有學校與老師的教誨呢？

在這方面，孟子有「謹庠序之教，申之以孝悌之義」（梁惠王上：3、7），不就證明：他主張：人們必須重視後天的學習嗎？所以我認為：在這方面，孟子不如荀子在〈儒效篇〉對於「老師重要」的

論述。[18]

　　換句話說，孟子對於後天教化的論述是不夠的；因為他對於教育上重視人類先天能力的教化，而忽略人成為一謂君子，必經過一段很長的時間（Ignoring people to become a gentleman will take a long time）；舉例來說，孔子最後的成就（七十而從心所欲，不逾矩），不是證明儒家必須經過長期的學習教化而成的嗎？

　　至於他說的「宰我、子貢善為說辭，冉牛、閔子、顏淵善言德行。孔子兼之，曰：『我於辭命則不能也。』然則夫子既聖矣乎？」他說的：「惡！是何言也？昔者子貢、問於孔子曰：『夫子聖矣乎？』孔子曰：『聖則吾不能，我學不厭而教不倦也。』子貢曰：『學不厭，智也；教不倦，仁也。仁且智，夫子既聖矣！』夫聖，孔子不居，是何言也？」更可證成我上面說的：後天的學習或實踐功夫，比先天的更為重要。

　　至於在別人問：「伯夷、伊尹何如？」曰：「不同道。非其君不事，非其民不使；治則進，亂則退，伯夷也。何事非君，何使非民；治亦進，亂亦進，伊尹也。可以仕則仕，可以止則止，可以久則久，可以速則速，孔子也。皆古聖人也，吾未能有行焉；乃所願，則學孔子也。」，則「乃所願，則學孔子也。」也不證明：人的後天學習是學習成為聖人的第一要務嗎？

　　所以我對於孟子人性論引發的問題，表示了上述質問。而此質問，在先秦儒家另一長期被忽略的荀子注意到了。所以在這方面，我

18　「故人無師無法而知，則必為盜，勇則必為賊，云能則必為亂，察則必為怪，辯則必為誕；人有師有法，而知則速通，勇則速畏，云能則速成，察則速盡，辯則速論。故有師法者，人之大寶也；無師法者，人之大殃也。人無師法，則隆性矣；有師法，則隆積矣。而師法者，所得乎積1，非所受乎性。性不足以獨立而治。性也者，吾所不能為也，然而可化也。積也者，非吾所有也，然而可為也。注錯習俗，所以化性也；並一而不二，所以成積也。習俗移志，安久移質。並一而不二，則通於神明，參於天地矣。」（儒效篇）

主張：今天我們必須將孟荀這兩家對於人性與教化問題同時放在一個平等的檯面，進行比較研究；這是我主張的：在處理先秦儒家的方法與態度上，必須對於孟子的論述進行進一步研究的原因。

四　孟子人性論存在的問題

從以上的孟子人性論的分析中，我認為孟子在與其弟子——告子辯論中出現的重要問題包括：

（一）對於耳目之官的批評論證不足

如說：「目之官不思，而蔽於物，物交物，則引之而已矣。」；這是說，耳目等器官沒有德性之知，只有見聞之知。所以會被外物牽引。所以最後，在他比較小體（見聞之知）與大體（德性之知）後，取大體；這也就是他有下列重要論述的原因：

> 人之於身也，兼所愛。兼所愛，則兼所養也。無尺寸之膚不愛焉，則無尺寸之膚不養也。所以考其善不善者，豈有他哉？於己取之而已矣。體有貴賤，有小大。無以小害大，無以賤害貴。養其小者為小人，養其大者為大人。今有場師，舍其梧檟，養其樲棘，則為賤場師焉。養其一指而失其肩背，而不知也，則為狼疾人也。飲食之人，則人賤之矣，為其養小以失大也。飲食之人無有失也，則口腹豈適為尺寸之膚哉？（告子上：14）

他的論述問題就在於，提出：「人之於身也，兼所愛。兼所愛，則兼所養也。無尺寸之膚不愛焉，則無尺寸之膚不養也。所以考其善不善者，豈有他哉？於己取之而已矣。」與「體有貴賤，有小大。無以小

害大，無以賤害貴。養其小者為小人，養其大者為大人。」、「飲食之人，則人賤之矣，為其養小以失大也。飲食之人無有失也，則口腹豈適為尺寸之膚哉？」的說明上；其意義是「人必須對於自己身體的每一部分都會愛護」，但又有大體與小體之分說：「保養小體的是賤人」；像這樣的論述，所犯的毛病就是，將過分高揚人的價值標準，卻忽視人存的生存基礎何在？

　　在此，孔孟儒家所追求的，是以重視道德的君子為生命哲學的標準，但這樣陳義過高的論述，是否不合現代社會的需求呢？這才是我在本文追求一個現代化儒學的重點。就是，究竟孟子當年能說出「衣食足而後知榮辱」這樣的知見之外，孟子不還說過；如說：「民事不可緩也。《詩》云：『晝爾于茅，宵爾索綯；亟其乘屋，其始播百穀。』民之為道也，有恆產者有恆心，無恆產者無恆心。苟無恆心，放辟邪侈，無不為已。及陷乎罪，然後從而刑之，是罔民也。焉有仁人在位，罔民而可為也？是故賢君必恭儉禮下，取於民有制。陽虎曰：『為富不仁矣，為仁不富矣。』」（滕文公上：3）

　　所謂「民之為道也，有恆產者有恆心，無恆產者無恆心。苟無恆心，放辟邪侈，無不為已。及陷乎罪，然後從而刑之，是罔民也。焉有仁人在位，罔民而可為也？是故賢君必恭儉禮下，取於民有制。」的重要意義，就是若將個人的道德理想推廣到民間，第一件必須做的事，就是設法去解決民生問題。換句話說，連他自己都曾經以民生問題優先，再來講仁義之道的高明見解，則現代化儒家的路數，是否必須從利（謀天下百姓之利）為優先呢？

　　但依照他當年提出的方法是，包括以古代的井田制度加以改良；所謂：「夏后氏五十而貢，殷人七十而助，周人百畝而徹，其實皆什一也。徹者，徹也；助者，藉也。龍子曰：『治地莫善於助，莫不善於貢。貢者校數歲之中以為常。樂歲，粒米狼戾，多取之而不為虐，則寡取之；凶年，糞其田而不足，則必取盈焉。為民父母，使民盼盼

然，將終歲勤動，不得以養其父母，又稱貸而益之。使老稚轉乎溝
壑，惡在其為民父母也？』夫世祿，滕固行之矣。《詩》云：『雨我公
田，遂及我私。』惟助為有公田。由此觀之，雖周亦助也。」

又使畢戰問井地。孟子曰：「子之君將行仁政，選擇而使子，子
必勉之！夫仁政，必自經界始。經界不正，井地不鈞，穀祿不平。是
故暴君汙吏必慢其經界。經界既正，分田制祿可坐而定也。」（滕文
公上：3）

凡此，在孟子井田制度的主張中，是「把土地分成九等份之方形
制度中那理想化的『公田』的舊做法和減少商稅，與人性的一種樂觀
觀念聯繫起來了，則人類從一誕生就孕育著使他們實踐完人所必須的
倫理品質：仁、義、禮、智。」，不過，像這種理想化的制度，與事
實是否相符合呢？[19]

換言之，畢竟一種陳義過高的君子與小人之分的哲學，最後還是
必回到現實社會去研究，到底解決小體的問題，是否是一種必要的問
題呢？否則，這樣建立在大體（仁義君子）之仁政論，如果與現實出
現極大的落差，則實現的可能性有多少呢？

何況，我們發現其中重要的矛盾是，一方面說，「飲食之人，則
人賤之矣」，但又不得不說「夫仁政，必自經界始。」；用現代的話來
說：A（君子之學）才可取，所以必須 -B（放棄小人之學）。但又發
覺小人之學（經世致用之學）也必須重視（B）。那麼，所以其君子之
學便顯出「前後不一致」的邏輯問題。

所以我的質疑，不僅是我個人的說法，也是其得意弟子——公孫
丑提出的質疑：

---

19 〔法〕謝和耐著，耿昇譯：《中國社會史》（南京：江蘇人民出版社，1995年），頁
　　77；所以說孟子的井田制是一種理想化的土地制度；「因為太刻板、太典型了，近
　　世學者多不敢相信。」（杜正勝：《編戶齊民——傳統政治社會結構之形成》，〔臺
　　北：聯經出版公司，1990年〕，頁169）。

公孫丑曰：「道則高矣，美矣，宜若登天然，似不可及也。何
不使彼為可幾及而日孳孳也？」

孟子曰：「大匠不為拙工改廢繩墨，羿不為拙射變其彀率。君
子引而不發，躍如也。中道而立，能者從之。」（盡心上：3）

「宜若登天然，似不可及也」，以今天的話就是：「天這麼高，你
還想去攀登嗎？」因此孟子當年為人們開出的藥方，在其弟子看來已
不可能。因此我們現在再從孟子對弟子的回應可知，對於這些陳義過
高的理論（如井田論），應該去做檢討，而不應一味的附和或為他做
不合理的辯護。這是我主張的，在我們今天講儒家的現代化中，必須
先能跳脫新儒家一味去擁護古人說法的原因。

（二）比喻法是一種很弱的論理方法

在孟子的人性論中，最常運用的論理方法就是比喻法；這就邏輯
上說的類比法，其論理方式，就是在說明：A命題是真時，就以B命
題試圖證明其為真；例如上引述「養其小者為小人，養其大者為大
人」是以「今有場師，舍其梧檟，養其樲棘，則為賤場師焉。養其一
指而失其肩背，而不知也，則為狼疾人也。飲食之人，則人賤之矣，
為其養小以失大也。飲食之人無有失也，則口腹豈適為尺寸之膚
哉？」來論述其中高低之比。這是說：現在有一位園丁，捨棄高等梧
檟等美材不去培養，而只培養低等樲棘木，就不是高明的園丁。如果
有人為了一根指頭的保養而失去肩背，就是糊塗之人。但這種比喻，
最多只能說明上述兩種道理為真；因為以上兩種中的A命題（「飲食
之人，則人賤之矣，為其養小以失大也。」）與（B）命題（只知道滿
足口腹需求的人，人人都看不起他）是兩件不同的事。所以所做的比
喻之後，並不能證明A命題為真。這也證明（二）比喻法是一種很弱
的論理方法。

（三）繼曾子與子思的孝之傳統所形成的問題

這很少學者曾經討論的重要問題；例如其弟子也對於其禪讓政治的質疑：

先說，在《孟子》中，有一條重要線索顯示出：孟子接受曾子與子思《中庸》的學說而來；例如曾子說過：「吾聞諸夫子：人未有自致者也，必也親喪乎！」（子張：17）；意謂：「平時，人很難表露自己的感情；祇有死了親人，感情才能表露無遺。」曾子曰：「吾聞諸夫子：孟莊子之孝也，其他可能也；其不改父之臣，與父之政，是難能也。」（子張：18）意謂：「我聽老師說過：孟莊子的孝順，其他方面別人都可以做到，祇有他不更換父親下屬和父親的規矩，是難以做到的。」

曾子這種重視孝道為儒家思想核心的傳統，後為孟子所繼承；如他重新定義孔子的仁，為人心之外，就是將「親親仁也」，作為其基本哲學命題；其意義在於將「仁」的核心置於與孝順有關的親親（孝順父母）之上。所以「親親」就成為其道德的判準。又如孟子對於闡述舜有下列的論述：

> 孟子曰：「天下大悅而將歸己。視天下悅而歸己，猶草芥也。惟舜為然。不得乎親，不可以為人；不順乎親，不可以為子。舜盡事親之道而瞽瞍厎豫，瞽瞍厎豫而天下化，瞽瞍厎豫而天下之為父子者定，此之謂大孝。」（離婁上：28）

「瞽瞍[20]厎豫」是說：瞽瞍事件可見王充《論衡》「舜未逢堯，鯀在側

---

20 事見「舜未逢堯，鯀在側陋，瞽瞍與象謀欲殺之。使之完廩，火燔其下；令之浚井，土掩其上。舜得下廩，不被火災；穿井旁出，不觸土害。堯聞徵用，試之於職，官治職修，事無廢亂。使入大麓之野，虎狼不搏，蝮蛇不噬；逢烈風疾雨，行不迷惑。夫人欲殺之，不能害；之毒螫之野，禽蟲不能傷。卒受帝命，踐天子祚。」（吉驗篇）

陋，瞽瞍與象謀欲殺之。使之完廩，火燔其下；令之浚井，土掩其上。舜得下廩，不被火災；穿井旁出，不觸土害。堯聞徵用，試之於職，官治職脩，事無廢亂。」「厎豫」根據《爾雅》，「厎，致也。豫，樂也。」；楊伯峻語意為：「舜的父親瞽瞍變得高興，瞽瞍變得高興，天下的風俗從此移轉。」[21]；從這種不同的傳說的不同解釋來觀察中國古代的禪讓政治史，已存在令人高度懷疑的地方，就是到底孟子的論證力何在？

　　至於他說：

> 人之所以異於禽於獸者幾希，庶民去之，君子存之。舜明於庶物，察於人倫，由仁義行，非行仁義也。（離婁下：47）

則顯然將舜最為他學說的標準人物。所以他又說：

> 舜人也，我亦人也。舜為法於天下，可傳於後世，我由未免為鄉人也，是則可憂也。憂之如何？如舜而已矣。若夫君子所患則亡矣。非仁無為也，非禮無行也。如有一朝之患，則君子不患矣。（離婁下：56）

在這一段中君子曰：「此亦妄人也已矣。如此則與禽獸奚擇哉？於禽獸又何難焉？」與上一段的「人之所以異於禽於獸者幾希」，相互呼應；是孟學中很重要的論述；其意義是，仁的存在必須與只重視飲食之人間隔開。而「如舜而已矣」，則再次證明：他形塑出的神話人物──舜，已變成他的代言人。但舜的存在這樣令人起疑，不是會影響到他的論述之真實性嗎？

---

21 楊伯峻：《孟子譯注》（臺北：五南圖書出版公司，1992年），頁247。

又舜的行為是根據充分的道德感情，還是道德理性呢？我認為是前者；理由是：

> 萬章問曰：「象日以殺舜為事，立為天子，則放之，何也？」
>
> 孟子曰：「封之也，或曰放焉。」
>
> 萬章曰：「舜流共工于幽州，放驩兜于崇山，殺三苗于三危，殛鯀于羽山，四罪而天下咸服，誅不仁也。象至不仁，封之有庳。有庳之人奚罪焉？仁人固如是乎？在他人則誅之，在弟則封之。」
>
> 曰：「仁人之於弟也，不藏怒焉，不宿怨焉，親愛之而已矣。親之欲其貴也，愛之欲其富也。封之有庳，富貴之也。身為天子，弟為匹夫，可謂親愛之乎？」
>
> 「敢問或曰放者，何謂也？」
>
> 曰：「象不得有為於其國，天子使吏治其國，而納其貢稅焉，故謂之放，豈得暴彼民哉？雖然，欲常常而見之，故源源而來。『不及貢，以政接于有庳』，此之謂也。」（萬章上：3）

在這一段話中，孟子以「仁人之於弟也，不藏怒焉，不宿怨焉，親愛之而已矣。親之欲其貴也，愛之欲其富也。封之有庳，富貴之也。身為天子，弟為匹夫，可謂親愛之乎？」作為萬章質疑：「舜流共工于幽州，放驩兜于崇山，殺三苗于三危，殛鯀于羽山，四罪而天下咸服，誅不仁也。象至不仁，封之有庳。有庳之人奚罪焉？仁人固如是乎？在他人則誅之，在弟則封之。」的詮釋，便可以證明：孟子的道德情感是高於道德理性的（Mencius's Moral Emotion is higher than moral rationality），所以我主張：必須加強道德理性的部分。

再者，由於孟子以道德情感高過道德理性，不是對同樣一件事情，出現兩套標準嗎？這也可以用來作為其哲學——「親親仁也」的

最好詮釋；也就是，孟子基本上是以私情高於公眾利益為判準的。所以我以為：在此我們不需要為孟子做過多的辯護；因為連他的大弟子──萬章也看不下去。但孟子何以會這樣說呢？

我的解讀是：孟子最崇拜的思想家──孔子在葉公語孔子曰：「吾黨有直躬者，其父攘羊，而子證之。」孔子曰：「吾黨之直者異於是。父為子隱，子為父隱，直在其中矣。」（子路：18）中，就表現出一種道德感情勝於道德理性的現象；意謂：葉公對孔子說：「我家鄉有正直的人，父親偷羊，兒子告發了他。」孔子說：「我家鄉正直的人不同：父為子隱瞞，子為父隱瞞，正直就在中了。」這句話表現出，先秦儒家一向重視人情義理，所以我們不能以現代社會的道德理性或法治社會的法律眼光去指責其非。[22]

但我們若講儒家的現代化，是否應該重新對這種以道德情感多於理性的論述進行反思呢？

五　儒家現代化的必要、意義，以及方法

基於以上種種先秦儒家的問題，我提出儒家現代化的必要說，並從儒家現代化的意義的方法上進行論述如下：

（一）儒家現代化的必要

為何儒家在現代社會必須加快腳步進行現代化的運動？原因很簡單；我將歸納以下重要原因：

自從五四運動以來，傳統儒家文化與哲學，已面臨存亡的危機。

---

22 吾師林安梧認為：「父親順手牽羊，兒子出庭告發舉證，這是守法。但這樣的法，不合人情義理。人情義理是這樣子的，父親順手牽羊，兒子應該規勸他，將羊放回，或以其他方式補償其過失；合情合理。」林安梧：《論語聖經譯解》（臺北：臺灣學生書局，2019年），頁335

其原因是，儒家的優點或對於中國年千年以來的社會的貢獻，必須經過不斷的檢驗，所以到底傳統儒家哲學如何增加其說服力，便成為今天儒家學者必須努力的課題。所以儒家現代化，並不是一種如五四時期的反傳統或消滅傳統的活動，而是設法去增強其內在體能的思考運動。

儒家現代化雖然為當代重要儒家所重視，但他們的工作依然停留在爭取正統儒家的問題中；例如牟宗三對於發揚先秦儒家的荀子或墨子的學說，始終採取排斥的態度。[23]但依我對此兩家的研究發現，他們對於儒家的發揚，具有無比的現代性意義；因為所謂現代化運動，是一種從一元的思想，主張以寬容的心態，去設法開發許多新的可能。因此，從這一觀點來看，我們必須拋棄孟子那種對付異己學說的方式，才能真正吸收在現代化中，必須具有的民主精神。

然而，我們從此現代化的意義之下，我真的看不到現代儒家有這樣的心態，所以從民主、寬容的觀點來觀察，我更憂心現代儒家呈現其先秦以來創造未來的困境。這是我主張儒家現代化的最大理由。

（二）儒家現代化的意義

再說，儒家作為中國哲學的主流，從事現代化的意義在於：知道其中不足之後，進行理性與深刻的自省；這是有國際觀的成中英多年前的重要論述；他說：

> 所謂中國哲學的現代化，並不就是把西方思想的形式和範疇加
> 到中國哲學上，也並不是說，中國哲學非要用西方思想來分

---

23 根據牟宗三的論述，現代化的基本精神是「對列格局」（co-ordination）的形成。但整個中華文化在現實的表現，大體呈現的即是個人sub-ordination。牟宗三：〈新版序〉，《政道與治道》，頁29-31。這也就是說，他主張：莊子在《齊物論》中主張的自由與平等。但他對於不同學派的主張，卻往往採取封殺的態度，這是繼承孟子以來儒家排斥異己的方式，以違反現代化中，必須有的寬容精神，不是嗎？

類。……就這一點來看，幾位前輩的哲學家，包括唐君毅、牟宗三，一再強調中國哲學是與整個人類文化精神相合唯一的。（但是）他們走的是實在主義的路、比較具體表現的路，而缺乏抽象的理性的反省。[24]

這就是說，前輩哲學家所做的工作並非無意義，但如果未能理性反思中國傳統哲學的缺失之前，便從事新的建構。這裡的問題在那裡呢？就是缺乏對於傳統思想的批判工作。不僅如此，必須對這樣傳統進反思，才能談到發揚光大之道，這已是學界的共識。可是，倘若他們並沒有真正接受到西方哲學中的強項；如知識論中強調的論證精神，則吸收西方文化之長，就會成為空言。

　　然而至今我們看到許多現代中國哲學的建構中，只想設法理解這種哲學的內在意義，卻不能針對其中的問題去設法改進。另外，在我們去理解牟宗三在其代表作——《圓善論》時，我認為：問題並不是如此簡單。就從《圓善論》來說，牟宗三以孟子的學說為基本義理，以白話文的方式去做出清楚的詮釋，卻是能夠將前人所不易瞭解的部分，清楚地呈現出來；例如：

> 孟子曰：「有天爵者，有人爵者。仁義忠信，樂善不倦，此天爵也；公卿大夫，此人爵也。古之人修其天爵，而人爵從之。今之人修其天爵，以要人爵；既得人爵，而棄其天爵，則惑之甚者也，終亦必亡而已矣。」（告子上：16）

牟宗三譯為：

---

24 成中英：〈論中西哲學精神〉，收入李翔海，鄧克武主編：《成中英文集》（一卷）（湖北：湖北人民出版社，2006年），頁320-321。

孟子說，有是屬於天爵的，有是屬於人爵的。能表現仁義忠信
之德，樂於行善而不倦怠，這便是天爵。天子所封賜的公位，
卿位，以及大夫之位，這便是人爵。古之人修其天爵而人爵自
然隨之而來。今之人卻是修其天爵以要求人爵；既經得到了人
爵便棄其天爵：此則是迷惑悖理之甚者。其結果是：其所已得
知人爵終亦必喪失而不能保。[25]

我在這裡特別將牟先生對於孟子此段，做出的清楚翻譯呈現出來，其
表現出的現代意義在於：中國古文是一套不同於現代華語白話的文字
系統。因此，如果我們不能翻成現代人運用的語文，則我們在檢驗其
說法時是無法進行的；因為古文既然距離我們已相當遙遠，則在我們
表達出來自己所本的意義之後，才能知道：作者接下去的論述是根據
什麼而來？

　　在這一段話中，我注意到，牟先生翻成的「古之人修其天爵，而
人爵自然隨之而來。」但這明顯是一個無保證的命題！因為「古之人
修其天爵」與「人爵自然隨之而來」之間的邏輯關係是不存在的。所
以在邏輯上，是一個無效命題。

　　那麼牟宗三如何為這樣的命題進行解釋呢？他說：

這句話是具警戒勸勉語，不是一個嚴格的必然性的分析命題。
若視之為一分析命題，則馬上可提出疑問說：修其天爵，不一
定能有人爵。因此，依康德說法說，天爵人爵間的關係是一個
綜合關係，非分析關係。[26]

牟宗三的詮釋，當然是站在孟子的立場為他進行解釋。但，就現實社

25　牟宗三：《圓善論》（臺北：臺灣學生書局，1985年），頁54。
26　牟宗三：《圓善論》，頁56。

會的實際情況來說，真是如此嗎？例如一個好人，他或許一生做了許多的善事，通常都是為了求好報。但結果卻不然。這在佛家來說，原因何在呢？就是執於做好事的目的（功利）上。反之，從儒家來說，「行仁義」，是一種為外在功利的行為，就是執於其上。反之，孟子叫我們「無執」，例如說：

> 孟子曰：「楊子取為我，拔一毛而利天下，不為也。墨子兼愛，摩頂放踵利天下，為之。子莫執中，執中為近之，執中無權，猶執一也。所惡執一者，為其賊道也，舉一而廢百也。」（盡心上：）

這是明顯是為了「子莫執中」的錯誤；或說：孟子的道德是一種無執於外在功名的仁義學說。所以說見到梁惠王等諸侯，就不斷說明：如果國人都執於外在的名利，「則國危矣！」[27]

因此，在此實不必為孟子的「前後不一」的看法開脫；因為牟先生也曾不斷指出孟子與告子進行辯論時，出現的不合邏輯的部分。但我認為：「古之人修其天爵，而人爵從之。」已經犯邏輯上避免的「無效命題的錯誤」。所以這樣設法為他錯誤解釋進行解釋，是沒有必要的。

反之「今之人修其天爵，以要人爵」，卻是事實；因為這正是人性的弱點，就是一切外在的榮耀，都會成為人人追逐的對象。所以希望現代化儒家之時，必須從人類這一中要的弱點去進行補救。

基於以上分析，我主張現代化儒家的意義，是以現代知識論的方式，去檢驗儒家學說中的邏輯問題，並對人類真正的問題進行哲學的再造。

---

27 孟子見梁惠王。王曰：「叟不遠千里而來，亦將有以利吾國乎？」孟子對曰：「王何必曰利？亦有仁義而已矣。」（梁惠王上：1）

（三）儒家現代化的方法

在我的理解中，所謂現代化實包括兩個層面；物質制度的外在層面與精神內在的層面。先就人類發展來說，我贊成法國哲學家涂爾幹的文化學說；根據 Chris Jenks 在《文化》（Chris Jenks）中，指出的：

> 涂爾幹顯然是主張建立一套由紀律的、不因襲陳俗，並能反省陳腐事物的論述形式。他導引我們從局部的、特殊的日常生活經驗，及個別的表現開始著手，再考察發現的、典型的、集體的表徵。從對這些現象範疇的瞭解，我們就能對一種真正道德的科學發展，產生利他性的信念與投入。[28]

根據 Chris Jenks 在《文化》（Chris Jenks）的說法，我們今天要使作為中國主流文化的儒家現代化，必須從下列三方面進行，但基於篇幅，我只以不因襲陳俗來分析如下：

在這方面，我主張拋棄儒家向來對古人盲目的崇拜；如孟子的「言必稱堯舜」；這種以神話人物作為聖賢的標準，是儒家思想至今留下的重要陋習；所謂陋習，就是自己都認為是文獻不足的資料，居然還可以津津樂道；例如孟子將「堯舜禪讓」的事蹟，作為一種天人合一的具體證明；如《孟子》中紀載的：弟子萬章對於堯舜禪讓的質疑：

> 萬章曰：「堯以天下與舜，有諸？」
> 孟子曰：「否。天子不能以天下與人。」
> 「然則舜有天下也，孰與之？」
> 曰：「天與之。」

---

28 Chris Jenks，俞智敏等譯：《文化》（Chris Jenks）（臺北：巨流圖書公司，1998年），頁208。

「天與之者，諄諄然命之乎？」

曰：「否。天不言，以行與事示之而已矣。」

曰：「以行與事示之者如之何？」

曰：「天子能薦人於天，不能使天與之天下；諸侯能薦人於天
子，不能使天子與之諸侯；大夫能薦人於諸侯，不能使諸侯與
之大夫。昔者堯薦舜於天而天受之，暴之於民而民受之，故
曰：天不言，以行與事示之而已矣。」

在這樣的對話中，我們若以中國當時還處於神話化宗教時代的眼光去
理解它的究竟，便能明白：所謂「昔者堯薦舜於天而天受之，暴之於
民而民受之，故曰：天不言，以行與事示之而已矣。」的究竟，是人
民對於天的恐懼的宗教信仰的天，雖然已經轉化為一種具有依據其道
德修養與行為表現，來決定一切賞罰的天。但基本上，這不是一個人
完全可以去克服的天，而是依然可以控制的人的天。所以表現出因襲
陳俗的成分是很濃厚的。而且這樣去信仰的天，會牢牢控制我們對界
事物的研究。

　　反之，能夠接受古代科學觀念的荀子，或許對於莊子哲學中的
「自然天」極為欣賞，因此，他對於天做出根本的變革；例如在《天
論》中，有下列根本的看法：

天行有常，不為堯存，不為桀亡。應之以治則吉，應之以亂則
凶。彊本而節用，則天不能貧；養備而動時，則天不能病；脩
道而不貳，則天不能禍。

這樣的主張，根本立基於——對於孔孟儒家的天的根本反思。

　　其要義在於：不認為這個長期以來一向被民間或儒家信仰的天，
是天的真相。現在從孟子的天來說，那是一個具有道德意義的天，或

必須去從天意（重視個人道德修養）之後，去侍奉的天。[29]而他真正
的天何在呢？就是一個人類不必再去信仰，而且經過實地觀察，才可
能真正瞭解的自然界；如他說的：

> 君子曰：學不可以已。青、取之於藍，而青於藍；冰、水為
> 之，而寒於水。木直中繩，輮以為輪，其曲中規，雖有槁暴，
> 不復挺者，輮使之然也。故木受繩則直，金就礪則利，君子博
> 學而日參省乎己，則智明而行無過矣。（勸學篇）

這可以發現：人的能力完全在於人在後天環境之中，所受教育影響之
後，才產生智慧與能力；這也就是一種後天教化論。其要義是回到現
象界中去觀察客觀世界的實情，這樣，才能真正瞭解天地的真相；例
如他說：

> 雩而雨，何也？曰：無佗也，猶不雩而雨也。日月食而救之，
> 天旱而雩，卜筮然後決大事，非以為得求也，以文之也。故君
> 子以為文，而百姓以為神。以為文則吉，以為神則凶也。（天
> 論）

他將求雨的古代活動[30]是當時流行在民間的宗教迷信（百姓以為下雨
是天在掌管），但有智慧的君子則不然。以當時的話，就是宗教迷信
反而會帶來災禍，所以荀子主張君子的智慧，是重新以今天所謂的科

---

29 孟子曰：「盡其心者，知其性也。知其性，則知天矣。存心，養其性，所以事天
也。殀壽不貳，修身以俟之，所以立命也。」（盡心上：1）

30 「雩而雨」的活動紀錄，見《左傳》；《左傳》襄公五年：「秋，大雩，旱也。」；其
中紀錄「大雩」的文字很多。而《史記》中，卻只有五次提到；其中一次是：曾蒧
字皙。侍孔子，孔子曰：「言爾志。」蒧曰：「春服既成，冠者五六人，童子六七人，
浴乎沂，風乎舞雩，詠而歸。」孔子喟爾嘆曰：「吾與蒧也！」《仲尼弟子列傳》

學家的方式去觀察天行（天道）。這就是他的「天行有常，不為堯存，不為桀亡。應之以治則吉，應之以亂則凶。」的意義。

所以經過上述的必較。孟子代表一支發揚孔學之傳統論述；其特徵是因襲陳俗的成分是很濃厚的。但荀子可能承接道家莊子自然天的看法，所以根本打破先秦儒家孔孟所建立的，依然有主宰功能的天，以脫離宗教迷信的天說，為其說的最大宗旨。

這樣的轉變，用現在的話來說，是朝向儒家現代化之路邁進。這也就是我們可以學習的現代化方式。

又從 Chris Jenks「能反省陳腐事物的論述形式」來說，一般學者多以性善論與性惡論來比較孟荀學說之不同，但我卻認為：荀子能夠以現代性來改造儒家的原因，在於他本傳統儒家「天人合一」的基本架構（道德秩序與自然秩序合一的基本架構）[31]之後，能開出天人分立之途。[32]

不僅如此，從荀子〈不苟篇〉看到《大學》提倡的慎獨論述與《中庸》的誠道的精神[33]，但荀子顯然是以另一套眼就外物的方法，

---

31 如孔子的孫子——子思在《中庸》一書中說的；「天命之謂性，率性之謂道，修道之謂教。道也者，不可須臾離也，可離非道也。是故君子戒慎乎其所不睹，恐懼乎其所不聞。莫見乎隱，莫顯乎微。故君子慎其獨也。喜怒哀樂之未發，謂之中；發而皆中節，謂之和；中也者，天下之大本也；和也者，天下之達道也。致中和，天地位焉，萬物育焉。」（1）

32 「彊本而節用，則天不能貧；養備而動時，則天不能病；脩道而不貳，則天不能禍。故水旱不能使之飢，寒暑不能使之疾，祅怪不能使之凶。本荒而用侈，則天不能使之富；養略而動罕，則天不能使之全；倍道而妄行，則天不能使之吉。故水旱未至而飢，寒暑未薄而疾，祅怪未至而凶。受時與治世同，而殃禍與治世異，不可以怨天，其道然也。故明於天人之分，則可謂至人矣。」（天論）

33 荀子說：「君子養心莫善於誠，致誠則無它事矣。唯仁之為守，唯義之為行。誠心守仁則形，形則神，神則能化矣。誠心行義則理，理則明，明則能變矣。變化代興，謂之天德。天不言而人推高焉，地不言而人推厚焉，四時不言而百姓期焉。夫此有常，以至其誠者也。君子至德，嘿然而喻，未施而親，不怒而威；夫此順命，以慎其獨者也。善之為道者，不誠則不獨，不獨則不形，不形則雖作於心，見於

進行孔孟一系儒家論題的論述。這是怎樣一套論述呢？他的基本方法是「以類行雜，以一行萬」；以我的理解是，以外在的「禮義」，作為思考的中心。而禮義是抽象的，能成就出作為人們學習的標準者，就是君子；所謂「君子者，天地之參也，萬物之摠也，民之父母也。無君子，則天地不理，禮義無統，上無君師，下無父子、夫婦，是之謂至亂。」（王制）[34]；這是儒家現代性的運用，就是將孟子以內在道德心所建立的五倫學說，外在化，成為一種可以在現實實踐的學說。所以我認為荀子學說，是在解決孟子學生所說的「陳義過高」的問題。

但更重要的是，荀子的實證精神是一切學說，必須建立在可以驗證之上；所謂「無稽之言，不見之行，不聞之謀，君子慎之。」（正名）。所以他對於文獻不足的學說，充滿不信任（非相）。而建立這樣一顆大清明的心，是需要有虛壹而靜之心（解蔽）；所謂「虛壹而靜之心」，是指一生專注於一個目標上努力，而且能夠建立一個開放的心靈去接受新知。故在這一點上，荀子在儒家現代化上，最具有現代性，這是我以他作為儒家現代化的一個典範的原因。

色，出於言，民猶若未從也；雖從必疑。天地為大矣，不誠則不能化萬物；聖人為知矣，不誠則不能化萬民；父子為親矣，不誠則疏；君上為尊矣，不誠則卑。夫誠者，君子之所守也，而政事之本也，唯所居以其類至。操之則得之，舍之則失之。操而得之則輕，輕則獨行，獨行而不舍，則濟矣。濟而材盡，長遷而不反其初，則化矣。」；這與孟子的：「養心莫善於寡欲。其為人也寡欲，雖有不存焉者，寡矣；其為人也多欲，雖有存焉者，寡矣。」（盡心下：81）可做一個比較，就是荀子以將子思的誠心放在其論述中，但其心是明智之統類之心（所謂「君子小人之反也：君子大心則敬天而道，小心則畏義而節；知則明通而類，愚則端愨而法；」）。所以荀子是以另一套論理的方法，去建立儒家的道德理性的新論述。

34 荀子「雅儒」與「大儒」的定義是「法後王，一制度，隆禮義而殺詩書；其言行已有大法矣，然而明不能齊法教之所不及，聞見之所未至，則知不能類也；知之曰知之，不知曰不知，內不自以誣，外不自以欺，以是尊賢畏法而不敢怠傲：是雅儒者也。法先王，統禮義，一制度；以淺持博，以古持今，以一持萬；苟仁義之類也，雖在鳥獸之中，若別白黑；倚物怪變，所未嘗聞也，所未嘗見也，卒然起一方，則舉統類而應之，無所儗作；張法而度之，則晻然若合符節：是大儒者也。」（儒效）；荀子的聖人似乎融合其雅儒與大儒的特質。

六　怎樣以現代化儒家的論證方法中，建立一套具有說服力的論述

（一）理解孟子須要有相應的分析

通常，瞭解先秦儒家，必須從天人合德去瞭解。而瞭解儒家必須從儒家對於人學（做人之學）去理解[35]；這在先秦儒家對於是君子之學的現象上，我們的確可以如此說；因孔子的對話錄——《論語》的精神的確是如此。但我們不要忘記：孔子在晚年說出：「吾十有五而志于學，三十而立，四十而不惑，五十而知天命，六十而耳順，七十而從心所欲，不踰矩。」（為政：5）又子曰：「加我數年，五十以學易，可以無大過矣。」（述而：17）；意義是「如果我能多活幾年，五十歲學《周易》，就可以無大錯了。」這是孔子到晚年都有荀子說的開放心靈的證明。

而今從《易經‧易繫傳》來看，孔子對於古代智者建立的智慧：天道與命運是他最想揭開的謎底。今問：他揭開了嗎？我認為：他已經揭開了，但揭開的，是一個建立在道德世界的「天道」與「命運」上的天道。[36]

這種天道之理，我認為是其孫子——子思，已有創發；所謂：

35　例如歷史學家許倬雲說：「春秋戰國時代，孔子門下的儒家和其他諸子百家彼此辯論，形成雅斯培（Karl Jaspers）所謂的『軸心時代』（Axial Age），界定了後是中國文化中，以『人』為本的超越價值。」；許倬雲：《華夏論述：一個複雜共同體的變化》（臺北：天下文化出版公司，2015年），頁77

36　子曰：「夫易，何為者也？夫易開物成務，冒天下之道，如斯而已者也。是故，聖人以通天下之志，以定天下之業，以斷天下之疑。」是故，蓍之德，圓而神；卦之德，方以知；六爻之義，易以貢。聖人以此洗心，退藏於密，吉凶與民同患。神以知來，知以藏往，其孰能與此哉！古之聰明叡知神武而不殺者夫？是以，明於天之道，而察於民之故，是興神物以前民用。」（繫辭上：11）；其中「聖人以通天下之志，以定天下之業，以斷天下之疑。」：包括提出人必須如何從天道來體悟出解決人命運之理。

君子之道費而隱。夫婦之愚，可以與知焉，及其至也，雖聖人
亦有所不知焉；夫婦之不肖，可以能行焉，及其至也，雖聖人
亦有所不能焉。天地之大也，人猶有所憾，故君子語大，天下
莫能載焉；語小，天下莫能破焉。《詩》云：「鳶飛戾天，魚躍
于淵。」言其上下察也。君子之道，造端乎夫婦，及其至也，
察乎天地。（《中庸·12》）

如果我們能從上述孔子在《易經·易繫傳》的觀點來解讀《中庸：
12》，則很明白，就是先秦儒家是將人與天地放在一個價值世界去考
慮的；所謂「天地之大也，人猶有所憾，故君子語大，天下莫能載
焉；語小，天下莫能破焉。《詩》云：『鳶飛戾天，魚躍于淵。』言其
上下察也。君子之道，造端乎夫婦，及其至也，察乎天地。」是指：
天地之道與君子道是合而為一之道。

那麼，孟子之道才會出現：盡心養性是為了「事天」的論述；其
價值，是建立一個不與天行對抗的道德系統。或說是，以「道德」為
中心去設法解決一切問題的哲學論述。

但我們不可否認的，這樣的哲學系統是有所不足的；包括本文論
述的「陳義過高」。雖然在這一點孟子也有所覺悟的，不然，他在外
王部分，也不是不會考慮到一般百姓的心聲與物質上的迫切需求；例
如他說的「堯、舜既沒，聖人之道衰。暴君代作，壞宮室以為汙池，
民無所安息；棄田以為園囿，使民不得衣食。邪說暴行又作，園囿、
汙池、沛澤多而禽獸至。及紂之身，天下又大亂。周公相武王，誅紂
伐奄，三年討其君，驅飛廉於海隅而戮之。滅國者五十，驅虎、豹、
犀、象而遠之。天下大悅。」（滕文公下：14）；這已經打破孔子說
的：「士志於道，而恥惡衣惡食者，未足與議也。」（里仁：5）。

這就是合乎先秦時代儒家現代化的意義的；因為所謂儒家現代
化，就是從「重視民意」開始。當然，現代的民主政治，必須有更多

的政治論述；包括民主政治之下，所必須講究的人權與對異己的寬容。[37]所以從這一角度來說，我們無法為孟子的政治現代化，做更多的論述。

（二）荀子哲學是儒家建立現代性學說的一個重要示範

以上我已略為討論：實行儒家現代化，是否可以以荀子唯一初步的範例呢？荀子哲學在今天儒家來看，是一個錯誤的示範；例如牟宗三在《荀學大略》中，對於無敬天法天如此責備：

> 荀子則無法天敬天之義，以其視天為被治者為自然的天，為正宗儒者則天有正面之肯定，固有法天敬天之義也；法天敬天，而為其限制，然君位至高，在現實組織之分位等級中，比乃最高、最上之一級，愈在上，統馭之道即愈近於理律，而比又是政權之所在，亦實無一客觀之法律以制之，故終賴其以理自律也。[38]

其邏輯論證為：「正宗儒者則天有正面之肯定，固有法天敬天之義也」（A），但「荀子則無法天敬天之義，以其視天為被治者為自然的天」（-A），「故終賴其以理自律也」（B）。

可是我認為：荀子以科學的眼光將天視為一個大自然，最多是從不同角度去建立新儒家的學說。而無宗教信仰的人，也可以用另一種異於孟子的方法去自律；譬如荀子說的「他律」；以外在的禮義。這也是一種自律的方式。但牟宗三又說：

---

37 孟子在寬容異己上，是做最壞的示範；如說：「逃墨必歸於楊，逃楊必歸於儒。歸，斯受之而已矣。今之與楊墨辯者，如追放豚，既入其苙，又從而招之。」（盡心下：72）

38 牟宗三：《名家與荀學》（臺北：聯經出版事業公司，2003年），頁204。

> 然以禮自律，須賴其自己最高道德感，道德感不足，即不能自
> 律，又無外力以控制之，則即橫決而漫無限制，雖有天在上，
> 超越而限制之，然彼若不覺不受，則限制之之天，雖外在而無
> 力，故位愈高，控制之之外力愈微，……。[39]

但我卻認為：他的天論是儒家現代化的一個重要示範。原因是，在孔孟主張人必須有道德心之際，荀子能夠從人類道德知識實來自前人學問的累積上，[40]開出不同於孔孟的儒家學說，實在必須去鼓勵；因為在荀子建立的學說，與孔孟有共同之處是：我們必須以君子或聖人之學去進德修業。只不過，荀子強調後天的學習。這麼說，他們都有一個共同的目標，只是各自有不同的方式去達成目的而已，有何不可？

何況就倫理學而言，自律之外，我們也需要有一種「他律的現代社會規則」，而荀子以禮法為社會之規律，其意義在於因此形成一種現代社會必須有的強制力，以補助人們在無法自律時，能以法律的強制力，去完成道德勸說所無法達成的目標。

換句話說，孟子建立一個道德王國的理想哲學系統，固然是一種理想的辦法，但我們如何避免孟子弟子公孫丑說的「陳義過高」的問題呢？如果我們這樣去瞭解荀子學說，則瞭解荀子主張的，正是可以補充孔子所未及之處；包括子曰：「道之以政，齊之以刑，民免而無恥；道之以德，齊之以禮，有恥且格。」（為政：3），可是「道之以德，齊之以禮」作為為政之道，就足夠了嗎？

所以荀子這種學問，不會打高空；因為是真真實實在客觀世界中

---

39 牟宗三：《名家與荀學》，頁204。

40 荀子在〈勸學篇〉上說：「吾嘗終日而思矣，不如須臾之所學也。吾嘗跂而望矣，不如登高之博見也。登高而招，臂非加長也，而見者遠；順風而呼，聲非加疾也，而聞者彰。假輿馬者，非利足也，而致千里；假舟楫者，非能水也，而絕江河。君子生非異也，善假於物也。」；用今天的話來說，就是主張：重視先天理想之學，不如回到後天經驗世界中，接受人類所累積的學問，這有何錯誤？

求知，所以正好可以彌補孔孟提倡的內在的道德知識之不足。

　　再以荀子在〈天論篇〉建立的知天的研究進路來說，這正是中國古代有科學頭腦哲學家的證明；他說這個天的知識如下：「治亂，天邪？曰：日月星辰瑞曆，是禹桀之所同也，禹以治，桀以亂；治亂非天也。」這就是說，人間的興亡與統治者道德修養完全無關，所以已經根本打破孔孟天人合德的似是而非的興亡論；因為在荀子看來，天只是一個客觀的現象界而已，請問這樣的論述，不是中國古代具有現代性的高明論述嗎？

　　因此，在孔孟以中國古代神話的天人合一之思維建立其學說時，荀子卻能夠以現代性，去建立其新的，具有科學意義的天；這個天是外在的，可以做為人們去研究對象之自然界一切現象。反觀孔子認為：「天何言哉，四時行焉，百物生焉，天何言哉」或「逝者如斯夫不舍晝夜」的具有主觀價值的自然論述之際，荀子題提出「天行有常，不為堯存」的自然論述；這不表示出荀子的睿智？其意義就是能夠在前人將天視為一個具有聖賢道德意義的天時，能夠去其主觀價值意義，教導人們去認識真實客觀的世界。因此，我必須再次指出，荀子在先秦時代所開發出來的新儒家，或說是一個不同於孔孟儒家，然而，他能夠將儒家帶進一種具有科學家的眼光，並試圖建立一個有別於孔子——子思——孟子的思維進路，[41]這是劃時代的思想進程。但，他在中國哲學史上一向被正統儒家強力打壓，公平嗎？

---

41 李杜說：「『參天地說』始自荀子。」我則認為，若中庸是子思之作，則中庸應該是在孟子之前的重要著作。那麼，「參天地說」應該始自《中庸》：「自誠明，謂之性；自明誠，謂之教。誠則明矣，明則誠矣。唯天下至誠，為能盡其性；能盡其性，則能盡人之性；能盡人之性，則能盡物之性；能盡物之性，則可以贊天地之化育；可以贊天地之化育，則可以與天地參矣。」（23）；李杜：《中國古代天道思想論》（臺北：藍燈文化圖書公司，1992年），頁87。

六 結論

（一）對於孔孟學問對於反思的重要理由

本文論述並非在根本否定孔孟的思想建構，而是設法以現代知識論的論證方式，企圖去還原孟子的人性論中的論述，並試圖尋找其中的問題。並進行一些改造，以增加其說服力。經過這樣的目標設定之後，我認為：孔孟所建造的價值世界，雖然主要是以建造一個先驗的世界為目標，但經常會以經驗世界去討論問題。但何謂先驗的知識，根據 Louis P. Pojman 的說法是：

> 先驗知識不依賴於感官經驗而來的證據（柏拉圖的天賦觀念和萊布尼茲的「理性真理」，如數學和邏輯，笛卡爾的「我思故我在」）。[42]

例如孔子說的仁所建構的道德價值世界中的為政之道；如說：

> 葉公問政。子曰：「近者說，遠者來。」（子路：16）

這是從其價值世界中所建立之理想政治；一如孔子又說的：

> 為政以德，譬如北辰，居其所而眾星共之。（為政：1）

這樣的為政之道，屬於個人理想的成分是很濃厚的；原因就在於在經

---

42 Louis P. Pojman著，洪漢鼎譯：《知識論導論：我們能知道什麼？》（*What can We Know? An Introduction to the Theory of Knowledge*）（北京：中國人民大學出版社，2008年），頁232。

驗世界中的政治，並非如此單純。其中的問題，我們從墨子與王充的
論述中，也能發現到了；如墨子曾經說：

> 葉公子高問政於仲尼曰：「善為政者若之何？」仲尼對曰：「善
> 為政者，遠者近之，而舊者新之。」子墨子聞之曰：「葉公子
> 高未得其問也，仲尼亦未得其所以對也。葉公子高豈不知善為
> 政者之遠者近也，而舊者新是哉？問所以為之若之何也。不以
> 人之所不智告人，以所智告之，故葉公子高未得其問也，仲尼
> 亦未得其所以對也。」（耕柱篇）

用現代的話來說，就是葉公子高向孔子問施政的道理，說：「善於施
政的人該怎樣呢？」孔子回答道：「善於治政的人，對於處在遠方
的，要親近他們，對於故舊，要如同新交一樣，不厭棄他們。」墨子
聽到了，說：「葉公子高沒能得到需要的解答，孔子也不能正確地回
答。葉公子高難道會不知道，善於施政的人，對於處在遠方的，要親
近他們，對於故舊，要如同新交一樣，不厭棄他們。他是問怎麼樣去
做。不以人家所不懂的告訴人家，而以人家已經知道了的去告訴人
家。所以說，葉公子高沒能得到需要的解答，孔子也不能正確回答這
個問題。」

但何以孔子要這要回應呢？就是先驗知識建立者，他們總是先有
一個理想的目標，才來講方法。而此方法，孔子以一個「德」（個人
道德的修養）來概括。所以這會引起現代政治家的質疑：就是為政之
道是這樣簡單的嗎？所以孟子的學生萬章，也對於孟子學說的質疑；
都是起源於孟子對於理想人性的過度高揚，於是可能忽略現實經驗世
界中人性的險惡一面。

試問：這不就是 Louis P. Pojman 說的「先驗知識不依賴於感官經
驗而來的證據」嗎？再以王充的說法來論，他說：

若孟子之言，人幼小之時，無有不善也。微子曰：「我舊云孩子，王子不出。」紂為孩子之時，微子睹其不善之性，性惡不出眾庶，長大為亂不變，故云也。羊舌食我初生之時，叔姬視之，及堂，聞其啼聲而還，曰：「其聲、豺狼之聲也，野心無親。非是莫滅羊舌氏。」遂不肯見。及長，祁勝為亂，食我與焉。國人殺食我，羊舌氏由是滅矣。紂之惡，在孩子之時；食我之亂，見始生之聲。孩子始生，未與物接，誰令悖者？丹朱土於唐宮，商均生於虞室，唐、虞之時，可比屋而封，所與接者，必多善矣，二帝之旁，必多賢也，然而丹朱慠，商均虐，並失帝統，歷世為戒。且孟子相人以眸子焉，心清而眸子瞭，心濁而眸子眊。人生目輒眊瞭，眊瞭稟之於天，不同氣也，非幼小之時瞭，長大與人接乃更眊也。性本自然，善惡有質，孟子之言情性，未為實也。（本性篇）

這是一種回到經驗世界去討論人性之究竟的學說，我且不論其論證上的真偽，其意義就在於：能夠使用現實眼光去驗證的學說，是否更具有說服力呢？何況，王充對於告子也作過下列的精到批評說：

夫告子之言，謂人之性與水同也。使性若水，可以水喻性，猶金之為金，木之為木也。人善因善，惡亦因惡，初稟天然之姿，受純壹之質，故生而兆見，善惡可察。無分於善惡，可推移者，謂中人也，不善不惡，須教成者也。故孔子曰：「中人以上，可以語上也；中人以下，不可以語上也。」告子之以決水喻者，徒謂中人，不指極善極惡也。孔子曰：「性相近也，習相遠也。」夫中人之性，在所習焉，習善而為善，習惡而為惡也。至於極善極惡，非復在習，故孔子曰：「惟上智與下愚不移。」性有善不善，聖化賢教，不能復移易也。孔子、道德

之祖，諸子之中最卓者也，而曰「上智下愚不移」，故知告子之言，未得實也。（本性篇）

這是王充根據孔子的後天教化說；「性相近也，習相遠也。」、「中人以上，可以語上也；中人以下，不可以語上也。」以及「上智下愚不移」來檢討告子的「生謂之性」，其論證告子說之非，也值得學習。

這就是說：現代化儒家的方式，第一，不是必須先捐棄傳統以先驗為主的孟子人性論的現代詮釋，而是在我們同情理解孟學之同時，必須注意到在中國哲學史上，還有許多可敬的哲學家，已在前面進行許多現代性的人性論論述；這正是值得我們參考的。而在這些論述中，我們已發現孔子也重視經驗世界的人性論述。因此我贊成王充或荀子式的經驗世界的論述，並以此來增強孟子人性論的不足。[43]

（二）必須大膽承認儒學在現代社會的不足，才有機會真正推進儒家現代化

在這方面，牟宗三不像唐君毅或徐復觀的「古已有之」說，所以能承認科學民主在中國哲學中是不曾出現的。而現代化儒家，是需要我們以謙虛的態度去直接學習西方文化中的所長。可是，事實上做到了嗎？

就以民主來說，儒家的知識分子雖然認為：重視民意的孟子學說，來鼓勵統治者注意人民的生活，可是，事實上並沒有實踐民意的學說；例如林安梧認為：在孟子學說中，並沒有一套足以改造中國統

---

43 岑溢成認為：「告子『義外』之說是一種客觀的或描述的自然主義，主張道德判斷等同於或決於客觀的事實判斷。」「孟子反對客觀的自然主義，也不支持主觀的自然主義或情緒主義，並不等如說孟的學說與自然主義是不相容的。」；岑溢成：〈白人與長馬——《孟子・告子上》「食色性也」章的分析〉，《鵝湖學誌》第18期（1997年6月），頁1-22。

治的學說[44]。但我認為，包括人權、自由等重要的民主的觀念，是西方自十七至十八世紀才產生的。因此今天儒家現代化的困境，可能是許多儒家依然活在自我膨脹中，將孟子的民本思想無限上綱為中國古代的民主思想；此誠如 H.de Bary（狄百瑞）說的：

> 儒家學者缺乏能夠清晰表達思想公民所提供的有組織的支持，或者有輿論工具提供的有組織的支持。他們經常不得不單槍匹馬面對大權在握的統治者，他們越是有良知就越容易成為烈士，或更多時候成為政治空想家。[45]

這就是說，先秦儒家孔孟的問題在於：將理論建立在陳義過高的理想之上；例如孔子「為政以德」、孟子「言必稱堯舜」，雖然能夠以個人修身作為一種改進政治的方法，但在現實的政治上，是這樣簡單可以解決的嗎？所以孔孟之道的現代化，至少必須在回應現代民主上，有一套實際的具體方法才行。否則，我們只有寄望於孟子的大丈夫的出現了。但在現實社會中，這樣的人是少之又少。所以往往又發生怎樣去落實民主的問題。

再深層的說，一種合乎現代政治的實踐，不是需要對人性作經驗或實際的觀察嗎？而在這方面，荀子的人性論或告子或王充的人性論，都值得作為儒家現代化的重要參考資料。當然具有科學知識論的論證方式，去分析人性的各種層面，才能真正認識到多方面的人性，

---

44 我的老師林安梧的解釋是：「在《孟子》書中，我們發現他用了極大的力去掙脫這個『龍種政統』，但是儒家的教化原本就是在『血緣的連接體』之上——附儷其道德真實感而構成其『人格的總體』的。正因此故，孟子仍然掙脫不出此『龍種政統』（宰制性的政治連結）的限制。」；林安梧：《道的錯置——中國政治思想的根本困結》（臺北：臺灣學生書局，2003年），頁87-88。

45 〔美〕H.de Bary、黃水嬰譯：《儒家的困境》（*The Trouble of confucious*）（北京：北京大學出版社，2009年），頁86。

而這樣的人性論，對於現代社會的法治制度建立，才能發揮實際的功能。[46]這就是我說的儒家的現代化。

（三）荀學作為儒家現代性的先秦時代哲學產品，並沒有違反孔子對於人性的論述

如荀子主張人性必須靠後天積學（勸學篇），這與孔子說的「學而時習之，不亦樂乎！」又與孔子「吾十有無而至於學，三十而立，四十而不惑，五十而知天命，六十而耳順，七十而從心所欲，不逾矩。」的精神一致，都是重視後天的不斷學習，才有成聖的可能。至於荀子的人性論中的「善者，偽（人為）」說，與孔子的「性相近，習相遠」的論述是沒有違背的；都是認為：人之為惡，有時是後天習性所造成的。

而孔子生平主張的學思並重之說中，所強調的，對於學問必須進行多方的反省精神，在荀子中已經徹底實踐；例如對於十二子學說之反思，以充分體現孔子追求學問的精神。所以我提出孟荀學說可以併行之說。而在實現儒家現代化中，由於荀子具有更多的現代性；例如：荀子在〈勸學篇〉中所主張的：學比思更為重要（「吾嘗終日而思矣，不如須臾之所學也。吾嘗跂而望矣，不如登高之博見也。登高而招，臂非加長也，而見者遠；順風而呼，聲非加疾也，而聞者彰。假輿馬者，非利足也，而致千里；假舟楫者，非能水也，而絕江河。君子生非異也，善假於物也。學惡乎始？惡乎終？曰：其數則始乎誦經，終乎讀禮；其義則始乎為士，終乎為聖人。真積力久則入。學至乎沒而後止也。故學數有終，若其義則不可須臾舍也。」），就是一種對孔子同時重視學與思的徹底反省，不是嗎？所以我主張重視荀子學

---

46 衛春田：〈荀子禮法結合的政治理論及其價值詮釋〉，收在《中國詮釋學》（第五輯）（山東：山東人民出版社，2008年），頁241-246。

說對於今日儒家現代化的典範意義。

　　總之，本文的論述意義在於設法從傳統視為理所當然的學說上，希望能夠讓學術界重新去進行必要的反思；原因是，學術討論的目的，不能再繼續偏狹到將一家信仰作為一切學術研究的起點。在現代中國學術研究上，我們曾經經過很長的時段，是以馬列毛的思想，作為學術討論的準則，但已經形成學術的死胡同。同理，牟宗三對於個人最為具有代表著作的《圓善論》，是以孟子的學說為建立新說的基本義理，是其一生學問的高度展現，也呈現出其生命學問的巨大成就。但這樣的論述，是否值得我們繼續去承襲呢？或許，我們也可以依據上述的荀子或告子的路數去發揚，以展現現代儒家的發明，不是嗎？

（四）最後，從道德情感到道德理性的運用，來探討人性討論的必要性

　　經過以上的討論，我必須指出：道德情感在孔孟儒家的學說中，確實在比重上，比道德理性重視很多；所謂道德理性的運用，是指能將天生道德是非的分辨能力，運用在社會上，作為分辨道德是非的重要標準。但孟子或孔子，運用的方法，顯然是以「親親」為優先；所以「親親而仁民，仁民而愛物」或「子為父隱，父為子隱」的道德標準，已呈現出：在中國古代宗法社會，以血緣關係為標準的道德情感所構成的道德法則，或許是適合當時社會需求的標準。所以我們不宜以現代眼光去任意批判其是非對錯。

　　但現代社會是一個公私分明的社會，因此，在現代形成之公民社會之中，像孟子評論「象事件」[47]中的論述，是值得我們拿出來討論

---

47 萬章問曰：「象日以殺舜為事，立為天子，則放之，何也？」孟子曰：「封之也，或曰放焉。」萬章曰：「舜流共工于幽州，放驩兜于崇山，殺三苗于三危，殛鯀于羽山，四罪而天下咸服，誅不仁也。象至不仁，封之有庳。有庳之人奚罪焉？仁人固如是乎？在他人則誅之，在弟則封之。」曰：「仁人之於弟也，不藏怒焉，不宿怨

的。或孔子「子為父隱，父為子隱」的道德標準，似乎也必須拿出來作為批判的；因為做學術研究，與教義信仰不同。例如西方學者對於其歷史上的重要哲學家，都有一種批判（critical）的精神，但我們呢？我認為這是今天值得我們深切反省的。

基於此，我在最後必須說：告子或荀子對於孟子人性論的反省，是值得我們去反省的；原因是，這兩位思想家，特別是告子的學說（無善無惡說）[48]，是從老子道的覺悟而來的；因為老子認為：他的道存在於文字發明之前（道可道，非常道，名可名，非常名）。又說：「道生一，一生二」；道從「無善無惡」，到「一」，依然未分化。因此，「一生二」，就是分化的開始，因此，荀子認為：孟子說出人性善，只說對一半[49]，另一半是惡端，故他將教化視為第一要務。而就現象界的人類確實如此；就是，善惡，都要靠後天的學習與改變。這是荀子的理論根據，也是從老子學說，發現人性惡端的重要由來。基於此，我主張：我們將孟子的人性論現代化的方法，是回歸荀子與告

焉，親愛之而已矣。親之欲其貴也，愛之欲其富也。封之有庳，富貴之也。身為天子，弟為匹夫，可謂親愛之乎？」「敢問或曰放者，何謂也？」曰：「象不得有為於其國，天子使吏治其國，而納其貢稅焉，故謂之放，豈得暴彼民哉？雖然，欲常常而見之，故源源而來。『不及貢，以政接于有庳』，此之謂也。」（萬章上：3）；「身為天子，弟為匹夫，可謂親愛之乎？」是孟子論述道德是非的標準，在此完全揭示。

48 告子曰：「性猶湍水也，決諸東方則東流，決諸西方則西流。人性之無分於善不善也，猶水之無分於東西也。」（孟子·告子上：2）

49 「人之性惡，其善者偽也。今人之性，生而有好利焉，順是，故爭奪生而辭讓亡焉；生而有疾惡焉，順是，故殘賊生而忠信亡焉；生而有耳目之欲，有好聲色焉，順是，故淫亂生而禮義文理亡焉。然則從人之性，順人之情，必出於爭奪，合於犯分亂理，而歸於暴。故必將有師法之化，禮義之道，然後出於辭讓，合於文理，而歸於治。用此觀之，人之性惡明矣，其善者偽也。」（荀子·性惡篇）；「人之性惡，其善者偽也。」；荀子指出人性的惡端，但並沒有否定人有善端，而且主張使用禮義教化引出；所謂「必將有師法之化，禮義之道，然後出於辭讓，合於文理，而歸於治。」

子所根據的老子之道，來做為反思孔孟人性論之開始。有關這一點，我將展開另一部分的論述。

（本文已被通過，在2020年10月23日發表於東海大學儒學研討會）

第三章
從老莊、海德格的詩學論孔子興於詩的問題與解決之道

一　前言

　　孔子對於中國古代的民間文學作品——《詩經》有他的定見；所謂「興於詩，立於禮，成於樂。」，代表他對於文學作品《詩經》的基本看法。但儒家創始者這樣看待《詩經》，若放在中國詩發展的歷史脈絡中來論，究竟有何特殊意義呢？更重要的是，孔子將《詩經》「經典化」之後，對中國文化所形成的影響是什麼？更是我注意的，也是我在本文中探討的中心問題與欲提出的：復興中國詩學的新方向。

　　但對於《詩經》與中國詩的理解，我們究竟可以通過儒家創始者孔子的禮教進路，還是道家創始者老子的自然進路？之外，我認為：今天，我們還可以透過西方哲學家海德格的詩學，來認識詩的本質。而且，希望藉中國先秦老莊詩學，去瞭解較難懂的海德格詩學，並理解：過去孔子將《詩經》道德化之後，形成的問題。之外，希望透過這樣的理解，去設法尋找一條復興中國詩學之路。

　　我將從下列幾項進行論述：

　　一、本文的問題意識與論述方法

　　二、相關文獻研究

　　三、孔子對於《詩經》的基本看法

　　四、先秦道家老莊如何使用人類感性能力去建造其哲學作品？

　　五、詩在藝術創作中的意義與理解方法

二　本文的問題意識與論述方法

孔子是儒家文化的創始者，也是中國年千年以來主流文化的建立者；他對於文學作品《詩經》的看法，已深深影響到中國文化的走向，是無容置疑的。但究竟其影響有多深？又其後世代中國的文人，對於詩的創造，因這一影響而有何種特殊性？這是本文的問題意識。我最後，將以海德格的詩學，作為一個分辨的量尺。這都是本文論述的重點。

三　相關文獻研究

（一）先從兩位理學家的詩經研究，論其詮釋的方法

基於篇幅，我只舉兩位重要哲學家的相關看法為例來說明：

1　朱熹對《詩經》的詮釋方法

朱熹對於《詩經》有一套他的獨特辦法，就是主張不以讀《春秋》、《書經》、《禮記》的方式來讀；因為這種讀法，是無法進入《詩經》的世界中；他說讀《詩》的綱領：

> 只是「思無邪」一句好，不是一部《詩》皆「思無邪」。[1]

---

[1] 朱熹：《朱子語類》卷80（臺北：京漢文化事業公司，1975年），頁820。

這已看出《詩經》的真相，就是他的真實面貌，原來是一部民間百姓的歌謠典籍。但後來才加入讀書人或為官者的詩集部分；《朱子語類》卷八十又記錄他與弟子對話：

> 問王風是他風如此，不是降為國風？曰：「其辭語可見風多出於在下之人，雅，乃士大夫所作，雅，雖有刺，而其辭莊重與風異。」[2]

不過，朱熹是一位士大夫型的知識份子，所以他雖然看出《詩經》的原貌，但他最後是以理學來詮釋《詩經》；他說：

> 《詩》有當時朝廷作者雅頌是也，《國風》乃採詩者採之民間，以見四方民情之美惡；兩南亦是，採民言，而其樂章爾，程先生必要說是周公作，以教人不知是如何。某不敢從，若變風，又多是淫亂之詩，故班固言男女相與歌詠，以言其傷，是也。[3]

因此，我贊成朱熹對於《詩經》原貌的詮釋，但對他對於他以理學家的觀點，看《詩經》的〈國風〉，也不以為然；因為他已經忽略文學的基本精神。所謂文學的基本精神，就是發自人類感情的自然表露，所以本來與道德無關。那麼，一味以「道德教化」的需求，去重新詮釋《詩經》，不僅有孔子「斷章取義」的問題，又可能有程子對於《詩經・國風》的詮釋，完全忽略學術研究的科學證據意義的問題，自然是不可取的。但千百年來，許多中國知識分子受到儒家朱子將中國歷史上的重要經典，一律以「身心修鍊」的方式去閱讀的結果是，

2　朱熹：《朱子語類》卷80，頁821。
3　朱熹：《朱子語類》卷80，頁821。

不但有經典化的趨向[4]，甚至於造成這些經典的宗教化[5]，所以最後，與基督教的詮釋經典的方式，有異曲同工之妙的現象。[6]

2 王安石對《詩經》的詮釋方法

王安石有《詩經新義》的重要著作，他以禮教來解釋《詩經》，與其變法結合[7]，幾乎已將《詩經》的文學性質拋棄；如說：

> 《詩》三百十一篇。其義具存，其辭亡者，六篇而已。上既使臣雱訓其辭，又命臣某等訓其義。書成，以賜太學，布之天下，又使臣為序。謹拜手稽首言曰：《詩》上通道德，下止乎禮義。放其言之文，君子以興焉；尋其道之序，聖人以成焉。然以孔子之門人，賜也商也，有得於一言，則孔子悅而進之。蓋其說之難明如此。則自周衰以迄於今，泯泯紛紛，豈不宜哉？[8]

由此可知，王安石詮釋《詩經》，全以孔子的禮教為標準。因此，對於含有文學氣息的《詩經》內涵，全然不能瞭解。更嚴重的問題在於——在此禮教的要求下，認為：「其說之難明如此」；其意義為：先將《詩經》定位為似乎有其義理存在，卻認為：好像永遠說不清楚此義理。所以這種詮釋，固然對於儒家禮教有一定的成就，就是繼續去

4　所謂經典化，是指：在聖賢的道德詮釋之下，已失去文本真實的面貌。

5　所謂宗教化，是指：這些經典的詮釋，經過聖賢們的詮釋之後，已經變成科舉考試的科目，故其解釋是不容懷疑的。

6　彭國翔著：《儒家傳統──宗教與人文主義之間》（北京：北京大學出版社，2007年），頁51-105。

7　黃忠慎：〈王安石《詩經新義》的詮釋進路及其理法解《詩》析評〉，《中正漢學研究》2016年第1期（總27期），頁1-26。

8　王安石著，沈松琴注譯：《新譯王安石文集》（臺北：三民書局，2000年），頁330。

深化禮教的意義，但，由於過分忽略人類感情所構成的詩歌本質，因此對我們瞭解中國古代文學作品並沒有實質的幫助。

（二）從現代學者的《詩經》研究，論其詮釋的方法

例如，蔡瑜在〈從「興於詩」論李白詩詮釋的一個問題〉的結論中說：

> 總之，酒中的李白總是與天地同在，向著人類集體呼喊，站在一切對立價值的臨界點上開顯出恢弘壯闊的視域，我們能夠從中興發多少，端看我們是否能與李白「共感」。

又說：

> 在後世詩歌與「作詩言志」結合，逐漸走向文人一己的內心世界時，李白卻選擇回到神話的天地中，重新召喚一種最原始素樸的存在之感，探索生命的本質。[9]

以上的論述，在於指出：自孔子與其後代欲發揚其「詩言志」的傳統的哲學家或文人，已將詩的生命整個抹煞；詩的生命是什麼，就是人類運用其想像力，對宇宙人生的百態，進行感性的抒發。因此，李白所創造的作品，不是使用分別心去釐清道德價值，而是使用個人的主觀感懷去創造一種唯美的境界；他與儒家所強調的善的世界，是截然不同的。因此，西方大哲康德，在《實踐理性批判》之外，還有《判斷力批判》的鉅著。

---

9 蔡瑜著：〈從「興於詩」論李白詩詮釋的一個問題〉，收入楊儒賓編：《中國經典詮釋傳統（三）文學與道家經典篇》（臺北：喜瑪拉雅基金會，2001年），頁109-140。

再回到中國詩的全盛時代——唐詩來說，成就最高的詩人——李白，一生所寫的詩，所展現的，不在是儒家「文以載道」的傳統，而「天地與我合一」的無分別的傳統；這也是原始思維的神話、樸實的傳統，他與屈原的《楚辭》有其共同之處，在於對宇宙人生，進行哲學、形上學，以及原始神話的發問；例如屈原在〈天問〉中道：

> 曰：遂古之初，誰傳道之？
> 上下未形，何由考之？
> 冥昭瞢暗，誰能極之？
> 馮翼惟象，何以識之？
> 明明暗暗，惟時何為？
> 陰陽三合，何本何化？

這是哲學、形上學的詩哲提問，與詩人哲學家老子對於道的詮釋相同（詳細分析，見後）。

至於第四段之後的神話與傳說，已是充滿想像力的詩人解釋；這種解釋中，我們發現到：在中國先秦時代，中國真正的詩人所創造的詩的原貌，與儒家的信奉者的詩論（如前引的朱熹或王安石的詩論），截然不同；就是屈原還能保持中國詩人的本質——詩人追求美，而非功利性之善的本質：

> 不任汩鴻師何以尚之
> 僉日何憂何不課而行之
> 鴟龜曳銜鯀何聽焉
> 順欲成功帝何刑焉
> 永遏在羽山夫何三年不施
> 伯禹愎鯀夫何以變化

　　纂就前緒遂成考功

　　何續初繼業而厥謀不同

　　洪泉極深何以窴之

　　地方九則何以墳之

　　河海應龍何畫何歷

　　鯀何所營禹何所成

　　康回馮怒墜何故以東南傾

此詩中，充滿作者的想像力與自問，雖沒有個人的解答（與詩哲老子自問自答不同），但他結合中國古代的諸多神話（如中國河川的由來與治水有功、無功的傳說人物）為重要的體裁；這種能夠發揚原始道家的思維，在屈原的詩中，已大量呈現。但此傳統，似乎被儒家的「立於禮教」的「詩經經典化傳統」完全帶開而消失了。直到唐詩出現，才出現像李白詩驚人的面貌。這是我們必須反省的，就是，在今日，創新中華文化時，需要有延續我們已有，卻長期被忽略的道家文化與其思維的胸襟與準備。

四　孔子對於詩經的基本看法

　　孔子對於《詩經》的理解是很明顯的；即將《詩經》收入以「禮」為核心的道德系統中，進行論述。我另有根據；先從他對於「仁」的解讀來看，所謂「志於道，據於德，依於仁，游於藝。」（述而：6）；可知：六藝都在「仁之道德」之下，或附屬於道德教化。因此「道德化《詩經》」，成為其一生追求的目標。另外，「里仁為美」的名言，已為其「美」下了定義；即美的核心在「仁的強調」而已。如果說，「仁」是指在人與人之間建立一種道德秩序，則擴大言之，是一種政治秩序、社會秩序。若縮小言之，是人倫秩序。

換句話說，孔子論《詩》，就有這種傾向；如：

> 子夏問曰：「『巧笑倩兮，美目盼兮，素以為絢兮。』何謂
> 也？」子曰：「繪事後素。」曰：「禮後乎？」子曰：「起予者
> 商也！始可與言詩已矣。」（八佾：8）

意謂：子夏問：「『笑臉真燦爛啊，美目真嫵媚啊，天生麗質打扮
得真高雅。』是什麼意思？」孔子說：「先有宣紙，然後才能繪
畫。」子夏問：「先有仁義，後有禮法嗎？」孔子說：「子夏，你啟發
了我，我可以開始同你談《詩》了！」

這種對話，在當時是通的；因為根據《左傳》的紀載，當時的頌
《詩》來講道理，已成為知識分子的習慣；例如《左傳》紀載：

> 公卑邾，不設備而禦之，臧文仲曰，國無小，不可易也，無備
> 雖眾，不可恃也，詩曰，戰戰兢兢，如臨深淵，如履薄冰，又
> 曰，敬之敬之，天惟顯思，命不易哉，先王之明德，猶無不難
> 也，無不懼也，況我小國乎，君其無謂邾小，蜂蠆有毒，而況
> 國乎，弗聽，八月，丁未，公及邾師戰于升陘，我師敗績，邾
> 人獲公冑，縣諸魚門。

全段的意義在於：以戒慎恐懼之心，去治理一個小國。同理，在《論
語》中，也記錄子夏引用「戰戰兢兢，如臨深淵，如履薄冰」之詩，
來陳述對自我的道德要求；如說：

> 曾子有疾，召門弟子曰：「啟予足！啟予手！《詩》云『戰戰
> 兢兢，如臨深淵，如履薄冰。』而今而後，吾知免夫！小
> 子！」（泰伯：3）

這是一位一生講孝道的儒家學派的知識分子，到臨終，依然引用
《詩》的片段話語，來引申其中更重要的道德意義。雖然，這已將
《詩經》的生命強制割裂了，但這與當詩的政治現象是完全相符合
的。所以，在此時代背景下，論孔子的詩論，也並沒有什麼不妥之
處。至於其弟子曾子也是這樣用《詩》，來表達個人對生命的看法，
也容易為其他人瞭解。

　　然而，我們似乎應該瞭解到，在中國早期文化發展中，儒家顯然
沒有像道家的老莊，能理解到，另一種無分別的道德文化與唯美的生
命境界。所以我接下去，將討論老子一生如何使用詩的形式，去建立
其道德哲學。

五　先秦道家老莊如何使用人類感性能力去建造其哲學作品？

（一）老子哲學詩的建立

　　老子在闡述其道時，是充滿詩人的情懷與詩人的語言；有關後
者，從其語詞：「兮」詞的不斷運用可知；如在「道沖而用之或不
盈。淵兮似萬物之宗。挫其銳，解其紛，和其光，同其塵。湛兮似或
存。吾不知誰之子，象帝之先。」（4）中，用「淵兮似萬物之宗」表
示：「道」成為萬物之根源的深沉性格，用「湛兮似或存」表示：道
若隱若現的樣貌。但更重要的，老子以「挫其銳，解其紛，和其光，
同其塵」來表現中國哲學中天人合一的現象，更體現出：這位詩人哲
學家，已經由類似儒家的分別心出走之後，來到「萬物和諧一體」的
世界中，創造出一個玄妙的生命境界；這一境界是詩人的境界。所
以，這已對中國後世詩人作品的開發，具有極大的啟發作用；關於此
一道理，我在下一節，將會從詩人的角度進行分析。

　　換言之，老子這位詩人哲學家，能夠回到詩人的對於萬物一體的

情懷中，對於萬物不再以儒家對於「道德是非的分別」，才構成詩人哲學家老子的「詩哲創意」[10]；此創意在其第一章中，已發揮得淋漓盡致；他說：

> 道可道，非常道。名可名，非常名。無名天地之始；有名萬物之母。故常無欲，以觀其妙；常有欲，以觀其徼。此兩者，同出而異名，同謂之玄。玄之又玄，眾妙之門。

其中，將人類創造出的對立語言，視為「同出而異名，同謂之玄」，事實上，已打破邏輯上的矛盾律；就是說：當肯定A，就不能肯定非A。但老子竟然認為：「有、無」可以並存（所謂「有無相生」）。這是什麼道理呢，就是卡西勒（Ernst Cassirer）在《人論》中，提到藝術家的作品對於大自然的模仿時說過：「它不是對實在的模仿，而是對實在的發現。然而，我們通過藝術所發現的自然，不是科學家所說的那種自然。」[11]

這是何種自然，是主觀、人為的自然或無分別善惡、美醜、利害[12]的自然；就第一章來說，就是不再分別有無的自然；此有可證，如老子說的：

> 道生之，德畜之，物形之，勢成之。是以萬物莫不尊道而貴

---

10 所謂詩哲創意，就是具有哲學思維能力的詩人，在創造其詩般的哲學體系中，所形成的創意。

11 卡西勒（Ernst Cassirer）著，甘陽譯：《人論》（臺北：桂冠圖書公司，2005年），頁209。

12 老子說：「天下皆知美之為美，斯惡已。皆知善之為善，斯不善已。故有無相生，難易相成，長短相較，高下相傾，音聲相和，前後相隨。是以聖人處無為之事，行不言之教；萬物作焉而不辭，生而不有。為而不恃，功成而弗居。夫唯弗居，是以不去。」（2）；這是瞭解老子特殊的詩人思維最好的一章；因為在此章中，他以打破邏輯的思維，從分別是非善惡、得失美醜，到主張無執於分別是非善惡、得失美醜。

德。道之尊，德之貴，夫莫之命常自然。故道生之，德畜之；
長之育之；亭之毒之；養之覆之。生而不有，為而不恃，長而
不宰，是謂玄德。（51）

在此，「莫之命而常自然」，就是「道生之，德畜之；長之育之；亭之
毒之；養之覆之。生而不有，為而不恃，長而不宰，是謂玄德」的無
分別之具體表現。所才會發揮蓄養萬物，去不佔有眾生、統治眾生。
這種意義下的自然狀態，是必須通過如詩人的「萬物一體」的情懷，
才能建立的。因此，我認為：中國哲學的詩學，不是將《詩經》「斷
章取義」之後的儒家，所能發展出來的。反之，現在從老子創作其哲
學體系時，能直接使用詩人重視的無分別的詩人語言，可見：中國詩
的傳統源頭，是在道家的老子，而非孔子。

至於運用詩人語言的老子，更有下列重要的詩句：

古之善為士者，微妙玄通，深不可識。夫唯不可識，故強為之
容。豫兮若冬涉川；猶兮若畏四鄰；儼兮其若容；渙兮若冰之
將釋；敦兮其若樸；曠兮其若谷；混兮其若濁；孰能濁以靜之
徐清？孰能安以久動之徐生？保此道者，不欲盈。夫唯不盈，
故能蔽不新成。（15）

這是描寫得道的高人，所呈現的生命境界。至於得道的為政者的行為，
事實上，就是表現出上述玄德之「無執於外在名利富貴」的心態：

太上，下知有之；其次，親而譽之；其次，畏之；其次，侮
之。信不足，焉有不信焉。悠兮，其貴言。功成事遂，百姓皆
謂我自然。（17）

故論老子哲學，我主張必須回到詩人哲學家的角度去評論，才是得體的詮釋。同理，論莊子亦然。

（二）莊子以散文詩的方式去建立其哲學

我們翻開莊子第一章〈逍遙遊〉，就會感受到，莊子是以詩人哲學家，來講他的哲學道理；這裡講的是大小之分與世間無分別的道理。但他使用的是，以老子的無分別的詩人筆法，展開他的哲學論述：

> 北冥有魚，其名為鯤。鯤之大，不知其幾千里也。化而為鳥，其名為鵬。鵬之背，不知其幾千里也；怒而飛，其翼若垂天之雲。是鳥也，海運則將徙於南冥。南冥者，天池也。齊諧者，志怪者也。諧之言曰：「鵬之徙於南冥也，水擊三千里，摶扶搖而上者九萬里，去以六月息者也。」野馬也，塵埃也，生物之以息相吹也。天之蒼蒼，其正色邪？其遠而無所至極邪？其視下也亦若是，則已矣。且夫水之積也不厚，則負大舟也無力。覆杯水於坳堂之上，則芥為之舟，置杯焉則膠，水淺而舟大也。風之積也不厚，則其負大翼也無力。故九萬里則風斯在下矣，而後乃今培風；背負青天而莫之夭閼者，而後乃今將圖南。蜩與學鳩笑之曰：「我決起而飛，槍榆、枋，時則不至而控於地而已矣，奚以之九萬里而南為？」適莽蒼者三湌而反，腹猶果然；適百里者宿舂糧；適千里者三月聚糧。之二蟲又何知！小知不及大知，小年不及大年。奚以知其然也？朝菌不知晦朔，蟪蛄不知春秋，此小年也。楚之南有冥靈者，以五百歲為春，五百歲為秋；上古有大椿者，以八千歲為春，八千歲為秋。而彭祖乃今以久特聞，眾人匹之，不亦悲乎！

「北冥有魚，其名為鯤。鯤之大，不知其幾千里也。」，已帶動讀者

的想像力；他帶我們進入他創造的自由自在的境界中。在這樣的世界中，「鯤」也可以「迅速化而為鳥」，至於「其名為鵬。鵬之背，不知其幾千里也；怒而飛，其翼若垂天之雲。是鳥也，海運則將徙於南冥。南冥者，天池也。齊諧者，志怪者也。諧之言曰：『鵬之徙於南冥也，水擊三千里，搏扶搖而上者九萬里，去以六月息者也。』野馬也，塵埃也，生物之以息相吹也。」；這種變化莫測的現象，到底在說什麼？

　　如果我們不具備哲學家老子的眼光與思維，就不能瞭解：原來世俗之人，都是以大小之分，而說：「小知不及大知，小年不及大年。奚以知其然也？朝菌不知晦朔，蟪蛄不知春秋，此小年也。」但這會被莊子嘲笑，因這這種人，如同「不知晦朔的朝菌，不知春秋之蟪蛄」的短視；因為牠們只具「小之又小」的生命。於是莊子又隱喻說：

> 楚之南有冥靈者，以五百歲為春，五百歲為秋；上古有大椿者，以八千歲為春，八千歲為秋。而彭祖乃今以久特聞，眾人匹之，不亦悲乎！

這是以楚國的神話作一種隱喻，來說明：原來人間的傳說——「八百歲之彭祖故事」，雖一直為人們津津樂道，但人畢竟，沒有如莊子的知見，能聞「八千歲為春，八千歲為秋的冥靈」的冥靈；這種說理，純粹是詩人以文學筆法建構出來的。[13]而其中的要旨，就是詩人哲學家老子無分別的宇宙觀與人生觀的表現；又這種宇宙人生觀，事實上就是詩人的創作源頭，請閱下一段的分析。

---

13 在《莊子》〈齊物篇〉出現的南郭子綦是莊子的化身與創造出的得道的高人；他通三籟，他說最高的境界是天籟；子游曰：「地籟則眾竅是已，人籟則比竹是已。敢問天籟。」子綦曰：「夫吹萬不同，而使其自己也，咸其自取，怒者其誰邪！」（齊物篇）；其中「夫吹萬不同，而使其自己也，咸其自取，怒者其誰邪！」是詩人對得到高人的感受，是詩人的語言表達，而非科學家的對象性的定義，是很明顯的。

六　詩在藝術創作中的意義與理解方法

詩是人生的花朵中的花朵；它能展示詩人美妙的聲音，或天籟般的聲音。或許中國歷代的哲學家如王安石也會作詩，但終究缺乏詩人的情懷，所以往往流於說理、說教而已。而孔子等聖賢，為將《詩經》道德化的結果，未免將詩的精神扭曲成一種實用的工具，這難道是詩人的本義嗎？基於此，我在此段中，將先從海德格的藝術論，分析詩在藝術創作中的意義如下：

一、藝術作品的本質。海德格在藝術作品的起源中認為：「藝術家是作品的源頭。或作品是藝術家的源頭。」[14]；基於此，今後，我們在欣賞《詩經》時；特別是有〈國風〉部分，似乎必須先拆下禮教的心機，讓詩人本有的情懷，大膽呈現在讀者面前；例如：過去王安石在其〈國風解〉中，說：「昔者聖人之於詩，既取其合於禮義之言為經，又以序天子諸侯之善惡則同而已矣。故余言之甚詳，而十有五國之序不無微意也。嗚呼，惟其序善惡以示萬世，不以尊卑小大之為後先，而取禮之言以為經，此所以亂臣賊子知懼而天下勸焉。」[15]；未免將詩人的作品，變成一句句沒有血肉的說教著作來閱讀──這對於詩人，是不公平的。

因此，我首先主張：回歸詩人的本意，去讀《詩》或讀出詩人的、對於生命的感懷與抒發的原意；例如〈周南‧關雎〉：「關關雎鳩、在河之洲。窈窕淑女、君子好逑。」；明明是男生愛慕少女的情詩，趙沛霖卻認為其中，「有懷念祖先與父母」之意[16]，是聯想過度？

---

14 Martin Heidegger, *Basic Writing*, general introduction and introductions to each selection copyright@1977 by David Farrell Krell, Harper & Row, Publishers, Inc., N.Y. 1972, P.149.

15 王安石：〈國風解〉，李之亮箋注：《王荊公文集箋注》下冊，〈成都：巴蜀書社，2005年〉，頁2168-2169。

16 引自蕭麗華：〈天人合一：興詩中的「道」〉，楊儒賓編：《中國經典詮釋傳統（三）文學與道家經典篇》（臺北：喜瑪拉雅基本會，2001年），頁87-108。

還是過度以道德的眼光去解釋一切？而這樣的解讀，又是違反人性的；因為男歡女愛，本是人類的天性，我們何必加以掩蓋？

二、詩作品的隱喻（metaphor）是詩人的比喻，不能假借來進行道德的說教；由於隱喻是作者表達對於宇宙萬象的一種方式；他是以隱藏的比喻方式，去表達出深遠的意義。然而，如果有人任意去比附，變成一種道德化的作品，對嗎？如程子將〈國風〉視為周公的作品，在表面上有理，但這是詩人的原意嗎？我只能說，這是程子的「越界（overstep the boundary）的聯想」；不但違反詩的原意，更缺乏學術的根據；因為所謂學術研究，第一要提出具體的證據來。所以中國歷代對於《詩經》道德化的理解，本身可能有「穿鑿附會」（give strained interpretations and draw farfetched analogies）的問題存在，還不僅是不懂何謂詩的問題。

三、《詩》具備音樂的性質──有關這一點，中國美學大師朱光潛曾經為詩的音樂性辯護，而說：

> 作散文可人說話，作詩絕不能如說話……，作詩卻不然，他必須有情趣，必須有「一唱三歎之音」，低回往復，纏綿不盡。

他以《詩經》〈王風·黍離〉為例，說明：其中這詩第二三兩章都只換兩個字。只有「苗」「穗」「實」三個字指示時間的變遷，而「醉」「噎」兩字只是為韻，於意義為增加。[17]

其所引用的《詩經》如下：

> 彼黍離離、彼稷之苗。行邁靡靡、中心搖搖。知我者、謂我心憂、不知我者、謂我何求。悠悠蒼天、此何人哉？

17　朱光潛著：《詩論新編》（臺北：洪範書店，1984年），頁170-171。

> 彼黍離離、彼稷之穗。行邁靡靡、中心如醉。知我者、謂我心
> 憂、不知我者、謂我何求。悠悠蒼天、此何人哉？
> 彼黍離離、彼稷之實。行邁靡靡、中心如噎。知我者、謂我心
> 憂、不知我者、謂我何求。悠悠蒼天、此何人哉？

這是《詩經》原始的表現方式，也是我們讀《詩》時，應該注意的地方。[18]但請問：過去那些哲學家，在讀《詩經》時，是否知道這一要點？所以我很懷疑他們有讀《詩經》真正的能力。[19]至於孔子，我認為他本有這種對於《詩》的認識能力；因為他說過：「興於詩，立於禮，成於樂。」；「樂」就是指出《詩》中的音樂性。或說讀《詩》，必須注意其中的音樂性質，但孔子是一位本來抱持「述而不作」理念的思想家，所以一心只希望去發揚周公「制禮作樂」之傳統，於是將「禮」作為《詩經》解讀之核心；這是對《詩經》的嚴重扭曲，也是中國詩學無法發達的根本原因。然而，中國第一流的詩人李白，會從中國文人不太重視的老莊思想裡去發揮；例如：他有下列一詩，讓我們感受到詩人對於道家天人一體感悟的能力與成就：

> 有耳莫洗潁川水，有口莫食首陽蕨。含光混世貴無名，何用孤
> 高比雲月。
> 吾觀自古賢達人，功成不退皆殞身。子胥既棄吳江上，屈原終
> 投湘水濱。

---

18 作詩，必須重視其音樂性，又見余光中的詩論；蔡振念：〈余光中的詩論及其實踐──以音樂性為例〉，收入蘇其康主編：《詩歌天保──余光中教授八十壽慶專輯》（臺北：九歌出版社，2008年），頁89-115。

19 「淫詩說」是學者經常對於《詩經·國風》的評語；即使能從文學角度論詩經的朱熹者也是如此；郝桂敏：《宋代《詩經》文獻研究》（臺北：中國社會科學出版社，2006年），頁119。

陸機雄才豈自保，李斯稅駕苦不早。華亭鶴唳詎可聞，上蔡蒼
鷹何足道。
君不見吳中張翰稱達生，秋風忽憶江東行。且樂生前一杯酒，
何須身後千載名？

　　這是李白用道家「無名」、「功成身退」的存在觀點，所呈現出的
詩人情懷，已不是儒家的心思，而是像老莊回歸田園的瀟灑心態，或
真正詩人能夠將其詩與哲學會通之表現。[20]所以才能開出其劃時代之
巨著。
　　總之，偉大的中國詩人李白所建造的傳統主流，是道家影響下的
詩學傳統。反之，儒家將「詩經禮教化」的結果，是違反中國詩學的
正常發展的，所以我們應該努力改造此一不正常的文化傳統來復興中
國的詩學。

七　海德格的詩論

　　本文的主旨之一是，又是希望透過西方現代存在哲學家海德格，
從東方哲學家老子對於詩哲學的體悟出的詩學，來強化中國詩學。因
此目的是，回到詩人哲學家老子所開啟的詩與哲思（philosophical
thinking）的關聯，去建造中國詩學的新方向，同時根本復興中國現
代詩的生命。基於篇幅，我不得已先簡單闡述海德格對於詩學的重要
見解如下：
　　首先，我必須指出：海德格的詩學是從一九三〇年演講中所透露
的；他在對於「莊子魚樂」的理解之後才產生的，[21]；在此理解之

---

20 李咏吟：《文藝美學》（廣西：廣西師範大學出版社，2007年），頁279。
21 Otto Poggeler, *West –East Dialogue: Heidegger and Lao-tzu*, edited by Graham Parkes, *Heidegger and Asian Thought*, Univ.of Hawaii Press, Honolulu, U.S.A. 1987. pp.47-78.

後，他對於傳統西方的形上學的顛覆，從研究物理學之外的形上學，來到老子對道的「直觀」之中。[22]

為說明這一點，我是從以下三方面來分析：

（一）海德格詩學的根據：其形上學

他所謂形上學，是對科學家不聞問的「無的問題」，提出進一步的討論；例如在〈形上學什麼〉的討論中，他認為：過去使用邏輯的方法去討論或將無作為對象，是無計可施了。因此主張，從「知性」來到「感性」來討論；[23]這正是老子討論其道的方法，因為在老子第一章就說：

> 道可道，非常道。名可名，非常名。無名天地之始；有名萬物之母。故常無欲，以觀其妙；常有欲，以觀其徼。此兩者，同出而異名，同謂之玄。玄之又玄，眾妙之門。（1）

「觀」（詩人哲學家老子在其詩哲的創作中的觀照），是我們進入其哲學世界的鑰匙，因為老子是以一就是運用人類的感性能力，對宇宙人生的道理，進行詩人的總體性通觀；這種思維方式，最大的特點，不是將客觀世界科學的分析，而是將宇宙人生的諸多現象，進行「通盤的直覺」瞭解之後，做出一種詩人般的感嘆！例如他在直觀與宇宙之道的深奧之後，會感嘆其不可思議的玄妙！這樣的形容詞，不是科學分析之後，對宇宙道理的感嘆；因為科學家重視的是一切可告知客觀

---

22 Joan Stambaugh, Heidegger, *Taoism, and the Question of Metaphysics*, edited by Graham Parkes, Heidegger and Asian Thought, Univ.of Hawaii Press, Honolulu, U.S.A. 1987. pp.79-92.

23 海德格著，孫德興譯：〈形上學是什麼〉，收入《海德格選集》（上）（北京：生活・讀書・新知三聯書店，1996年），頁135-153。

真實與數字的分析，而是使用文學家的狀辭，去形容其感悟到的宇宙
之存有──道；這是中國歷史上，第一次有哲學家使用美學的眼光，
去描述出他所感知的宇宙本體。[24]所以海德格的偉大，在於：他在有
限的個人條件之下，竟然能夠老子道的真相，認為是一種感性的產
物。但問題是，這位洋人哲學家，他對於中文的熟悉程度，畢竟不如
我們整天在研究古文的人；譬如，老子在其哲學體系中，感知到對於
宇宙往復循環的現象，又有下列的形容：

> 致虛極，守靜篤。萬物並作，吾以觀復。夫物芸芸，各復歸其
> 根。歸根曰靜，是謂復命。復命曰常，知常曰明。不知常，妄
> 作凶。知常容，容乃公，公乃王，王乃天，天乃道，道乃久，
> 沒身不殆。（16）

在這一段話中，他以「靜」，來形容萬物「無聲無息」中，表現的
「大公無私」的現象；而在這種現象中，其後的意義究竟是什麼？依
我對於老子哲學的理解就是，他希望大家能放下對於個人欲望的執
著，才來到一個無私無我的境界；這一境界，通稱為「自然的境
界」；這個世界，如果與儒家的道德世界比較，老子純粹是經過詩人
老子以無分別心所建造的世界，而非儒家研究的世界；因為儒家的德
化世界是一個建立在分別道德是非的世界。[25]因此老子對於自然的解

---

24 反之，例如對於道家有研究的西方學者如 Thomas Cleary 在 *The Essential Tao; An
Initiation into the Heart of Taoism Through the Authentic Tao Te Ching and the Inner
Teachings of Chuang –tzu* 中，將老子第一章中的「觀」翻譯為：observe，有與科學
家對於外物的觀察不分之嫌；Harper Collins Publishers, New York, U.S.A., 1992, p.9.

25 如《中庸》作者說：「誠者，天之道也；誠之者，人之道也。誠者不勉而中，不思
而得，從容中道，聖人也。誠之者，擇善而固執之者也。博學之，審問之，慎思
之，明辨之，篤行之。」（22）；這是一個運用道德是非建立的道德世界，老子與這
種世界相比較，是在其上，所建立的無執於一切無分別的唯美世界。

釋，曾經有下列不太清楚的說明：

> 其安易持，其未兆易謀。其脆易泮，其微易散。為之於未有，
> 治之於未亂。合抱之木，生於毫末；九層之臺，起於累土；千
> 里之行，始於足下。為者敗之，執者失之。是以聖人無為故無
> 敗；無執故無失。民之從事，常於幾成而敗之。慎終如始，則
> 無敗事，是以聖人欲不欲，不貴難得之貨；學不學，復眾人之
> 所過，以輔萬物之自然，而不敢為。（64）

在這段話中，事實上並不是教導人們完全不作為，而是無執於一般人
所執之物。也就是，朝一般人相反的方向去，進行無執的修為；這是
一種經由感性萬物的生生不息的往復現象，所形成的哲學知見（所謂
知常曰明，是也）。

而今由感性的角度，再去感受這一段話中的「萬物並作，吾以觀
復。夫物芸芸，各復歸其根。歸根曰靜，是謂復命。」；其中，「萬物
並作，吾以觀復。夫物芸芸，各復歸其根。」，已經明白指出：這是
一位詩人哲學家使用感性之直觀，去考察宇宙人生萬相，所得到的結
論。所以，是感性的，而非知性的；證據就在：夫物芸芸，各復歸其
根中，只做感性的描寫，而非理性的進一步分析。所以我對海德格在
受到老莊影響後，提出對於存有之思考的詩學，相當認同[26]；就是建
立在：詩人哲學家對於宇宙之思考上，但純粹是以詩人的想像力去建
構對宇宙萬象的解釋。

這說明什麼？說明如同海德格受東方思想薰陶的西方哲學家，對
道家哲學已有一定的瞭解，所以他有詩人般的嗅覺，能夠體會到：老
子哲學本是一種直觀或感性的作品。換句話說，今天中文世界中，許

---

26 Otto Poggeler, *West –East Dialogue: Heidegger and Lao-tzu*, p.56.

多學者依然以知性邏輯去分析老子哲學，是不如海德格對於老子的瞭解。

（二）詩是如何展開的？

在這方面，我必須同時去比對楚國詩人屈原在〈天問〉中，對與宇宙的感性提問，也就是說，老子是以詩人之姿，呈現其作品的意義，處有形上學的意義之外，就是詩學的意義；在這方面，我認為：海德格能從〈詩人何為？〉文中，將詩的本質講得較為清楚；如他首先指出：

> 在現代形上學中，不可見的內在東西的範圍被規定的計算對象的在場（Prasenz）領域。笛卡爾把這一內在範圍稱為我思（ego cogito）的意識。[27]

所謂在計算對象的在場（Prasenz）領域的笛卡兒「我思（ego cogito）的意識」的哲學，就是主張：心物二元對立的哲學思維所形成的科學思維。[28]或說，是來到客觀的世界之中，就現象界的真實面貌進行研

---

27 孫周興選編，孫周興譯，海德格著：《海德格爾選集》（上）（上海：上海三聯書局，1994年），頁446。

28 我思故我在：「我思故我在命題表示，人們在『思維』，人們存在。如果我不在思維，我在進行感覺，甚至睡覺時，那麼是不是我就不存在了？事實上笛卡兒認為我思是指廣義人類普遍的思維活動，包括人類回憶、期望、感覺、欲望等等。上述活動在笛卡兒看來，都有一定程度的思維活動參與其中。」我思的本質：但上述活動只是思維的不同屬性，我思的真正本質是甚麼？笛卡兒認為我思的本質在於理智。理智是一種直觀和判斷的能力。正因為理智具有如此能力，所以人們可以直觀自己正在思考，從而判斷「我思維，我存在」。「笛卡兒進一步認為我思的本質只是理智，而理智就是純粹的精神。與精神性的理智相對的就是物體的廣延。如此笛卡兒的體系中便出現了兩種實體之間的尖銳對立。亦即後人所言的心物二元論。」https://www.hk01.com/哲學/43914/笛卡兒-我思-我在-ep20（2018/6/24瀏覽）；以上的論述，有助於我們對於笛卡兒哲學的釐清，即笛卡兒哲學是科學家研究時，所運用

究，而後希望獲得真實的答案。[29]然而，這與中國哲學家老莊的天人
合一或心物合一的思維模式正好相反；因為誠如上述，老子哲學是通
過「有無相生」的思維進行的。因此才有「（有、無）同出而異名」
的論述，而這種論述，是一種什麼論述呢，又與詩的產生有何關係
呢？海德格又說：

> 幾乎與笛卡爾同時，帕斯卡爾發現了相對於計算之邏輯的心靈
> 邏輯。心靈世界的內在東西和不可見東西，不僅比計算理性的
> 內在東西更內在，因而也更不可見，而且，它也比僅可製造的
> 對象的領域伸展得更為深遠。……在此內心世界中，萬物為我
> 們來說超出了計算的數字性，並且能掙脫這種束縛而充溢的流
> 入敞開者的無界限的整體之中。[30]

其中，提到的「帕斯卡爾發現了相對於計算之邏輯的心靈邏輯」，[31]是

的心物兩元對立的哲學；這與老莊或中國詩人使用的心物一元或天人合一的哲學是
截然不同的。

29 在德文中，「對象」一詞本身就包含著對立（Gegen -stand）的意味；劉小楓：《詩化
哲學》（上海：華東師範大學，2011年修訂版），頁274。

30 孫周興選編，孫周興譯，海德格著：《海德格爾選集》（上），頁446。

31 有關巴斯卡哲學：「在笛卡爾提出了『計算理性的邏輯』之時，巴斯卡就提出了
『心靈的邏輯』。他深感困惑的問題是：『我不知道誰把我置入這個世界，也不知道
這世界是什麼，更不知道我自己。』我們的生命，使我們不能認識到那出於虛無的
最初本源，而我們短促的生命也使我們看不到無限。人竭力要找到一個堅實的地
基，以建築一座通達無限的高塔，然而，人的整個地基都在動搖，大地崩裂為條條
深淵。」
「巴斯卡儘管生活在唯理主義盛行的時代，但他所關心的卻不是如何以數學式的思
考方式去搜尋外界，而是認識人自身的內在，關心超越。……在這無限的虛無中，
只有愛，才是安身立命的根據。那些所謂的『哲學論證』或許可以把人引向知識，
卻不能引向愛。」
「針對整個生活世界中出現的輕狂和功利態度，以及隨之而來的人類靈性的喪失，
浪漫哲學十分強調愛的作用。愛，成為浪漫哲學的一個極為重要的理論出發點。這

異於笛卡兒的計算思維，而來到一個老莊主張的，「無計算的一體思維」中；這到底是什麼思維呢？簡單說，就是莊子說的：「通而為一」的思維。其特徵是，從根本上，逃脫老子說的美與醜、道德上的是與非、功利上的多與少的思維。或莊子說的「和之以是非，休之以天鈞」的思維，來替代「爭是爭非」的思維；莊子說過：

> 以指喻指之非指，不若以非指喻指之非指也；以馬喻馬之非馬，不若以非馬喻馬之非馬也。天地，一指也；萬物，一馬也。可乎可，不可乎不可。道行之而成，物謂之而然。惡乎然？然於然。惡乎不然？不然於不然。物固有所然，物固有所可。無物不然，無物不可。故為是舉莛與楹，厲與西施，恢恑憰怪，道通為一。其分也，成也；其成也，毀也。凡物無成與毀，復通為一。唯達者知通為一，為是不用而寓諸庸。庸也者，用也；用也者，通也；通也者，得也。適得而幾矣。因是已。已而不知其然，謂之道。勞神明為一，而不知其同也，謂之朝三。何謂朝三？曰狙公賦芋，曰：「朝三而莫四。」眾狙皆怒。曰：「然則朝四而莫三。」眾狙皆悅。名實未虧，而喜怒為用，亦因是也。是以聖人和之以是非，而休乎天鈞，是之謂兩行。（齊物篇）

在這一段話中，莊子以猴子「朝三暮四」的故事，做為隱喻，來說明：人們經常會計較是非，所帶來的無意義的爭執。或說：我們在人

與唯理主義過分抬高理性是針鋒相對的。」https://tw.answers.yahoo.com/question/index?qid=20050406000010KK07712&p=%E5%B8%95%E6%96%AF%E5%8D%A1%E7%88%BE%E7%99%BC%E7%8F%BE%E4%BA%86%E7%9B%B8%E5%B0%8D%E6%96%BC%E8%A8%88%E7%AE%97%E4%B9%8B%E9%82%8F%E8%BC%AF%E7%9A%84%E5%BF%83%E9%9D%88%E9%82%8F%E8%BC%AF（2018/6/24瀏覽）

生的過程中，為堅持其個人是非，而忽視宇宙人生一體觀的必要，於是可能將落入「朝三暮四」的迷失中。進一步說，莊子哲學顯發的哲學，與上述巴斯卡哲學（對宇宙全體的一體的觀照），有相同的論述。就是在這種觀照之下，人們不必事事去計較你與我之分，甚至儒家對道德是非之別，也必須去檢討的。然後，人間真正的無分別的「愛的世界」，才可能出現。[32]同樣道理，在《老子》中，出現這一段不易瞭解的話；例如何謂「以身觀身」，「以家觀家」，「以鄉觀鄉」，「以國觀國」，「以天下觀天下」，究竟是什麼意思？其原文是

> 善建不拔，善抱者不脫，子孫以祭祀不輟。修之於身，其德乃真；修之於家，其德乃餘；修之於鄉，其德乃長；修之於國，其德乃豐；修之於天下，其德乃普。故以身觀身，以家觀家，以鄉觀鄉，以國觀國，以天下觀天下。吾何以知天下然哉？以此。（54）

這就是換一個角度，去進行思考——將「你、我」分別，到對萬物，彷彿都是「一體、有情的世界」。所以主張：以「一體之身」、「一體之家」、「一體之鄉」、「一體之國」，來觀照天下萬物；請問：如果人類達到這一境界，人間還有爭執或戰亂嗎？而此，也正是莊子說的：「藏天下於天下」的詩人思維：

> 藏大小有宜，猶有所遯。若夫藏天下於天下，而不得所遯，是恆物之大情也。特犯人之形而猶喜之，若人之形者，萬化而未始有極也，其為樂可勝計邪！故聖人將遊於物之所不得遯而皆

---

32 王邦雄認為：「莊子受儒家的影響，性格一半是儒家的」；我以為：這是不瞭解：儒家有分別之愛（「親親而仁民，仁民而愛物」）與莊子「通而為一」之愛，是全然對立的。王邦雄：《中國哲學論集》（臺北：臺灣學生書局，2004年），頁201。

存。善妖善老，善始善終，人猶效之，又況萬物之所係，而一
化之所待乎！（大宗師）

「一化之所待乎！」一語，即是將「萬物一體觀」之詩人思維；這是
由「詩人之眼」，去觀照的理想世界，或是運用詩人的想像力，去觀
照世界的結果。雖然這在現實社會中的一般人，多半是以功利的眼光
去觀看一切，但海德格主張：取巴斯卡心靈的邏輯去衡量一切；就是
以「無分別的詩人心靈」，或萬物皆有情的方式，來建構一個理想世
界。海德格在引里爾克[33]的詩中的「自然」一詞後說：

> 在這裡，不同的事物，一方面是植物和動物，另一面是人；就
> 它們在同一（Selle）中達到一致而言，它們是相同的
> （gleich）。這種同一就是它們作為存在者所具有的與它們的基
> 礎的關係。芸芸眾生的基礎是自然。人的基礎與植物和動物的
> 基礎不光是相同的。這個基礎在人那裏與動植物那裏是同一
> 的。此乃自然，乃完滿的自然（《至奧爾弗斯十四行詩》第二
> 部，第八首》）[34]

現在從深受到家老莊影響之後，論「詩人何為」的海德格，能瞭解老
子之自然之道，即「無分別之道」；這就是詩人以「萬物一體觀」，所
形成的知見。此知見，所以在儒家智慧之上，認識到詩人的想像力，
足以創造一個唯美的無分別世界。這種之見，為詩人哲學家莊子繼
承，所以，有其與萬物「逍遙遊」的生命哲學。

---

33 里爾克被公認為：德國自歌德以來最偉大的詩人；里爾克著，Rainer Maria Rilke
（《慢讀里爾克》）唐際明導讀：〈介於人生導師與誤解之間──重新認識詩人里爾
克〉（臺北：商周文化事業公司，2015年），頁8。
34 孫周興選編，孫周興譯，海德格著：《海德格爾選集》（上），頁417。

對於老莊這樣深奧的理論，通常是不容易瞭解的；例如一些早年對儒家有偏好的學者，後來在研究老莊哲學時，他可能以分別心，去詮釋《老子》或《莊子》。可是，這樣詮釋，是一種有道德是非分判的觀察，不是詩人本身應該具備的「無分別的觀照」。

因此，我現在通過海德格心靈邏輯的詩人眼光，去論述「詩人何為」，來解答老子「自然」一詞的意義之外，更知道：何謂詩及詩人如何寫詩。這就是我通過海德格的詩論來論：我們應該如何去重讀《詩經》與詩本身的價值何在的重要理由。

（三）海德格後期哲學轉向，彰顯詩人哲學的究竟

通常，我們會不自覺的將老子之道，作為理性的對象進行分析，但根據以上分析，老子在第一章就表明：他對宇宙的觀察，不是科學家的分析，而是文學家的觀照。因此，他有A與非A（（有無）「同出而異名」）的論述。但整部《老子》，對於道的說明並不清楚，可是，對老子哲學有深刻研究的海德格，就不同了：他的不同，就在於發現：例如老子，不再以一個外在於人的實在世界去研究萬物之本體，[35]而是通過感性個體的生存方式去說明。[36]海德格在〈詩人何為？〉又說：

> 在此內心世界中，萬物對我們來說超出了計算的數字性，並且能掙扎這種束縛而充溢流入敞開者的無界限的整體之中。這種超出計數的流溢，就其在場方面說，乃至源出於心靈的內在和不可見的東西。《杜伊諾哀歌》吟唱人如何歸屬於敞開者，其第九首最後一句話就說：「實存超出數字，源於吾人內心」。[37]

---

35 老子說：「不出戶，知天下。」

36 劉小楓著：《詩化哲學》，頁286。

37 孫周興選編，孫周興譯，海德格著：《海德格爾選集》（上）（上海：上海三聯書店，1996年），頁417。

這就是說：一位詩人的工作，就是以內心對於外界的變化，使用直觀的方式去體悟。所以與科學家到外界去研究萬物的道理，是全然有別的。現在從老子對於宇宙的根本之道來說，也就是以這種直接體悟的方法去觀照一切事物；這是詩人的表達方式，所以他對「道」的詮釋，往往使用詩人的描述詞；例如他說：「明道若昧；進道若退；夷道若纇；上德若谷；太白若辱；廣德若不足；建德若偷；質真若渝；大方無隅；大器晚成；大音希聲；大象無形；道隱無名。夫唯道，善貸且成。」（41）基於此，在我們詮釋老子哲學時，必須有詩人的眼光。否則，可能不得門而入。

今小結此段來說，由於海德格曾經接觸過老莊的文本，有上述深刻的詩人哲學家的，對詩學的研究，所以不但有助於我們對老莊的認識，而且，在我們研究《詩經》真相時，將有全然不同的真確理解與詮釋。

八　從海德格詩學論孔子詩學的影響與可能發展的新方向

經過以上的論述，我認為：瞭解《詩經》，必須先瞭解何謂詩？又詩人以什麼方式，去從事創作的。首先，必須具備一顆「萬物一體」的心。其次，將萬物視為與人類一樣有情感、有生命的存在。因此，在莊子的詩人哲學中，影子也會說話、莊子與蝴蝶可以互換；這就是具備詩人眼光的描寫。而在上述的分析中，海德格以巴斯卡的「心靈邏輯」來說明：詩的生命就是如此──「萬物是同一的」。現在從這觀點來論，儒家孔子對於詩的詮釋，已使《詩經》本身應有的面貌喪失殆盡。故我從這個角度，去檢視孔子詩學的可能影響如下：

（一）從海德格詩學論孔子詩學的影響

在先秦時代，《詩經》的應有的文學面貌，事實上是隱而不顯的。孔子這種禮教傳統的結果是，已經嚴重妨礙了中國詩的正常發展。但誠如本文所分析，經常應為學者重視的道家——老子、莊子中的詩人創作方式，卻不太為學者注意；[38]這方面，可能是因為有哲學研究興趣的學者，必須同時具備詩人情懷者，畢竟不多的關係；例如，我在前面指出的王安石，或許能詩，但其詩作說理太多，[39]而朱熹，則較具詩人的特質，但其詩論包含太多的道德教化之說；[40]而我所謂詩人的特質，是指：上述對萬物的一體的觀照。之外，就是必須根本脫離儒家標榜的「道德教化的詩學」，才能彰顯中文詩作為文學一部分的重要功能。[41]

基於此，我認為：孔子所彰顯的「詩經詮釋」，負面的影響可能多於正面的；即凡是中國歷史上偉大的詩人，通常必須從道家「是萬物為一體」的眼光去從事創作，來補足儒家「文以載道」的缺失。

（二）可能發展的新方向

詩是人類以想像力所創造出來的藝術中的結晶。詩人又是人類中，最具感性能力去創造的少數人。事實上，詩的獨立生命與道德的強調，不必然，也沒有必然的關係。但，幾千年來，由於中國文化的走向，使得許多詩人的作品，必須接受禮教的嚴格檢驗，所以對於詩

---

38 唐君毅已經察覺這一點，但可惜基本上它是一位新儒家，所以他推崇孟子的「充實之為美論」；認為：「此種藝術精神蓋較純粹藝術精神為尤高」；唐君毅著：《人文精神之重建》（臺北：臺灣學生書局，1980年），頁102。

39 吳淑鈿：〈論夏注《王安石詩》〉，《中國典籍與文化》2010年第3期，頁20-28。

40 周懷文、經莉莉：〈風人之旨誰可獨得——略論毛奇齡對朱熹「淫詩」說的批評〉，《合肥學院學報（社會科學版）》2012年第3期，頁7-10。

41 魯亞楠：〈虛靈明覺，物我兼成——「虛靈」對中國古代詩歌精神的影響〉，《青年文學家》2016年第11期，頁35-35。

人的生命已構成負面的影響：這種影響，就好像清朝的小說《金瓶梅》，明明是一部批判在禮教文化下，探討女權的小說，但因為這是描寫一位苦命的婦人、不受儒家婦道，而被冠上下流的小說，這是不應該的。而劉勰的《文心雕龍》，也以「經典化《詩經》」的儒家傳統，作為評論《楚辭》的標準。[42]同理，當年孔子對於《詩》的詮釋，以道德眼光去分判；這與詩人主張，對待萬物的一切現象，必須以一體觀，是全然不同的。

　　因此，我主張：今後建設新的詩學或公平看待《詩經》，必須像當年的詩仙──李白一樣，充分發揮老莊的詩人思維。當然，將老莊的詩人思維發揮到淋漓盡致的海德格詩學，將是我們創作現代詩時，必先去參考的一種重要著作。

九　結論

（一）詩本質

　　詩是少數有詩造詣的天才創造出的文學花朵；在詩的園地中，本來可以綻放出許多美麗的花朵，但在中文世界中，詩的生命長期受到中國主流文化──儒家禮教文化的拘束，所以對於中國詩的發展，所產生的負面影響是巨大的。當然，道德化的詩經學，或許可以強化道德教育的作用，但不可否認，這有扭曲詩作為中國文學的理解方式，明顯是偏狹的；例如在《論語》中，孔子明白將《詩經》中的句子節錄下來，做勵志的座右銘，已失去《詩經》本來應有的生命；因為所謂詩，不作「說理」使用的，而是以「抒情」為主，目的在人類的感情生活中，以感性的方式，去抒發人在生活中的種種感懷與情緒。但

---

42 興膳宏著，蕭燕婉譯注：《中國文學理論》（臺北：聯經出版事業公司，2014年），頁257、368-369。

孔子居然主張截取詩句中的句子，來做立志句，而其學生子貢就是以
這種方式去解釋《詩經》，並給很高的評價；如：

> 子貢曰：「貧而無諂，富而無驕，何如？」子曰：「可也。未若
> 貧而樂，富而好禮者也。」子貢曰：「《詩》云：『如切如磋，
> 如琢如磨。』其斯之謂與？」子曰：「賜也，始可與言詩已
> 矣！告諸往而知來者。」（學而：15）[43]

意為：子貢說：「貧窮卻不阿諛奉承，富貴卻不狂妄自大，怎
樣？」孔子說：「可以。不如窮得有志氣，富得有涵養的人。」子貢
說：「修養的完善，如同玉器的加工：切了再磋，琢了再磨，對
吧？」孔子說：「子貢啊，現在可以與你談《詩經》了。說到過去，
你就知道未來。」

現在，《詩經》已化約為一種立志向學的一種重要教材，是很明
顯的。但「如切如磋，如琢如磨。」的詩句，源出於《詩經·衛風·
淇奧》的「瞻彼淇奧、綠竹猗猗／有匪君子、如切如磋、如琢如磨／
瑟兮僩兮、赫兮咺兮／有匪君子、終不可諼兮。」；今由此詩來看，
並不僅是一個勵志的詩而已；因為這首詩，有一說法是，用來讚美武
公修康叔之政，百姓和集的盛況，但也有一說是，一位女子愛上一位
穿著華麗的貴族的戀歌；例如經常被儒家作為勵志的句子：「如切如
磋，如琢如磨」的詩句，原是用來描寫這一位文雅君子如玉般的氣
質，所以將他擷取下來，已失去原來描寫君子的本意。基於此，我部
份贊成像黃忠慎對孔門孟子詮釋《詩經》的看法——

> 孟子也不認為執著於書面語言可以探求到真義，他清楚地認識

---

43 樂：或作「樂道」。《知不足齋叢書》本、《古逸叢書》本《論語集解》作「樂道」。

到詩篇有許多修辭手法不能用「知識性」的角度去定位，而需要用心靈去直觀其間蘊含的「情感性」意義。[44]

既然如此，詮釋《詩經》時，就必須注意到「需要用心靈去直觀其間蘊含的『情感性』意義」部分。然而，「孟子不認為執著於書面語言可以探求到真義」中，孟子是否依然以「知識性」的角度去定位？所謂「知識性」的角度去定位，就是以分別心，從道德是非去做分判《詩經》中，那一首詩的文詞與作詩人的心志，是合乎道義的？今試舉例來說，在《孟子》中，出現這種「以意逆志」的《詩經》解法：

咸丘蒙曰：「舜之不臣堯，則吾既得聞命矣。《詩》云：『普天之下，莫非王土；率土之濱，莫非王臣。』而舜既為天子矣，敢問瞽瞍之非臣，如何？」

曰：「是詩也，非是之謂也；勞於王事，而不得養父母也。曰：『此莫非王事，我獨賢勞也。』故說《詩》者，不以文害辭，不以辭害志。以意逆志，是為得之。如以辭而已矣，《雲漢》之詩曰：『周餘黎民，靡有孑遺。』信斯言也，是周無遺民也。孝子之至，莫大乎尊親；尊親之至，莫大乎以天下養。為天子父，尊之至也；以天下養，養之至也。《詩》曰：『永言孝思，孝思維則。』此之謂也。《書》曰：『祇載見瞽瞍，夔夔齊栗，瞽瞍亦允若。』是為父不得而子也。」（萬章上：4）

「說《詩》者，不以文害辭，不以辭害志。以意逆志，是為得之。如以辭而已矣」就是孔門孟子詮釋《詩經》的基本原則；其要義，在說

---

44 黃忠慎：〈理解、運用與解釋：析論孔孟荀在《詩經》學史上的貢獻與意義〉，《東吳中文學報》第25期（2013年5月），頁1-29。

明：《詩經》構成，包括三個重要的部分：（1）文（外在）（2）辭
（外在）（3）志（核心）；何謂志？孟子在〈萬章上：2〉說過：「志
壹則動氣，氣壹則動志也。今夫蹶者趨者，是氣也，而反動其心。」
「敢問夫子惡乎長？」曰：「我知言，我善養吾浩然之氣。」

　　由此可見：志與氣有關聯，又與「心」關聯。而根據他接下去對
於浩然之氣的分析，可知：與儒家強調的道義是相通的。而道義是來
自於他強調的，「發自人的內心」，必須經過人們去培養，才能形成
的──「浩然之氣」：

> 曰：「難言也。其為氣也，至大至剛，以直養而無害，則塞于
> 天地之閒。其為氣也，配義與道；無是，餒也。是集義所生
> 者，非義襲而取之也。行有不慊於心，則餒矣。我故曰，告子
> 未嘗知義，以其外之也。必有事焉而勿正，心勿忘，勿助長
> 也。無若宋人然：宋人有閔其苗之不長而揠之者，芒芒然歸。
> 謂其人曰：『今日病矣，予助苗長矣。』其子趨而往視之，苗
> 則槁矣。天下之不助苗長者寡矣。以為無益而舍之者，不耘苗
> 者也；助之長者，揠苗者也。非徒無益，而又害之。」

故由此論述可知，孟子已經將《詩》與其強調的道義為核心的「浩然
之氣」論結合，成為儒家禮樂教化的一種工具。特別是，在萬章問：
「何謂知言？」時，他將辭分為三種──「詖辭」、「淫辭」，以及
「邪辭」──

> 曰：「詖辭知其所蔽，淫辭知其所陷，邪辭知其所離，遁辭知
> 其所窮。生於其心，害於其政；發於其政，害於其事。聖人復
> 起，必從吾言矣。」

那麼，凡不合其仁義的道德標準的文辭，就受到排擠或刪除。試問，這樣的文化主張，對於中國詩的正常發展，是否已產生相當不利的影響呢？因此，我反對今日再使用這種詮釋，去論《詩經》或發展中國詩學。

（二）老莊詩化哲學有助於中國詩學的復興

所謂詩化哲學是指：先秦道家老莊是繼承南方楚國神話、詩人文化而產生的；像楚國詩人屈原，在其〈天問〉與其他詩篇所展現的，根據人類感性能力去想像宇宙的來源的詩篇，就是這種傳統的產物。而老莊，今由其與楚國的地緣關係，所發展出一種詩化的哲學，就是，能進一步，就詩人的想像力提出的根本問題，提出根本的解答；如老子以「道」作為萬物之根源，就是一種哲學性的解答。

不僅如此，在《老子》中，我們經常可發現：老子經常使用「觀」一詞，去說明其由宇宙所觀照到的宇宙「真相」；其中的規律，呈現「周而復始」的現象。因此，他是運用這種使用人類想像力所創造的天地萬物的世界；它純粹是一個理想的世界，然後他才有其理想國，或詩人唯美的世界（例如第八十章中所描寫的「雞聞之聲相聞，人至老死不相往來」或許有其隱含的現實意義，但就現實社會來說，是不可能的。但在詩人的想像世界的，卻是可能的；因為老子就是這樣的詩人哲學家）。

再就其名言「無為（無執）而無不為」，或自然無為之治，也呈現與現實人性——追求人欲上，極大的落差，卻能呈現詩人的想像力；此與莊子在〈養生主〉的庖丁解牛之隱喻故事，也是詩人才能創造的。[45]

---

45 庖丁為文惠君解牛，手之所觸，肩之所倚，足之所履，膝之所踦，砉然嚮然，奏刀騞然，莫不中音。合於《桑林》之舞，乃中《經首》之會。文惠君曰：「譆！善哉！技蓋至此乎？」庖丁釋刀對曰：「臣之所好者道也，進乎技矣。始臣之解牛之時，所見无非牛者。三年之後，未嘗見全牛也。方今之時，臣以神遇，而不以目

所以，我認為：在先秦老莊哲學中，包含的詩人學必須得到充分的體察和發揚；因為在後世的中國詩的傳統（如李白的詩）中，已得到證實。但由於儒家思想的勢力大，所以通常不易為學者重視。然而，在當今中華文化復興的過程來論，我們似乎應該將《詩經》禮教化、道德化的傳統適度放下，以開啟現代中華詩學的復興，則是必要的。

（三）海德格詩學對於老莊詩學與中國詩學的復興，將有重大的啟發作用

在以上的海德格詩學的論述中，我已提出：他根據老莊的形上學中的道，根本顛覆西方形上學，作為科學之後的形上學傳統，而主張：存有就是一種「敞開」；他是自明的；如詩人哲學家老子，所創造的世界，不是用來說明：外在的客觀世界，而是詩人在內心中，使用想像力所建造的世界。[46]事實上，詩是一種詩人不經由分別心所創造出的世界。所以這才恢復詩人真正的企圖或本意。反之，儒家強調的讀《詩經》的方法，不但會扭曲詩人的內在感情，也根本抹煞詩人的想像力所建造的。所以我們堅決反對這種經典化詮釋《詩經》的現象，因為它造成的嚴重後果，是顯而易見的。

總之，兩千多年來，歷代儒家為了將其思想推廣於中國社會，必須藉孔子強調之詩學，去不斷經典化《詩經》；例如《詩序》、徐幹的

視，官知止而神欲行。依乎天理，批大郤，導大窾，因其固然。技經肯綮之未嘗，而況大軱乎！良庖歲更刀，割也；族庖月更刀，折也。今臣之刀十九年矣，所解數千牛矣，而刀刃若新發於硎。彼節者有間，而刀刃者无厚，以无厚入有間，恢恢乎其於遊刃必有餘地矣，是以十九年而刀刃若新發於硎。雖然，每至於族，吾見其難為，怵然為戒，視為止，行為遲。動刀甚微，謋然已解，如土委地。提刀而立，為之四顧，為之躊躇滿志，善刀而藏之。」文惠君曰：「善哉！吾聞庖丁之言，得養生焉。」；其中「以无厚入有間，恢恢乎其於遊刃必有餘地矣」，就表現出詩人哲學家莊子的想像能力。

46 Joan Stambaugh, *Heidegger, Taoism, and the Question of Metaphysics*, edited by Graham Parkes, *Heidegger and Asian Thought*, pp.81-82.

《中論》，以及《朱子詩傳》等書，對於詩人所創造之詩美，經常不受重視，這是長期存在於中國文學上的一種問題，是我們應該及時面對的。[47]最後，我在回答本文的問題意識中，認為：孔子對於文學作品《詩經》的看法，已深深影響到中國文化的走向，是無庸置疑的。但究竟其影響有多深？我的回答是，對於詩人在創作上，不但是沒有任何幫助的。而且，由於忽略詩人在創作詩上的成就，所以真正的有才氣的重要的詩人如李白，早已根本脫離儒家的傳統，投靠老莊哲學了。

又其後世代中國的文人，對於詩的創造，因這一影響而有何種特殊性的問題；我的解答是，將詩的創造性與想像力根本抹煞。所以我不贊成再去延續這種傳統詩論。而且，更希望今後中國詩人，能從老莊之詩化哲學與海德格對於詩的詮釋中，重建中國的詩學。

（本文發表於2018年11月8日高雄師大經學研究所
第14屆青年經學學術研討會）

---

47 朱守亮著：《詩經評釋》（上）（臺北：臺灣學生書局，1984年），頁178。

第四章

會通是繼續對抗，還是充分認識對方的真相

——論蔡仁厚與周聯華會通基督教與儒教的對談

一　前言

　　有關於耶儒會通的問題，是儒家現代化問題上頗值得討論的一個重要問題（另一個重要問題是新儒家要如何面對西方科學與民主的問題）。而這一個問題，自從蔡仁厚在一九八一年一月二十八日在東海大學中國文化思想研討會上，發表兩教會通問題以來，已近四十年了。在這近半個世紀之前與之後，對於這麼重大的問題，雖然其中還有不少討論，但是，迄今一直未獲得合情合理的解決。[1]而我的老師——林安梧教授曾經在中央大學所主辦的「當代儒學國際學會議之儒學的國際展望」會議上，以〈從新儒學論「耶儒會通」之可能——關於「人性」的「罪」與「善」之釐清與融通〉為題，試圖以儒家的觀點來會通基督教。我讀了以後覺得這是一篇值得重視與討論的重要文獻。但是，可惜當天提出問題的與會者不多，故本文問題的意思是，到底在儒耶交流的問題上，我們可以採取何種方式去會通，才是恰當的呢？

1　在這三分之一個世紀之前，有德國籍的新教教士花之安（Ernst Faber）在《自西徂東》中，欲以耶穌來支配與改造孔子（董叢林著：《龍與上帝》〔臺北：錦繡出版社，1992年〕，頁223）。在這三分之一個世紀之後，有Jacques Gernet. Translated by Janet Lloyd Jacques Gernet: *China and the Christian Impact: A Conflict of Cultures*（Cambridge Cambridgeshire; New York: Univ. of Cambridge, 1985）指出：基督教與中國文化幾無調和之可能。

　　本文所採取的方式，包括以下四個方面：一、何謂會通？又何謂轉化？二、文獻探討；三、蔡仁厚與周聯華耶、儒會通討論的分析；四、由蔡仁厚與周聯華的耶、儒會通討論，提出我的看法。

二　何謂會通？又何謂轉化？

　　自從一九八一年一月，蔡仁厚提出其「耶、儒會通」的看法之後，基督教宇宙光出版社（1985），出版了蔡仁厚、周聯華、梁燕城合著的《會通與轉化；基督教與新儒家的對話》。但我們在討論蔡仁厚與周聯華如何進行兩教會通與轉化的討論之前，我們必須釐清會通與轉化的意義。所謂「會通」顯然是指雙方希望當基督教和儒教遭遇時，彼此能夠形成一種理性的對話，而不是準備誰替代誰；因為儒家想替代基督教，則變成消化掉基督教，則基督教自然不能接受，也不是基督教想與儒教對話的當初目的。所以，當然不為基督教所接受。同理，基督教若在遭遇儒教時，如果想消化掉儒家，則儒家當然不願意接受。故「消化式的會通」現在不在我討論範圍內。

　　但是，何謂「轉化」呢？既然希望當耶、儒兩者相遇時，能夠出現一種連續性的理性對話，則希望藉由雙方理性的討論與溝通，先建立一種互信的基礎，乃至互相合作。但其理論基礎何在呢？

三　文獻探討

（一）梁燕城的看法

　　他的看法是試圖以哲學的高度，針對蔡仁厚與周聯華的對談，來談論相關的問題的雙方得失。其基本觀點是：「若要去探討一個更根本的問題，亦即如何通過中國文化的思想方法，去表達基督教信仰的

體驗和境界。唯有在一種合乎中國文化思想的架構底下，重整聖經的信仰，才可以免除中國人的種種誤解，也才可避過六個焦點所產生的尖銳問題。」[2]那麼，他似乎是想透過中國文化的架構對話方式，進行兩教的會通。

我原先認為這是一種避免擴大衝突的溝通，似乎有產生新義的可能。然而，我閱讀其文後，發現他的相關討論中，有不少的問題存在。因此，我首先對其文裡的若干重要問題，進行下面簡單的分析。

例如：他說道：「要通過中國的思想方法，去表達基督教信仰的體驗和境界。」但是，究竟何謂中國文化的思想方法呢？我在其文裡，似乎找不到相關概念的定義。後來，我在其文的第一節〈中國思想如何體驗其基督信仰的境界〉裡，只說：「中國傳統有其背後的思想進路與方法，此與希臘的重點完全不同。」[3]但有何不同？卻無回答。又在其第二節裡，也沒有說明何謂中國文化的思想方法？卻只舉出孟子的「大體」、「小體」，以區別人與禽獸的不同，來說明：「人性有價值、有尊嚴，人必須自覺自主其善，以製作主宰、實踐人性。」[4]這只是以中國的哲學來說明儒家的思想。所以，到底中國的思想方法和《聖經》的思想方法之區別何在？也沒有說明。因此，他試圖以中國的思想方法來理解中國文化與基督教的不同，去讓基督教與中國文化進行對話，事實上並不成功。

其次，他想藉由通過中國的思想方法，去表達基督教信仰與體驗的境界中，如在第三節上所說的「原善、原罪與人性」的概念，試圖回答「人人可以成為基督」的問題中，說：「若問一個儒家可不可以

2　蔡仁厚、周聯華、梁燕城合著：《會通與轉化：基督教與新儒家的對話》（臺北：宇宙光出版社，1985年），頁186。

3　蔡仁厚、周聯華、梁燕城合著：《會通與轉化：基督教與新儒家的對話》，頁195。

4　蔡仁厚、周聯華、梁燕城合著：《會通與轉化：基督教與新儒家的對話》，頁224-226。

成為基督呢？依上次從境界角度去架構的基督信仰，儒家信徒如果從基督的信仰中，以遇於上帝，自可進入基督教體驗，成為基督。」[5]但梁先生忘記：基督是上帝的唯一獨生子的《聖經》教訓，是信仰耶穌者不易的真理。所以我們可以成為基督的信仰者，以他為榜樣，而非神為上的兒子。何況，《聖經》的教訓是教我確實去信仰他的道理，最後才能進入天堂，所以非以道德修養成為君子為最後的目標。

不過，我認為：儒耶之間最大的不同在於，如何克服儒家所強調的「主體性」的問題。因為孟子直言：「仁者，人也。」（告子上：11）、「仁義禮智根於心。」（盡心上：52）這都是肯定：人與天的關係，是建立在一個道的為主的世界中。又如：他曾說：「盡其心者，知其性也；知其性，則知天矣。存其心，養其性，所以事天矣。殀壽不貳，修身以俟之，所以立命也。」（盡心上：46）；更證明，儒家主張確立天命的方法，是回到人的善之本性中，先去體認上天給我們最好的禮物（善端）。接下去，就是重視人的身心修養，而非一切依靠那外在的上帝為本質。所以在這一點上，顯然不是兩者會通的地方。

另外，《中庸》也談到天人的關係如下：「天命之謂性，率性之謂道。」（1）又說：「誠者，自成也。……誠者，非自成己而已也，所以成物也。」（25）這也是主張把「人」地位很高，而方法就是從上天給的善性進行修養的功夫。所以這也可推知：儒家的「天」（上帝）乃是道德意義下的上帝。相對而言，基督教的上帝，則是純粹宗教意義下的上帝，也就是對整個宇宙有無上的權威的主宰。請問：在此意義之下，如何可以談到人的主體性呢？

有關於這一點，梁燕城似乎一直設法閃避此一個重大的問題；例

---

5 蔡仁厚、周聯華、梁燕城合著：《會通與轉化：基督教與新儒家的對話》，頁234；他說的上次是指：「若基督作為上帝的一位格，在本體上為萬有之根，則『人人可有基督性』──命題，似可成立。」（頁234）。但是，非基督徒呢？就可能不是如此。因為關鍵在於，後者並不承認上帝的存在。

如：他試圖以「性善性惡」的「表面衝突」來化解中國儒教與基督教的重大隔閡。但是，「性善性惡」的問題是這麼容易化解的嗎？今從以下他所說的一段話來論，就有許多問題存在；他說：「從一個較哲學的角度看，孟子所說的『大體』是本體層次上絕對至善的人性，是異於禽獸的美善潛質，也是得實踐的人生目的，為本然與應然的心性本體，由於人人普遍皆有此性體，故聖人與義為同體。至於，『小體』則是實然存在於世界的具體人性，是實然層次上與禽獸共通的耳目感官追求。人若存在於感官追求中，就與禽獸無異。」[6]既然如此，孟子想要人追求的是性善之大體，而非有性惡傾向之小體。何況，大體與小體之間的差距，是千差萬別的，何止表面衝突而已。再者，小體雖然為孔孟瞭解，卻是他們極力防範它成為生命的主宰。例如孟子說過：

> 耳目之官不思，而蔽於物，物交物，則引之而已矣。心之官則思，思則得之，不思則不得也。此天之所與我者，先立乎其大者，則其小者弗能奪也。此為大人而已矣。（告子上：15）

這是說，我們必須以個人的良知，去抵抗外界的一切物慾所產生的惡性；這與《聖經》上指出的：亞當與夏娃在伊甸園被魔鬼引誘，而犯罪的意義是相近的。所以我認為若能從此解釋其融合或會通，較為可能。但在這方面，我認為：應該再做深入的討論不可。

（二）林安梧的回應

他主要是以「存有三態論」來說明「道有三種樣態」；（1）存有之根源；（2）存有之開顯；（3）存有之執定。他試圖以「解消」的方

6　蔡仁厚、周聯華、梁燕城合著：《會通與轉化：基督教與新儒家的對話》，頁228。

法,來論述:「『性善』經由『氣的感通』,由『本之在元』轉而為『本之在人』,再轉而為『本之在心』,既『本之在心』,便即『心言性』,因而使其為『性善』解消『原罪』之『果有此物』,知其『如有一物』,進而溯源、體悟其『本無一物』。」其結論為:如此基督宗教之「原罪說」,當得回本,而儒家之「性善說」當該貫本。兩者或許可有融通之可能。[7]這已點到問題的重心。但林老師以儒家的方法來討論「儒耶會通」,並以「儒教為主、耶教為附屬」的立場,來討論問題,是否會被一般基督教徒所接受,依然成為重大的問題。

(三)卓新平的看法

卓新平曾於二○○三年二月十八至二十日,在香港中文大學崇基學院神學組,應盧龍光博士的邀請,主講了第三屆「龐萬倫基督教與中國文化講座」;其講稿包括三大問題:(1)是「基督教與中國文化的相遇」;(2)是「基督教與中國文化的求同」;(3)是「基督教與中國文化的存異」。然後,在他將此三稿集結成《基督教與中國文化的相遇、求同與存異》一書[8]時,又收錄〈基督宗教與中國文化的第三次對話〉、〈基督宗教在當代中國社會的作用及影響〉兩文。

在此書的〈自序〉裡,作者說:(1)「這兩種文化體系均有悠久的歷史、複雜的經歷,以及起落反覆的發展過程。而且,兩者各有所長,都強調其文化自覺和自我意識,都持守其基本精神與理念,與原則和立場。因此,得以在錯綜複雜的歷史背景下,基督教與中國文化並非一帆風順、皆大歡喜的『相遇』,而是風風雨雨、坎坎坷坷的

---

7 林安梧:〈後儒學論「儒耶會通」之可能──關於「人性」的「罪」與「善」之釐清與融通〉,摘要自《當代儒學國際會議:儒學之國際展望》,2012年9月26日至9月28日。

8 卓新平:《基督教與中國文化的相遇、求同與存異》,香港:香港中文大學崇基學院,2007年。

『遭遇』。」[9]正因為如此，我們對於此兩種各有所長的文化，究竟應用什麼方式，讓他們在相遇時，能讓它們在中國土地上各自發展，而且，能夠不形成嚴重的衝突呢？這將是我研究的重心。（2）作者又說：「如何站在基督教的立場來瞭解中國文化，是批評和改造？還是認知和承認？這是東來中國之基督教傳教士必須考慮和決定的問題。而如何從中國文化的角度去瞭解基督教，是抵制和排斥？還是理解和吸納？這則是中國人面對基督教而必有的表態和選擇。」[10]

今從以上這一段話來說，作者已經將兩方的態度，作了清楚地分析如下：A.基督教對於中國文化；在兩者相遇時，是採取消化性（批評加上改造）的解決，還是接納性的解決（認知並且承認）呢？B.中國文化對於基督教；在兩者相遇時，是採取抗拒性的解決（抵制並加排斥），還是吸納性的解決（理解並吸納對方的優點）呢？很明顯地，在以上四種解決辦法中，似乎以「接納性的解決」是最適宜的；因為消化性的解決，或許有歷史之先例，例如儒家經過長期的消化與吸收佛家，將其融合在中國哲學之中。但抗拒的方式，容易增加彼此的對立與衝突，又怎能算好的溝通方式？

至於，接納性的方式，可能是一種可行而較好的方式，因為基督教義，經過幾前年來的改革之後，已將寬容之基督精神逐步落實在西方的民主社會之中。換句話說，以理解對方的方式，來進行民主的理性對話，具有歷史的先例，所以不但可以做為今天我們接納這種外來宗教的方法，而且可以經過這樣的對話基礎所構造的現代文化——寬容多元文化並存在臺灣土地上，這也目前在現代臺灣社會中，已經體現出來的一些現象，所以我主張採取卓新平這種看法，繼續去談怎樣進一步去融合的問題。

9　卓新平：《基督教與中國文化的相遇、求同與存異》，頁XVIII。

10　卓新平：《基督教與中國文化的相遇、求同與存異》，頁XIX。

（四）鄭志明的看法

鄭志明在《宗教意識與宗教》第十五章〈當代儒學的宗教對談〉裡，認為對談有三種方式：（1）義理式的對話型態；亦稱為判教式的對談。他說：「如此的對談其實是單方向的，即儒學涉入到不同宗教傳統的義理之中，進行自我充實與轉化的整合工作。」[11]例如：熊十力的《新唯識論》所引起的當代儒、佛之爭即是，但其結果：「對話反而變成了相互的非難與攻評。」[12]此與我在本文中的儒、耶會通的意義背離，故不在討論之列。（2）主題式的對談型態；即本文主題討論的周聯華和蔡仁厚的對談。結果，作者評為，其最大的收穫者是基督徒，但新儒家得到什麼呢？作者認為：「在日漸西化與俗化的當今社會之中，如何使儒家的主體生命真正落實，讓每一個人都能在自己的民族文化中，領受到生命存在的尊嚴，應該是此一次對談裡，當今儒者所應該自覺到的問題。甚至，會進一步的追問，在現代化的文化安置上，儒學具體地發揮出多少的助力與效果。」[13]他這樣地檢討新儒家，實有其具體的意義；因為至少希望儒家將來再和基督教的會通中，能夠把握學術公正客觀的立場進行討論，才有實質的意義。

四　蔡仁厚、周聯華雙方的討論與反思

本文的主要目的是討論蔡仁厚、周聯華雙方有關耶儒兩教會通討論中的問題，故將先採取分析的方法，再進行全盤性的反思。但為篇幅所限，我只取其重點來進行討論。

11　鄭志明：《宗教意識與宗教》第十五章〈當代儒學的宗教對談〉（臺北：臺灣學生書局，1997年），頁303。

12　鄭志明：《宗教意識與宗教》第十五章〈當代儒學的宗教對談〉，頁303。

13　鄭志明：《宗教意識與宗教》第十五章〈當代儒學的宗教對談〉，頁310。

（一）我對儒耶的基本立場與主張

　　我對宗教的立場基本上是持信仰自由。所以我反對信仰主義的立場，就是指相信自己所相信的宗教，卻對於不同的教義持排斥或根本反對的態度。這是我基於自由主義的根本主張，就是承認人類各大宗教的存在，才是尊重人權的開始。

（二）我將討論蔡仁厚先生提出耶儒會通的六大重要問題　　進行分析如下

第一大問題：人人可以成為基督嗎？

　　蔡仁厚的回答是：「不可以直接地說人皆可以為基督。」他的理據是，儒家說人皆可以為堯、舜，佛家說人皆可以成佛，道家說人皆可以成為真人；這幾句話語都是以他們自己的教義作為根據來說的。[14]所以蔡仁厚認為，那只是表示一個基本的肯定，只是一個原則，而不是一個寬泛的感想。所以，他的結論是必須從原則和感想的區分上得到這樣的結論。

　　周聯華的回應是：「人皆可成為基督。」[15]其理由是：（1）從基督一詞的希臘文譯音到希伯來文的彌賽亞翻譯，直到以色列的受膏禮。然後，人們對於現實的不滿都盼望著未來的黃金時代有一位彌賽亞來統治他們。所謂「彌賽亞」就是救世主或耶穌的意思。（2）又以歷史上波斯的開國元勳——古列（Cyrus）為例，也是一位彌賽亞。而在舊約時代的國王、祭司、先知都是受膏者。（3）後來到耶穌降生，也就是舊約到新約之間，有四百年之久。耶穌接受基督的任務是受祭，彼得則代表眾門徒對耶穌說：「祢是基督。」基於以上的說法，周聯華肯定人都可以成為基督。不過，他論述的重點還包括以下這段

14　蔡仁厚、周聯華、梁燕城合著：《會通與轉化：基督教與新儒家的對話》，頁17。
15　蔡仁厚、周聯華、梁燕城合著：《會通與轉化：基督教與新儒家的對話》，頁43。

話：「我給你們作了模樣，叫你們照著我向你們所做的去做，我實實在在的告訴你們；『我所做的事，信我的也要做。並且，要做比這更大的事。願你們的平安！父怎樣差遣了我，也照樣差遣你們。』」[16]他以此來證明，人人可以成為基督，似乎可以是說得通的。但我必須問：事實上，真的是如此嗎？ 根據我在教會中的經驗，牧師從來不會說：「人人可成為耶穌。」因為他的另一身分是神，所以我們最多可成為神的使徒。

另外，周聯華又以保羅的基督觀作為證明，他認為，保羅已經將基督的名詞專有化（或把基督變成專有名詞）。另一個見解是，從眾基督變作一基督。不過，保羅寫聖經實是在耶穌死後二十年。所以，他最後認為耶穌是唯一的基督。但在另外一方面，他又將基督一詞普及化；周聯華的證據為：「豈不知我們這受浸歸入基督耶穌的人，是受浸歸入他的死麼？所以，我們藉著浸禮歸入死，和他一同埋葬，原是叫我們一舉一動有新生的樣式，像基督藉著父的榮耀，從死裡復活一樣，我們若在他死的形狀上與祂聯合，也要在復活的形狀上與祂聯合。」[17]周聯華在另一處又引《聖經》的話說：「我已經與基督同釘十字架了！現在活著的不再是我，而是基督在我裡面活著。」[18]另外，周聯華認為，《聖經》中總共出現了兩百次的「在基督中。」[19]凡此，他證明了「人人皆可以是基督」這一命題早已存在於《聖經》裡。

但，蔡仁厚不能接受此一種說法；他在〈再談有關宗教會通問題時——酬答周聯華博士〉中，有深刻的反駁理由，值得我們注意。他說：「門徒（信徒）是奉了耶穌的差遣，而接受了一個使命，而不是他們自己純然自覺自主地肩負起一個使命……。在這個規式之下，基

---

16 蔡仁厚、周聯華、梁燕城合著：《會通與轉化：基督教與新儒家的對話》，頁48。
17 蔡仁厚、周聯華、梁燕城合著：《會通與轉化：基督教與新儒家的對話》，頁50。
18 蔡仁厚、周聯華、梁燕城合著：《會通與轉化：基督教與新儒家的對話》，頁50。
19 蔡仁厚、周聯華、梁燕城合著：《會通與轉化：基督教與新儒家的對話》，頁50。

督和基督徒當然有不同。」[20]這樣分辨「作為基督」與「作為基督徒」的分別，是必要的；因為蔡仁厚說：「人人皆可以為基督的命題，應該指：『人人皆可以成為基督徒，但兩者一字之差，卻有完全不同的意義。或者說，在基督宗教裡，確實有人人都有為基督徒的道理。但是，不見得人人都可以成為基督。』」[21]

另外，蔡仁厚又引保羅的話，認為：「他們都說必須認耶穌為主。但儒家則以『仁義內在』和『非行仁義，由仁義行。』作為其基本信念。」[22]那麼，一則是以耶穌為主，其信徒為其僕人。此與儒家以「自我做主」的情況，迥然有別。基於此，基督宗教與儒家畢竟不同。

何況，周聯華已經指出「一基督成為眾基督」，「耶穌之外的人」只是供給耶穌基督進住的殿。[23]因此，他又說：「人的主體性是被取消了。」[24]基於此，我反思一個重要的問題，究竟成為一位基督徒，是否其主體性完全消失了呢？今經由周聯華的解釋，確實是如此，就是說，基督徒已經失去儒家強調的自主性。那麼，我們若要會通耶儒兩教，在此，便形成重大的障礙了。

在此，我們不妨將耶儒會通一詞的涵義，從強制性的說：「你必須接受我的信仰。」改變為良性的對話或交流；其方式是，藉由彼此互相瞭解對方的真理之後，設法欣賞對方的長處和優點，並承認與尊重對方和自己的差異。這就是我從周牧師的論述中，瞭解到的他已忽略中國哲學中最重要的部分——主體精神的發揮而提出的反駁。

今再就基督教主張的上帝和人的「上」與「下」關係來比較說，中國哲學家直指「堯舜人也」，但堯舜卻不是他們的神，而是他們的

---

20 蔡仁厚、周聯華、梁燕城合著：《會通與轉化：基督教與新儒家的對話》，頁137-138。

21 蔡仁厚、周聯華、梁燕城合著：《會通與轉化：基督教與新儒家的對話》，頁137。

22 蔡仁厚、周聯華、梁燕城合著：《會通與轉化：基督教與新儒家的對話》，頁138。

23 蔡仁厚、周聯華、梁燕城合著：《會通與轉化：基督教與新儒家的對話》，頁138。

24 蔡仁厚、周聯華、梁燕城合著：《會通與轉化：基督教與新儒家的對話》，頁138。

道德典範。所以若用此作為「人人皆可成為基督」命題的比喻，也是不通的；因為上帝是高高在上的神，而且從三位一體的觀點來說，基督也是上帝的化身，如何可以獲得人人可依成為基督的結論呢。所以康德不給人無限的能力，就是因為人與上帝具有這種實際的落差，於是「人人皆可成為基督」的命題不能成立，是很明顯的。[25]

又根據《馬可福音》〈第七章〉第三十七至四十四節的紀載，耶穌曾經顯現出神蹟，他拿出五個餅及兩條魚，就可以讓五千人吃飽，還有剩餘。但是，一般人能有此能力嗎？又根據《聖經》紀載，耶穌能夠做到同情妓女或瞎子，但一般人往往只能夠成為其救濟施捨的對象，則人豈能必成為基督？再根據《聖經》《路加福音》〈第九章〉第二十三至二十七節上說：人必須倚靠耶穌，才能夠獲得嶄新的生命。但是，擁有此一新生命之後，乃是基督徒而已。[26]至於根據《聖經》《馬太福音》〈第二十八章〉第一至十節紀載：耶穌能夠從死裡復活。然而，人能夠如此嗎？

第二大問題：耶穌是人？還是神？是神而人呢？還是人而神呢？

不過，蔡仁厚對基督教的理解，如耶穌基督有兩種身分：一為神而人、一為人而神，則是不真確的；如他說的：「祂（基督）那『人』的身分是因為受上帝的差遣，來到人間為上帝做見證。」後者是：「祂燃燒人裡的物質性來透顯祂生命的精神性。這才使得祂無限上升，而與上帝合一。」[27]再就是復活後的耶穌，已經具有父、子、靈三者而為一了。至此，蔡仁厚提出的建議是，希望透過其「一生的

---

25 蔡仁厚、周聯華、梁燕城合著：《會通與轉化：基督教與新儒家的對話》，頁140。

26 《路加福音》第九章第二十三至二十四節：「耶穌對眾人說，若有人要跟從我來，就當捨己，天天背起他的十字架來，跟從我。因為凡要救自己生命的，必喪掉生命，凡為我喪掉生命的，必救了生命。」

27 蔡仁厚、周聯華、梁燕城合著：《會通與轉化：基督教與新儒家的對話》，頁18。

表現由有限而達於無限。」而且認為：「耶穌如果是人而神，就如同孔子是『人而聖』、釋迦牟尼是『人而佛』。」並以為「這樣就更能有利於宗教的會通。」[28]

但是，我以為，蔡仁厚既然已經知道耶穌的身分不只是人而神，而且還有人而神及復活後的三位一體身分，怎能任意將神而人或三位一體的兩種身分拿掉呢？何況，周聯華回應說：「基督徒認為耶穌的『人而神』僅是信仰的一半，另一半則是耶穌的『神而人』。」[29]不過，在這一段話裡，值得注意的是，周聯華又說：「『人人可以成為基督。』在前文中已經提起，但是，人『不可能成為耶穌』，耶穌是兩千多年前在巴勒斯坦，神降生為人（神而人）的那一位。」[30]在此，蔡仁厚似乎應該瞭解到，周聯華確實已將耶穌定位為本來是神的那一位。則已出現前後矛盾的現象。換言之，周聯華說：只是後來他降生以後，才成為人。那麼，依其邏輯來論，「人人不可成為耶穌」是一件不爭個事實。但是，他在前面來出來辯論「人人可成為基督」，出現另一個問題，是忘記基督必須是能成為肯犧牲生命的救世主，這是人人可做到的嗎？

再就《聖經》上的說法來論，我們經常看到，耶穌、基督兩詞經常並列[31]；此表示說，那位耶穌就是主。所以，耶穌也包括在救世主的行列中是很清楚的一件事。

周聯華又在「基督是『道成肉身』」的一段論述裡，提出的問題也值得我們重視：「道即logos。但是，它與希臘哲學家說的logos一詞，顯然有別。因為基督神學家只用logos之瓶『裝了猶太人的酒』」[32]，此意

28　蔡仁厚、周聯華、梁燕城合著：《會通與轉化：基督教與新儒家的對話》，頁19。
29　蔡仁厚、周聯華、梁燕城合著：《會通與轉化：基督教與新儒家的對話》，頁57-58。
30　蔡仁厚、周聯華、梁燕城合著：《會通與轉化：基督教與新儒家的對話》2，頁58。
31　《聖經‧保羅達羅馬人書》第一章、第三章、第五章等等。
32　蔡仁厚、周聯華、梁燕城合著：《會通與轉化：基督教與新儒家的對話》，頁60。

謂，只借用希臘人logos（道）的觀念之後，賦予新義；即認為「道」就是上帝。周聯華又說；「依《約翰福音》:『太初有道，道與上帝同在。道就是上帝。』」中的「道」是:「上帝的話語、上帝的智慧、上帝的命令，而且，約翰卻進一步主張洛哥斯變成了人，更因為洛哥斯變成了上帝。所以，耶穌是神而人了。」[33]

今為了證實周聯華的話，我以《約翰福音》〈第一章〉第一至十三節的話，來說明:「太初有道，道與神同在。道就是神。這道太初與神同在。萬物是藉著祂造的，凡被造的沒有一樣不是藉著祂造的。……有一個人是從神那裡差來的，名叫約翰。這人來為要做見證，就是為光做見證。……祂在世界也是藉著祂造的，世界都不認識祂。祂到自己的地方來，自己的人倒不接待祂。凡接待祂的，就是信祂名的人。祂就賜他們權柄，做神的兒女。這等人不是從血氣生的，不是從情慾生的，也不是從人意生的，乃是從神生的；從人意生的，乃指耶穌本人。

此在《約翰福音》〈第一章〉第十四節中說得很清楚:『道成了肉身，住在我們中間，充充滿滿地有恩典、有真理。我們也見過祂的榮光，正是父獨生子的榮光。』」在此提出的「道成肉身」和「父獨生子」的概念，已充分證明《聖經》上講的耶穌就是一位「神而人」或「亦神亦人」的特殊位格。這是《聖經》上絕不可能妥協的信仰。

在這一個問題上，周聯華又討論到西元第三世紀中有一位神學家——Origin的見解，Origin認為耶穌:「儘管道的永恆，祂是比父小一點的。只有父是沒有本源，只有父是不發生的，他自己就是上帝。父本於自己，子本於父。子是上帝之良善，本性和精粹之圖畫，卻不是上帝。」[34]可是，周聯華認為:此種說法是有矛盾的。因為他認為:「一方面他認為父與子都是永恆的。但是，另一方面子比父要小

---

33 蔡仁厚、周聯華、梁燕城合著:《會通與轉化:基督教與新儒家的對話》，頁61。
34 蔡仁厚、周聯華、梁燕城合著:《會通與轉化:基督教與新儒家的對話》，頁62。

一點。」其中的原因是：「《聖經》裡的『父』與『子』無非要說原初上帝與基督間的親密關係，指出祂們是完全一樣的。」[35]這裡已將「三位一體」的概念建立起來了。所以，他的結論是：「耶穌是『神而人』，然後再『人而神』，祂是『亦神亦人』」。[36]對於此種說法，周聯華也知道，這種說法通常是不被非基督徒所接受的。所以說：「儘管許多人認為，這是不能夠用理智來接受的。我們也同意理智不能接受『神而人』的說法，也無法解釋耶穌怎麼能『亦神亦人』。」[37]可是，現在我試從中國人創造《易經》的方法上為他解釋：就是在原初社會裡的人，總是相信宇宙間有一種不可知的力量存在；它不但創造了宇宙萬物，也決定了人類的命運。這就是中國人所謂的「天」或「道」或「天道」。因此，《周易序》曰：「所以，易有太極，是生兩儀。太極者，道也。兩儀者，陰陽也。陰陽一道也。太極，無極也。萬物之生，負陰而抱陽，莫不有太極，莫不有兩儀。絪縕交感，變化不窮，形一受其生，神一發其智，情偽出焉，萬緒起焉。」[38]

　　但是，中國人後來在儒家孔子註解《易經》時，較重視哲學方面的論述，而基督教則注重宗教方面的論述。例如他們是以「道」（上帝）化身為人（即耶穌）下凡來拯救以色列人的苦難，作為上帝活在人間的充分證明。

　　所以，我們若能從這種比較中，去理解周聯華說的：「耶穌必須是『神而人』的真正意義。」否則，基督教怎麼能成為一種宗教呢？反之，蔡仁厚認為耶穌是「人而神」，純粹是一種研究個人歷史的說法。即照耶穌一生是瑪莉亞所生，後來以「上帝」之名，去進行傳教的工作。最後，被羅馬人釘死在十字架上。再如耶穌生前曾為許多人

---

35 蔡仁厚、周聯華、梁燕城合著：《會通與轉化：基督教與新儒家的對話》，頁62。
36 蔡仁厚、周聯華、梁燕城合著：《會通與轉化：基督教與新儒家的對話》，頁67。
37 蔡仁厚、周聯華、梁燕城合著：《會通與轉化：基督教與新儒家的對話》，頁68。
38 學海出版社編：《易經讀本》（臺北：學海出版社，2011年），頁1。

治病，或給人信心，而被人們推上神祇的位置。可是，我們現在從整部《聖經》來看，祂不只是由人顯靈，而能成為神明，而且應該說，祂是上帝派來的。並且，祂是以人的身分和地位來傳教的。這在我上面引述的《約翰福音》裡，已經有明白的說明。所以我認為周聯華與蔡仁厚始終雞同鴨講的原因之一是，前者是宗教家與歷史學家的不同所造成的。

這就是《約翰福音》〈第十三章〉第四十四至五十節紀載的：「耶穌大聲說：『信我的，不是信我，乃是信那差我來的。人看見我，就是看見那差我的，我到世上來，乃是光。叫凡信我的，不住在黑暗裡。若有人聽見我的話，不遵守，我不審判他，我來本不是要審判世界，乃是要拯救世界。棄絕我，不領受我話的人，有審判他的，就是我所講的道，在末日要審判他。因為我沒有憑著自己講，惟有差我來的父，已經給我命令，叫我說什麼、講什麼。我也知道，祂的命令就是永生。故我所講的話，正是照著父對我所說的。』」換句話說，這是信仰者與道德理性者的不同，以致永遠無法產生交會，何來會通？

不過，在以上蔡仁厚只承認祂人而神的身分之外，他在一九八○年一月出版的《中國文化月刊》第三期上所發表的〈孔子與耶穌〉一文上說：「祂（耶穌）那『人』的身分，是因為受上帝的差遣，來到人間為上帝作見證而具有的。這一個說法當予以尊重。」[39]；這可以證明，他早已知道《聖經》上有耶穌這個神而人的存在。然而，他又說：「不過，我們是不是可以換一個角度，從『人』的觀點，來看耶穌這一個偉大的生命呢？耶穌的一生，完成了一個純精神的表現，祂燃燒祂生命中的物質性，來透顯祂生命中的精神性。這才使得祂無限上升，而與上帝合一。這樣的看法──耶穌就是『人而神』」。因此，他的結論是：「耶穌是『人而神』，應該和基督教的精神不相違背

---

39 蔡仁厚：〈孔子與耶穌〉，《中國文化月刊》第3期（1980年1月），頁65。

的。」[40]但我以為，耶穌並沒有像蔡仁厚說的第一種身分加第二種身分，就不會等於耶穌。因為耶穌與一般中國民間的神明相比，應該有下列的分別；[41]就是後者是「人而神」。可是，耶穌除了「人而神」的身分之外，更重要的還是「神而人」的身分。而蔡仁厚這樣的講法，也再次證明，他是通過史學的證據說法去論耶穌身分的變化，所以與以宗教信仰為主的周牧師，自然是南轅北轍而出現無法產生交集的問題。

第三大問題：人人都需要上帝的救恩嗎？

　　蔡仁厚原來的問題是：「除了接受耶穌基督作救主外，人還有沒有自我救贖的可能？」他的質疑又是「這句話是不可能獲得非基督徒之同意的。」於是說：「如果人不能自我救贖，耶儒如何會通呢？」他又分析原罪觀念的結果是「如此一來，神性只屬於上帝一邊，而人這一邊則陷落下來，而墮入永恆的深淵，所以人不能自救，而只能倚靠上帝降恩來拯救。」[42]於是，反問道：「人為什麼不能倚靠自己的悔悟、覺醒，而恢復他原本具有的神性呢？」他更進一步地說：「我們如果順著『人本來與神性合一』這個意思去想，似乎也可以成立一個與『原罪』相對的『原性』之觀念，藉以打開人本有先天的善性（神性）這一個大門。」[43]

　　其論述的重點在於，設法引導對方到儒家的立場，來評論基督教。但這一種方式是溝通最好的方式嗎？至於，周聯華在回答此一段

40　蔡仁厚、周聯華、梁燕城合著：《會通與轉化：基督教與新儒家的對話》，頁66。

41　例如比干是我國上古時代最有名的大忠臣，後代世俗將其奉為財神，當然是因為他心地純正，率直無私。有時民間將一些歷史人物奉為具有某功能的神明，並不一定與其生平、身份有必然關係，如岳飛被奉為土地神，顏真卿奉為判官（見馬書田：《中國人的神靈世界》〔北京：九州出版社，2006年〕，頁34）。

42　蔡仁厚、周聯華、梁燕城合著：《會通與轉化：基督教與新儒家的對話》，頁20。

43　蔡仁厚、周聯華、梁燕城合著：《會通與轉化：基督教與新儒家的對話》，頁20。

落的問題時，顯然沒有立刻針對問題，而旁涉其它的問題上；例如：他說：「在基督教與羅馬人的溝通上，是以法律觀點來解釋神學。」又如說：「基督教與東正教的會通之路，是以強烈的神秘、聯合的境界之方式，進行溝通。」又說：「基督教與天主教的會通進路——是透過組織來建立教會權威。」[44]最後，他才以「原罪乎？原善乎？」為題來說明，後來又以《聖經》〈創世紀第三章〉、〈羅馬書第五章〉，[45]接著，又以〈創世紀第一章〉、〈羅馬書第十章〉來說明應該是「人之初，性本善」的道理。[46]〈羅馬書第五章〉則認為：「這是從一人入的世界。」「因一次的過犯，眾人都被定罪。」「因一人的悖逆，眾人成為罪人。」[47]

此一種同理可證的方式，想用來作為溝通之門，可說是用心良苦。但是，何以能證明：「因一人一次的犯罪，而眾人都被定罪」之弔詭現象，又有誰可以接受呢？再何況，亞當、夏娃與我們非親非故，他們所犯下的罪與我們何干呢？如果我們必須因為他們犯罪而有罪，這是凡有法律常識的人都不能接受的。

---

44 蔡仁厚、周聯華、梁燕城合著：《會通與轉化：基督教與新儒家的對話》，頁73-79。
45 蔡仁厚、周聯華、梁燕城合著：《會通與轉化：基督教與新儒家的對話》，頁80；今據《創世紀》第三章第二十二至二十四節紀載：「耶和華神說，那人已經與我們相似，能知道善惡。現在恐怕他伸手又摘生命樹的果子喫，就永遠活著。耶和華神便打發他出伊甸園去，耕種他所自出之土。於是把他趕出去了。」《羅馬書》第五章第十四至十五節紀載：「沒有律法之先，罪已經在世上，但沒有律法，罪也不算罪。然而從亞當到摩西，死就作了王，連那些不與亞當犯一樣罪過的，也在他的權下，亞當乃是那以後要來之人的豫像，只是過犯不如恩賜。若一人的過犯，眾人都死了，何況神的恩典，與那因耶穌基督一人恩典中的賞賜，豈不加倍的臨到眾人麼？」
46 蔡仁厚、周聯華、梁燕城合著：《會通與轉化：基督教與新儒家的對話》，頁80；今據《創世紀》第一章第二十五節紀載：「神造出野獸，各從其類，牲畜各從其類。地上一切昆蟲，各從其類，神看著是好的。」羅馬書第十章第四節：「律法的總結就是基督，使凡信他的都得著義。」
47 蔡仁厚、周聯華、梁燕城合著：《會通與轉化：基督教與新儒家的對話》，頁80；見羅馬書第五章第十二節。

接著，周聯華又引保羅說的：「我所願意的，我並不作；我所恨惡的，我倒去作。」而說：「保羅認為人的理念好像一直有兩種傾向在搏鬥，一個是向善的、一個是向惡的。人明明知道要走向向善傾向，但反而常常向惡。」[48]於是，他的結論：「基督教徒不是接受一個外來的宗教，而是從人性裡看出人不能自拔，需要一個遠超過人的外在力量，就是上帝超自然的力量，才能救人。」

今從蔡、周兩人雙方的討論裡，我們瞭解到蔡仁厚重視人的自主性；這種自主性來自儒家高揚的善性，這種善性是內在而非外來的，此即孟子所謂的：「仁、義、禮、智非由外鑠我也，我固有之矣。」這就是儒、耶兩家不可能相同，所以，也不能從向善、向惡來論述其共同處。或者說，基督徒不能借用荀子的學說和講善性的孟子學說，以會通兩家，但是，以對話的方式，倒是可能的；例如：我們站在殊途同歸的立場，講孟、荀兩家都以「向善」為目標。因為荀子是從現實面發現人性有向惡的傾向。故希望以禮、樂教化的方式來改變人們的習性。但孟子則從超越面去肯定人的善端，並且希望人們能夠發揚此一善端，來完成完美的君子人格。

第四大問題：在宗教會通上，是耶穌獨尊？還是以孔子、釋迦……獨尊？

蔡仁厚認為：「如果把孔子只看作是如同『聖彼得、聖保羅』那種意義的聖人，則三尺之童也能知道那是對孔子的貶視，是不可以的。」[49]但是，從基督徒的立場來看，上帝的地位則是誰都無法取代的。故孔子的地位在中國人來看，雖然是無比的崇高，但是在基督徒來看，必須在基督耶穌和上帝之下，則是很自然的事。然而，從中國民間到處設立的孔子廟來說，孔子已經被人們神像化了，這也代表儒

---

48 蔡仁厚、周聯華、梁燕城合著：《會通與轉化：基督教與新儒家的對話》，頁82。
49 蔡仁厚、周聯華、梁燕城合著：《會通與轉化：基督教與新儒家的對話》，頁22。

家嚮往的境界。所以，孔子被冠以「至聖先師」之名，於是，孔子在中國人們的心目中，也是一位無可取代的神祇。今基督徒希望耶穌基督是我們共同的至高無上的神明，可是，我們已經有一位孔子這樣偉大的神。所以，在基督教傳入中國之後，就發生兩個至高無上神明的衝突問題了。而且像這一衝突，已構成東方華人社會必須思考的重大問題。

又在此一段落後，蔡仁厚又引用印度聖雄——甘地的話語，想用來證明耶穌並非上帝的獨子；蔡仁厚說：「在我不可能相信耶穌是上帝的獨子，也不相信只有信耶穌的人才可以得到永久的生命，我以為，若使上帝有兒子的話，我們都是祂的兒子們。」[50]我在此，首先反駁甘地的話，亦即依照《聖經》「耶穌是上帝的獨子。」是不能改變的。這也是談耶、儒會通時，必須遵守的基本原則；因為這樣，就已摧毀整個教義。又由此推論，基督徒能成為耶穌或上帝的信仰者，必先接受《聖經》上的以上教訓，成為門徒的先決條件。所以重視道德理性訓練的蔡教授，可以不接受基督教，不能要求基督徒——周牧師放棄信仰的教義。

至於，周聯華後來的回應；包括：「我把基督信仰看得高過其它宗教。」[51]、「我們非要有『超自然』的成分不可。」、「我們都認為非以上帝為中心不可。」[52]的確如此，這才是我前面所強調的：「作為一位基督徒不能任意竄改《聖經》上的一切講法。」是討論這種問題的重要條件。

---

50 蔡仁厚、周聯華、梁燕城合著：《會通與轉化：基督教與新儒家的對話》，頁22。
51 蔡仁厚、周聯華、梁燕城合著：《會通與轉化：基督教與新儒家的對話》，頁90。
52 蔡仁厚、周聯華、梁燕城合著：《會通與轉化：基督教與新儒家的對話》，頁90。

第五大問題：非基督教是否只具有接觸基督福音的那一種合法的地位？而最後由於完成了預備階段的使命，就必須讓位？還是非基督宗教也同樣有它的永恆的地位？

　　蔡仁厚的基本立場是：「這種新神學的態度，乃是貶視其它一切文化宗教的，一種『唯我猶尊』的態度，當然是不公平的。它只給予別人一半的合法性，而最後必須統歸到自己這裡來加以消解。既然不承認非基督宗教永恆獨立的地位，那還說什麼宗教的會通？你如此裁判別人，別人能接受嗎？而且，如果別人也紛紛起來作反裁判，你又將如何呢？」[53]我以為這種態度是對的，因為不持公平的立場，如何要求別人以公平的態度相待呢？

　　事實上，一切強行以霸權的方式來推行自己的文化，效果往往適得其反。例如：過去西方帝國主義侵略非洲、中東，乃至亞洲，並一心一意想強行以自己的文化去消滅別人的文化，這樣都是不對的。所以，Said 在《東方主義》裡，也已經陳述西方文化如何以霸權心態來對抗東方文化。[54]同理，早期的基督教傳教士來到中國時，往往也是以此種心態來進行傳教，時常造成衝突（conflict），也在所難免。[55]

　　接下去，蔡仁厚又在回應裡，在揭露作為證據的論文時，既沒有作者的名字，也沒有論文的標題，實缺乏學術討論的規格，這是我同

53　蔡仁厚、周聯華、梁燕城合著：《會通與轉化：基督教與新儒家的對話》，頁24。

54　Edward W. Said著，王宇根譯：《東方主義》（*Orientalism*）（北京：生活・讀書・新知三聯書店，2000年），頁1-36。

55　趙士林、段琦主編：《基督教在中國：處境化的智慧》（上冊）（北京：宗教文化出版社，2009年），頁7，在其書中指出：基督教進入中國有四次，前三次都是平和理性的。但在第四次中，「西方列強強行以血腥的戰爭打開中國的門戶，推行罪惡的殖民侵略。但經過後來的失敗經驗之後，西方傳教士也自然會辦法降低此一粗暴無禮的行為。而且，如此地做才有利於基督教文化在中國土地上生根、發芽。事實上，遵循並行而不悖的原則，乃有彼此包容，而不是相互鄙視。此對於雙方的文化交流與發展，只有好處，沒有壞處。」

意的。[56]但是，他提到「特別啟示；自然、宗教」這兩個概念時，周聯華的回應；包括他對自然、宗教的基本立場是：「上帝把道德律放在人的心裡，所以，人做的每一次的抉擇，都可以說是人在上帝道德律面對權衡過，才做出決定的。」[57]但是，在這一點上，儒家的立場正好相反；因為孟子曾經說過：「盡其心者，知其性也。知其性者，則知其天矣。」這就是說，我們對於那一個神秘不可知的宇宙主宰——「天」，唯有能發揚人心中的善性之後，才能夠達到上天一致的要求。這也就是說，在基督教徒看來，則是以上帝來決定世間一切事物的對錯。但是，儒家乃是以上天所賦予人的善性，來決定一切是非對錯的。由於有這一種思想進路上的重大差異，於是構成在文化上必然會經常出現衝突的現象。

但是，在出現這樣重大衝突時，我們首先不能迴避這樣大的衝突，而且必須確實去研究衝突的由來是原因。我初步認為：可能包括經過我在以上分析的，最可能的原因是，以一種強勢的方式，想以自己的文化強行代替對方的文化，所以，經常形成雙方嚴重的對立。結果，當然對雙方都是不利的。

至於，何謂「特別啟示」呢？周聯華認為是：「上帝的慈愛與恩惠都因為耶穌而進入了世界。耶穌的一生，祂的工作——宣講福音、教導人、醫治人疾病、周遊四方行善事。祂的釘死十字架，以犧牲自己、拯救世人，在在都啟示了上帝。」[58]我以為，這是完全呈現基督偉大精神的開始；一般人經常以為要成為一位基督徒的話，只要遵循「信仰上帝」的原則就行了。但是，這只是一個「形式上的基督徒」

---

56 雖然，蔡仁厚在此文後說：「此文見拙著，《新儒家的精神方向》，頁81。乃是六十八年十二月底到六十九年元月初，出席輔仁大學所主辦的『國際哲學會議』，所攜帶回來的論文中，某一篇論文的大義與要點。」，同註2，頁152；但是，這樣的回應依然不合學術規格。

57 蔡仁厚、周聯華、梁燕城合著：《會通與轉化：基督教與新儒家的對話》，頁108。

58 蔡仁厚、周聯華、梁燕城合著：《會通與轉化：基督教與新儒家的對話》，頁108。

而已。就是說，基督徒有兩種：一種是只知信仰上帝就可以得救的「形式基督徒」；另一種則叫作「行動基督徒」。他們能夠行動來實踐耶穌基督的愛人精神。那麼，這一種真正的「行動基督徒」的涵義就很明白了，這也就是周聯華在「根本關鍵在神觀」的一節上說的：「假如有一個基督徒認為上帝只是基督徒的上帝，而不是世界眾人的上帝。那麼，他就降低了上帝的身分。」[59]在這一點上，是否可作為基督教與儒教展開對話的開端呢？我以為，這可能是很好的對話的開端；因為孔子也曾對於能立其大者，大加讚美說：「何事於仁，必也聖乎？」。因此，我們如果改上帝本質的博愛精神上，去瞭解耶穌基督的精神；即以一種博愛天下蒼生的精神與儒家的仁愛精神會通，是一種將來會通的可能方式。

　　但是，或許有傳教士會說：「信仰唯一真神上帝與發揚博愛精神，才是整部《聖經》的教誨。」這是不錯的。不過，講溝通的時候，除了要看對方和自己不同之處外，還必須重視其共同的部分，以利溝通，不是嗎？所以我一直認為：我們不妨從「殊途同歸」進行有利於對話的溝通。否則，雙方的堅持已見，將會使討論回到原點。再者，從雙方都重視道德修養上，去談共同關注的問題，實有利於可能形成的交集。其次，設法避免掉宗教信仰上的矛盾與衝突，似乎是使問題出現曙光的開始，這是我在本文中，將談到的化解之道的重點。

第六大問題：在宗教的會通上，是基督宗教中國化？還是中國基督教化？

　　在這一個問題上，蔡仁厚的基本立場有三點：（1）他說：「在中國，對宗教開放乃是一個長遠的歷史事實，但是，開放宗教信仰，不干涉百姓信仰的自由，而並不表示，中華民族願意為外來的宗教所

---

59 蔡仁厚、周聯華、梁燕城合著：《會通與轉化：基督教與新儒家的對話》，頁111。

化！因此，我們屢次說道，外來的宗教傳入中國，必須尊重儒家在中國文化裡的主位性，而不可喧賓奪主（儒家不只是諸子百家中的一家，它實代表中華民族的民族文化之統）。」[60]

「不可喧賓奪主」、「不干涉百姓信仰自由」，這都是可以被接受的；因為我也說過，中國文化本就是一個很高的文化，它在人類歷史發展上與其他三個地區的三大文明，如：印度、埃及、巴比倫等地的文化，成為人類最古老的文化。而且，中國地方在某一些部分上，尚有過之而無不及。故即使西方文化有後來居上的趨勢，但是，進入中國之際，必須尊重中國文化的獨特性，而不可以有「喧賓奪主」的情況出現。至於，「不干涉信仰自由」這一項，乃是現代民主政治概念中所應該具有的包容精神。所以，蔡仁厚認為，信仰自由應該成為我們對待不同文化的適當方式。（2）蔡仁厚又說：「任何宗教（尤其是幾個高級的宗教）都表現出宗教真理，但是都不是宗教真理本身。宗教真理本身是絕對的。自無主、客之可言；但一落實某某教，便必須作一個宗教形態來看。」[61]

但是，蔡仁厚的真理觀卻無法獲得周聯華的默許，因為他畢竟不離開儒家的立場來立論。[62]所以，蔡仁厚的上述言論，具有普遍性嗎？又能夠得到對方的承認嗎？事實上，《聖經》裡頭經常提到，耶穌基督說的話才是唯一的真理。（3）蔡仁厚又說：「儒教（一般地說，稱為儒家；特殊地說，稱儒教）雖然不同於一般宗教，而且儒教所素具的平正涵容的精神，也不排斥外來的高級宗教。但是，如果某外來宗教不承認、不尊重儒教在中國文化中的主位性，而妄想要喧賓

---

60 蔡仁厚、周聯華、梁燕城合著：《會通與轉化：基督教與新儒家的對話》，頁25。

61 蔡仁厚、周聯華、梁燕城合著：《會通與轉化：基督教與新儒家的對話》，頁25。

62 彭國翔：〈儒家「理一分殊」的多元主義宗教觀——以陽明學為中心的考察〉一文的論述亦有相同的傾向（見李明輝等合編：《儒學、文化與宗教》，〔臺北：臺灣學生書局，2006年〕，頁307-326）。

奪主、偷樑換柱，則中華民族絕不答應（不只是儒者不答應而已）。」[63]其理據是：「沒有人能夠同化中國。」否則，「我們就將失去『自定方向』、『自我作主』的權利或資格。」[64]我對於他的看法認為是正確的。因為我一再說過，中國是一個四大文明古國之一的國家，過去我們擁有很高的、足以傲人的文化。但是，自從西方帝國主義挾帶著船堅砲利的優勢，強勢將其文化推銷到中國來。因此，如果這一種方式完全不合乎在文化融合中必須經過的適當謀合期的方式，則只會增加彼此互相的衝突而已。今所謂「謀合」的意義，必須以時間、機緣、真誠作為原則；此亦即蔡仁厚所主張的：「文化宗教的會通融合；一要精誠、二要機緣、三要時間。」[65]

今據此試從三方面而加以申論：（1）時間，指二種文化在接觸時，雙方必須願意平心靜氣坐下來談問題，必須經過「相當長時間的謀合期」。（2）機緣，指在雙方有意謀合之後，仍然要靠雙方的因緣，才能做進一步地會通。（3）精誠，即在謀合、會通之際，雙方應以真誠的態度對待對方。這一點最為重要。因為根據過去幾百年來中、西融合的經驗來看，中國人起初曾經出現過極力抗拒外來文化的現象。同理，在明、清之際，中國人對於西方文化的不信任，乃是因為當時西方傳教士提出很多之不合理的主張；舉例來說：在康熙末年，羅馬教廷曾經下令：禁止中國基督教徒祭祖、敬孔。所以，已經割裂了中國人對於先祖、對於孔子的尊敬之情，也背離了中國傳統思想。[66]於是，康熙皇帝曾下一道命令：禁止天主教在華傳播，不是沒有原因的。之後，就不讓西洋人在中國傳教了。天主教也失去在中國

63　蔡仁厚、周聯華、梁燕城合著：《會通與轉化：基督教與新儒家的對話》，頁26。

64　蔡仁厚、周聯華、梁燕城合著：《會通與轉化：基督教與新儒家的對話》，頁27。

65　蔡仁厚、周聯華、梁燕城合著：《會通與轉化：基督教與新儒家的對話》，頁27。

66　周萍萍著：〈乾隆期江南兩次教案述論〉，收入劉樹森主編：《基督教在中國：比較研究視角下之近現代中西文化交流》（上海：上海人民出版社，2010年），頁124-137。

公開傳教的自由了。到雍正皇帝即位後，對於天主教採取更為冷漠的態度，曾經下令將京城以外的傳教士一律驅逐到澳門；可見，當時不信任基督教的現象一直是存在的。後來，到了乾隆皇帝時，繼續繼承雍正皇帝的禁教措施；因為在乾隆朝時，教案不斷，例如：在乾隆十二年（1747）及乾隆十九年（1754）時，江南分別發生兩次重大的教案。[67]

但如此做，表現中國政府對於外來文化的不夠彼此尊重對方。

因此，從以上分析的會通方法來說，有三種形式：（1）忠於訊息；意思說我們不能誤解它、曲解它。反之，應該是懂得它、瞭解它、傳播它。（2）必須懂得如何傳播？使得對方能夠心甘情願地接受。（3）必須對於《聖經》的道理有深切的瞭解和體會，才能傳播給別人。[68]另外，他在第三種方法中認為：以孔子的「仁」來詮釋基督的「博愛」，有「削足適履」之嫌。再就是，唯有將《聖經》貫通之後，才能用本土的觀點去解釋《聖經》神學。[69]

事實上，基督教的「中國本土化」，就是周聯華所說的「自理、自養、自得的中國化教會」。因此，周聯華的主張和謝扶雅的主張，沒有區別。然而，蔡仁厚對這些問題的回應是：「如果基督教傳入中國而能尊重『儒聖之道』在中國文化中的『主位性』，能正視『本地性』，而把教義調適到中國文化的原則方向，不相衝突違迕，以開顯中國的特色，便是基督教中國化了。」[70]但是，什麼叫「基督教中國化」呢？蔡仁厚認為：「『基督教中國化』和『佛教中國化』一樣是可

---

67 周萍萍著：〈乾隆期江南兩次教案述論〉，收入劉樹森主編：《基督教在中國：比較研究視角下之近現代中西文化交流》，頁124。

68 蔡仁厚、周聯華、梁燕城合著：《會通與轉化：基督教與新儒家的對話》，頁128-129。

69 蔡仁厚、周聯華、梁燕城合著：《會通與轉化：基督教與新儒家的對話》，頁130-131。

70 蔡仁厚、周聯華、梁燕城合著：《會通與轉化：基督教與新儒家的對話》，頁157。

能的。」這使我想起佛教傳入中國的那一段歷史，曾經發生過極大的衝突現象；例如：僧侶甚至曾被限制在廟宇中活動。但後來也曾出現了許多有學問的高僧，以哲學的高度，建立中國哲學之後，才使得佛教真正地中國化。這一段歷史曾有一位重要學者——Erich Zureher 在 *The Buddhist Conquest of China ; The Spread and Adaptation of Buddhism in Early Medieval China*（《佛教征服中國》）一書中的實際狀態。

Zureher 說：「在佛教最初傳入中國的三百年間，士大夫們堅決反對寺院生活方式及其蘊含的一切，這可能就是在公元四世紀初之前，佛教在這一個階層中，傳播得相當緩慢和不甚明顯的主要原因。在這一個不斷孕育的世紀裡，佛教似乎為整個士大夫階層所忽略或鄙視，佛教只要還被隔絕在寺院之內，……佛教就已滲入士大夫的生活和思想。實際上，佛教從公元四世紀時，出現了一位傑出的中國法師，才得以發揚光大的。換句話說，當時佛教階層的領袖們已是純粹的中國知識份子，他們能夠使用修改過的、可以被普遍理解和接受的觀點，去擁教和弘法。」[71]

這一段歷史的經驗彌足珍貴，故我必須在此引述，但在基督教出現純粹基督份子來擁教和弘法之時，可能還要經過幾百年之久，在此一期間，雙方都必須過對中國與基督教經典的深入理解；這就是蔡仁厚於第二次回應中說的：「我希望中國人，人人都能個別地、自動自發地、心甘情願地成為基督的門徒。在這一點上，周聯華的『希望』便和我們大為不同了……。但我們『絕不希望』中國人『人人』成為基督徒，站在中國的立場，我們認為每一個中國人都應該立根於中國文化的道理上，以盡他作為一個人的職分。」[72]但我認為，這一立場

---

71 Erich Zureher著，李四龍、裴勇等人譯：《佛教征服中國——早期中國佛教的傳播與適應》（*The Buddhist Conquest of China; The Spread and Adaptation of Buddhism in Early Medieval China*）（江蘇：江蘇人民出版社，2003年），頁354-384。

72 蔡仁厚、周聯華、梁燕城合著：《會通與轉化：基督教與新儒家的對話》，頁158。

並無助於中國學者對於基督教義的瞭解。蔡仁厚又說：「周先生又說：『基督教有它的普世性，也有它的特殊性』。這一種說法比較單單宣稱『基督教是普世的宗教』，是顯得比較合理的。其實宗教型態各有不同，它們不可能是普世的，平常所謂『宗教是普世的』，乃是假定假托於上帝普世而說的。」[73]經過蔡仁厚的這一番說法，我猛然瞭解到，這裡存在著一個重大的問題：就是皆認為自己的信仰才是唯一、重要的。而且，雙方在此針鋒相對之下，誰都不願意讓一步，故一切爭論可能都變成沒有主要的實質意義。不過，我仍然希望過去他們在此六大問題的爭論中，至少讓我們瞭解到雙方的問題在哪裡，並把將一些雙方無法解決的問題如宗教上可能解決的根本問題（堅持自己的信仰），存而不論。那麼，我們可以就道德實踐上，值得我們共同接受的部分進行討論。

小結

我從以上詳細的研究，這一場耶、儒對話後，發現以下重要的事實：

1.**優點：**（1）蔡仁厚能夠從六個重要的問題切入；這是建設對話平臺所必要條件。因為所謂「對話」必須有主題，以作為雙方討論的重心與焦點。（2）再就此六個焦點問題來說，也都是有關耶教最重要的問題所在；（3）雖然這場辯論並沒有達到預期解決問題的實際效果。但是，雙方在你來我往的論辯裡，已經開啟了會通耶、儒兩教的一些將來也可以進行繼續討論的契機。而且，相關的討論一直延續至今不斷，就可以證明這是東西文化將會做可能的融合。何況，若能純粹從學術上進行的討論，而不只是爭鋒相對的指責，其意義是非凡又值得大家鼓勵的。

2.**缺憾：**（1）在對話平臺建立之後，雙方開始對此六大問題，進

---

73 蔡仁厚、周聯華、梁燕城合著：《會通與轉化：基督教與新儒家的對話》，頁159。

行辯論時，在概念的釐清上，缺乏明確處理之地方，亦所在多有；例如：到底「人人可以為基督」，還是「人人可以為基督徒上」，有左右搖擺的問題出現；見我以上對周牧師的批評。凡此，給我們的教訓是，雙方當初進行對話之時，第一件重要的工作就是論辯雙方都必須先能「界定論述的概念」；（2）雙方始終不能擺脫自家的立場去解決問題，以致使得這次辯論變成信仰之爭。特別是周聯華牧師似乎是一位資深權威的宣教士立場進行辯論。所以，最後他把太多力氣花費在宣傳上。而宣教的目的，無非是希望有更多人來信仰基督教，甚至想將對方辯士吸納入教。

相對而言，蔡仁厚依然是以儒教教士自居。所以，他也只是將儒教作為宣傳的重點。結果，雖然經過兩次的交叉辯論，仍舊無法從根本的論點；如先去釐清儒家仁愛與基督教博愛的不同與可以做為共同實踐的基礎。所以將來若要有造成討論的交集，是否能從大家都能接受的地方進行討論；因為這顯然是一種重要的關鍵。反之，經過這次失敗的經驗以後，雙方必須體認到，會通兩教必須優先考慮的問題是，在辯論之前，雙方應該坐下來討論，先哪一些問題上有「交集的可能」。否則，可能又落入雙方只想利用這次機會去轉化對方為己方。請問，如此怎樣能達成相會又能通達的目的呢？

五　耶、儒兩教會通如何可能？

經過兩次耶、儒會通的大辯論之後，現在已來到本文欲研究的另一個重要問題，除上述的方式之外，就是到底進行怎樣的會通與對話才是適當的呢？

首先，必須從過去失敗的經驗裡獲得教訓。所以，必須從信仰和宣揚自家學說的立場，回歸到客觀學說的討論上。以下我將提出以下重要的方法：

1 從「敵對、互別苗頭」，到「開始欣賞對方的優點」

　　因為各自的信仰不同，但仍然可以找出一條「異中求同」的路。此亦即宗教學家 F. Max Muller K.M.在《宗教學導論》（*Introduction to the Science of Religion four lectures*）〈第四講〉說：「佛陀認為『一切行為的動機在於慈悲』。這也就是我們所說的，『愛自己的鄰居』，這一種感情，在印度婆羅門教的聖詩中，也一再地流露出來。例如：『己所不欲，勿施於人』。這是簡短的戒律，做任何事情，都不要擅動激情（見《摩訶婆羅多》〈第三十八章：烏迪奧加與帕爾瓦〉）。」[74]這是經過宗教哲學家，以欣賞的方式去研究各家經典之後的結論，也是一種客觀學術的比較方法。由於他們能夠使用這一種方式，比較出許多不同宗教的共通之處，於是才有會通的可能。譬如：儒教（儒家）裡頭也有「己所不欲，勿施於人」的說法，此與婆羅門教的說法是完全相一致的。

　　不但如此，他以「比較」的方法，對各種宗教進行寬容與尊重多元的學術立場；例如對於各種宗教中的宇宙與萬物的來源，說明如下：「我們從書上知道，巴比倫的大神——貝勒斯，把自己的頭顱砍掉，用流出來的血和土混合成了人。這一段神話聽起來很可怕，其實它的本意不過想試說明，人的身上有神的成分。」「古埃及及宗教也有此類似的觀念；例如：古埃及的儀式書中第七章就紀載了『太陽神就毀掉了自己的身體，以自己的血來創造萬物』。《聖經》〈創世紀〉的作者在表現這個類似的觀念時，也只能夠使用同樣的語言，即人的語言和象徵的語言。他只能說『上帝以地上的土造人，以自己的呼吸，把生命的呼吸送進人的鼻中』。」[75]今從這種引述，可以讓我們瞭

---

74 F. Max Muller K.M.著，陳觀勝、李培茱譯：〈第四講〉，《宗教學導論》（*Introduction to the Science of Religion four lectures*）（上海：上海人民出版社，1989年），頁118。

75 F. Max Muller K.M.著，陳觀勝、李培茱譯：《宗教學導論》（*Introduction to the Science of Religion four lectures*），頁138。

解到，人類宗教中的創世紀，實有大同小異之處。因此，我們不但從者這裡瞭解到，宗教的起源大致是根據同樣地一個故事，然後，才創造出不同的說法。所以，我們在從事宗教研究時，也必須以這種方式去進行融合與會通。

2　以「異中求同」、「同中存異」的原則，提出兩個嶄新的理念，作為宗教會通的基本看法

這兩個重要的理念就是，各種宗教的看法都是「大同小異」的。所以，可以形成另外一個重要理念，就是大家可以「和平共存」。為什麼呢？因為所謂「大同小異」係指，世界各地的宗教雖有不同，但經我們研究之後，其起源似乎是大同小異的。然而，他們卻各以自己的宗教為「唯一的真理」，甚至想以自己認為的真理去打倒、擊敗對方的真理。於是，才造成了歷史上許多宗教上的紛爭，[76]甚至是戰爭。今試問，這有助於實際問題的解決嗎？更重要的問題是，這一種行為與各自所主張的宗教信仰中之道德教條，是否自相矛盾呢？

今從這一件事看來，宗教家應該發揮「以行動來說服別人」的力量。但是，講到說服對方接受我們的信仰，不能夠光靠論辯而已。更重要的，應該是以一種實際的行動，去救助弱勢或需要幫助的同胞；例如最近在臺灣傳天主教一生，並最早建立臺灣幫助弱勢兒童教育的

---

76 我有一位來自印度的博士班的同學，他說：「就我所知，今天印度境內以信仰印度教的人數居多，總數大約佔百分之八十五，信仰回教的人數卻只占少部分。但彼此因為宗教信仰的不同，曾經造成兩個教派的嚴重衝突與紛爭，甚至造成許多回教徒被印度教徒殺害。」然而，今依印度文化史的發展來論，印度曾經受穆思斯林統治，於是伊斯蘭教文化和印度教文化發生碰撞、融合，產生一些新的現象，如結合了伊斯蘭和印度教教義的錫克教的產生、受波斯影響的烏爾都語的產生。見尚會鵬著：《印度文化史》（臺北：亞太圖書出版社，1998年），頁279；由此可證：不同宗教可能產生衝突，但也有可能有一天相互融合。

甘惠忠神父，其愛人精神，與儒家聖人的人格是相同或相近的[77]。所以最後，我提出，各種宗教應該「和平共存」的理念。

又就宗教有孰大孰小的問題來說，我們若從耶、儒兩教的對話或會通的觀點來論，似乎可以跨過互相對立與矛盾之門，去選擇一條彼此承認、互相尊重，乃至相互欣賞的途徑。[78]不過，在比較世界各地宗教之中，也的確有進行反省不同宗教的需要。此即Whitehead在 *Religion in the Making*（《宗教的創生》）裡的「理性宗教」的概念。

關於「理性宗教說」，Whitehead在上書中提出「理性宗教」的概念，所謂「理性宗教」（rational religion）是指「信仰（belief）與儀式（rite）已是用目的的重新組織過的宗教。它的目的是，使它成為和諧生活次序中的中心元素——這種次序的和諧；包括：思想的證明，以及使行為導向一個統一的、符合倫理要求的目的。」[79]而「符合倫理要求」此一目的，在現代社會裡，這大致已經成為全球的共識。反之，古代用人去「祭天」的方式，代之以動物，也愈來愈普遍。而孔子能夠將中國文化從敬鬼神而遠之，來建立其哲學，代表中國聖人能以超越世俗的宗教（如基督教），是值得肯定的，但在我們面對於世俗不同宗教信仰時，必須給予平等的對待與包容；因為這才合乎儒家博愛的精神。[80]

---

77 吳淑玲：〈追思甘惠忠神父，總統親頒褒揚令〉，《聯合報》2020年4月26日，生活A6版。

78 根據歷史耶儒兩教會通失敗經驗，主要是誇大兩教所尊敬的耶穌與孔子地位的高下。見楊森富編著，《中國基督教史》第八章第二節「祭祖祀孔問題和康熙與教廷的衝突」（臺北：臺灣商務印書館，1984年），頁131-143；故今後以「彼此承認、互相尊重，乃至相互欣賞」來會通兩教為宜。

79 見Whitehead著，蔡坤鴻譯：《宗教的創生》（*Religion in the Making*）（臺北：桂冠圖書出版公司，1995年），頁11。

80 儒家博愛的精神是指：子貢曰：「如有博施於民而能濟眾，何如？可謂仁乎？」子曰：「何事於仁，必也聖乎！堯舜其猶病諸！夫仁者，己欲立而立人，己欲達而達人。能近取譬，可謂仁之方也已。」（雍也：30）；子貢說：「如有人能讓百姓都得

　　再就上帝的起源來說──在周聯華、蔡仁厚的對談中，周聯華提到「道」（logos）如何演變為基督教的上帝的問題，在現代社會學者──安樂哲（Roger T. Ames）於《和而不同：中西哲學的會通》，也有重要的討論。其討論主要呈現在其書的第二篇〈中國宗教〉的比較；中國式的超越和西方文化超越的神學論中。凡此，我們瞭解那個經常被人們提到的「道」的概念，實際上就是西方人說的「上帝」，到新儒家說的那個「超越內在的道」，只是彼此對這個概念的意義有不同的闡釋而已。依據Roger T. Ames說的：「事實上，我們在自然次序與社會次序之間，發現了根本的對立。這在孔子的著述裡，已初具雛型。於是，在道家那裡，某種對『道』的本質的思辨式的冥想便產生了。這種冥想似乎與後來西方新柏拉圖式的對『logos』（邏各思）的本質所作的沉思如出一轍。」[81]

　　但是，如何如出一轍的對於logos（「道」）作出詮釋呢？在儒家自有其一套說法。Roger T. Ames認為：「（中國哲人說的）『道』則不然，它並不是高高在上的原則，而是宇宙自身的運動過程。」[82]如何說呢？Ames認為：「如果我們可以考慮所有的確定或不確定的因素的話，每一個場所都將會有某種程度的不可預測性。這一種能動的秩序感通過特定的語言反映出來的，比如『勢』這一種概念，其語義範圍涵蓋了看似差別頗大的不同意思；包括：『事物表現出來的力量趨勢』（force of circumstances）、『傾向』（disposition）、『勢能』（momentum）、『優勢』（strategic advantage）等等。但其所有確定與不確定的方面都在

到實惠，又能扶貧濟困，怎樣？可算仁人嗎？」孔子說：「豈止是仁人！必定是聖人！堯舜都做不到！所謂仁人，祇要能做到自己想成功時先幫別人成功，自己想得到時先幫別人得到，就可以了。推己及人，可算實行仁的方法。」

81　安樂哲（Roger T. Ames）著，溫海明等人譯：《和而不同：中西哲學的會通》（北京：北京大學出版社，2009年），頁154。

82　安樂哲（Roger T. Ames）著，溫海明等人譯：《和而不同：中西哲學的會通》，頁194。

『正』與『奇』的對比中，體現出來了。這裡要說明的是，不確定的方面為操縱現成的秩序，以取得某種優勢，提供了機會與勢能。」[83] 此一段語義雖然不太明白，但意義大致是用來說明中國哲人的在動態的「道」的變化過程中，變化動力的根源——「道」乃是以「勢」之變化來進行的。下面一段話則比較明確地說：「『混沌』這一個因素完全不同於起制約作用的程序，也參與了創造性的轉化過程。」「由於『勢』描述了一種西方文化所不熟悉的秩序觀，而且，在這一方面更甚於其它的哲學術語，因而很難作恰當的翻譯。」[84]

在此，說明了西方哲人對於中國哲學裡萬物根源的概念——「道」，顯然有不同的描述與理解。但是，顯然都在談論「道」。故呈現了相同的討論主題。所以，我們從這個主題來進行溝通是恰當的。所以，以下我們將從Roger T. Ames所理解的《易繫傳》中的「幾」、「深」和「神」的關係中，去進行研究。他首先引用的一段話是：「夫《易》，聖人之所以極深，而研幾也，故能通天下之志；唯幾也，故能成天下之務；唯神也，故不疾而速、不行而至。子曰：『《易》有聖人之道四焉者，此之謂也。』」（見《易繫上》）[85]「知幾其神乎！君子上交不諂、下交不瀆，其知幾乎？幾者，動之微，吉凶之先見者也。君子見幾而作，不俟終日。」（見《易繫傳下》）[86]

這是從宗教的觀點去觀察萬物的不易瞭解之現象，但接下去，這一句話則更為清楚，已進入研究道德天理之領域來研究。所謂「易無思也、無為也，寂然不動，感而遂通天下之故（理），非天下之至神，其孰能與於此。」我們從這段話可以瞭解到，「易道」是君子用

---

83 安樂哲（Roger T. Ames）著，溫海明等人譯：《和而不同：中西哲學的會通》，頁165。

84 安樂哲（Roger T. Ames）著，溫海明等人譯：《和而不同：中西哲學的會通》，頁166。

85 周振甫譯註：《周易譯註》（臺北：五南圖書出版公司，1993年），頁426-427。

86 周振甫譯註：《周易譯註》，頁455-456。

來掌握了宇宙人生的一切變化的根據。當然，懂得操作的人（不論運用文王八卦，還是伏羲八卦的方法）就能預測未來。於是兼具認識天道之凶吉與道德修養根據之功能。所以上文裡頭所引述的「知幾其神」中的「幾」係指變化的徵兆。[87]於是想知道宇宙之理的人，總是想瞭解應該如何行事時，必需也要知道此行事是凶是吉？或許經過《八卦》的運算變化中，得到一些啟發；這可謂「神妙無比」。對此，《易・繫傳》作者又說的：「幾者，動之微，吉凶之先見者也。君子見幾而作，不俟終日。」意謂：君子由《八卦》的操作，能夠掌握到凶吉變化的徵兆。所以，一旦見此一變化的徵兆，就知道應該如何去做、去預防，而不必終日等待，無所作為了。

　　總之，西方學者對於「道」（logos）在中國古代哲學經典中的真相理解，或許可以通過西方學者都知道研究形上根據的logos，但是，然透過希臘人說的「logos」去瞭解中國人的道，只能瞭解到所指的形上領域。換言之，我們經過以上的分析可知，中國哲人自有一套不同的宗教經驗，就是上述所謂的「易道」。因此，我主張回歸到《易經》的「道」與西方人所說的「logos」上來進行會通，似乎更讓我們瞭解中國人之道的究竟。這是經由上述分析所得到的重要看法。

　　進一步地說，《易・繫傳》是漢代的作品，其作者又說：「天生神物，聖人則之（效法它、學習它）；天地變化，聖人效之。天垂象，見吉凶，聖人象之。河出圖、洛出書，聖人則之。」[88]「神物」係指《易經》上所演八卦運算，而得到的「道」；此「道」是經由中國古代智者不斷試算，而且經過經驗不斷地累積之後，可以通過運算，充分掌握未來。保守的說，漢代才出現的《中庸》也認為，充分掌握

87　周振甫解釋為：「預兆」（同註129；頁456）。但因變化而有預兆。所以，我解釋成「變化的徵兆」。

88　周振甫譯註：《周易譯註》，頁431。

「誠道」，有預測未來的作用。[89]所以，原始儒家還是原始道家，都可以去研究《易經》等占卜的方法，但基本上是將這種思想哲學化。因此，欲瞭解中國人的神祕經驗可以從《易經》上的「形上之道」進行瞭解。而且從此瞭解，更要比較出中西哲人對於宇宙根源──「logos」（「道」）的不同詮釋（如儒家認為天道的特質是誠，老子則認為：不可以用概念來形容。）。然後，才能談得上宗教上的融合與會通，而且較有可能。不過，在這方面，又是一個重要的題目，將是他日討論的主題。

六　結論與建議

（一）結論

　　一、本文討論的重點有二：（1）檢討周聯華、蔡仁厚耶、儒兩教會通不通的失敗原因；（2）反思兩教會通的最新可能；有關前者，我已說明了很多，今不再重覆。有關後者，似乎還有許多發展的空間值得討論。但是，我認為，最重要的是要能夠把握：「異中求同」、「同中存異」的原則。今問，其意義何在呢？即我在本文裡所一再論述的，希望雙方都能夠以欣賞的眼光，先能承認並尊重彼此的差異。而且，更重要的是找出大家的共同點或相似之處，以縮短大家的距離與隔閡。例如：我主張：不論耶穌說的「上帝」，還是儒教說的「天道」，都是出自於同樣的一個「logos」（「道」）。那麼，如此進行對話時，才有交集和融通的可能。又如，從「道」衍生出來的「德」的概念，如耶教說的「博愛」與儒教說的「仁愛」上相互承認與欣賞，才有彼此會通的可能。這是我的解決之道。

---

89 《中庸》作者說：「至誠之道，可以前知：國家將興，必有禎祥；國家將亡，必有妖孽；見乎蓍龜，動乎四體。禍福將至，善，必先知之；不善，必先知之；故至誠如神。」（24）

　　另外，我從近代中國歷史發展來論，耶、儒兩教的接觸，並不順暢；例如當時基督教士是隨西方帝國主義來到中國。之後，難免挾帶著帝國主義的心態，以「文化霸權」的方式，向中國人強行推銷耶教。所以造成許多反對的聲浪，甚至不幸的流血衝突。但是，今天的討論至少已經脫離「文化霸權」的方式。不過，就周聯華與蔡仁厚的宗教對話裡，周聯華也犯相同的錯誤，是過分強調基督教的功能，而忽視尊重本國文化[90]；例如：他認為：「我們唯有相信基督教才能夠得救」。所以從這一點上看，已注定當年耶、儒對話的失敗。

　　二、另外，耶、儒兩教會通的方式，亦不能侷限於理論方面的辯論一項而已。因為以文化融合的歷史經驗來看，過去有許多基督教的傳教士在中國本土的貢獻上，經常是驚天動地、可歌可泣的。例如：中國貴州人民深切懷念的英國傳教士——柏格理——他在極為艱難困苦的環境底下，堅定地與苗族人民生活在一起；除了傳教之外，還創辦學校、創造文字，以及提倡醫學、體育，鼓勵他們要熱愛自己的國家。最後，他不幸因為流行病蔓延，自己也為了照顧病人，染上傷寒而喪命。又如，在日本軍國主義與南京大屠殺中，有美國傳教士——貝德士、魏特林等十五人，曾經以特殊的身分組織南京區國際委員會，保護大量中國難民的性命。又有馬吉等人祕密拍攝日本軍人的暴行，以作為遠東國際軍事法庭上日軍大屠殺的實際證據。[91]

　　凡此事實，可以證明，過去在基督教和中國人或中國社會相遇之際，雖然存在著不少的衝突與齟齬，但是，他們如果能以實際行動來表現基督之愛，卻比口頭上的針鋒相對，會來得實際與有效。

90 刑福增在《衝突與融合：近代中國基督教史研究論文集》一書的第四章〈恩典與善行：基督教救贖論與中國文化的衝突〉裡，已經指出：「基督教與中國文化之間的主要矛盾，在於人必須承認自己在救恩問題上絲毫無能，人不能憑恃自己克己或德行來賺取救恩。」（臺北：宇宙光全人關懷機構，2006年，頁185）

91 曹聖潔：〈怎樣看待近代史與中國基督教〉，見晏可佳、葛壯主編：《宗教問題探索（2009年-2010年）論文集》（上海：社會科學出版社，2011年），頁101。

　　三、為了達到耶、儒兩教「異中求同」的目標，我必須指出：現代新儒家一直認為儒學屬於「自律」的學說，實為兩教會通時所樹立的一大障礙。但先秦儒家孔子對於禮的重視，又顯示出重視他律的現象。何況，從「道德律」來說，無論自律或他律對於社會秩序的建立都擁有同樣的價值。所以，未來兩教的會通，應該避免從此一方面著墨。另外，基督教強調以大容忍來談論「愛」、「恨」之間的關係，也應該得到新儒家的諒解；例如：《路加福音》〈第二十七至二十九節〉上說：「只是我告訴你們，這聽道的人──你們的仇敵要愛他，恨你們的要待他好，詛咒你們的要為他祝福，凌辱你們的要為他禱告。有人打你這邊的臉，那邊的臉也由他打；有人奪你的外衣，連裏衣也由他拿去。」這一段耶穌的訓示，可能一時不為人所理解。

　　總之，在中國過去歷史上，也曾經有中國文化和佛教會通的經驗，非常值得我們參考；這也就是說，不同宗教或文化在中國進行融合，並非第一次了。例如：以中、印文化融合的現象來說，當時將印度文化傳入中國的高僧大德，往往是將兩種思想中的相近概念，作為比附。但是，他們後來發現到，這終究不是一種會通兩教的根本方法。因為其間存在著很大的思想差異。所以，今後不再宜以等同的方式進行會通。然而，應該怎麼辦呢？我在本文裡，業已提出，將來有志於會通耶、儒兩教的學者，必須從前人的失敗經驗中，學習到：針對兩種教義進行深入的瞭解之後，才能夠談到會通與對話；此即中國近代重要的宗教學者──湯用彤在〈論「格義」──最早一種融合佛教和中國思想的方法〉中說的：「只是（停留）在名詞和概念上比附，不可避免地會引起（思想上的）混亂和曲解。」故他最後的結論是：「實行對比需要密切注意的是理由或原則掌握，一種思想體系內的深義，這比之於概念或名詞浮面淺薄的知識，顯然是更為重要的。」[92]；

---

92 湯用彤：〈論「格義」──最早一種融合佛教和中國思想的方法〉，收入《儒學、佛學、玄學》（江蘇：江蘇文藝出版社，2009年），頁142。

他的話最值得今日有志於溝通兩教的參考。至於其他宗教之間的對話研究，可能也是重視宗教衝突與對話問題的學者值得學習的。[93]

四、孔學是否是宗教？也是可以討論的重要問題。例如清末哲學家康有為主張將其宗教化，而有孔教會的主張。我則亦為：孔子哲學若從宗教化之後，或許比較容易從比較宗教的方式去進行對話；因為同時植於宗教的平臺上，做一番公平的溝通，反之，如本文討論的蔡仁厚當年是以新儒家的哲學立場與宗教家周聯華牧師進行對話。或許由於站在不同領域去進行辯論，所以形成幾乎沒有交集的對話現象。這站在哈伯瑪斯的溝通角度來看，也是無法有交集的重要原因；因為哈伯瑪斯的溝通理論中，最重要是能夠充分運用彼此能夠瞭解的語言進行溝通。[94]

（二）建議

一、為使辯論有效進行，我建議今後類似辯論順利進行，必先提出對話何是原則、程序與方法之設準說明。這樣做的目的，不但可以避免各說各話的問題，而且因為彼此在遵守辯論規則下進行，才會有具體的結果。又因為有結果，讀者才能真正受益。

二、有關宗教思想之間的對話，國內的學者劉述先，與國外學者沈清松都曾有許多值得參考的高明見解。如後者，在〈公共領域中宗教交談的方法論檢討與展望〉中，提出：「將檢討公共領域中宗教交談的方法與理論基礎。首先檢討哈伯瑪斯『公共領域』概念，並參考中國哲學家（如慎到）之所謂「公」。然後，集中在羅爾斯（John

---

93 如印度教與基督教的有關「接觸」（contact）、「衝突」（conflict）、「對話」（dialogue）的參考書有John Brockington, *Hinduism and Christianity*, published by the Macnnillan Press, 1992，頁117-189。

94 高榮孝：〈從生命中心交談概念反思當代宗教交談理論〉，《新世紀宗教研究》第14卷第2期（2015年12月），頁27-53。

Rawls）、哈伯瑪斯（Jürgen Habermas）與泰勒（Charles Taylor）三人
所提供方法論之檢討，並提出作者本人理論的展望。大體說來，羅爾
斯基於公共領域中一切決策之『公平』，將各種宗教信道德信念納入
無知之幕；而哈伯瑪斯於其公共領域概念與溝通理論中雖可討論宗教
議題，但其基本方法仍從理性論辯模式來考量；至於泰勒的相互承認
雖觸及宗教交談最基本的底線，但仍然無法達成相互理解與相互豐富
之旨。為此，本人將『宗教交談』視為不同宗教彼此之間『相互外
推』的過程，並針對涉及對不同終極真實的信念彼此之間相互外推，
提出更為講理的方法論考量，以提升『相互承認』到『相互豐富』的
高度，達成各不同宗教彼此之間正面相互交談、對待與相處之道。」
的見解[95]，是值得我們注意的相關建議。

　　總之，「提出更為講理的方法論考量，以提升『相互承認』到
『相互豐富』的高度，達成各不同宗教彼此之間正面相互交談、對待
與相處之道。」是對於天主教哲學與中國哲學具有深刻研究的學者與
思想家。所以他的一席話，是可以作為今後有志於克服前人在從事宗
教對話之間所形成的困難時，重要的參考資料。

---

95 沈清松：〈公共領域中宗教交談的方法論檢討與展望〉，《哲學與文化》第44卷第4期
　　（2017年4月），頁5-24。

參考文獻（依作者筆畫排列）

一　引用專書

Jacques Gernet, *China and the Christian Impact: A Conflict of Cultures* , trans. J. Lloyd Cambridge Cambridgeshire; New York: Univ. of Cambridge, 1985.

John D. Young, *Confucianism and Christianity; The First Encounter*, Printed by kings Time Printing Press Ltd. 1983.

John Brockington, *Hinduism and Christianity*, published by the Macnnillan Press, 1992.

John Hick, *Disputed Question in Theology and Philosophy of Religion, New Heaven: Yale University Press 1993.*

Han Kung, *Christianity and the World Religious*, by Collins published, London, 1985.

卓新平：《基督教與中國文化的相遇、求同與存異》，香港：香港中文大學崇基學院，2007年。

馬書田：《中國人的神靈世界》，北京：九州出版社，2006年。

鄭志明：《宗教意識與宗教》，臺北：臺灣學生書局，1997年。

董叢林：《龍與上帝；基督教與中國傳統文化》，臺北：錦繡出版社，1992年。

湯用彤：《儒學、佛學、玄學》，江蘇：江蘇文藝出版社，2009年。

黃　勇：《全球化時代的宗教》，臺北：臺灣大學出版中心，2011年。

趙士林、段琦主編：《基督教在中國；處境化的智慧》（上冊），北京：宗教文化出版社，2009年。

楊森富編著：《中國基督教史》，臺北：臺灣商務印書館，1984年。

董芳苑編著：《臺灣民間宗教信仰》，臺北：長青文化事業公司，1984
　　年。

二　引用期刊

沈清松：〈公共領域中宗教交談的方法論檢討與展望〉，《哲學與文
　　化》第44卷第4期（2017年4月），頁5-24。

高榮孝：〈從生命中心交談概念反思當代宗教交談理論〉，《新世紀宗
　　教研究》第14卷第2期（2015年12月），頁27-53。

蔡仁厚：〈孔子與耶穌〉，《中國文化月刊》第3期（1980年1月），頁
　　131-136。

三　研討會論文

林安梧：〈後儒學論「儒耶會通」之可能——關於「人性」的「罪」
　　與「善」之釐清與融通〉，《當代儒學國際會議：儒學之國際
　　展望》（2012年9月26日至9月28日）

林安梧：〈「天人相與」的兩個型態及其融通的可能——以儒教與基督
　　宗教為對比〉，澳門科技大 學社會與文化研究所舉辦的「中
　　西文化的精神差異與現代轉型國際學術研討會」（2012年12
　　月1至12月2日）論文集

四　論文集論著

王輝著：〈理雅各的儒教一神論〉，收入於劉樹森主編：《基督教在中
　　國：比較研究視角下之近現代中西文化交流》，上海：上海
　　人民出版社，2010年。

刑福增：《衝突與融合；近代中國基督教史研究論文集》，臺北：宇宙
　　光全人關懷機構，2006年。

周萍萍：〈乾隆期江南兩次教案述論〉，收入於劉樹森主編：《基督教

在中國：比較研究視角下之近現代中西文化交流》，上海：
上海人民出版社，2010年。

管恩森：〈從合儒到超儒——由《天主實義》與《天儒印》看明、清
教士經典詮釋〉，收入於劉樹森主編《基督教在中國的比較
研究視角下之近現代中西文化交流》，上海：上海人民出版
社，2010年。

曹聖潔：〈怎樣看待近代史與中國基督教〉，見晏可佳、葛壯主編：
《宗教問題探索（2009年-2010年）論文集》，上海：社會科
學出版社，2011年。

陳澤民：〈普世神學家；孔漢思〉，見傅偉勳主編：《永恆與現實之
間；當代宗教思想家》，臺北：正中書局，1991年。

彭國翔：〈儒家「理一分殊」的多元主義宗教觀——以陽明學為中心
的考察〉；見李明輝等合編：《儒學、文化與宗教》，臺北：
臺灣學生書局，2006年。

五　翻譯論著

Erich Zureher 著，李四龍、裴勇等人譯：《佛教征服中國——早期中
國佛教的傳播與適應》（*The Buddhist Conquest of China: The
Spread and Adaptation of Buddhism in Early Medieval China*），
江蘇：江蘇人民出版社，2003年。

F. Max Muller K.M.著，陳觀勝、李培茱譯：《宗教學導論》（*Introdu-
ction to the Science of Religion four lectures*），上海：上海人
民出版社，1989年。

J. S. Kruger, G. J. A. Lubbe, H. C. Stegh 合著，蔡百銓譯：《比較宗教》
（*The Human Search for* Meaning），臺北：國立編譯館，
2000年。

Michael Toblas, Jane Morrison, Bettina Gray 編著，薛絢譯：《全球信仰

探索》（*A Parliament of Souls*），臺北：土緒出版公司，1997
　　年。

William Calldey Tremmel 著，賴妙淨譯：《宗教學導論》（*Religion:
　　What is it？*），臺北：桂冠圖書公司，2000年。

John B. Noss, David S.Noss 著，江熙泰等譯：《人類的宗教》（*Man's
　　Religions*）（第7版），成都：四川人民出版社，2005年。

Alfred North Whitehead 著，蔡坤鴻譯：《宗教的創生》（*Religion in the
　　Making*），臺北：桂冠文圖書公司，1995年。

安樂哲（Roger T. Ames）著，溫海明等人譯：《和而不同；中西哲學
　　的會通》，北京：北京大學出版社，2009年。

Edward W. Said 著，王宇根譯：《東方主義》（*Orientalism*），北京：生
　　活‧讀書‧新知三聯書店，2000年。

日谷啟治（Nishitain Keiji）：《宗教是什麼？》，臺北：聯經出版事業
　　公司，2011年。

William James 著，蔡怡佳、劉宏信譯：《宗教經驗之種種》（*The Varieties
　　of Religious Experience*），臺北：土緒出版社，2001年。

六　原典與譯註

《聖經和合本》，香港：香港聖經公會，1961年。

《易經讀本》，臺北：學海出版社，2011年。

周振甫譯註：《周易譯註》，臺北：五南圖書出版公司，1993年。

七　報刊報導

吳淑玲：〈追思甘惠忠神父，總統親頒褒揚令〉，《聯合報》2020年4月
　　26日，生活 A6版。

（本文已經獲得《宗教哲學》雜誌錄取，於93期〔2020年9月〕刊出）

第五章
試論孟子的論辯性格及其在中國哲學史上的價值[*]

一　前言

　　最近，溫習牟宗三大師的《歷史哲學》，讀到其第二部分第二章〈戰國與孟荀〉中的孟子部分，他引程子言：「孟子有功於道，為萬世之師，其才雄。祇見雄才，便是不及孔子處。人須當學顏子，便入聖人氣象。」。他又言：「孔子儘是明快人，顏子儘愷悌，孟子儘雄辯。」。[1]予讀之甚不服氣，何以說孟子之聖人氣象不如顏子呢？史書上，顏子生平並沒有留下任何著作，憑什麼可以只根據孔子個人的眼光與器重，就評斷顏子優於孟子呢？在此不平而鳴之中，我依然必須先表達我對前輩學者之尊敬。所以準備在此表現的淺見，只是想從我過去治學的一些心得，向各位求教而已。

　　本文是以從孟子的論辯性格，論其哲學的特色與其對中國哲學的重要貢獻，以回應程子一千多年前之無根據的武斷。

　　大體上，我對於此一問題，想先去分析諸家的看法。然後，再回到《孟子》文本裡面，介紹其最有特色的論辯性格；包括：他與告子的人性論辯，與夷之儒墨之分的論辯，乃至於，一般人不太注意到的，與其弟子的論辯，以及與當時的諸侯、君王之論辯，來論述其哲學所

---

[*]　本文曾經登在《元亨學刊》第2期上，如今我已經做大幅度的修改。這才是我經過真正的學術訓練之後，理解先秦儒家的最後見解。

[1]　牟宗三：《牟宗三先生全集》9（臺北：聯經出版事業公司，2010年），頁132。

以超越前賢的特色，與甚至連孔子都未曾有過的哲學上的貢獻。其核心問題，則在問：到底孔子之後百年之間，中國儒學擁有何巨大的發展與建樹呢？今為了說明起見，將分為下列幾項要目，詳細分析之。

　　一、本文的問題意識

　　二、分析諸家對於孟子的評價。

　　三、孟子的論辯性格——從其思考方法上說

　　四、從孟子的思考方法，論其哲學的特色與對中國哲學的重要價值。

二　本文的問題意識

　　通常，歷代儒家對於孟子哲學的貢獻，多從其能夠延續孔子精神而發揚光大上著手。但我現在是換一個角度；以其論辯性格來論述——其哲學的特色與對中國哲學的重要價值。其目的，不但想從孟子特有之思考法上，瞭解他怎樣形成不同與孔子的思維傳統性格，而且希望藉由這樣的思維，去論述儒家哲學如何現代化其哲學思維？

三　分析諸家對於孟子的評價

　　論者將摘取三位古代哲人與三位中國近代研究孟學有成的重要學者，進行分析其對於孟子哲學特色與貢獻的評價，茲分述如下：

（一）趙岐的看法

　　趙岐主要的看法乃是將孟子與孔子放在「幾乎平等」的地位上。在其〈孟子章句序〉一文裡，對於孟子讚美的地方，包括：下列的幾項重點：

　　1.學問廣博：孟子研究到天地萬物之理與人倫道德之義莫不包含天命與性；趙岐說道：「（《孟子》）包羅天地，揆敘萬類，仁義道德性

命，禍福桀然，靡所不載。」。但是，其主要功用何在呢？趙岐又說：「帝王公侯遵之，則可以致隆平頌。清廟卿、大夫、士蹈之，則可以尊君。父立忠信守志厲操者，儀之，則可以崇高節、抗浮雲。有風人之託物，二雅之正言，可謂直而不倨曲而不屈命世。」；[2]由此可知，在趙岐的眼裡，《孟子》一書乃是個人修身到君王治國的道德教化之寶典。

2.論《孟子》的功能可媲美於《論語》；趙岐說道：「孔子自衛返魯，然後樂正、雅頌各得其所，乃刪《詩》、定《書》、繫《周易》、作《春秋》。孟子退自齊、梁，祖述堯、舜之道，而著作焉。此大賢擬聖而作者也。」。他又說道：「七十子之疇會集夫子所言，以為《論語》。《論語》也者，五經之錧鎋，六藝之喉衿也。孟子書則而象之。衛靈公問陳於孔子，孔子答之以『俎豆』；梁惠王問利國，孟子對之以『仁義』。宋桓魁欲加害孔子，孔子稱『天生德於予』。魯沖臧倉毀鬲孟子。孟子則曰：『臧氏之子焉能使予不遇哉？』」，其旨意合同。若此者眾，又有外書、四書；性善辯文說，《孝經》為正其文，不能弘深，不與內篇相似，非孟子本真。」。[3]

今論其分析，似乎將孟子的「一言一行」視為能夠跟隨孔子的腳步前進。但是如此，則將孟子哲學的特色與貢獻大為降低。而且，趙岐對於孟子哲學的特點；例如：以論辯語言來闡發其哲學之成就與高度，卻隻字未提。這顯然是趙岐在論述《孟學》上的「重大缺失」。不過，他卻能夠從孟子學問的「無限寬廣」與「承接孔子學問」的兩個重要觀點，來論述孟子學問的偉大。但是，他對於孟子哲學的思維特色與個人特殊之貢獻，一概未加以著墨，此乃其缺失矣！

2　《四部要籍注疏叢刊》《孟子》（上）（北京：中華書局，1998年），頁2。
3　《四部要籍注疏叢刊》《孟子》（上），頁2。

（二）朱熹的看法分析

宋代大儒朱子在〈孟子序說〉一文中，有下列的孟子評析：

1.他引韓子（韓愈）曰：「孟氏醇乎醇者也。荀與楊大醇而小疵。」；又引程子曰：「韓子論孟子甚善。非且得孟子意，亦道不到。其論荀、楊，則非也；荀子極偏駁，祇一句性惡，大本已失，楊子雖少過，然亦不識性，更說甚道。」；[4]依此可知，程子對於孟子，仍然抱持「肯定」的立場。但其缺失是以孟子這一系統，根本在否定楊、荀，則是偏頗的。凡研究楊、荀者，皆可以分判。

2.他又引韓子曰：「孔子之道大而能博。門弟子不能徧觀而盡識也。故學焉而皆得其性之所近。其後離散。⋯⋯惟孟軻師子思。而子思之學，出於曾子。自孔子歿，獨孟軻氏之傳得其宗。故求觀聖人之道者，必自孟子始。」；[5]由此一說法可知，從孔子到孟子大約一百七十一年間的承傳關係是，孔子→曾子→子思→孟子。那麼，我們若要研究孟學的特色與貢獻，可以從此一承傳關係來比較孔子《論語》、子思《中庸》之間，來說明一切（曾子《大學》方面，至今尚無具體資料，可資運用之，故闕如。）。

3.他又引韓子引揚子雲的話：「古者楊、墨塞路，孟子辭而闢之，廓如也。夫楊、墨行，正道廢。

孟子雖賢聖，不得位。空言無施，雖切何補？然賴其言，而今之學者，尚知宗孔氏、崇仁義、貴王賤霸而已。其大經大法，皆亡滅而不救、壞爛而不收，所謂存十一於千百，安在其能廓如也？然向無孟氏，則皆服左袵而言侏離矣。故愈嘗推尊孟氏，以為功不在禹下者。為此也。」[6]。由此可知，今傳《孟子》祇是原初《孟子》存稿之百

4　《四部要籍注疏叢刊》《孟子》（上），頁202。

5　《四部要籍注疏叢刊》《孟子》（上），頁202。

6　《四部要籍注疏叢刊》《孟子》（上），頁202。

分之一，或千分之十而已。但揚子雲（揚雄）認為，《孟子》的價值在於，能夠糾正楊、墨之「不正之道」。故我在本文下節裡頭，將以夷之之論與孟子學說作一較為詳細的比較；並且從孟子愛好的辯論性格，分析其哲學的諸多特色與其哲學貢獻。

4.他又說道：「或問於程子曰：『孟子還可謂聖人否？』；程子曰：『未敢便道他是聖人。然其學已到至處。』」。朱註曰：「愚按至字，恐當作聖字。」。可見朱子認為孟子也是聖人。他更引楊氏曰：「大學之修身、齊家、治國、平天下，其本祇是正心、誠意而已。心得其正，然後知性之善。故孟子遇人便道性善。歐陽永叔卻言，聖人之教人，性非所先，可謂誤矣。人性之上不可添一物。堯舜所以為萬世法，亦是率性而已。」；[7]可見朱子乃是同意孟子性善論可以作為孔子與《大學》此一系統中，必要首先論的學說。也就是說，孟子雖然在孔子學說發揚上，實有不同於《大學》此一系統的闡揚。但是，確實屬於曾子、子思《中庸》此一系統的發展。

然而，作為先秦原儒系統當中而言，確實有《大學》、《中庸》都不如的「舉足輕重」之地位。

朱子在此一文裡，一方面引證諸儒的看法，試圖以「交互參照、正反並陳」的方式，得出一種個人認同的說法。其最終的意見是，無論《大學》此一系統，還是《中庸》此一系統，都無法離開孔子所建立的學說精神（此指修身為本）來發揮。而孟子的主要貢獻，在於修身論的根據——性善論的提出，故孟學實有助於孔學的立論基礎。不過，因為朱子學說本身並沒有進一步研究，到底孟子性善論是根據什麼思維做立論基礎而完成的？在此一方面，我將從孟子的「論辯性格」之整個思想過程中，揭開其中的祕密。

7　《四部要籍注疏叢刊》《孟子》（上），頁202-203。

（三）焦循的看法

焦循對於趙歧〈孟子章句序〉作了〈孟子題辭〉，其中對於孟子駁斥異端一段，作了下列的疏解：「正義曰：《論語》〈為政篇〉云：『攻乎異端，斯害也已！』；何為異端呢？各持一理，此為異己也而擊之。彼亦以為異己也而擊之，未有不成其害者也。楊、墨各持一說，不能相通，故為異端。孟子之學通變神化，以時為中，易地皆然；能包容乎百家，故能識持一家之說之為害也。苟不能為通人以包容乎百家，持己之說而以異己者為異端，則闢此異端者，即身為異端也。」他又說：「《漢書·藝文志》言：道家云：『及放者為之，則欲絕去禮學，兼棄仁義。』；注云：『放，蕩也。』；《廣雅釋詁》云：『放，妄也。』；《呂氏春秋》〈審分篇〉云：『無使放悖，悖亦妄也。』；《論語》〈陽貨篇〉曰：『好知不好學，其蔽也蕩。』；《集解》引子曰：『蕩，無所適守也，又今之狂也。』；蕩，《集解》引孔曰：『蕩，無所據也。楊、墨之言，虛妄無據，故云放蕩。』」。[8]

在這一段話語裡面，實有若干重點，如焦循一開始就以楊、墨之說斥為異端；而且認為，「異端」一詞的意義是：「各持一理」。甚至，凡不合理於自己學說，即要去批判。依此，孟子之批判楊、墨也確實是如此；即以楊、墨違反其重視「個人修養」的初衷，而專門重視「社會倫理」之講求。所以，實忽略「存心倫理」。然而，問題是，講求「社會倫理」的人，原本就擁有一種社會責任感。此與孟子講「仁民而愛物」，則沒有任何不同之處。至於區別在於，孟子根據的是，建立「社會責任」的性善論，或以「仁，人心也；義，人路也。」為基本命題而出發，則重點放在「人心」（仁心）的發揮上。相對而言，墨子以「愛人如己」的方式，去闡揚社會道德的責任感。故孟子以「放蕩之言」加諸於楊、墨之上，實不可通。更何況，墨家

8　《四部要籍注疏叢刊》《孟子》（下）（北京：中華書局，1998年），頁650。

論理還有一套「強過於」儒家的論辯術（或知識論）；例如：孟子也在建立其學說中，運用了墨家的思維方法（後面詳述之）。

故明白而論，孟子在論辯性格上，不但不以墨家為異端，而且能夠將墨學的墨辯之術中得思辨方法吸納進來，作為其對於自己學生、當時的帝王，乃至其他各家（例如：農家許行、墨家夷之、人性論者——告子等人）進行論辯的工具。

凡此可見，趙岐延襲古代之「異端」的觀點，來批判墨子之非，則顯然是「祇知其一，不知其二也。」換言之，墨家在論辯的方法上，其最厲害的地方，或許已為孟子充分利用，並加以發揮。但如何發揮，是我特別想注意的地方；譬如，當年孟子才能夠在眾人面前口若懸河、滔滔不絕，絕非偶然。凡此，我將在下一節內文裡面，論述孟子如何在運用墨家思辨方法之外，來逐步發展其思想架構體系必須有的思辨方法。

（四）牟宗三的看法

牟宗三是當代學者公認之現代儒學大師；其成就在於，他能夠融合中、西方哲學。並且，加以比較、證成之。他在《中國哲學的特質》一書裡面，清楚地講出孟子所主張「親親而仁民、仁民而愛物」的「具有不容忽視」的「差別性」（Differentiation）與「特殊性」（Particularity）或「個別性」（Individuality）之重要。其理由是「譬如說：在大饑荒時，你祇有一塊麵包，而同時有自己父母與鄰人的父母亟待救濟，當然，你自自然然地就把那一塊麵包給了自己的父母。假如你偏偏把那一塊麵包給了別人的父母，反而不顧自己的父母，那末依儒家思想，這不但不必，而且是不道德的矯飾，乃是違反天理之大逆不道。」。[9]

9　牟宗三：《中國哲學的特質》（臺北：臺灣學生書局，1980年），頁43-44。

但是，牟宗三在此是為孟子或儒家進行辯論，是從孟子理論中的「基本命題」；例如：「親親而仁民、仁民而愛物」的堅實之立論基礎，才能立於「不敗之地」。今以孟子對於墨家夷子的「一本說」來分析；例如：在《孟子》〈滕文公上篇第五章〉裡，有下列的論述：

> 墨者夷之因徐辟，而求見孟子。孟子曰：「吾固願見。今吾尚病，病癒，我且往見。」夷子不來，他日又求見孟子。孟子曰：「吾今則可以見矣！不直，則道不見，我且直之。」

今從以上這一段話語可知，孟子對於知識份子的基本態度是：「直言以對」；此也顯示一位哲人其知識份子的基本性格，即「有話直說」。於是，孟子又說：

> 吾聞夷子墨者，墨之治喪也，以薄為其道也。夷之思以易天下，豈以為非是而不貴也。然而夷子葬其親原，則是以所賤事親也！

此意謂：「你既然講，抱持墨家『節葬』的立場，為何又對親人行儒家的『厚葬』之禮呢？」。然在此一辯論中，依其的邏輯分析是，便構成一種使對方的講法陷入既是 A，又是非 A 的「矛盾狀態」裡。那麼，此不是已經犯了邏輯上的「矛盾律」了嗎？

所以若依「墨辯」而言，「以言為盡誖，誖；說在其『言』」，意為：認為別人所說全部荒謬，而這是荒謬的。其道理就在於，則要看他講得是相當正確。所以孟子確實在此顯示他能夠吸收墨家的思維方法進行道德哲學的辯論。

或說孟子運用墨辯的思維方法是極為明顯的。又在他開始的辯論中，先將對方駁倒（夷之的厚葬與墨家的節葬相反），藉以突顯夷之

作法的矛盾所在；此正是《墨辯》〈經上篇〉所說的「經」：「辯，爭彼也。辯勝，當也。」；所謂「辯勝，當也」意為：「辯論之所以取勝，乃是因為判斷正確。」。[10]

然而，進一步分析，憑什麼說孟子的判斷才是正確的呢？此就涉及其立論「論據何在？」了；例如：夷之為自己的作為辯護之，而說道：「儒者之道古之人『若保赤子』。此言何謂也？之則以為愛，無差等，施由親始。」。這一段話語的意思是，墨家夷之後來以儒家也講「若保赤子」來反駁之。所以，在儒家的言論裡，也有「愛無差等」的成分存在。

今依《朱子集註》（卷五）也說：「『若保赤子』，《周書》〈康誥篇〉文。此儒者之言也，而夷子引之；蓋欲援儒而入於墨，以拒孟子之非也。」。何謂「欲援儒而入於墨，以拒孟子之非也」呢？亦即想「以子之矛，攻子之盾」來證明其理論；然此正是墨辯中，在辯論兩方互以「矛盾律」作為防衛武器時，來設法去擊倒對方。此即朱子說的：「又曰：愛，無差等，施由親始。則推墨而附於儒，以釋己所以厚葬其親之意，此皆所謂『盾辭』矣！」；[11]此表現夷子也同樣以「矛盾律」去質疑孟子之非。但是，夷子說「若保赤子」中，是否能夠說成是「愛無差等」呢？或是「施行由親始」的矛盾狀態呢？且看孟子的回答如下：

> 夫夷子信以為人之親其子為若親其鄰之赤子乎？彼有取爾也。
> 赤子匍匐將入於井，非赤子之罪也。且天之生物也，使之一本
> 而夷子二本故也。

今孟子卻說：「夫夷子信以為人之親其子為若親其鄰之赤子

---

10 李生龍：《新譯新註墨子讀本》（臺北：三民書局，2000年），頁289。
11 《四部要籍注疏叢刊》《孟子》（上），頁477。

乎？」；所謂「信」，依《墨辯》〈經上篇〉曰：「信，言合於意也。」；《說》云：「信，不以其言之當也。使人視城，得全。」；又依李生龍之註釋曰：「信，指並不根據所謂的話是否合理來判斷，而要看是否符合事實呢？」；「譬如：告訴別人說城上有金子，別人去城上看過，果然得到金子。這就是信。」。[12]

那麼，此「信」，係指事實果然存在（與人說的話相一致）。例如：告訴人城上有金子，後來去求證，果然是如此啊！用今天的話說，就是有事實存在，來作為佐證的意思。故孟子認為，夷之其所堅持的言論，自己卻做不到啊！這乃是「極為有力」之反駁。此實說明了，孟子在駁斥夷子說的「人親其子如同親其鄰之子」時，能夠以墨辯的思維方法來回應夷之。所以我認為，如果我們能夠進一步地以孟子的論辯性格，來說明其哲學的特色與貢獻，則將成為瞭解孟子哲學真相的一種重要之方式。

（五）馮友蘭的看法

今論者摘選他在《馮友蘭學術精華錄》（自選精華集：1987年10月19日）中所選出的《新原道》一書所摘錄的「第一章孔孟」部分，可謂其晚年的孟子定論。在此一部分裡，他對於孔孟的分析，大多認為，孟子與孔子相似度極高；比如說：「仁人必善於體貼別人。因己之所欲體貼別人，知別人之所欲；因己之所不欲體貼別人，知別人之所不欲。因己之所欲，知別人之所欲，所以『己欲立而立人，己欲達而達人。』（語見《論語》〈雍也篇〉）；『老吾老以及人之老，幼吾幼以及人之幼。』（語見《孟子》〈梁惠王上篇〉）。」。[13]

又好比說：「孔子曰：『民可使由之，不可使知之。』（語見《論

---

12 《四部要籍注疏叢刊》《孟子》（上），頁259-260。

13 鮑霽主編：《馮友蘭學術精華錄》，《中國當代社會科學名家自選學術精華叢書》（第一輯）（北京：北京師範學院出版社，1988年），頁283。

語》〈泰伯篇〉）；孟子曰：『行之而不著焉，習矣而不察焉，終身由之而不知其道者，眾也。』（語見《孟子》〈盡心上篇〉）。『由之而不知』底人的境界，正是自然境界。」[14]他又說：「孟子言論超越孔子之處；例如：『浩然之氣』的建立。曰：『我們可以說，孟子所說到底境界，實比孔子所說到底境界為高。孔子其所說的『天』乃是主宰地『天』，他似乎未能完全脫離宗教神話色彩。……。所以我們說，他所說到底最高境界，祇是『有擬於』事天、樂天的境界。孟子所說到底最高境界，則可以說是『同天』的境界。」；[15]

　　這是馮友蘭個人的看法，至少由此證明，他已經為讀者說明了，孔學到孟子之時，究竟有什麼進步，或新的貢獻呢？而且由此一貢獻，我們可以發現，孟子哲學的特色。然而，論者想強調的是，在孟子的論辯性格裡，所形成的孟子特色與貢獻，究竟何在呢？這才是我在本文中所關心的重點。

（六）黃慧英的看法

　　黃慧英雖然不是今天中國哲學界裡最著名的學者，可是，我認為他的確是一位瞭解當今中國哲學界以專精著稱的學者，包括知道如何研究孟子哲學的特色與貢獻。所以我準備以黃慧英的〈價值與欲望——孟子「大體」與「小體」的現代詮釋〉一文作為樣本，研究其在這一領域方面的論述。

　　在此一文裡面，他是藉助於 Frankfurt 在〈自由意志與個人之概念〉一文（1982）裡的見解（主要是藉著一個人是否擁有第二序之欲望，來決定他是否擁有意志之自由可言。），來論述孟子「大體」與「小體」的涵義，可謂相當新穎別緻，又富學術創見。

---

14 鮑霽主編：《馮友蘭學術精華錄》，《中國當代社會科學名家自選學術精華叢書》（第一輯），頁285。

15 鮑霽主編：《馮友蘭學術精華錄》，《中國當代社會科學名家自選學術精華叢書》（第一輯），頁292。

他說道：

> 沒有人會，或可能否定，「人擁有欲望」，當然欲望不是人類獨
> 有的，但是似乎生物學上愈高級的動物，愈能意識到自己的欲
> 望存在。至於人類，甚且能夠對於自己的欲望而加以反省，並
> 作出評價，繼而興起一種第二序之欲望（the second-order
> desire 或 the desire of the second order）。所謂第二序之欲望，
> 就是想（寧願）去擁有或想（寧願）不擁有（即消除）某一種
> 欲望的願望。[16]

其全文即主要是以Frankfurt的觀點，來發掘出孟子「大體」與「小
體」之分的意義。而且在此一文末了，有下列一段極為重要的分析：

> 然則，孟子擁有怎樣的自我概念呢？他的自我概念可體現於
> 「仁、義、禮、智根於心」（語見《孟子》〈盡心上篇〉）中，
> 在善養浩然之氣而期能充塞宇宙，盡心知性的肯定上。基於這
> 一肯定，他將自己與禽獸區別開來，並將此一區別視為價值上
> 的區別；也因為如此，他無視耳、鼻、口、目等之所好所欲為
> 性。他的自我概念其實等同於他對人的概念。[17]

他在上述話語裡面，重點在於說明，孟子發明了：

（1）孔子說的仁、義、禮、智諸概念，乃是來自於人的本心之道
　　　理。

---

16 黃慧英：〈價值與欲望──孟子「大體」與「小體」的現代詮釋〉，收入於蕭振邦主
　編，《儒學的現代反思》（臺北：文津出版社，1997年），頁103-119。

17 黃慧英：〈價值與欲望──孟子「大體」與「小體」的現代詮釋〉，收入於蕭振邦主
　編：《儒學的現代反思》，頁115。

（2）不但如此，由本心培養出來的浩然之氣，可以充塞於天地之間，則是此一本心工夫論上的成就。

（3）他又以此作為人類與禽獸之分的最大根據，此為其在價值學上的最大成就。

（4）相對而言，他認為，人之所以為人，不在發揚耳、鼻、口、目等方面的感官之欲。

用一句話語來說，孟子哲學的特色，在於建立一種德性本心論，或性善論。而且更有一套獨特的浩然之氣論，作為超越孔子之上，同時重視人類精神價值的提升之工夫論。然而，今試問：孟子何以能夠有此一特色與貢獻呢？這是本文將要探究的重點所在。

四　孟子的論辯性格從其思考方法上說孟子哲學思維方法的特色

（一）何謂哲學的特色？

在討論本文這一個主要問題之前，有一個基本概念必先在此澄清；即何謂哲學的特色呢？亦即一家哲學與其他哲學的比較中，我們從中可能發現的不同之處。譬如：在孟子之前有墨子；後者的基本命題是「視人之國，若視其國；視人之身，若視其身；視人之家，若視其家。」；此意為「視人猶己」（已接近耶穌說的「視鄰人若己」）。但是，孟子則肯定人性的本質為「親親」（所謂「親親，仁也。」）；也就是說，若要去愛人，則必須先從自己的親人開始；而此能夠延續了孔子重視三年之喪的習俗，也構成了儒家哲學的一種特色。然而，我準備在此進一步提問，就是若將孟子與孔子的哲學作比較，孟子哲學又有什麼特殊之處呢？

今從《論語》的對話情形來論，孔子對於各種問題是從個人經驗中，表達出他對於生命超越者與一般缺乏道德修養者的差異（例如：分別「君子」與「小人」的不同；又如說明君子的人格特質與境界是如何呢？），卻少有與學生或者當時的諸侯進一步在思辨上進行闡發。然而，在《孟子》中，我們發現：它不但能夠用運用一套儒家少有的論辯性格，而且形成其學說又具有相當說服力的事實。所以今天我們若懷疑先秦儒家中沒有論辯能力的學者，最好從《孟子》哲學中尋找。

（二）孟子的論辯性格之表現

為了清楚瞭解孟子論辯性格的表現，我將從他與學生、當時的諸侯、君王，到當時的哲學家——告子、許行，乃至其哲學的重要對手——墨者夷之等人的論辯中，來說明其論辯性格的表現。

1 從學生萬章與孟子論辯「象封之有庳」的傳說事件中，瞭解孟子的論辯性格

由於篇幅關係，論者祇能以萬章用「兩套標準」來質疑「象曰以殺舜為事，立為天子則放之，何也？」的事件上說明其重要的學術論辯性格。

孟子回說：「封之也，或曰放焉。」；《朱子集註》則曰：「放，猶置也。置之於此，便不得去也。萬章疑舜何不誅之？孟子言舜實封之，而或者誤以為放也。」[18]；今依朱子的解釋，孟子對於意圖謀反的親人，不但不加以處罰，還去封地給他。

這是基於什麼道理呢？今先由萬章的進一步疑惑來論；萬章曰：

> 舜流共工于幽州，放驩兜于崇山、殺三苗于三危、殛鯀于羽山，四罪而天下咸服，誅不仁也。象至不仁，封之有庳，有庳

---

18 朱熹：《朱子集註》（臺北：黎明文化圖書出版公司，2007年），頁333。

　　之人奚罪焉？仁人因如是乎？在他人則誅之；在弟則封之矣！

　　（見《孟子》〈萬章上篇第四節〉）

　　此「在他人則誅之；在弟則封之矣！」就是說，對於自己的親人「獨厚之」，但是對於他人則「重判之」；這不是「兩套標準」嗎？所以在此我首先認為：在孟子哲學中，固然有論辯精神，而此精神，也體現在他的教學實踐中，這顯然與孔子的教學實踐有所不同（雖然孔子重視學思並重的原則）。

　　而且，從萬章的論述裡面，我們明顯地可以看到；例如在他論述中的理據（事實根據）是很強大的；就是，舜曾經將共工「流放」（即今天的「驅逐出境」）到幽州、流放驩兜到崇山、又殺了三苗於三危、更殺了因治水無功的鯀（禹的父親）於羽山；因為這一些人被認為「不仁」，所以舜將他們通通給殺了。結果，天下人皆因此服從舜的領導與統治。然而，現在對於自己有罪的弟弟（象），不但不殺，還封他為有庳地區的行政長官。

　　基於此，才有萬章的質疑。而此提問，能從一個根本問題上提出，問老師在logic上是否能夠成立的：「對於別人有罪就殺，對於自己有罪弟弟則可以不殺，而且還冊封他為王。」。又，這是什麼標準呢？今從logic上來分析，A（有罪者或無功者）→B（殺之）；但是祇用於C（親人之外的人）。於是，在A→B的公式之外，有了C「例外」（嚴重的例外）形成了。於是，問題也隨之而來了！這就證明：孟子與學生研究問題中，能夠運用到矛盾律。

　　然而，孟子的答覆卻是：「仁人之於弟也，不藏怒焉、不宿怨焉，親之而已矣。親之，欲其貴也；愛之，欲其富也。封之有庳，富貴之也。身為天子，弟為匹夫，可謂親愛之乎？」。

　　今依朱子的說法是：「幽州、崇山、三危、羽山、有庳皆地名也。或曰，今道州鼻亭即有庳之地也。未知是否萬章疑舜不當封象，

使彼有庫之民無罪而遭象之虐？」[19]。

那麼，朱子於此又提出另一種重要之質疑。至於，趙岐的解釋則為：「孟子言仁人於弟不問善惡，親愛之而已。封者欲使富貴耳。身為天子，弟雖不仁，豈可使為匹夫也？」[20]；這已說明，孟子闡揚之道理與現代民主的政治中的「法律之前人人平等」的理念有相當大的認知差距。

可是現在我主張：回到孟子的基本命題；即以「親親，仁也」為基本命題，而建立之「親親而仁民，仁民而愛物」的「有差等的愛」，去先做同情的理解。換言之，我們今天討論的是孟子在他的時代，以他的學說所做出的回應。我們必須瞭解一個重要的歷史事實，就是孔孟哲學的產生，皆處於上古中國社會中，存在的血緣關係所建立的道德主體文化極有關係；例如孔子說：

> 宰我問：「三年之喪，期已久矣。君子三年不為禮，禮必壞；三年不為樂，樂必崩。舊穀既沒，新穀既升，鑽燧改火，期可已矣。」子曰：「食夫稻，衣夫錦，於女安乎？」曰：「安。」「女安則為之！夫君子之居喪，食旨不甘，聞樂不樂，居處不安，故不為也。今女安，則為之！」宰我出。子曰：「予之不仁也！子生三年，然後免於父母之懷。夫三年之喪，天下之通喪也。予也，有三年之愛於其父母乎？」（陽貨：21）

今使用白話文來說如下：宰我問：「三年守孝期太長了，君子三年不行禮，禮必壞；三年不奏樂，樂必崩。陳穀吃完，新穀又長，鑽木取火的老方法也該改一改了，守孝一年就夠了。」孔子說：「三年內吃香飯，穿錦衣，你心安嗎？」「心安。」「你心安你就做吧。君子

---

19 朱熹：《朱子集註》，頁334。

20 朱熹：《朱子集註》，頁74。

守孝，吃魚肉不香，聽音樂不樂，住宅不安，所以不做，現在你心安，那麼你就做吧。」宰我走後，孔子說：「宰我真不仁德，嬰兒三歲後才能離開父母的懷抱。三年的喪期，是天下通行的喪期。難道他沒得到過父母三年的懷抱之愛嗎？」

　　當然，這在現代重視民主、自由、平等、公義的社會中，顯然無法被理解，甚至是不為今天大眾能接受的；因為宰我講的道理是合乎現代社會的要求。可是，若就中國儒家的傳統來說，一種以血緣關係的社會，講的是以親情為主的道德。或說以「孝」為核心構成的文化與哲學，「孝」被認為是核心的部分。所以孔子的門生曾子說：

　　慎終追遠，民德歸厚矣。（學而：9）

這是說：認真辦理喪事、深切懷念先人，社會風氣就會歸於純樸。換言之，儒家都是以斤斤計較的方式來講有關孝道中的三年之喪的大事的。所以孔子曾說

　　父在，觀其志；父沒，觀其行；三年無改於父之道，可謂孝矣。（學而：11）

孔子說：「父親在時世時看其志向，父親死後看其行動，三年內不改父親的規矩習慣，可算孝了。」

　　所以這句話正好可以回應宰我對於儒家主張三年之喪的重要意義有二：

　　一、先秦儒家是一種以「孝」為核心的感性文化。二、但孔子並非不重視理性的思辨；例如宰我問曰：「仁者，雖告之曰：『井有仁焉。』其從之也？」子曰：「何為其然也？君子可逝也，不可陷也；可欺也，不可罔也。」（雍也：26）；宰我問：「作為一個仁慈的人，

如果有人告訴他：『有個仁慈的人落井了』，他會跳下去嗎？」孔子說：「怎麼能這樣？君子可以去救人，卻不可陷進去；可以受欺騙，卻不可以盲目行動。」

這已證明孔子也能夠以理性作為思考道德問題時的方法。但，他顯然是重視在儒家道德實踐脈絡之下的思辨。所以我們必須跟隨它們的哲學語言背後的意義去瞭解他主張的「親情優先」原則的道理。否則，則落入以今之標準去論斷古人之是非，是一種漠視古代背景之下的錯誤詮釋（Otherwise, it falls into the present standard to assert the right and wrong of the ancients, is a disregard for the ancient background under the misinterpretation）。

基於此，我主張：我們今天為了要理解中國古代經典，必然先要回到其時代背景裡去研究，至少，這才能瞭解事實的真相。或說，若要瞭解古人的學說，必須回到《左傳》的時代去研究歷史文化的真相。是一個講「親親之愛」（以親人為優先）的宗法社會。[21]在那一種社會中的法律，顯然與現代講「萬民一律平等」的現象不同。

再者，更重要的是，我們必須瞭解原儒孔孟說的「仁」，究竟落實在現實裡頭，包括：什麼基本精神呢？例如：在《論語》一書中，有一件事，可以說明，這一切就是儒家——孔子所講的「仁道」，也是擁護「親人利益」，而且是超越法律之上的；例如：葉公語孔子曰：「吾黨有直躬者，其父攘羊而子證之。」；孔子對曰：「吾黨之直者異於是；父為子隱、子為父隱，直在其中矣！」（見《論語》〈子路：18〉）。

現在我們再看朱子的解釋；他說：「天子相隱，天理人情之至

---

21 「周之有懿德也，猶曰莫如兄弟，故封建之，其懷柔天下也，猶懼有外侮，扞禦侮者，莫如親親，故以親屏周，召穆公亦云，今周德既衰，於是乎又渝周召，以從諸姦，無乃不可乎，民未忘禍，王又興之，其若文武何，王弗聽，使頹叔，桃子，出狄師。」（左傳·僖公二十四年）

也。故不求為直而直在其中矣！」；他又引之謝氏曰：「順理為直，父不為子隱，子不為父隱，於理順邪？瞽瞍殺人，舜竊負而逃遵海濱而處，當是時，愛親之心勝其於直，不直何暇計哉？」[22]；凡此，皆可證明，儒家在作「道德判斷」（moral judgment）時，所持的道德法則（moral law）是以「親人」為優先；原因是認為，這是天理人情（即發自內心的本性），且認為應該如此才對（ought to do by the human heart）。

因此，先秦儒家擁有他們一套獨特的看法，所以最後成為來自對於道德判斷的「應然」之理，而非基於外在事實本身的需要（例如：西方道德論學派）的「實然」如此（ought to be by the fact），乃是從人類平等的需要開始得思維法則。

今再進一步從孔子的「直」的概念來分析此理，孔子有下列論述；例如

（1）子曰：「人之生也直，罔之生也幸而免。」（見《論語》〈雍也篇　第十九節〉）；朱子引程子曰：「生理本直，罔不直也而亦生者，幸而免爾。」[23]；此意謂，孔子以「直」為人天生的德性，但是後天迷惘不知，而成為不正直的人。故基本上，孔子欣賞正直的美德。而且重點在於，他認為人天生的德性是美好的。然而，經過後天社會的不斷薰染之後，反而成為一位「不夠真誠的人」。故他主張的「父為子隱，子為父隱，直在其中矣！」，原來是指他認為的人性本來應該是如此的緣故。那麼，主張以正直來超越法律的要求，是從這裡得真誠上說的（當然他並非主張人們去偷竊）。故我以同情之理解，作為重新詮釋孔子重視一種發自天生德性的正直，乃是認為：先秦儒家是以「情」為優先的道德判斷為主要原則，以彰顯儒家如何以「親親為重」來建構其具有內在價值的意義。

22　朱熹：《朱子集註》，頁151。

23　朱熹：《朱子集註》，頁98。

（2）但孔子並非只講此「直」，例如在《論語》中，他說過：「好直不好禮，其蔽也絞。」（《論語》〈陽貨：7〉）；或「直而無禮則絞。」（《論語》〈泰伯：2〉）的話；按「絞」，即亂也。由此可見，孔子是反對無禮法之「直性子」的。[24]

經由以上分析可知，孔子並非贊成不遵守禮法的「正直」。而且祇是認為，來自於人類最深層的守禮教的「直德」，才是他肯定的。這就是說，如果沒有禮法作為「配套條件」，則將形成混亂的局面；今試問，這是多麼重視禮法的證據啊！所以，這樣的解釋正可以用來反駁一切人指責說的，孔子贊成「父為子隱，子為父隱，直在其中矣！」的諸多解讀上產生的迷失。這有就是孔子教導的「四十而不惑」的真正道理。

今回到孟子哲學上述對於遵守法律的看法。那就是說，他的法律觀念是以「人情」為主要精神所建立起來的；即在一般情況底下，凡違反國家法令的人（包括：公務人員執行其政策不力；例如：鯀治水無功。），則將遭判處死刑。但是，由於其哲學精神為「親親之愛」；所以，此又形成一種法律中的極大之例外。

也就是說，孟子的法律觀念建立在以「親情」為主要精神之上，所以有學生萬章出來質疑其合理性；例如：他說道：「仁人之於弟

---

24 例如對直性子的子路這樣去評論過：子路曰：「衛君待子而為政，子將奚先？」子曰：「必也正名乎！」子路曰：「有是哉，子之迂也！奚其正？」子曰：「野哉由也！君子於其所不知，蓋闕如也。名不正，則言不順；言不順，則事不成；事不成，則禮樂不興；禮樂不興，則刑罰不中；刑罰不中，則民無所措手足。故君子名之必可言也，言之必可行也。君子於其言，無所苟而已矣。」（子路：3）；子路說：「如果衛國的君主等待您去執政，您首先要做的是什麼？」孔子：「一定是糾正名分呀！」子路說：「是這樣的嗎？你太迂腐了，糾正名分有什麼用？」孔子說：「你太粗野了！君子對於不懂的事情，一般都採取保留意見。名分不正當，說話就不合理；說話不合理，事情就辦不成。事情辦不成，法律就不能深入人心；法律不能深入人心，刑罰就不會公正；刑罰不公正，則百姓手足無措，不知如何是好。所以領導做事必須說得通、說話必須行得通。領導說話，絕不隨便、馬虎。」

也，不藏怒焉、不宿怨焉，親愛之而已矣！親之，欲其貴也；愛之，欲其富也。封之有庳，富貴之也。身為天子，弟為匹夫，可謂親愛之乎？」（引證同上）。

今依趙岐《孟子章句序》一書之註釋。他認為：「孟子言仁人於弟，不問善惡，親愛之而已。封者，欲使富貴耳。身為天子，弟雖不仁，豈可使為匹夫也？」[25]；這很明白說明了，一切皆必須以「親愛親人」為先行之必要！於是，即產生萬章批評的「兩套標準」。

然而，孟子顯然不是主張兩套標準的人，否則其學說是無法自圓的。

至於，在人倫道德制度或運用政治時，對於自己親人，是講親愛優先的原則。但是，其學生萬章又追問說：「敢問，或曰放者，何謂也？」；此意謂，實質上，象是被放逐在有庳這個地方去。孟子回答曰：「象不得有為於其國。天子使吏治其國，而納其貢稅焉。故謂之放，豈得暴其民哉？」；此意謂，犯罪的象，雖得不死而被流逐在有庳這個地方去，但是不能成為老百姓的典範（即「不得以其行為為教化」）。所以，舜又必須使喚官員代替其治理當地事務，並且為他收納貢稅。此一情況就好像被「放逐」一般了。其目的在於讓有庳此地方之人民的利益，不會受到任何侵害。[26]

孟子又曰：「雖然，欲常常而見之，故源源而來。不及貢，以政接于有庳，此之謂也。」趙岐註道：「雖不使象得豫政事，舜以兄弟之恩，欲常常而見之無已，故源源而來，如流水之與源通，不及貢者，不待朝貢，諸侯常禮乃來也。其閒歲歲自至京師，謂若天子以政事接見有庳之君。實親親之恩也」[27]此意謂，雖然這樣，舜常常想見

25　蘇雪林等著：《四書讀本》，頁74。

26　以上註釋摘錄自趙岐註解：「象不得施教於其國天子，使吏代其治而納貢賦與之，比諸見放也。有庳雖不得賢君，象亦不侵其民也。」（同註2，頁74）。

27　蘇雪林等著：《四書讀本》，頁74。

到弟弟，所以不斷叫象來朝見他。此即古書上說的：「來不及等到諸侯朝貢的日子，卻經常假藉以詢問政事的理由接見他。」；也就是這個意思。又論此章係指：「言懇誠于內者，則外發於事仁。人之心也。象為無道極矣。友于之性志其悖逆，況其仁賢乎。」[28]

由此可知，孟子在其論辯中，實以自孔子以來建立的，以「親情為本質」的基本人倫道德命題，來建立一套「擁有普遍善惡原則」之外的命題；亦即，他所說的：「親親，仁也」或「親親而仁民，仁民而愛物」，所表現出來的基本命題。

故今進一步地，從以上一段話語的分析中可知，萬章與孟子的論辯裡，呈現出一種重要事實；即說明孟子論辯的性格，實表現為以下三個重點：

一、萬章敢於對古代傳說中的故事，其中容易令人產生疑竇的部分，進行批判（即在道德判斷的作法上，進行論辯）；這顯然是在《論語》中少有出現的情形。至於，在整部《孟子》裡，孟子與其他學生的論辯也不算少。但以《萬章上篇》來說，就有九次的紀載；其中以上述的，「象封之有庳」的論辯最為激烈。

二、孟子所使用的論據是儒家孔子建立的，以「人情義理」為本的禮法論述，也就是基於人類原始本性（親愛親人）作為論據。所以，與同樣也愛好論辯的墨家，所持的基本論據——「視人如己」，形成相當大的差異。此所以形成孟、墨學說區別的主要原因。

三、在孟子與萬章的對話裡頭，使用的思維方法有相當程度上，是使用了墨家的邏輯（logic）推理；在萬章的方法上，的確使用了一個普遍的邏輯（logic）法則，即A（有罪者）（必然）→B（定罪）。但是，依照他在評論舜的作法是，例外地不給象來定罪時，使用儒家血源關係原則。所以封他到有庳的地方去做官。

---

28 蘇雪林等著：《四書讀本》，頁74。

　　孟子所持的理由是：「仁人之於弟也；不藏怒焉、不宿怨焉，親愛而已矣。」；此意謂，凡遇到C（於親人）之情況，則禮法將受到D（親情）的條件而左右，則上述公式必須「急轉彎」；此一「急轉彎」顯示出，孟子或儒家非常堅持的一點，就是親愛自己親人的古代社會所強調的人倫原則。所以我們不能使用今天法律之前，人人必須平等的眼光去評論其是非。

　　不僅如此，我主張認識孟子哲學最重要的部分，是瞭解他是怎樣以先驗界的方法來建立一套性善論？換言之，以上的論辯實例，與其「親情優先原則」有極為密切的關連。

　　我準備從以下的這張重要比較先秦墨家與儒家思維異同表，來說明「親情優先原則」的真相。

比較先秦墨家與儒家思維異同表

	墨家思維的重要特色	先秦儒家的重要思維方法的特色
重視墨家邏輯	具有現代邏輯的思維方法 證據1 墨子學說中的三表法。 證據2 墨家重視「何以故」的論述方法。	吸收墨家的矛盾律： 證據1 孟子評論夷子之口是心非 證據2 孟子能夠回到現實社會中，以人欲好「不齊一」，來反駁許行的「萬物齊一」的論述。
重視親情的優先原則	反對：根本反對。而以「普遍的兼愛原則」替代。	重視親情優先原則 證據1 子曰：「子為父隱，父為子隱，直在其中矣！」 證據2 孟子曰：「仁人之於弟也，，不藏怒焉、不宿怨焉，親愛之而已矣！」

	墨家思維的重要特色	先秦儒家的重要思維方法的特色
重視禮法原則	反對：如主張：節葬、非樂。	非不重法，而是重視傳統社會之禮法 證據1 孔子曰：「好直不好禮，其蔽也絞。」 證據2 孔子曰：「直而無禮則絞。」

　　我們若能仔細分辨出存在於墨家盛行的孟子哲學，就是設法維護孔子發揚的周公禮教。所以孟子使用的思辨方法雖然吸收部分的墨家的論理的方法，但他依然緊守儒家血源關係為本的思維方法；如他反對墨子重視的理性主義的方法之外，對當時齊一的許行哲學是根本反對，似乎就是儒家中是有差等的愛的關係。而這樣的思路，也讓我們瞭解到，我們必須從這一重要角度，去進入其強調親人優先的根本原因。

2　從孟子對於諸侯、君王的辯論裡，看其論辯之性格與特色

　　其次，為瞭解孟子的論辯方式，再看其與諸侯們的論辯表現吧！例如墨子以「行然後服」的論點，試圖說服了公孟子。但是，當時的公孟子卻以「何以知其然也？」來反問墨子。其全文如下：

> 公孟子載章甫搢忽、儒服，而以見子墨子。曰：「君子服然後行乎？其行然後服乎？」；子墨子曰：「行不在服也。」。

　　這顯然祇說出他的主張。但是，同一時代的公孟子，已經學會運用墨家式的問法，道：「何以知其然也？」這一段話，如同子墨子曰：「問於儒者：『何故為樂？』」；對曰：「樂以為樂也。」；子墨子曰：「子未我應也。今我問：『何故為室？』曰：『冬避寒焉，夏避暑焉，室以為男女之別也。』則子告我為室之故矣。」。今我問：「何故

為樂？」；對曰：「樂以為樂也。」；是猶曰：「何故為室？」；對曰：「室以為室也。」。

簡單地說，墨家注重探究定義的清楚與分析原因時的邏輯性。或者說，形成 A（概念）與 B（理由）之間，必須有清楚的邏輯性；其目的是將事物或問題中的理由找出來。

例如同上述的，祇問到「為何從事音樂呢？」時，而祇會回應：「音樂的目的在於娛樂的緣故部分。」。反之，墨子所想要的答案，卻是如問，房子建造的原因何在呢？因此，對方應從「冬可避寒、夏可避暑，又可區別男女。」等重要的客觀因素去回應。這構成墨子思辨方法的重點，所以會認為儒者定義的不清楚。

但這是事實嗎？例如：《孟子》〈梁惠王上篇第一章〉紀載道來分析：

> 孟子見梁惠王。王曰：「叟！不遠千里而來，亦將有以利於吾國乎？」；孟子對曰：「王何必曰利？亦有仁義而已矣！王曰：『何以利吾國？』；大夫曰：『何以利吾家？』；士庶人曰：『何以利吾身？』。上下交征利，而國危矣！萬乘之國，弒其君者，必千乘之家；千乘之家，弒其君者，必百乘之家。萬取千焉，千取百焉，不為不多矣。苟為後義而先行，不奪不饜。未有仁而遺其親者也，未有義而後其君者也。王亦曰仁義而已矣。何必曰利？」。

通常或許會有人提出這樣的疑惑說：「上下交征利，而國危矣！萬乘之國，弒其君者，必千乘之家；千乘之家，弒其君者，必百乘之家。萬取千焉，千取百焉，不為不多矣。」；這樣的論述，是基於何種思維法則？我的回應是根據孟子曾說：「仁，內也。」（見〈告子上篇第4章〉）；「仁，人心也。」（見〈告子上篇第十一章〉）；「仁也者，

人也。」（盡心下：16）；「親親，仁也。」（告子下：3）；「仁，人之
安宅也。」（離婁上：11）等相當清楚的論述，可知：孟子的思維顯
然是根據以上這些重要的命題出發。仔細說，孟子的哲學基本命題，
是來自內在的本心之仁道。所以孟子這樣紀載說：

> 王子墊問曰：「士何事？」孟子曰：「尚志。」曰：「何謂尚
> 志？」曰：「仁義而已矣。殺一無罪，非仁也；非其有而取
> 之，非義也。居惡在？仁是也；路惡在？義是也。居仁由義，
> 大人之事備矣。」（盡心上：33）

換句話說，他是以內在的仁心，來回應梁惠王之好利之心，所以
才有「上下交征利，而國危矣！萬乘之國，弒其君者，必千乘之家；
千乘之家，弒其君者，必百乘之家。萬取千焉，千取百焉，不為不多
矣。苟為後義而先行，不奪不饜。未有仁而遺其親者也，未有義而後
其君者也。王亦曰仁義而已矣。何必曰利？」的論述。所以我們要瞭
解孟子的思維方法，必須先去把握上述的基本命題。反之，若只知片
面去根據一段話，就講要瞭解孟子在這裡那裏這樣說，是不容易瞭解
其原意的。

進一步來說，孟子屢屢將「仁義」並舉成為一個嶄新的概念；例
如曾說：「人之所以異於禽獸者幾希？庶民去之，君子存之。舜明於
庶物，察於人倫。由仁義行，非行仁義也。」（離婁下：19）；此意
謂，要成為一位君子，必須保存人具有仁心。所以此時的「仁義」，
不是指墨子式的，祇是作為外在的行為法則，[29]而是必須來自於人內

---

29 墨子之「義」與「儀法」是相通的；「法儀」乃是外在的標準或準繩，故其「義」
  也是一種外在的道德標準。今首先講《墨子》〈法儀篇〉上的「法儀」為何呢？墨
  子曰：「天下從事者，不可以無法儀，無法儀而其事能成者無有也。雖至士之為將
  相者，皆有儀法；雖至百工從事者，亦有儀法。」但是，此一儀法的根據何在
  呢？他說：「莫若法天。」；而天的意志又何在呢？他又說：「天必欲人之相愛相

心的行為法則。

於是孟子又講說：「仁，人心也。義，人路也。曠其宅而弗居，舍其路而弗由，放其心而不求哉！人有雞犬放，則知求之。有放心而不知求。學問之道無它，求其放心而已矣！」（告子上：11）的基本而重要的論述。[30]這就是說，我們一生最重要的，就是能夠體會出人心——仁心的存在，並以此心去開啟一條合乎道義的的路去行。

不過，今回到孟子謁見梁惠王一文上的論述時，我必須指出，孟子受到墨子思維方法影響的「痕跡」依然是極為深遠的；譬如：論述一個道理的方法時，彼此的思維方式是很相近的；例如：墨子論兼愛之理中，經常會反覆述說明一種現象；諸如：從君臣之間、父子之間，乃至兄弟之間，假設一種事實存在時（自私自利），就會形成「互不相愛」的局面，就是形成「亂源」。所以，這是一種「結果論」的講法。其目的，在於說明兼愛的必要性；「聖人以治天下為事者也，不可不察亂之所自起。當察亂何自起！皆起自不相愛。」；但是，何以形成不相愛呢？在此，他所使用的是論理學上的「枚舉法」。茲比較墨子是如何論其理的？

墨子說：「臣子之不孝君父，所謂亂也。子自愛不愛父，故虧父而自利；弟自愛不愛兄，故虧兄而自利；臣自愛不愛君，故虧君而自利。此皆所謂亂也。」（《墨子》〈兼愛上篇〉）。

值得注意的是，墨子以五倫關係中（君臣、父子、兄弟）的「自

利，而不欲人之相惡相賊也。」。又談到他的「義」時，在《墨子》〈天志下篇〉一文裡，他說道：「天欲義而惡其不義者也。」。但是，「義」是什麼也？墨子曰：「義者，正也。」。然而，「正」又是什麼呢？他還說：「然而正者，無自下正上，必自上正下。」。因此使用於治理國家時，亦即領導人的命令就是老百姓必須絕對服從的法令與真理。如此構成的社會規範，就稱作「義」。故「義」的概念，完全就當作形容外在法度的正確之道德名詞，此與孟子發出本心的「義」，則是截然不同的意思。

30 譚宇權：《孟子哲學新論》（臺北：文津出版社，2010年），頁135。

私自利」，作為造成天下大亂的最後根源來論。同樣地，孟子在批評濁世時，也是從「自私自利」上進行批判；例如：他說道：

「王曰：『何以利吾國？』；大夫曰：『何以利吾家？』；士庶人曰：『何以利吾身？』。上下交征利，而國危矣！」（見《孟子》〈梁惠王上篇第一章〉）。

也就是說，無論君王、卿大夫、士庶人，乃至「全國人民」等，都在「自私自利」上去求。其結果是，國家則將陷入空前的「危境」裡面。故孟子在論述的方式上，與墨子確會出現相似處；都是以「人人自利」或「自利」為中介物，去歸咎形成國家的空前危機的原因，只是孟子與墨子是不同的愛的進路。

所以若用現代倫理學的派別來說，孟子延續孔子一切以「仁義」為思考方向，或作為道德判斷的法則來論，墨子則顯然講的是倫理學上的效益論。[31]然而，因為孔子走的是義務論的路線，所以繼承者——孟子以存心（從此內在之心出發），也是一種動機論是很明顯的。[32]

後者的主要論點是，當我們做一件善事時，祇重視「出於義務」（for the duty）而行之[33]。或許，有人會問，孟子屬於何種「義務

---

31 林火旺在《倫理學入門》中，曾指出：「所謂效益主義，就是以行為產生的整個結果（overall consequences）去決定行為的道德正當性。更具體地來說，一個道德上對的行為，就是在所有可能選擇的行為中，其結果能產生最大量善或最小量惡的行為。反之，而所謂錯誤的行為，就是其結果不能產生最大量善或最小量惡的行為。」見氏著，如以上揭引文（上海：上海古籍出版社，2005年），頁73。

32 此種區分依然是西方倫理學的分類；在古代中國哲學裡確實有這兩種倫理學的分類（the ethical categories）；例如：孔子、孟子以及其他儒家學派，主張「仁」（humanity）、「義」（righteousness）、「禮」（propriety），卻輕視成果（accomplishment）與利益（profit）的獲得。但是，墨子則相反。他強調兩種觀念：興天下之利與除天下之害。墨子所強調的概念與行為乃是取決於他們能夠帶來整個國家及人民利益。見郭尚興、王超明編著：《英漢中國哲學辭典》（河南：河南大學出版社，2002年），頁205。

33 因此，依康德（kant）的觀點，康德（kant）的義務論還區分為出於義務（for the duty）與合乎義務（according to duty）；後者包括：個人的性好（individual inclin-

論」者呢？我的回答是「出於義務」（for the duty）的義務論標準，故孟子乃是合格的義務論者。

例如孟子曾經說過：「愛人不親，反其仁；治人不治，反其智；禮人不答，反其敬。行有不得，皆反求諸己。」（《孟子‧離婁上4》）；即當一個人去愛人時，在未能得到對方善意的回應時，還本諸「凡事先檢討自己」的原則底下，繼續改進愛人的方法去愛別人；此就表示說，其愛人的方式不是因為，為了達到任何可能自我的目的。所以，孟子近乎是康德（kant）理想的義務論者。[34]

更重要的論據是，《孟子》〈公孫丑上6〉上，孟子說的：「今人乍見孺子將入於井，皆有怵惕惻隱之心，非所以內交於孺子之父母也，非所以要譽於鄉黨朋友也，非惡其聲而然也。」；此即「無目的之目的」的去幫助別人（This is to help others for no purpose），便可以證明，孟子的義務論實有資格成為康德（Kant）的理想之義務論者，此乃因孟子也主張「出於義務」（for the duty）的義務論（純粹的義務論）。

相對而言，墨子在〈兼愛中篇〉開始說道：「仁人之所以為事者，以興天下之利，除天下之害，以此為事者。」；可知，墨子所講的仁人行為的標準，乃是為了達到「興天下之利，除天下之害。」的最終目的。而且，祇是為了「天下之利」的效果（此有如西方功效論者說的：「符合最大多數者之最大利益」），故墨子純粹是一種結果（或以天下之利為效果）之效益論者。

但是，如上述的，孟子的邏輯論述，也使用「枚舉法」作為推論之基礎，此與墨子之論證實無二致（Mencius's logic, also used the

---

ation）的義務；例如：在幫助於人中，如果為了能夠滿足個人的性好，而去幫助之（此也在於康德排斥之外的）。前者則是除了不計任何代價之外，也完全存在無任何目的（包括：個人性好）所作的善良之好行為的出發點。我以為，孟子則完全符合此一套行為標準。故孟子實為康德（kant）理想的純粹義務論者。

34 所謂近乎，乃指與康德（kant）理想的義務論者有相似之處，但並非如牟宗三說的兩者可以等同起來；因為東方哲學家一般重視的是實踐進路。西方哲學家則重視知識學進路。

"enumeration method" as the basis for inference, which is no different from Mozi's theory.）所以，我們可以合理地肯定，孟子確實有受墨子的思維方法影響的痕跡。不過，但他在實際進行道德論述時，則依然使用體會的方式；這已表現儒家的思考特色。所以我在這裡必須一一加以澄清，才進一步去分析其論辯方法對中國哲學發展的具體貢獻。

明白說，孟子原本是基於先驗界的「本心」（仁心）作為「立論基礎」。所以，他不僅排斥追求現實的「自私自利」（上下交征利之「利」），而且是在別人只追求一切「利益」時，便出現極大的反感。因此，他在這段話中，繼續地說道：

> 「苟為後義而先利，不奪不饜，未有仁而遺其親者也，未有義
> 而後其君者也，王亦曰仁義而已矣。何必曰利？」（見《孟子》
> 〈梁惠王上：1〉）。

總之，今從孟子的邏輯性上來分析，乃可知這是一種完全是出於義務（for the duty）的哲學論述或本諸「本心」（仁心）所作為應當做的行為（為義務而義務的行為），而非為了達到某一種目的之手段而已。故「先義而後利」遂成為孟子與諸侯、君王之間論辯的主要根據。這個道理，我還可以從以下的分析，讓讀者來瞭解其中的道理。

今論孟子的學說乃是一套由「內聖」而達到「外王」的學問。誠如上述，他以「仁心」作為修養的中心（內聖功夫）；當一個國君擁有此一工夫時，則必將「仁者無敵」。此應用於自身修養上來說，在內聖方面則是好好對待父母；在外王方面，就是好好對待君主了！但是，由「未有仁而遺其親者也，未有義而後其君者也」的論述來說，又若從邏輯來分析，「未有……遺」就是一種連續使用的否定詞，若依照「負負得正」的邏輯規則，仁者必重視自己親人。又依照「未有……後」的連續否定詞，且依「負負得正」的邏輯推理，則義者乃

是本諸仁心，必重視自己的君主。換句話說，孟子使用墨者的邏輯來論述孔子遺留下來的道理，乃是一件很明顯的事實。

基於此，我認為孟子在論辯上的特色表現包括：一、模仿墨子的論辯方法進行重要的論述；包括：上述的「枚舉法」與「邏輯推論法」。而且是有效（valid）的推論，孟子說的「仁」乃是發自內心的自我要求，因此推至父母與君王，均為有效。二、孟子論述的是義務論，所以在目標上顯然不同於墨子。然而經過以上的分析可知，他在概念的澄清與論理方法上，均有相當大的突破；包括：上引的孟子對於「仁義」並舉定義的釐清與以枚舉法作為推理的最大根據。不過，此一突破，顯然與孟子時代是墨家思想極為盛行的時代有關（例如：孟子曾說：「天下之言，不歸楊，則歸墨。」（見《孟子》〈滕文公上：9〉）。

3　有關於孟子人性論上論辯的特色

今以告子（戰國初期一位很重要的思想家）來說，乃是一位經驗世界的客觀人性論者（可惜他的著作沒有完整留存下來）。以至於，無法我們今天瞭解到，一般不能從告子立場去批評他與孟子在人性論上的論戰，究竟誰是誰非呢？

但我要問的是，這樣的詮釋是對的嗎？根據我一再強調的同情之理解原則，我們若能夠回到今文本《孟子》去研究其哲學系統之梗概，或許就可以思過半矣（In accordance with the principle of understanding of compassion that I have emphasized, if we could go back to the present text Mencius to study the outline of its philosophical system, we might be able to think half way through.）。

大體上而言，告子是一位站在「經驗界的向度」來論述一切的思想家。所以，他使用的是一套不同於孟子的哲學語言。而這套哲學語言，是從現實界來論人性究竟是如何的人？因此，才有「生之謂性」

（「性」係指經驗界所產生的自然物）的基本命題。故他曾比喻說：
「性，猶杞柳也。義，猶桮棬也。以人性為仁義，猶以杞柳為桮棬
也。」（見《孟子》〈告子上：4〉）。

用今天的話來說，告子把「天生的」視為猶如一種「杞柳」一樣
的「自然物」。但是，又把「義」是為經過人工製造出來的「桮棬」
（吃飯的器皿）一般。所以呈現出他的思路是在客觀的自然界中，去
反省人性之究竟。但，以這與孟子的：「將人性重新由仁義上說人應
該如何」全然有別。所以這時候孟子說的人，以不等於一般的動物，
而是超越一般禽獸之上，是有道德的動物。所以，依此一基本命題的
不同，孟子有下列的論述，而使用「率天下而禍仁義」的人身攻擊語
言對告子說。他說道：

> 子能順杞柳之性而以為桮棬乎？將戕賊杞柳而後以為桮棬也。
> 如將戕賊杞柳而以為桮棬，則亦將戕賊人以為仁義與？率天下
> 而禍仁義者，必子之言夫！（引證同上）。

對於此一段話語的歷代不同學者的註解多矣！今以朱子的註解來
論；他說：「言如此，則天下之人皆以仁義為害性而不肯為。乃是因
子之言而為仁義之禍也。」[35]但是，這一種解釋並不清楚；何謂「言
如此則天下之人皆以仁義為害性而不肯為」呢？我的解釋，誠如上面
分析，孟子是從形而上的「先驗界」，去肯定他所體會的人的超越
性—具有善端之性的必然或應該存在。而且認為：人若不能守住這個
價值界仁義之心去談論人性，必然在最後，會出現告子的言論。

所以，這是一種「應該有的仁心」，或是超越於現實上的「應
然」論述，而非「實然」之理。那麼我必須再次強調，孟子的論辯

---

35 朱熹：《四書章句集註》（臺北：鵝湖出版社，1984年），頁325。

中，是遵循其基本命題；「價值意義的人性」來展開其論述。又由於
他對於這種人性的肯定，主要是來自於他對於孔子仁學的繼承。[36]故
在與告子的從經驗界進行辯論中，對方從天然之「性」來論人性，而
孟子的仁義反而成為「人為之物」時，當然會引起告子之不悅。換言
之，我們瞭解：孟子是在形而上（超越界）的論述上談人性，而告
子，則是從客觀界來論人性，所以最後必然是南轅北轍。

　　而孟子的下一步的回應是，「子能順杞柳之性（天然之性；如人
欲）而以為桮棬乎？」；此就是表示說，他說的「性」乃是一種超越界
的人性，所以，兩者並不等同（He said "sex" is a kind of transcendental
human nature, so the two are not equal.）。此其一。

　　他又說：「將戕賊杞柳而後以為桮棬也。」；即謂，如此強制去
做，即認為順著天然之性（人欲）可以形成人為的東西（仁義）；但
是，事實上，這裡還包括：一在經驗界與一在超越界不同之界域來談
人性的究竟，所以才會形成兩者「跨越界上的困難」（will create
"difficulties across the border"）。

　　孟子再說：「如將殘賊杞柳而以為桮棬，則亦將戕賊人以為仁義
與？」；此意謂，你是要順著杞柳的本性做出杯盤呢？還是要傷害杞
柳的本性呢？如果要傷害杞柳的本性，然後，才製成杯盤等器皿，那
麼，也將傷及人的本性，然後才能形成仁義嗎？今依照上面分析，又
有「經驗界」與「超驗界」之區分。換言之，孟子此時是站在超驗界
論告子之分析，所以他會認為他的人性善論才是論到人的本性，反
之，製成桮棬，則將傷害到原本的人性（仁義之性）。故在這一次論

---

36 曰：「伯夷、伊尹何如？」孟子曰：「不同道。非其君不事，非其民不使；治則進，
　　亂則退，伯夷也。何事非君，何使非民；治亦進，亂亦進，伊尹也。可以仕則仕，
　　可以止則止，可以久則久，可以速則速，孔子也。皆古聖人也，吾未能有行焉；乃
　　所願，則學孔子也。」「伯夷、伊尹於孔子，若是班乎？」孟子曰：「否。自有生民
　　以來，未有孔子也。」（公孫丑上：2）

辯的問題在於，兩者實「各自站在自家的角度」來反駁對方的立場。不是嗎？

　　且再看一次兩者之論辯；告子又曰：「生之謂性。」對曰：「猶白之謂白與？」；此意指，告子首先確立「凡天生的自然本質，謂性。」。但是，孟子反駁道：「生之謂性，猶白之謂白與？」告子曰：「然！」；孟子繼續反駁說：「白羽之白也，猶白雪之白，猶白玉之白與？」曰：「然！」「然則犬之性猶牛之性；牛之性猶人之性與？」；首先，孟子將告子的基本命題引導到諸種不同白色概念之辯解上；其中已隱含著，孟子認為同樣說性，但個人在定義的性上是不同的。所以形成不同性論之看法。故他後來，又提出反問：「白羽之白也，猶白雪之白；白雪之白，猶白玉之白與？」；此意謂，同樣是白，但又必須區分「白羽之白、白雪之白，以及白玉之白」種種之白。進一步地說，對於同一種概念（如：白），在辯論裡頭，若不仔細去分辨它，則會產生許多模糊的現象，而無法讓真相得以釐清，繼之使辯論進行下去。

　　因此，當告子不解其意時，並說「然！」後，孟子提出一個在表面上似乎很強而有力的反駁：「然則犬之性猶牛之性；牛之性猶人之性與？」；此意謂，你這麼說道，不是可以邏輯地（logic）說，犬之性等同於牛之性。而牛之性又可等同於人之性了呢？其涵義是說，牛之性怎麼可以如此等同呢（請注意孟子對於人禽之辨上的堅持）？但又只算是一次各說各話的言詞充鋒而已。今試著分析其整個過程如下：

　　　　從告子方面來說，A（生）＝B（性）　孟子反駁道：A（生）＝B（性）　猶如　C（白）＝D（白）　（告子同意）

　　　　孟子又反駁說，E（白羽之白）　猶如　F（白雪之白）　猶如　G（白玉之白）　（告子同意）

　　　　孟子再反駁說，H（犬之性）　猶如　I（牛之性）　猶如　J

（人之性）　（此帶入了孟子真正的命題裡；人與禽獸必須有別的基本命題中）[37]

　　從以上孟子的三次反駁中，我們發現其論辯性格是，他首先將問題引入「概念」的釐清上。誠如上述，墨家對於概念的釐清工作，視為，主要的理論建構中之最首要的工作。換言之，當一位論辯者參加論辯的人說的話語中的概念分解後（如上述孟子反駁中的三個程序），而可以讓對方逐漸地瞭解到，孟子說的「性」並非他說的「經驗界」裡的人性。而且，經過此一澄清的工作之後，可以讓對方知道，你的反駁並不能打中我的要害；因為我所說的人性乃是指在「超驗界」（或道德理想界）裡的人性。所以，此與你所說的，則完全不同。

　　今小結此一段落來說，分析孟子辯論性格中，有下列兩個重要的特色：

　　一、孟子建立了一種先驗論證的方法：即必須將自己的基本概念作一次清楚的交代。例如：在《孟子》〈告子上篇第1章〉裡面，第一

---

37 《孟子》〈滕文公下：9〉之原文本，在公都子問曰：「外人皆稱夫子好辯，敢問何也？」之提問中，孟子曾經回答道：「聖王不作，諸侯放恣，處士橫議，楊朱、墨翟之言盈天下。天下之言，不歸楊，則歸墨。楊氏為我，是無君也；墨氏兼愛，是無父也。無父無君，是禽獸也。公明儀曰：『庖有肥肉，廄有肥馬，民有飢色，野有餓莩；此率獸而食人也。』。此率獸而食人也，楊墨之道不息，孔子之道不著，是邪說誣民、充塞仁義。仁義充塞，則率獸食人，人將相食，吾為此懼。」。又見《孟子》〈梁惠王上：4〉，梁惠王曰：「寡人願安承教」時，孟子回答說：「庖有肥肉，廄有肥馬，民有飢色，野有餓莩；此率獸而食人也。獸相食且人惡之，為民父母行政不免於率獸而食之，惡在其為民父母也。」。今由上述引文可知，孟子哲學的精義，乃在於，無論在政治上（外王之道）主張人禽之辨，而且更在他哲學的根本上主張一套以重視親人、愛自己的父母為優先，然後，才發展出「仁民愛物」之學說。此外，孟子又曾說道：「故凡同類者，舉相似也，何獨至於人而疑之。聖人與我同類者，若犬馬之與我不同類也。」（見《孟子》〈告子上：7〉）。孟子再說道：「人之所以異於禽獸者幾希矣。庶民去之，君子存之。舜明於庶物，察於人倫，由仁義行，非行仁義也。」（見《孟子》〈離婁下：19〉）。由此可知，孟子哲學乃在發揚以仁心為原動力的人倫制度，其精神就表現在人與禽獸的區別上。

回合的論戰中，已清楚交代出我與你所論的是分屬不同的界域。或者說，你在經驗界中論性，而我在先驗界裡論性。於是，形成告子你使用這一種方式來反駁，而我在先驗界（超驗界）裡論性，不是牛頭不對馬嘴嗎？

二、孟子是否能夠充分運用墨家重視的「概念釐清法則」與「有效推理原則」的問題。大體而言，孟子前後的說理並不十分有說服力；因為在告子提到的「白」的概念裡，也有千萬種不同種類的「白」；例如：白雪、白玉、白羽、白馬（還有無數種的白）。但到最後，孟子竟然回到「性」的分類時，更引出是否可以將牛性與人性視為同一種的性呢？於是，這就來到孟子的基本學說中，「仁者，人也！」裡了。即他的基本主張，唯有人才有仁性。所以，孟子在辯論中的一種特色是：在釐清對方的基本概念不同於他的基本概念後，依然只重申他所重視的仁義之性而已。

基於此，孟子的論辯性格，便完全顯現了！ 就是孟子在論述上的邏輯能力並不強。至少我們可在他與告子的激辯中，是如此。

4 孟子與農家──許行的論辯特色

今再從論辯的角色來論，孟子與許行論戰的主要內容是（見《孟子》〈滕文公上篇第4章〉）：

一、許行認為，一些日常生活所需（包括：粟米、衣服）都可以由自己製造。但是，也同時發現，還有一些日常用品（例如：帽子、鍋子、瓦甑）都可以透過「物物交換」的方式，以米糧來換取。於是，首先孟子發現，許行在理論中所存在的若干問題。

二、而且，孟子提出一種分工合作的重要理念來反駁許行；所謂「有大人（統治者）之事，有小人（庶民）之事。」；其理據是「有人勞心，有人勞力；勞心者管理人，勞力的人受人管理。」（原文是「勞心者，治人；勞力者，治於人。」）。

　　三、他再以自古以來的傳說史中，堯曾經起用舜來治理天下。舜又派伯益掌管火攻。他還命令伯益用大火焚燒山林、沼澤，使禽獸逃走、躲避，以及指派大禹疏導九河，溝通濟水和漯水。又用后稷來教導人民農事，種植百草、五穀為例子，藉以說明人類進化的程序。凡此，這就是因為「文明」的做法，可以改造一切野蠻社會。反之，許行的種種方法，呈現出一種南方蠻子使用野蠻時代的方式來生活。於是，成為一種「反文明」的學說。

　　故在這方面，孟子的論辯性格主要建立在以下兩點：

　　一、他欲建立一個分工合作的社會為目標。在此一社會裡面，勞心者、勞力者，或統治階層與被統治階層之間的關係，並非完全是一種主奴的關係，而為一種相互合作的關係。[38]也由於是合作關係才擁有後來中國的文明社會；因為凡有能力之人都能夠獲得人民的擁戴，而成為君王。故他在此實建立一種文明進化的理論；即主張放棄野蠻社會（物物交換，或凡物自製）的辦法（如許行所作所為），而走入文明社會（擁有一個有能力的領導人出來治理百姓）的境界裡。並且，他能夠使用其特殊能力與智慧，才是解決一般人無法解決的問題。故在這點上說，孟子已將孔子重視的倫理社會的觀念，推進到一個社會分工的理念中加以實踐。

　　二、不僅如此，在孟子此一說後，農家——陳相提出的許行一切

38　高碧臨在《《孟子》論辯思維研究》（臺灣大學哲學系碩士論文，2009年）中，以類比論證推理來說明：「孟子使用類比推理法一層一層地反駁陳相，孟子強調社會分工，有的人動腦筋，有的人賣力氣；動腦筋的人統治別人，賣力氣的人則受人統治；受人統治的人養活別人，統治人的人則被別人養活。這乃是在講社會的分工現象與理論，也是天下通行的法則。」（同上註，頁60）。論者以為，這是對的。因為當人類文明到達某一高度層次的社會，自然而然便形成「社會分工」的現象。但是，孟子講的「社會分工」，還必須注意到他所提出的「夫物之不齊，物之情也。」之基本理念；也就是說，他根本反對莊子「萬物一齊」的理念，而造成其萬物不能齊一來觀會的基本論點。因此，他根本突破了許行漠視市場經濟的侷限與困境。這乃是孟子的高明之處，也是他在講文明社會必須實行分工之外的重要學說。

必須依照「物無論大小，一律同價。」的主張來行。不過，孟子反駁的方法是，提出「夫物不齊，物之情也。」的基本命題，然後說出：「或相倍蓰、或相什百、或相千萬。子比之同之，是亂天下也。」（物不同價，有差至一倍、五倍、十倍、百倍，乃至相差千萬倍）的論述。

在此，我們看到的是，一種經濟學上的常識被提出來；其要義就是有「走現實意義的外王學」的傾向；這一路是我最近讀《孟子》的最近體會；就是我們不能以許行主張的外在制度，卻是違反或打亂人類以知識所建立的社會與政治秩序，否則，會形成一種大小不同，卻同價的奇特現象。然而，孟子的智慧，何以使他有「夫物不齊」的觀念？我認為，此觀念可能與，其有層次的差等的親親觀念有關係（所謂親親，仁也──就是一種重視差等的核心觀念）。

換言之，我們研究各家學說，必須首先重視的是──他核心、關鍵的概念或命題是什麼？現在孟子的「物物不齊」的關鍵命題，形成他與許行的「萬物一齊」的命題的根本的差異，是他們最後結論不同的關鍵。

同理，孟子在和告子的論辯裡，希望對方能夠清楚地去分辨不同的概念，必須能夠先行釐清。於是，他利用類比法去比方，希望將告子引入他的「仁天生必須具備的善端」之說的世界中，讓其瞭解「何以必須如此的理由」。

反之，許行卻持以「一齊」來對反「不齊」，結果造成「大鞋、小鞋一同價」，這不是全然的謬論嗎？[39]而且，在市場價格打亂了之後，生產者的一切生產意願沒有了，不是會造成生產者紛紛求去，與經濟上的全面破產嗎？（此即孟子所說的「巨屨、小屨同賈，人豈為之哉？子比之同之，是亂天下也。而從許子之道，相率而為偽者也，惡能治理國家焉？」）。

---

39 在這方面我認為：許行可能受到莊子齊物論的影響，並轉化為一種重建社會理論。

　　故由此一論證，可以獲得這樣的結論：

　　一、孟子仍然是一位能夠以現實人性（人欲）為出發點，來闡述經濟學上的市場經濟必須以「公平性」為出發點。否則，首先會打亂了市場價格的機制。過去的孟子研究多數以為，孟子祇講求理想面，而忽略現實面，但是，今從其與許行辯論的事實來看，確實已經證明上述的說法是大有問題的。

　　二、又在沒有市場價值以後，商人紛紛求去，市場也整個崩潰掉了。

　　基於此，我以為孟子與許行論辯最大的特色。包括：以下三點：

　　一、孟子能夠把握到人欲的需求面，來反駁許行的價格齊一說。由此可見，孟子並非是一位不重視現實人欲的學者。

　　二、孟子深知商人追求的是什麼呢？而且，從整個社會的需要而言，我們需要的是，從事不斷競爭與積極買賣的商人。因為如此，才能去維持市場價格機制的穩定。

　　三、又從許行「與民並耕共食」的觀點來說，孟子反駁的重點，還是放在，文明社會乃是歷史發展的必然結果，而許行主張的，則是回到野蠻社會的觀點來看問題。所以他顯然與老子對於古代社會的嚮往，有極大的共通性。那麼，他的學說實有反文明社會之嫌。然而，重視文明的論者——孟子所繼承的是周公禮教文明社會的傳統。所以，他提倡的，顯然是一套深化五倫關係的禮法制度的社會分工理論。[40]

---

40 江林昌：《中國上古文明考》〈第2章第2節〉一文，其中，江教授說道：「文明，乃是指人類社會發展的一種狀態，英文寫作civilization，此與所謂barbarism（野蠻）相對而言。若以歷史角度來講，文明社會與史前社會相互區別。」。見氏著，如以上揭引文，（上海：上海教育出版社，2005年），頁285。但是，何謂史前社會呢？亦即人類文字尚未產生的時代，人們的交往，往往需要倚靠「口耳相傳」。然而，對於商業行為進化的現象；例如：孟子曾批判許行商業齊一說為，不懂萬物不齊一之理方面，並不能肯定其為文明進化的象徵。可是，今參閱余英時在《中國文化史通釋》一書〈第一章〉〈綜述中國思想史上的四次突破〉〈第四節〉〈士商互動與覺民行道〉一節裡頭，他以十六世紀是「中國思想史上第四次突破」；亦即「自十六

　　基於此，我可以肯定，孟子不但是一位道德的理想主義者，同時也是一位能夠回到現實社會層面裡，去解決人欲的問題，並針對整個社會發展中，擁有相當能力的一位治理國家的智者。這也顯示了，孟子在辯論中的特色，即在於，他具有充分的理據來駁倒對方。故「充分理據」的運用，顯然也構成其論辯性格的一大特色。

　　再以這樣邏輯（logic）分析問題來說，孟子在此能夠提出一種基本命題是「萬物不齊一論」（A）；藉以對抗許行代表「萬物齊一論」（B）。今論證的題目為：取A論或是取B論呢？其論證的方式，則主要是欲以 A的論述駁倒B的論述。方法是首先分析對方論述的不合理性（此包括孟子說的「巨屨、小屨同賈，人豈為之哉？子比之同之，是亂天下也。」），也就是說，墨子「亂天下」的理念已經深植於孟子腦海中。[41]

　　故能夠成為其反駁的重點，不過其真正的厲害點，亦即我上面提到的，孟子能夠從歷史的觀點上，說明中國文明的進化過程中，已經有許多智者發明了許多文明的工具與生活所依。所以最後能夠比較出許行的作法顯然是「反文明社會而行」的。

　　故比較而言，許行的學說經由孟子的反駁中，其問題立刻就顯現了。這是孟子在論辯過程裡，何以得勝的原因。另外，我們從這一種

世紀以來，商人對於中國儒家社會、經濟、政治，以及倫理思想的重大影響。通過對於『棄儒就賈』的社會動態之分析，我從許多方面論證了，明、清士商互動的曲折過程。」見氏著，如以上揭引文，（香港：牛津大學出版社，2010年），頁17。誠如上述，由歷史學家余英時教授說出這樣的話語，我認為孟子能夠以一位儒者，去反駁許行的打擊商人之言論，認為是「由文明社會的方法，返回野蠻社會的方法。」，便有了理論上的根據。

41 墨子主要篇章《墨子》〈兼愛上篇〉中，一開始就說道：「聖人以治天下為事者也，必知亂之所自起，焉能治之；不知亂之所自起，則不能治。」他又說：「聖人以治天下為事者也，不可不察亂之所自起。當察亂何以自起也？皆起自不相愛。」；而論述「亂之源」則是墨子的首要之務。同理，其後受其影響甚深的孟子，也以論述「亂之源」的提問，來論辯農學家許行學說之非。故孟子在思維方法上，墨學化的色彩是很濃烈的。

辯論可知，孟子學說中的多面性；即能注重理想面外，更能就經驗面的問題（例如：經濟學上的問題）提出其卓越的看法。這是我從以上詳細深入的分析之後，看到的不易發現的真相。

5　從孟子與墨者夷之論辯中，論其哲學特色

最後，我從他與墨者夷之論辯裡頭，論其哲學特色。今首先闡明夷之論述的重點；實包括：

（1）夷之雖主張墨子的兼愛說（在兼愛的實現中，主張節葬），但是，在實踐過程裡，卻對父母厚葬，亦即呈現上述的，墨家既肯定A，又在A中蘊含–B（節葬）。然而，夷之竟然厚葬父母（B），則等於肯定–B，又肯定B，則顯然犯了「矛盾律」。凡此，用《墨子·經上篇》來說，就是《經》上的「彼，不可兩不可也。」《說》的「彼；凡牛樞非牛，兩也，無以非也。」（此意謂，譬如：爭辯「牛」時，一個說是為「牛樞」；另一個說是「非牛」）；這是兩個相互矛盾的命題，所以，實構成互相否定的情況（辯論就無法進行）。今孟子指出的，正是夷之作法的「內在矛盾」。

（2）夷之反駁的方法是，在儒家學說裡頭，主張君王必須愛護百姓，就是一種「愛無差等」的愛；但是，此一種愛必須從自己親人開始做起。所以，他認為厚葬自己父母並沒有錯。

在此一點上，夷之將儒家的基本命題：「親親而仁民，仁民而愛物」；等同於墨家之「視人如己」的命題。仔細來說，墨家一方面主張有差等的愛（A）；另一方面則又主張無差等的愛（B）。所以，其中已經構成一種很明顯的內在矛盾。今以夷之明顯地將它們等同起來說，就是在論辯上構成重大問題。因此，孟子以此來反駁對方，實可以證明其學說都是建立在知識論的基礎上的；這是研究儒家的學者們，所應該注意到的，此實為儒家孟子學說中的一種重要特色。

再者，又從孟子反駁夷子之學說中，最後以其「天之生物也，使

之一本」為論述的根本。但是，何謂「一本」呢？今人註解為：「係指父母是人子的唯一本原。」[42]；朱熹則說：「孟子言人之愛其兄之子與鄰之子本有差等。書之取譬，本為小民無知而犯法，而赤子無知而入於井耳。且人物之生必各本於父母而無二，此乃自然之理，若天使之然也。故其愛由此立而推以及人，自有差等。」[43]；由此論之，儒家所堅持的「愛」（love），必以父母為根源；這就是孟子的「一本說」。至於，孟子的「仁民愛物」之論述，乃是由此一根源推廣出去的；可謂保存一個根源，而後才有眾流之愛的意思。反之，夷子似乎想融合儒、墨之後，遂出現孟子的「二本說」（綜合儒、墨之愛說）的現象；但是，此實已經構成一種自相矛盾的說法了。

今從夷之與孟子的辯論中，可以發現他們論辯的特色是：一、首先分析對方的學說裡頭，其可能存在的自相矛盾之現象。二、然後，再提出自己的最基本之命題（例如：「天之生物也，使之一本。」），來反駁對方堅持的墨家式的「視人如己」之愛之不可行性。由此可見，孟子論辯的步驟有二：一為首先打擊對方的要害。二為以更好的理論來突顯對方理論的不合理性。

五　從孟子的思考方法，論其哲學的特色與對中國哲學的重要價值

最後，我從上述分析來論孟子哲學的特色與貢獻，如下：

（一）從孟子的思考方法，論其哲學的特色

經過以上各個層面的抽樣分析，今歸納出其哲學的特色，實包括以下若干個重點：

42　《四部要籍注疏叢刊》《孟子》（上），頁504。
43　林火旺：《倫理學入門》，頁282。

1 從學生萬章與孟子論辯中，由孟子回應的方式，來論述其哲學特色

（1）孟子能夠為學生解答古代傳說中的事實（例如：舜如何親愛自己的弟弟）之背後的理由。故論辯的意義在於，除了能夠讓對方解答疑難之外，更可以宣揚自己的基本理念；凡此，實可以呈現出，孟子哲學乃是一種問辯的哲學，而問辯或論辯，又是建立哲學，實不可缺少的元素之一。當我們在閱讀柏拉圖（Plato）對話錄中，就可以瞭解，他在教導學生應該如何進行思辨呢？因此，論者以為，這是孟子之所以異於孔子的地方，也是超越其境界之上，這實為孟子哲學非常重要的特色之一。

（2）又從孟子與萬章的論辯中，清楚地呈現出，儒家哲學的基本精神；即為親愛的本質。故可以說，孟子乃是藉由論辯，來說明其「親親之愛」的哲學本質。所以，當論述孟子哲學時，實可以注意到，他到底是根據什麼理由來論述其說的。故「依理來論述」，能孟子哲學之最大的特色。

（3）又在孟子與萬章的對話裡頭，我們可以發現到，萬章有相當程度上，使用墨家的邏輯法則（例如：A（有罪者）→B（定罪））。但是，孟子似乎認為，依據當時的宗法制度之精神，則必須允許有「例外的情況」。所以，他才以「仁人之於親人也，應該如何、如何呢？」來論述「親親之愛」之必要性。

由此可知，他的論辯特色實又不同於墨家的，必須具備有普遍性的推理方法。換言之，由於他非常重視人倫制度上的基本精神（仁人之於親人的不同），因此，在其道德判斷上，即形成與今天法律上講求「人人平等，沒有例外」之法律準繩，實有根本不同之處。然而，他的理論實構成在中國古代的禮法與現代法律之間，確實有迴異之別。但是，此一不同，正足以證明，萬章的質疑，乃是以「人人一律

平等」來進行論述的，藉以反駁孟子為「普遍之外的人情」之論述。可是，這也突顯了孟子哲學中，必須以「親情為第一優先」的精神。故孟子論辯的前提，還是在於說明儒家以「親親為重」的精神本質。此即為孟子論辯性格中的另一種不同於墨子的特色。

2　從孟子對於諸侯、君主的論辯中，論述其哲學的特色

（1）在此，孟子明顯是模仿墨子的論辯方法，來進行論述的；例如：他使用窮舉法與邏輯（logic）推論法則，藉以說明其學說的「可信度」與「有效性」。但是，孟子論辯的內容，卻顯然不同於墨子的「義利相容說」；孟子則是主張「義利擇一說」。也就是說，唯有放棄「私利」，才能得到「大義」（也可以說是發自內心「不忍人之心；仁心」的大利（仁政））。所以，他曾說過：「有不忍人之心（仁心），斯有不忍人之政，則天下可運於掌上矣。」；凡此可知，其哲學特色乃是以本心（仁心）為本（亦即先有「內聖」修養功夫，才有「外王」聖賢之道）。

（2）但是，其最重要的是，由於孟子能夠運用墨家概念式的釐清與清楚的推論，才反映出，他雖然反對墨子，卻樂於接受墨子之銳利的思維方法，來進行論述。

3　從告子與孟子有關人性論的論辯，論其哲學特色

（1）孟子能夠針對告子的基本立論基礎（「生之謂性」），作深層的剖析與釐清，才能發現：在「性」的定義底下，原來還可能蘊藏有許多種的人性；此正如，他的比喻說道：在「白」的概念裡面，也存在有成千上萬種的白一般（比如說：白羽、白雪、白玉、白馬……等種種的不同之白）。那麼，他的意思是指，在對方說「生之謂性」之外，還有他說的超越界的道德性存在；那才是一種利害的超越於現實面的理想人性。故其哲學特色，經由論辯的過程之後，就可以整個被

彰顯出來。這也讓人瞭解到，那是一種經過理性思維之後的成果；乃是一般學說所不及之處。然而，此可謂其哲學的另一種重要特質。

（２）顯而易見的，經由孟子與告子的論辯以後，我們更清楚地發現到，原來孟子並非完全不承認告子所說的「性」，因為經過他在另一章中的分析可知[44]；他認為這一種「性」，祇是人類「小體」之性的發揮而已。換言之，他創作其學說的目的，就是要彰顯：超越這種他認為是小體的必要；因為如此，才能獲得「大體」之性（成就偉大之人格，也就是達到大人的境界之性）。

4　再由孟子與農家許行的論辯中，來論其哲學的特色

（１）孟子能夠把握到人欲的需求面，來反駁許行的價格一齊說，可見，其哲學特色為，除了以超越哲學（重視發自內心的道德理性）之外，他仍然重視現實社會中，人欲的需求；祇是不要讓現實面完全替代超越面而已。

（２）從孟子反駁許行「與民並耕共食」的論述裡，我們實瞭解到，其對於人類文明進化的重視；或者說，其學說代表總結中國社會從野蠻的氏族政治、部落社會，而能夠順利進入到，講求市場價格機

---

44 《孟子》〈公孫丑上：6〉之原文本，孟子曰：「仁、義、禮、智根於心，非由外鑠我也，我固有之矣，弗思之耳。惻隱之心，仁之端也；羞惡之心，義之端也；辭讓之心，禮之端也；是非之心，智之端也。人之有是四端，猶其有四體也。」由此可見，「體」原來係指「肉體」而言。但是，何謂「大體」、「小體」呢？孟子亦有其創發之處。在《孟子》〈告子上：15〉一文中，公都子問曰：「鈞是人也，或為大人，或為小人，何也？」；孟子曰：「從其大體為大人，從其小體為小人。」；對曰：「鈞是人也，或從其大體，或從其小體，何也？」；孟子回答曰：「耳目之官不思，而蔽於物，物交物，則引之而已矣。心之官則思，思則得之，不思則不得也。此天之所與我者，先立乎其大者，則其小者不能奪也。此為大人而已矣。」由此可知，孟子認為人的器官區分兩類：一種為一般感官，其特徵為，它們都是不會思考的，所以，其很容易被外物所牽引住；但是，另一種卻是擁有辨別道德是非能力的心官。然而，此一「心官」，即為孟子所說的「大體」，而能夠發揮此一「大體」的人，方為大人。

制，又講究道德禮儀的文明社會之必要。故我名之曰：「此為文明社會辯論」而形成的，且有推進孔子倫理學說之社會實現的學說。

5 最後，由孟子與墨者夷之的論辯，來論述其哲學特色

（1）最重要一點，可從其論辯的方法來說，乃是針對夷子理論的內在矛盾（「A 又含－A」的內涵），作出反擊（所謂「以子之矛，攻子之盾。」）。故由此可以肯定，孟子對於論述上是極有邏輯（logic）思維頭腦的。

（2）再者，由此一辯論中，我們認識到，孟子本持的儒家哲學精神是「天之生物也，使其一本。」；而所謂「一本」，就是以對「父母」孝道為本。換言之，孟子哲學的一切內容，都是以此為出發點來繼承孔子到曾子以孝為本的學說。

總而言之，欲論述孟子哲學的特色，往往必須將他的學說與其他不同之學說進行比對以後，才得以明顯。而且，我們從以上取樣式的孟子論辯來分析之後，讓我更清楚孟子的哲學特色就是，希望由辯論過程裡頭，建立儒家生命學問的真正內涵。

故我最後認為：孟子能夠以「論辯」的型態來表現其哲學特色，實對我們今天講儒家的現代化，開了一扇大門，就是我們今天對於墨家的態度，實應該改一改，就是古代的孟子能夠在孔子之後將發達的墨家思維方法引進他的思考問題中，反覆運用墨家的邏輯（logic）推理法則，才建立一套以「親親而仁民，仁民而愛物」為基本命題的哲學論述。這就是我在此必須強調的孟子哲學的論辯性格。

（二）從孟子的思考方法，論其哲學的特色與對中國哲學的重要價值

經過以上的分析，我以為，孟子對於中國哲學的價值，實有下列幾點：

1　將儒家從問，應該做什麼（what）？與問如何做（how）？以及何時做（when）？、何地做（where）？提高到為何如此做（why）？的問題高度上此為人類文明必走的過程。

　　因為今天人類科學的昌明與民主的發展，也莫非依靠許多科學家們不斷地探索事物背後的原因，才得以如此蓬勃成熟。同理，人類在古代社會裡頭，欲建立各種制度時（例如：許行的大、小鞋同一價格），如果當時沒有人站出來懷疑其合理性，則一旦接受其理念，並成為社會的一種制度之後，不是會造成社會進步的嚴重阻礙嗎？其後果，不是不堪設想嗎？因此，我們完全肯定像孟子這樣有理性智慧的大哲學家，不但能夠從超驗界裡以墨家邏輯去思考問題，而且以理性分析許行學說的不可行。所以，最後他能夠回歸到經驗界中來分析問題，確實已經將儒家的思維方式向前推進了一大步。

　　再說，在人類文化發展過程中，有一件極為重要、必須要去做的事情，就是建立知識學問；在這一方面，墨家的知識論對於儒家擁有極大的啟發作用；譬如：在墨子的《墨子・貴義篇》一文中，所說的「概念」之釐清與推理的「有效性」，乃是不可或缺的。而今，我們從孟子學說以及其與人辯論中所使用的方式中發現，無一不是朝向這一方面來努力的。譬如：墨子經常使用「類」的觀念，在於針對類似的觀念作仔細的釐清。而且在釐清之後，才能建立真正的知識論；例如：墨子曾經就戰爭的類別有下列的論述：當時有人批判墨子，墨子在其〈非攻上篇〉一文裡，對答如下：

　　　　或曰：「今遝夫好攻伐之君，又飾其說以非。子墨子曰：『以攻伐之為不義，非利物與？昔者禹征有苗、湯伐桀、武王伐紂，此皆立為聖王，是何故也？』」；墨子回答曰：「子未察吾言之類，未明其故者也。」。墨子又說：「此即武王之所以誅紂也。若以此三聖王者觀之，則非所謂攻也，所謂誅也。」

　　孟子則在〈梁惠王下篇第八章〉一文裡，在回答齊宣王問曰：
「湯伐桀、武王伐紂，有諸？」時，他曾經回答說：「於傳有之。」；
王又問：「臣弒其君，可乎？」；孟子回答曰：「賊仁者，謂之賊；賊
義者，謂之殘。殘賊之人，謂之一夫。聞誅一夫紂矣，未聞弒君
也。」

　　由此可見，孟子確實已經使用了墨子之「類」的概念，藉以分別
是非善惡，而建立合理的道德判斷之知識。另外，孟子在建立其根本
理論——「性善說」中，將聖人與一般人劃為一「類」；例如：孟子
曰：「聖人與我同類者，若犬馬之與我不同類也。」（《孟子》〈告子
上：7〉）；孟子又曰：「聖人之於民，亦類也。」（《孟子》〈公孫丑
上：27〉）；孟子再曰：「凡同類者，舉相似也。」（《孟子》〈告子上：
7〉）。

　　凡由上述引文可知，孟子雖然沒有完整的知識論的建立，但是，
他確實已經能夠運用了墨家的知識論，來建立其學說。故孟子哲學的
價值，若從論辯的角度來說，乃是代表當墨家思維方法大行於世時
（「天下之言，不歸楊，則歸墨。」），能夠將墨家思維方法大量運用
於儒家學說的發揚上。

2　孟子的第二大貢獻，則是說明中國哲學的發揚，必須建立在「百家爭鳴，彼此相互吸納對方的優點上」。

　　因此，孟子的成功，實代表他能夠從論辯中，為我們澄清一個千
古難解的問題；亦即儒、墨的互相排斥，並非事實，因為從他不斷地
運用墨家的思維方法去建立其學說來論，便可以證明，孟子哲學更有
賴墨家的協助，才得以完成。而且，經由以上分析，也確實是如此。
故孟子對於中國哲學的另一大價值是，他讓我們瞭解到：在發揚一家
學說之時，設法去吸收不同學派之學說中的強項，是十分重要的！

3　孟子又讓我們體悟到：一種學說的產生，不但要立論清楚；
　　即有基本命題，更要有支持此一命題的背後理據（充分的理
　　由）；在此，例如：孟子主張以「大體」來超越「小體」。

　　　　有關於此一點，我已經在上面作過詳盡分析。其理由在於，孟子
建立的理論在超越的層面上（所謂「道德理性」屬於形而上的層
面），故他為了提升人類的特殊價值，必須首先擺脫經驗界的需要或
現實面上的人欲牽絆。因此，孟子所提倡的「人有善性說」，並不是
指現象界的事實，而是指超越經驗事實之上的超越人性。所以我們不
可用經驗界的反例，來反駁其建立在先驗界的人性論。另外，他認
為，此一超越理性，又必須經人不斷修鍊，將它「擴而充之」，才能
夠證成。故今以此來論，孟子既然以墨家的知識論方法建立其理論，
而且又以超越現實人性的方法，覺悟並證成其超越的道德理性；這便
是儒家―孟子既超越孔子，又超越墨子的哲學貢獻。

4　在教學方面，孟子非常注重師生之間進行疑惑問題的辯論；
　　其目的，顯然是為了以充分的理由來化解學生心中的疑惑。

　　　　此在其對於中國哲學的貢獻上，則是鮮少有人可以達成的境界。
因為我們在《論語》裡，鮮少發現有這樣的師生問難式的對話。所
以，在這一方面，孟子確實已經大大超越孔子的「祇是說明，不講原
因」的儒家傳統。那麼孟子說的價值，自然是將學問層次提高到可以
充分討論的境界中；例如：包括萬章問難古代傳說中的可靠性與箇中
緣由。總而言之，「辯論問難」本是戰國時代眾家開啟的一種重要的
社會風氣，也是構成春秋末年的一種頗具特色的學術傳統（實由墨子
所開啟）。而孟子當時能夠躬逢其盛，並能夠充分運用墨子與墨辯的
思維方法於其哲學思考中，實說明了，孟子是一位能夠在思想上依然
能夠表現一種思想家開放的偉大精神。

六　結語

　　最後，我根據本文的論述，來回應程子（程顥；明道先生）對於孟子因具備「辯論性格」而加以貶抑的提問和質疑。茲釋疑、解惑如下：

　　一、就人格的高低而論，有關於顏子的部分，確實不具有可靠的相關紀載與記錄，所以，我們一不可以任意將顏淵的人格與孟子的人格作上下高低的比較。否則，如何公平、公正呢？再者，若以孟子所顯發的大丈夫精神來論，其價值與孔子的「雖千萬人，吾往矣！」的人格特質，實可以相提並論，甚至可以互相媲美。故歷代學者給予孟子「亞聖」之稱號，實非浪得虛名。

　　二、再就《孟子》一書陳述的理論來說，其所運用的思辨方法，確實具有極為強大的說服力；因為墨子的思維方法即知識論上講的：擁有清晰的論據。今為了證明此一點，再以墨辯上的「法」之定義來論；例如：《墨子》〈經上篇〉說法，所若而然也（就是有所遵循而建立起來的東西）的概念。〈經上〉解釋說：「法、意、規員，三也俱，可以為法。」。亦即「法」譬如畫圖，則必須有圖的概念，再使用圓規畫之，而且一定要畫成圓形。這三方面都具備了，就可以稱作「法」了。[45]同理，孟子也曾說道：「規矩，方員之至也；聖人，人倫之至也。欲為君，盡君道；欲為臣，盡臣道。二者皆法堯舜而已矣。不以舜之所以事堯事君，不敬其不高也。不以堯之所以順民治民，賊其民者也。孔子曰：『道二；仁與不仁而已矣。』」。（見《孟子》〈離婁上：14〉）。

　　凡此，茲可以證明，孟子確實運用了墨家「法」的概念，作為道德是非善惡判斷的標準，而且是一種充分有力的論據。故比較而言，

---

45 李生龍註釋：《新譯新註墨子讀本》（臺北：三民書局，2000年），頁287。

上引述的「法堯舜」中的「法」，就具有相同於墨家作為外在標準的意義。不過，從此一外在法則之後，孟子又與時推移將此一法則運用於，以內心根源為主軸的性善論上。也就是說，他以人人都已擁有此一內在根源（仁心）作為自我修養的根據，才反省到，「人人皆有此一善心」的基本命題；也因此產生所謂的：「人之所以異於禽獸者幾希矣！庶民去之，君子存之。舜明於庶物，察於人倫。由仁義行，非行仁義也。」（見《孟子》〈離婁下：19〉）的論述。

　　今論「由仁義行，非行仁義也。」的意義，亦即講舜對於萬物的反省中，能夠發現實行人倫制度，不是將仁義作為外在法則，而是必須將仁義作為內在的根源。但是，經過以上分析，他是先有「法」的理念，才有「聖人，人倫之至也。」的肯定。然後，再由此一肯定，才覺悟到，原來此法已經在自己的本性裡面，而形成「人之所以異於禽獸者幾希矣！」（人與一般禽獸的最大差別是：前者擁有仁性；而後者祇有動物性。）的基本論述。所以，孟子最後才有「仁，人心也；義，人路也。」（見《孟子》〈告子上篇第十一章〉）的結論。[46]

　　總而言之，我們由孟子的論辯性格裡可以發現，其哲學高度在於，運用一套高明的思辨方法，才能夠以「類」的概念，去分辨人與

---

[46] 此從孟子肯定「聖人作為人倫的法則」到「仁是人心」的結論之間，我們發現孟子有許多重要的中途或中介的論述，其中最重要的理據是：「人與堯、舜均為人，所以，人也具有堯、舜的特質。」；此即他回應儲子說的：「王使目問夫子果有以異於人乎？」；孟子回答曰：「何以有異於人哉？堯、舜與人同耳。」（見《孟子》〈離婁下：32〉）。他又說道：「故凡同類者，舉相似也，何獨至於人而疑之。聖人與我同類者，若犬馬之與我不同類也。心之所同然者何也？謂理也、義也。聖人先得我心所同然耳。故理義之悅我心，猶芻豢之悅我口矣。」見《孟子》〈告子上篇第八章〉。又如說：「仁，人也。義，路也。」（見《孟子》〈盡心下篇第十一章〉）。曹交問曰：「人皆可以為堯、舜，有諸？」；曰：「然！堯舜之道，孝悌而已矣！子服堯之服、誦堯之言，行堯之行，是堯而已矣！」（見《孟子》〈告子下：2〉）。由此可知，凡有仁心（善性）之人，必須以「義」作為行事準則，然後，再輔以「禮樂教化」，則人人離君子、聖賢，亦不遠矣！

動物的不同之處，到底為何？再者，反思到人的超越性質，就在於，人本身擁有人的仁心上。凡此一發現，乃是通過墨家之邏輯法則進行的。[47]因此，最後建立的是一種儒家特有的道德知識。故回答本文的核心問題：到底孔子之後百年之間，中國儒學有何種巨大的發展與建樹呢？我必須以孟子能夠建立儒家第一套道德知識學說，作為我對於孟子有功於中國哲學成就之回答與讚美矣！[48]

---

47 我們試從《墨子》〈兼愛上〉的論述來看，一種追求道理背後的原因之論述方式，一直為墨子所重視，如他在考察天下大亂時，必求其因；而說：「聖人以治天下為事者也，必知亂之所自起，焉能治之，不知亂之所自起，則不能治。譬之如醫之攻人之疾者然，必知疾之所自起，焉能攻之；不知疾之所自起，則弗能攻。治亂者何獨不然，必知亂之所自起，焉能治之；不知亂之所自起，則弗能治。聖人以治天下為事者也，不可不察亂之所自起。」同理，當孟子考察人在論述人所以超越禽獸時，必須有所根據。最後，他得以肯定人心必須是善良的（或仁的）；此即一種使用墨子「溯源法」的具體運用。

48 本文完成後，我再以墨子論辯方法的特色，來佐證孟子的論辯性格。見譚家健、孫中原譯註，《墨子今註今譯》一書，其在翻譯《墨子》〈小取篇〉論辯論一段，則相當清楚；原文是：「夫辯者，將以明是非之分、審治亂之紀、明同異之處、察名實之理、處利害、決嫌疑焉；摹略萬物之然，論求群言之比。」；墨子又曰：「以名舉實、以辭抒意、以說出故。求類取、以類予。有諸己不非諸人，無諸己不求諸人。」（頁361）。全文翻譯為：「『辯』；這一門學問的目的，乃是用來判明真理與謬誤的分別，審察治理和混亂的頭緒，判明同一與差異的所用，考察概念和實際的原理，權衡處置利益與禍害，洞察決斷迷惑和可疑的痕跡。於是，才能夠反映概括萬事萬物的面目與根源，討論探求各種言論的利弊和得失。」；「然後用概念模擬事物的實質，用語句表達思想意念，用推論揭示主張的理由和根源。根據事物的類別來證明，根據事物的矛盾來反駁。自己所贊成的論點，不能反對別人來贊同；自己所不贊成的論點，不能要求別人來贊同。」（頁361）。見氏著，如以上揭引文，（北京：北京商務印書館，2009年），頁361。然孟子在此一風氣中，使得自己的學說是以論辯的型態出現，實證明了，孟子深深受到墨家思維方法的影響。另外，見譚家健、孫中原譯註，《墨子今註今譯》〈前言〉一文裡，指出《墨子》是西元前五世紀至西元前三世紀之間，墨家著作的總集。而孟子生於西元前三七二年；死於西元前二八九年。得年八十四歲。此一段期間，正好是墨者與墨辯大行其道的時代，孟子受到他們的影響，實具有歷史學上的可能性與參考價值。

參考文獻

專書

牟宗三：《牟宗三先生全集9》，臺北：聯經出版事業公司，2010年。

牟宗三：《心體與性體》（第三冊），臺北：正中書局，1987年。

牟宗三：《中國哲學的特質》，臺北：臺灣學生書局，1980年。

郭尚興、王超明編撰：《英漢中國哲學辭典》，河南：河南大學出版社，2002年。

S.E. Stumpf & J. Fieser 合著，匡宏、鄧曉芒等人譯：《西方哲學史》（*Socrates to Sartre and Beyond: A History of Philosophy, 8e*），北京：世界出版社，2009年。

林安梧：《儒學轉向——從「新儒學」到「後新儒學」的過渡》，臺北：臺灣學生書局，2006年。

賴明德、陳弘志、劉本棟編撰：《新註新譯四書讀本》，臺北：黎明文化圖書出版公司，2002年。

錢穆：《論語新解》，臺北：東大圖書出版公司，1988年。

焦循：《孟子正義》，北京：北京燕山出版社，2008年。

朱熹：《四書集註》，臺北：世界書局，2007年。

《四部要籍注疏叢刊》《孟子》（上），北京：中華書局，1998年。

《四部要籍注疏叢刊》《孟子》（下）《朱子集註》〈卷五〉，北京：中華書局，1998年。

傅傑編校，王國維著：〈殷周制度論〉，見《王國維論學集》，雲南：雲南人民出版社，2008年。

李生龍：《新譯新註墨子讀本》，臺北：三民書局，2000年。

鮑霽主編：《中國當代社會科學名家自選學術精華叢書》（第一輯）——《馮友蘭學術精華錄》，北京：北京師範學院出版社，1988年。

譚宇權：《孟子哲學新論》，臺北：文津出版社，2010年。

林火旺：《倫理學入門》，上海：上海古籍出版社，2005年。

江林昌：《中國上古文明考》，上海：上海教育出版社，2005年。

余英時：《中國文化史通釋》，香港：牛津大學出版社，2010年。

湯恩比（Aronld J. Toynbee）、池田大作（Daisaku ikeda）合著：《展望
　　　21世紀——湯恩比與池田大作對話錄》，臺北：正因文化事
　　　業公司，1988年。

譚家哲、孫中原譯註：《墨子今註今譯》，北京：北京商務印書館，
　　　2009年。

期刊論文

黃慧英：〈價值與欲望——孟子「大體」與「小體」的現代詮釋〉，收
　　　入蕭振邦主編：《儒學的現代反思》，臺北：文津出版社，
　　　1997年。

碩博士論文

高碧臨：《《孟子》論辯思維研究》，臺灣大學哲學系碩士論文，2009
　　　年。

王慧茹：《孟子談辯語言的哲學考察》，臺灣師範大學國文系碩士論
　　　文，2006年。

第六章
從楊墨學與孟學的比較中論孟子的存心倫理學與責任倫理學

一　前言

　　最近拜讀李明輝的〈存心倫理學、責任倫理學與儒家思想〉一文,[1]覺得他以「存心倫理學」與「責任倫理學」來解釋孟學,能夠「發人所不能發」。例如:他引《孟子》〈滕文公下篇〉第十三章紀載的,陳代奉獻孟子,枉尺直尋,以見諸侯,以求實現王霸之大業,但孟子不願,而說:「夫枉尺而直尋者,以利言也。如以利,則枉尋直尺而利,亦可為矣?(……)如枉道而從彼,何也?且子過矣!枉己者,未有能直人者。」於是說:「這很典型地表現了存心倫理學的態度,即不根據任何有關後果的考慮,來決定義之所以為義。」[2]他又引《孟子》〈萬章上篇〉第七章紀載:伊尹「思天下之民匹夫匹婦有不被堯、舜之澤者,若己推而內之溝中。」而說:「這些話都祇能從責任倫理學的角度去理解,因為唯有如此,它們才能與孟子思想中,所涵義的存心倫理學面向,融合無間。」[3]

　　但我對於李明輝以康德「存心倫理學」與韋伯的「責任倫理學」來說明,孟子之「存心倫理學」與「責任倫理學」,仍有不同看法,[4]

---

[1] 見李明輝:《儒家視野下的政治思想》(臺北:臺灣大學出版中心,2005年),頁99-131。

[2] 李明輝:《儒家視野下的政治思想》,頁128-129。

[3] 李明輝:《儒家視野下的政治思想》,頁131。

[4] 李明輝:《儒家視野下的政治思想》,頁131。

因為康德或韋伯畢竟是與孟子時代環境皆有相當大之距離的人，所以我以李明輝分判出孟學為存心倫理學與責任倫理學之基礎上，回到孟子的時代環境中，從孟子的文本，重新論述孟子的存心倫理學與責任倫理學，以建立一種更合乎事實的論述。

依據孟子的描述，他的時代最重要的思潮是墨學與楊朱之學；例如：他曾說：「逃墨必歸於楊，逃楊必歸於儒。歸斯受之而已矣。今之與楊、墨辯者，如追放豚，既入其苙，又從而招之。」（見《孟子》〈盡心下篇〉第二十六章）。

此充分說明，孟子不贊同楊朱與墨子的學說。但究竟他反對這兩家的學說之原因何在？我們是否可以由這兩家的學說來瞭解其中的原因呢？更重要的是，我希望以「比較的方法」呈現出孟子存心倫理學與責任倫理學之精義，因為當孟子愈反對此二家之學說時，我們愈能從對方的主張中，對照出孟子倫理學的意義。

另外，孟子曾在〈滕文公下篇〉第九章說：

> 世衰道微，邪說暴行有作，臣弒其君者有之，子弒其父者有之。孔子懼，作《春秋》。

又說：

> 聖王不作，諸侯放恣，處士橫議，楊朱、墨翟之言盈天下；天下之言，不歸楊，則歸墨。楊氏為我，是無君也；墨氏兼愛，是無父也；無父無君，是禽獸也！公明儀曰：「庖有肥肉，廄有肥馬；民有肌色，野有餓莩。此率獸而食人也！」楊墨之道不息，孔子之道不著，是邪說誣民，充塞仁義也。仁義充塞，則率獸食人。人將相食，吾為此懼。

在此段話中，首先孟子說出，他的理想是延續孔子作《春秋》的心志，即希望能糾正「人倫混亂」的問題。接著說出，諸侯不守倫常，縱橫家唯利是圖，以及楊、墨的「邪說」盈滿天下的窘境裡，仁義之理已經蕩然無存，人民生活生靈塗炭，即將造成自相殘殺的後果。但孟子何以能說，楊、墨的學說都是「邪說」呢？

今看他分析，楊朱主張「個人第一」是「目無君王」（無君）；墨子主張「視人如己」、「不分親疏」便是否定對父親的孝心，是目無父母（無父無母），最後是得到「禽獸」的結論。

但為何說，楊朱主張「個人第一」就是「目無君王」呢？又如何說墨子主張「視人如己」、「不分親疏」便認為是否定對父親的孝心與目無父母呢？又為何能得到「禽獸」的結論呢？

凡此，我們可以由這些問題的探究中，將可獲得具體的答案。而且對這些問題作深入研究，目的是希望由孟子批評楊朱、墨子無君、無父的真正原因中，瞭解孟子存心倫理學與責任倫理學的意涵。

這就是我主張的，回到孟子當時的時代環境與其思潮中，去比較出其中的不同。[5]更重要的是，如此的理解孟學，才叫做在「孟學情境」下的瞭解（我必須再次強調，在「孟子情境」中，回溯孟學的真相，比較有相應的瞭解。）。

5　據胡適的考證，孟子生於西元前三七二年，死約在西元前二八九年，見氏著：《中國古代哲學史》（安徽：安徽教育出版社，2003年），頁349-440。又據胡適的考證，墨子生於西元前五○○至四九○年之間，死約在西元前四二五至四一六年之間，見氏著：《中國古代哲學史》，頁320。如果是對的話，則在墨子死後的百年中，孟子開始批評墨家的學說（此可見於《孟子的紀載》）。至於楊朱，據胡適的考證，說「大概楊朱的時代當在西歷紀元前四四○與（前）三六○之間」，見氏著：《中國古代哲學史》，頁345。如果是對的話，則楊朱與孟子幾乎是同時代的學者。故將其比較是適當的。

二 何謂存心倫理學與責任倫理學？兩者其間的關係又為何？

在談論孟子存心倫理學與責任倫理學之前，首先論述所謂「存心倫理學」之意義為何？它是指在評估行為之價值時，是以存心價值為唯一判準的倫理學。至於「責任倫理學」，若依韋伯的理解是，在評估行為後果的責任時，不僅要孝慮存心價值，還要考慮行動者對其行為後果的責任。[6]今以康德的「存心倫理學」來說，李明輝認為：「康德的『存心倫理學』並非僅考慮存心之純粹性，全然不顧及行為之後果。」[7]那麼，如果李明輝說的是對的話，則存心倫理學與責任倫理學之間的關係是相容的而不相斥的。

今小結此段來說，一般人認為存心倫理學是以一個人的「居心」來決定是非對錯。但責任倫理學，則從一個人的行為結果來判定對錯。可是，依李明輝的說法是，此兩種倫理學並非相斥，而是可以相容的。我也認為如此：其理由見以下的分析。

三 儒家──孔子及其繼承者──孟子的存心倫理學與責任倫理學

一

孟子既然是以承繼孔學為己任，故在研究墨學與孟學這兩種理論之前，我準備先研究孔子的存心倫理學與責任倫理學。關於孔子的存心倫理學，最重要的證據包括下列的談話：

6　李明輝：《儒家視野下的政治思想》，頁113。
7　李明輝：《儒家視野下的政治思想》，頁120。

子曰：「人之過也，各於其黨。觀過，斯知仁矣。」（見《論語》〈里仁篇〉第七節）

孔子用「觀」一個概念來論斷某個人的行為是否合乎仁？此充分顯示出，他重視的是人如何存心？故他講的倫理學是屬於存心倫理學。其他重要的例子包括說：「視其所以，觀其所由，察其所安，人焉廋哉？人焉廋哉？」（見《論語》〈為政篇〉第十節）。「觀其所由」一般譯為「看他所以作此的原因」。[8]但是依孔子從「察其所安」來論，明明是指其「存心是否安泰」而言。故可以確定他的倫理學是存心倫理學。[9]他又說：「父在，觀其志。父歿，觀其行。三年無改父之道，可謂孝矣。」（見《論語》〈學而篇〉第十一節）

由此可見，他的「孝」是從人的「內心」之「取向」來決定的，因為他開始即說：「父在，觀其志。」即在父親生前，從其「心志」上去考察。他又說：「禘自既灌而往者，吾不欲觀之矣。」（見《論語》〈八佾篇〉第十節）。

今論，為什麼孔子說：「吾不欲觀之矣」呢？禘禮是帝王之大祭，每五年在太廟中舉行一次。但如果此禮是由無仁人之心的人去舉行，便失禮了。[10]此有如孔子批評管仲違反倫常，以國君才有的設備與禮節來行禮一般。所謂：「邦君樹塞門，管氏亦樹塞門；邦君為兩

8　賴明德等人譯註：《新註新譯四書讀本》（臺北：黎明文化事業公司，2002年），頁105。

9　楊祖漢認為：「……是故保持此求仁之心志，乃是內聖外王之學最重要的工夫。此如孟子所說的：『先立乎其大者』的大體。苟至於仁，便可無惡，此可說是使仁心呈現的唯一方法。」（王邦雄等著：《論語義理疏解》〔臺北：鵝湖出版社，1994年〕，頁105。）由此也可證明，孔、孟均主張存心倫理學。

10　安樂哲、羅思文說：「魯國的禘帝祭每五年舉行一次。但自文公二年之後，僖、閔二公的昭穆順序就違背周禮擺錯了。」（見氏等著、余瑾譯：《《論語》的哲學詮釋》〔北京：中國社會科學出版社，2003年〕，頁78。）

君之好，有反坫，管氏亦有反坫。」（見《論語》〈八佾篇〉第二十二節）。故孔子批評說：「管氏而知禮，孰不知禮？」（出處同前）

這也就說，管仲這個人不懂禮貌，是他逾越了行禮中必須有的倫常。而他這樣做，可以說是「居心不良」。所以由孔子批評當時之禘大禮，也可以從存心倫理學的觀點來理解。

又如子張問：讀書人要怎麼做，才算通達之士呢？孔子回答說：「夫達也者，質直而好義、察言而觀色。……」。此「察言而觀色」，賴明德等人譯為：「觀察人家的臉色。」[11]這樣解釋顯然未說到深處，因為祇說：「觀察人家的臉色」，不如說：「觀察人家臉色中所反映出的內心意義」來得貼切。也就是說，凡講「存心倫理學」的人，都是由人的內心上著眼。

故由以上之分析可知，順著「存心倫理學」的理論思路，去詮釋《論語》中的一些話語，可以得到較為深刻的理解。

再以孔子說的「安」之概念來論，有下列重要的，孔學是存心倫理學的證據。

如上引孔子說的：「察其所安」（見《論語》〈為政篇〉第十節）中的「安」，是從「心」上解；即認為考察一個人作一道德判斷，或在實踐上是否能夠做到「心安理得」。故其倫理學屬於存心倫理學，則更為明確。此更由下列宰我與孔子的對話中，可以明白此種倫理學之精義（見《論語》〈陽貨篇〉第十九節）：

> 宰我問：「三年之喪，期已久矣。君子三年不為禮，禮必壞；三年不為樂，樂必崩。舊穀既沒，新穀既升，鑽木改火，期可已矣。」

---

11 賴明德等人譯註：《新註新譯四書讀本》，頁257。

意謂，守喪三年禮，未免時間花得太久了。因為孝子為了守喪三年，將形成荒廢禮儀，荒廢練習樂器的現象。何況米吃完了又將收成，燒水的柴火也用過一輪。所以站在「精簡」的原則來看，三年守喪之禮節不如改為一年吧！但孔子叱道：

> 食夫稻，衣夫錦，於女安乎？

意思說，三年不到，你就吃香穿貴，心安嗎？更說：

> 夫君子之居喪，食旨不甘，聞樂不眾，居處不安。故不為也。今女安，則為之。（見《論語》〈陽貨篇〉第十九節）

現在由「今女安，則為之」可見，孔子的倫理學，絕對是由人的「動機」（存心）為出發點建立的，而不是從「功利」的立場來說的。進一步說，宰我以「三年之喪禮」不合乎實際生活的需要，甚至會妨害現實生活的運作。這純粹是以「結果」來論，此節禮節的對錯，而非以「動機」（存心）來論。故我們由宰我與孔子的喪禮之不同主張，便可突顯出孔子的倫理學之真相。

　　但孔子的倫理學有無責任倫理學的成分呢？也有的。譬如：在孟子說：「思天下之民匹夫匹婦有不被堯舜之澤者，若己推而內之溝中。」（見《孟子》〈萬章上篇〉第七章）時，孔子也有類似的說法如下：子貢曰：「如有博施於民，而能濟眾，何如？可謂仁乎？」。子曰：「何事於仁，必也聖乎！堯舜其猶病諸！夫仁者，己欲立而立人，己欲達而達人。能近取譬，可謂仁之方也已。」（見《論語》〈堯曰篇〉第十一節）

　　今由「己欲立而立人，己欲達而達人」或「博施於民，而能濟眾」便可證明，孔子說的「仁」，不止於講「存心」而已，更論及更

高的層次，即對眾人的「道德責任」。

今小結這一小節來說，今由孔子使用的「觀」與「安」兩個重要概念來論，他的倫理學無疑是一種存心倫理學。同時，其論「仁」之最高境界是「立人」與「達人」，所以也包含責任倫理學之成分。

基於此，論者同意李明輝之存心倫理學，也可能包含責任倫理學在內的論述。不過，由以上孔子與宰我的辯論中發現，孔子的倫理學即使已包含責任之成分，但是從存心倫理學下所講的「道德責任」（moral duty），而非以在功利主義的立場講的「道德責任」來說，可知其倫理學不同於其後的墨子倫理學。玥說，後者唯以「結果」來論述道德是非對錯，但由孔子堅決反對宰我的立場來看，他反對的，實在就是功利主義。故孔子的道德責任，應是存心倫理學意義之下的道德責任。

（二）孟子的存心倫理學

論述孟子學說是存心倫理學，有兩個重要的觀察點，一為他講的「存心」與「養心」；另一為他講的「居仁由義」。

1　今論者先說：「存心」與「養心」

孟子在〈告子上篇〉第八章說：

> ……雖存乎人者，豈無仁義之心哉？其所以放其良心者，亦猶斧斤之於木也，旦旦而伐之，可為美乎？其日夜之所息，平旦之氣，其好惡與人相近也者幾希；則其旦晝之所為，有梏亡之矣。梏之反覆，則其夜氣不足以存；夜氣不足以存，則其違禽獸不遠矣。人見其禽獸也，而以為未嘗有才焉者，是豈人之情也哉？故苟得其養，無物不長；苟失其養，無物不消。孔子曰：「操則存，舍則亡；出入無時，莫知其鄉。」惟心之謂與！

趙岐註曰：「存，在也。言雖在人之性，亦猶此山之有草木也。人豈無仁義之心耶？其日夜之思，欲息長仁義平旦之志氣。其好惡，凡人皆有，與賢人相近之心幾豈也，豈希言不遠也。」[12]

這是說，在每一個人的身上，難道沒有仁義之心嗎？這就好比山頭上就有草木一般，這就是人性。但由於人不知珍惜，所以猶如山上的木材，天天被人砍伐一般，所以不能茂盛。

趙岐又曰：「旦晝。晝，日也。其所為萬事有梏，亂之使亡失，其日夜之所息也。梏之反覆利害干其心，夜氣不能復存也。人見惡人禽獸之行，以為未嘗有養才性，此非人之情也。」[13]

這是說，他在白天和晚上所發出來的善心，其與他在天剛亮的時候，所接觸到的清明之氣，所發出的好惡之心與人相近處，雖還有一點點，但一到第二天的白天，為什麼其所作所為都不合乎仁義呢？是出自自己的作為。此乃因自己將夜裡發出的善念消滅殆盡了，所以自然是不存在了。又等夜裡發出的善念不存在時，就與禽獸無異了。而且在人看到這種景象，就以為人沒有善性，但這不是人性的實情啊！故此段話的重點在下面：

> 故苟得其養，無物不長；苟失其養，無物不消。孔子曰：「操則存，舍則亡；出入無時，莫知其鄉。」惟心之謂與！

趙岐註曰：「誠得其養，若雨露於草木，法度於仁義，何有不長也？誠失其養。若斧斤牛羊之消草木，利欲之消仁義，何有不盡也？孔子曰：『持之，則在，縱之，則亡。莫知其鄉，鄉猶里，以喻居也，獨心為若是也。章指言，秉心持正，使邪不干，猶止斧斤，不伐牛山，

---

12 趙岐等人著：《孟子》（上）（北京：中華書局，1998年），頁92。
13 趙岐等人著：《孟子》（上），頁92。

山則木茂，人則稱仁也。』」[14]

　　依此意指，人最重要要做的事是「存心養性」。這就如同草木需要雨露的滋潤一般，人則需要以「仁義」為法度。反之，如果祇知放縱自己的利欲之性，就如同任由牛羊去啃食芒草，或任由斧頭去砍伐木材，終有一天會殆盡的。所以，孔子說過，凡把持就存在，凡放縱則亡失。這是不知居心的緣故吧？

　　基於此，孟子之學重點在於，人性中有仁義之心的特質。但更重要在於「存心」與「養性」，以免人的「道德心」亡失，故其倫理學在於教人把持人本有之善性。並發揮此善性而為道德心去行善。故孟子的倫理學是一種「存心倫理學」。其例證不僅如此，孟子又曾在〈離婁下篇〉第二十八章說道：

　　　　君子所以異於人者，以其存心也。君子以仁存心，以禮存心；仁者愛人，有禮者敬人。愛人者，人恆愛之；敬人者，人恆敬之，有人於此，其待我以橫逆，則君子必反也；「我必不仁也。必無禮也。此物奚宜至哉？」其自反而仁矣，自反而有禮矣，其橫逆由是也。君子必自反也：「我必不忠。」自反而忠矣，其橫逆由是也。君子曰：「此亦妄人也已矣！如此，則與禽獸奚擇哉？於禽獸，又何難焉？」

趙岐分別註曰：「存，在也。君子之在心者，仁與禮也。愛敬施行於人，人必反之己也。」[15]

　　這是說，修養高的君子能瞭解人有仁義之心。所以能以仁義之心表現於禮去對待人。於是別人必同樣作此回報。趙岐又註曰：「橫逆者，以暴虐之道來加我也。君子反自思省，謂己仁禮不至也。物，事

14　趙岐等人著：《孟子》（上），頁93。

15　趙岐等人著：《孟子》（上），頁68。

也。推此人何為此事來加我。」[16]這是說，所謂「存心」意謂以「仁」、「禮」存於心。而且在實踐中，即使別人對我們無仁、無禮，仍然不去追究，而且能夠「反心自問」，在我們如此對待人時，對方何以還會這樣對待我們呢？

凡此可知，孟子倫理學的意義，乃在表現一種「只要求自己、反省自己，或考察自己當初的動機是否善良」之倫理學。故其存心倫理學是屬於一種「動機派」的倫理學，而不是「結果派」之倫理學（功利派的倫理學）。反之，後者重視的是行為的效果，而非指人的動機（居心）為何？孟子講動機之存心倫理學，著重在，不論我們是否付出了多少善心，仍然得不到別人善意之回應時，仍然反躬自省：我們的善心是否純正呢？

故從孟子「反躬自省」的論述裡，可以完全證明，孟子的倫理學是存心倫理學。

今小結此段來說，我們由孟子在〈告子上篇〉第八章，以反問的語氣說：「雖有存乎人者，豈無仁義之心哉？」但此時人但不去存養此心，反而像牛羊與斧斤之於草木般去破壞。又引孔子說的話：「操則存，舍則亡。」來說明此「心」的存在，可初步知道，孟子說的「存養」，是要人回到自己的本心中去求。故初步可證，孟子的倫理學為存心倫理學。

再者，由他在〈離婁下篇〉第二十八章說的話：「以禮待人，卻遭人以粗暴對待」時，反而不是去與人斤斤計較得失，而是回到自己的本心中，不計代價地反省自己的動機究竟是否善良？[17]故今可以確定孟子的倫理學是存心倫理學。

---

16 趙岐等人著：《孟子》（上），頁68。

17 此有另一例證，見《孟子》〈離婁上篇〉第四章，孟子曰：「愛人不親，反其仁。治人不治，反其智。禮人不答，反其敬。行有不得者，皆反求諸己。其身正，而天下歸之。詩云：『永言配命，自求多福。』。」

2　其次，再由孟子經常說的「居仁由義」一詞來證明

　　例如：孟子在論知識份子應該如何做時，他說：「居仁由義，大人之事備矣。」（見《孟子》〈盡心上篇〉第三十三章）。但為何他要說「居」仁呢？其理由包括他曾說的：「仁，人之安宅也。義，人之正路也。」（見《孟子》〈離婁上篇〉第十一章）。或「夫仁，天之尊爵也，人之安宅也。」（見《孟子》〈公孫丑上篇〉第七章）。既然他視「仁」為人之安身立命的住宅，所以「仁」要像一間住宅一樣，成為人的安身立命的住所。然而，「人之安宅」之說，也祇是一種譬喻，其重點是上述的，能夠在此心中「存心」、「養心」以行善也。故孟子的倫理學是一種存心倫理學，又得到另一證明。

　　孟子曰：「自暴者，不可與有言也。自棄者，不可與有為也。言非禮義，謂之自暴也；吾身不能居仁由義，謂之自棄也。」（見《孟子》〈離婁上篇〉第十一章）。但何以說：「言非禮義，謂之自暴也；吾身不能居仁由義，謂之自棄也。」呢？孫奭疏曰：「言非禮義，謂之自暴也；吾身不能居仁由義，謂之自棄也者。此蓋孟子自解自暴自棄之言也。」[18]

　　這是說，「自暴自棄」的定義，是孟子自己創造出來的。但「自暴自棄」與孟子的「居仁由義」之說，究竟有什麼關係呢？朱子在《孟子集注》中說得比較明白：「暴，猶害也；非，猶毀也。自害其身者，不知禮義之為美，而非毀之。雖與之言，必不見信也。自棄其身者，猶知仁義之為美，但溺於怠惰，自謂必不能行與之有為，必不能勉也。」。又引程子曰：「人苟以善自治，則無不移者，雖昏愚之至，皆可漸磨而進也。唯自暴者，拒之以不信。自棄者，絕之以不為。雖聖人與居，不能化而入也，此之謂不愚之不移也。」[19]

18　趙岐等人著：《孟子》（上），頁254。
19　趙岐等人著：《孟子》（上），頁503-504。

今依朱子的解釋可知，所謂「自暴」指自己損害自己的道德心，而且不以禮義為美德，所以構成一種自我殘害的現象，而且在別人勸告他時，又不相信。相對而言，所謂「自棄者」指雖知仁義為美德，但因沉溺於怠惰的生活中，所以不能發揮道德心。今再依程子的說法是，通常人即使天生遲鈍，但經過後天的長期努力磨練，將會有進展。但「自暴者」拒絕相信此理。而「自棄者」雖知此理，卻不知實踐。故程子以為，世上雖有教化眾生的聖人出現，但也無法改變他們。

因此依朱子、程子的解釋，「居仁由義」是落實在「實踐的生活」上。但依然沒有將「居仁由義」的意涵表達得很清楚。我的解釋是，「居」有把握居於仁心中，珍惜此道德心，並以「義」為行為的判準，去完成生命的自我實踐之意。那麼，從「居仁由義」的概念可知，孟學是一種由「仁心」出發，以「義」去完成生命實踐的學問。故說孟學為「存心倫理學」是恰當的。

今小結此節來說，孟子的存心倫理學，可由孟子以「存心」、「養心」的概念得知，「存養」的工夫，就是指從人的內心（道德心）出發，去實踐力行的學問。故說其倫理學為存心倫理學。

再以其「居仁由義」之概念來說，「居」有居住，然後「把握」的意思。故「居仁由義」彰顯的是一種孟子式的存心倫理學。另外，孟子經常說：「義，人路也。」或「義，人之正路也。」此更可說明，這是一種向外實踐，而不止是「居仁」而已的學問。

（三）孟子的責任倫理學

以上論述孟子的倫理學是一種存心倫理學。今進一步論述，何以孟子的倫理學又是以「存心」、「養性」為主，以發揮道德責任（moral duty）為重的責任倫理學。

誠如上述，通常所謂「責任倫理學」是從「結果」上計算道德行為的對錯。故若依此標準來論孟子的倫理學是說不通的。因為若以

「結果」來論，孟子提倡的學問，不在求急功近利。例如：孟子在〈梁惠王上篇〉第一章被梁惠王問到：「叟！不遠千里而來，亦將有利於吾國乎？」時，孟子即回答說：「王！何必曰利？亦有仁義而已矣。」

但今試問，到底講「仁義」與講「利」的差別何在？難道講「仁義」的孟子不講「利」嗎？

對於這個質問，凡研究過孟子之仁政論的人，都瞭解孟子也有「利民之道」。但他所講的「利民之道」是建立在「禮樂教化」或「長治久安」的基礎上。故我首先將他批評的「上下交相利」（見《孟子》〈梁惠王上篇〉第一章）與孟子的「仁政論」作一詳細的比較，以明白孟子「何必曰利」與「亦將有仁義而已矣」的究竟。

若依孟子的分析，當時諸侯「上下交相利」的現象是「萬乘之國，弒其君者，必千乘之家；千乘之國，弒其君者，必百乘之家。萬取千焉，千取百焉，不為不多矣。」。這是說明戰國時代爭戰不斷的現象。但其背後的涵義是：人們唯以滿足個人私欲，所以造成天下大亂，人民流離失所的現象。不但如此，當時老百姓的生活不是當政者關心的重點。反之，當時的國君永遠將個人的私欲擺第一。此即孟子說的：「狗彘食人食而不知檢；塗有餓莩而不知發。人死，則曰：『非我也，歲也。』」（見《孟子》〈梁惠王上篇〉第三章）。或「庖有肥肉，廄有肥馬；民有飢色，野有餓莩。此率獸而食人也！」（見《孟子》〈滕文公下篇〉第九章）。由此引證可知，孟子不但依據自己目睹之景象，也引用別人對此刻劃出的「人間慘狀」，作為具體的說明。

不僅如此，他在批評冉求在做季氏國之宰相時，祇會為國君斂財，來說明戰國時代之悲慘現象。他說：「爭地以戰，殺人盈野；爭城以戰，殺人盈城；此所謂率土地而食人肉，罪不容於死。」（見《孟子》〈離婁上篇〉第十五章）。凡此說明了，因為人類貪欲所造成的人間問題包括：「天下諸侯各國，相互爭城，爭土地。」（所謂率土地而食人）與「國君祇顧個人的需要，而不能照顧到百姓的需求」。

所以有百姓不得溫飽，到處餓死人的現象。可是當政者在事情發生時，又都歸咎於天命，而不反省是否是人禍使然（所謂「非我也，歲也。」）但孟子不以為然，所以引用公明儀的形容詞：「此皆率獸而食人也」來形容。

故我們初步的解釋孟子說的「必有仁義而已矣，何必曰利？」的意義是，面對這種人欲氾濫，每一個人祇為個人私利而為所欲為時，我們不要再談這種私欲之利了。反之，仁義之利才是真正的利益。何以如此說呢？下面將有詳細的解釋。

最後，由孟子的性善說與其有關的仁政論來說。首先講性善論並不是一種祇重本心或存心的理論。因為孟子在論述性善論中曾說：「人皆有不忍人之心。先王有不忍人之心，斯有不忍人之政矣。以不忍人之心，行不忍人之政，治天下可運之於掌上。」（見《孟子》〈公孫丑上篇〉第六章）。然後，他才說明人的本質是有四端之心，故他建立的性善論，祇是一種「內聖說」。但我們還要注意其「外王說」，即「不忍人之政」之說或仁政論。

但所謂「不忍人之政」呢？它是來自於人都有不忍人之本心。但何謂「不忍人之心」呢？在《孟子》〈梁惠王上篇〉第七章中，孟子以齊宣王以羊易牛是基於「君子之異於禽獸也，見其生不忍見其死，聞其聲不忍食其肉。」即表示出君子人格的一種同情共感之心。所以「不忍人之心」就是一種對於別人的同情共感之心（compassion）。

但其起始點是什麼？即上述孟子在〈公孫丑上篇〉第六章說的，人人皆有「四端之心」。孟子說：「凡有四端於我者，知皆擴而充之矣，若火之始然，泉之始達。苟能充之，足以保四海；苟不充之，不足以事父母。」。我們通常將「擴而充之」解釋為「如果曉得把它們擴充起來。」[20]。此意思還不充足，因為小至到事父母，大至到保四

---

20 楊伯峻譯註：《孟子譯註》（臺北：五南圖書出版公司，1992年），頁104-105。

海（平天下）的人，都應該包括在內。這也就是說孟子哲學不僅是屬於一種存心倫理學，因為他不但講「存心」、「養性」，而且將「存心」、「養性」的目標放在「格物」、「致知」、「齊家」、「治國」以及「平天下」之廣大目標上。所以，表現出一種「道德責任」的面向，凡此便有「責任倫理學」的成分在內。那麼，孟子的「存心」、「養性」與「道德責任」是同時並進的。

故我們從「存心」上來講孟子哲學，還需要從存心開始，依據孟子「擴而充之」的學說，來講存心為主的責任倫理學。

今再從孟子一再描述的仁政論的實際內容來說，孟子多次提到他的仁政論之理想，如下列描述的：

> 不違農時，穀不可勝食也；數罟不入洿池，魚鱉不可勝食也；斧斤以時入山林，材木不可勝用也。穀與魚鱉不可勝食，材木不可勝用，是使民養生喪死無憾也。養生喪死無憾，王道之始也。」又說：「五畝之宅，樹之以桑，五十者可以衣帛矣；雞豚狗彘之畜，無失其時，七十者可以食肉矣；百畝之田，勿奪其時，數口之家，可以無饑矣。謹庠序之教，申之以孝悌之義，頒白者不負戴於道路矣。七十者衣帛食肉，黎民不饑不寒，然而不王者，未之有也。（見《孟子》〈梁惠王上篇〉第三章）

原來孟子由「不忍人之心」，所構造出來的「不忍人之政」（仁政），還包括一套「不違農時」的新農業政策與環保資源政策，以達成人民「安居樂業」的目標。不但如此，在滿足人民的物質生活需求之後，更講究精神生活。包括：人倫教化的工作，所以孟子的倫理學不但從人民之物質生活的利益（或需求）上進行論述，也更重視精神生活的培養。這就是我一再強調的，孟子極為重視「人倫教育」，因為這是

建立「長治久安」的基礎。那麼，在此也表現出其倫理學之「道德責任」的重要面向。

他在敘述他崇拜的周文王之事蹟時，也這樣說道：

> 太公辟紂，居東海之濱，聞文王作，興曰：「盍歸乎來，吾聞西伯善養老者。」天下有善養老，則仁人以為己歸矣。五畝之宅，樹牆下以桑，匹婦蠶之，則老者足以衣帛矣。五母雞，二母彘，無失其時，老者足以無失肉矣。百畝之田，匹夫耕之，八口之家，足以無饑矣。（見《孟子》〈盡心上篇〉第二十二章）

在此的陳述，說明孟子由「內聖」（發揮不忍人之心），所形成的「外王」（不忍人之政），顯然是一種道德責任。故論孟子之學，若祇說他「提倡性善說」是絕對不夠的。因為其講的內聖與外王，正是一以貫之或相互表裏的。故由孟子的仁政論內容來看，可以證明孟子的倫理學，不僅有「存心」的部分，更包括有「道德責任」的部分。故我重新定義孟子的倫理學為一種「存心──道德責任」的倫理學。

今概括此節來說，由孟子之說「存仁義之心」，「存夜氣」，或「以仁存心」、「以禮存心」乃至於「居仁由義」的概念可知，他的倫理學，首重人類之本心（道德心）的開拓，並將之具體實踐力行於生活中。但由孟子說的先王（指周文王）「其有不忍人之心，斯有不忍人之政矣。」來說，顯示孟子的倫理學，又不止於「存養工夫」而已，而是以「長治久安」為目標的仁政論來論述其重視道德責任的一個重要面向。

基於此，「存心──道德責任」才是構成孟子之倫理學的完全內容。故論者認為孟子的倫理學既是存心倫理學，也是責任倫理學。

四 論墨子重視「道德責任」的倫理學，卻沒有「存心養性」的工夫論述

為了顯示孟子有「養心性——道德責任」之倫理學的特質，其實最好的方法，又是從比較的觀點來看墨孟之倫理學有何不同的特質？但在比較之前，先深入探討墨子這種祇重「道德責任」之倫理學的特質是什麼？

（一）從墨子〈節葬篇〉，論其道德責任倫理學

誠如上述，重道德責任之責任倫理學，是專從行為的結果來計算得失，而不論其行為的動機為如何：例如：宰我與孟子的辯論中，宰我從利害得失（結果）中論三年之喪不可行。而墨子也以為：

> 若法若言，行若道，使王公大人行此，則必不能蚤朝；五官六府，辟草木，實倉廩；使農夫行此，則必不能蚤出夜入，耕稼樹藝；使百工行此，則必不能修舟車為器皿矣；使婦人行此，則必不能夙興夜寐，紡績織紝。（見《墨子》〈節葬下篇〉）

這是由儒家實行三年之喪的不良結果上所進行之論述的。下面一段話更為明顯。所謂：

> 細計厚葬，為多埋賦之財者也。計久喪，為久禁從事者也。財以成者，扶而埋之；後得生者，而久禁之。以此求富，此譬猶禁耕而求穫焉，富之說無可得焉。（見《墨子》〈節葬下篇〉）。

墨子在此一再引用「細計」、「計」的詞，純粹是從結果上計較厚葬之弊端。所以他的倫理學，純粹是從（結果）上去論斷是非的倫理學。

　　下面一段話，更可以瞭解他反對久喪的原因，不是從久喪所能表達的「親情」來論，而是從造成的「結果」來論。他說：

> 若法若言，行若道，苟其飢約，又若此矣，是故百姓冬不仞
> 寒，夏不仞暑，作疾病死者，不可勝計也。此其為敗男女之交
> 多矣，以此求眾，譬猶使人負劍，而求其壽也。眾之說無可得
> 焉。（見《墨子》〈節葬下篇〉）

這是說，三年之喪重視「挨餓節食」，其結果造成百姓冬天受不了風寒，夏天受不了暑熱。

　　所以病死的，必不在少數。何況，用這種方式去治喪，必妨害男女的性生活。凡此墨子的論述，明白地是從功利主義的角度去論斷久喪之弊病。不但如此，墨子又論三年之喪禮對國家、政治的妨礙是：

> 今唯無以厚葬久喪者為政，國家必貧，人民必寡，刑政必亂。
> 若苟貧，是無為積委也；若苟寡，是城郭溝渠者寡也；若苟
> 亂，是出戰不克，入守不固。（見《墨子》〈節葬下篇〉）。

他把國家窮困、刑政混亂，以及作戰失敗的原因，全都歸結到「久喪」一種原因上。這也說明了，他總是從厚葬的「結果」來論斷是非對錯的。故其倫理學屬於「重結果」之道德責任倫理學。

　　最後，他認為中國邊疆地區三種民族的葬禮太簡陋了，但都能表現人類的風俗習慣。故他主張從禮俗的或功利的觀點，去提倡有節度，卻不失人情的節葬之禮。他說：

> 若以此若三國者觀之，則亦猶薄矣。若以中國君子觀之，則亦
> 猶厚矣伽彼則大厚，如此則大薄，然則葬埋之有節矣。故衣食

者，人之生利也，然且尚有節葬埋者，人之死利也，夫何獨無
節於此乎！（見《墨子》〈節葬下篇〉）

這是說，如果從以上三個蠻國的風俗習慣來看，未免太簡陋了！但以
中原的儒者之做法來看，又未免太過度了。故墨子主張有適度的禮
節，而且認為這才是符合埋葬利益的禮節。

今以墨子節葬的主張來論，他處處講「細計其利益得失」，所以
除了從結果來論述之外，已顯示出他的主張，與宰我向孔子申論「三
年之喪」之利弊得失時的觀點，是完全一致的。所謂：「君子三年不
為禮，禮必壞；三年不為樂，樂必崩。舊穀既沒，新穀既升，鑽燧改
火，斯可已矣。」。今認比較宰我與墨子在節葬篇中說的：「使王公大
人行此，則必不能蚤朝；五官六府，辟草木，實倉廩；使農夫行此，
則必不能蚤出夜入，耕稼樹藝；使百工行此，則必不能修舟車為器皿
矣；使婦人行此，則必不能夙興夜寐，紡績織紝。」（見《墨子》〈節
葬下篇〉）。這不是完全是一個意思嗎？都是從「理」上進行論述，厚
葬久喪之種種不合理的現象。

故墨子表現出截然不同的倫理學之論述，是由於他不以儒家重視
的，從動機上來講，判斷一件事是非對錯的「存心」如何，而全力集
中在分析，如此做的「結果為何」。故他的學說顯然不是一種講「存
心」的倫理學，而是祇以「理」上說的道德責任之倫理學。

（二）從墨子〈節用篇〉論其道德責任倫理學

以上從〈節葬篇〉論墨子道德責任倫理學之特質為，從「結果」
上作是非判斷之基準。今再從其〈節用篇〉來論此道理。今以
「食」、「衣」、「住」、「行」四方面來看墨子的論述。

在「食」的方面，墨子說：

> 古者聖王制為飲食之法曰：「足以充虛繼氣，強股肱，耳目聰
> 明，則止。不極五味之調，芬香之和，不致遠國珍怪異物。」
> （見《墨子》〈節用中篇〉）

這是從實用的觀點，講究食物怎樣合乎人體的需求，而不追求額外的
美味佳餚。所以是一種從「結果」來計算「那一種食物對人體有利」
的倫理學。

在「衣」的方面，墨子主張：

> 冬服紺緅之衣，輕且暖；夏服絺綌之衣，輕且清，則止。諸加
> 費不加於民利者，聖王弗為。」（見《墨子》〈節用中篇〉）

這也是站在實用的立場，講究衣服怎樣合乎冬暖夏涼的需求，而不追
求錦衣綢緞，所以是講求一種「穿衣之道」的倫理學。

在「住」的方面，墨子強調：

> 其旁可以圉風寒，上可以圉雪霜雨露，其中蠲潔，可以祭祀，
> 宮牆足以為男女之別則止。諸加費不加於民利者，聖王弗為。
> （見《墨子》〈節用中篇〉）

這也是站在實用的立場上，將居處作多種功用的發揮，而不追求豪宅
華廈，所以是講「如何住的舒服」的倫理學。

在「行」的方面，墨子重視：

> 車為服重致遠，乘之則安。引之則利；安以不傷人，利以速
> 至，此車之利也。古者聖王為大川廣谷之不可濟，於是利為舟
> 楫，足以將之則止。雖上者三公諸侯至，舟楫不易，津人不

飾，此舟之利也。（見《墨子》〈節用中篇〉）

這也是以實用為目的，一切以輕捷便利為取向，而不追求良駒美車為目的，所以是一種講求「如何行的便利又兼顧效益」之實用主義的倫理學。

所謂效益主義，就是「以行為產生的整體結果（overall consequences）來決定行為的道德正當性。」更具體地說明，「一個道德上之對的行為，就是在所有可能選擇的行為之中，其結果能產生最大善或最小量的惡之行為；而所謂錯誤的行為，就是其結果不能產生最大量善或最小惡之行為。」[21]

如此以定義來看，墨子之學的確是一種效益主義，或功利主義與實用主義兼容並蓄的倫理學，因為從他所主張之「食」的方法來論，食物祇要達到「補充虛損，增加血氣，強健手足，耳目聰明」的健康目的就行了，而不需要再追求健康以外的任何之山珍海味。又在「衣」的方面，祇要冬衣能達到暖和輕便就行了；夏衣能達到輕便而涼爽的目的。又在「住」的方面，能達到冬天足以禦寒，屋頂足以抵禦雪霜雨露就行了。又屋子中間保持潔淨，可用來祭祀就行了，所以不需要刻意去裝飾，所謂：「津人不飾。」（見《墨子》〈節用上篇〉）

故今從以上的分析可知，墨子的倫理學完全是屬於從「整體結果」上，論述是非對錯的效益主義。但今試問，為什麼墨子必須從「食」、「衣」、「住」、「行」四方面上來講效益主義呢？這是站在個人利益上講的「利己主義」呢？還是站在大眾立場上講的「利他主義」呢？下面我將展開相關的論述。

---

21 林火旺：《倫理學》（臺北：五南圖書出版公司，1999年），頁78。

（三）現代倫理學區分「利己主義」為三大類：

一、「心理的利己主義」（psychological egoism）——它是指一種有關人類動機的主張，所以稱為「心理的」，由於它認為所有人類動機都是「自我關懷的」（self-regarding），所以稱為「利己主義」，故「心理利己主義」明確的定義是：「所有人類的行為都是出自於自我關懷。」[22]

二、「倫理的利己主義」（moral egoism）——它是指「每一個人都應該提昇自己的利益，或者人們都有義務去從事任何可以有利於自己的事。換句話說，除非事情最終對你有利，否則你沒有任何道德理由去做一些有利於他人的事。」[23]

三、「利他主義」（altruism）——包括五個要點：這是相對於利己主義的觀點。

1.必須付諸實際的行動。

2.必須有強烈的目標取向（目標在提昇他人的幸福）。

3.在利他的行為中，意圖比結果來的重要。

4.利他行為必然會造成行為者自己可能的損害。

5.利他是無條件的，行為者不能預期任何回報。[24]

今論以上的「利己主義」難道是墨子的主義嗎？今初步由墨子「兼相愛，交相利。」的命題上來論，可以完全排除「自我關懷」的「心理利己主義」的可能，也排除「祇知提昇自己利益」的「倫理利己主義」的可能。但近乎「目標在提昇他人幸福」與「在利他的行為中，意圖比結果重要。」的利他主義。不過，墨子更重視從「結果」上，追求眾人利益。因此表現一種效益主義的特色。另外，墨子先從

22　林火旺：《倫理學》，頁49。

23　林火旺：《倫理學》，頁58。

24　林火旺：《倫理學》，頁70。

「天下大亂」的結果，歸納出一個根本原因——「皆起於不相愛」（見《墨子》〈兼愛上篇〉）。而且針對這個根本原因，提出一個具體性——簡單來說叫做「視人如己」的方法。如墨子說：「視人之國若視其國；視人之家若視其家；視人之身若視其身。」（見《墨子》〈兼愛中篇〉），凡此可以證明，墨學有效益主義的特質。

但今試問，墨子如此做，如何達到「兼相愛，交相利」的目的？墨子在〈兼愛中篇〉曾論：「利人者，人必從而利之；惡人者，人必從而惡之；害人者，人必從而害之。」這就是說，人類有一種共同心理，就是大家都有一種趨利避害的心理，故如果能夠順人此趨利避害的心理去行時，由於大家都能夠獲得相同回報，所以更能「兼相愛，交相利」。

但是墨子所提倡的哲學，卻不是上述的「利己主義」之趨利避害的哲學，於是墨子構造出一種從「天下公利」為著眼點的責任倫理學，下面的引述，更可以證明此點。

墨子在〈兼愛下篇〉說道：

> 兼以易利。然即兼之可以易利之故何也？曰：藉為人之國，若為其國，夫誰舉其國以攻人之國者哉？為彼者由為己也。為人之都，若為其都，夫誰獨舉其都以伐人之都者哉？為彼者猶為己也。

此意思是說，在我們化除「彼此的分別」之後，別的國家或都城，都猶如我們的一般。那麼，攻打別的國家或都城不就等於攻打自己的？那麼，誰還會幹這等蠢事呢？

但墨子何以能夠站在兼愛的立場，化除彼此的分別呢？他接著說：

> 然即國、都不相攻伐，人家不相亂賊，此天下之害與？天下之

利與？即必曰天下之利也。（見《墨子》〈兼愛下篇〉）

由此可見，墨子的重要學說「兼相愛，交相利」的學說，不是從「這是你的國家」、「那是我的國家」上分別你我，卻能夠跳脫國家與國家，都城與都城的分別，站在「天下人」之共同利益的立場上，來論述的效益主義。而這種效益的講求，實表現出他對天下人的責任感之態度。故墨子的倫理學是一種責任倫理學。

此還有旁證，如墨子在〈非攻上篇〉中，以潛入人的家裡周圍偷竊不對為例，證明這種做不對，來突顯人們做錯了卻不知道不對的「無知」；他說：「今天大為攻國，則弗知非，從而譽之，謂之義，此可謂知義與不義之別乎！」。故他顯然是針對「天下的問題」而發不平之論，所以是一種對天下人發揮「道德責任」的倫理學。不但如此，他從「後果」的立場上來論戰爭之害，更表現它是一種從「結果」來判斷是非對錯的效益主義的特質。

墨子又說：

春則廢民耕稼樹藝，秋則廢民穫斂。今唯毋廢一時，則百姓飢寒凍餒而死者，不可勝數。今嘗計軍上，竹箭羽旄惺幕，甲盾撥劫，往而靡弊腑冷不反者，不可勝取也。（見《墨子》〈非攻中篇〉）

這是從戰爭所造成的農業損失，軍隊出征所形成的裝備損失上來論述，而且還有四個「不可勝數」。今從「不可勝數」（不能計算）來論，他不僅能夠站在「國家」的立場，而且已經超越國家，而達到「天」、「鬼」、「人」三個層面來論述。故墨子的倫理學也就是以「天、鬼、人一致」的共同標準來講的倫理學。所以他說：

> 將為其上中天之利，而中中鬼之利，而下中人之利，故譽之。
>
> 今天下人所同義者，聖王之法也。（見《墨子》〈非攻下篇〉）

基於此，墨子倫理學的涵義，包括：以其「結果」或從「人類整體利害的結果」來論行為的對錯。而且更重要的是，他站在「天下人」的立場來論是非對錯。所以根本排除了「利己主義者」站在「自我關懷」的心理動機之「心理利己主義」，也排除了為「提昇個人利益」的「倫理利己主義」，更排除了「祇重意圖，不重結果」與「不計回報」的「利他主義」。

今進一步說，正由於他以「利人者，人必從而利之」的回報心理作為論述的基礎，也重視整體利益的「兼相愛，交相利」之結果論哲學，所以能夠顯示出墨子哲學的重心在求天下人之共同利益，而構成一種對天下人負責任的責任倫理學。

今小結此節來說，今從墨子重視「細計一切行為的利益得失」來看，他的倫理學倒與孔子的學生——宰我對「三年之喪」的看法十分相似；因為兩者都是從「理」或「結果」上來分析何者行為是對還是錯。或說，專門從行動的結果上來論是非對錯，而不是從行為的動機上來論一切行為的對錯。這首先表現出宰我與墨子學說的效益主義之特質。

再從墨子的節用學說來看，他一直把握「民利」的立場，顯示出他是以行為產生的「整體結果」來論斷行為的正當性，故更可以證明他的倫理學是屬於現代倫理學分類中的效益主義。再從其以「視人之國若視其國」為方法的「兼相愛，交相利」之學說來論，更顯示出他是站在「超越國家之上」的「天下」高度，來解決天下大亂的問題，故這種倫理學，充分表現對天下人的責任感，故墨子的倫理學是一種責任倫理學。

五　試比較孟子與墨子倫理學的異同

　　經過以上詳細的分析之後，論者試歸納出孟子與墨子倫理學的異同如下列幾點：

（一）孟子與墨子倫理學之相同處

　　兩者都能夠表現出一種對全天下的責任感。孟子的責任感表現在他說的以「不忍人之心」而行之的「不忍人之政」上，更以一套「五畝之宅，樹之以桑。」與「人倫教化」為主的「仁政論」之上。墨子的責任感則表現在天下人之共同利益所講的「節葬」、「節用」、「兼愛」、「非攻」等學說上，或以「兼相愛，交相利。」的方式之根本學說上。故兩者之學說雖有差異，但談到解救天下蒼生的痛苦之用心上，其本質是沒有任何差別的。

（二）孟子與墨子倫理學之差異處

　　若從倫理學的分類來說，孟子的倫理學是一種動機派的倫理學。所謂「動機派倫理學」，即以一個人對於行為的是非判斷是從其如何「存心」來決定。譬如：宰我主張從「細計其不利」的觀點來判斷「三年之喪」之弊端時，孔子極力反駁他說：「於汝安之？」，此表示說，孔子在乎的是「三年之喪」實表現了一個人對父母的「孝心」與「誠心」，或其存的是什麼心？故孔子上述的言論，實呈現出其存心倫理學的一種特質。

　　同理，孟子的「不忍人之政」或「仁政論」，一方面表現出對「道德責任」的堅持，可是，在另一方面以「先生（周文王）有不忍人之心，斯有不忍人之政，天下可運於掌上矣」的基本命題，來說明不忍人之政（或仁政）的始末由來。可見他說的「道德責任」出自於「人的內心」。這就是以「存心」為主，然後才形成「道德責任」的

「動機派倫理學」。

相對而言，墨子的倫理學總是從「行為（或作為）的結果」來論斷是非對錯，卻不從人如此行為的動機或存心，來論對與錯，所以呈現出其完全重視「道德責任」倫理學的特質。

再就從兩種所根據的人類心理層面來比較，上面曾引墨子的「利人者，人必從而利之；惡人者，人必從而惡之；害人者，人必從而害之。」（見《墨子》〈兼愛中篇〉）作為墨子主張「兼相愛，交相利。」中「視人猶己」哲學的心理基礎。同理，孟子也曾說：「愛人者，人恆愛之；敬人者，人恆敬之。」（見《孟子》〈離婁下篇〉第二十八章）。故表面上，此兩派哲學好像有共同的心理基礎。但很明顯的，墨子之學的心理基礎是建立在大家都「好利」的基礎上。而孟子卻反對以「利」作為人類互利的基礎，而以「仁義」為人類互利的基礎。這就是孟子見梁惠王，孟子一直回答說：「亦有仁義而已矣，何必曰利？」（見《孟子》〈梁惠王上篇〉第一章）的主要原因。

凡此，顯示出兩者所根據的心理學是截然有別：一者是純然從「利」（公利）出發，但另一者卻堅決反對由「利」出發，而以「仁義」為行為的法則。因此，我們可以嗅出其分別的端倪，即兩派所持的心理學之基礎，原本是全然相對的。

今進一步說，墨子又不斷從行為的結果上去計較利弊得失。所以顯示出他不太重視儒家的「存心論」。所謂「存心論」，如同孔子反對宰我以「理」反對「三年之喪」，而主張以「情」。

上論述這是一種「求人心安」的禮節。因此，儒家之倫理學首重「人情」與墨子事事從「理」上說，又完全不同。

因此，墨子的倫理學富有效益主義（或目的論）的色彩，而孟子的倫理學則富有「義務論」的色彩。所謂「義務論」的倫理學與「目的論」的倫理學截然不同。後者是主張「一個行為的對或錯，完全決定於這個行為所產生的結果或所實現的目的。」反之，「義務論」則

以為「一個行為的對或錯，不是完全決定在行為所造成的結果或目的，而是取決於行為本身所具有的性質和特點。」[25]

值得注意的是，墨子一再強調「細計其利」之時，孟子很不以為然地主張，回到人類本心（仁義之心）去講「推行仁政」或「不忍人之政」。故由「義務論」（孟子的主張）與「目的論」（墨子的主張）之區分，也可以分別這兩派倫理學的重大差異。

再從孟子「反求諸己」的倫理學，來分別兩者的不同並加以區分。孟子說：「愛人不親反其仁，治人不治反其智，禮人不答反其敬，行有不得者皆反求諸己。」（見《孟子》〈離婁上篇〉第四章）。今試問，孟子何以如此愛人、敬人後，還在得不到別人的適當回報時，依然反求諸己呢？趙岐註曰：「反其仁，已仁獨未至邪？反其智，已智獨未足邪？反其敬，已敬獨未恭邪？反求諸身，身已正，則天下歸就之，服其德也。」[26]

由此可知，孟子解決天下問題，完全是從「本心的修養」上出發，而不像墨子，一開始就講，怎樣從解決社會的亂象中，去尋求解決問題的作法。如墨子說：「仁人之所以為事者，必興天下之利，除天下之害，以此為事者也。然則天下之利，何也？天下之害，何也？」子墨子言曰：「今若國之與國之相攻，家與家之相賊，君臣不相惠，父子不慈孝，兄弟不和協，此則天下之害也。」（見《墨子》〈兼愛中篇〉）

由此可見，墨子也講孟子「父子有親，君臣有義，夫婦有別，長幼有序，朋友有信」的「五倫之道」。但他的著眼點全然與孟子不同。孟子是從「個人修養」上出發，墨子則直接研究社會政治亂象的根源何在？然後找出一套方法就是「兼相愛，交相利」之論述。故孟子倫理學，重視的是解決人內在的本心是否良善或善良夠不夠的問

---

25 林火旺：《倫理學》，頁56。

26 林火旺：《倫理學》，頁56。

題。而墨子倫理學重視的是，如何解決外在的亂象之根源問題。所以這是兩派有不同解決問題的思考進路。

最後，從墨子的講「義」的倫理學與孟子的論「仁義」的倫理學來作一比較。墨子倫理學的另一重要特色是從外在的制度去講「義」。所謂「外在制度」是指他〈尚同篇〉中，所主張建立的集權主義下的「義」。值得注意的是，它是取決於外在的一套是非善惡之標準，而非來自於內在的「自我要求」。

誠如上述，孟子的「反求諸己」的主張，就是一種講「自我要求」。但墨子的倫理學完全不是如此，而是決定於以「天志」（上天的意志）為主的「義」。所謂「天之志者，義之經也。」（見《墨子》〈天志上篇〉）。意謂上天的意志是「義」的「經緯」或標準。故墨子與孟子的倫理學之另一大差異是前者的「義」（是非標準）完完全全是外來的，而後者的「義」是內在與生俱來的。

凡此，由孟子認為的「仁義」是內在的，而不是外在的，可以充分說明。或說他是以「義」為內在的「道德主體」。也就是說，此「道德主體」本身就是標準，如他反對告子曰：「食色，性也。仁內也，非外也。義外也，非內也。」的學說，就是最好的證明。

今進一步說，孟子反問告子：「何以謂仁內義外也？」時，告子回答：「彼長而我長之，非有長於我也；猶彼白而我白之，從其白於外也；故謂之外也。」（見《孟子》〈告子上篇〉第四章）。這說明了，告子以我尊敬對方（外在的對象）作為「義」（決定是非）的標準，而不是我本身就有尊敬之心作為標準。[27]故由此可以適當詮釋出孟子「仁義內在」說的真相。

---

27 孟子曰：「人之所以不學而能者，其良能也。所不慮而知者，其良知也。孩提之童，無不知愛其親者，及其長也，無不知敬其長也。」（見《孟子》〈盡心上篇〉第十五章）此證明「敬長」出於內心。孟子更說：「親親，仁也；敬長，義也。」（同上引）此可證明孟子的敬長與墨子、告子不同，後者出自於外在之「義」的標準；前者來自內在（仁義）的標準。

　　同理，同樣以「外在對象」為基準而產生「義」的墨子學說與告子學說是完全相同的。故今比較孟子與告子的看法之不同，可以解釋孟子何以要強調所謂：「仁、義、禮、智，非由外鑠我也，我固有之也，弗思耳矣。」（見《孟子》〈告子上篇〉第六章）。或是「仁、義、禮、智皆根於心。」凡此都可以證明，孟子的倫理學是以「存心」為主的倫理學。

　　進一步說，今由孟子「仁義連用」，而且說：「仁，人心也；義，人路也；曠安宅而弗居，舍正路而弗由，放其心而不知求，哀哉！」（見《孟子》〈告子上篇〉第十一章）。又一再使「居仁由義」的概念來說，原來孟子的「義」必須由人的本心來領軍；此與墨子的「義」是由「天」（神明）來領軍，兩者是截然不同的。

　　基於此，若以「義」作為觀察點，來比較墨子與孟子之倫理學的方法，便可以區分墨家與儒家之倫理學何以形成如此重大差異的原因。

　　今總括此節來說，墨子與孟子的倫理學雖有其共同之處（對於社會責任的強調），但由於孟子強調的是「存心」的動機派倫理學，墨子則主張「目的論」或「結果論」之倫理學，因此，首先出現的差異是，孟子是從「本心」上推而廣之或有層次的分別之責任倫理學。所謂「親親而仁民，仁民而愛物。」（見《孟子》〈盡心上篇〉第四十五章）。又說：「親親，仁也。敬長，義也。」（見《孟子》〈告子下篇〉第三章與《孟子》〈盡心上篇〉第十五章）。

　　由此顯示出，孟子講的倫理學並非不講外王，而是以本心的保養為重，如孟子講「存心」與「養心」，再向外逐次推廣便是。可是，墨子的倫理學是講求效益主張，或從目的上或結果上來論述的，而不是由「本心」出發來論述的。故以動機強調與結果強調的差異來論，我們可以肯定孟學與墨學的重大分別。

　　又從墨子與孟子根據人類心理的回報現象來說，他們雖然都以人類回報的共同心理現象來支持其理論，但若仔細分別可以瞭解，墨子

重視的是從結果上講「利人」。而孟子著眼於從存心上的「利人」。所以也可以分判出墨子的「目的論」與孟子的「義務論」之不同。再仔細說，前者是從結果上計算出愛人的代價，是可以得到回報；所謂「兼相愛，交相利」就是這個意思。而孟子是從「反躬自省」上講利人與愛人，而且是不計代價地去愛人。所以形成其間的重大差別。

最後，就「義」的概念來分判墨子與孟子倫理學的區別。在於墨子欲建立一套以「天志」為最後標準或以「義」為經緯的外在標準。而孟子則以人的本心或仁心為最後的標準。因此，一個顯示出以「外在的標準」所建立的責任倫理學。另一個是由本心為出發點，然後才推廣於外的「存心──責任倫理學」。所以孟子講的是「存心──道德責任」倫理學。

總而言之，孟子生平一再斥責墨子的哲學，也許會形成人們的困惑；有人認為，既然墨子也講仁愛，但何以孟子會這樣不放過對方？今從以上的分析，便可以發現，不僅僅是因為墨子講的「視人若己」的兼愛與孟子講的有次第的親愛不同，而且重點還在於，墨子的行為標準──「義」完全是取決於一位外在的神明。所以此時，人不再是一個具有主動性的「道德主體」，而是一個受制於外在神明的「被動者」。

換句話說，在墨學中，儒家所接櫫的「人性尊嚴」，已完全不存在了，因為此時的人祇是一個完全受制於天（宗教的神明）的「無自主權」的個體而已。又由於墨子講「尚同」與「天志」之說，人又成為一部大政治機器中的一些配件而已（詳見《墨子》〈尚同篇〉）。故孟子反對墨子的地方，其重點也應該是在此。

其次，墨子主張「凡事計利」來達成其愛人的目的。但這個「利」從〈尚同篇〉的學說來看，不免會落入為了「國家利益」，卻完全可以不顧於人民利益的重大問題中。凡此，人類歷史已經一再證明，那些講集權主義的國家，往往以好聽的「國家至上，民族至上」

的口號去麻醉人民。其結果，自然是人民一切的生存權利完全受制於極權統治底下，所以最後，連一點點的人性尊嚴也喪失殆盡了。

故墨子雖然也講道德責任的倫理學，但由於他根本缺乏「反躬自省」的道德責任感，所以可能導向專為「個人私利」，卻使人民喪失尊嚴與價值的極權政治。

基於此，論者為何一再主張，在論述孟子的倫理學時，如果能夠回到中國的先秦情境裡（在其時空環境背景下），來與墨子的倫理學作一詳實、懇切的比較，更能發掘出其真相的特色與不朽的價值。

六　從楊墨學與孟學的比較中，論孟子的存心倫理學與責任倫理學

經過以上詳細的分析之後，我對孟子的存心倫理學與責任倫理學有下列的重要看法：

一、孟子的存心倫理學是從一個人的居心或動機開始建立的，而非從其結果來建立的。此所以孔子會反對宰我從結果來論「三年之喪」的缺失。而孟子以孔子之繼承者自居，其反對墨學的理由，也在於墨子從結果論的觀點來論仁愛；此即墨子說的「兼相愛，交相利」。

由此觀之，孟子的出發點就與墨子不同。故筆者認為，認識孟學，與其將它與康德哲學作比較，不如將它與其時代相近，又與其思想有敵對關係的墨學作詳細的比較。

二、孟子的存心倫理學又呈現出責任倫理學的特徵。但我們必須瞭解孟子的責任倫理的概念，不是來自於供功效主義的墨學，因為後者一開始就以天下利益為「優先考量」。相反地，孟子重視的是「個人居心」的社會責任；所謂「人有不忍人之心，斯有不忍人之政矣」。因此這是一種動機派的社會責任倫理學，也就是講「居心」、「存心」為第一的倫理學。

進一步說，孟子講的社會責任，來自於純粹的愛，而不是墨子式的「為天下蒼生的利益」而愛人。

基於此，孟子倫理學比墨子倫理學高明，在於孟子對天下蒼生的付出，能夠超過名利、地位、富貴以及外在的勢力，而達到其所謂的大丈夫的境界。

反之，墨子倫理學的問題，在於如果做一件事是對天下人有利，卻違反仁愛，是否應該去做呢？例如有時，可能為了「國家利益」，卻必須犧牲某些人的生命時，在墨子看來，既然對天下人有利，就應該去做。但這種不論良心，只問結果的論述，明顯已違反道德；因為它可能變成「為達目的」而「不擇手段」的做法；凡此，就是一般學者對功效主義的批評。[28]

三、再從「道德判斷」來說，孟子從「存心」上論對錯，墨子由「結果」上論對錯，形成完全不同的道德判斷論，這才是孟子批評墨子「無父」的原因；換言之，所謂「無父」，指一個人不能純粹善的動機或居心去愛父母，卻為了「天下利益」的考量去愛父母（見〈兼愛篇〉）。所以一個人可能也會為了「某種利益」而不顧父母。

凡此，可以證明「目的論」與「義務論」的不同，與「為義務而義務」的「義務論」勝於為達到某一目的，卻可能不擇手段的功效主義不同。

四、再從「反求諸己」的孟子存心倫理學來論，孟子重視「道德心的實踐」，而且怕此心的流失。因此，必須不斷「反躬自省」。但墨子重視的是「知識心的發揮」：如主張節葬、節用、非攻，莫不是如此。故從「道德心」與「知識心」來區分孟墨，有助於瞭解孟子的倫理學。

---

28 林火旺說：「事實上效益主義的簡化會造成更嚴重的問題，許多哲學家已經注意到，一些我們通常視為不道德甚至邪惡的制度，在效益主義的觀點下可以被證成。譬如種族歧視，奴隸制度等，只要多數人所得到的享受，超過少數無辜者所受到的懲罰或不公平的待遇，就可以被效益原則證成。」《倫理學》，頁94。

　　五、從「義」的概念來說，墨子將它放在外頭：所謂「天之志者，義之經也」這是說，他的義，指外於人的「上帝」。可是孟子的「義」在人的內心：所謂「義內」說。故形成「道德主體」即「道德規範」的倫理學。此有別於「道德規範」來自上帝的墨子倫理學。

　　六、又以回報的心理基礎來說，孟子只講「先付出」，但墨子是站在「互利」的基礎上。故孟子的倫理學，才是「不求回報」的倫理學。

　　七、最後，將孟子的學說與楊朱學相比較，後者屬利己主義，前者屬利他主義。[29]

　　總之，從楊墨學與孟學的比較之後，我們更能瞭解孟子倫理學的真相是：

　　（1）他不以「利害得失」為出發點，而以存心為出發點，然後才講社會責任的倫理學。而且正由於如此，才不會落入「為達目的，可以不擇手段」的窠臼中。所以他說的愛人是純粹的。

　　（2）又從「道德判斷」的角度來說，由於是純粹的善，所以能夠不以「利害得失」的方式去對待自己人或他人、他國。此所以《孟子》記：梁惠王見孟子。孟子一再說：「亦有仁義而已矣，何必曰利？」因為重點在：「苟為後義而先利，不奪不饜」；所謂先利指的就是以「利害得失」為優先考慮。可是如此，則文明社會的一切規範，會因彼此都講「利害得失」而產生爭奪或戰爭，終至破壞殆盡。反之，不以「利害得失」為優先考慮，就是以純粹的善心去對待自己人或他人、他國，那麼文明社會的規範，才能維護。而孟子的仁義是維護文明社會規範的基本概念。於是其「亦有仁義而已矣，何必曰利」的重要命題得以證成。

　　（3）更值得一再提及的是：他非常重視「反求諸己、而不先要

---

29 楊朱學資料今存於《列子》。但由於資料太少，無法深論。

求他人」的部份，也就是說：當我們愛人，卻得不到回報時，依然問自己：「我做到了嗎？」所以其哲學充滿著一種道德的「自我要求」，而表現出「義務論」的色彩。但這「主動性」是講目的或效益的墨子不容易達到的境界。

（4）還有一點值得提到，就是孟子的倫理學最重視道德主體的「主動性」，所謂「從其大體為大人」（告子上篇第十五章）；即說要成就偉大的人格，要從有「主動性」的大體（道德主體）上加以發揮。相對而言，如上分析，墨子的「義」的道德標準在外在的上帝，所以沒有道德主體，更喪失道德判斷的主動權。故孟子倫理學的價值，經此比較後，更加顯現。

七　結語

今由以上的比較分析中，再試就下列重要問題進行解答：

一、在回答孟子何以說：「楊朱無父，墨子無君。能距楊墨者，聖人之徒也。」（《孟子》〈滕文公下篇〉第九章）的問題上，包括的答案固然是說，楊墨之言論已經破壞了儒家講的一套有人倫秩序，而且是講有層次的（親親而仁民，仁民而愛物。）之人倫秩序。但更重要的是，這種以「親親」為主的人倫道德秩序，是從「本心」為出發點的道德倫理學。因為所謂「仁，人心也；義，人路也。」就是講一種從「人類本心」出發所形成的一種道德秩序。反之，楊朱所講的自己第一的「個人主義」哲學，已經破壞了孟子講的「道德責任」的倫理學之目標。至於墨子，雖然也講「社會道德責任」，但是由於不能從「本心」出發，而且以「天志」為外在的標準或「義」的標準。結果把「人之所以為人」的價值完全拉扯下來，所以孟子之所以反對墨子的原因，應該重新從孟子一再對「人性價值的肯定」，或「人之異

於禽獸者幾希」的結論上加以分判。[30]

二、孟子的存心倫理學也講道德責任嗎？答案是「有」；因為孟子明說：「先天有不忍人之心，斯有不忍人之政矣」。故他的倫理學是一種「存心──道德責任」倫理學。然而，責任倫理學不必然是存心倫理學，此以墨子的倫理學來說，就是最好的例證。

三、孟子的倫理學重視的是人類甚麼心的開發？是道德心（moral mind）的開發；因為所謂「孝心」、「養性」，就是存養人類天生有的道德性中之道德心。相對而言，墨子倫理學重視的是人類認知心（cognitive mind）的開拓，故他處處要問，藏在問題背後的原因何在？（即問「何以故？」）。故認知心的使用與開拓，成為墨子與墨學辯論者所重視的。那麼分別墨子與孟子倫理學的差異，也可以從此一角度去著手。

四、分判墨子與孟子的倫理學不同之重要觀察點何在？由於墨子重視的是，從「效益的角度」作為「判斷道德是非」的判準。也就是強調「大眾的利益」為出發的觀點。但孟子不是從「大眾的利益」為出發點，而是從「人之所以為人的價值」之「道德主體性」為出發點。所以採取的不是以墨子的「目的論」的進路，而是以「動機論」

---

30 孟子也是從「義」來出發。此見《孟子》〈萬章下篇〉第七章。孟子曰：「夫義，路也。禮，門也。惟君子能由是路，出入是門也。」但他又說：「居仁由義。」（見《孟子》〈盡心上篇〉第三十三章）可見他的「義」是內在的「道德主體」之標準與外在之標準的墨子之「義」截然不同。參考楊祖漢：《當代儒學思辨錄》中說：「而此諸義，接可包含在『盡性立命』此一說法中。即遇而見義，此義下吾人所遭遇的境況，便是氣命。而即在此境遇中，吾人反省到有義之當然，要做出道德的行為，這便是自覺的自命，而這命，是道德的，此亦可言理命。又在這自我決定要在此境況盡自己之所應盡時，領悟到吾人這當下之境遇，正是上天對我之一呼召，而要我回應，這便是超越的天命之義。」見氏著：《當代儒學思辨錄》（臺北：鵝湖出版社，1998年），頁144。但我的老師楊祖漢先生是從「儒家的終極關懷」說的，我則由孟子與墨子之「義」的比較而說，一個在內在，一個在外在，於是孟子的倫理學之真相昭然若揭。

和「義務論」的進路。因此,「分判墨子與孟子的倫理學不同之重要觀察點何在」的問題上,顯然在於「存心——道德責任」與「效益——道德責任」不同。

五、墨子與孟子倫理學是否完全沒有相同之處?顯然不是,因為相同點在於兩者都很重視「社會道德責任」。不過,墨子是從「社會利益」為著眼點,講天下人的利益;孟子則是從「個人修養」的出發,然後才講天下人的利益。但是否能「殊途同歸」呢?答案是「不能。」。因為誠如本文最後的論述,墨子學說將可能會把人類帶往「極權政治」的深淵中。而孟子主張的,以人倫道德秩序形成的「五倫之道」社會中的「人」,它是以「道德主體」的姿態出現,它是以人的「本心」擴而充之(所謂「存心」、「養性」),故能彰顯出「人」的價值。所以孟子的倫理學實為「社群主義」之下,以保持人性尊嚴與價值的倫理學。此與墨子講的「集權主義」的倫理價值完全是「背道而馳」的。那麼分別孟學與墨學的不同,也可以從此處入手。

總而言之,論者比較墨子與孟子倫理學的目的,在於突顯孟子倫理學的價值。今由本文的論述發現,在現代人追求「人存價值」與重視如何發揚「人性尊嚴」,以期建立一個合情合理的社會價值觀之際,孟子倫理學雖然不是「唯一的答案」,然而卻是值得世間人參考的重要學說。

（本文原刊於《孔孟學報》第89期,100年9月28日）

第七章
評論錢穆《中國文化史導論》的儒家史觀及其有關的佛道見解

一　前言

　　著名史學家錢穆的《中國文化史導論》共分為十章。大約成書在一九四三年至一九四四年間，至今（2007），已有一甲子多了。此書的重要，由「出版說明」的「嘗謂讀者當就兩書合讀，庶可對我國歷史之整全體有較一層之認識」與「數十年間，知者蓋鮮。先生晚歲，每以此為憾。乃於七十六年，以九十三年高齡，再重讀全書稍加修飾，擬重版流傳」[1]可以瞭解。換言之，除了《國史大綱》之外，《中國文化史導論》一書，顯然是我們今天瞭解有關錢穆對於中國史看法的重要著作。

　　可是，經過我的研究發現，這本為錢穆畢生十分重視的著作，大體上仍舊是以儒家觀點為主軸來寫作，卻對於本土的道家與外來的佛家並未進行「深入」的討論與研究，以至於忽略了這兩家對於中國文化發展的「積極意義」與「正面功能」。因此論者試圖從這兩方面加以補充。本文基於討論的方便，大體上依下列幾個重要主題進行分析：

　　一、錢穆在此書中，對佛思想批評的意義與不足。

　　二、從老莊學說論道家生命哲學的意義與功能。

　　三、從《心經》，論佛家的生命意義與功能。

---

[1] 錢穆：《中國文化史導論》（出版說明）（臺北：聯經出版事業公司，1998年），頁1-2。

二 錢穆在此書中對道佛思想批評的意義與不足

（一）

錢穆在《中國文化史導論》一書中，對道佛兩家最嚴重的批評，包括兩處；其一是認為儒家對現實人生抱「積極樂觀」的態度，而佛家對人性是徹頭徹尾的「悲觀消極」。甚至是「主張取消人生」。又認為：道家與佛家相近；因為道家是對於現實人生是悲觀消極的；他這樣說：

> 儒家對現實人生抱一種「積極樂觀」的態度，他對於人類心理有一種極深刻的觀察，認為只要根據人類自有的某幾個心態，就此推擴，便可達到天下太平世界大同的現實人生之理想境界。佛家則對人生徹頭徹尾的「悲觀消極」，他們並不主張改善人生，而主張取消人生。他們對人心又另有一種看法，他們根據另外某幾個人類心態，認為應該由此入手，把現實人生的一切活動逐步取消，以達到個人心境上之絕對安靜，即「涅槃」。乃至於人生之根本取消。在這上，佛家思想乃頗與中國道家為近。道家對於現實人生是悲觀消極的。佛教初輸入，即依附著此種在當時盛行的悲觀與消極的道家的人生觀而流布。[2]

其二的批評是以「人的本位」立場批評道佛兩家說：

> 儒家是「純乎站在人的本位上」來觀察與辨認宇宙萬物的，道家則「頗欲超脫人本位」而觀察辨認外面的世界。這一點，道家思想又似頗有與西方自然科學接近的可能。道家對現實人生

---

2 錢穆：《中國文化史導論》（臺北：聯經出版事業公司，1998年），頁149。

始終抱著一種黏著的態度。他雖對現實人生抱悲觀，但不肯向現實人生求擺脫。他依然要在現實人生裏尋求安頓。他不像佛家直截主張取消現實，道家只想放寬一步，從超乎人本位以外的觀察與辨認中來熟識此世界，然後操縱之以為我用，使我得到安樂與寧靜。因此道家思想常偏近於方術的。但他不能像古代希臘人以及近代西方人之活潑壯往，積極奮鬥，又不能徹底超脫自身，對外物真作一種純客觀的考察與玩索，因此中國的道家思想，他雖含著不少近於西方自然科學的成分，卻永遠產生不出西方的科學。

更說：

道家既看不起現實人生，又不肯直截捨棄，他雖想利用自然，又沒有一個積極奮鬥的意態，因而曲折走上了神仙與長生的追求。這是人類自自在在，不費絲毫手腳，不煩奮鬥吃苦，而在自然界裏獲得了他種種的自由與要求之一種詩意的想像。[3]

總之，錢穆對道佛兩家的批評包括的重點有：

1　在佛家方面

（1）認為人生徹頭徹尾的悲觀消極；不主張改善人生，而主張取消人生。

（2）把現實人生的一切活動逐步取消，以達到個人心境上的絕對安靜，即「涅槃」。

3　錢穆：《中國文化史導論》，頁150。

2　在道家方面

（1）對於現實人生是悲觀消極。

（2）雖對現實人生抱悲觀，但不向現實人生求擺脫。

（3）在現實人生裏尋求安頓。

（4）在自然界裏獲得種種自由與要求之一種詩意的想像。

（二）就錢穆評論儒道，論其論述的意義

一、他是扣緊「現實人生」的議論來論道佛兩家的缺點的。故他評佛家為「不主張改善人生，而主張取消人生」、「把現實人生的一切活動逐步取消」。並總結佛家思想為「對人生徹頭徹尾的悲觀消極」。又評道家是「對於現實人生是悲觀消極的」。又說「雖對現實人生抱悲觀，但並不向現實人生求擺脫。他依然要在現實人生裏尋求安頓」又說：「道家既看不起現實人生，又不肯直截捨棄，他雖想利用自然，又沒有一個積極奮鬥的意態。」

二、最重要的意義是以儒家重視現實人生的態度，來批判道佛兩家。故他一開始就以「儒家是純乎站在人的本位上來觀察與辨認宇宙萬物的」之觀點，來比較出佛家與道家之缺點。

今再以錢穆在《中國文化史導論》的其他各章之主要論點來說，此書所呈現的，乃是以儒家的觀點來談中國文化的發展；今試舉個例來說明：

一、在此書第一章〈中國文化之地理背景〉中很明白指出，即使在魏晉南北朝時代的中國，以往的傳統文化並未全部衰歇。而且強調「孔子的教訓，依然為社會人生最大信仰與最大歸趨」[4]。又談到在歐洲的中古時期時，在中國「依然是一個孔子傳統，只另外又加進一

4　錢穆：《中國文化史導論》，頁13。

些佛教成分，卻不能說那時的中國，由舊的孔教而完成為新的佛教了。」[5]

二、在此書第三章〈古代觀念與古代生活〉的第四節中認為，中國文化是一種現實人生的和平文化；又說：「這一種文化的主要泉源便是中國民族從古相傳──極深厚的人道觀念。此所謂人道觀念，並不指消極性的憐憫與饒恕，乃指其積極方面的像後來孔子所說的『忠恕』與孟子說的『愛敬』。」[6]這也是說：「中國文化」這個複雜體，主要是落實在現實人生中，能夠表現出「和平的精神」。而且這此精神中，表現出的人道觀念是由孔子的「忠恕」與孟子的「愛敬」所凝結而成的。

三、在此書的第四章〈古代學術與古代文字〉的前言中，更認為，中國民族的「學術路徑」與「思想態度」大體在先秦時代已奠定。並說：「尤要的自然要算孔子與儒家了。但我們與其說孔子與儒家思想規定了以下的中國文化，卻更如說：中國文化的傳統裏，自然要產生孔子與儒家思想。」[7]不但如此，他在此章中，對於中國古代學術；即先秦思想中，以大部份的篇幅來敘述孔子的學說，相對而言只用兩頁的篇幅來說明儒家。[8]至於說到道家思想只有一頁左右的篇幅。[9]

四、在此書第七章〈新民族與新宗教之再融合中〉，他比較佛法與孝道時，他說：

> 「佛法」與「孝道」本是兩種正相背馳的精神，而能同時存
> 在，佛教教理主張「無我」乃至「無生」，但中國傳統精神，

5　錢穆：《中國文化史導論》，頁13-14。
6　錢穆：《中國文化史導論》，頁55。
7　錢穆：《中國文化史導論》，頁69。
8　錢穆：《中國文化史導論》，頁84-85，頁88-90。。
9　錢穆：《中國文化史導論》，頁90-91。

正著重在「由小我來認取生命之綿延。」[10]

　　凡此，也是從現實人生或儒家的觀點來談中國文化。但究竟佛教教理主張「無我」乃至「無生」，是不是事實呢？這是值得我們繼續討論的。不但如此，他在同章說「佛教出現思想，多半側重個人方面立論；中國傳統家庭精神，早超個人的。」[11]

　　總之，經由以上引證，已經可以證明，錢穆先生是持「儒家」重視「現實人生」的觀點來論述中國文化史。於是才構成其對佛道兩家不合現實人生的各種論述。那麼，其對道佛思想批評的目的，顯然在肯定儒家的現實人生論。

（三）評其儒家現實人生論，何以會構成論述上的不足

　　一、首先，我對於錢穆以儒家現實人生論來談中國文化史，表示「充分的尊重」；因為歷史學者在敘述歷史時，通常說難免帶有個人的觀點；以司馬遷的《史記》來說，他確實有個人的觀點。[12]另外，錢穆在上述作比較儒家與其他多家的研究中，也確實提出了不少證據。特別是講到儒家與中國文化的關係中，也有顛撲不破的事實存在。然而，問題在於他以單一的儒家觀點來論述的中國文化史的同時，是否忽略了非儒家，或儒家觀點之外的各家；包括影響中國文化甚巨的佛道兩家的歷史觀呢？

　　二、今從超越一家為主軸，或不以先秦某家的歷史的觀點，來論述中國文化或中國之文化史，將會發現中國文化是一個很複雜的集合體；它不但不能由「現實人生」或「非現實人生」來說明中國文化的

10　錢穆：《中國文化史導論》，頁159。

11　錢穆：《中國文化史導論》，頁160。

12　參考文崇一著：〈論司馬遷思想〉與王叔岷著：〈班固論司馬遷是非頗繆於聖人辯〉兩文，收入黃沛榮編：《史記論文選集》（臺北：長安出版社，1987年），頁35-94。

究竟，而必須來到一個「不斷變化」的動態觀點，來說明中國文化史演變中的複雜情形；原因是，中國文化過去幾千年來的發展，它是在「不斷變動」中。由於能夠不斷吸收外來的文化，所以它的發展也是呈現多方面的；此誠如錢穆在《中國文化導論》第十章中說：

> 因此我們可以說，中國不論在盛時如唐，或衰時如魏晉南北朝，對於外族異文化，不論精神方面如宗教信仰，或物質方面如美術工藝等，中國人的心胸是一樣開放而熱忱的。[13]

既然如此，經過這麼廣大包容的吸收過程中，究竟因此造就出來的中國文化，是否仍然以一個「現實人生」為關注的主軸，可以用來說明一切呢？事實上不然；此誠如錢穆在《中國文化史導論》附錄〈中國文化傳統之演進〉一文中，第三段中說的：

> （世界大同）這種世界觀，又和西方耶穌只講未來天國，而不注重現實世界的，有不同。中國孔孟諸子，深細說來，他們並非沒有宗教信仰。只他們的信仰者，在現實人生界，而不在求未來和出世界。[14]

但他在第四節說：

> 我們都知道，自漢末大亂以後，那時的中國人便覺得這世界現實沒有意義，政治不清明，社會不公道，一般人心都很消極悲觀，便轉向信宗教，信出世，希望來生；那便是當時新從印度

---

13 錢穆：《中國文化史導論》，頁214。
14 錢穆：《中國文化史導論》，頁250。

傳入中國的佛教。[15]

由此可知：錢穆也意識到，中國文化由重視現實人性的先秦，轉到漢末時，或「覺得這世界沒有意義，政治不清明、社會不公道」，但他並沒有解釋中國人信印度佛教之後，人心究竟得到怎樣的安頓？

因此，他在此書出現的矛盾是一方面說，漢末人民因社會、政治問題轉向佛家，卻同時把佛家視為一種徹徹底底的消極與悲觀的宗教。但試問，如果當時人民感到生命無望、無奈而消極悲觀，於是轉向佛家或道家。而佛家或道家果真如錢先生說的是消極與悲觀的話，那麼，對於當時人民心理，如何產生一定的治療作用呢？相反的，正由於人民在觀察人生中無法獲得「一定」的滿足時，必須追隨一些能夠讓他們超越現實的哲學思想，才能產生真正的治療作用。而且事實上無論道家、佛家，就其思想本質來說，都有治療，乃至根本提昇生命境界的作用。而且因此才會形成當時人們的普遍信仰。

基於此，我雖然不反對錢穆的儒家史觀，但認為，儒家史觀只能解釋中國文化史的某個面向，卻不足以「完全說明」中國文化在其長期變化中的「複雜現象」。因此，今提出變動的中國文化史觀。其要點是將中國文化史由儒家史觀，改為「變動、吸收、再造」的史觀。

但本文的重點，只在形塑「變動、吸收、再造」的中國文化史觀前，試圖對過去一般史家對於道、佛兩家的誤解或忽略的部份，先進行一些必要的釐清工作。

今先小結此段來說，錢穆所言的現實人生的中國文化史觀，雖然能夠提供吾人瞭解中國文化發展的某個面向，卻忽略構成中國文化的諸多重要成分中，還包含重要的道、佛兩家思想。而且，這兩家思想在落實在中國社會中，曾經產生過「正面」的積極作用，是我們「絕

---

15 錢穆：《中國文化史導論》，頁250。

不可」忽視的；許倬雲在《萬古江河——中國歷史文化的轉折與開展》一書說道：

> 儒家與佛，道，自中古以後，均是中國文化的重要成分，三者之間，佛，道兩家，既有競爭，又有交融；儒家與佛，道，則是入世與出世之間，互相背反，卻又彼此互補，這一局面，至今猶見其餘緒。[16]

意思說，我們在論析中國發展史時，除了必須注意儒家，更應當重視佛道兩家，曾為中國人與中國社會帶來的「巨大影響與貢獻」；因為佛道兩家雖然有「出世」的傾向，但是，卻更具有「入世」的儒家沒有的優點，與積極改善人生困頓，乃至整個提昇生命境界的功能。至於兩家思想究竟有什麼積極的意義，或具有積極改善人生困頓的功能，這將是以下兩節討論的重點。

三　以老莊學說，論道家的意義與功能

（一）以老子學說論道家的意義與功能

為了瞭解道家對於現實人生是不是「悲觀消極」，我們先以老子學說論道家的意義與功能。

值得注意的是，中國哲學的發源——先秦哲學家對於「道」的理解與追求，是他們最重視的哲學基本問題；例如孔子屢屢提出「道」；像「三年無改於父之道，可謂孝矣」〈學而：11〉或〈里仁：20〉。由此可知，儒家追求的道顯然是周公文武以來的人文孝悌之道。

---

16 許倬雲：《萬古江河——中國歷史文化的轉折與開展》（臺北：英文漢聲出版公司，2000年），頁160。

　　相對於孔子，老子給出的道，顯然不是此道，而是超越「人文化成」之上。或說，在試圖對於周公文武之道上，作一種形上的反思；分析儒家那一套哲學中存在的問題，而試圖找到一套更好的解決方法。今為證明這一點，我們祇要研究今本《老子》的第一至第三章就可以明白；他在第一章說：

> 道可道，非常道。名可名，非常名。無，名天地之始。有，名萬物之母。故常無，欲以觀其妙。常有，欲以觀其徼。此兩者，同出而異名，同謂之玄。玄之又玄，眾妙之門。

　　很顯然的老子講的道，不是儒家形而下的「君子之道」或「先王之道」，而是不能用語言概念來說明，只能靠人類理解能力，才能達到的形上之道。故他說「道可道，非常道。名可名，非常名。」，不過，他最後又勉強使用「無」「有」兩個概念形容萬物之本始與創造的根源。另外用「玄」「妙」兩概念來說明「道」之「幽妙深遠」。因此，他講的道，顯然與儒家用分別心建立那一套人儒教化成的「道」，形成兩種截然不同，而且試圖超越儒家之道的道論。

　　此在《老子》第二章最為明顯；他說：

> 天下皆知美之為美，斯惡已；皆知善之為善，斯不善矣。有無相生，難易相成，長短相形，高下相盈，音聲相和，前後相隨，恆也。是以聖人處無為之事，行不言之教；萬物作而弗始，生而弗有，為而弗恃，功成而弗居。夫唯弗居，是以不去。

　　由此可知，老子哲學顯然是回到《老子》第一章所說的，在人類文明開始之前的自然狀態中進行反思；由於人類過分運用分別心製造各種對立的概念；如美、醜、善、惡、有無、長短、高下等等。於是

形成種種的是非與紛爭。因此覺得，不如回到文明之前的「無為」（不以分別心形成對立）的狀態中，讓人類社會像自然生長的狀態，也就是不從功利的方式，達到和諧的目的。

關於這一點，另外在《老子》的證據包括：

1.「夫禮者，忠信之薄，而亂之首也」（第三十八章）

2.「大道廢，有仁義；智慧出，有大偽；六親不和，有孝慈；國家昏亂，有忠臣。」（第十八章）

這顯然是對於儒家重視的禮樂教化與仁義之道進行的反思。就是認為，當時的儒家所重視的禮，徒具形式，而喪失實質的內容。而且老子又深究，為什麼會到這個地步呢？就是大道廢（失落）之後，人類才以分別心製造出這麼多的禮樂教化制度。而且，值得注意的是，老子將人類以分別心製造禮樂教化制度的能力，稱為智慧[17]。故他顯然又視為，儒家主張的那一套孝慈忠臣之道，已落入利用分別心，以至於形成分別心的問題中。

不過，可能是大家最關注的問題是，究竟老子不用分別心、不受困於語言概念系統之後，是用什麼具體的方法去解決上述的問題呢？而這些方法，是否會造成錢穆說的悲觀和消極呢？

先說何謂消極？又何謂悲觀？

所謂消極，與積極是相對的名詞。後者，是對於人性採取不斷的努力，作為的意思。那麼，「消極」是採取不努力作為，甚至有放棄的意思。所謂悲觀，是指一個人對於未來採取「負面評價」的意思；例如某人對個人的前程、社會的未來、國家前途，乃至人類的明天感到無望。

但老子採取的對哲學問題的解決方法，果真是如此呢？先回到《老子》第二章說的「聖人處無為之事，行不言之教；萬物作焉而不

---

17 釋憨山說：「智慧，謂聖人治天下之智巧，即禮樂、權衡、斗斛、法令之事」，見余培林註釋：《新譯老子讀本》（臺北：三民書局，1985年），頁43。

辭，生而不有，為而不恃，功成而弗居。夫唯弗居，是以不去。」；類似的話，也出現在《老子》的第十章中如說「生而不有，為而不恃，長而不宰，是謂玄德。」與第五十一章（「生而不有，為而不恃，長而不宰，是謂玄德」）。

凡此可見老子對於「生而不有，為而不恃，功成而不居」的「玄德」之重視。但究竟「生而不有」的玄德，是不是消極的不作為呢？很明白的，他不但不是叫人不作為，而是叫人在作為（「為」）之後，不去佔有。或成就後（「成功」），不執著此成就（所謂「不居」）。

《老子》的第九章也說明這個道理：

> 持而盈之，不如其已；揣而銳之，不可長保。金玉滿堂，莫之能守；富貴而驕，自遺其咎。功遂身退，天之道也。

意謂，生命之道在於適可而止，不露鋒芒；因為外在的一切名利富貴都只是暫時的，而且有時因此會遭致禍害。所以不如從執著，回到「當即放下」的狀態，以保持生命的自由自在。如此才合乎自然之道。

今由此分析，可以初步得到下列的結論是：

一、老子之道是起於對儒家的根本反省；老子認為，儒家使用分別心使用語言概念系統，反而會形成許多是非紛爭。而此分別是非善惡，乃起於對人生的各種執著。因此，他希望回到人類文明之前的狀態（天道的狀態或自然之道的狀態），在作為之後，當即放下一切，才能消解由於過分執著所帶來的煩惱。那麼所謂「功成身退」，正顯示他不是反對人們去作為，而是應該在「功成」之後，知所進退。

基於此，老子提供的人生哲學，不但不是一種消極或不作為，反而是為了保全既有「成果」，而教人如何用「無為」的方式，積極保住成果。

　　二、再從「生而不有」的觀念來論，「生」就是讓萬物自然生長。也就是「作用層」的保存，而非「本質層」的取消。故沒有所謂的對人生觀或消極的問題存在。反而是讓人對未來產生很大的希望與期待；今以父母帶孩子長大來說，「生而不有」並不是消極的不去管他／她們，而是不以執著的心去佔有他／她們。[18]

　　進一步說，今由老子在形上學中所提出來的兩句話「反者道之動，弱者道之用」，更可理解，他主張的「柔弱」或「不爭」，不但不是消極與悲觀的作法，反而成為積極作為的方法；祇是他作為的方式就是「無為」。換句話說，此「無為」不是不作為，而是以無為的方式，去達到比一般作為，「更有作為」的效果。今從《老子》第二十五章來看，他說：

　　　　有物混成，先天地生，寂兮寥兮，獨立不改，周行而不殆，可以為天下母。吾不知其名，字之曰道，強為之名曰大。大曰逝，逝曰遠，遠曰反。

　　所謂「反」，指「返歸其自身，不離其自身」。[19]

　　今從這段可知，老子構造出的道（宇宙與生命之道），並不是一般誤解的退縮、消極之道，而是一種「周而復始」「剛健不已」之道；雖然此處說的「剛健」，不同於儒家「逝者如斯夫，不舍晝夜」之道；因為儒家重視的是人文化成中的剛健不息。但從老子提出「獨立不改」「周行而不始」，以及「反」（往而復始）的關鍵詞來觀察老子哲學，並沒有消極、悲觀的含義。

　　何況，《老子》在第七十八章中指出：

---

18 王邦雄著：《老子道──老子三書之壹》（臺北：漢藝色研公司，2005年），頁32。
19 王邦雄著：《老子的哲學》（臺北：東大圖書公司，1999年），頁96。

> 天下莫柔弱于水，而攻堅強者莫之能勝，以其無以易之。柔之
> 勝剛，弱之勝強，天下莫不知，莫能行。是以聖人云：「受國
> 之垢，是謂社稷主；受國之不祥，是謂天下王。」正言若反。

所謂「正言若反」，正是指出，其哲學是「以負面的表示，以呈
現正面的意義。」[20]今再從老子經常（還包括第八、四十三、六十六
章），以水來作比喻來說，他是叫人發揮水的「攻堅者，莫之能勝」
「弱之勝強，柔之勝剛」（第七十八章），「善利萬物而不爭，……居
善地，心善淵，與善仁，言善信，政善治，事善能，動善時」（第八
章）「以其不爭，故天下莫能與之爭」（第六十六章），以及「天下之
至柔，馳騁天下之至堅，無有入無間。」（第四十三章）之積極、正
面，以及樂觀之效果。

那麼，無論從老子在形上學中所呈現的存有論與宇宙觀來觀察，
或者是他經常使用的「水」的比喻中來看，都沒有錢穆說的消極與悲
觀的傾向，反而是充滿著積極與樂觀的意義。

總之，老子哲學顯然不在發揮現實人生的君子之道，而是從儒家
等學說中進行反省：究竟人文化成學說出現什麼樣的問題呢？因此，
首先從這點來論老子學說，並沒有錢穆說的，對生命產生悲觀、失望
以及消極的意義，反而有想以無為的方式，保住儒家努力奮鬥得來的
成果之意。

其次，他從反省中發現，人類不斷使用分別心運用名言概念去分
別是非善惡的結果，不免產生許多執著。又由於這種執著產生各種煩
惱。故他在否定禮制的空洞化之餘，最重要的工作是讓人回到人類文
明之前（或使用名言概念之前）的狀態中，希望對建立文明產生各種
執著，進行解消的工作；也就是他一再提出的「生而不有，為而不

---

20 王邦雄：《老子的哲學》，頁96。

恃，長而不宰」的基本命題，讓人學習「當即放下」的人生觀，以及從不執著中，保存生命的活力與能力的道理。故他不是叫人否定生命，而是「當即放下」那種過份執著的心。

最後，再從其整個理論的根據——形上學之道來說，所謂「正言若反」的關鍵詞，正是讓我們瞭解，他雖頻頻使用「負面」的表述方式，但想要呈現的，正是道那「獨立不改，周行而不殆」的積極意義。同時，他使用水作比喻以「天下至柔，馳騁天下之至堅，無有入無間」之說明可知，其嚮往生命境界，正是在人類不執著於名言概念，而來到一個自由自在，無入而不自得之快樂境界。那麼，擁有此生命境界的人，何消極、悲觀之有？

（二）以莊子學說，論道家的意義與功能

對於研究莊子的人而言，值得注意的是，莊學主要表現於內七篇中，而不是將道放在生命之外的外雜篇。[21]今從其第一篇〈逍遙遊〉中，可以發現，莊子所展示的生命進程是節節上昇，而非節節後退，或對人生悲觀失望的；他說：

> 故夫知效一官，行比一鄉，德合一君而徵一國者，其自視也亦若此矣。而宋榮子猶然笑之。且舉世而譽之而不加勸，舉世而非之而不加沮，定乎內外之分，辯乎榮辱之境，斯已矣。彼其於世未數數然也。雖然，猶有未樹也。夫列子御風而行，泠然善也，旬有五日而反。彼於致福者，未數數然也。此雖免乎行，猶有所待者也。若夫乘天地之正，而禦六氣之辯，以遊無窮者，彼且惡乎待哉！故曰，至人無己，神人無功，聖人無名。

---

21 王邦雄等著：《中國哲學史》（上），臺北：里仁書局，2005年。

很明顯的，莊子對於一般被世俗認定成功的人；如能盡一官之職，或得君主的賞識的人，看不上眼外，對於超脫名利的宋榮子，或有時不能順自然而行的列子都不滿意。至於來到一個與天地萬物為一體的至人、真人，以及聖人，才是莊子的最高境界；今所謂「無己」「無功」以及「無名」，不是否定自己，而是「不執著」自己已經擁有的一切外在的功成名就。所以這些人能夠讓人間功名「頓失去了所能依附的主體」[22]，而活得自由自在。請問，莊子是教人快樂，還是悲觀呢？

進一步說，達到這種人生境界需要經過人生不斷精進修養，最後，才可能來到一個「無入而不自得」的自由自在的境界。如此，也才叫「逍遙遊」。那麼，從此看莊子呈現的道家之生命境界，也是一個因精進而得到的自在境界。何悲觀消極之有？

再就〈齊物論〉來說，它充分顯然莊子的學問性格，在於消除生命之困頓與盲昧，而不在知識的建構[23]。今回文本來說，莊子由「吾喪我」到「物化」，中間也是經過層層轉進。但此轉進，並不是 logic 的推論。而且正好相反，是朝向覺悟的方式，由「喪掉」那「偏執的我」之後，才能保全那個「真我」；此即「吾喪我」的含義。接著談到三籟中的「天籟」究竟何義？郭象註「夫吹萬物不同，而使其自己也」時說：

> 此天籟也。夫天籟者，豈復別有一物哉？即眾竅比竹之屬，接乎有生之類，令而共成一天耳。……故天者，萬物之總名也，莫適為天，誰主役物乎？故物各自生而無所出焉，此天道也。[24]

---

22 王邦雄等著：《中國哲學史》（上），頁134。
23 高柏園：《莊子內七篇思想研究》（臺北：文津出版社，1992年），頁61、128。
24 高柏園：《莊子內七篇思想研究》，高柏園引，頁74。

意謂：現實上之種種屬性；如大小、美醜等等的分別概念都應該一一解消。於是萬物由獨化而齊一；此即「物論可齊」論之展開也。

值得注意的是，〈逍遙遊〉乃莊子的目的。而〈齊物論〉是達到〈逍遙遊〉之實踐方法；其實踐方法就是天地萬物都有它的共通性，故我們與其用分別心，使用名言概念去爭論是非，還不如回到天地萬物的本源——「共通性」來看待萬物的道理；此即「天地一指也，萬物一馬也」的涵義。「指」與「馬」成為當時辯者辯論的一個重要主題，莊子只是借用來說明而已，目的是想把握共道時，必須打破使用分別心，形成概念對立的問題；他說：

> 是亦彼也，彼亦是也。彼亦一是非，此亦一是非。果且有彼是乎哉？果且無彼是乎哉？彼是莫得其偶，謂之道樞。樞始得其環中，以應無窮。是亦一無窮，非亦一無窮也。故曰莫若以明。

意謂：「此」就是「彼」，「彼」也就是「此」；「彼」有它的是非，「此」也有它的是非，果真有或沒有彼此的分別嗎？能夠達到「彼」「此」不相對待，才能把握到道的核心部分。而且如此，才可以應付變化萬無窮的世事。凡此，便需要靠清明的心來觀照萬物。

今從這段話，已經讓我們瞭解到莊子講的道理，絕不是知識學上的道理，而是在如何在紛擾不已或在是非、善惡、美與醜對立的世界中，「喪掉」那偏執的心，而回到一個無分別或「道通為一」的藝術人生的境界。這是一種超越是非對立、化解分別心所成執著與煩惱的生命境界。但想要達到這種境界的人，必須靠長期不斷的努力去修養；因為人類天生就習慣於使用分別心去製造各種對立的概念，又用這些概念論定是非、善惡。最後，再執著於此上，於是形成各種煩惱。故要完全化解這些對立，來達到外物與我合一的境界（如莊周與蝴蝶合而為一之物化境界），自然需要精進的修養工夫。

　　基於此，可以肯定，莊子雖然不同於儒家；注重以分別心建立以「善」為目標的人倫制度，卻像老子一樣進一步對儒家等人文化成的學說進行反思，希望達到「物我合一」的生命境界。這個境界，是從「喪掉」那偏執、無知的我開始，最後才能達到無我，或與物合一的境界。

　　那麼，其目的在於徹底消解人類使用分別心造成的是非對立與人間紛爭。因此莊子不但沒有半點消極，或悲觀厭世的意思，反而能夠對於儒家過分投入現實世界產生的各種煩惱之後，產生積極的治療作用。

　　而從此積極治療人類煩惱上說，表現在〈養生主篇〉上的學說，最為顯著。例如，莊子在此篇用寓言的方式來說明「庖丁解牛」有三大階段，最後才到成熟「始臣之解牛」、「三年之後」，以及「十九年之後」；他從「所見無非全牛」到十九年後，「彼節者有閒，而刀刃者無厚；以無厚入有閒，恢恢乎其於遊刃必有餘地矣」；可見一個經過不斷精進修養後的人，可以達到無入而不自得的境界。而且在此境界中的人，可以得到無比的精神上的快樂，誠如他在此篇說的：

　　　提刀而立，為之四顧，為之躊躇滿志，善刀而藏之。

　　其表面意義是，這時的屠師對自己的工作，感到勝任愉快，而產生自得之貌。但內在涵義，則是當人們能夠不執於外物的一切概念時，自己的生命如同操刀成熟的師，對於自己的人生感到相當滿意。

　　今問，此時的人是感到痛苦呢？悲觀呢？還是快樂呢？當然是快樂。

　　然而人生在世，難免會遭遇各種不測，或無法承擔的痛苦；例如文中說的右師是一位天生的殘障，但也如同〈德充符〉中的王駘，能夠坦然接受命運的安排，認為這是「天之生是使獨也」。所以能夠

「安於」上天或命運的一切安排，而成功地化解掉因殘障帶來的痛苦。那麼又試問：這是一種悲觀的人生觀？還是樂觀的人生觀呢？顯然是後者。

當然，在莊子無論是右師，還是王駘，或其他天生有殘障的人，幾乎非有其人，而是作為一種寓言，因此這些故事都是用來說明人生在世的種種無奈。但每個人在面前的這些無奈時，到底該怎麼去化解呢？顯然的是不執著於「殘障」的概念，而是坦然去接受它，才能夠保持身心的快樂與平衡。

同理，此篇中講秦失弔老聃死，三號而出的故事，事實上也是作為一種寓言，是教人在面對死亡時，不要沉溺在生死的痛苦中，而必須設法坦然接受這些無可奈何事實；所謂「安時而處順，哀樂不能入也」，無非就是以「處變不驚」或「以不變處萬變」的心態，去成功化解人生中的各種煩惱。

那麼，莊子在此開展的生命哲學，並不是讓人在面對痛苦時，執著於痛苦之中以致不能自拔，而產生各種消極悲觀的想法與作法。相反的，是教人勇敢去面對，或接受或順乎這一切的變化。因此莊子所揭發的生命意義，顯然是積極、樂觀的。其學說的功能顯然是讓人活在世間，即使遭遇再大的挫折或不測，仍然能夠安然的挺立，最後能夠安然渡過。

其次，由於篇幅所限，我只能就莊子哲學中，最重要的理論——〈大宗師〉來說明莊學中最重要的意理，與其真人展示的功能。

〈大宗師〉的主要內容乃是環繞著「真人」觀念而展開對知人、知天之說明與對造物、道、天地萬物之意義的理解。而「真人」觀念所以重要，是由於莊子是一實踐哲學家，故他以真人來說明，究竟吾人可以經由何種修養，才能成為完美境界之體現者。[25]

---

25 高柏園：《莊子內七篇思想研究》，頁171。

　　莊子在〈大宗師〉篇中，曾有四段話是用來說明這種完美的境界，但今只引二段來說明，如下：

　　一、「古之真人，不逆寡，不雄成，不謨士。若然者，過而弗悔，當而不自得也。然若者，登高不慄，入水不濡，入火不熱。是知之能登假於道也若此。」

　　值得注意的是，莊子一如老子用「否定」的方式來說明在遮撥一切有為造作之後，才能達到「無入而不自得」的境界。所謂「不逆寡」是不拒絕「少」。「不雄成」是不自恃成功。「不謨士」是不謀慮事情。總括來說，是在人遭遇「逆境」，還是「順境」時，都能夠以「平常心」待之。因此，莊子並不是以登高不可怕，入水不覺濕，以及入火不覺熱。而是對於人生的各種困境均能夠「安之若素」。試問，這是一種怎樣的人生態度呢？顯然是一種樂觀的人生態度。但這種高超的人生態度，是一般人做得到的嗎？譬如參加國際大賽的人，是否可以如此無執於成敗與得失，一皆以「平常心」待之呢？明顯還需要經過長期的人生修養才能達到。故莊學雖然不是教人如何在現實人生中，建立儒家的道德修養，但顯然是教人在面對人生一切變化；包括逆境或順境中，都必須保持一顆平常心。故莊學不但不是教人悲觀或消極，反而是啟發人如何改變人生態度；包括執著後，發展出的一種健康、有為，以及合理的人生觀。請問，此種人生態度，又何有悲觀呢？

　　二、莊子又說：「古之真人，不知說生，不知惡死；其出不訢，其入不距；翛然而往，翛然而來而已矣。不忘其所始，不求其所終；受而喜之，忘而復之，是之謂不以心損道，不以人助天，是謂真人。」

　　所謂「不知說生，不知惡死」不是說，不知「生」與「死」的存在，而是要人不執著於「生」與「死」的概念，因此才能夠不為「生」「死」概念而產生煩惱。另外，莊子在〈大宗師〉篇提示人們

不執的方法與人生的態度是：

「死生，命也。其有夜旦之常，天也。人之有所不得與，皆物之情也。」

意謂：人的生死是「必然」的自然規律，此如同永遠有白天與黑夜一樣的自然。所以我們對於這些事情的變化，不必去抗拒。何況，即使抗拒也沒有用。

但如此有何效果呢？上天說「其出不訢，其入不距；翛然而往，翛然而來而已矣，不忘其所始，不求其所終；受而喜之，忘而復之」；意思說，達到這種境界的人，對於生，不欣喜。死，也不拒絕，於是能夠活在一個「自由自在」的，或自足之快樂境界中；其境界是根本忘了自己的由來，也不會刻意提早結束生命。至於死亡來臨時，也欣然接受；在這種境界的人，簡直是忘了生死的存在，而達到任其事情如何發生的高超境界。試問，擁有這樣人生觀的人還會因悲觀、消極而去自殺嗎？

總之，今由莊子的〈逍遙遊〉、〈齊物論〉、〈養生主〉以及〈大宗師〉等篇，就可以瞭解到，莊子提供的是一種樂觀、開朗，以及積極的人生觀。目的在超脫世俗的功名利祿。或不執著於世俗的名言概念；因為這些概念會讓我們執著於其上，而產生各種痛苦。

進一步說，他提供了一套從「吾喪我」到「物化」的安頓生命的方法，就是設法根本解脫對「我」的執著，而達到「物我合一」的境界。或說，在消解一切對立的概念之執著之後以清明的心，重新面對不斷變化的世事；包括人生的許多無奈如殘障與死亡，一概以「接受」的態度「安」於其上。因此，才能在逆境或順境中，始終保持「平常心」。於是能夠在天地間自由自在地過活。

試問，莊子在道家生命哲學中的意義不也如同老子一般，是讓人以更開闊的心靈去過活嗎？這不是一種樂觀，而且是積極的人生觀嗎？

四 從《心經》論佛家的生命意義與功能

（一）

　　我選擇《心經》來討論佛家的生命意義與功能，乃是這一部經典在當今中國社會早已成為耳熟能詳的關係。但即使如此，佛家的精義，並未能為一般人所真正瞭解。故在討論這一部經典之前，我從哲學的角度來說佛家提出的基本議題是什麼：包括：

　　一、生命究竟是什麼？

　　二、人生的煩惱是怎樣產生的？

　　三、佛家究竟用什麼辦法來解決人生中的各種煩惱呢？

（二）從《心經》來論佛家的生命意義與功能

　　通常要深入瞭解佛家的精義，必須通過像《大般若經》這樣重要的經典，但此經浩瀚；共有六百卷。因此其精要的部分——《心經》便被廣為流傳。而且，事實上說，《心經》之「心」的意義就是指《大般若經》之精華與綱要之意。[26]但《心經》並不屬於《大般若經》之內，而是由某些論師摘錄《大般若經》的重要句義，並採集當時流行的《般若咒》而成。[27]此經的重要觀念包括「緣起性空」、「自性空」、「畢竟空」，以及「中觀」等重要觀念。其採取的思維方式；是「無」（所謂無所得）；此很像道家以「不」的否定方式來講述道理。但這分明代表二種不同的思想進路。可是在目標上，卻有共通點；就是教人如何在困頓的人生中，設法化除煩惱，得到心靈的徹底釋放，過自由自在的生活。茲從《心經》內含的幾個重要觀念上，來說佛家的生命意義與功能：

---

26 羅時憲：《心經導讀》（臺北：全佛出版社，1999年），頁38。

27 羅時憲：《心經導讀》，頁29。

1 「緣起性空」

這是佛家的基本教義。就是認為，宇宙萬物的一切現象都是由「因緣合和」而生的；或者說是由諸多條件的聚集或解散中構成。而且一切現象都在「不斷變化」中，因此人們絕不可執著於現實生活中一切名言概念；此即《心經》一開始說的：

> 觀自在菩薩，行深般若波羅蜜多時，照見五蘊皆空，度一切苦厄。[28]

所謂五蘊，就是色、受、想、行、識；佛家認為，眾生的生命都是由色、受、想、行、識五堆東西和合而成。「蘊」（skandhah）是堆的意思；[29]在五蘊中，色蘊是物質，餘四蘊是精神現象。受蘊指苦樂的感受等作用，想蘊指對所認識的對象取其形貌的取像作用。行蘊是發動行為的意志作用，識蘊是對於境物的了別作用。

但以上五蘊都是在因緣合和或依條件的結合與解散中進行。因此，佛家對於生命現象是採取一種變動的看法。詳細而言，通常人們會認為，生命可以分為幼年、青年、中年、以及老年各種階段，但依佛家的看法，則必須提高到宇宙之間，認為一切生命在宇宙中是構成一個生命之巨流。那麼人生在世，只是此一巨流中的一個小波瀾而已。但人的生命在轉瞬間就產生巨大的變化。至於人在世間的一切現象，如年輕時的美貌、年輕，乃至人遭遇問題時形成的苦樂感受，認識對象時取其形貌的作用，發動行為時的意志作用，以及對於境物的了別作用，也隨條件的聚散，而產生不斷與迅速的變化；此即「無我

---

28 玄奘譯：《般若波羅蜜多心經》收在《大正藏》第8冊（臺北：新文豐圖書公司，1983年），頁848（中行）。

29 羅時憲：《心經導讀》，頁48。

說」。中村元說:「生命不外是一連串生成與消滅的現象,是生成的流流轉。佛陀否定世俗所說個體性意自我的迷思,我們視為自我本身的個體,並非真正的自己,我們的財產、社會地位、家族、身體,乃至連心理也都不是真實的自己。這意味著佛教的教法可稱為『非自我說』,即凡可知覺到的,都不是真正的自我。」[30]

劉貴傑在《佛學與人生》一書也說:

> ……所謂「人無我」、「五蘊無我」可以說是通俗的「無我」義,雖然原始佛學主倡「無我」之論,但是並沒有排拒行為主體和人格主體,反而肯定自己就是道德實踐的主體,以及生命解脫的主體。釋迦在臨入涅槃之際,曾囑咐弟子「以自己為依歸」或「歸依自己」,透過自我的道德實踐,必可獲得解脫。[31]

凡此說明佛家的「人無我」、「法無我」以及「五蘊無我」,並不是消極或悲觀地否定自我。而是認為,外在的一切(包括我們擁有的財產、社會地位、家族、身體乃至心理),都是暫時的現象,然後努力修養無執的人生知見,以提高個人的生命價值。

以上就是佛家對於生命本質的看法,故今試論佛家對於生命的看法的重要意義與功能,如下:

將生命本身的變化作深刻的反思,以替代凡人祇知瞭解個人在社會中如何追逐名利、地位、以及錢財的人生觀。不但如此,希望再透過精進的修養工夫後,形成一種知見;即將執著短暫於世俗之見的美貌、年輕或者名利地位、財富的看法徹底放下,於是產生無執的人生觀。但此無執的人生觀,又不同於道家的無執;因為道家的無執,是

---

30 中村元著,香光書鄉編譯組譯:《從比較觀點看佛教》(嘉義:香光書鄉出版社,2003年),頁103。

31 劉貴傑:《佛學與人生》(臺北:五南圖書出版公司,1999年),頁123。

對於儒家等人之化成學說的弊病之反思而成。而佛家之無執，則是從生命不斷在宇宙之中，形成不斷輪迴轉世的現象中，反思到，一切變化現象永遠在迅速變化中；如上提的「年輕」、「美貌」，在瞬間就改變或消失了。故佛家的精義乃從佛陀揭示的「因緣合和」與「靈魂轉世」兩個概念而來。

可是，兩者都在告訴人們，不要執著於名言概念（如年輕美貌與名利地位），而且主張根本拋棄世間一切世俗所執著的東西；因為它們都是無自性的。或說：都是「條件聚散」的結果。故其導出的意義是，教人將生命的一切負擔「徹底的放下」；包括個人在家庭的角色。但因此可能產生一種誤解；如認為佛法是消極離世（或出世），乃至悲觀的評價。然而從《心經》所謂的「五蘊皆空」的正面意義來論，「五蘊皆空」並不是否定五蘊的存在，而是提醒人們：人對人生的一切執著，都是不必要的；因為在生命之巨流中，人生的一切都有如夢幻泡影般，在轉瞬間，即消失；例如人可能為自己當前的官位感到驕傲而自滿，但這些不知在什麼時候，亦可能不存在了。故人若能夠不執於自己當前的一切，能放空或放得下，將來就沒有得失的問題與煩惱；這真是人生的卓見！但此卓見除來自於佛家的知見外，必須靠長期的實踐的功夫。故《心經》的五蘊皆空的道理是教人從執的人生觀，適時放下一切對於外物的執取。而且在放下後，讓一切內心的負擔完全釋放出來。這是佛家解決人生中各種煩惱的方法。試問，如從這種角度分析佛家的本質，便可瞭解佛家對人生的看法不但不是悲觀，而且是樂觀。又不是消極，而是相當積極。

2　「自性空」

意謂人類在解釋宇宙一切現象時，經常會使用名言概念，也就是以為萬物有實體性。可是依佛家來看，一切現象都沒有實體性；因為一切現象都是因緣合和而生；此即《心經》闡揚的道理；所謂：

色不異空，空不異色；色即是空，空即是色。受、想、行、
識，亦復如是。[32]

「不異」；梵文為na prthak，而prthak意為個別存在差異，不異
（na prthak）是說A is no difference from B。那麼，「色不異空，空不
異色」，指「空即色，或色即空」的意思。而且從logic上說，「色」
與「空」形成一種恆真式。同理，空與受、想、行、識四蘊之間也是
如此。

但今問，《心經》的「自性空」的觀念，對於生命的開發，究竟
有何意義與功能呢？誠如上述，佛家認為宇宙間一切現象都是在「諸
多條件聚散」中完成。而且一切現象都在不斷變化之中。故我們除了
對於眼前擁有的名利、地位，以及財富，不必太過自滿外，更要對人
生中的一切逆境，不必放在心上；因為依「自性空」的觀念，就是當
前一切的挫折與失敗，都會隨我們的努力與機會的來臨等種種因素，
有改變的一天。因此佛家總是勸人對於人生的一切逆境「不要執於其
上」，或為其痛苦不堪，否則就會形成各種揮之不去的煩惱。再者，
所謂「色即是空」與「空即是色」的意思，就是一切現象都是條件變
化的結果，故不執於其上的人，便沒有心理上的負擔。試問，這不是
對自己形成一種很積極、正面以及樂觀的看法嗎？但錢穆對佛家只作
負面之評價，似乎忘了《心經》的正面與積極的功能了。

3　畢竟空

「畢竟空」是佛教最根本的命題；[33]由上述佛陀以一切現象是
「因緣合和」而成，與認為一切無自性的觀念，最後得到的結論是，

---

32 羅時憲：《心經導讀》，頁848（中下行）。

33 僧愍：〈畢竟空與勝義有〉，刊於《佛教哲學思想論集（一）》現代佛教學術叢刊第
36冊，（臺北：大乘文化出版社，1980年），頁269-306。

「一切現象的生成與消滅，既然都賴於條件的聚散，故可知世間沒有一種現象是可以孤立、自主、獨存的。相反地，一切現象全部都是互相觀待、互相關聯、互相依賴、互相制約的。」[34]這就是「畢竟空」的意思。在《心經》中是怎樣論述畢竟空的道理呢？《心經》是用「無」這個否定詞來說明畢竟空的道理如下：

> 是故空中無色，無受、想、行、識。無眼、耳、鼻、舌、身、意；無色、聲、香、味、觸、法。無眼界，乃至無意識界。無明，無無明，亦無無明盡；乃至無老死，亦無老死盡。無苦、集、滅、道，無智亦無得，以無所得故。[35]

何以說「無明，無無明，亦無明盡，亦無無明盡」呢？

無明（na vidya）指否定明智的概念，可以指涉明智的現象。無無明（navidya）指否定「否定明智」的概念可以用來說明「否定明智」的現象。「無明盡」（na vidyaksayo）指否定「明智窮盡」的概念，可以指涉「明智窮盡」的現象。無無明盡（navidyaksayo）指否定「無明智窮盡」的概念，可以指涉「無明智窮盡」的現象。換句話說，佛陀不但否定一般從「有」形成的概念可以指涉現象界中運用的名言概念，而且，否定「否定的概念」之後，才來到達畢竟空的境界；此即下面說的中觀。

但「畢竟空」或中觀的看法，對生命的開發有什麼意義呢？今從上引以「無所得故（apraptitvad）」的含義看來，由於佛陀認為，宇宙一切現象都是「因緣合和」而生。或說都是隨條件聚散形成生滅現

---

34 僧愍：〈畢竟空與勝義有〉，刊於《佛教哲學思想論集（一）》現代佛教學術叢刊第36冊，頁265-306。

35 僧愍：〈畢竟空與勝義有〉，刊於《佛教哲學思想論集（一）》現代佛教學術叢刊第36冊，頁848（下行）。

象。故我們永遠無法獲得什麼，或抓住什麼（「得」梵文是praptih，意思是獲得或可以抓住）。事實上，世間的一切，的確如此。但人類的天生欲望卻不斷驅使我們不時去想抓住什麼，或想獲得什麼。可是事情往往與願違，故人在抓不住時，便產生各種苦惱；如想抓取金錢、地位，以及名利卻不得時，是如此。家庭人倫中父母，往往也會產生如此的苦痛；例如，在孩子不聽話時，以為可以用「父母的名分與權威」來抓住或壓制孩子。可是，在孩子不再接受我們的勸告時，便會產生各種煩惱。

反之，佛家此時給我們的教導是：將一切名言概念所建立的身份、地位放下，而回歸到一個不抓取已獲得之前的狀態中。此即《心經》上說的「畢竟空」的觀念含義，就是完全放下一切執著。故我們應該從這樣的理解去重新認識佛教；事實上，佛陀並不是否定一切文化、制度（包括人倫制度），而是從上述的「無所得」（或不去抓住什麼）來「安立人生」。或說，佛教的精義，並非一般人說的消極或出世，而是以出世（或不執）的方法，治療世間過份執著而形成的各種問題。

4　中觀

上述說「畢竟空」的觀念時，事實上已涉及中觀的理念；所謂「中觀」，是佛家最重要的思維方法；如《心經》上說：

於此，舍利子！諸法空相，不生不滅，不垢不淨，不增不減。[36]

意為：一切法或萬物構成的要項是以「空性」為特徵。為什麼呢？因為一切名言概念如「生」、「滅」、「垢」、「淨」，以及「滅」

---

36 羅時憲：《心經導讀》，頁848（下行）。

「增」的外在現象；原因是從萬事萬物的變化過程來說，我們永遠抓不住這些概念所指涉的一切外在現象；如以「生」與「滅」（或死）來說，一切生命在「生命巨流」中產生，不斷輪迴的現象，因此沒有一個固定概念，足以用來說明「生」「死」的外在現象。同理，人生中的「得」與「失」，「增」與「減」，也如同買股票一般，一切得失可能是難以把抓的。故我們不必為一時的得，而歡喜，也不必為一時的失，而憂傷。

進一步說，佛家說的「不生不滅，不垢不淨，不增不減」所形成的一種很特殊的中道觀，就是在否定X概念（如說「不生」）之後，而且必須同時去否定「否定X概念」（如說「不滅」中的「滅」是非X，故不滅是－－X），才來到「－X且－（－X）」的狀態中；今以實例來說，所謂中觀，就是否定「出生」的概念足以用來說明出生的現象外；還要同時否定出生對應的概念——「非出生」後，才足以說明非出生的現象。

但這種中觀可以說明什麼？此即《雜阿含經》卷十二第八十五段說的：

> 我今當說緣起法，⋯⋯云何緣起法法說，謂此有故彼有，此起故彼起，謂緣無明行，乃至純大苦聚集。[37]

值得注意的，「此有故彼有，此生故彼起」也就是《心經》的最重要的概念——「緣起」的意思，就是認為一切現象的生起，是眾多條件構成。因此必須不再使用世俗的分別心，不斷製造對立、分別的概念去看待外物的一切現象。反之，它要化解對立為「互相觀待」，或將一切生滅、增減，以及垢淨的現象，都視為剎那間無法把抓的。

---

37 求那跋陀羅譯，《雜阿含經》，收在《大藏經》（第2冊）（臺北：新文豐圖書公司，1987年）頁85（上行）。

　　基於此，佛家給我們的重要啟發，應該是掙脫人類名言概念所建立的一切人文制度之後，來到一個完全不執的生命狀態中。

　　總之，今由以上《心經》的分析，可知佛教對於生命的開發有下列的意義與功能：

　　一、從「緣起性空」的概念來說，其意義在於讓人瞭解到一切現象；如一般人在乎的生死、得失都是諸多條件構成；當條件完成，才構成一種現象；例如談到「金榜題名」時，大家都很歡喜，但此概念並不能指涉其代表其現象構成的諸多原因，故要瞭解「金榜題名」，必須回到如何形成「金榜題名」的現象中；如分析原因之後，發覺可能包括努力用功、讀書得法、個人才智等等內在條件外，更包括外在條件（如家庭環境、學校讀書風氣，以及老師得體的教學法等等），才構成「金榜題名」的事實。但「金榜題名」也不是永遠存在；因為一旦上述條件逐一喪失，則這位曾經「金榜題名」的學生，也會有「名落孫山」的一天。凡此可以證明，造成「名落孫山」的概念，也就是以上條件逐一消失的結果。

　　基於此，佛家構成的知見，總是從「緣起性空」來說的；其意義在於提醒人們：不要執著於眼前的一切；包括順境也好，逆境也罷，都不要執著於其上；因為執著的結果，如是順境，也可能因為「得意志滿」，而使構成順境的條件一一流失，終至得到落敗的下場。反之，一個人即使處於逆境中，但如過能夠不以逆境為逆境。或相信逆境也會有一天改變為順境。故知道憑著個人的努力，創造成功的各種條件；如努力用功、請教名師教導、改善讀書的方法等等，那麼極可能有化逆境為順境的一天。

　　那麼，佛教的精義從其基本教義——「緣起性空」來說，本提醒人們：努力改變執著於某概念，而重新以上述的方法，形成積極、有為的人生觀。換句話說，它是可以解決人生中各種煩惱的有用的觀念。能夠如此覺悟的人，可以讓自己在得意中，不自滿，而且知道必

須去繼續努力，才能保住成果。也可讓在失意中的人，知道必須努力創造各種邁向成功的條件，才有成功的機會。故學佛不但是增加個人信心很好的良方，而且根本讓人排除悲觀的想法。這就是佛家「緣起性空」教義的真正意義與功能。

二、從「自性空」的觀念，來看佛家生命哲學的意義與功能，是認為一切現象都不具有實體性，那麼我們就不要執著於就此現象所形成的概念上；例如許多人為失敗而悲傷，甚至為未來可能的失敗而煩惱不已，但是佛家告訴我們：「失敗」這個概念是諸多條件形成的，那麼我們在工作、考試以及各種比賽中，如果有惶恐「失敗」的心理，但同時能覺悟到「失敗」是諸多條件中；包括有惶恐的心理，那麼不如改變這種失敗的心理，積極地去面對人生的困境。反之，有些人可能為未來的失敗而煩惱不已，甚至睡不著覺，乃至受不了心理的壓力跑去自殺。但此絕非佛陀的教導；因為面對人生一切問題而擔心失敗的人，如能夠以佛陀「自性空」的觀念，就會想到「失敗」的形成，可能包括個人不知努力等諸多條件，故不如在事前去作充分的準備，那麼將可能取得成功的重要條件。

基於此《心經》所揭示的「自性空」觀念對於解決人類的各種煩惱上，也具有治療的重大意義與正面的功能。

三、由畢竟空所導向的佛教精義，乃是「放下一切」，「空掉一切」；包括「我空」、「法空」；依佛陀的教導，到達畢竟空，就是涅槃的境界，也就是一切放下，毫不執著。故涅槃也非涅槃（無所執著）之意。但這是多麼艱難的境界；它必定需要經過長期的修養，才可能到達。

故一般人從佛法得到的，更重要就是「不執著」；包括不執著外在的財物、金錢、地位，以及角色。但人類的本性或習性，總是無法捨離外在的一切東西。除了緊抓不放外，又往往利用這些來顯示自己的財勢、地位、以及角色；例如最近臺灣某首富，憑其財勢表現出的

行為，也引起社會大眾的反感。另外，某些政治人物利用立委的特權，公然可不經法律程序，跑到大學校園中演習。凡此，充分顯示權力的傲慢與無知。但這背後顯示出，人類一旦執著，賣弄權力的無知後的重大問題。至於人類活在世上，普遍追逐金錢財物的現象，更是日益嚴重。

然而，佛法教導人的，正是設法將外在的，大家認定的「有」（包括一切上述的權力、地位以及欲望追求的一切）努力放下，才能導向「空」的境界。但「空」的意義，不是否定一切，而是指出：外在的一切將隨條件的聚散合和或解散；例如，今天你是總統，那麼可能是大家尊敬的對象。但總統終有一天會下臺，它隨任期、政績，以及人品種種因素而下臺。反之，將來的總統則靠不同的條件而當選。那麼佛法中的「空」不是否定總統的存在，而是否定一般人對「總統」這個概念的執著。然而，人們往往執於外貌的年輕、英俊、美麗。還有些人，執於個人的身份地位、財勢、以及權力。但這些就佛法而言，都是會隨條件集合與解散產生存在與不存在的過眼雲煙現象。故當我們在獲得時，不要傲慢。在失去時，也不必惶恐、悲觀、失望；因為人們如果能夠深刻體會佛陀的道理時，便能無執於上。然後，又在失去這一切時，便不會形成痛苦了。進一步說，在我們擁有以上的任何一種時，由於能夠「不執著」，或不把總是暫時擁有的財力、權力，以及崇高地位放下，不但可以顯示個人品德的高尚，而且由於無著，更能受到世人的尊敬，乃至歷史的肯定。

基於此可知，佛法不但不是教人悲觀或失望的，相反的，由佛陀教導的基本教義——一切隨「因緣合和」而聚散，而徹悟到，即使在逆境中，也相信將來必定有機會再站起來；因為萬物的現象是在不斷變化中，如果我們能好好去把握機會創造各種成功的條件，出路便愈來愈大。可是，在成功或在滿意之時，人們如果又執著於其上，將可能終將失敗；因為成功也會隨自滿、懈怠等因素而流失。故真正的佛

法，無論對人類得意與失意時，都是很好的生命哲學。我們可以從中獲得高超的生命智慧。

四、最後，從《心經》所顯示的中觀思想來說，其精義是不以名言概念；如「生」、「滅」、「垢」、「淨」、「增」、「減」……等「對立」概念，足以說明獲得與失去；因為外在的一切，都在條件的聚散中產生巨大的變化。因此《心經》說的「不生不滅，不垢不淨，不增不減」，的「不」，不是否定「生」、「滅」、「垢」、「淨」以及「減」、「增」的存在。而是不以「生」、「滅」等概念，足以說明其所代表的外在現象；因為依佛法中最重要的教義，就是說：如「生」或「出生」的概念，是由「諸多條件」；包括男女的媾合、十月懷胎、以及順利生產種種條件構成。因此，如果人們只是以「生」或「出生」這一概念來說明「生」或「出生」包含的諸多條件，是絕不夠的。反之，佛法教人的重要與根本的思維方法，就是從否定一切概念所代表的一切，而來到一個以認為任何概念都不足代表其外在現象，而必須以「眾多條件」來說明外在現象中。而且，由於這些條件是不斷變動中，故人在面對未來時，不管是順境或逆境，唯有努力保持或努力創造條件，才是唯一的出路。故在佛陀教義中，又最重視「精進」與「修行」。

最後，以《心經》為例來說，它在文末包括的咒語中，有gate（去吧！）gate（去吧！）paragate（向另一端走去）的語句。還包括para-sajgate；意謂：不止其息去修鍊，持續不斷的努力行走，一直走在「智慧的路」上。

那麼，佛法提供的，不但不是一種一般人誤解的，消極、頹廢的人生觀，而是教導人們如何去作「不斷修鍊」、「不斷向前奔跑」，以及生生世世作智慧開發的工作。故我對於錢穆在《中國文化史論》對佛法的誤解，可以依《心經》顯示的精義，來作上述的修正。也希望大家經此分析，能夠對佛法有新的理解。

五 結語

一、錢穆在《中國文化史論》中，對佛道兩家的批評，顯然是站在儒家的現實人生的立場，來批評佛道兩家的問題；如說道家是消極悲觀。說佛法時，更說是徹徹底底的悲觀消極。甚至認為，佛家不主張改善人生，而主張取消人生。但經過我在本文中的各種分析可知，錢先生對於佛道兩家有很深的誤解。而此，可能來自於他總是以儒家重視現實人生的觀點，來論述中國文化史的發展。換句話說，帶有信仰的儒家史觀[38]，可能是他無法真正認識到：究竟佛道兩家在二千年來的中國社會中，如何讓中國人從中獲得崇高的生命智慧的關係。最嚴重的是，他既然在此書中，既然已經承認「中國不論在盛時如唐，或衰時如魏晉南北朝，對於外異文化，不論精神方面如宗教信仰或物質方面如美術工藝等，中國人的心胸是一樣開放而熱忱的」[39]又理解到，「自漢末大亂以後，那時候中國人，便覺得世界現實沒有意義，……便轉而宗教」[40]卻不去探究此時中國人到底能夠從佛道兩家得到超越的智慧之後，如何能從痛苦中超拔出來。凡此，需要吾人對此兩家作深入的研究與分辨。故論者首先以為，今天學者應當重新重視佛法，與道家對於這個時期的中國人，曾經產生怎樣的正面意義與價值的問題。

二、其次，為了瞭解道、佛的真相與其對傳統中國人生命的意義與價值，論者主張，回到道家的經典——《老子》與《莊子》中去作充分的瞭解；據我的研究，錢穆一生游走於中國的文史哲各經典之

---

38 余英時說「儒家對於錢先生而言，並不是一種歷史上的陳述，僅足供客觀研究的對象，更重要的，儒家是他終身尊奉的人生信仰。」氏著：《現代儒學論》（美國：八方文化公司，1990年），頁117。

39 錢穆：《中國文化史導論》，頁214。

40 錢穆：《中國文化史導論》，頁253-254。

間，最喜歡的是文史哲學書：[41]對於佛道兩家的研究；如《莊子纂箋》祇限於註疏，[42]《莊老通辨》是考證上的論著，卻有嚴重的誤解；如認為「老子書終陷於功利境界中」。[43]又認為「莊周之學，……若以處人事，則亦僅止於周之所謂的『無用之用』者而止。」[44]但經論者在本文的分析，事實並非如此。至於他對佛法，除評論胡適的〈六祖壇經考證〉的一些討論外，[45]對於佛義的瞭解，似乎限於邊緣性的研究。故沒有這方面的深入認知，是可以理解的。

三、基於此，論者不得不回到老子的文本中，論述：

1.老子哲學是對於於儒家等哲學家執著於以名言概念所形成的價值系統的反思，而不是以否定現實人生本身。進一步說，老子是以超脫現實人生的方法，去反省人們對於現實一切的執著，於是希望以「無為」或不執著的方式，解決因執著於現實人生，產生的各種煩惱的問題。故從這種角度論老子，他不但不主張消極或悲觀，反而是為了保全生命的活力，或生命的本質意義，並以作為開發生命能源的根本方法。

2.從老子「生而不有，為而不恃，長而不宰」的基本命題來說，他不否定這「生」、「為」、「長」的意義，而且更提出：「生而不有」、「為而不恃」以及「長而不宰」的主張。故其正面意義顯然在於，既

---

41 印永清：《百年來中國學界第一人──錢穆》（臺北：土緒出版社，2002年），頁361。

42 錢穆：《莊子纂箋》，《錢賓四先生全集》（第6冊），臺北：聯經出版事業公司，1998年。

43 錢穆：《莊老通辨》（臺北：聯經出版事業公司，1998年），頁346。

44 錢穆：《莊老通辨》，頁353。

45 參考釋如禪主編：《《六祖壇經》研究》（一）收入的錢穆著的五文；包括〈神會與《壇經》〉（頁70-95）、〈讀《六祖壇經》〉（頁135-142）、〈《六祖壇經》大意──惠能真修真悟的故事〉（頁160-171）、〈略述有關《六祖壇經》之真偽問題〉（頁181-189）、〈再論關於《壇經》真偽問題〉（頁199-206），（北京：中國大百科全書出版社，2003年）

主張「生」、「為」、「長」之外，更在「不有」、「不恃」以及「不宰」，或說不執於現實生命的一切得來的成果上。或說，在吾人生命的過程中，能夠在獲得成就之後，知道如何輕輕放下。然後，才能保全這一切的成果。試問，如果能夠從這意義上去瞭解道家作為中國人的生命哲學，不是才能夠發現，它原來是一種很高超的生命智慧嗎？

不但如此，老子明明提倡一個「獨立不改，周行不殆」的宇宙觀與存有論。他雖主張以柔弱的方法來作為，但他同時認為，其柔弱要像水一般的身段，目的，在到達「柔以克剛」的目標。故老子哲學事實上，是用「正言若反」的方式出擊的。那麼，他提倡的生命哲學，在表面上沒有儒家的積極，可是本質上，卻比儒家的積極毫不遜色，甚至更有積極的意義。

四、從莊子提供的生命境界來說，「吾喪我」的意義就是將那個執著於名言概念而產生不斷煩惱的我「喪掉」，而來到一個視萬物齊一，或平等的生命境界中；此即莊子說的：「物化」或「物我合一」或「道通為一」的境界。在此境界中的人，能夠瞭解到，原來一切生命只是大自然的一部分。因此，對於一切生命的變化；如生、死，只不過是大自然的規律或正常現象。因此，人對於生、死，乃至人生中的不如意，與命運中的種種安排（如天生的殘障），都可以接受，或以「安於其上」的心態去接納，那麼人們對於人生中的一切巨變或遭遇，將不會因此感到挫折、灰心，以及失望了。

基於此，莊子哲學顯示的生命意義，也不但不是消極、悲觀，以及失望。反而是，教人如何在面對人生困頓中，勇敢活下來。進一步說，他教人的，也不是離開現實人生，而是以超越現實的方法，解決在現實中的各種困頓。今以一個人得到絕症來說，莊子給人的生命智慧，不是教人去自殺，而是能夠知道與此絕症「一起生活」。或說，不是去抗拒它，而是讓它成為我們生命的「一部分」。如此，才能以「接受它」的方式，從事心靈或精神上的治療。

　　進一步說，莊子在〈大宗師〉根本理論中，以「真人」為其生命境界的最高象徵，又以「不逆寡，不雄成，不謨士」來說明此境界。概括說，他是以「遮撥一切人為造作」的方式，來達到「無入而不自得」的境界。因此他不僅不是教人在面對挫折、危險，以及困難中，執著於其上，而感到灰心、希望以及恐懼。而是反其道而行，以不執著於成敗與得失，而生活在逍遙自在之中。試問，這對於吾人生命能力的再現或開拓，不是有正面的功能嗎？

　　故由此瞭解的道家，並沒有錢先生的消極，反而有十分積極的意義。

　　五、談到佛家究竟用什麼辦法來解決人生中的各種煩惱？今從佛法的基本經典之一的《心經》之「緣起性空」的觀念來說，其意義在於讓人瞭解：一切人生的得失、成敗，以及生死的問題，都是條件的聚散而成。故不知努力，又執著於成敗、得失，乃至生死煩惱的人，將會得到更多的失敗與挫折。因此，佛家的精義，在顯發一種需要去實踐性的生命哲學；即最講生命的不斷精進，而不是一般人誤解的，徹底去否定現實人生的消極悲觀的哲學。

　　再從「自性空」的觀念來說，由於人生中的一切「成」、「敗」、「得」、「失」都是沒有實體性的。或說，它們都是隨條件的集合解散而產生變化。故得到或成功者，不必為當前的成與得而自滿。反之「失」「敗」者，也不必為一時的失敗，而灰心失望；因為在轉瞬間，失敗也可能隨著各種條件的創造；包括個人努力、時來運轉等因素而消滅。那麼，依佛法的自性空觀念，也一點沒有否定現實人生的意思。反之，它是教人怎樣在面對人生的得失上，產生不執於其上的，並從所有執著與因此形成的恐懼中，得到解脫的人生智慧。[46]至於「畢竟空」的觀念，也不是徹底否定現實人生；因為其目的是教人捨

---

46 Donald S. Lopez, Jr., *The Heart Sutra Explained, Indian and Tibetan Commentaries*, State University of New York Press, 1988, pp.106-107.

離外在的一切名利地位、金錢，以及財勢，以便在獲得以上這些後，能夠不為其愚弄。故佛法的「畢竟空」的理念，最終是教人知道捨棄人類欲望形成的一切執著。否則，執著將會形成人生的各種煩惱。

至於《心經》包括的「中觀思想」，實為幫助人們建立無執的思維方式；就是不以「生」、「滅」，「增」、「減」等對立概念，來分別世界的一切現象。而且，認為「生」、「滅」、「增」、「減」等概念背後的一切現象，都會隨因緣變化而產生迅速的變化。故人活在宇宙中，必須以無執的方式在因緣變化不斷中，努力「修」「行」出無執的人生觀。那麼佛法是一種生命的智慧；它教人活著時，必須自由自在的，而不是教人痛苦不堪的。

六、總之，無論佛道都在教人如何打通生命的出路，都在培養人們如何去提昇生命？以及如何形成高超境界的智慧？所以這些智慧，並沒有叫人去消極或悲觀，或徹徹底底否定現實人生。反而認為，在人們過分執著於現實人生，而形成各種煩惱時，知道怎樣積極治療。故一般人以佛法說的人生無常，而說佛主張悲觀，是極大的誤解。

另外，從老莊或佛陀教義來說，它們事實上也是能夠積極治療人類生命在遭遇困頓中的哲學。因此，不但對於東漢以後中國人有重要的價值，也將對現代社會人有積極的意義；因為它也提供一種生命的智慧；讓人在不斷向外逐外物、爭奪權位、利益而產生煩惱時，給予安頓生命的方法。

基於此，我主張我們應回到佛道兩家的文本意義中，重新寫作《中國文化史》，以張顯此兩家對於傳統中國社會的重要意義與價值。

當然，論者以上的諸多看法，或對錢先生見解的批評，但並沒有因此貶低對錢穆《中國文化史論》價值的意思；因為此書從其儒家史觀來論，自然有其時代背景與在某方面的說服力。[47]不過，今天我們

---

47 Eric J. Hobsbawm認為，「我們檢驗（史書）的重點應該放在他的分析方法是不是比

似乎更應該回到佛道的經典來論佛道。否則，佛道兩家的精彩處，可能會隨「道聽途說」而無法發揚。這是論者對今日學者最重要的期待。

別人的好才對」Eric J. Hobsbawm著，黃煜文譯：《論歷史》（*On History*）（臺北：麥田出版社，2000年），頁291。由此觀點看，錢穆的《中國文化史論》自然有其說服力。但不足處是對佛道兩家有很深的誤解。

參考書目

錢穆文本與其研究

錢穆：《中國文化史導論》，臺北：聯經出版事業公司，1998年。

錢穆：《國史大綱》（上），臺北：聯經出版事業公司，1998年。

錢穆：《莊老通辨》，臺北：聯經出版事業公司，1998年。

錢穆：《莊子纂箋》，《錢賓四先生全集》（第6冊），臺北：聯經出版事業公司，1998年。

釋如禪主編：《《六祖壇經》研究》，北京：中國大百科全書出版社，2003年。

印永清：《百年來中國學界第一人──錢穆》，臺北：土緒出版社，2002年。

余英時：《現代儒學論》，美國：八方文化公司，1990年。

徐國利：《錢穆史學思想研究》，臺北：臺灣商務印書館，2004年。

歷史論著

文崇一：〈論司馬遷思想〉，收入黃沛榮編《史記論文選集》，臺北：長安出版社，1987年。

王叔岷：〈班固論司馬遷是非頗繆於聖人辯〉，收入黃沛榮編《史記論文選集》，臺北：長安出版社，1987年。

許倬雲：《萬古江河──中國歷史文化的轉折與開展》，臺北：英文漢聲出版公司，2000年。

Eric J. Hobsbawm 著，黃煜文譯：《論歷史》（*On History*），臺北：麥田出版社，2000年。

老莊部分

余培林註釋：《新譯老子讀本》，臺北：三民書局，1985年。

王邦雄：《老子道——老子三書之壹》，臺北：漢藝色研公司，2005年。

王邦雄：《老子的哲學》，臺北：東大圖書公司，1999年。

王邦雄等著：《中國哲學史》（上），臺北：里仁書局，2005年。

高柏園：《莊子內七篇思想研究》，臺北：文津出版社，1992年。

陳鼓應：《莊子今註今譯》，臺北：臺灣商務印書館，2004年。

佛學部分

求那跋陀羅譯：《雜阿含經》，收在《大藏經》（第2冊），臺北：新文
　　　豐圖書公司，1987年。

劉貴傑：《佛學與人生》，臺北：五南圖書出版公司，1999年。

僧愍：〈畢竟空與勝義有〉，刊於《佛教哲學思想論集（一）》現代佛
　　　教學術叢刊第36冊，臺北：大乘文化出版社，1980年

玄奘譯：《般若波羅蜜多心經》收在《大正藏》第8冊，臺北：新文豐
　　　圖書公司，1983年。

羅時憲：《心經導讀》，臺北：全佛出版社，1999年。

中村元著，香光書鄉編譯組譯：《從比較觀點看佛教》，嘉義：香光書
　　　鄉出版社，2003年。

林光明編著：《心經集成》，臺北：嘉豐出版社，2000年。

Donald S. Lopez, Jr., *Elaborations on Emptiness, Uses of the Heart Sutra*,
　　　Munshiram Manoharlal Publishers Pvt. Ltd., 1996

Donald S. Lopez, Jr., *The Heart Sutra Explained, Indian and Tibetan
　　　Commentaries*, State University of New York Press, 1988

（本文發表於2007年東吳大學錢穆思想研討會）

第三部分
評論各家的孔孟評論

第八章
讀中國經書的基本態度方法以及知識
——從黃文雄的《論語反論：破解中國千年思想宰制迷思》說起

　　最近我在桃園市新成立的自強圖書館閱讀到黃文雄的《論語：破解中國千年思想宰制迷思》，起初十分好奇；覺得有人對於孔子思想進行新的解讀，又想推翻孔夫子的學說，究竟想要如何去推翻呢？但後來在看這本書的作者是現任日本拓殖大學日本研究所的客座教授，所以在讀時，心情雖不安，依舊以最大的耐心將全書讀完。

　　但讀完之後，想從以下幾個方面，對他的論述進行分析，目的是想：讓一般對於研究《論語》這樣重要經書的學者與讀者，提出一些該書的問題，以引導出對中國重要經書的詮釋問題。當然，我在做完上述的研究之後，想從黃文雄的問題，引出一個更重要的問題，就是，讀中國經典的基本態度與方法為何的問題，以及閱讀中國經典（例如儒家的《論語》）之前，必須具備的基本知識，以作為我對於黃文雄此書論述的最重要回應。

　　因此在本文之中，我將分幾方面來進行：

　　一、黃文雄此書對《論語》的基本看法與全書的結構

　　二、黃文雄此書中，對於孔子學說的研究方法與問題。

　　三、讀中國經典的基本知識。

一 黃文雄此書對《論語》的基本看法與全書的結構

（一）黃文雄此書對《論語》的基本看法

在我們閱讀一本著作之前，必須從其對這本書的基本看法，先行研究；例如黃文雄的這本書是以「反論」作為它的標題之一，我們就需要去研究：他反對中國主要哲學——孔子學說的理由去進行研究。根據我通篇閱讀之後，其反對《論語》的理由是：

> 包括《論語》在內的中國《四書五經》，到處都是仁義與道德等訓示與主張。深入探究後發現，中國古代典籍的眾多道德宣示，都不是那個時代中的實況，而是相反的情形，正因為沒有，所以需要大力鼓吹。[1]

但根據我們對與研究孔子時代的學者來說，孔子是處於「禮壞樂崩」的時代。所以他必須出來，從三代之禮去反省；例如他的反省結果如紀錄：

> 子張問：「十世可知也？」子曰：「殷因於夏禮，所損益，可知也；周因於殷禮，所損益，可知也；其或繼周者，雖百世可知也。」（為政：23）

這是說：子張問：「十代以後的社會制度和道德規範可以知道嗎？」孔子說：「商朝繼承夏朝，改動了多少，可以知道；周朝繼承商朝，改動了多少，也可以知道；以後的朝代繼承周朝，即使百代，同樣可

---

1 黃文雄著，蕭志強漢譯：《論語反論：破解中國千年思想宰制迷思》（臺北：前衛出版社，2016年），頁15。

以推測。」從這一段話可知：孔子學說不僅對他所處的東周文化之甚詳，而且，對於夏商兩代的文化缺失與優點瞭若指掌；所以又有記錄：顏淵問為邦。子曰：「行夏之時，乘殷之輅，服周之冕，樂則韶舞。放鄭聲，遠佞人。鄭聲淫，佞人殆。」（衛靈公：11）；這是說：顏淵問怎樣治理國家，孔子說：「用夏朝的曆法，乘商朝的車輛，戴周朝的禮帽，提倡高雅音樂，禁止靡靡之音，疏遠誇誇其談的人。靡靡之音淫穢，誇誇其談的人危險。」

但我認為黃文雄對於當時最大的問題是「夷狄之有君，不如諸夏之亡也。」（八佾：5）不瞭解為何意義；其意義是孔子說：「偏遠小國有君主，不如中原各國沒君主。」換句話說，哪是一個失去倫理道德的時代，那麼，黃文雄上述的批評不是正確嗎？

可是，作者黃文雄根據孔子後來在周遊列國的失敗後，認為：

> 因此，後來再傳弟子們編輯的言論集，也就是《論語》，某種程度上就是「從怨恨出發的作品。」[2]

但他似乎從來不去考察：孔子的一生所追求的生命學問，是愛人之學；又忘記《論語》有這樣的對話：

> 子曰：「莫我知也夫！」子貢曰：「何為其莫知子也？」子曰：「不怨天，不尤人。下學而上達。知我者，其天乎！」（憲問：35）

這都是證明：孔子之學不僅不會以「怨恨」出發，而且希望以愛去救助天下蒼生，不是嗎？至於孔子「尊五美、去四惡」中，就有勞而

2　黃文雄著，蕭志強漢譯：《論語反論：破解中國千年思想宰制迷思》，頁37-38。

「無怨」的提示：

> 子張問於孔子曰：「何如斯可以從政矣？」子曰：「尊五美，屏
> 四惡，斯可以從政矣。」子張曰：「何謂五美？」子曰：「君子
> 惠而不費，勞而不怨，欲而不貪，泰而不驕，威而不猛。」子
> 張曰：「何謂惠而不費？」子曰：「因民之所利而利之，斯不亦
> 惠而不費乎？擇可勞而勞之，又誰怨？欲仁而得仁，又焉貪？
> 君子無眾寡，無小大，無敢慢，斯不亦泰而不驕乎？君子正其
> 衣冠，尊其瞻視，儼然人望而畏之，斯不亦威而不猛乎？」
> （堯曰：2）

所以黃文雄將《論語》視為一部怨恨的書，是毫無根據的胡說。

（二）論黃文雄此書的結構中的一個重要問題

此書共七章；除首尾各一章之外，共七章，但是他到第三章，才
談到孔子的中心思想——「仁」，可是他對於這個中心概念——仁的
看法是：

> 即便入室弟子都無法理解仁的真確含意，可見這個字的定義與
> 內涵很曖昧。事實上，就連教主本人孔子對仁的解釋，也是一
> 會兒說東，一會兒說西，難怪弟子們掌握不了方向，到最後還
> 在問仁是什麼？[3]

「這個字的定義與內涵很曖昧」似乎有理。然而，這是哲學一般的特
質，不是嗎？例如老子之道，連老子也必須承認：這是他也無法以語

---

3 黃文雄著，蕭志強漢譯：《論語反論：破解中國千年思想宰制迷思》，頁124。

言文字講清楚的概念。所以在我們面對不懂「哲學為何物」的「仁」為何物？也不可以因為哲學家使用抽象的語言，去責備他們；因為哲學之哲學，就在於他研究宇宙與人生的根本道理，不是嗎？

三　黃文雄此書中，對於孔子學說的研究方法與問題

（一）黃文雄研究孔子學說的方法

1　主張必須從中國文字學進入

　　例如引述魯迅對於中國文字的「漢字不滅，中國必亡」論，作為瞭解中華文化的開端。[4]更以日本經驗作為一種文化必須從文字改革，然後進入完整的知識體系的佐證；他說：

> 以筆者超過半世紀從事漢和文字兩棲筆耕的心得，我認為直到
> 十世紀以後，日本新創漢和混用的文章系統，漢字文明才確立
> 了完整的認識體系。[5]

作者在這一段話中，似乎認為：中國兩千年的傳統，自從傳到日本之後，對其影響是不足觀的。但我首先提出的質疑是，中國文字是否無法確立一種文明──認識外物的文明？

　　對於這樣的質疑，起源於，黃文雄對於中國文化與哲學的瞭解，是否是通過近代日本經歷明治維新之後，建立的科學文明，才是值得我們重視的文明。因此，他對於中國兩千年使用來表「情」、「意」的文字所構成的文明，表示不同或不堪的想法；我的證據是，他對於中

4　黃文雄著，蕭志強漢譯：《論語反論：破解中國千年思想宰制迷思》，頁9。

5　黃文雄著，蕭志強漢譯：《論語反論：破解中國千年思想宰制迷思》，頁9。

國先秦的諸子百家學說，竟然是以西方的功利主義眼光，下這樣的結論：

> 從思想、哲學理論進行比較後發現古代中國的孔孟儒家、老莊道學和自成一家的諸子百家，無論如何爭名或百家齊放，思想水平都停留在「目的方法論」的層次。[6]

但這樣去判定中國哲學也是毫無根據的。原因我在下面將詳細分析。

（二）對於孔子學說的研究方法上的問題之反思

2　根據二手資料來研究《論語》或先秦諸子學說

我對於他說的「目的方法論」，起初感到費解，而且無法理解。但後來他以《孫子兵法》是一種目的方法論時，我才完全明白：他說的是指一種學說為了達到目的，可以不擇手段的意思。[7]但他這樣對於中國先秦哲學進行的嚴厲批評，卻是「毫無根據的」的「道聽塗說」；例如：他將從中國去日本傳佛法的重要大師——空海對於儒家與老莊的批評，作為他對於反中國哲學的重要根據；如說：

> 空海大師的《十住心論》對儒家和老莊的評價更低，認為僅是動物階段而已。[8]

於是，我好奇地去研究空海大師的《十住心論》對儒家和老莊的評價。根據呂進福〈論空海的六大緣起說之研究〉，說道：「空海發揮顯

6　黃文雄著，蕭志強漢譯：《論語反論：破解中國千年思想宰制迷思》，頁9。

7　黃文雄著，蕭志強漢譯：《論語反論：破解中國千年思想宰制迷思》，頁10。

8　黃文雄著，蕭志強漢譯：《論語反論：破解中國千年思想宰制迷思》，頁9。

密經軌的『微言大義』而提出來的，是在五大種子說以及五字門、五倫觀的基礎上，把顯教的六界說轉化為密教的六大說，尤其把色識轉化為心大，將表述現象世界的概念上升為說明世界體性的本體學說。因此六大緣起說是空海的獨創，屬於日本真言宗的理論體系」[9]，所以空海對於儒家孔孟與道家老莊的上述批評，我們只可說是，以「真言宗講的境界」，來批評中國先秦儒道兩家的層次；此正如宋明理學家，經常會站在儒家孔孟的立場，去論佛道之出世觀是執著一般。

　　這本是一種比較性的批評，但是其中使主觀價值的眼光所進行的批評。所以，若站在研究學術者來論，這樣的批評，確實已是帶有色眼光的偏見。可是，研究《論語》多年的學者黃文雄，竟然不能覺知這個重要的道理，是令人遺憾的！

　　其次，他對於原始儒家孔子，能夠超脫如墨子的效益主義的觀點，追求仁義的精神生活，竟然視而不見；例如他在〈自序〉上，又這樣說到：

> 中國人大約在三千年前的周初就開始世俗化，只追求實利，沒有精神文化，所以連諸子百家都是「無魂有體，親像稻草人。」[10]

像這樣「驚世駭俗的評論」，以後在此書到處都是；對此，我真懷疑他對於孔子學說，乃至中國先秦諸子的批評，不是通過文本研究，而是取自像日本和尚或一些西方不懂漢文的學者的二手資料。但這樣的研究方法，已完全違反學術的基本規則。我在此處所說的「學術的基本規則」，是指：我們論述一種學說的是與非，至少必須先去接觸原

9　呂建福：〈論空海的六大緣起說〉，《世界宗教研究》2004年第2期（2004年7月），頁42-53。

10　黃文雄著，蕭志強漢譯：《論語反論：破解中國千年思想宰制迷思》，頁11。

典，或從原典中追求事實的真相。否則，所獲的結論，與「道聽塗
說」便沒有什麼區別，[11]那麼，還談什麼學術研究？

　　我的上述批評，可以從作者黃文雄在此書的〈序章〉提出的所謂
證據來分析；例如他這樣從西方哲學家黑格爾與馬克思・韋伯對於儒
家的批評，來作成下列的結論：

> 西方頂尖哲學家黑格爾與馬克思・韋伯都指出，儒教道德價值
> 不高，給予很低的評價，很多人從文化與社會層面尋找各種說
> 明，但我想最根本的癥結是：中國人因為信奉儒教，結果反而
> 喪失了良心。[12]

我真不知道：作者「中國人因為信奉儒教，結果反而喪失了良心。」
的內在邏輯是什麼？從以上這句話來說，若要證明「信奉儒教，結果
反而喪失了良心。」為真，至少必須說明儒家學說是一種專講違背良
心話的宗教。但作者能舉出一句話嗎？

　　再回到西方哲學家黑格爾與馬克思・韋伯對於儒家的批評來說，
現在從學界的專家康樂對韋伯在《中國宗教：儒教與道教》中的諸多
對中國經典與學說的批評，多是透過西方的譯本[13]來說，我們想真正

---

11 在《論語》〈陽貨〉中，孔子曾說：「道聽而塗說，德之棄也。」意思就是說，在道
　路上聽到的話，如果沒有查證就隨便傳揚出去，有德行的人是不會這樣做的。皇侃
　疏中對這句話加以解釋：「若聽之道路，道路乃即為人傳說，必多謬妄。所以為有
　德者所棄也。亦自棄其德也。」意思就是說，一個人如果想要對人講述道理，必先
　鑽研日久，有所心得，才能對人講述，在道路上隨便聽到的消息，一定很多謬誤，
　不能輕易相信，更不能當成是真的，遂向他人轉述，如果這樣去做，便是自己毀棄
　自己的德行。（https://pedia.cloud.edu.tw/Entry/Detail/?title=%E9%81%93%E8%81%
　BD%E5%A1%97%E8%AA%AA；2020/6/3瀏覽）

12 黃文雄著，蕭志強漢譯：《論語反論：破解中國千年思想宰制迷思》，頁15-16。

13 康樂：〈導言：韋伯與《中國宗教》〉，收入馬克斯・韋伯著，簡惠美譯：《中國宗
　教：儒教與道教》（臺北：吳氏基金會），頁1-23

瞭解中國古代經典的真相，必須善用我們的母語與母文，而不是朝向西方不能直接從對漢文本沒有閱讀能力的大師們取經。不是嗎？同理，我們如果讀過黑格爾《哲學史》的學者，會對他那樣批評中國哲學家，也一點會驚訝；因為他也是不具備從中國原典去瞭解儒家的能力。[14]

至於日本歷代學者與王朝，對於這種「儒家道德很低」之說，是否會接受呢？

現在從我收集的日本《論語》古抄本三種；其中，青蓮院本的《論語集解》，已由日本學者高橋智解題；他說：

> 室町時代日本儒學的發展趨勢，是一面在以清源博士家為中心的公卿學士等階層的帶動下，武士等新興階層也得到教化，宮中的祕本文化漸趨開放；另一面自古以來學問的舊勢力即寺院的學僧，其藏書和講讀都對學界仍具有不可撼動的影響力，學僧勢力與公卿學士們又著或明或暗的交點，構成了日本中士儒學空前活躍的重要活動。用於講讀的博士家傳本以及如青蓮院本一類在寺院中流傳的《論語》鈔本存在，是見證當時儒學發展動態的實物。[15]

在這一段話中，已說明在日本的室町時代，日本儒學的發展趨勢與講讀《論語》的風氣依然很盛。而此書——《論語》被珍藏，也證明當時孔子哲學載入本人心目中的重要價值；這是以「儒家道德很低說」

14 張允熠：〈哲學的困境和黑格爾的幽靈——關於「中國無哲學」的反思〉，《文史哲》2005卷3期（2005年5月），頁18-25；黑格爾的問題是根據當時歐洲的翻譯本，將一位具有集大成的創造者的學說，視為不如西塞羅的毫無出色的東西；黑格爾，賀麟、王太慶譯：《哲學史演講錄》（北京：商務印書館，1995年），頁119。

15 高橋智解題，林嵩校勘：見《影印日本《論語》古抄本——青蓮院本《論語集解》》（北京：北京大學出版社，2013年），頁1-2。

的學者，無法反駁的地方。另外，我根據日本學者清水正之在《日本思想全史》的紀載，在近世中，「江戶時代，朱子學被置於官學的中心。」「被視為近世儒家思想鼻祖的藤原惺窩（1561-1619）提出宋學才是聖學（聖人之學、儒學）正統之學的主張。」[16]、「林羅山是推進朱子學在幕府裡官學化方向的儒學者。」[17]「儒教與漢字一起傳入日本，並包括《十七條憲法》也可以窺見儒教的影響。在律令體制之下，儒教被列為教育機關大學的科目，在平安時代更以『明經』之名與『明法』，『文章』以及『算』同列為四道之一，之後便逐漸家學化。江戶初期朱子學則是在中世時期由清原軒賢（1475-1550）等博士家引進的。」[18]、「中江藤樹（1608-1648）在三十七歲時接觸了王陽明的思想並為之傾倒，因此被視為日本陽明學之祖。」[19]。

　　現在我只以中國朱子學與陽明學在中世紀的日本，受民間學者與後來官學化的看來，就足證明：中國儒學在中世中，曾經是多麼受到日本學術界與官方的重視。那麼，一向重視日本思想研究的黃文雄，難道不能注意到這一不能否認的歷史事實嗎？

　　進一步說，黃文雄竟然根據伊藤仁齋的《論語古義》和萩生徂徠的《論語徵》說：

> 這都是日本儒學指標、獨特性的論述。日本漢學者的《論語》研究註疏，有許多見解超越中國學者，但我不免疑惑，距離孔子時代那麼遙遠，日中兩國風土也完全不同，日本人真的能正確解讀《論語》？[20]

---

16 清水正之：《日本思想全史》（臺北：聯經出版事業公司，2018年），頁175-176。

17 清水正之：《日本思想全史》，頁179。

18 清水正之：《日本思想全史》，頁180。

19 清水正之：《日本思想全史》，頁188。

20 黃文雄著，蕭志強漢譯：《論語反論：破解中國千年思想宰制迷思》，頁21。

在這句話說，似乎沒有語病，但他在這一段話之後，竟然提不出日本人真的不能正確解讀《論語》的證據，可見這位學者的論述，多半仍然在獨斷論中而不能自拔。至於在這一章（序章認識《論語》）竟然說：

> 日本人和中國人還有一項明顯差異，那就是中國人自古喜歡專制獨裁，日本則多元社會，重視存同存異，「和」好相處。[21]

現在從這樣的論述，可知：黃文雄已將中國哲學家與中國人的概念混為一談；因為若要討論孔子學說真相——《論語》與中國人的好惡作一體觀，則我們如何可以從中國人的好惡，去瞭解中國哲學家孔子的思想呢？這自然是該作者在行文上暴露出的重大缺失，但作者一直不能察覺類似在其書中的問題，是很可惜的事。

2　胡亂解釋，卻不去先參考古代學者的註釋

　　根據國學大師錢穆的經驗，學者做學問，必先參考古代學者的註釋；例如研究《論語》，至少要去參考一些重要的入門書。而黃文雄在此書中，也曾經列出一些重要的中國古代學者與日本學者的註解書。[22]但可惜他一本都不加以引證，卻任意以個人主觀去詮釋。[23]對孔子學說進行批評，甚至於說出上述許多不恰當的話；例如「滿口仁義道德」；已違反缺乏學者在治學時，必須遵守的「謹慎與謙虛」原則。換言之，一切學問之增進，是全天下學者的共同責任。所以要想提出一種

21　黃文雄著，蕭志強漢譯：《論語反論：破解中國千年思想宰制迷思》，頁23-24。

22　黃文雄著，蕭志強漢譯：《論語反論：破解中國千年思想宰制迷思》，頁21、45、72-73。

23　根據對中國哲學有深刻研究的學者高柏園認為：解釋通常指科學家對於客觀世界的研究之中，對外物現象的說明。詮釋多運用於哲學家對一種學說的完成；高柏園：《中庸的形上思想》（臺北：東大圖書公司，1988年），頁50；我在此批評黃文雄「主觀的詮釋」指對於孔子學說的詮釋，是無法達到自圓其說的地步。

新說，必須「言而有信」（真實又具說服力），而非依造個人的政治立場，或好惡去進行論述；因為這是一種重要的，必須去嚴格遵守的治學原則（然後學者才能根據你提出的理由，加以檢視是否為真）。

　　以下，我就舉出作者對於孔子「不可使知之」，來分析其中的問題。

　　根據黃文雄在「不可使知之」的教育正義觀念一段來說；他這樣認為：

　　　　前述，不只《論語》，秦漢之前的中國人都認為，「人」與「民」是完全不同的概念。其中，「民」階級低、未受教育而欠缺知識，因此孔子說「不可使知之，不可使知之」，意思是愚昧的「民」知識水平低，統治者只需指揮、下令要求他們做事，不必教育，讓他們瞭解政治等內涵。[24]

像這樣的詮釋的理由是「民」階級低、未受教育而欠缺知識（A），因此孔子說「不可使知之，不可使知之」，意思是愚昧的「民」知識水平低，統治者只需指揮、下令要求他們做事，不必教育，讓他們瞭解政治等內涵（B）。[25]

　　但是，「民」階級低；這一肯定有何具體的根據呢？

　　若根據《左傳》的說法，「民」這個概念，並不是傳說的：「階級低、未受教育而欠缺知識」。反之，根據《左傳》〈桓公六年〉：

　　　　季梁止之曰，天方授楚，楚之贏，其誘我也，君何急焉，臣聞

---

24 黃文雄著，蕭志強漢譯：《論語反論：破解中國千年思想宰制迷思》，頁178。

25 錢穆則認為：「在上位者指導民眾，有時指可以使民眾由我所指導，不可使民眾知我所指導之用意所在。」；錢穆，《論語新解》（臺北：三民書局，1988年），頁284-285。

小之能敵大也，小道大淫，所謂道，忠於民而信於神也，上思
利民，忠也，祝史正辭，信也，今民餒而君逞欲，祝史矯舉以
祭，臣不知其可也，公曰，吾牲牷肥腯，粢盛豐備，何則不
信，對曰，夫民，神之主也，是以聖王先成民，而後致力於
神，故奉牲以告曰，博碩肥腯，謂民力之普存也，謂其畜之碩
大蕃滋也，謂其不疾瘯蠡也，謂其備腯咸有也。

這是「民」受到重視的證明。而儒家孟子更說過：「民為貴，社稷次
之，君為輕」。然後又指出：「是故得乎丘民而為天子，得乎天子為諸
侯，得乎諸侯為大夫。諸侯危社稷，則變置。犧牲既成，粢盛既潔，
祭祀以時，然而旱乾水溢，則變置社稷。」（盡心下：60）

　　所以在中國古代社會讀書人不多，但不等於當時「民」不受為政
者或哲學家的重視。何況，孔子說過：「道之以政，齊之以刑，民免
而無恥；道之以德，齊之以禮，有恥且格。」（為政：3）其要義就是
指出：「以政令來管理，以刑法來約束，百姓雖不敢犯罪，但不以犯
罪為恥；以道德來引導，以禮法來約束，百姓不僅遵紀守法，而且引
以為榮。」

　　其中，孔子是主張以「以道德來引導政治運作」，所以將孔子的
政治學說視為「愚民」之說，是對孔子學說的誤解。再者，根據高橋
智解題，林嵩校勘，《影印日本《論語》古抄本──青蓮院本《論語集
解》》的何晏解，「民不使由之，不可使知之」的「由」，是「用」之
義。其意義是百姓能日用，但不容易讓他們充分瞭解法令的原因。[26]
或說，百姓所倚重的政令已經習以為常，卻不容易讓它們瞭解其原因
與究竟。進一步說，孔子政治學說是種視為政者的修身為本的政治哲
學。所以若又說孔子主張愚民，在邏輯上就出現極大的矛盾，不是嗎？

---

26 高橋智解題，林嵩校勘：《影印日本《論語》古抄本──青蓮院本《論語集解》》
　（北京：北京大學出版社，2013年），頁88。

所以，後來作者又竟然說：

> 話說回來，中國古代的「民」意思接近「盲」，差不多等於
> 「奴隸」、「愚民」。既然如此，讓「民」接受教育，不會有效
> 果。[27]

但我看到作者這樣的胡亂跳躍的論述（「民」意思接近「盲」，差不多
等於「奴隸」、「愚民」）到「讓「民」接受教育，不會有效果」。但我
到此可以肯定：黃文雄對於孔子主張因材施教的教育主張，幾乎又是
不能瞭解。換句話說，在孔子學生之中，不乏貧民出身的學生如顏
回，但他最重視學生能舉一反三的訓練。就是最有名之學思並重之學
習原則。

　　反之，由於作者對於儒家向來不具好感，卻不能提出有力之證據
來支持其論述，是很明顯的。所以已經犯了缺乏學者論述的基本的學
術訓練。至於他不斷運用跳躍式的批評；如將盲、奴隸，以及愚民，
作為孔子哲學的主張，卻不知：孔子本是一位主張在道德上重視修身
的君子。所以這已嚴重違反「知識良知」的原則。

　　所謂「知識良知」原則，特別只在我們指責他人做出違背良心的
言論時，必須小心去反覆檢驗其中的真與偽；因為如果指責孔子一種
說法是錯誤，卻發生自己在認知上產生問題。則是犯稻草人的錯誤。

四 研究《論語》的基本態度、方法，以及基本知識

　　本文並不以批判當代學者的孔學，視為最終的目的，而是希望從
此書存在的問題上，討論研究《論語》時產生像黃文雄式的懷疑時，

---

27 黃文雄著，蕭志強漢譯：《論語反論：破解中國千年思想宰制迷思》，頁179。

究竟如何提出一種較為公正的評論，才是恰當？以下，就是我本論文中的重點：

（一）研究《論語》的基本態度：至少要具備一種誠懇的治學態度

現在看黃文雄的態度，似乎犯有一種毛病，就是根本不能接受這種學說，做為他討論這種學說的起點；例如他對於性善性惡在儒家中的討論，就持「完全否定的態度」；例如說：

> 話說回來，儒家性善性惡的爭議，其實一點價值沒有。[28]

但我好奇的是，「儒家性善性惡的爭議，其實一點價值沒有」的原因何在？因為從中國哲學家對於人性善惡的爭論，乃是他們覺得：如果我們能瞭解「人性是善」，則人們在道德實踐上，便更具有說服力，不是嗎？反之，如果證明是惡，則必須在道德力之外，依然可以加上什麼制度（荀子說的禮），來使得這個國家的社會與政治秩序井然？

這也就是說，前者是孟子要解決的問題。也就是當我們能證明人性為善，則可以從天命的角度去證明：我們天生就具備一種實踐道德的能力。所以孟子在與告子進行辯論時這樣說道：

> 告子曰：「性猶湍水也，決諸東方則東流，決諸西方則西流。人性之無分於善不善也，猶水之無分於東西也。」
> 孟子曰：「水信無分於東西。無分於上下乎？人性之善也，猶水之就下也。人無有不善，水無有不下。今夫水，搏而躍之，可使過顙；激而行之，可使在山。是豈水之性哉？其勢則然也。人之可使為不善，其性亦猶是也。」（告子上：2）

---

28 黃文雄著，蕭志強漢譯：《論語反論：破解中國千年思想宰制迷思》，頁106。

在這一段話中，告子與孟子當時顯然都是使用比喻的方法，來說明他們所「體會到」的人性的真相；例如告子說：「性猶湍水也，決諸東方則東流，決諸西方則西流。」這顯然是從客觀現象，去闡述性的善惡取決於它的外在環境的影響；這就所謂「決諸東方則東流，決諸西方則西流」；這是一種人性的客觀論。但孟子認為：人性的究竟，則是「主觀」決定客觀或根據人天生具有的道德理性，去實踐生命的意義；此及孟子指出的：「人之可使為不善，其性亦猶是也。」換句話說，人做或不做善人，終究是決定於人本身的作為或不作為。

所以從這一角度來觀察孟子或告子的人性論，有極大的差別；就是他們各站在不同世界去論人性的真相。同理，荀子的人性說最後的結論是「性惡」。所以最後他必須以外在的文化制度——中國文化發展中的理智來制約人的行為；這就是荀子的：

> 分均則不偏，埶齊則不壹，眾齊則不使。有天有地，而上下有差；明王始立，而處國有制。夫兩貴之不能相事，兩賤之不能相使，是天數也。埶位齊，而欲惡同，物不能澹則必爭；爭則必亂，亂則窮矣。先王惡其亂也，故制禮義以分之，使有貧富貴賤之等，足以相兼臨者，是養天下之本也。《書》曰：「維齊非齊。」此之謂也。（王制篇）

其中，「先王惡其亂也，故制禮義以分之，使有貧富貴賤之等，足以相兼臨者，是養天下之本也。」就是將人倫道德，從孟子的道德自主的力量，改為重視君主必須制定外在的法律與新的制度。這是中國學家重視法治的開端，有其存在的價值。其原因是，在內在的道德自主能力不強時，必然需要靠國家來制定法規。而這也在回應孔子的「道之以政，民免而無恥」的問題時，荀子認為：法治是治國的根本（這裡的法治並不是現代的民主政治，而是建立在古代禮法之治）。

又在我上述的觀察中，我們若要研究他們的學說是否成立，必須從其建構的世界是否能自圓其說上？如果能夠，就是一種可以成立的學說。這如同荀子主張性惡說，但他最後要證成的性論：

> 今人之性，生而有好利焉，順是，故爭奪生而辭讓亡焉；生而有疾惡焉，順是，故殘賊生而忠信亡焉；生而有耳目之欲，有好聲色焉，順是，故淫亂生而禮義文理亡焉。然則從人之性，順人之情，必出於爭奪，合於犯分亂理，而歸於暴。故必將有師法之化，禮義之道，然後出於辭讓，合於文理，而歸於治。用此觀之，人之性惡明矣，其善者偽也。（性惡篇）

「今人之性，生而有好利焉，順是，故爭奪生而辭讓亡焉」，就是說，從客觀世界來觀察人性，天生就有好力之心或欲望。但過度使用（順是），就會形成爭奪之事，而是使孟子希望人有辭讓之心喪失。這純粹是在客觀世界論人性之惡。不僅如此，他認為：「今人之性，生而有好利焉，順是，故爭奪生而辭讓亡焉」，也是就人欲之性（人的客觀性）來說明：人欲可以讓孟子主張的禮義之性喪失。所以從這一論述來論，能夠自圓其說的理由，正是就現實層面上來看，怎樣解決人性教化一時無法見效的問題。所以從上引的荀子對付人欲問題來論荀子的人性論，是有必要的討論議題。

又就孟子來說，他從「今人乍見孺子將入於井，皆有怵惕惻隱之心。非所以內交於孺子之父母也，非所以要譽於鄉黨朋友也，非惡其聲而然也。」來試圖證成，「無惻隱之心，非人也；無羞惡之心，非人也；無辭讓之心，非人也；無是非之心，非人也。惻隱之心，仁之端也；羞惡之心，義之端也；辭讓之心，禮之端也；是非之心，智之端也。人之有是四端也，猶其有四體也。有是四端而自謂不能者，自賊者也；謂其君不能者，賊其君者也。凡有四端於我者，知皆擴而充

之矣，若火之始然，泉之始達。苟能充之，足以保四海；苟不充之，不足以事父母。」最後還因此說：「人皆有不忍人之心。先王有不忍人之心，斯有不忍人之政矣。以不忍人之心，行不忍人之政，治天下可運之掌上。」（公孫丑上：6）

這是從人性中，所包含的不忍人之心（或同情共感之心）來建立其人性論。但從孔孟主張的人治（或君主修身之治）來說，可能是一般人所謂理想之治。或說，這樣的政治需要經過很長的君主道德培養教育不可。但不可諱言地，現代民主政治中，也必須包括為政者的道德操守問題。所以我主張如何去吸收兩家學說的優點，而不是向黃文雄一樣，對於中國哲學持「一概否定」的態度。

至於我們在討論孟子對於人與人性的肯定中，我們發現：孟子的性善論，並不是說善性的實踐是人類的本能；例如他的理論核心，只是肯定人有實踐善的可能；因為他提出端這樣的重要概念；如說：「惻隱之心，仁之端也；羞惡之心，義之端也；辭讓之心，禮之端也；是非之心，智之端也」。

值得注意的是，「端」只是開端而已；「端」的意義在《孟子》中出現下列的話：

> 逢蒙學射於羿，盡羿之道，思天下惟羿為愈己，於是殺羿。孟子曰：「是亦羿有罪焉。」公明儀曰：「宜若無罪焉。」曰：「薄乎云爾，惡得無罪？鄭人使子濯孺子侵衛，衛使庾公之斯追之。子濯孺子曰：『今日我疾作，不可以執弓，吾死矣夫！』問其僕曰：『追我者誰也？』其僕曰：『庾公之斯也。』曰：『吾生矣。』其僕曰：『庾公之斯，衛之善射者也，夫子曰「吾生」，何謂也？』曰：『庾公之斯學射於尹公之他，尹公之他學射於我。夫尹公之他，端人也，其取友必端矣。』庾公之斯至，曰：『夫子何為不執弓？』曰：『今日我疾作，不可以執

弓。』曰：『小人學射於尹公之他，尹公之他學射於夫子。我
不忍以夫子之道反害夫子。雖然，今日之事，君事也，我不敢
廢。』抽矢扣輪，去其金，發乘矢而後反。」（離婁下：52）

「庾公之斯學射於尹公之他，尹公之他學射於我。夫尹公之他，端人
也，其取友必端矣。」這就是說，尹公之他是最早的啟蒙師，叫端
人。那麼，從孟子以四端之心來進行擴充，就是一種修養的功夫。所
以孔孟的學問與荀子不同；就是前者主要靠長期的鍛鍊或實踐。後者
認為除發揚道德理性去分辨是非之外，還要以知識心去研究外物的道
理（見〈天論〉）。

那麼，我們可以回應黃文雄認為性善與性惡爭議的意義，在於研
究荀子的合理性在何種範圍，而孟子人性論又在何種範圍？這不是黃
文雄主張的「尊重多元思想的發展」之論嗎？[29]所以我們可以做不同
於前人的主張，但如果專去反對孔孟，去不先弄清楚其意義，對學問
之追求，又有何價值？

再說，我們從先秦時代中國學術界能出現這種百花齊放的現象來
觀察，這是中國學術的飛躍的時代，也是思想家產生腦力激盪的大時
代。所以希望黃文雄能進一步研究，他重視的，中國先秦時代學術多
元的出現，來瞭解一下中國學術蓬勃發展現象，好嗎？基於此，我主
張的治學的誠懇，包括：回到中國哲學史去進行實地的研究。

（二）研究《論語》的方法

1　從各家找出共同的哲學問題，進行研究

譬如在春秋戰國時代，乃至於漢朝的哲學家，對於人性的究竟是
經過長期的討論，才逐漸形成一種集大成或具有說服力的學說，例如

---

29 黃文雄著，蕭志強漢譯：《論語反論：破解中國千年思想宰制迷思》，頁54-57。

孔子對於性的理解，只說過「性相近習相遠」話。所以孔子對於人性並沒有定見。反之，從「習相遠」中，我們還可說，孔子像荀子一樣的後天環境論者。但從王充就具有超人一等的歷史眼光，來論儒家在孔子之後的弟子，在人性學說上，曾經如何進行許多有意義的討論。例如他做了以下這樣的分析：

> 周人世碩以為人性有善有惡，舉人之善性，養而致之則善長；性惡，養而致之則惡長。如此，則性各有陰陽，善惡在所養焉。故世子作《養書》一篇。密子賤、漆雕開、公孫尼子之徒，亦論情性，與世子相出入，皆言性有善有惡。（本性論）

又說：

> 孟子作《性善》之篇，以為「人性皆善，及其不善，物亂之也。」謂人生於天地，皆稟善性，長大與物交接者，放縱悖亂，不善日以生矣。（本性論）

從此歷史知識來看，孟子學說的出現，就是這一波歷史性對人性究竟的綜合結論；他曾經對孔子之後對於人性討論的諸說，有普遍的討論。[30]所以就以孔子的學生世碩、密子賤、漆雕開、公孫尼子等人在人性上的討論來說，實已開啟後代孟子性善論之前的思考風氣。這也

---

30 周人世碩以為人性有善有惡，舉人之善性，養而致之則善長；性惡，養而致之則惡長。如此，則性各有陰陽，善惡在所養焉。故世子作《養書》一篇。密子賤、漆雕開、公孫尼子之徒，亦論情性，與世子相出入，皆言性有善有惡。孟子作《性善》之篇，以為「人性皆善，及其不善，物亂之也。」謂人生於天地，皆稟善性，長大與物交接者，放縱悖亂，不善日以生矣。若孟子之言，人幼小之時，無有不善也。微子曰：「我舊云孩子，王子不出。」（本性篇）

體現了孔子主張的「學與思」的精神,就是在生命學問進行討論過程中,其後代學者對於人性的討論始終不斷。所以最後才能在孔子死後一百多年,才出現孟子這樣偉大的哲學理論。至於後世的荀子做不同於孔孟的人性的結論,更可以讓我肯定:中國學術發展的源頭之動力之一,也是儒家。所以我們必須從這一人性論必須不斷的討論與更新,來重新觀察孔子的歷史定位,不僅是一位聖人文化的開創者,還是中國哲學的一個根本哲學問題進行開發的啟蒙師。

2 在研究儒家思想之前,必須熟讀儒家的經典

在黃文雄論〈如何閱讀《論語》等經典〉一章中,他對於韓非子的哲學似乎採取正面的態度。這也可以用來解釋:他何以總是喜歡對於儒家,進行大力批評的一種重要原因;例如說:

> 戰國末期思想家韓非子認為:是以筆,俠用劍,亂天下。文與武不能以法規範,則天下不可能安定。真是慧眼之見。[31]

不僅如此,他對於春秋戰國時代的實用哲學家;如法家管仲韓非李斯,吳子的兵家與縱橫家蘇秦與張儀都給予很高的評價。相對而言,卻說:「言論蓬勃發展的戰國時代,孔孟思想主張不受青睞。主要原因是儒教思想太空泛、唱高調,在中國人眼中並不實在。」[32]

但若讀者真正進入道德修養的儒家經典,會發現:其精義正好相反;在這方面,如果我們對墨子思想有研究的人,就知道其中的道理;如墨子主張的「三表法」,就是一種講實用與速效的學說;如說:

---

31 黃文雄著,蕭志強漢譯:《論語反論:破解中國千年思想宰制迷思》,頁232。

32 這就是他閱讀中國哲學的基本態度。黃文雄著,蕭志強漢譯:《論語反論:破解中國千年思想宰制迷思》,頁229。

然則明辨此之說將柰何哉？子墨子言曰：「必立儀，言而毋儀，譬猶運鈞之上而立朝夕者也，是非利害之辨，不可得而明知也。故言必有三表。」何謂三表？子墨子言曰：「有本之者，有原之者，有用之者。於何本之？上本之於古者聖王之事。於何原之？下原察百姓耳目之實。於何用之？廢以為刑政，觀其中國家百姓人民之利。此所謂言有三表也。」（非命上）

若翻成白話文是：然而如何去明加辨析這些話呢？墨子說道：「必須訂立準則。」說話沒有準則，好比在陶輪之上，放立測量時間的儀器，就不可能弄明白是非利害之分了。所以言論有三條標準，哪三條標準呢？墨子說：「有本原的，有推究的，有實踐的。」如何考察本原？要向上本原於古時聖王事跡。如何推究呢？要向下考察百姓的日常事實。如何實踐呢？把它用作刑法政令，從中看看國家百姓人民的利益。這就是言論有三條標準的說法。這就是從對老百姓是否有實效來建立的學說。

所以從比較的觀點來說，儒家追求的是個人與為政者的道德修養，但都必須靠長期的修養功夫不可。但在春秋戰國時代，如何會被講速效的君主所採用？

因此，儒家在當時不受青睞，不是因為「儒教思想太空泛、唱高調，在中國人眼中並不實在。」，而是儒家要求君主們在個人道德的修為上很實在（一切以修身為本）。所以我們不可道因為果。

可是，主張功利主義的黃文雄，或許這樣重視功利的法家，或以這種重視實用的觀點，去批判重仁義，不講速效的儒家。但這樣要求，不是完全違背孔孟「何必曰利」的深意嗎？何況，黃文雄是崇尚韓非哲學的人，現在明顯使用法家實用主義的觀點，去批評儒家的不足。所以，在他閱讀《論語》等中國經典時，便處處遇到困難，甚是以不應該的學說（如儒家的本質無非是壓制創造性）；去詮釋孔子的

「述而不作」，就是「唯一應做的事是學習前人的做法」[33]，卻忘記：孔子對於傳統文化的批評，是「不留餘地的」；如他說過：「人而不仁，如禮何？人而不仁，如樂何？」（八佾：3）；若翻成白話文是孔子說：「對於不仁的人，禮法有何用？音樂有何用？」這就是孔子重視以「仁」這個基本概念，來重建周禮的重要證據。這就是孔子有創造性的證據！

又如林放問禮之本。子曰：「大哉問！禮，與其奢也，寧儉；喪，與其易也，寧戚。」（八佾：4）；若翻成白話文是，林放問禮的本質。孔子說：「這個問題十分重大！禮儀，與其隆重，不如節儉；喪事，與其奢侈，不如悲戚。」；此可見孔子不是盲從古禮的大哲。否則，他不會對放的問題大加讚美，不是嗎？反之，黃文雄卻只知從其不解的「述而不作」的含意，就敢說孔子的缺乏創造性，不是已經犯下「以偏蓋全」與「不知者，也強以為知」的最大邏輯謬誤嗎？

3　從積極面來說，必須以謙卑與謹慎的態度去閱讀中國哲學經典

現在我以David S. Nivison（倪德衛）怎樣詮釋儒家之道為例來說明。他是美國哈佛大學的博士，曾經在美國史丹福大學教哲學與古漢語。現在以他在 *The Ways of Confucianism*（儒家之道）解釋孔子的忠恕之道時的態度來說明如下：

（1）他能將孔子的忠恕之道放在世界的金律（Golden Rule）中，去瞭解中國道德哲學中的忠恕之道的倫理學意義；如他將《聖經》的金律作為比較；根據《馬太福音》與《路加福音》的說法是：

> 「所以，你們要別人怎樣待你們，就得怎樣待別人；這就是摩西法律和先知教訓的真義。」（馬太福音7：12）

---

33 黃文雄著，蕭志強漢譯：《論語反論：破解中國千年思想宰制迷思》，頁259。

「你要愛鄰人，像愛自己一樣。」（馬太福音22：39）

「你們要別人怎樣待你們，你們也要怎樣待他們。」（路加福音6：31）

經過這樣的比較，我們知道人類在解決道德問題；如以和諧或和平的方式來說，基督宗教與儒教之創始者，他們都不主張黃文雄說的：儒家是以野蠻人「以牙還牙、以眼還眼」的方式，去根本解決人類的爭端。當然基督宗教說的：「你要愛鄰人，像愛自己一樣。」，更凸顯出報復性的原則，不應該是文明人所採取。所以像黃文雄，竟然將孔子對於以德報怨解釋為「以牙還牙、以眼還眼」的方式，去根本解決人類的爭端。」不但是因為不能清楚瞭解儒家是以仁愛甚至博愛，去對待人的基本宗旨，而且，在任意去曲解孔子學說下，已暴露對學問的不尊重與輕挑的態度。

反之，我們從David S. Nivison（倪德衛）怎樣詮釋「儒家之道」為例，來說明他在詮釋忠恕之道的意義時，不是只從一句話上，便解釋其中的涵義，而是同時將《論語》中的相關語句做仔細比較之後，才獲得他的結論；如將下列的兩段話進行比較：

子貢問曰：「有一言而可以終身行之者乎？」子曰：「其恕乎！己所不欲，勿施於人。」（衛靈公：24）

子貢曰：「我不欲人之加諸我也，吾亦欲無加諸人。」子曰：「賜也，非爾所及也。」（公冶長：12）[34]

---

34 David S. Nivison（倪德衛）著，周熾成譯：《儒家之道》（*The Ways of Confucianism*）（江蘇：江蘇人民出版社，2006年），頁74。

以上，David S. Nivison（倪德衛）的解釋具有其重要的價值，就是因為在真正的學者進行一種研究時，必須設法從這一家的語言脈絡中，去發現其中的涵義：譬如有學者會認為：孔子以否定的態度，去表達出《聖經》能從正面來論述「你們要別人怎樣待你們，你們也要怎樣待他們。」時，則孔子的金律只是一種銀律而已（次級之最重要的道德律），但他卻認為：

> 在很早的基督教文獻中，同時有大量的精力的正面與反面的表述，並且很明顯早期基督教神學學者並不認為他們是重要的差別。[35]

我現在是從以上兩句話來為 David S. Nivison（倪德衛）的解釋進一解，便更加明白，「何以孔子的己所不欲，勿施於人」也是一種金律的道理；因為子貢說：「我不願被迫做自己不願做的事情，我也不願強迫別人去做。」孔子說：「子貢啊，這不是你能做到的。」；這表示說：子貢問曰：「有一言而可以終身行之者乎？」子曰：「其恕乎！己所不欲，勿施於人。」中的「有一言而可以終身行之者」的「一言」表示是最重要的格言，或說這一格言是一般人難以達到的；我的證據在下列從《論語》中，獲得的一言的真正意義是，最重要的；如：子曰：「詩三百，一言以蔽之，曰『思無邪』。」（為政：2）；表示最重要的一句話，用白話文來說，就是孔子說的：「《詩經》三百首，用一句話可以概括，即：『思想純潔』。」

同理，定公問：「一言而可以興邦，有諸？」孔子對曰：「言不可以若是其幾也。人之言曰：『為君難，為臣不易。』如知為君之難也，不幾乎一言而興邦乎？」曰：「一言而喪邦，有諸？」孔子對

---

35 David S. Nivison（倪德衛）著，周熾成譯：《儒家之道》（The Ways of Confucianism），頁75-76。

曰：「言不可以若是其幾也。人之言曰：『予無樂乎為君，唯其言而莫予違也。』如其善而莫之違也，不亦善乎？如不善而莫之違也，不幾乎一言而喪邦乎？」（子路：15）

故古人在此的「一句話」（一言），不是簡單的話，而是具有非常重要意義的一句話。

又如陳子禽謂子貢曰：「子為恭也，仲尼豈賢於子乎？」子貢曰：「君子一言以為知，一言以為不知，言不可不慎也。夫子之不可及也，猶天之不可階而升也。夫子之得邦家者，所謂立之斯立，道之斯行，綏之斯來，動之斯和。其生也榮，其死也哀，如之何其可及也。」（子張：25）

所以我們從此可知孔子的「己所不欲，勿施於人」，就相當於《聖經》上的金律（最重要的道德律）。而 David S. Nivison（倪德衛）的解釋，由於我進一步去分析之後，更加證明：我們閱讀孔子的經典，除了可以根據其他宗教的相關學說之外，必須能以謙虛與以謹慎的小心求證治學態度去發掘出其關鍵詞（如此分析的「一言」）的真正意義；才是我說的謙虛與謹慎的態度。

4　建立不斷討論的學術傳統

黃文雄在其著作中，最大的錯誤如上的分析，是自始至終以「個人的獨斷」或引述對中國文化沒有深刻研究的「偏頗之見」，來證明中國人的道德低落（如引述柏楊的見解），但我們現在討論的是原典的意義，他卻以「現代中國人的道德水準」，作為中國經典的批評標準，這是「張冠李戴」的謬誤。

今再以 David S. Nivison（倪德衛）對「忠恕」的解釋，能從馮友蘭對此金律的精闢解釋，開始進行論述，來說明我們建立不斷討論的學術傳統的必要。在馮友蘭對此金律的精闢解釋中，曾經引述下列在《中庸》上的對話論述：

子曰：「道不遠人。人之為道而遠人，不可以為道。《詩》云：
『伐柯伐柯，其則不遠。』執柯以伐柯，睨而視之，猶以為
遠。故君子以人治人，改而止。忠恕違道不遠，施諸己而不
願，亦勿施於人。君子之道四，丘未能一焉：所求乎子以事
父，未能也；所求乎臣以事君，未能也；所求乎弟以事兄，未
能也；所求乎朋友先施之，未能也。庸德之行，庸言之謹，有
所不足，不敢不勉，有餘不敢盡；言顧行，行顧言，君子胡不
慥慥爾！」（《中庸》13）

但馮友蘭在句讀上，與我的句讀有差別，就是「忠恕違道不遠，施諸
己而不願，亦勿施於人。」之後，「君子之道四，丘未能一焉：所求
乎子以事父，未能也；所求乎臣以事君，未能也；所求乎弟以事兄，
未能也；所求乎朋友先施之，未能也。」馮友蘭的句讀為：「所求乎
子，以事父未能也；所求乎臣，以事君未能也；所求乎弟，以事兄未
能也；所求乎朋友，先施之未能也。」[36]

這樣的句讀問題在於，何以孔子說「君子之道四，丘未能一焉」
呢？我可以比較《論語》中，紀載的：君子之道是他不能的地方有如：

子曰：「若聖與仁，則吾豈敢？抑為之不厭，誨人不倦，則可
謂云爾已矣。」公西華曰：「正唯弟子不能學也。」（述而：
34）

同理，《中庸》引孔子說：「君子之道四，丘未能一焉：所求乎子以事
父，未能也；所求乎臣以事君，未能也；所求乎弟以事兄，未能也；
所求乎朋友先施之，未能也。」；如果是真實的，怎可以表示說：「在

---

36 David S. Nivison（倪德衛）著，周熾成譯：《儒家之道》(The Ways of Confucianism)，
頁77。

所求乎子以事父、所求乎臣以事君、所求乎弟以事兄、所求乎朋友先施之」，我的解釋是，一如孔子說：「如果說到聖人和仁人，我豈敢當？不過，永不滿足地提高修養，不厭其煩地教育學生。則可以這麼說。」公西華說：「這正是我們做不到的。」；這可見：孔子對於其建立的最高境界，也可能有覺得是一時無法完成的。

同理，如果《中庸》如一般學者所言，是孔子哲學的發展的話，則可以從其以「誠」作為天地之道的根本；所謂：

> 子曰：「鬼神之為德，其盛矣乎！視之而弗見，聽之而弗聞，體物而不可遺。使天下之人齊明盛服，以承祭祀，洋洋乎如在其上，如在其左右。《詩》曰：『神之格思，不可度思！矧可射思！』夫微之顯，誠之不可掩如此夫。」

由此可見，在孔子時，他的門人也將孔子從鬼神之道中，以「體悟出」其中的誠道。但此道，可能是孔子也認為是一時無法做到的道的的最高峰——「誠道」；這就是上引文中說的「夫微之顯，誠之不可掩如此夫」（天道中含藏的道德的最高原理）的意思。

至於《中庸》作者（子思）說：

> 凡事豫則立，不豫則廢。言前定則不跲，事前定則不困，行前定則不疚，道前定則不窮。在下位不獲乎上，民不可得而治矣；獲乎上有道：不信乎朋友，不獲乎上矣；信乎朋友有道：不順乎親，不信乎朋友矣；順乎親有道：反諸身不誠，不順乎親矣；誠身有道：不明乎善，不誠乎身矣。誠者，天之道也；誠之者，人之道也。誠者不勉而中，不思而得，從容中道，聖人也。誠之者，擇善而固執之者也。博學之，審問之，慎思之，明辨之，篤行之。有弗學，學之弗能，弗措也；有弗問，

問之弗知，弗措也；有弗思，思之弗得，弗措也；有弗辨，辨
之弗明，弗措也，有弗行，行之弗篤，弗措也。人一能之己百
之，人十能之己千之。果能此道矣，雖愚必明，雖柔必強。
（22）

其中的「誠者，天之道也；誠之者，人之道也。誠者不勉而中，不思
而得，從容中道，聖人也。誠之者，擇善而固執之者也。」；則顯示
出：孔子不是不懂他建立之五倫之道，但子思認為「要做到不勉而
中，不思而得，從容中道」的境界，非要一生的修養不可。所以孔子
上述的自謙之詞（我不能也），正反映出：他追求的哲學，是一種合
乎天地之道的道德修養哲學，也就是合乎天命的道德哲學；此由孟子
在〈盡心篇〉上說的「盡其心者，知其性也。知其性，則知天矣。存
其心，養其性，所以事天也。殀壽不貳，修身以俟之，所以立命
也。」（1）；又孟子曰：「莫非命也，順受其正。是故知命者，不立乎
巖牆之下。盡其道而死者，正命也。桎梏死者，非正命也。」（2）是
一致的（就是必須從天道中的真誠之性上進行一生的修養）。

　　基於此，我主張：我們要瞭解或批評儒家經典之前，必須有如以
上的先秦思想史的「基本常識」。否則，像黃文雄一樣，將追求道德
真誠修養到這種地步的哲學，視為沒有討論價值，甚至於以為偽善的
學說，則已失去學者求知的態度。

　　具備以上的治學的態度之後，我最後談怎樣研究中國的經典？

（三）研究《論語》時的基本知識

　　所謂方法，就是指在研究時，必須知道怎樣回到原典上，將這種
學說的精神先找出來。[37]

---

37 如方東美這樣的哲學大師，他的重要著作如*Creativity in Man and Nature*（人與自然
　的創造）這本書中，談到中國文化中的人與自然的哲學視野、中國形上學中的世界

　　我根據上述的說法，提出個人在研究中國哲學的基本知識，來談這一重要問題：

1　中國哲學是一種天人合一的哲學，或將天地人我一體觀的哲學，與對象性的哲學不同

　　中國哲學是一種天人合一的哲學，或將「天、地、人、我一體觀」的哲學，與對象性的哲學不同。所以必須回到以上的圖象去進行深入的考察；以老子與孔子學說來說，天是具有道德性的天，不是日常我們科學家準備征服的天。或說中國主要哲學家是以感性所創造的天，具有美感（如老莊的天）或道德性格的天（如儒家）。

　　現在我先以儒家在先秦所建立的形上哲學──《中庸》來說明此點；例如《中庸》首章說：

> 天命之謂性，率性之謂道，修道之謂教。道也者，不可須臾離也，可離非道也。是故君子戒慎乎其所不睹，恐懼乎其所不聞。莫見乎隱，莫顯乎微。故君子慎其獨也。喜怒哀樂之未發，謂之中；發而皆中節，謂之和；中也者，天下之大本也；和也者，天下之達道也。致中和，天地位焉，萬物育焉。

這就是說，儒家發展到子思《中庸》時，所建立的道，是將具有道德性質的天道之性，也就成為人性。於是聖人將此性作為人倫敎化之根本。但這一根本之道，是抽象不易為人所覺察的。因此，到底我們該如何依其中和而行，必須時時以戒慎恐懼之心，去安排個人的喜怒哀樂的情緒？這是孔子這一系所發展出來的哲學系統，而從這種「重視

與個人、詩與人生，以及東西在藝術方面的相會等，對瞭解中國哲學時，必須具備的基本知識；Thome H. Fang, *Creativity in Man and Nature*（人與自然的創造），Linking Publishing Co. Ltd, Taiwan, 1983.

個人慎獨」的觀念，我們更可以消解像黃文雄一般的《論語》研究學者，對儒家「言行不一」的疑慮。現在先研究這種「慎獨」的觀念，在《禮記》的〈禮器篇〉是怎樣說的？所以我們不能說：儒家是一種虛偽的道德哲學；如說：

> 禮之以少為貴者，以其內心者也。德產之致也精微，觀天子之物無可以稱其德者，如此則得不以少為貴乎？是故君子慎其獨也。（禮器：15）

這就是說：天下的物中，就存在道德性，而這些同時存在於人心上的德行卻不容易去把握到，所以想做為一位君子的人，更要小心謹慎言行。所以我們不能說：儒家是一種虛偽的道德哲學；再如 《禮記：大學》上說：

> 所謂誠其意者，毋自欺也，如惡惡臭，如好好色，此之謂自謙，故君子必慎其獨也！小人閒居為不善，無所不至，見君子而後厭然，掩其不善，而著其善。人之視己，如見其肺肝然，則何益矣！此謂誠於中，形於外，故君子必慎其獨也。曾子曰：「十目所視，十手所指，其嚴乎！」富潤屋，德潤身，心廣體胖，故君子必誠其意。（3）

而《大學》的作者，可能與曾子學說是同一學脈；因為曾子出現在《論語》中，是這樣說的：

> 曾子有疾，召門弟子曰：「啟予足！啟予手！《詩》云『戰戰兢兢，如臨深淵，如履薄冰。』而今而後，吾知免夫！小子！」（泰伯：3）

今從曾子對於至死不忘君子的自我要求先來論，他就是一位以謹慎於斯的孔子傳人，所以，黃文雄說儒家學派的偽善，究竟從何說起？又如：

> 曾子有疾，孟敬子問之。曾子言曰：「鳥之將死，其鳴也哀；人之將死，其言也善。君子所貴乎道者三：動容貌，斯遠暴慢矣；正顏色，斯近信矣；出辭氣，斯遠鄙倍矣。籩豆之事，則有司存。」（泰伯：4）

這也是儒家到曾子所必須遵守的道德法則。至於：

> 曾子曰：「以能問於不能，以多問於寡；有若無，實若虛，犯而不校，昔者吾友嘗從事於斯矣。」（泰伯：5）

這也是說，曾子能夠遵守孔子的「敏而好學不恥下問」之教，所以能夠自己知識淵博卻向文盲請教；有知識謙虛為沒知識，有才能謙虛為沒才能，也能夠從不計較別人的無理冒犯的原因。所以這與孔子說的「人不知而不慍，不亦君子乎？」，是同一學脈的主張。至於《論語》紀載說：

> 曾子曰：「可以託六尺之孤，可以寄百里之命，臨大節而不可奪也。君子人與？君子人也。」（泰伯：6）

這是更是說，曾子說：「可以託付孤兒，可以託付江山，生死關頭，臨危不懼的人。是君子嗎？當然是君子。」這與孔子說：「君子無求生害人，有殺身以成仁。」是同一種知行合一的道德哲學。以下的這一段紀錄曾子的教訓，也證明：儒家是如何重視一生必須持續不間斷

去實踐力行的學派：

> 曾子曰：「士不可以不弘毅，任重而道遠。仁以為己任，不亦
> 重乎？死而後已，不亦遠乎？」（泰伯：7）

這是說，曾子說：「有志者不可以不培養堅強的意志，因為責任重大
而且道路遙遠。以實現全人類和平友愛為自己的責任，這樣的責任不
是很重大嗎？為理想奮鬥終身，這樣的道路不是很遙遠嗎？」

　　總之，我主張對於孔子學說的瞭解，不能孤立地去解《論語》中
的片段章句，去考察甚至於不能提出具體事實去質疑；因為一個人想
要追求道德實踐的生活，最後成為君子仁人，本是中國哲學史上儒家
的一脈相傳的知行合一哲學。[38]但我主張：我們要建立一種合乎事實
的詮釋學，必須先將儒家在先秦發展真相弄清楚不可。因此我贊成先
從《四書》的全盤研究去開始研究，以避免「知其片面，不知其要
義」的危險。這樣，我們才會胡亂將儒家孔子學說視為「推行為口號
之說」的「述而不作」者。

2　如何解決《論語》是一部「語焉不詳的經書」的問題

　　這一問題在黃文雄的著作中到處可見；[39]不可諱言的，中國哲學

---

38 重要參考資料，可以參考王陽明在其重要著作——《傳習錄》中所揭示的「知行合
　一」與「至良知」之道；如他說：「知是心之本體。心自然會知。見父自然知孝，
　見兄自然知弟，見孺子入井，自然知惻隱。此便是良知。不假外求。若良知之發，
　更無私意障礙。即所謂『充其惻隱之心。而仁不可勝用矣』。然在常人不能無私意
　障礙。所以須用致知格物之功，勝私復理。即心之良知更無障礙，得以充塞流行。
　便是致其知。知致則意誠」。《徐愛引言》；「致知格物之功，勝私復理。」就是以實
　際的行動克服私慾以恢復人之良知。所以說中國儒家是偽善，是對中國哲學史上儒
　家是怎樣發展的無知。
39 黃文雄著，蕭志強漢譯：《論語反論：破解中國千年思想宰制迷思》，頁36-40、222-
　227。

大師方東美也是對《論語》的表達方式不滿意,所以將其中的許多語句視為「不詳的語句」。[40]但這是不善讀《論語》者的錯誤之見;因為後者他早年是受西方的哲學訓練,將不是以形上學的知識為入口去建構其哲學的孔子學說,不認為是孔子成熟之時的著作。[41]雖這樣的說法,雖然不能說他全然不瞭解孔子學說,但他對於道德實踐為思想進路的中國哲學不能完全瞭解,卻是事實;因為這種以體會而獲得的道德法則,自然不像西方哲學之長篇大論。

因此,在我們閱讀《論語》時,若能知道:不能將它放在西方哲學著作的領域中去理解,而放在孔子所開啟的道德哲學中的體會方式去研究,則將會接近事實。這如何說呢?

例如子曰:「不仁者,不可久處約,不可長處樂,不可長處樂,仁者安仁,知者利仁。」(里仁:2);但仁者何以安仁?知者何以利仁?一般人可能認為「孔子語焉不詳」。但如果我們能夠去把握中國哲學家善用的思考方法去進行瞭解,就能進入實際狀況。

這是我根據古代《何晏集解》的包注曰:「惟性仁者自然體之,故安仁。」把握到的詮釋方法;就是以「體會」來詮釋中國哲學的深奧處,才能進入其呈現的世界之中。

換句話說,無論是孔孟,乃至老莊的哲學,他們是以體會或以欣賞萬物的方式,去建構其哲學。所以我們也必需如此去還原其真意。反之,不斷問孔子何以這樣說的道理?就是想以孔孟或老莊哲學之外的知識理性,去質問他的道理;這在主張知識理性的墨子或王充的哲學之中,就是這樣去質問孔孟等儒家。但是,我們這樣去瞭解中國主流學說的學者主張的「應該或應然之道」,就是弄錯了方向。舉例來說:墨子是這樣論音樂的:

---

40 方東美:《方東美先生演講集》(臺北:黎明圖書公司,1980年),頁164-165。

41 方東美:《方東美先生演講集》,頁167-168。

子墨子言曰：「仁之事者，必務求興天下之利，除天下之害，將以為法乎天下。利人乎，即為；不利人乎，即止。且夫仁者之為天下度也，非為其目之所美，耳之所樂，口之所甘，身體之所安，以此虧奪民衣食之財，仁者弗為也。」是故子墨子之所以非樂者，非以大鍾、鳴鼓、琴瑟、竽笙之聲，以為不樂也；非以刻鏤華文章之色，以為不美也；非以犓豢煎炙之味，以為不甘也；非以高臺厚榭邃野之居，以為不安也。雖身知其安也，口知其甘也，目知其美也，耳知其樂也，然上考之不中聖王之事，下度之不中萬民之利。是故子墨子曰：「為樂，非也。」（非樂篇）

用白話文說：墨子說：「仁人做事，必須講求對天下有利，為天下除害，將以此作為天下的準則。對人有利的，就做；對人無利的，就停止。」仁者替天下考慮，並不是為了能見到美麗的東西，聽到快樂的聲音，嘗到美味，使身體安適。讓這些來掠取民眾的衣食財物，仁人是不做的。因此，墨子之所以反對音樂，並不是認為大鐘、響鼓、琴、瑟、竽、笙的聲音不使人感到快樂，並不是以為雕刻、紋飾的色彩不美，並不是以為煎炙的豢養的牛豬等的味道不香甜，並不是以為居住在高臺厚榭深遠之屋中不安適。雖然身體知道安適，口裡知道香甜，眼睛知道美麗，耳朵知道快樂，然而向上考察，不符合聖王的事跡；向下考慮，不符合萬民的利益。所以墨子說：「從事音樂活動是錯誤的！」

原來，墨子反對儒家的禮樂制度是站在「向上考察，不符合聖王的事跡；向下考慮，不符合萬民的利益。」的知識理性，去批儒家的禮樂之論。同理，墨子在〈公孟篇〉上說：

子墨子曰問於儒者：「何故為樂？」曰：「樂以為樂也。」子墨

子曰：「子未我應也。今我問曰：『何故為室？』曰：『冬避寒
焉，夏避暑焉，室以為男女之別也。』則子告我為室之故矣。
今我問曰：『何故為樂？』曰：『樂以為樂也。』是猶曰『何故
為室』？曰『室以為室也』。」

這是說，墨子問一個儒者說：「為什麼從事音樂？」儒者回答
說：「以音樂作為娛樂。」墨子說：「你沒有回答我。現在我問：『為
什麼建造房屋？』回答說：『冬天避寒，夏天避暑，建造房屋也用來
分別男女。』那麼，是你告訴了我造房屋的原因。現在我問：『為什
麼從事音樂？』回答說：『以音樂作為娛樂。』如同問：『為什麼建造
房屋？』回答說：『建造房屋是建造房屋』一樣。」

這就是墨家與儒家最大的區別之一，就是表現在思維方法上所形
成的重大差異；前者，是以邏輯推理的原因出發，探問其中的道理。
但後者，只重視道德實踐的方法，所以儒家追問此在實踐生活中的方
法，而不重視墨家主張的這種方法背後的原因。

再以王充對於儒家孔孟的質疑中，也是如此；如在

孟懿子問孝，子曰：「毋違。」樊遲御，子告之曰：「孟孫問孝
於我，我對曰：『毋違。』」樊遲曰：「何謂也？」子曰：「生、
事之以禮，死、葬之以禮。」問曰：孔子之言「毋違」，毋違
者禮也。孝子亦當先意承志，不當違親之欲。孔子言「毋
違」，不言「違禮」，懿子聽孔子之言，獨不為嫌於無違志乎？
樊遲問何謂，孔子乃言「生、事之以禮，死、葬之以禮，祭之
以禮。」使樊遲不問，毋違之說，遂不可知也。懿子之才，不
過樊遲，故《論語》篇中，不見言行，樊遲不曉，懿子必能曉
哉？（問孔篇）

王充在此說的道理，的確是尋知識理性的思維方法去追問。而他為孟懿子解釋的道理，似乎也是根據原文體會出來的如說：「懿子之才，不過樊遲，故《論語》篇中，不見言行，樊遲不曉，懿子必能曉哉？」所以我們可以肯定：上述所謂體會不純粹是主觀的體會，而是一種能「舉一反三」或「舉一反十」的運用。

這在孔子學說中，就這樣記錄：

> 子謂子貢曰：「女與回也孰愈？」對曰：「賜也何敢望回。回也聞一以知十，賜也聞一以知二。」子曰：「弗如也！吾與女弗如也。」（公冶長篇）

但顯然這是指對於道德實踐上，能有更多的領悟。而這樣的領悟，是來自於道德的理性。所以以口號或偽善來形容孔子學說，不但是對於孔子學說的不理解，而且是脫離孔子建立的哲學世界之外來說三道四。

3　瞭解《論語》必須對於他的中心概念有深刻的認識

孔子哲學的中心概念是什麼？學者討論的已經很多；例如普遍認為是「仁」。但這不同於他方哲學家的知識概念；因為中國哲學家既然是追求生命的學問，所以我們必須從《論語》中去實際瞭解他的真實意義是什麼？首先我必須說：他是孔子一生追求的道德圓滿的實踐時來到的最高道德，而形成的生命境界，所以必須靠人去身體力行之後，才能到達：

> 子貢曰：「如有博施於民而能濟眾，何如？可謂仁乎？」子曰：「何事於仁，必也聖乎！堯舜其猶病諸！夫仁者，己欲立而立人，己欲達而達人。能近取譬，可謂仁之方也已。」（雍也：30）

現在從這一段話的語義來說，可知：聖人才是實踐仁道（推己及人之道）的最高境界。而仁，包含最高的道德之實踐；如他與學生對話中，就清楚的表達出來這種重要的道理；如

> 子張問曰：「令尹子文三仕為令尹，無喜色；三已之，無慍色。舊令尹之政，必以告新令尹。何如？」子曰：「忠矣。」曰：「仁矣乎？」曰：「未知，焉得仁？」「崔子弒齊君，陳文子有馬十乘，棄而違之。至於他邦，則曰：『猶吾大夫崔子也。』違之。之一邦，則又曰：『猶吾大夫崔子也。』違之。何如？」子曰：「清矣。」曰：「仁矣乎？」曰：「未知。焉得仁？」（公冶長：17）

這是說：子張問：「子文三次做宰相時，沒感到高興；三次被罷免時，沒感到委屈。卸任前，總是認真地辦理交接事宜，怎樣？」孔子說：「算忠心了。」問：「算仁嗎？」答：「不知道，哪來仁？」其他，也是認為：他們依然未達最高的仁的境界。

因此，在孔子建造其哲學時，已把許多重要的古代概念：如仁，賦予新的意義；或如在古代的君子一詞，原來是指君主，但孔子希望君主必須具備道德修養，所以有道德修養的「君子」最為他期待對為政者的期待。

4 根據《論語》的紀載，孔子的第一教學科目是「敏而好學，不恥下問」的「文教」

同理，「文」這個概念到底是什麼意義？我們就必須回到《論語》去進行深入的考察；例如《論語》紀載：

> 子以四教：文，行，忠，信。（述而：25）

一般註解是孔子教學有四項內容：文獻、品行、忠誠、信實。

子曰：「文，莫吾猶人也。躬行君子，則吾未之有得。」（述而：33）

一般註解是孔子說：「在理論知識方面，我還過得去；在品德修養方面，我卻做得不夠好。」但像這樣的解釋的結果，但問題在於，沒有經典上的實際證據；因為在〈公冶長篇〉上說：

子貢問曰：「孔文子何以謂之文也？」子曰：「敏而好學，不恥下問，是以謂之文也。」

這是很明白說：孔子教人的四大科目中，第一科目就是「敏而好學，不恥下問」。所以這樣的求知精神，就可以證明：儒家不是一種只會教人死背書的人，[42]而且孔子是將「疑問」做為學習上的重要或第一科目。

但這種合乎詮釋經典的方法，經常會被一些喜歡標新立異，又不重視「原典研究」的學者任意去解釋；如孫中興對孔子學說是仁為核心說，提出懷疑論；如說：

但我的老師說，孔子的中心思想是「時」，而不是「仁」。[43]

其證據有：「學而時習之，不亦樂乎？」（學而：1）與色斯舉矣，翔

---

42 黃文雄說：「在我看來，中國人拼命背誦論語，『非背不可』，已經是一種變態。這也是我對於《論語》在中國的基本判斷。」；但我從上述孔子主張的第一教育——「敏而好學，不恥下問」的「文教」來看，根本不是那一回事。原文見：

43 孫中興：《穿越時空，與孔子對話》（臺北：三采文化公司，2017年），頁115-116。

而後集。曰：「山梁雌雉，時哉！時哉！」子路共之，三嗅而作。（鄉
黨：13）；孔子郊遊，看見野雞飛翔一陣後停在樹上，孔子神情一
變，說：「山脊上的野雞啊，時運好啊！時運好！」子路向它們拱拱
手，野雞長叫幾聲飛走了。

這一「時」是指「時運」，但作者又說：

> 而總計《論語》裡面出現的「時」，也就是這兩次。[44]

又舉孟子說：「孔子聖之時者也。」（萬章）於是提出：

> 孟子離孔子的時代那麼近，孔子的中心思想如果是仁，為什麼
> 孟子沒把孔子稱作聖之仁者也？這也是我們老師說孔子的最高
> 思想是時的一個證據。[45]

但我從他跟從老師將孔子的文、行、忠、信中的「文」，講成：

> 經緯天地或者經天維地，就是上天下地什麼都得學。[46]

卻不能從《論語》中，找到任何其他的重要證據時，我才明白：原來
儒學大師愛新覺羅毓鋆的學問，以為被研究學問時必須遵守的證據原
則。當然，黃文雄在《論語反論》中，雖然能引經據典試圖說明孔子
之仁的真正意義，卻在最後說：

> 從以上《論語》有關「仁」的描述或對話，可以看出，孔子一

---

44 孫中興：《穿越時空，與孔子對話》，頁116。
45 孫中興：《穿越時空，與孔子對話》，頁116-117。
46 孫中興：《穿越時空，與孔子對話》，頁117。

> 再強調「仁」是社會和諧的根本道理，但如何實踐「仁」，是
> 孔子並沒有明確說明的，因此不只弟子們搞不清楚，兩千年來
> 研究《論語》的人，也同樣不清楚「仁」究竟是怎麼回事。[47]

從這一段話中，我才恍然大悟出黃文雄對於孔學與儒家的發展，的確
缺乏基本的中國哲學史發展的知識；包括上引王充在〈本性篇〉對於
在孔子弟子對於人性的探究，孟子對於孔子學說的發展。特別是，孟
子這位儒學大師的學問，就是試圖去發揚孔學中，最重視的仁的意
義；如說：

> 齊宣王問曰：「人皆謂我毀明堂。毀諸？已乎？」
> 孟子對曰：「夫明堂者，王者之堂也。王欲行王政，則勿毀之
> 矣。」
> 王曰：「王政可得聞與？」
> 對曰：「昔者文王之治岐也，耕者九一，仕者世祿，關市譏而
> 不征，澤梁無禁，罪人不孥。
> 老而無妻曰鰥。老而無夫曰寡。老而無子曰獨。幼而無父曰
> 孤。此四者，天下之窮民而
> 無告者。文王發政施仁，必先斯四者。《詩》云：『哿矣富人，
> 哀此煢獨。』」（梁惠王下：12）

現在從孟子對齊宣王說的「老而無妻曰鰥。老而無夫曰寡。老而無子
曰獨。幼而無父曰孤。此四者，天下之窮民而無告者。文王發政施
仁，必先斯四者」；實行的社會福利政策來說，就可知：孟子說的仁
政，就是孔子說的「愛人」（顏淵：22）[48]之政。

---

47 黃文雄著，蕭志強漢譯：《論語反論：破解中國千年思想宰制迷思》，頁131。
48 樊遲問仁。子曰：「愛人。」（顏淵：22）

那麼，我們必須說，研究儒家或任何經典，必須設法以「證據去取信於人」。否則，我們的一切新的立論，只是空穴來風或信口開河而已。

5 對於儒家的瞭解，必須對儒家的源頭──《易經》與宋明理學必須有相當的認識

最後，我認為對於儒家的瞭解，至少必須對儒家的源頭：《易經》與宋明理學必須有相當的認識；因為中國先秦儒道哲學都是從《易經》發端。

所以現在我先就《易經》來瞭解儒家的究竟；例如現代儒學大師牟宗三在《周易》的演講中，曾說：

> 易經是占卜之書，占卜靠甚麼呢？占卜靠感應，占卜最重要的觀念是「幾」。「神」「化」這兩個觀念是就從「幾」來，所以講神化，任創生性是從「幾」這個地方來。[49]

此原文在：子曰：「知幾其神乎？君子上交不諂，下交不瀆，其知幾乎，幾者動之微，吉之先見者也，君子見幾而作，不俟終日。易曰：『介于石，不終日，貞吉。』介如石焉，寧用終日，斷可識矣，君子知微知彰，知柔知剛，萬夫之望。」（繫辭下：5）這是說：君子是有能力去瞭解萬物變化道理的人。牟宗三又說：

> 所以義傳講知幾，見機而作。這非得有感應不可，感應靈敏才知幾。……所以易經發揮「幾」這個道理，就是根據占卜這個

---

49 牟宗三著，盧雪崑整理，楊祖漢校訂：《先秦儒學大義：周易大義》（臺北：鵝湖出版社，2019年），頁114。

「幾」而來的。[50]

但這樣去解釋《易經》，還是不夠清楚。所以我從研究天道學說有年的李杜，來看中國哲學家是怎樣詮釋《易經》與儒道兩家後來的不同解釋；他認為：

> 從卜筮的觀點上說，天為一位神靈，為宗教崇拜的對象。但中國古人除了以天為神靈外，亦以天為自然。易的爻辭與諸傳都是如此。[51]

「以天為自然」是道家的主張。而「中國古人以天為神靈」在孔子學說中，確實是如此；例如在王充時已經覺察出這一重要的道理；他曾道：

> 孔子見南子，子路不悅。子曰：「予所鄙者，天厭之！天厭之！」南子、衛靈公夫人也，聘孔子，子路不說，謂孔子淫亂也。孔子解之曰：「我所為鄙陋者，天厭殺我！」至誠自誓，不負子路也。（問孔篇）
> 問曰：孔子自解，安能解乎？使世人有鄙陋之行，天曾厭殺之，可引以誓。子路聞之，可信以解。今未曾有為天所厭者也，曰「天厭之」，子路肯信之乎？行事：雷擊殺人，水火燒溺人，墻屋壓填人。如曰：「雷擊殺我，水火燒溺我，墻屋壓填我。」子路頗信之。今引未曾有之禍，以自誓於子路，子路安肯曉解而信之？行事：適有臥厭不悟者，謂此為天所厭邪？

---

50 牟宗三著，盧雪崑整理，楊祖漢校訂：《先秦儒學大義：周易大義》，頁115。

51 李杜：《中國古代天道思想論》（臺北：藍燈出版社公司，1992年），頁19。

案諸臥厭不悟者，未皆為鄙陋也。子路入道雖淺，猶知事之實。事非實，孔子以誓，子路必不解矣。（問孔篇）

孔子稱曰：「死生有命，富貴在天。」若此者，人之死生，自有長短，不在操行善惡也。成事：顏淵蚤死，孔子謂之短命，由此知短命夭死之人，必有邪行也。子路入道雖淺，聞孔子之言，知死生之實。孔子誓以「予所鄙者、天厭之」，獨不為子路言：「夫子惟命未當死，天安得厭殺之乎？」若此，誓子路以「天厭之」，終不見信。不見信，則孔子自解，終不解也。（問孔篇）

現在我們從王充《論衡》的這幾段話來看，王充雖質疑孔子的自解，但我們若從子見南子，子路不說。夫子矢之曰：「予所否者，天厭之！天厭之！」（雍也：28）與顏淵死。子曰：「噫！天喪予！天喪予！」（先進：9）來論這個「天」，明顯是「宗教的天」。所以與老子將天道視為自然，為兩種全然不同的詮釋。進一步來說，中國先秦哲學家是從宗教的感知中，到道德的覺知進行思考的；如孔子說：「五十而知天命，可以無大過矣」；但張松輝、周曉雲在《論語孟子疑義研究》中，將孔子的天命說，簡單解釋為「命運」[52]；我進一步的解釋是，這裡的「天命」，是人類經過長期對於天道運行的規律覺知，所以可以感知有一種力量存在；它是可以導引人類的命運向某一不易覺察的方向去發展的。不過，我們要瞭解這一發展，必須通過前人經驗累積之後形成的《易經》這本書。

這就是說，我們若想去瞭解先秦時代孔孟《中庸》，以及《老子》這樣具有形上思考的學說，有先必須通過《易經》不可；例如

---

52 張松輝、周曉雲：《論語孟子疑義研究》（長沙：湖南大學出版社，2006年），頁22。

《中庸》來說，其中含有宗教意義的部分是「可以前知」的論述；他說過：

> 至誠之道，可以前知。國家將興，必有禎祥；國家將亡，必有妖孽。見乎蓍龜，動乎四體。禍福將至：善，必先知之；不善，必先知之。故至誠如神。（25）

「國家將興，必有禎祥；國家將亡，必有妖孽。見乎蓍龜，動乎四體。」又見古代經典如《周禮》：

> 故先王秉蓍龜，列祭祀，瘞繒，宣祝嘏辭說，設制度，故國有禮，官有御，事有職，禮有序。（禮運篇）

這就是根據卜卦去瞭解如何去治理國家與建立政治制度。但此時，他又將「德福一致」作為法則，這是我們必須注意到的。特別是，以善與不善來分別是非的標準。那麼，我們從此標準去詮釋《中庸》，就很容易瞭解其中的意義；例如《中庸》說道：

> 君子素其位而行，不願乎其外。素富貴，行乎富貴；素貧賤，行乎貧賤；素夷狄，行乎夷狄；素患難，行乎患難：君子無入而不自得焉。在上位不陵下，在下位不援上，正己而不求於人，則無怨。上不怨天，下不尤人。故君子居易以俟命，小人行險以徼幸。（14）

何謂素其位而行？「素」就是不願乎其外。[53]但何謂不願？根據《中

---

53 子貢越席而對曰：「敢問：夔其窮與？」子曰：「古之人與？古之人也。達於禮而不

庸：13》：子曰：「道不遠人。人之為道而遠人，不可以為道。《詩》云：『伐柯伐柯，其則不遠。』執柯以伐柯，睨而視之，猶以為遠。故君子以人治人，改而止。忠恕違道不遠，施諸己而不願，亦勿施於人。」則不願，就是不欲。所以「君子素其位而行，不願乎其外。」就是不將自己不願別人加諸我們身上的，加諸於別人。那麼「素富貴，行乎富貴」，就是在行為之上，不願他人以富貴加諸我們，則是富貴之道。這正是孔子曾經說的：

> 子貢曰：「貧而無諂，富而無驕，何如？」子曰：「可也。未若貧而樂，富而好禮者也。」子貢曰：「《詩》云：『如切如磋，如琢如磨。』其斯之謂與？」子曰：「賜也，始可與言詩已矣！告諸往而知來者。」（學而：15）

這是說：子貢說：「貧窮卻不阿諛奉承，富貴卻不狂妄自大，怎樣？」孔子說：「可以。不如窮得有志氣，富得有涵養的人。」子貢說：「修養的完善，如同玉器的加工：切了再磋，琢了再磨，對吧？」孔子說：「子貢啊，現在可以與你談詩了。說到過去，你就知道未來。」

這麼說，孔子學說，是一種講精益求精的道德實踐學說，他事實上已經擺脫宗教的實踐，而來到道德實踐的不斷自我的要求。而其後人子思在《中庸》中，重視的「君子素其位而行，不願乎其外。素富貴，行乎富貴；素貧賤，行乎貧賤；素夷狄，行乎夷狄；素患難，行乎患難：君子無入而不自得焉」的，正是這種博愛精神的重要表現。所以黃文雄將孔子這一系的哲學與其發展，視為不足觀之偽善學說，

達於樂，謂之素；達於樂而不達於禮，謂之偏。夫燮，達於樂而不達於禮，是以傳此名也，古之人也。」（《禮記：仲尼燕居》）；由此可見：「素」是以禮為重。則素富貴，行乎富貴，是指富貴之人，必須以禮為重或孔子說的「富而好禮」之意。

是已經完全忽略從先秦的儒家形上學說，重視道德實踐的傳統。

最後，我以宋明理學家王陽明學說，來說明儒學到明代，是怎樣發揚儒家的實踐精神？由於篇幅的關係，我只能取王陽明在《傳習錄》中，來說明明代理學家是怎樣與外來的佛教不同：

> 問：「儒者到三更時分，掃蕩胸中思慮，空空靜靜，與釋氏之靜只一般，兩下皆不用，此時何所分別？」先生曰：「動、靜只是一個。那三更詩分，空空靜靜的，只是存天理，即是如今應事接物的心，如今應事接物的心，亦是循此理，便是那三更時分空空靜靜的心。故動、靜只是一個，分別不得。知得動、靜合一，釋氏毫厘差處亦自莫掩矣。」《門人黃直錄9》

這一段話，好像明代哲學家王陽明完全接受佛家的修養方法，但事實上卻不然；因為他在緊要處，是不離人倫日用的孔孟學說；例如：

> 先生嘗言：「佛氏不著相，其實著了相，吾儒著相，其實不著相。」請問。曰：「佛怕父子累，卻逃了父子，怕君臣累，卻逃了君臣，怕夫婦累，卻逃了夫婦，都是為個君臣、父子、夫婦著了相，便須逃避。如吾儒有個父子，還他以仁，有個君臣，還他以義，有個夫婦，還他以別，何曾著父子、君臣、夫婦的相？」《門人黃直錄：14》

現在我們從這一段話可知：孔孟的傳人——王陽明，雖然在修養方面接受大部分的佛家；但卻清楚佛家依然不能超脫自己重視的無著。不過，從這裡觀察，無論佛還是儒，都是一種生命之實踐為其哲學之主軸。所以黃文雄的「儒學是口號」之說，是缺乏對儒家或佛家研究上的基本知識的。

五　結語

在本文中，我的問題意識是，我們怎樣才能取得一種合乎學術要求的儒學研究？雖然，我至今還不敢說，我在本文提出的一些研究心得，就應該完全為學術界認可。但我確實希望經過這樣的論述之後，能夠引起當今研究孔孟思想的諸君注意這個問題的重要性；因為既然是從事學術研究，就必須講求合理的態度與研究之前必須具備的基本知識。所以首先我認為：研究任何學術中，至少要具備一種誠懇的治學態度，絕不適合以一種謾罵的方式去研究。

而在這樣的研究態度之下，對於中國哲學的研究，必須對於一家學說，從下列角度去進入；例如（1）先從各家找出共同的哲學問題，進行研究；（2）對於某種學說性質的充分掌握；如儒家思想不是一種講速效的學說，我們不可以功效的觀點去質疑他的是非；（3）建立不斷討論的學術傳統（這樣做是為了避免某些武斷的論述出現，本文的目的就在此）。

而為了讓研究儒學的人，能回到儒家經典來研究孔孟或其他儒學，我先提出一些淺見如下：

（一）中國哲學的重要性質是以體會做思維的方法

就是說，我們必須以中國哲學家經常運用的方法——「體會」或「覺知」的方式，去「還原」每一個重要概念或語句的真相；例如黃文雄一直對於孔子的「仁」，感到無法捉摸；這是一般研究者會產生的迷惑。但對於哲學有研究的學者知道：這就是哲學的本質；因為哲學家通常是在抽象的世界中進行思考。但我們仍然可以從其表達的學問宗旨中，體會出其重要的意義；例如：子曰：「富與貴是人之所欲也，不以其道得之，不處也；貧與賤是人之所惡也，不以其道得之，不去也。君子去仁，惡乎成名？君子無終食之間違仁，造次必於是，

顛沛必於是。」（里仁：5）。

　　像這樣的論述，在表面上，好像還不能清楚瞭解仁的真正意涵，但「仁」既然是富貴、貧窮以及任何時間（終食、造次，以及顛沛流離），不可偏離的「道德核心」，那麼，我們至少必須領會到，「仁」是孔子道德實踐的根本之道。或說這是一種以實踐為本質的學問，而非黃文雄說的口號之學。否則如何能說是「無終食之間違仁，造次必於是，顛沛必於是。」的學問？

（二）在「語焉不詳」的問題上如何去面對？

　　既然連王充、方東美等重要的哲學家都認為《論語》難讀。而我，也經常會有這樣的感觸。所以我主張：要瞭解其中的意義，是我們讀經時，必須先完成的功課；其方法，包括我在前面的舉例說明；將孔子學說的精神放入後人不容易瞭解的概念中去體會其意義；例如子思在《中庸》中，所重視的「素富貴，行乎富貴；素貧賤，行乎貧賤」一類，若能孔子說的「富與貴是人之所欲也，不以其道得之，不處也；貧與賤是人之所惡也，不以其道得之，不去也。」相互參照，就明白：「素」原來是一個人以「有仁之禮」去面對人生的一切情況；如在富貴或貧窮中，以一種實實在在的道德修養去面對，就能解決這樣的問題。

（三）把握《論語》中心概念——仁的方法

　　一般學者對於孔子重視的仁，或疑問：「到底孔子的仁有何特殊意義？」

　　我經過上述的分析，我還主張與基督宗教的博愛作比較，因為後者是有條件的愛就是必須以「信仰上帝」為先決條件。但孔子從來不以教主自稱，更不會說：「我就是道路、真理與生命。」所以我認為孔子的仁是可以成為一種發自內心的道德。

（四）深入瞭解儒家進一步的方法

一、透過對《易經》與宋明理學的瞭解，是一個重要的進路；因為：對於中國哲學的源頭——《易經》的瞭解，是非常必要的。但透過專家如上述牟宗三的指引；而使我們對於中國先秦儒家如上述的孔孟子思，乃至對宋明理學的瞭解，可以吸收不少正確的儒家基本知識。現以孔子學說來論，能夠繼承三代文化精華的孔子，到晚年才對於天命之學（《易經》的道理）有深刻的體會；例如說：「五十以學易，可以無大過矣！」但過去許多學者（包括錢穆）不相信此「易」，指《易經》。但我們現在從《易經》對於人生變化的分析，就可以瞭解到：孔子對於天之道，有這樣的自信；例如《論語》紀錄：子畏於匡。曰：「文王既沒，文不在茲乎？天之將喪斯文也，後死者不得與於斯文也；天之未喪斯文也，匡人其如予何？」（子罕：5）；這是暗示：他從《易經》體會的「天」，是一個道德的天，所以此時的他，就像《聖經》說的：直覺自己是一位上天派來世間拯救人類的先知。所以在孔子的學說中，未脫宗教的範圍（這或許是受《易經》的重要影響）。但若從他去強調入世來說，其學說中的宗教意義已經漸漸淡化為入世的宗教。所以孔子開創的是一種新的宗教傳統，可是不屬於天上的宗教。

二、儒家在明代的重要發展進行論述，就是將《四書》（論孟學庸）進行通盤的理解之後，所以能夠形成一種嶄新的進步，就在於他們將佛家去欲的精神徹底接納過來。於是才出現「存天理、去人欲」之說。換句話說，宋明理學家對於佛家的精進態度是欣賞的。但不可忘記：原始儒家對於人倫道德之重視在宋明理學家的思想中，依樣保持孔子的傳統，所以才形成王陽明對佛家的嚴屬批判。

三、但這些研究，必須以冷靜的觀察與建立在讓證據說話的研究中，讓論述具有更大的說服力；在黃文雄的「反儒」為宗旨的一系列

著作中，最大的忽略是對於日本江戶時代最重要的《論語》研究視而不見或故意不去研究其風氣之盛。[54]在這方面，我希望他能認知到，做學問必須客觀，就是不可一味歌功頌德，但也不能以媚日的觀點去抹煞自己的文化與哲學。[55]

　　總之，我不認為孔孟學說不可以批評，但要批評得讓人心服。何況，黃文雄對於儒家，是一直提出他許多不同的思考，於是我從其《儒禍》開始研究。[56]但當時，就注意到他對於儒家的種種不滿，卻出自從當今「中國人的道德行為」上立論。所以我對於他這樣「張冠李戴地」對孔子批評，感到相當失望；特別是，他根據西方一些對於中國文本完全沒有直接閱讀能力的思想家如黑格爾、韋伯對於中國哲學的一知半解的批判，就下許多「令人不安的結論」。這就是我必須跳出來的原因；一方面在於指出其中不可原諒的錯誤，另一方面，想從他帶出的研究問題，提出下列的疑問：即到底我們今天在研究孔孟這樣重要的中國哲學時，需要先具備何種基本態度、方法，以及基本知識？但以上我的論述，也必有許多不足之處。不過希望透過以上的討論，能夠進一步引發學術界對這樣的問題的討論，這才是我為文的重要目標。

---

54 張文朝主編：《日本江戶時代《論語》學之研究》（臺北：中央研究院中國文哲研究所，2018年），頁458。

55 黃文雄著，蕭志強漢譯：《論語反論：破解中國千年思想宰制迷思》，頁267-271。

56 黃文雄著，蕭志強漢譯：《儒禍》，臺北：前衛出版社，2013年。

第九章
孟子哲學的現代詮釋與反思
——以楊澤波的《孟子評傳》為討論中心

一　前言

　　近來，重新閱讀楊澤波的《孟子評傳》這本書，發現他對於孟子哲學下的功夫確實不少。這確實是研究一家之言時，必須具備的基本功。何況，他能提出詮釋必須建立在充分的證據上。這也就是說，一切對孟子本人與《孟子》的詮釋；包括對於孟子生平的研究，都必須如此謹慎行事。但在我深入其中，去進一步去了解他對於孟子的論辯時，卻又發現到：他對於《孟子》的來源與學說的研究，經常犯了理解不夠深入的毛病。至於誤解的地方，更是令人驚訝；特別是，他在研究孟子的人性論中，對於孟子建立這種學說時所使用的思維方法的瞭解，不但是膚淺，而且是任意的。所以最後得出的結論，竟然是對孟子人性論成立的根本否定。

　　所以本文的重點是，試圖回到孟子建立其哲學所根據的思維方法，去還原其說所以能夠成立的理由。換句話說，我想從現代詮釋學的角度，去提出解釋孟子學說的可能方法。目標，一方面，是要從現代詮釋學的角度，一窺孟子哲學的究竟，另一方面，則是，提出我對於解釋中國哲學時，必須具備的方法。故這一篇文章的寫作的最大目的是，以孟子哲學為例，說明我們對於中國哲學的詮釋，必須採取何種較為適當的方法？

二　本文的問題意識

何謂中國哲學的現代詮釋？楊澤波在《孟子評傳》中的現代詮釋，究竟有何具體的成績？又有何值得檢討的地方？

三　相關詮釋文獻研究

（一）王慶節的說法

大陸學者王慶節對於中國哲學的現代詮釋，是採取海德格的解釋學；這是近年以來，學界普遍採取的詮釋中國哲學的方式。其特色是，認為：中國哲學上經常出現的「道」這個關鍵的概念，有如西方哲學家的存有（being）。但海德格的解釋學中的存有，以 Dasein 來表示，此誠如王慶節在《解釋學、海德格爾與儒道今釋》中引用的海德格的一段話：

> Dasein 的本質在於它的存在，所以可以在這個存在者身上清理出來的各種性質都不是「看上去」如此這般的現成存在者的現成「屬性」，而是對它說來總是去存在的種種可能方式，並且僅此而已。這個存在者的一切「如此存在」首先就是存在本身。[1]

我大致贊成他的說法。因為在中國哲學史上，最有名的哲學家應該是老子。他對於現實不滿的結果是，要將他的世界推到不可言喻的形上世界去，探索一個真正的本體——「道」；所謂「孔德之容，唯道是從。道之為物，唯恍唯惚。忽兮恍兮，其中有象；恍兮忽兮，其中有

---

[1] 王慶節：《解釋學、海德格爾與儒道今釋》（北京：中國人民大學出版社，2004年），頁89

物。窈兮冥兮，其中有精；其精甚真，其中有信。自古及今，其名不
去，以閱眾甫。吾何以知眾甫之狀哉？以此。」（21）

何謂「閱」？《車工》說：宣王大閱于東都，諸侯畢會，史籀美
之，賦也。（《小雅續》：6）；可見：天子會天下諸侯，下達命令之
謂。所以老子說的「閱眾甫」，是指：根本的道（無形的根本），或是
掌管天地萬物的道，具有主宰萬物的功能。但他又指出：

> 視之不見，名曰夷；聽之不聞，名曰希；搏之不得，名曰微。
> 此三者不可致詰，故混而為一。其上不皦，其下不昧。繩繩不
> 可名，復歸於無物。是謂無狀之狀，無物之象，是謂惚恍。迎
> 之不見其首，隨之不見其後。執古之道，以御今之有。能知古
> 始，是謂道紀。（14）

這裡的執古之道的「古」，是一種根據作者所「體會出來的理想世界」；
因為中國哲學家擅長的思維，就是回到其內心世界，去比較出一種現
實世界沒有的「理想世界」。換言之，「古」的實質意義是想像中的理
想世界。[2]這是思想家孔子、荀子與其學生韓非，也覺悟到的。[3]

而像海德格晚年，在解釋老子的道時，就認為這是他的體會成
果；因為這個道，不是一般科學家說的宇宙根源，而是老子經由想像
出來的萬物的本源。同理，孟子說的良知良能的本心，也不是指有形
的萬物本體之根源，而是從無形的本體上，體會出來的本源（必須注

---

[2] 例如孔子說：「子曰：「古者民有三疾，今也或是之亡也。古之狂也肆，今之狂也
蕩；古之矜也廉，今之矜也忿戾；古之愚也直，今之愚也詐而已矣。」（陽貨：16）

[3] 荀子曰：「辨莫大於分，分莫大於禮，禮莫大於聖王；聖王有百，吾孰法焉？故
曰：文久而滅，節族久而絕，守法數之有司，極禮而褫。故曰：欲觀聖王之跡，則
於其粲然者矣，後王是也。彼後王者，天下之君也；舍後王而道上古，譬之是猶舍
己之君，而事人之君也。故曰：欲觀千歲，則數今日；欲知億萬，則審一二；欲知
上世，則審周道；欲審周道，則審其人所貴君子。故曰：以近知遠，以一知萬，以
微知明，此之謂也。」（非相篇）

意我說的「體驗」兩字）。[4]這是我們研究孟子形上學時，首先必須認識的要點。

（二）潘德榮的看法

根據潘德榮的看法，海德格的「此在詮釋學」，根源於他的老師胡賽爾的現象學，胡賽爾認為：「存在者是附著於自我顯露的，而此一自我正式與意識和它的意向性行為相關的，可以說，整體的對象和行為、內容與經驗、意圖和實踐相互間的本質相連，都根植於純粹意識的意向性。因而，胡賽爾堅持返回到純粹先驗意識本質，其方法論的一個基本概念就是還原（Reduktion）」[5]

在本文中，我不準備討論：中國哲學是否與海德格「此在詮釋學」是否相同的問題；因為這不是本文準備去討論的主題。而我現在借用「此在詮釋學」，去解決孟子哲學上問題，乃是基於以下幾個重要的理由是：

1. 海德格是近代西方哲學家中，對於中國哲學有深刻研究，而且能夠有創發的重要大哲。特別是他在老莊哲學上，對於「道」的解讀，是我們可以放心去運用的。
2. 國內學者與國外學者中，如陳榮灼已有多篇相關著作與研究論文[6]，是根據海德格的「此在詮釋學」。
3. 在研究先秦儒家的道論上；如研究孟子說的本心，顯然主要不是靠後天經驗所證成的，而是靠作者自己體會出來的。所以我主張

4　孟子繼承的子思之道——誠道是「唯天下至誠，為能經綸天下之大經，立天下之大本，知天地之化育。夫焉有所倚？肫肫其仁！淵淵其淵！浩浩其天！苟不固聰明聖知達天德者，其孰能知之？」（33）；這已經暗示：這種道是抽象，必須靠然去體會才獲得的。「綸」一詞，見「定綸理，勝」（《管子‧幼官篇》）；綸者，理也。孟子自己對誠的說法是：尹士聞之曰：「士誠小人也。」（公孫丑下：21）；誠，真也。

5　潘德榮：《詮釋學導論》，（臺北：五南圖書公司，1999年），頁87。

6　陳榮灼：〈孟子哲學新探〉，《當代儒學研究》（2011-06-01），第10期，頁1-45。

跟從胡賽爾說的：返回到純粹先驗意識本質，而其方法論就是設法去「還原」（Reduktion）出一個基本概念與其相關問題的討論。以下，我建構的孟學，主要就落在其形上學的部分（當然它的形上學是一種道德型態的形上學或道德實踐型態的形上學）。

4. 但再就對中西形上學有深刻研究的沈清松在《物理之後／形上學的發展》中，已指出：

> 海德格的形上學無意於建立一套價值哲學，因為他認為價值仍然是在主體哲學的陰影壟罩之下，而且是屬於遺忘存在的傳統形上學。因為所謂有價值，是對於我──一個主體──有價值。……海德格既然輕忽價值，便無法成立道德哲學。相反地，海氏重視存有之開顯，以開顯為真理。對海德格而言，真理優於價值。[7]

我證諸海德格的〈形上學的存在──聖神──邏輯學機制〉，的確是如此。[8]可是我使用海德格的「以開顯為真理」的重要觀念，去說明孟子是怎樣以本心的開顯，作為其建構儒家新哲學的起點。另外，值得在此說明的「詮釋學的任務」，從施萊爾馬赫、狄爾泰到海德格的詮釋學，我回到海德格的本體論詮釋的方法，就是認為：「任何此在來說已規劃了自身，而且只要它是此在，它就正在規劃」的觀點[9]。換句話說，此在如孟子說的良知良能，是他最重要的先驗哲學的規劃

7　沈清松：《物理之後／形上學的發展》，（臺北：牛頓出版公司，1991年），頁376。

8　海德格在〈形上學的存在──聖神──邏輯學機制〉中說道：「在我的教授就職演說《形上學是什麼？》中，我把形而上學規定唯有關於存在者之為關於存在者的統一性，後者作為產生著的根據而統一起來。」；劉小楓選編：《海德格耳與神學》，（香港：漢語基督教文化研究所，1998年），頁45。

9　Paul Ricoeur（里克爾）著，李幼蒸譯：〈詮釋學的任務〉，《詮釋學經典文選》（下），（臺北：桂冠圖書公司，2002年），頁158。

（was his most important a priori philosophy of planning），所以我們研究其哲學時，重要的是以何種本體去建構其哲學，而非研究其是否根據客觀事實。

四　孟子形上學的建構

我在分析楊澤波這本著作之前，必須先清楚的交代，究竟我們使用何種詮釋孟子的方式，比較不至於違反孟子哲學呢？我的看法是，必須從哲學的角度去先做整體的認識；其中，包括了解孟學的起源；因為這可以了解到，他是在何種背景之下產生的？於是，我就從這個哲學史的角度開始去研究。

（一）孟子學說的起源

作為一位中國哲學史學的研究者，我認為任何學說的產生與其時代背景有十分密切的關聯。所以如果你要真正了解孟子的性善論的意義，除了必須從這種學說的真正目的上先進行研究；如孟子最重要的天人合一的架構上，提出「正命」的概念，我認為：就是他回應墨子對於儒家的批評。所以從這個問題的關聯，我首先從《孟子》中，研究孟子是如何看他的時代，有關楊墨學說的流行；他說：

> 逃墨必歸於楊，逃楊必歸於儒。歸，斯受之而已矣。今之與楊墨辯者，如追放豚，既入其苙，又從而招之。（盡心下：72）

這是孟子自述說他的時代，是楊朱與墨家盛行的時代。但他顯然對這樣勢力大的學說相當不以為然。[10]而且使用上述不當的情緒性的人身

---

10 又見《淮南子》的紀載說：「墨子學儒者之業，受孔子之術，以為其禮煩擾而不說，厚葬靡財而貧民，服傷生而害事，故背周道而行夏政。禹之時，天下大水，禹

攻擊去批評他家。但，我考究的是，孟子究竟是如何去反思這組學說的問題呢？過去，許多學者是從孟子是怎樣繼承孔子，進一步去發揚其說上分析其性善說的由來。

這固然可以找到實際的證據；如孟子直接說過「五百年就有王者興」的預言，而他也是孔子之後的聖人。[11]現在我根據墨子批評儒家，與孟子是怎樣回應墨子的關鍵性問題上，分析墨家認為儒家盲目相信命運說，而孟子為此作了強烈的回應，最後才建構性善說。當然我的這種說法，只是做為性善論的一種由來的重要論述。

這個道理，是我在說明孟子學說的架構時，必先說明清楚的；因為在墨子在〈非儒篇〉上有這樣重要的指責：

> 有強執有命以說議曰：「壽夭貧富，安危治亂，固有天命，不可損益。窮達賞罰幸否有極，人之知力，不能為焉。」群吏信之，則怠於分職；庶人信之，則怠於從事。吏不治則亂，農事緩則貧，貧且亂政之本，而儒者以為道教，是賊天下之人者也。（非儒下）

這是說，儒家又頑固地堅持「有命」以辯說道：「壽夭、貧富、安危治亂，本來就有天命，不能減少增加。窮達賞罰，幸運倒霉都有定數。人的知識和力量是無所作為的。」而一些官吏相信了這些話

身執耒垂，以為民先，剔河而道九岐，鑿江而通九路，辟五湖而定東海，當此之時，燒不暇撌，濡不給扢，死陵者葬陵，死澤者葬澤，故節財、薄葬、閑服生焉。」（要略篇）

11 《孟子》上說：孟子去齊。充虞路問曰：「夫子若有不豫色然。前日虞聞諸夫子曰：『君子不怨天，不尤人。』」曰：「彼一時，此一時也。五百年必有王者興，其間必有名世者。由周而來，七百有餘歲矣。以其數則過矣，以其時考之則可矣。夫天，未欲平治天下也；如欲平治天下，當今之世，舍我其誰也？吾何為不豫哉？」（公孫丑下：22）

後,則對份內的事懈怠,普通人相信了這些話,則對勞作懈怠。但是官吏若不治理就要混亂,而農事一被耽擱,就要貧困。既貧困又混亂,是違背為政的目的,所以儒家將有命之說當作教化百姓的方法,就是殘害天下的人了。[12]

但我認為:墨子對儒家的批評並不完全能夠打中要害;因為儒家孔子對於命運,並不是如此從一切必須靠「聽天」。所以聽天由命說,來反擊儒家有命說,是一種不太恰當的論述。而且我以為,這對不明儒家真相的人來說,雖是具有無比的殺傷力,但有能力分辨理路的學者而言,卻不認為如此。所以後來儒家出現的大哲——孟子,便從儒家剛健不息的哲學精神上發揮,來反駁家類似的天命說,就是形成一種強而有力的論述;如他提出的養浩然之氣與之言說,就是對類似學說的重要反擊;他說:

「敢問何謂浩然之氣?」

曰:「難言也。其為氣也,至大至剛,以直養而無害,則塞于天地之間。其為氣也,配義與道;無是,餒也。是集義所生

---

12 另外相關的指責,子墨子言曰:「古者王公大人,為政國家者,皆欲國家之富,人民之眾,刑政之治。然而不得富而得貧,不得眾而得寡,不得治而得亂,則是本失其所欲,得其所惡,是故何也?」子墨子言曰:「執有命者以雜於民閒者眾。執有命者之言曰:『命富則富,命貧則貧;命眾則眾,命寡則寡;命治則治,命亂則亂;命壽則壽,命夭則夭;命雖強勁,何益哉?』以上說王公大人,下以駔百姓之從事,故執有命者不仁。故當執有命者之言,不可不明辨。」(非命上篇);墨子說過:「古時候治理國家的王公大人,都想使國家富裕,人民眾多,法律政事有條理;然而求富不得反而貧困,求人口眾多不得反而使人口減少,求治理不得反而得到混亂,則是從根本上失去了所想的,得到了所憎惡的,這是什麼原因呢?墨子說過:「主張『有命』的人,雜處於民間太多了。」主張「有命」的人說:「命裡富裕則富裕,命裡貧困則貧困,命裡人口眾多則人口眾多;命裡人口少則人口少,命裡治理得好則治理得好;命裡混亂則混亂;命裡長壽則長壽,命裡短壽則短命,雖然使出很強的力氣,有什麼用呢?」用這話對上說王公大人,對下阻礙百姓的生產。所以主張「有命」的人是不仁義的。所以對主張「有命」的人的話,不能不明加辨析。

者，非義襲而取之也。行有不慊於心，則餒矣。我故曰，告子未嘗知義，以其外之也。必有事焉而勿正，心勿忘，勿助長也。無若宋人然：宋人有閔其苗之不長而揠之者，芒芒然歸。謂其人曰：『今日病矣，予助苗長矣。』其子趨而往視之，苗則槁矣。天下之不助苗長者寡矣。以為無益而舍之者，不耘苗者也；助之長者，揠苗者也。非徒無益，而又害之。」（公孫丑上：2）

過去許多學者將養浩然之氣作為孟子的功夫論來看，我卻從知言與養氣兩個層面去重新詮釋這一段話；因為在這一段話中，包括兩個重點：

1. 從內在的義作為追求內心知道的途徑（「義，人路也」）。
2. 重視漸進的方式，也就是內心的深化功夫（以上是功夫論的說法）。但必須注意的是此段話之前，他把「知言」、「養氣」並列，為什麼？因為他對於「知言」這樣說：

    詖辭知其所蔽，淫辭知其所陷，邪辭知其所離，遁辭知其所窮。生於其心，害於其政；發於其政，害於其事。聖人復起，必從吾言矣。（公孫丑上：2）

這裡的四種言論或學說，就是孟子反對的楊墨之說；因為孟子曾說過：

聖王不作，諸侯放恣，處士橫議，楊朱、墨翟之言盈天下。天下之言，不歸楊，則歸墨。楊氏為我，是無君也；墨氏兼愛，是無父也。無父無君，是禽獸也。公明儀曰：「庖有肥肉，廄有肥馬，民有飢色，野有餓莩，此率獸而食人也。」楊墨之道不息，孔子之道不著，是邪說誣民，充塞仁義也。仁義充塞，則率獸食人，人將相食。吾為此懼，閑先聖之道，距楊墨，放

　　淫辭，邪說者不得作。作於其心，害於其事；作於其事，害於
　　其政。聖人復起，不易吾言矣。（滕文公下：14）

現在比較上文的「生於其心，害於其政；發於其政，害於其事。聖人
復起，必從吾言矣。」與此段批評楊墨之說後，說的幾乎相同的話：
「吾為此懼，閑先聖之道，距楊墨，放淫辭，邪說者不得作。作於其
心，害於其事；作於其事，害於其政。聖人復起，不易吾言矣。」因
此我認為：我們若想瞭解孟子從何處建立其根本論的「拒楊墨說」，
才是瞭解孟學真相的方法，就是包括從反對像告子、楊墨之類的經驗
學說作為關鍵處。[13]

　　其次，我的證據在於他能夠回到人的「本心」上進行重要的論述。

　　例如他提出：盡心、知性以及知天的重要主張；如說：「君子所
以異於人者，以其存心也。君子以仁存心，以禮存心。仁者愛人，有
禮者敬人。愛人者人恆愛之，敬人者人恆敬之。有人於此，其待我以
橫逆，則君子必自反也：我必不仁也，必無禮也，此物奚宜至哉？其
自反而仁矣，自反而有禮矣，其橫逆由是也，君子必自反也：我必不
忠。自反而忠矣，其橫逆由是也，君子曰：『此亦妄人也已矣。如此
則與禽獸奚擇哉？於禽獸又何難焉？』是故君子有終身之憂，無一朝
之患也。乃若所憂則有之：舜人也，我亦人也。舜為法於天下，可傳
於後世，我由未免為鄉人也，是則可憂也。憂之如何？如舜而已矣。
若夫君子所患則亡矣。非仁無為也，非禮無行也。如有一朝之患，則
君子不患矣。」（離婁下：56）

　　這段話的重點是，從人禽之辯上以「以仁存心，以禮存心」的方
式，去化解不能預知的天命問題的困擾。

---

13 所謂經驗學說，如告子主張：「食色性也」「生之謂性。」表示這種性，是人作為一
　　個人在客觀世界的本能。但孟子則認為：「仁者人也」或「仁，人心也。」；這表
　　示：人作為價值世界中的人，具有仁的四端之心。」

　　換言之，在墨子嚴厲斥責儒家的「聽天由命」之際，孟子卻能以其發明的存養心性的方法去反駁對方[14]，這就是使用他覺悟到的道德本心去回應，結果能夠導出其性善論。這是一種相當高明、又強而有力的方法。在此方法上，我們看到孟子的辯論是不得已，卻是他成為儒家健將的原因。

　　所以我主張以歷史的詮釋法，將他的學說，放在其生活的時代去重新理解其思想的真相。由於他是生活在一個墨家學說流行時代，所以一心想反駁來自楊墨對儒家的攻擊。那究竟他回應何種種學說，實是了解其學說第一步重要的事。

　　或說，墨子主張非命說，就是對儒家最重要的攻擊。於是，儒家繼承人——孟子必須設法提出一種根本學說去反制。方法就是，從上述的從君子能夠保存此本心，作為反制的根本方法。這也就是他的軸心論——性善論的由來。

　　所以我上述的立論基礎，除上述的存心說來反制人類都會遭遇的橫逆之外，我們從孟子直接建立一種反思墨子對儒家命運說之後，更提出「立命說」可以證明，例如他主張：

　　　　盡其心者，知其性也。知其性，則知天矣。存其心，養其性，
　　　　所以事天也。殀壽不貳，修身以俟之，所以立命也。」（盡心
　　　　上：1）

---

14 存養浩然之氣是最重要的反駁；「敢問何謂浩然之氣？」曰：「難言也。其為氣也，至大至剛，以直養而無害，則塞於天地之間。其為氣也，配義與道；無是，餒也。是集義所生者，非義襲而取之也。行有不慊於心，則餒矣。我故曰，告子未嘗知義，以其外之也。必有事焉而勿正，心勿忘，勿助長。無若宋人然：宋人有閔其苗之不長而揠之者，芒芒然歸。謂其人曰：『今日病矣，予助苗長矣。』其子趨而往視之，苗則槁矣。天下之不助苗長者寡矣。以為無益而舍之者，不耘苗者也；助之長者，揠苗者也。非徒無益，而又害之。」（公孫丑上：2）；其中「告子未嘗知義，以其外之也。必有事焉而勿正，心勿忘，勿助長也。」最可了解孟子的本心存養來自內心。

這是說：他主張發揮本心的「善端」之說，去直接回應孔子早年難以克服的天命問題。就是使用「存養此本心」的方式，去克服天命的問題。這也就是有名的孟子「正命說」[15]：

> 莫非命也，順受其正。是故知命者，不立乎巖牆之下。盡其道而死者，正命也。桎梏死者，非正命也。（盡心上：2）

在此，正者與孔子的正名主義是一脈相傳的。所以這是從正面，去迎擊人類命運的無常之說。反之，他認為：鋌而走險的人，將會因為做壞事而遭到牢獄之災，所以自然不是正當面對命運的方式。反之，孟子接續孔子有命之說後，為了解決天命難測的這個重大問題，從而，覺悟出的人的「本心」上盡力而為，業已根本解決孔子天命難違的問題。

基於此我認為：孟子最大的哲學建構——性善論，原來是作為他回應墨子的上述攻擊」的根本學說。

這就是我主張的，從歷史學上的詮釋，建立的解釋孟學由來的合理論述。

（二）本心就是孟子追求的「道」

此外，我認為：從「本體論詮釋」的觀點去解釋孟子的良知說，也是相當有用的詮釋方法。

但在這種詮釋法之前，必先指出：在我們研究中國哲學時，最重

---

15 正命之「正」，與孔子的正名時有密切的關係；論語記載：子曰：「吾自衛反魯，然後樂正，雅頌各得其所。」（子罕：15）；子路曰：「衛君待子而為政，子將奚先？」子曰：「必也正名乎！」子路曰：「有是哉，子之迂也！奚其正？」子曰：「野哉由也！君子於其所不知，蓋闕如也。名不正，則言不順；言不順，則事不成；事不成，則禮樂不興；禮樂不興，則刑罰不中；刑罰不中，則民無所措手足。故君子名之必可言也，言之必可行也。君子於其言，無所苟而已矣。」（子路：3）

要是去研究他對於「道」的詮釋；因為中國哲學中的「道」，似乎等於西方哲學家說的「真理」。[16]例如老子第一章就有「道可道，非常道。名可名，非常名。無名天地之始；有名萬物之母。故常無欲，以觀其妙；常有欲，以觀其徼。此兩者，同出而異名，同謂之玄。玄之又玄，眾妙之門」的說法。但他對於究竟何謂他的道，已給出「不可能使用名言概念去描述」的說法（所謂名可名，非常名。）。那麼老子是認為其真理是現一種美學上的模糊性（如同莊子說的「兩行道」，化解有無或將有無視為一體之道）。

但儒家不然；例如子思或孟子都已明確說出他們的天道是「誠」[17]。又說「思誠，人道也」。由此可見：儒家與道家老子最大的區別是，儒家給出的「道」是可以使用一個抽象的固定名詞去描述的。

又今問：究竟在孟子哲學的詮釋中，我們必須以何種概念去詮釋

---

16 以《中庸》來說，「誠者自成也，而道自道也。誠者物之終始，不誠無物。是故君子誠之為貴。誠者非自成己而已也，所以成物也。成己，仁也；成物，知也。性之德也，合外內之道也，故時措之宜也。故至誠無息。不息則久，久則徵，徵則悠遠，悠遠則博厚，博厚則高明。博厚，所以載物也；高明，所以覆物也；悠久，所以成物也。博厚配地，高明配天，悠久無疆。如此者，不見而章，不動而變，無為而成。」（26）；在這一段話中，已將誠道做為能夠概括宇宙人生的真理；這種真理，一方面是客觀世界的真理，也是主觀化價值世界的真理。

17 孟子曰：「居下位而不獲於上，民不可得而治也。獲於上有道：不信於友，弗獲於上矣；信於友有道：事親弗悅，弗信於友矣；悅親有道：反身不誠，不悅於親矣；誠身有道：不明乎善，不誠其身矣。是故誠者，天之道也；思誠者，人之道也。至誠而不動者，未之有也；不誠，未有能動者也。」（離婁上：12）；子思曰：「凡事豫則立，不豫則廢。言前定則不跲，事前定則不困，行前定則不疚，道前定則不窮。在下位不獲乎上，民不可得而治矣；獲乎上有道：不信乎朋友，不獲乎上矣；信乎朋友有道：不順乎親，不信乎朋友矣；順乎親有道：反諸身不誠，不順乎親矣；誠身有道：不明乎善，不誠乎身矣。誠者，天之道也；誠之者，人之道也。誠者不勉而中，不思而得，從容中道，聖人也。誠之者，擇善而固執之者也。博學之，審問之，慎思之，明辨之，篤行之。有弗學，學之弗能，弗措也；有弗問，問之弗知，弗措也；有弗思，思之弗得，弗措也；有弗辨，辨之弗明，弗措也，有弗行，行之弗篤，弗措也。人一能之己百之，人十能之己千之。果能此道矣，雖愚必明，雖柔必強。」（22）

孟子在其文本中的道是何意義？根據我的理解，孟子說的「本心」，相等於古代中國哲學家說的「道」；證據在孟子這樣詮釋其本心；孟子曰：「仁，人心也；義，人路也。舍其路而弗由，放其心而不知求，哀哉！人有雞犬放，則知求之；有放心，而不知求。學問之道無他，求其放心而已矣。」（告子上：11）孟子曰：「飢者甘食，渴者甘飲，是未得飲食之正也，飢渴害之也。豈惟口腹有飢渴之害？人心亦皆有害。人能無以飢渴之害為心害，則不及人不為憂矣。」（盡心上：27）

現在從以上的論述中，我們初步可知：孟子將人心作為超越人類感官之欲望的根本之道，是很明顯的事實，所以，要設法使用此超越的本心，去建構一套超越外在欲望的形上智慧，以成就整個哲學最重要的部分。這就是：

> 孟子曰：「規矩，方員之至也；聖人，人倫之至也。欲為君盡君道，欲為臣盡臣道，二者皆法堯舜而已矣。不以舜之所以事堯事君，不敬其君者也；不以堯之所以治民治民，賊其民者也。孔子曰：『道二：仁與不仁而已矣。』暴其民甚，則身弒國亡；不甚，則身危國削。名之曰『幽厲』，雖孝子慈孫，百世不能改也。《詩》云『殷鑒不遠，在夏后之世』，此之謂也。」（離婁上：2）

現在我們從孟子引用的，孔子曰：「道二：仁與不仁而已矣。」可知，孟子繼承的形上之道，就是必需以「是非之心」去辨別的仁道。而孟子，又體會出人有四端之心；例如他說過：「仁，人心也。」這已表明：他講的本心是一種能夠分別有無、是非、對錯的道德心。而這種心，是來自於在形上界的體悟不是形而下的心，而且是包括回到現實生活中能夠辨別是非善惡之形上之是非之心。例如他說：

公都子曰：「告子曰：『性無善無不善也。』或曰：『性可以為善，可以為不善；是故文武興，則民好善；幽厲興，則民好暴。』或曰：『有性善，有性不善；是故以堯為君而有象，以瞽瞍為父而有舜；以紂為兄之子且以為君，而有微子啟、王子比干。』今曰『性善』，然則彼皆非與？」孟子曰：「乃若其情，則可以為善矣，乃所謂善也。若夫為不善，非才之罪也。惻隱之心，人皆有之；羞惡之心，人皆有之；恭敬之心，人皆有之；是非之心，人皆有之。惻隱之心，仁也；羞惡之心，義也；恭敬之心，禮也；是非之心，智也。仁義禮智，非由外鑠我也，我固有之也，弗思耳矣。故曰：『求則得之，舍則失之。』或相倍蓰而無算者，不能盡其才者也。《詩》曰：『天生蒸民，有物有則。民之秉夷，好是懿德。』孔子曰：『為此詩者，其知道乎！故有物必有則，民之秉夷也，故好是懿德。』」（告子上：6）

現在我根據這一段話，做成邏輯的分析，孔子認為：天生人類，具有良好的道德稟賦（A），而孟子將這種稟賦經過在形上的理想界中體悟出的，包括有上述能夠辨別是非之心等心（B）。而這種先天的存在（being），必須再次強調是他經由「體會」出來的（所謂「思」）。但重要的是，究竟我們該如何去證成呢？我認為這在研究中國哲學中，是一個非常重要的方法學上另一個非常關鍵的問題；因為中國哲學的重要特色是，是從實踐中去證成；這就是孟子說的「求則得之，舍則失之」；或說，你若能夠去運用這四端之心，就能證成我的話是真理。所以研究中國哲學必須注意：這個「求」是一個追求儒家真理的關鍵詞。[18] 又如孟子說過：

---

18 求在中國古代的意義還有「方法」的含意；如荀子說：「為之無益於成也，求之無益於得也，憂戚之無益於幾也，則廣焉能棄之矣，不以自妨也，不少頃干之胸中。

> 仁，人心也；義，人路也。舍其路而弗由，放其心而不知求，
> 哀哉！人有雞犬放，則知求之；有放心，而不知求。學問之道
> 無他，求其放心而已矣。（告子上：11）

這一段話是說：仁是我們人心的本體的性質，義則是根據此本體去實
踐的方法。如果人捨棄此標準「來自本心義」去行[19]，或放失此心去
實踐道德，將是一件悲哀的事！因為通常，我們在家裡的雞犬走失後
會想辦法去追回，但對放失的本心，卻不知追回，豈不悲哀？基於此，
我們做學問的目的，就是設法追回放失的本心。而本心指內在的、價
值的真理。所以，構成一種重視內省或自我要的道德實踐理論。

　　孟子在另一段話中，雖不是從正面說本心，但它作為內在的超越
本體，是很明顯的；如《孟子》紀載：

> 孟子曰：「魚，我所欲也；熊掌，亦我所欲也，二者不可得
> 兼，舍魚而取熊掌者也。生，亦我所欲也；義，亦我所欲也，
> 二者不可得兼，舍生而取義者也。生亦我所欲，所欲有甚於生
> 者，故不為苟得也；死亦我所惡，所惡有甚於死者，故患有所
> 不辟也。如使人之所欲莫甚於生，則凡可以得生者，何不用
> 也？使人之所惡莫甚於死者，則凡可以辟患者，何不為也？由
> 是則生而有不用也，由是則可以辟患而有不為也。是故所欲有
> 甚於生者，所惡有甚於死者，非獨賢者有是心也，人皆有之，
> 賢者能勿喪耳。一簞食，一豆羹，得之則生，弗得則死。嘑爾
> 而與之，行道之人弗受；蹴爾而與之，乞人不屑也。萬鍾則不

不慕往，不閔來，無邑憐之心，當時則動，物至而應，事起而辨，治亂可否，昭然
明矣。」（解蔽篇）孟子也說過：「求則得之，舍則失之，是求有益於得也，求在我
者也。求之有道，得之有命，是求無益於得也，求在外者也。」（盡心上：3）

19 孟子曰：「人之所以異於禽於獸者幾希，庶民去之，君子存之。舜明於庶物，察於
　人倫，由仁義行，非行仁義也。」（離婁下：47）

辨禮義而受之。萬鍾於我何加焉？為宮室之美、妻妾之奉、所
識窮乏者得我與？鄉為身死而不受，今為宮室之美為之；鄉為
身死而不受，今為妻妾之奉為之；鄉為身死而不受，今為所識
窮乏者得我而為之，是亦不可以已乎？此之謂失其本心。」
（告子上：10）

我分析這一段重要的話如下：

1.「魚，我所欲也；熊掌，亦我所欲也，二者不可得兼，舍魚而取
　熊掌者也。生，亦我所欲也；義，亦我所欲也，二者不可得兼，
　舍生而取義者也。」；他以珍貴熊掌比喻其希望的道義，以一般
　的魚類去比喻通俗的生命。但是，他追求的，畢竟不是通俗的生
　命，而是高貴的，合乎道義的精神生命或精神場界。

2.「生亦我所欲，所欲有甚於生者，故不為苟得也；死亦我所惡，
　所惡有甚於死者，故患有所不辟也。」這是說，人活著，必然有
　比「生命」更重要的東西。所以君子認為必須這樣去犧牲生命
　時，也不會逃避。

3.「如使人之所欲莫甚於生，則凡可以得生者，何不用也？使人之
　所惡莫甚於死者，則凡可以辟患者，何不為也？」如果一個人只
　為了生存下去，就可以不擇手段。如果一個人沒有比死更懼怕，
　那麼，為了貪生怕死，何種條件不會去接受呢？」

4.「由是則生而有不用也，由是則可以辟患而有不為也。是故所欲
　有甚於生者，所惡有甚於死者，非獨賢者有是心也，人皆有之，
　賢者能勿喪耳。」這是說：由以上論述可知：一個人只是為了生
　而生，對死也是不擇手段去避免，但確實有人不採用這樣的方式
　去活下去。於是有人的欲求是，有比活下去更重要的事，或說：
　有人所厭惡的，比死更重要的事。這不只是有賢德的人有這樣的
　心。因為這種想法的是人所共有，所以不是只有賢德的人不願喪
　失此心罷了。

這是指人人具備為真理犧牲的心，但可能是後天環境的壓迫，使人不自覺失去本有的良知——本心。所以他的學說重點是我上引述的，他說的：「學問之道無他，求其放心而已矣。」（告子上：11）

以上的引述顯示：孟子本心論的意義，就是認為人具備超越一切萬物之上的能力，在他們身上，都具備了。但因為若不去好好保存，而且一旦流失的話，就要去追回。[20]於是認為：重點是將它追回上。

5. 「一簞食，一豆羹，得之則生，弗得則死。嘑爾而與之，行道之人弗受；蹴爾而與之，乞人不屑也。萬鍾則不辨禮義而受之。萬鍾於我何加焉？為宮室之美、妻妾之奉、所識窮乏者得我與？鄉為身死而不受，今為宮室之美為之；鄉為身死而不受，今為妻妾之奉為之；鄉為身死而不受，今為所識窮乏者得我而為之，是亦不可以已乎？此之謂失其本心。」這樣以具體來說明上述的道理，也是孟子整個論述中，令人激賞的部分。我說，哲學家應該擅長將不易瞭解的道理讓人明白，是重要的。孟子的論辯能力，在此發揮到極致。

其要義就是直指一般人為了追求富貴名利，便出賣靈魂，則變成無良知的無恥之徒。

基於此，我認為儒家對於中國文化的重要影響之一是「恥」的重視；這就是孔子說的：「君子恥其言而過其行。」（憲問：27）意謂：「君子認為說到而沒做到很可恥。」孟子也說：

人不可以無恥。無恥之恥，無恥矣。（盡心上：6）

---

20 存心就是保存人類本有的良知良能；孟子曰：「君子所以異於人者，以其存心也。君子以仁存心，以禮存心。仁者愛人，有禮者敬人。愛人者人恆愛之，敬人者人恆敬之。有人於此，其待我以橫逆，則君子必自反也：我必不仁也，必無禮也，此物奚宜至哉？其自反而仁矣，自反而有禮矣，其橫逆由是也，君子必自反也：我必不忠。自反而忠矣，其橫逆由是也，君子曰：『此亦妄人也已矣。如此則與禽獸奚擇哉？於禽獸又何難焉？』」（離婁下：56）

這是從人的品格上，說明本心的發用，來建立人的標準。[21]

又曰：「恥之於人大矣。為機變之巧者，無所用恥焉。不恥不若人，何若人有？」（盡心上：7）這更更強調「恥」。對人的重要。「不恥不若人，何若人有？」是說這種不知恥的巧言佞色的人，簡直不是人。這是從本心的被反面指出，凡違反本心而不知恥的人，離他提倡的良知有多遠。

（三）道德實踐的形上學

由於孟子一直強調求放心，所以我必須進一步，特別在此強調的是，這是一種以道德實踐為主的形上學型態；例如孟子說過：

> 孟子曰：「萬物皆備於我矣。反身而誠，樂莫大焉。強恕而行，求仁莫近焉。」（盡心上：4）

萬物皆備於我（本心）矣，所以我認為：指《中庸》說的：「天命之為性」的性（形上異之性）。而「反身而誠，樂莫大焉」，是說：「率性之謂道」的效果。「強恕而行，求仁莫近焉。」是說：「修道之謂教」的方法論（其中強恕，是指一種用力去行的工夫）。所以孟子的架構時是延續子思的天人合一的觀念，去建立一種以實踐為主的價值哲學。[22]而這樣的形上學，是以人生的實踐為目標，而非以單純的存

---

21 恥在《說文解字》上的意義是：「辱：恥也。从寸在辰下。失耕時，於封畺上戮之也。辰者，農之時也。故房星為辰，田候也。」；「辰，房星，天時也。从二，二，古文上字。凡辰之屬皆从辰。」本意是違反天時，引生出的「恥」，顯然是違反最大的道德。

22 我對於孔孟與子思的傳承關係是，「孔子——子思——孟子」；原因是在孟子中有引用子思的紀錄有15處；如子思居於衛，有齊寇。或曰：「寇至，盍去諸？」子思曰：「如伋去，君誰與守？」孟子曰：「曾子、子思同道。曾子，師也，父兄也；子思，臣也，微也。曾子、子思易地則皆然。」（離婁下：59）。但另一解讀是，《中庸》是從客觀的天給人一種性。而孔子與孟子是以主體性來說人性；盧雪崑：《儒

有開顯為真理為目標。所以我在此必須與海德格哲學「純粹存有開顯說」加以區隔。

（四）為何說：這個道是他體會出來的？

我認為這是正確詮釋孟子的另一關鍵；因為追求一種哲學成立的理由，是我們研究一種哲學必要的工作。通常，這在研究西方哲學的學者而言，就是必須先找到研究其論證是否合乎邏輯？但我認為，在中國哲學而言是靠「體證」來體證，可能就會發生困難；換句話說，這是一種生命學問。所以我們必須在實踐中去體會，是否出現他講的事實與效果？這就是孟子說的：

> 求則得之，舍則失之，是求有益於得也，求在我者也。求之有道，得之有命，是求無益於得也，求在外者也。（盡心上：3）

「求在我者」是指：我們必須知道能夠從內在的本心出發，去證成其理論的真或是假。用牟宗三的話，從內在的超越之心去實踐中，去證成其可能。故所謂「求則得之，舍則失之，是求有益於得也，求在我者也。」不是從是時下人主張的，這是必須從邏輯上的推論；因為中國哲學的特質，就是重視生命的體會[23]。所以它的意義就是，回到道

家的心性學與道德形上學》（臺北：文津出版社，1991年），頁45-46；但我認為：中庸如是子思的作品，則他對於孔子晚年研究的天命，進行詮釋孔子之後弟子們所以討論的性問題上來說，此天，並不是客觀的天，而是主觀或價值的天；如中庸說過：「君子之道費而隱。夫婦之愚，可以與知焉，及其至也，雖聖人亦有所不知焉；夫婦之不肖，可以能行焉，及其至也，雖聖人亦有所不能焉。天地之大也，人猶有所憾，故君子語大，天下莫能載焉；語小，天下莫能破焉。《詩》云：『鳶飛戾天，魚躍于淵。』言其上下察也。君子之道，造端乎夫婦，及其至也，察乎天地。」（12）這段話都可證明子思的天，是一個道德的天。此意見李杜：《中國古代天道思想論》（臺北：藍燈文化事業公司，1992年），頁87。

23 最重要的是孟子說的：「乃若其情，則可以為善矣，乃所謂善也。」（告子上：6）；這就是說：他建立的性善論是從「情」上說，非在「理」說的。

這個超越的道德本心去求證成這是中國哲學與西方哲學不同的最重要分別。這正是前引出的「內在的道的要求」的最大意義。

這是從仁道去求，但「求」，是否必然會成功？不然；因為「命」也是決定成敗的重要因素之一。不過，孟子主張：求必須回到「本心」，是一件非常重要的事。反之，若求放在外在的世界，很容易讓我們的欲望受外界牽引，結果，將迷失正確的方向。這個道理我們先看以下孟子曰：

> 口之於味也，目之於色也，耳之於聲也，鼻之於臭也，四肢之於安佚也，性也，有命焉，君子不謂性也。仁之於父子也，義之於君臣也，禮之於賓主也，智之於賢者也，聖人之於天道也，命也，有性焉，君子不謂命也。（盡心下：70）

我再根據以上這一段話來分析如下：

1 使用人欲的小人部分

孟說：「口之於味也，目之於色也，耳之於聲也，鼻之於臭也，四肢之於安佚也，性也，有命焉，君子不謂性也。」；這是孟子說的性；因為這是外在的物欲追求。或說：一切感官是容易受外在的牽引（孟子稱他為小體）。這就是下列對話的意涵：

> 公都子問曰：「鈞是人也，或為大人，或為小人，何也？」
> 孟子曰：「從其大體為大人，從其小體為小人。」
> 曰：「鈞是人也，或從其大體，或從其小體，何也？」
> 曰：「耳目之官不思，而蔽於物，物交物，則引之而已矣。心之官則思，思則得之，不思則不得也。此天之所與我者，先立乎其大者，則其小者弗能奪也。此為大人而已矣。」（告子上：15）

而這裡的「心之官」，就是指他說的內在的本心。其特色就是他說的四端之心；這是包括仁義禮智的心，或內在的，具備道的判斷的心。而「思」在這裡，我必須強調：他與西方科學家的「思」（重視推理的思維）不同；因為中國哲學家是追求道德修養上的境界所以這個「思」是內在的反省或體察，例如士、君子，以及聖人的境界。這是一種形而上的境界。所以我們必須說，對於中國哲學家的這些境界必須靠「體會」[24]，才能覺知其存在。這也就是一般人說的「存乎一心，冷暖自知」的道理。

2 使用「心之官」去追求的君子部分

所謂「仁之於父子也，義之於君臣也，禮之於賓主也，智之於賢者也，聖人之於天道也，命也，有性焉，君子不謂命也。」就是說，他的學說中講的性，是建立在其四端之心的「仁義禮智」上。但這四心，是人人都具備的必要條件，卻不是成為建立君子人格的充要條件；因為必須知道繼續去擴充或實踐。這就是中國哲學能夠成為生命實踐智慧的真正道理。而是否能夠成功？可能受人類命運的左右。反之，因為君子能夠發揮或擴充此性，便不至於受命運的擺佈。

（五）孟子使用的體會的思考方式，是如何進行？

簡單說，就是孟子說的「自得之」。孟子曰：「君子深造之以道，欲其自得之也。自得之，則居之安；居之安，則資之深；資之深，則取之左右逢其原，故君子欲其自得之也。」（離婁下：42）「君子深造之以道」經過我以上的分析，「以道」，就是他說的從根本之道的「本

---

24 參考孔子說的：「孔子曰：「君子有九思：視思明，聽思聰，色思溫，貌思恭，言思忠，事思敬，疑思問，忿思難，見得思義。」（季氏：10）；意謂：君子有九種事情要體悟其中的道理：看要體悟是否看清楚了、聽要體察是否聽清楚了、臉色要考慮是否溫和、表情要體察是否謙恭、言談時要體察是否忠誠、工作時要體察是否敬業、疑問時要考慮請教、憤怒時要體悟出是否有後患、見到好處時要考慮道義。

心」。而本心指人類具備的必要條件——仁義禮智四端之心。但其擴充，必須靠自己的努力不可。擴充的方法是什麼？

　　孟子有具體的方法，就是必須經過自得到居仁由義的過程，而所謂「居之安」，可由孟子說的：「夫仁，天之尊爵也，人之安宅也。」（公孫丑上：7）與孟子曰：「自暴者，不可與有言也；自棄者，不可與有為也。言非禮義，謂之自暴也；吾身不能居仁由義，謂之自棄也。仁，人之安宅也；義，人之正路也。曠安宅而弗居，舍正路而不由，哀哉！」（離婁上：10）來說明，就是以仁為我們「安心的住宅」一般（這也是孟子以具象去改抽象道理的高明處）。他又以義為道路去行為，所以孟子的發明，在於以「仁」為人心的本質外，以「義」（是不正當），作為人類行為的標準。最後，才會有左右逢其原之妙；這就是孔子晚年說的「六十而耳順，七十而從心所欲，不逾矩」的生命境界。所以學者曾昭旭形容這章的主旨為：

　　　在描述良心自覺的功效與氣象。[25]

這就是說：瞭解儒家孟子的學說，必須能夠把握其思維的方法，就是靠良心的自覺與實踐，才能有自得的境界。

　　以上是我主張的，必須從孟子的道與體會其道（本心）處進入。而說，既然是指其說的本心，則我們在解釋其一切的論辯中，必須把握此要點。不僅如此，這個本心與其所成就的境界，都是靠個人去體會。所以我們必須從這種對本體的解釋中，去詮釋其說所以成立的理由。這就是體會或自覺的意義。但楊澤波這本書究竟能夠這樣去瞭解孟子的真相呢？首先我認為他總是從支離破碎的方式，除使用不精到

25 曾昭旭：〈修養論〉，見王邦雄、曾昭旭、楊祖漢：《孟子義理疏解》（臺北：鵝湖出版社，1989年），頁154。

的方式去瞭解孟子的時代背景之外，[26]竟是只從幾個辯論中去介紹孟子之學，便是不能從整體上了解的證明。但在他這樣的瞭解中，也往往出現以下很多問題。

五　楊澤波的《孟子評傳》中對孟子辯論的解釋與問題

現在根據學者與我以上對於孟子的解讀，回到楊澤波的《孟子評傳》中，去研究他解釋孟子與其方法上的特色與問題。

（一）在王霸之辯上的解釋方法與問題

他將「王霸之辯」放在孟子評傳的第三章，似乎是根據他將孟學定位與政治問題的解決的關係。但我卻認為：如以儒家的內聖外王的提問來說，必須事先去研究如何修身的內聖所依靠的「性善論」，放在最早的章節來論述，所以合理的孟子論述，應該知道先後的問題。但我在此更重視的是，他對於孟子王霸之辯的說法，是否有事實的根據？

我研究的結果，他對於何謂王道？如他能夠說：「對人民行仁政」，而引《孟子》上的紀錄：「鄒與魯鬨。穆公問曰：「吾有司死者三十三人，而民莫之死也。誅之，則不可勝誅；不誅，則疾視其長上之死而不救，如之何則可也？」孟子對曰：「凶年饑歲，君之民老弱轉乎溝壑，壯者散而之四方者，幾千人矣；而君之倉廩實，府庫充，有司莫以告，是上慢而殘下也。曾子曰：『戒之戒之！出乎爾者，反乎爾者也。』夫民今而後得反之也。君無尤焉。君行仁政，斯民親其上、死其長矣。」（梁惠王下：19）又引孟子之平陸。謂其大夫曰：「子之持戟之士，一日而三失伍，則去之否乎？」曰：「不待三。」

---

26 楊澤波：《孟子評傳》，（江蘇：南京大學出版社，2000年），頁3-130。

「然則子之失伍也亦多矣。凶年饑歲，子之民，老羸轉於溝壑，壯者散而之四方者，幾千人矣。」（公孫丑下：13）

這兩段顯示出：孟子面對的時代，是戰爭頻仍、飢荒很嚴重的時代。而這樣去了解孟子主張仁政，是根據他的本心之仁，必須在用方面表現出來的「歷史背景」的詮釋方法。這就是我主張的，任何學說必須根據其時代背景去認知的原因。

那麼，其政治哲學中，主張的人民，事實上是王道主張下的「皇民」（或天民；天子之民）。所以他在上述引文中，出現「君之民」的重要概念，也是我們研究孟子哲學中，必須先去瞭解孟子是否有民主學說的重要關鍵。

基於此，楊澤波在此章認為：我們不能因為孟子說下列這一段話，而認為有民主政治的主張，是正確的；孟子說：

> 民為貴，社稷次之，君為輕。是故得乎丘民而為天子，得乎天子為諸侯，得乎諸侯為大夫。諸侯危社稷，則變置。犧牲既成，粢盛既潔，祭祀以時，然而旱乾水溢，則變置社稷。（盡心下：60）

現在我們能詳細去研讀「得乎丘民而為天子，得乎天子為諸侯，得乎諸侯為大夫。」這段話，將知道：孟子口中的丘民，是作為天子之下的被統治者，所以自然不能說：「君之民」是天子之上的真正的主人。反之，根據司馬遷《史記》中明白的紀載，天子之名來自與從天之道而獲得最高的權利；他說：

> 堯立七十年得舜，二十年而老，令舜攝行天子之政，薦之於天。堯辟位凡二十八年而崩。百姓悲哀，如喪父母。三年，四方莫舉樂，以思堯。堯知子丹朱之不肖，不足授天下，於是乃

權授舜。授舜，則天下得其利而丹朱病；授丹朱，則天下病而
丹朱得其利。堯曰：「終不以天下之病而利一人」，而卒授舜以
天下。堯崩，三年之喪畢，舜讓辟丹朱於南河之南。諸侯朝覲
者不之丹朱而之舜，獄訟者不之丹朱而之舜，謳歌者不謳歌丹
朱而謳歌。舜曰：「天也」，夫而後之中國踐天子位焉，是為帝
舜。（《史記：五帝本紀》）

「令舜攝行天子之政，薦之於天」，並沒有聽之於民，何來民主？又
舜曰：「天也」，夫而後之中國踐天子位焉，是為帝舜。」這分明是依
照天命就任大位，又何來主張民權？所以我根據可靠的史書——《史
記》，了解孟子的「天薦之」的真正意義後，認為楊澤波的上述說
法，是有歷史事實的立論基礎的。[27]

可是，他在這一章中，提出王道主義理解的另外兩個問題中，竟
然又提出下列兩個奇怪的問題：

1. 儒家在本質上是心性之學嗎？
2. 儒家不講法嗎？

現在就第一個問題來說，他認為：「心性之學就是道德之學。按照這
個定義，『儒學在本質上是心性之學』就等於說『儒學在本質上是道
德之學』。」[28]

---

27 其另文見楊澤波：〈西方學術背景下的孟子王道主義——對有關孟子王道主義一種
通行理解的批評，《華東師範大學學報（哲學社會科學版）》第37卷第4期（2005年7
月）；認為：「長期以來，學界常常以西方的民主思想來理解孟子的王道主義。實際
上，孟子的王道主義只是一種『理想化的君本論』，這種『理想化的君本論』作為
『理想政治』始終與『現實政治』保持著巨大的張力，從而對中國政治歷史的發展
發揮著極其重要的作用。」

28 楊澤波：《孟子評傳》，頁179。

但我將上述的論述，從邏輯上進行分析，是：

> 心性之學（Ａ）就是道德之學（Ｂ）
> 儒學（Ｃ）在本質上是心性之學（Ａ）
> 所以儒學（Ｃ）在本質上是道德之學（Ｂ）

然而，心性之學是中國哲學的特質，他雖然是一種道德之學，卻不等於道德之學的全體。所以，本質是心性之學的儒學，也不就是道德之學的全體。何況，儒家講體用論，就是以心性為體，政治社會之學為用。這才是真正的儒學；這也就是我在前面我說的：「我們必須先認知到：儒家的政治哲學，是其體心性之學的運用。」

可是，楊澤波不能從儒家的體用哲學的架構去解讀《孟子》，竟然又說：

> （按照權威的說法）顯然失之狹窄。

而且說：

> 從本質上說，儒學特別是先秦儒學首先是政治之學，其次才是心性之學；心性之學是政治之學的基礎，政治之學的一面。只看到儒家性之學的一面，而看不到政治之學的一面，甚至認為從心性之學入手是研究儒學哲學的正路，是不全面，不正確的。[29]

但頡問：他現在做出的驚人之語，其根據何在？他對於儒家必須以「修身」為本的傳統，竟然是這樣的陌生，已經完全暴露其對儒家重

---

29 楊澤波：《孟子評傳》，頁179-180。

心的無知。

又儒學不講法嗎？他又不能注意到儒家主張的禮法與後來的法加之法的區別；他在此段的結語中這樣說：

> 儒家為人治，法家為法治的觀點，容易造成混淆，不足已清楚表達孟子王道主義的真正內涵。[30]

但我根據孟子私淑的老師──孔子的治政主張來說，他認為：

> 道之以政，齊之以刑，民免而無恥；道之以德，齊之以禮，有恥且格。（為政：3）

孔子說：「以政令來管理，以刑法來約束，百姓雖不敢犯罪，但不以犯罪為恥；以道德來引導，以禮法來約束，百姓不僅遵紀守法，而且引以為榮。所以儒家對於法家的主張：「道之以政，齊之以刑」，是明顯反對的。何況在《韓非子》中，有這樣明顯的對話：

> 葉公子高問政於仲尼，仲尼曰：「政在悅近而來遠。」哀公問政於仲尼，仲尼曰：「政在選賢。」齊景公問政於仲尼，仲尼曰：「政在節財。」三公出，子貢問曰：「三公問夫子政一也，夫子對之不同，何也？」仲尼曰：「葉都大而國小，民有背心，故曰政在悅近而來遠。魯哀公有大臣三人，外障距諸侯四鄰之士，內比周而以愚其君，使宗廟不掃除，社稷不血食者，必是三臣也，故曰政在選賢。齊景公築雍門，為路寢，一朝而以三百乘之家賜者三，故曰政在節財。」（難三篇）

---

30 楊澤波：《孟子評傳》，頁183。

這種說法我們必須從孔子的時代，是禮教開始崩潰的時代說起，就是說當時的各地諸侯，已違反固有的上下尊卑的禮制，但魯國依然是保存周禮最為豐富的國家。[31]至於到戰國末年，禮教根本已蕩然無存，所以才出現重視刑法的法家。這就是法家的歷史背景。這樣去解讀韓非與儒家的政治哲學，才容易得到真相。所以韓非說：

> 或曰：仲尼之對，亡國之言也。葉民有倍心，而說之悅近而來遠，則是教民懷惠。惠之為政，無功者受賞，而有罪者免，此法之所以敗也。法敗而政亂，以亂政治敗民，未見其可也。且民有倍心者，君上之明有所不及也。不紹葉公之明，而使之悅近而來遠，是舍吾勢之所能禁而使與不行惠以爭民，非能持勢者也。夫堯之賢，六王之冠也，舜一從而咸包，而堯無天下矣。有人無術以禁下，恃為舜而不失其民，不亦無術乎！明君見小姦於微，故民無大謀；行小誅於細，故民無大亂；此謂圖難於其所易也，為大者於其所細也。今有功者必賞，賞者不得君，力之所致也；有罪者必誅，誅者不怨上，罪之所生也。民知誅罰之皆起於身也，故疾功利於業，而不受賜於君。「太上、下智有之。」此言太上之下民無說也，安取懷惠之民？上君之民無利害，說以悅近來遠，亦可舍己。（難三篇）

基於此，說儒家主張的是道德修身的君主的人治，而法家韓非是主張嚴刑峻法的法治，並無不妥，因為從當時的歷史背景來看，統一天下的現實趨勢已成為一種時代潮流。至於孟子說的，明顯是以「仁則

---

31 二年，春，晉侯使韓宣子來聘，且告為政，而來見禮也，觀書於大史氏，見易象與魯春秋，曰，周禮盡在魯矣，吾乃今知周公之德，與周之所以王也，公享之，季武子賦綿之卒章，韓子賦角弓，季武子拜曰，敢拜子之彌縫敝邑，寡君有望矣，武子賦節之卒章。（《左傳・昭公二年》）

榮，不仁則辱。」為前提。在梁惠王時，就有不合時代潮流的現象出現；例如梁惠王說：「何以利吾國？」一說是當時的普遍要求，而孟子卻說「亦有仁義而已矣，何必曰利？」請問這是求利的法治嗎？所以楊澤波不可以因為孟子說依據「國家閒暇，及是時明其政刑。雖大國，必畏之矣」就斷定儒家也重法治；試看孟子人是這樣說的：

> 仁則榮，不仁則辱。今惡辱而居不仁，是猶惡溼而居下也。如惡之，莫如貴德而尊士，賢者在位，能者在職。國家閒暇，及是時明其政刑。雖大國，必畏之矣。《詩》云：『迨天之未陰雨，徹彼桑土，綢繆牖戶。今此下民，或敢侮予？』孔子曰：『為此詩者，其知道乎！能治其國家，誰敢侮之？』今國家閒暇，及是時般樂怠敖，是自求禍也。禍福無不自己求之者。《詩》云：『永言配命，自求多福。』《太甲》曰：『天作孽，猶可違；自作孽，不可活。』此之謂也。（公孫丑上：4）

所以重點應該放在：「孔子曰：『為此詩者，其知道乎！能治其國家，誰敢侮之？』今國家閒暇，及是時般樂怠敖，是自求禍也。禍福無不自己求之者。《詩》云：『永言配命，自求多福。』《太甲》曰：『天作孽，猶可違；自作孽，不可活。』此之謂也。」這就是說，必須行仁政，才是多福氣知道。所以我認為：楊澤波以孟子依據明政刑，就認為儒家主張法家的法治，是斷章取義的說法。或說，儒家或許也重視以人情為重的法律，但是在道德基礎下的法，孔子說：「子為父隱，父為子隱」的教訓，就可以證明。而非主張去德之下的韓非主張的法家之治，這是我們必須去分辨清楚的關鍵問題。[32]

---

32 韓非說過：「古者文王處豐、鎬之間，地方百里，行仁義而懷西戎，遂王天下。徐偃王處漢東，地方五百里，行仁義，割地而朝者三十有六國，荊文王恐其害己也，舉兵伐徐，遂滅之。故文王行仁義而王天下，偃王行仁義而喪其國，是仁義用於古

（二）在經權之辯上的有效論述與問題

1　楊澤波在經權之辯上的有效論述與問題

　　作者在此章經權之辯上的論述是有效的；有效的意義在於；例如他能夠將孟子的「權」的概念回溯到孔子的講法；如孔子說過：

> 可與共學，未可與適道；可與適道，未可與立；可與立，未可與權。（子罕：30）

作者說：「在孔子看來，『學』、『立』、『適道』、『行權』四者當中，行權是最高境界。[33]但為什麼是最高境界？這才是我們做學問的重點。我認為：在這方面作者的解釋是不夠完全的；因為「權」在古代，有權衡輕重的判斷能力的意義；如《墨子》〈大取〉中說的：

> 於所體之中，而權輕重之謂權。權，非為是也，非非為非也。權，正也。斷指以存腕，利之中取大，害之中取小也。害之中取小也，非取害也，取利也。其所取者，人之所執也。遇盜人，而斷指以免身，利也；其遇盜人害也。斷指與斷腕，利於天下相若，無擇也；死生利若，一無擇也。殺一人以存天下，

不用於今也。故曰：世異則事異。當舜之時，有苗不服，禹將伐之，舜曰：「不可。上德不厚而行武，非道也。」乃修教三年，執干戚舞，有苗乃服。共工之戰，鐵銛矩者及乎敵，鎧甲不堅者傷乎體，是干戚用於古不用於今也。故曰：事異則備變。上古競於道德，中世逐於智謀，當今爭於氣力。齊將攻魯，魯使子貢說之，齊人曰：「子言非不辯也，吾所欲者土地也，非斯言所謂也。」遂舉兵伐魯，去門十里以為界。故偃王仁義而徐亡，子貢辯智而魯削。以是言之，夫仁義辯智，非所以持國也。去偃王之仁，息子貢之智，循徐、魯之力使敵萬乘，則齊、荊之欲不得行於二國矣。」（五蠹篇）；「夫仁義辯智，非所以持國也。」就是這個道理。

33 楊澤波：《孟子評傳》，頁197。

> 非殺一人以利天下也。殺己以存天下，是殺己以利天下。於事
> 為之中而權輕重之謂求，求為之，非也，害之中取小，求為義
> 非為義也。

現在使用白話文的來說，就是在所做的事中，能夠衡量它的輕重叫做
「權」。權，是在權衡輕重之後，取適當的。例如砍斷手指以保存手
腕，那是在利中選取大的，在害中選取小的。在害中選取小的，並不
是取害，這是取利。他所選取的，正是別人抓著的。遇上強盜，砍斷
手指以免殺身之禍，這是利；遇上強盜，這是害。砍斷手指和砍斷手
腕，對天下的利益是相似的，那就沒有選擇。就是生死，只要有利於
天下，也都沒有選擇。殺一個人以保存天下，並不是殺一個人以利天
下；殺死自己以保存天下，這是殺死自己以利天下。在做事中衡量輕
重叫做「求」。只注重求，是不對的。在害中選取小的，追求合義，
並非真正行義。

當然，這是墨家以「兼相愛交相利」的觀點之下的說法，就是說：
「兼相愛交相利」變成他們的最後決定是非對錯，到最後，到底應該
怎樣去做的辦法。但在儒家的辦法是「義利之辯」，就是我在前一段
中，分析孟子學說中的，必須將個人的榮華富貴放一邊的觀點。不但
如此，認為該做的（義的標準），必須能夠犧牲生命在所不惜。這就
是孔子說的：

> 君子之於天下也，無適也，無莫也，義之與比。（里仁：10）

孔子說：「君子對於天下事，不刻意強求，不無故反對，一切按道義
行事。」這就是前面說的：一切以「道義」為最高與最後的標準，這
就是儒家說的「經權」的意義。所以《論語》又記：

> 子貢問曰：「何如斯可謂之士矣？」子曰：「行己有恥，使於四方，不辱君命，可謂士矣。」曰：「敢問其次。」曰：「宗族稱孝焉，鄉黨稱弟焉。」曰：「敢問其次。」曰：「言必信，行必果，硜硜然小人哉！抑亦可以為次矣。」曰：「今之從政者何如？」子曰：「噫！斗筲之人，何足算也。」（子路：20）

子貢問：「怎樣才能算個真正的士呢？」孔子說：「做事時，要有羞恥之心；出國訪問時，不辱使命。可算士了。「請問次一等的呢？」「同宗族的人稱贊他孝順，同鄉的人稱贊他尊敬師長。」「請問再次一等的呢？」「說到做到，不問是非地固執己見，當然是小人！但也可以算最次的士了。」「現在的領導怎樣？」「噫，這些鼠目寸光的人，算什麼呢？」

「言必信，行必果，硜硜然小人哉！」，就是不知使用道義為最高權衡是非的指導原則的人，所以雖然也算讀過書的人，但屬於次等的讀書人。

如此，我們可以瞭解：孟子在齊宣王問曰：「湯放桀，武王伐紂，有諸？」何以說：

> 賊仁者謂之賊，賊義者謂之殘，殘賊之人謂之一夫。聞誅一夫紂矣，未聞弒君也。」（梁惠王下：15）

因為來自他最強調的人心（本心──仁）的最高標準；所謂孟子曰：「仁，人心也；義，人路也。舍其路而弗由，放其心而不知求，哀哉！人有雞犬放，則知求之；有放心，而不知求。」（告子上：11）。所以在分辨仁義的道理之中，也必須知道如何去運用經權的原則。例如說：湯武革命好像屬於一般人認為的：是違反一般的倫常原則。但根據儒家的經權原則，更能凸顯出儒家對於道德的主張，不是一成不

變的原則。否則,已經違反「是非不分」的問題。以下的一段話,就是說明儒家的道德標準是知道何是真正的大是大非的,必須以道為準則的經權原則:

> 淳于髡曰:「男女授受不親,禮與?」
>
> 孟子曰:「禮也。」
>
> 曰:「嫂溺則援之以手乎?」
>
> 曰:「嫂溺不援,是豺狼也。男女授受不親,禮也;嫂溺援之以手者,權也。」曰:「今天下溺矣,夫子之不援,何也?」
>
> 曰:「天下溺,援之以道;嫂溺,援之以手。子欲手援天下乎?」

「子欲手援天下乎?」正是說明:真正的儒家,是以熊掌與魚不可的兼之下,願意為天下人捨棄生命的最高的權衡標準。換句話說,孔孟的道德哲學,是一種重視仁義之道重於生命的道德哲學,但不是一種僵化的哲學。所以我認為:「經權原則」不僅要從「嫂溺則援之以手」上看,更要從「熊掌與魚不可得兼」的論述上,似乎才能得到真正的原汁原味。然而,楊澤波竟然做了這樣的結論:

> 行權的標準是什麼?唯聖人可以行權。但聖人的行權所以據的標準是什麼?孟子認為,這標準就是義。[34]

我認為:他這樣的論述是一種缺乏邏輯上有效的推理;因為根據孟子的理論,誠如我在上面一節的分析可知:孟子認為人人都有善良的本心,只是我們一時輕易就放失了。換言之,是非善惡的判斷的能力是

---

34 楊澤波:《孟子評傳》,頁207-217。

一般有儒者道德修養都具備的，何止修到聖人境界的人才具有？這就是《孟子》上說的：

> 浩生不害問曰：「樂正子，何人也？」
> 孟子曰：「善人也，信人也。」
> 「何謂善？何謂信？」
> 曰：「可欲之謂善，有諸己之謂信。充實之謂美，充實而有光輝之謂大，大而化之之謂聖，聖而不可知之之謂神。樂正子，二之中，四之下也。」（盡心下：71）

既然孟子認為：不是聖人的樂正子，也能做到善喻信，就表示一個人不必要修到聖人階段，就可以知道經權原則的使用了。所以楊澤波的「唯聖人可以行權」說，是一個值得在商議的問題。何況，《孟子》上又記錄：

> 滕文公為世子，將之楚，過宋而見孟子。孟子道性善，言必稱堯舜。世子自楚反，復見孟子。孟子曰：「世子疑吾言乎？夫道一而已矣。成覸謂齊景公曰：『彼丈夫也，我丈夫也，吾何畏彼哉？』顏淵曰：『舜何人也？予何人也？有為者亦若是。』公明儀曰：『文王我師也，周公豈欺我哉？』今滕，絕長補短，將五十里也，猶可以為善國。《書》曰：『若藥不瞑眩，厥疾不瘳。』」（滕文公上：1）

現由孟子言必道性善與稱頌堯舜之道德，有引顏淵曰：「舜何人也？予何人也？有為者亦若是。」來說，經權原則的靈活使用，雖不是人人可輕易辦到的，但悟道的人，也不必非要到達聖人境界不可。所以，楊澤波已將孟子與孔子的經權原則，講的太過頭了！

（三）楊澤波在義命對揚上的討論與問題

1 有效的論述

我認為他在「義命對揚」上的討論是可圈可點的；因為他充分瞭解到儒家對於命對於人在追求仁義中，所遭遇的阻礙是相當巨大的。所以在「立命章」的詮釋是這樣說的：

> 竭盡了人的良心本心，就知曉了人的本性，就知曉了人的本性，也就知曉了上天；保持人的良心本心，修養人的本性，以此來事奉上天。所以遇到什麼情況，都不三心兩意改易其道。而是修養己身等待天命，這就是立命。[35]

事實上，儒家的一種重要特色就是在吸收《易經》命運之說後，對於這種會阻礙人生奮鬥的外在因素相當在意；如孔子對於得意門生——顏回的早逝，幾乎是不能接受。[36]在遇到危險時，則說過：「天之將喪斯文也，後死者不得與於斯文也；天之未喪斯文也，匡人其如予何？」[37]。但我不知：為何作者將「義命對揚」上的討論，放在經權之辯中討論。或許他認為：這也關係到義無反顧的權衡標準。但我認為：雖然人生最大的變數是命運，既然孟子是以本心為最後的權衡。因此，或許本心與命運的關係論，理該以一整章來討論為宜。

2 在義利之辯上的有效與問題

楊澤波在其書中，將第五章義利之辨分五節來討論；第一節義利

---

35 楊澤波：《孟子評傳》，頁220。

36 顏淵死。子曰：「噫！天喪予！天喪予！」（先進：9）

37 子畏於匡。曰：「文王既沒，文不在茲乎？天之將喪斯文也，後死者不得與於斯文也；天之未喪斯文也，匡人其如予何？」（子罕：5）

稽求，是從文字學來考察。我認為是對的；因為根據段玉裁《說文解字注》，「古者威儀字做義，今仁義字用之。儀者，度也，今威儀字用之。誼者，仁所誼也。」這是說：「義字古義為自己的威儀，而相當於仁義的『義』只是『誼』字，『誼』就是仁所宜也。」[38]

　　以上，是他從仁義的文字起源來觀察儒家使用仁義這個概念的原義。而從孟子原典來考察，我也可以找到這一文字概念的重要線索；如孟子這樣說仁義的意義：

1. 宜與義同義；如齊宣王問曰：「文王之囿方七十里，有諸？」孟子對曰：「於傳有之。」曰：「若是其大乎？」曰：「民猶以為小也。」曰：「寡人之囿方四十里，民猶以為大，何也？」曰：「文王之囿方七十里，芻蕘者往焉，雉兔者往焉，與民同之。民以為小，不亦宜乎？臣始至於境，問國之大禁，然後敢入。臣聞郊關之內有囿方四十里，殺其麋鹿者如殺人之罪。則是方四十里，為阱於國中。民以為大，不亦宜乎？」（梁惠王下：9）

　　以上，「民以為小，不亦宜乎？」、「民以為大，不亦宜乎？」的宜，都是義的意思。

2. 但在孟子學說中，我認為：孟子已經將「義，理也」的概念建立起來了；例如在下面一段話中，我們可以衝分了解孟子如何說義就是他說的本心所體悟出的道理。所以此時是「義理並用」，是一件很重要的事；如說：

> 孟子曰：「富歲，子弟多賴；凶歲，子弟多暴，非天之降才爾殊也，其所以陷溺其心者然也。今夫麰麥，播種而耰之，其地同，樹之時又同，浡然而生，至於日至之時，皆熟矣。雖有不同，則地有肥磽，雨露之養，人事之不齊也。故凡同類者，舉

---

38 楊澤波：《孟子評傳》，頁225。

相似也，何獨至於人而疑之？聖人與我同類者。故龍子曰：『不知足而為屨，我知其不為蕢也。』屨之相似，天下之足同也。口之於味，有同耆也。易牙先得我口之所耆者也。如使口之於味也，其性與人殊，若犬馬之與我不同類也，則天下何耆皆從易牙之於味也？至於味，天下期於易牙，是天下之口相似也惟耳亦然。至於聲，天下期於師曠，是天下之耳相似也。惟目亦然。至於子都，天下莫不知其姣也。不知子都之姣者，無目者也。故曰：口之於味也，有同耆焉；耳之於聲也，有同聽焉；目之於色也，有同美焉。至於心，獨無所同然乎？心之所同然者何也？謂理也，義也。聖人先得我心之所同然耳。故理義之悅我心，猶芻豢之悅我口。」（告子上：7）

「凡同類者，舉相似也」中的類，根據此段的敘述是人類的基本命題。事實上他運用到墨家的類概念；墨子說：

則夫好攻伐之君，又飾其說以非子墨子曰：「子以攻伐為不義，非利物與？昔者楚熊麗始討此睢山之間，越王繄虧」，出自有遽，始邦於越，唐叔與呂尚邦齊晉。此皆地方數百里，今以并國之故，四分天下而有之。是故何也？」子墨子曰：「子未察吾言之類，未明其故者也。古者天子之始封諸侯也，萬有餘，今以并國之故，萬國有餘皆滅，而四國獨立。此譬猶醫之藥萬有餘人，而四人愈也，則不可謂良醫矣。」（非攻下）

這是說：但是那些喜好攻伐的國君又辨飾其說，用來非難墨子道：「您以攻戰為不義，它難道不是很有利嗎？從前楚世子熊麗，最初封於睢山之間；越王繄虧出自有遽，始在越地建國；唐叔和呂尚分別建邦于晉國、齊國。（他們）這時的地方都不過方圓數百里，現在因為

兼併別國的緣故，（這些國家）四分天下而佔有之，這是什麼緣故呢？」墨子說：「您沒有搞清我說法的類別，不明白其中的緣故。從前天下最初分封的諸侯，萬有餘國；現在因為併國的緣故，萬多國家都已覆滅，惟有這四國獨自存在。這好像醫生給萬餘人開藥方，卻在最後，只有其中僅四個人治好了，那麼就不能說是良醫了。」

這是從「類」的區別來說明一種道理中，到底說的是何種論說的範圍？因為如果我們不知道我講的是什麼？而且墨子也善使用比喻法，一如孟子上面引文的「故曰：口之於味也，有同耆焉；耳之於聲也，有同聽焉；目之於色也，有同美焉。至於心，獨無所同然乎？心之所同然者何也？謂理也，義也。聖人先得我心之所同然耳。故理義之悅我心，猶芻豢之悅我口。」

基於此，孟子好辯的原因，實來自於他生活的時代是墨家學說流行的時代，所以即使反對墨家思想的孟子也使用理性的概念去說其理。

但我發現，楊澤波雖然知道將孟子的各次辯論做成專章來分析，但他顯然沒有進入孟子是使用一套墨家發展出的說理的思維方法，去分析義利之辨的說理方式；例如孟子在見梁惠王這件事上，只從歷史（《竹書紀年》）來分析有這一回事。[39]

但更重要是分析孟子義利之辨的說理方式，否則，怎麼分析其在義與利上的辯論？現在我分析義利之辨這一段話如下：

> 孟子見梁惠王。王曰：「叟不遠千里而來，亦將有以利吾國乎？」孟子對曰：「王何必曰利？亦有仁義而已矣。王曰『何以利吾國』？大夫曰『何以利吾家』？士庶人曰『何以利吾身』？上下交征利而國危矣。萬乘之國弒其君者，必千乘之家；千乘之國弒其君者，必百乘之家。萬取千焉，千取百焉，

---

39 楊澤波：《孟子評傳》，頁233-235。

不為不多矣。苟為後義而先利，不奪不饜。未有仁而遺其親者
也，未有義而後其君者也。王亦曰仁義而已矣，何必曰利？」
（梁惠王上：1）

「大夫曰『何以利吾家』？士庶人曰『何以利吾身』？上下交征
利而國危矣。」；這就是說，全國上上下下無不爭利，結果相互爭奪而
形成危機。所以是合理的推論。但孟子說的利是什麼？楊澤波認為
是：富國強兵的利益。這也沒錯，但孟子說：「萬乘之國弒其君者，必
千乘之家；千乘之國弒其君者，必百乘之家。萬取千焉，千取百焉，
不為不多矣。苟為後義而先利，不奪不饜。」；這也合理，但必須注意
的事，根據以上孟子以「義為其理」的定義來分析，才是他接下去
說：「未有仁而遺其親者也，未有義而後其君者也。王亦曰仁義而已
矣，何必曰利？」的原因。

因為他講的是以義為道德倫常的道理或標準。我們對這樣的標準
了解之後，才能證成其「未有仁而遺其親者也，未有義而後其君者
也。王亦曰仁義而已矣，何必曰利？」的原因。今分析說：

1. 由於他是以義為思維的標準，所以他講的是倫理中的道理，並非
   根據邏輯上的推理。
2. 所以這種道理，即以倫常或五倫為最高標準，所以出現「未有仁
   而遺其親者也，未有義而後其君者也。」的論述。

但楊澤波卻根據孟子與梁惠王三次的對話，做出以下的結論說：

通過上面三方面的證明，我可以非常自信的說，孟子同梁惠王
對話所涉及的義利之辨，是一種特殊的義利之辨：主旨是勸導
梁惠王不能單純追求強兵富國，只有行仁政，才是治理國家最
好的辦法，所以我們稱之為治國方略意義的義利之辨。[40]

---

40 楊澤波：《孟子評傳》，頁235-239。

可是，我對於他在這裡的自信，認為是有瑕疵的自信；因為我們若能回到孟子性善論的主要篇章（告子上：7）；所謂「口之於味也，有同耆焉；耳之於聲也，有同聽焉；目之於色也，有同美焉。至於心，獨無所同然乎？心之所同然者何也？謂理也，義也。聖人先得我心之所同然耳。故理義之悅我心，猶芻豢之悅我口。」來考察梁惠王第一次見孟子時，所以說：「王亦曰仁義而已矣，何必曰利？」的理由上分析，是否更能夠明白孟子何以會那樣說的原因。

原因就在於，上述的，孟子說的到理是義理或倫常之理。所以他的原意是，如果依照我的五倫之理去建立社會與政治秩序，才是解決當前一切問題的根本辦法。

換句話說，既然我們要研究以「說理起家」的孟子，我們就必須去先研究其架構中的中心思想──本心與其講理的方式去研究其背後的原因，而非只會從「仁政論」，來設法去解釋第一次見面的對話意義。進一步說，我主張把握現代詮釋學中，直接回到說話者對於語法運用中所展現出的理路，去還原其真相。這不是真正的文本解讀的方法嗎？

（四）舜蹠之辨出現在其書的第六章中的問題[41]

我認為：這是沒有必要的區分；因為孟子雖然言必稱堯舜，但在他的心目中，真正的聖人是孔子；以下就是具體的證據：

> 「宰我、子貢、有若智足以知聖人。汙，不至阿其所好。宰我曰：『以予觀於夫子，賢於堯舜遠矣。』子貢曰：『見其禮而知其政，聞其樂而知其德。由百世之後，等百世之王，莫之能違也。自生民以來，未有夫子也。』有若曰：『豈惟民哉？麒麟

---

41 孟子曰：「雞鳴而起，孳孳為善者，舜之徒也。雞鳴而起，孳孳為利者，蹠之徒也。欲知舜與蹠之分，無他，利與善之閒也。」（盡心上：25）

之於走獸，鳳凰之於飛鳥，太山之於丘垤，河海之於行潦，類
也。聖人之於民，亦類也。出於其類，拔乎其萃，自生民以
來，未有盛於孔子也。』（公孫丑上：2）

試看孟子引用宰我曰：『以予觀於夫子，賢於堯舜遠矣。』孟子說
的：自生民以來，未有夫子也。』有若曰：『豈惟民哉？麒麟之於走
獸，鳳凰之於飛鳥，太山之於丘垤，河海之於行潦，類也。聖人之於
民，亦類也。出於其類，拔乎其萃，自生民以來，未有盛於孔子
也。』我們在引以聖人人格而出分出舜蹠之辨，還有必要嗎？

（五）楊澤波的人性之辨

1　對孟學起源與主旨的忽略

最後：我必須指出：他將此辨放在此書第六章，可能是全書最重
要的論述，但卻是全書最大的問題所在。因為孟子提出其性善論是其
最大的建構，所以如果對此不能適當的掌握，其他是空談。又我根據
《王充論衡》、《史記》與《漢書》的人性發展史的紀錄來觀察，人性
論的確是值得注意的幾條重要研究孟學真相的線索：

1. 王充在《論衡》上說過：

> 周人世碩以為人性有善有惡，舉人之善性，養而致之則善長；
> 性惡，養而致之則惡長。如此，則性各有陰陽，善惡在所養
> 焉。故世子作《養書》一篇。密子賤、漆雕開、公孫尼子之
> 徒，亦論情性，與世子相出入，皆言性有善有惡。（本性篇）

2. 漆雕開字子開（《史記・仲尼弟子列傳》）
3. 公孫尼子二十八篇。（《漢書・藝文志》）

凡此，我們了解到在孔子時，有關人性的問題，一直成為後人曾論及的重要問題。而孟子的學生也曾經這樣說：

> 公都子曰：「告子曰：『性無善無不善也。』或曰：『性可以為善，可以為不善；是故文武興，則民好善；幽厲興，則民好暴。』或曰：『有性善，有性不善；是故以堯為君而有象，以瞽瞍為父而有舜；以紂為兄之子且以為君，而有微子啟、王子比干。』今曰『性善』，然則彼皆非與？」（告子上：6）

故在孟子時至少有下列三派：

一、中性論：告子曰：『性無善無不善也。』
二、後天教化論：「性可以為善，可以為不善；是故文武興，則民好善；幽厲興，則民好暴。」
三、先天遺傳論：「有性善，有性不善；是故以堯為君而有象，以瞽瞍為父而有舜；以紂為兄之子且以為君，而有微子啟、王子比干。」

　　但孟子曰：

> 乃若其情，則可以為善矣，乃所謂善也。若夫為不善，非才之罪也。惻隱之心，人皆有之；羞惡之心，人皆有之；恭敬之心，人皆有之；是非之心，人皆有之。惻隱之心，仁也；羞惡之心，義也；恭敬之心，禮也；是非之心，智也。仁義禮智，非由外鑠我也，我固有之也，弗思耳矣。故曰：『求則得之，舍則失之。』或相倍蓰而無算者，不能盡其才者也。《詩》曰：『天生蒸民，有物有則。民之秉夷，好是懿德。』孔子曰：『為此詩者，其知道乎！故有物必有則，民之秉夷也，故好是懿德。』」

根據這段話來說，孟子是一位先天論者，其特徵就是一種在價值世界中體悟出的自證的本體。但他必須證成其學說。方法就是，下一段話，就是能夠發揮本心的善端的人，才能徹底不被感官之欲所控制；

> 公都子問曰：「鈞是人也，或為大人，或為小人，何也？」
> 孟子曰：「從其大體為大人，從其小體為小人。」
> 曰：「鈞是人也，或從其大體，或從其小體，何也？」
> 曰：「耳目之官不思，而蔽於物，物交物，則引之而已矣。心之官則思，思則得之，不思則不得也。此天之所與我者，先立乎其大者，則其小者弗能奪也。此為大人而已矣。」（告子上：15）

所以孟子根本是要人重視他所重視的「心之官」，因為他認為這才是建立偉大人格的根本。但楊澤波對孟學主旨的忽視，可見他在以下的論述中：

> 孟子也確實認為。良知本心是人生而即有的。既然良心本心出於天賦予，當然是生而即有的，不可能是生下來後到某階段才突然具備的。[42]

這就是他認為孟子性善說不能成立的主要理由；因為這樣的解釋，似乎會將孟子的性善論導向一種本能的論述。

不過，我認為：他這樣反駁孟子學說，正好證明他完全誤解孟子學說；因為誠如上述：孟子學說與在經驗世界中建立人性論的告子是不同的；告子的性，才是客觀經驗世界的本能，而孟子的人性論是價值世界的實踐中的理想化的人性；現在以下分析來表示：

---

42 楊澤波：《孟子評傳》，頁344。

　　孟子：價值世界的實踐之後的人性；所謂價值世界，是指人類已超乎一般的動物之上，必須具備的特質；包括孟子說的：仁義禮智之心。但這個心，在孟子認為：來自人的自求，或在生活中去實踐才能形成：

> 孟子曰：「矢人豈不仁於函人哉？矢人唯恐不傷人，函人唯恐傷人。巫匠亦然，故術不可不慎也。孔子曰：『里仁為美。擇不處仁，焉得智？』夫仁，天之尊爵也，人之安宅也。莫之禦而不仁，是不智也。不仁、不智、無禮、無義，人役也。人役而恥為役，由弓人而恥為弓，矢人而恥為矢也。如恥之，莫如為仁。仁者如射，射者正己而後發。發而不中，不怨勝己者，反求諸己而已矣。」（公孫丑上：7）

在這一段話中，孟子將「求」做人的實踐方法；如同做弓箭的人，必須不斷去嘗試，在不成功時，必須做到成功為止。在這一比喻中，他又說：「夫仁，天之尊爵也，人之安宅也。莫之禦而不仁，是不智也。不仁、不智、無禮、無義，人役也。」中，已表示說：他說的仁，是天給人類最大的尊榮，卻又是仁必須去安身立命所在。「莫之禦而不仁，是不智也。」[43]則表示說：人在儒家的世界中，仁雖然是人具有的天生特質，但他必須靠自己去實踐力行不可。換言之，孟子的性善說是導向一種崇高境界的追求。

　　基於此，我認為孟子的論述是站得住的；因為他只說過仁有四端之心來做為完成君子人格的「開端」而已，而非直接說：人人天生就是君子或是聖人。這就是孟子說的：

---

43 「莫之」是古文文法，如荀子說：「非順孰脩為之君子，莫之能知」（榮辱篇）；指不能修身的人，沒有知見。所以「莫之禦而不仁，是不智也。」意謂：除非能守仁，才是智者。

有天爵者，有人爵者。仁義忠信，樂善不倦，此天爵也；公卿大夫，此人爵也。古之人修其天爵，而人爵從之。今之人修其天爵，以要人爵；既得人爵，而棄其天爵，則惑之甚者也，終亦必亡而已矣。」（告子上：16）

其中，「修其天爵」的「修」（修身）正是孟子實踐哲學的重要論述。但一直在研究孟子的楊澤波，卻這樣說：

所以他明確講過：「人之所不學而能者，其良能也；所不慮而知者，其良知也。孩提之童，無不知愛其親者；及其長也，無不知敬其兄也。親親，仁也；敬長，義也。無他，達之天下也。」（13：15）雖然孟子的意圖很明確，但這種說法卻不能成立。（因為）出生嬰兒愛其親，是生活常識，凡身為父母或有類似經歷者，無不有這種體會。但這並不能證明人初生即有良心本性。[44]

這種反駁，在表面上似乎具有一定的說服力；因為「孩提之童，無不知愛其親者；及其長也，無不知敬其兄也。」（A）與良知良能（B）合觀，好像 A 是一種後天論，則與 A（先天論），構成相互矛盾的現象。可是我們從孟子「人之所不學而能者，其良能也；所不慮而知者，其良知也。」的定義來觀察，其說的良知良能，又不是楊澤波認知的本能，而是只具備善端的能力而已。其最重要的證據在（告子上：4）的內鑠說：

告子曰：「食色，性也。仁，內也，非外也；義，外也，非內也。」

---

44 楊澤波：《孟子評傳》，頁344。

> 孟子曰：「何以謂仁內義外也？」曰：「彼長而我長之，非有長
> 於我也；猶彼白而我白之，從其白於外也，故謂之外也。」

這是告子將孟子之「義」，作為外在的標準。但根據孟子的「仁，人
心也。義，人路也」的基本命題，「義」是作為人內在的標準。所以
孟子有下列的反駁：

> 異於白馬之白也，無以異於白人之白也；不識長馬之長也，無
> 以異於長人之長與？且謂長者義乎？長之者義乎？

這一段的話的意義為：這與分別白馬之白的邏輯不同。與白人之白相
同。但你不了解高大馬之高與人之高不同嗎？這裡必須能夠分別外在
的意義與內在之意義的不同。但告子說：

> 吾弟則愛之，秦人之弟則不愛也，是以我為悅者也，故謂之
> 內。長楚人之長，亦長吾之長，是以長為悅者也，故謂之外
> 也。

這是說，將對自己親人的愛與外在對他國人之愛，做出內與外之分。
但孟子反駁道：

> 耆秦人之炙，無以異於耆吾炙。夫物則亦有然者也，然則耆炙
> 亦有外與？

這是說：人的嗜好無分內外。
　　現在我從這一次論辯來觀察，孟子整個哲學是從人情的價值性來
說的。但楊澤波的反駁卻落在客觀事實來說。所以我認為他並沒能了

解孟子的真義，本是想建立一種主觀、先驗的學說。

何謂主觀、先驗的學說，就是由哲學家經由個人在生活經驗的體會之後，就將這種經由體會出來的本體——道，直接呈現出來（法意直接呈現不同於邏輯的推知的不同）。所以他在說明其體會出道理，這樣陳述：

> 乃若其情，則可以為善矣，乃所謂善也。若夫為不善，非才之罪也。惻隱之心，人皆有之；羞惡之心，人皆有之；恭敬之心，人皆有之；是非之心，人皆有之。惻隱之心，仁也；羞惡之心，義也；恭敬之心，禮也；是非之心，智也。仁義禮智，非由外鑠我也，我固有之也，弗思耳矣。（離婁下：56）

所以在這一段話中，有一個最重要的概念是「思」；意義就是經過他體會之後所獲得的答案。但一班學者如楊澤波將它視為：西方意義的推知，就出現問題。事實上，楊澤波就是這樣思考孟子的；他說：

> 但這並不能證明人出生即有良知本心。因為愛其親屬於生物本能，而善心屬於社會屬性。[45]

但問題就在於，孟子說的良知良能，就不是楊說的生物性的本能，也不是社會屬性，而是在其價值世界裡所體會出的良知良能。所以我認為楊澤波在這裡的解釋出現一個認識孟學的鴻溝，就是孟子的良知良能是主觀價值世界中的概念，他卻將它視為後天社會需要的良知。所以他對於孟子的了解，還在門外。

---

45 楊澤波：《孟子評傳》，頁344。

2　以倫理心境作為其創造詮釋的學說

我認為作者最大的問題是，是他這樣去除心現代詮釋孟子的學說：

> 皮亞杰認為，個體認是發生於兒童時期，……其中我們最感興
> 趣的是皮亞杰雄辯地證明了認識的發生必須通過中介才能進
> 行，這個中介就是圖式。傳統經驗論認為，認識來源於客觀對
> 主觀的刺激，有什麼樣的刺激就有什麼樣的認識。皮亞杰的理
> 論徹底打破了這種陳舊的觀念，他認為認識過程並不是單純的
> 刺激到反應，再刺激和反應之間還有一種圖式。客觀刺激具有
> 經過圖式整理才能成為主體的反應，形成認識。[46]

我且不去論楊澤波對於皮亞傑圖式理論是否真確？只看他對於孟子是
在主觀的價值世界中，以直觀的方式去建立其道德學說的了解程度，
就可知道：這樣以現代教育科學哲學理論來批評孟學，就可知他對於
中國哲學特質的無知，特別是他以下這一段話，說：

> 傳統唯理論認為，理性原則是先天的，是神祕王國。皮亞杰卻
> 認為；認識圖式的發生發展是一個連續不斷的過程，在感知運
> 動階段和形式運演階段主要是前概念，在具體運演階段和形式
> 運演階段主要是概念。通過這些發展變化，科學的認識圖式才
> 最終形成。[47]

他終於承認，是使用科學哲學的認識圖式去批評類似孟子的先天學
說，但他知道：理性原則是先天的理論，就可以去打倒的嗎？

46　楊澤波：《孟子評傳》，頁337-338。
47　楊澤波：《孟子評傳》，頁338。

六　結論

　　總之，若能從孟子「盡其心者，知其性也。知其性，則知天矣。存其心，養其性，所以事天也。殀壽不貳，修身以俟之，所以立命也。」的理論架構來分析，似乎才能了解孟子形上本體——本心說的來源。

　　其架構就是通過天人合一的思考，去了解中國哲學的特色，是一種具有美學家理想的學說，或說，「善」在整個孟子哲學中，具天人和諧的美學意義。又落在倫理學上，最重要的工作是怎樣去完成這一重要工作。方法就是將這個完美的境界去具體實踐力行。所以「求（追求）才能獲得（求則得之）」，變成儒學中最重要的實踐力行工作。而且不要忘記孟子「內求，才有得」的重要提示。反之，楊澤波將「人之所不學而能者，其良能也；所不慮而知者，其良知也。孩提之童，無不知愛其親者；及其長也，無不知敬其兄也。」解讀為，性善說無法成立的理由，是出自對孟子學說片段的解讀，焉能不出問題？所謂片段的解讀，就是設法抓住對方一句語意可能是不清楚的話，就對整個學說做全盤的否定（The interpretation of the so-called fragments, is to try to grasp the other side of a sentence meaning may not be clear, on the whole the theology to do a total negation）。

　　其實，我們若能夠回到天人合一的角度來看，孟子學說對於人性，持正面的態度；從價值意義上的肯定。相對而言，若從比較觀點來看孟子後不久的《荀子》，則對孟子價值意義的人性何以能成立，便更清楚；因為荀子對人性，持否定的態度來看，就是從形上的價值界，回到形下的客觀界，來重新檢視人性的真相。

　　而這個客觀世界，一概必須從事實來看人性的真實面；如「人性的惡傾向」。所以最後，才構成其對「性」的重新定義：

> 性也者，吾所不能為也，然而可化也。積也者，非吾所有也，
> 然而可為也。（儒效篇）

他顯然將性作為「性情」。也就是說，將他放在現實世界中去觀察，
所以才有惡傾；所謂：

> 縱情性，安恣睢，禽獸行，不足以合文通治；然而其持之有
> 故，其言之成理，足以欺惑愚眾；是它囂魏牟也。（非十二子
> 篇）

　　但重視理想主義的孟子，刻意在道德價值世界中，建構其理想
國。所以我主張：必須從道德價值建構的角度上，去詮釋他的學說，
才是合適的。

　　基於此，我回應我在本文提出的問題，包括：

　　一、何謂中國哲學的現代詮釋？就是必須先了解中國哲學的特色
是什麼？我經過以上的分析，認為：中國哲學通常是建立在天人合一
上，以「天」作為一個理想標準，而人，必須通過天，給我們的最重
要的禮物——所謂天爵，了解如何讓我們的行為合乎天道。在孟子主
觀的判斷中，「仁」是給人最大的禮物，所以必須去從此本心：「仁之
端」上去修行。

　　二、楊澤波在《孟子評傳》中的現代詮釋，究竟有何具體的成
績？又有何值得檢討的地方？

　　楊澤波在《孟子評傳》中的現代詮釋，究竟有何具體的成績？包
括他能夠根據其歷史觀點去了解《孟子》。又他在「義命對揚」上的
討論是可圈可點的。有認為：天子是依照天命就任大位的觀點，具有
歷史的根據。

　　但他對於《孟子》的了解，只想到要落在幾個論辨中。可是他從

此來觀察《孟子》的方式，在我分析之後，發現他不能就其整個哲學架構去分析，所以最後形成「以片段的話語」去解釋去全部學說的問題；此見其解讀人性之辨止是如此，於其他論述上也是如此；例如他先將王霸之辯方在第三章來討論，卻將最重要的人性問題，放在第七章來討論，就是缺乏掌握一家學說重點能力的具體證明。

最大的問題可能是，他對中國哲學之所以是中國哲學的特色不能清楚的掌握；例如以西方哲學知識論建構的皮亞傑理論，來詮釋以實踐進路之孟學，這顯然有張冠李戴之嫌。[48]所以所謂孟子哲學的現代詮釋，必須遵守一個起碼的原則，就是不可逾越孟子哲學的道德價值意義。反之，如楊澤波竟然以西方科學哲學家皮亞杰的理論去批評孟子，是違背哲學詮釋學重視的「本體自證」的基本原則。

在人性之辨中，他犯的錯誤還有，就是提出孔孟心性學說的分歧說：「孟子心性之學只有欲性、人性兩個層面，少了智性的層面，與孔子有嚴重的分歧。」[49]又說：「如上所說，智性在孔子心性之學中止通過學習而成就道德的一種能力和性向。這種能力和性向在孟子身上智是沒有。換句話說，在學習問題上，孟子與孔子發生了分歧。」[50]

他這樣將孔孟將以分歧，似乎已打破孔孟思想一脈相傳的說法。但他對於孟子曾經提出孔學中含有性善說的部分，視而不見之外，最不可原諒的錯誤是，「少了智性的層面」。試問孟子主張的「是非之心，智之端也」做何種解釋？又作者作為孟子諸種辯論的思維，做何種解釋；所謂「吾豈好辯哉」一語，就是孟子心性學中，含有智性的證明；如他與告子對於人性的辯論，不就是最好的證明嗎？

所以我對楊澤波的孟子現代詮釋，感到相當失望！還希望他能重新去研究《孟子》，乃至先秦儒家的一切真相。

---

48 此一如以荀子客觀世界的觀點去批判孟子的不是。

49 楊澤波：《孟子評傳》，頁349。

50 楊澤波：《孟子評傳》，頁350。

第十章
評論譚家哲著《孟子平解》

一　前言

　　臺北唐山出版社於二〇一〇年出版了譚家哲著《孟子平解》一書；這是一部近年來在臺灣新出版的孟子著作，對於一向關心孟子相關著作的我來說，能有機會讀到臺灣出版這樣一部著作，感到相當欣慰。此外，也佩服作者能夠以同情的理解去看待這部中國的基本經典，如能發掘其中的的重要價值。

　　不但如此，作者是曾以逐句抄寫的方式去領會經典的意義，[1]這也等於提示我輩學者，讀經典的方法，必須以誠敬之心，才能通透其中的真義。凡此，也可見，他在此書的見地，是經過一番深思熟慮之後才發表出來的心得；這在經常出現的「衝動之作」相比，更使我覺得有一讀的必要。於是我不但在讀完此書之後，必須向讀者介紹此書值得閱讀的優點，也準備依循學術研究的批判精神，試以現代學術的規格，[2]進行不客氣的批判，並且以當今學術界的一些對孟子的共識，想做這提出一些建議。至於這些建議，在作者看完後，或許可以當作不同研究者，開始建立學術討論的平臺來看待。換句話說，學術需要有這樣討論的空間，已經很久了。因此我希望用這種方式來進行有意義的討論，好嗎？

　　基於此，我將以下列幾項主題為討論的對象：

1　譚家哲：《孟子平解》（臺北：唐山出版社，2010年），頁17。
2　我所謂的學術規格，包括在學術討論中，必須以交互參照、正反並陳的方式進行討論，否則，將會淪為個人主觀的論斷，而不自知。

一、評論譚家哲《孟子平解》的動機與目的
二、譚家哲《孟子平解》架構與成就簡介
三、譚家哲《孟子平解》詮釋孟子的方法與特色
四、譚家哲《孟子平解》詮釋孟子的缺失

二　評論譚家哲《孟子平解》的動機與目的

　　一、評論譚家哲《孟子平解》的動機

　　對於臺灣學界有關新出版的孟子學著作，希望學者都能有相當大的關注；特別是，這是經過作者多年的思考之後，提出的個人有獨特見解之作，所以我以拋磚引玉的態度來介紹這本新著。

　　二、評論譚家哲《孟子平解》的目的

　　其中的目的有二：一、能給作者多一些支持與鼓勵。二、進一步，提出不同的意見與建議，以啟發對孟子研究的熱烈風氣。

三　譚家哲著《孟子平解》架構與成就簡介

（一）譚家哲著的《孟子平解》基本架構如下

　　（1）全書分為十二部分來進行分析；但最重要是剔除第七章，只認為：《孟子》的第七章是其弟子在「極似聆聽孟子講述後的、以自己之方式記錄下來，或基於孟子所說而自己進一步講述，甚或單純是自己之體會與領悟。」[3]；但這種驚人之論，究竟有沒有道理呢？

　　（2）在全書中，將《孟子》的前六章的每一篇，分為上下兩部分來分析，而且，將每一部分以數個要義進行詮釋；例如：在分析〈梁惠王上篇〉以七個影響人類現實存在的最高方面進行說明如下：

3　譚家哲：《孟子平解》，頁26。

1. 論現實存在之最高範疇之一：利
2. 論現實存在之最高範疇之二：樂欲
3. 論現實存在之最高範疇之三：戰
4. 論現實存在之最高範疇之四：政（制度）
5. 論現實存在之最高範疇之五：強
6. 論現實存在之最高範疇之六：至高者
7. 論現實存在之最高範疇之七：君主[4]

（3）本書有綜論：包括《孟子》總說、《孟子》書之結構、對〈盡心篇〉之說明、儒學與孟子思想綜論，以及參考版本與參考的白話今譯註。但無最後的結論。[5]

（二）譚家哲著《孟子平解》成就簡介

我認為：此書最大的成就有二：一、能夠將《孟子》各章的要旨做充分的說明，使讀者容易進入孟子的哲學世界之中。二、能對於《孟子》全書的來源，做全新的反思，其結論是：《孟子》的第七章不是孟子所著，這也可能引起最大的爭議，但也可能因此掀起學界對此重要問題的討論風氣。

四　譚家哲《孟子平解》詮釋孟子的方法與特色

（一）通常討詮釋論孟子的方法，大致上可分下列幾種

1. 注疏的方式；如中國歷代的《孟子》注疏，其特色是字義的澄清、句意的解釋，乃至將歷代重要的註解，臚列於上，最後再加上個人的見解。我以為這樣的注疏有其優點，就是夠充分運用交互參照、

4　譚家哲：《孟子平解》，頁48-80。
5　譚家哲：《孟子平解》，頁20-47。

正反並陳的原則進行討論。[6]

　　2.歷史方法的研究；就是將研究的經典放回其產生的時代中，加以理解；例如研究孟子哲學的真相，必須將他的哲學與墨子學說，甚至於與孔子學說進行比較；因為據孟子說：他的時代思潮是「不歸楊，則歸墨」[7]因此，我們由孟墨哲學的比較，可以發現：孟子一生所爭取的，就是對於其重視的倫理道德。[8]又孟子一生以發揚孔子學

6　今以朱子的《四書章句集注》為例，在其後半生中用了大量的心血撰寫和反覆修改四書注釋而成；徐德明校點：〈校點說明〉，朱熹：《四書章句集注》（上海：上海古籍出版社，2001年），頁1-5。當然，也有學者提出不同意見；如黃俊傑認為：應加入「尚友古人與古人對話進入古人的心魂」的對話的詮釋方法與「進入古人的時空情境」的歷史解釋方法。〈論經典詮釋與哲學建構之關係──以朱子對四書的解釋為中心〉，《南京大學學報（哲學‧人文科學‧社會科學）》2007年第2期，頁103-112。

7　「聖王不作，諸侯放恣，處士橫議，楊朱、墨翟之言盈天下。天下之言，不歸楊，則歸墨。楊氏為我，是無君也；墨氏兼愛，是無父也。無父無君，是禽獸也。公明儀曰：『庖有肥肉，廄有肥馬，民有飢色，野有餓莩，此率獸而食人也。』楊墨之道不息，孔子之道不著，是邪說誣民，充塞仁義也。仁義充塞，則率獸食人，人將相食。吾為此懼，閑先聖之道，距楊墨，放淫辭，邪說者不得作。作於其心，害於其事；作於其事，害於其政。聖人復起，不易吾言矣。」「昔者禹抑洪水而天下平，周公兼夷狄驅猛獸而百姓寧，孔子成《春秋》而亂臣賊子懼。《詩》云：『戎狄是膺，荊舒是懲，則莫我敢承。』無父無君，是周公所膺也。我亦欲正人心，息邪說，距詖行，放淫辭，以承三聖者；豈好辯哉？予不得已也。能言距楊墨者，聖人之徒也。」（滕文公下：5）

8　宋牼將之楚，孟子遇於石丘。曰：「先生將何之？」曰：「吾聞秦楚構兵，我將見楚王說而罷之。楚王不悅，我將見秦王說而罷之，二王我將有所遇焉。」曰：「軻也請無問其詳，願聞其指。說之將何如？」曰：「我將言其不利也。」曰：「先生之志則大矣，先生之號則不可。先生以利說秦楚之王，秦楚之王悅於利，以罷三軍之師，是三軍之士樂罷而悅於利也。為人臣者懷利以事其君，為人子者懷利以事其父，為人弟者懷利以事其兄，是君臣、父子、兄弟終去仁義，懷利以相接，然而不亡者，未之有也。先生以仁義說秦楚之王，秦楚之王悅於仁義，而罷三軍之師，是三軍之士樂罷而悅於仁義也。為人臣者懷仁義以事其君，為人子者懷仁義以事其父，為人弟者懷仁義以事其兄，是君臣、父子、兄弟去利，懷仁義以相接也。然而不王者，未之有也。何必曰利？」（告子下：14）有關這方面，我認為，這是解讀有濃厚歷史感的中國哲學家的著作必不可少的常識；例如H.G. Creel就以墨子生存的宋國來分析墨子的主張，而獲得許多精闢的見解。*Chinese Thought from Confucius to Mao Tse-tung*, The Univ. of Chicago Press, 1953, pp.46-67。

說為最大的志願，所以對於其性善說的建立，必須以孔子最重視的，如何做人[9]，乃至，建立君子人格的理論依據上進行瞭解。[10]

1.文本直接解讀法；對一家學說進行長期的閱讀、反思，然後對各章節的要旨先進行充分的認識。並以為基準，對各章節加以評論。譚家哲《孟子平解》詮釋孟子的方法，大體如此。

2.創造性的詮釋法；即認為文本某一問題上，所論有所不足，又認為，因此，應該為原作者進行進一步的發揮。這一說法源自已故的傅偉勳教授，又由已故的劉述先教授加以補充，名為改造的詮釋法。大體而言，孟子發展出的儒家哲學屬於此類。

3.基本概念釐清法；就是就一家思想的基本概念先做基本的釐清，因為這些概念，是構成思想的細胞。目前做的最好的，可能數發揚新儒家的唐君毅。

以上分類的目的，主要還是讓讀者瞭解到，到底譚家哲《孟子平解》詮釋孟子的方法，在眾家孟子解讀上到底屬於何類？或許這樣的分類，可能還有未盡之處，我希望有機會在未來加以補充。

9　子曰：「富與貴是人之所欲也，不以其道得之，不處也；貧與賤是人之所惡也，不以其道得之，不去也。君子去仁，惡乎成名？君子無終食之間違仁，造次必於是，顛沛必於是。」（里仁：5）

10　公都子曰：「告子曰：『性無善無不善也。』或曰：『性可以為善，可以為不善；是故文武興，則民好善；幽厲興，則民好暴。』或曰：『有性善，有性不善；是故以堯為君而有象，以瞽瞍為父而有舜；以紂為兄之子且以為君，而有微子啟、王子比干。』今曰『性善』，然則彼皆非與？」孟子曰：「乃若其情，則可以為善矣，乃所謂善也。若夫為不善，非才之罪也。惻隱之心，人皆有之；羞惡之心，人皆有之；恭敬之心，人皆有之；是非之心，人皆有之。惻隱之心，仁也；羞惡之心，義也；恭敬之心，禮也；是非之心，智也。仁義禮智，非由外鑠我也，我固有之也，弗思耳矣。故曰：『求則得之，舍則失之。』或相倍蓰而無算者，不能盡其才者也。《詩》曰：『天生蒸民，有物有則。民之秉夷，好是懿德。』孔子曰：『為此詩者，其知道乎！故有物必有則，民之秉夷也，故好是懿德。』」（告子上：6）

（二）譚家哲《孟子平解》詮釋孟子方法

基本上，文本直接解讀法是作者譚家哲《孟子平解》採取的主要方法。茲分析其內容如下：

1　能從內容把握各章節的結構、主旨，然後，才加以論述其意義

我以為，這是閱讀經典最重要的工作；因為任何文章都必須先有主旨最為其論述的中心，否則，無法講出一種言之有物的道理。再者，就結構而言，它是構成一篇文章的骨幹；它就好像一棵樹的枝幹，我們可以由此枝幹，瞭解它是一棵怎樣的樹。今舉譚家哲《孟子平解》詮釋孟子的方法來說，他認為〈滕文公上篇〉的主題結構是「論道」。例如，在第一章的詮釋中，認為：

> 道之為道，其內容也只為堯舜之道而已，而堯舜之道，實也人人之道，及作為仁及為人知仁善知道而已。……而這是人類首先所必需的。此〈滕文公上〉第一章有關「道一」之論旨。[11]

今論譚家哲的詮釋講得如何？我認為，已深中孟子之道的要旨；此誠如朱子在此章末所下按語：

> 孟子之言性善，始見於此，而詳於〈告子〉之篇。然默識而旁通之，則七篇之中，無非此理。其所以擴聖人之未發，而有功於聖人之門，程子之言信矣。[12]

對於朱子有研究的學者都知道，朱子一生致力於四書的註解工

---

11 譚家哲：《孟子平解》，頁209。
12 朱熹：《四書章句集注》（北京：上海古籍出版社，2001年），頁295。

作，也經過多次的修改，而且能參考眾家說法，所以他上述下的結論，是相當可靠的結論。[13]也因此，可以說，譚家哲談孟子時，對於這章重要性的肯定，也是他經過長期研究孟子要義之後，深思熟慮的結論；這也正是我們做學問時，必須具備的基本態度。

譚家哲談《孟子》〈滕文公上篇〉第二章有言：

> （孟子）之所以三年之喪始為客觀，這因如孔子有關三年之喪
> 所說的：「子生三年，然後免於父母之懷。」故「夫三年之
> 喪，天下之通喪也。」若我們不考慮其他現實或時代背景偶然
> 之原因，喪之三年，其意味對父母三年懷育之回報，是基於這
> 人性客觀之事實而始有的，其客觀性在此。[14]

我認為，譚家哲在此談孟子主張「夫三年之喪，天下之通喪也。」的含義極精要；因為歷史家如胡適或傅斯年會質疑孟子此主張的客觀性。[15]但依儒家的觀點，人性本善才是他們的真理或有關客觀性的學說。所以在關鍵處，過去孔子絕不會退讓一步，而欲發揚孔學的孟子，也必須堅持「夫三年之喪，天下之通喪也。」之說。

今為證明這一點，我先舉孔子與弟子宰我的辯論來說：

> 宰我問：「三年之喪，期已久矣。君子三年不為禮，禮必壞；
> 三年不為樂，樂必崩。舊穀既沒，新穀既升，鑽燧改火，期可
> 已矣。」子曰：「食夫稻，衣夫錦，於女安乎？」曰：「安。」
> 「女安則為之！夫君子之居喪，食旨不甘，聞樂不樂，居處不

---

13 黃錦鋐：〈四書集注導讀〉（臺北：世界書局，1956年），頁1-15。

14 譚家哲：《孟子平解》，頁214-215。

15 見胡適著：〈說儒〉及附錄傅斯年文，《胡適全集》（第4卷）（合肥：安徽人民出版
社，2007年），頁1-113。

安，故不為也。今女安，則為之！」宰我出。子曰：「予之不
仁也！子生三年，然後免於父母之懷。夫三年之喪，天下之通
喪也。予也，有三年之愛於其父母乎？」（陽貨：21）

在這段話中，重點顯然落在有「三年之愛於其父母乎？」愛不是一種
可以「計時計量的」，所以孔子反對宰我的節喪，目的在於提醒人們
重視對父母的孝心，不能以量來計算。這也就是譚家哲在此談孟子主
張「夫三年之喪，天下之通喪也。」的含義中的客觀性。今再回到孟
子主張三年之喪來說，也如同孔子主張的，是基於對父母之情，此即
他說的：

然友復之鄒問孟子。孟子曰：「然。不可以他求者也。孔子
曰：『君薨，聽於冢宰。歠粥，面深墨。即位而哭，百官有
司，莫敢不哀，先之也。』上有好者，下必有甚焉者矣。『君
子之德，風也；小人之德，草也。草尚之風必偃。』是在世
子。」（滕文公上：2）

再依譚家哲這段話的解讀是——儒家講的是非，是價值世界或主觀世
界裡的是非，不是胡適或傅斯年等歷史學者，以客觀世界的歷史眼
光，來否定孔孟的上述主張的是非。這是我們讀中國經典時，必須有
的「基本認知」。[16]所以我認為，譚家哲對段話的解讀，具有超越前輩

---

16 即如當年孔子著《春秋》之義，主要是將《春秋》作為道德教化的教材；所以孟子
　曾說：「世衰道微，邪說暴行有作，臣弒其君者有之，子弒其父者有之。孔子懼，
　作《春秋》。《春秋》，天子之事也。是故孔子曰：『知我者其惟春秋乎！罪我者其惟
　春秋乎！』聖王不作，諸侯放恣，處士橫議，楊朱、墨翟之言盈天下。天下之言，
　不歸楊，則歸墨。楊氏為我，是無君也；墨氏兼愛，是無父也。無父無君，是禽獸
　也。公明儀曰：『庖有肥肉，廄有肥馬，民有飢色，野有餓莩，此率獸而食人
　也。』楊墨之道不息，孔子之道不著，是邪說誣民，充塞仁義也。仁義充塞，則率

學者如胡適或傅斯年的地方。確實值得我們重視與讚美。

再就譚家哲就〈滕文公上篇〉第三章所論述的治國之道來說，他能夠分析孟子何以主張助法的理由，以凸顯孟子主張的苦心。譬如他說：

> 無論怎樣，孟子之意思是清楚的，及國家政府對於人民之賦稅，必須依據人民之情況來徵收，不能以政府自身之利益為優先，一切反而應以人民之情況為優先，在政府與人民之間，應以人民為優先，此助之精神所在，以民之養為先於一切需要故。[17]

論者以為，譚家哲對〈滕文公上篇〉第三章的解讀，具有意義；其理由是，三代之稅收法的名稱雖有不同，但都是十取一的方法。但問題是，政府遇到荒年，人民歉收的時候應有變通的辦法。這正是孟子哲學的精義所在，也是我一直認為孟子哲學雖然是距今已有兩年千年，卻仍然有值得學習的智慧之原因。今試簡單申論之如下；今先看孟子的時代背景：

> 孟子曰：五霸者，三王之罪人也；今之諸侯，五霸之罪人也；今之大夫，今之諸侯之罪人也。天子適諸侯曰巡狩，諸侯朝於

獸食人，人將相食。吾為此懼，閑先聖之道，距楊墨，放淫辭，邪說者不得作。作於其心，害於其事；作於其事，害於其政。聖人復起，不易吾言矣。昔者禹抑洪水而天下平，周公兼夷狄驅猛獸而百姓寧，孔子成《春秋》而亂臣賊子懼。《詩》云：『戎狄是膺，荊舒是懲，則莫我敢承。』無父無君，是周公所膺也。我亦欲正人心，息邪說，距詖行，放淫辭，以承三聖者；豈好辯哉？予不得已也。能言距楊墨者，聖人之徒也。」（滕文公下14）有關這一點，大陸歷史家王成軍在《中西古典史學的對話──司馬遷與普魯塔克傳記史學觀念之比較》中，也指出：「司馬遷將道德價值同因果關係聯繫起來。」（北京：中國社會科學出版社，2009年），頁155。這說明司馬遷繼承了孔孟的歷史觀，我認為是正確的。

17 譚家哲：《孟子平解》，頁220。

> 天子曰述職。春省耕而補不足，秋省斂而助不給。入其疆，土
> 地辟，田野治，養老尊賢，俊傑在位，則有慶，慶以地。入其
> 疆，土地荒蕪，遺老失賢，掊克在位，則有讓。一不朝，則貶
> 其爵；再不朝，則削其地；三不朝，則六師移之。是故天子討
> 而不伐，諸侯伐而不討。五霸者，摟諸侯以伐諸侯者也，故
> 曰：五霸者，三王之罪人也。（告子下：7）

這是說，孟子是戰國時代的人，但他看到的社會亂象卻是，諸侯彼此
征伐，以至於，老百姓的生活長期處於飢寒交迫的狀態中。所以他有
「五霸者，三王之罪人也。」的結論。

　　但孟子指出的最重要的問題還在於：五霸自己違反了他們互訂的
盟約：

> 五霸，桓公為盛。葵丘之會諸侯，束牲、載書而不歃血。初命
> 曰：「誅不孝，無易樹子，無以妾為妻。」再命曰：「尊賢育
> 才，以彰有德。」三命曰：「敬老慈幼，無忘賓旅。」四命
> 曰：「士無世官，官事無攝，取士必得，無專殺大夫。」五命
> 曰：「無曲防，無遏糴，無有封而不告。」曰：「凡我同盟之
> 人，既盟之後，言歸于好。」今之諸侯，皆犯此五禁，故曰：
> 今之諸侯，五霸之罪人也。長君之惡其罪小，逢君之惡其罪
> 大。今之大夫，皆逢君之惡，故曰：今之大夫，今之諸侯之罪
> 人也。（告子下：7）

此處所謂命，就是盟約；其中最重要一條，就是「敬老慈幼，無忘賓
旅。」；意為，尊敬老人，慈愛幼小，不要忘記協助外來的賓客。而
且，就歷史事實來說，五霸自己違反了他們互訂的盟約之現象，在

《左傳》中已有不少的紀載[18]；今根據羅珍在〈春秋霸主盟示行為性質變化對孔子若干學說形成影響探源〉的結論中說：

> 在盟誓制度消失以後，盟誓重信眾意的倫理觀念盟誓卻在中國政治倫理和人生倫理中占重要地位。……由於孔子的創造性繼承，盟誓的靈魂——尚信、守信的觀念留下了，孔子的思想在整個封建社會中占統治地位，對中國文化發生了深刻而巨大的影響。[19]

而孟子雖然生於孔子後一百多年，但面對的問題幾乎相同；都是戰爭慘酷、人民流離失所，故孟子希望各國回到當時訂的契約（盟約）上來。其目的，顯然是想用倫理道德的王道文化，替代當時各國追求的霸道文化。[20]因此，譚家哲對〈滕文公上篇〉第三章的解讀，能從孟子的王道文化來論述此章的精義，是相應的。進一步說，如果譚家哲能像羅珍一樣，能將孟子哲學放在歷史的脈絡去解讀，將更能

---

18 羅珍在〈春秋霸主盟示行為性質變化對孔子若干學說形成影響探源〉中，引的最重要證據是《左傳》〈定公十年〉的盟誓；定公十年：十年，春，及齊平。夏，公會齊侯于祝其，實夾谷，孔丘相，犁彌言於齊侯曰，孔丘知禮而無勇，若使萊人以兵劫魯侯，必得志焉，齊侯從之，孔丘以公退，曰，士兵之，兩君合好，而裔夷之俘，以兵亂之，非齊君所以命諸侯也，裔不謀夏，夷不亂華，俘不干盟，兵不偪好，於神為不祥，於德為愆義，於人為失禮，君必不然，齊侯聞之，遽辟之，將盟，齊人加於載書曰，齊師出竟，而不以甲車三百乘從我者，有如此盟，孔丘使茲無還揖對曰，而不反我汶陽之田，吾以共命者，亦如之，齊侯將享公，孔丘謂梁丘，據，曰，齊魯之故，吾子何不聞焉，事既成矣，而又享之，是勤執事也，且犧象不出門，嘉樂不野合，饗而既具，是棄禮也，若其不具，用秕稗也，用秕稗君辱，棄禮名惡，子盍圖之，夫享所以昭德也，不昭不如其已也，乃不果享，齊人來歸鄆讙龜陰之田。上海大學歷史系主編，《中國古代史新論》（上海：學林出版社，2007年），頁132-133。
19 羅珍：〈春秋霸主盟示行為性質變化對孔子若干學說形成影響探源〉，頁145。
20 但在孟子的王霸之辨中，並非一般人所謂的儼然不可分別；有關這一點，我將引用李明輝的論文加以說明。

瞭解孟子何以一再論「助法」中，重視養民為優先。[21]

基於此，在研究中國哲學中，我除了贊成譚家哲的反覆閱讀法之外，更認為，上述的歷史研究法，有運用的必要。

再者，孟子當年就能反省到──社會正義的問題；如譚家哲指出的「不能以政府自身之利益為優先，一切反而應以人民之情況為優先」，用孟子的話是「春省耕而補不足，秋省斂而助不給。夏諺曰：『吾王不遊，吾何以休？吾王不豫，吾何以助？一遊一豫，為諸侯度。』」（梁惠王下：4）因此我必須指出，在中國古代聖賢的哲學中，不乏現代治國的智慧，而譚家哲在其解讀中，能夠明白指出，確實有暮鼓晨鐘的功能。

小結

有關譚家哲對於孟子解讀的第一種方法──能從內容把握各章節的結構、主旨，然後，才加以論述其意義，由於篇幅的關係，我只能分析到此。對於他這種方法的特色，最值得我們學習的，就是，我們對於經典的閱讀的第一信條，就是反反覆覆去精讀。之外，就是像譚家哲那樣能夠進行全書前後的反思。或說，對於整個經典的精神掌握

---

21 重要參考資料見齊宣王見孟子於雪宮。王曰：「賢者亦有此樂乎？」孟子對曰：「有。人不得，則非其上矣。不得而非其上者，非也；為民上而不與民同樂者，亦非也。樂民之樂者，民亦樂其樂；憂民之憂者，民亦憂其憂。樂以天下，憂以天下，然而不王者，未之有也。昔者齊景公問於晏子曰：『吾欲觀於轉附、朝儛，遵海而南，放于琅邪。吾何脩而可以比於先王觀也？』晏子對曰：『善哉問也！天子適諸侯曰巡狩，巡狩者巡所守也；諸侯朝於天子曰述職，述職者述所職也。無非事者。春省耕而補不足，秋省斂而助不給。夏諺曰：「吾王不遊，吾何以休？吾王不豫，吾何以助？一遊一豫，為諸侯度。」今也不然：師行而糧食，飢者弗食，勞者弗息。睊睊胥讒，民乃作慝。方命虐民，飲食若流。流連荒亡，為諸侯憂。從流下而忘反謂之流，從流上而忘反謂之連，從獸無厭謂之荒，樂酒無厭謂之亡。先王無流連之樂，荒亡之行。惟君所行也。』景公說，大戒於國，出舍於郊。於是始興發補不足。召大師曰：『為我作君臣相說之樂！』蓋徵招角招是也。其詩曰：『畜君何尤？』畜君者，好君也。」（梁惠王下：4）

之後，再來重新閱讀其中的章句，這的確是我們進入一家哲學體系的良好途徑。

2 能把握關鍵詞背後的涵義，為孟子的主張進行論辯

譬如，他在解讀〈梁惠王上篇〉第一章「論現實存在之最高範疇一：利」中，認為：

> 孟子的意思是，人類於其存在，從來只講利行事，以為如此之方向是唯一或者必然之方向。而不知，若單純從存在言，是無必然如此。[22]

為什麼可以這樣說呢？譚家哲認為：

> 以利言生存，故必有我與他人之對立，亦因而引申強弱或與強弱有關互相傷害、互相限制，甚至如戰爭之互相破壞等等為擁有而至的現象。[23]

又說：

> 以仁義而存在，人不會對任何他人有所遺棄與怠慢，是不會不重視任何人之生存與事情之需要。[24]

這種解釋，事實上就是孟子在第一章分析的，經過比較之後，唯利是圖與講仁義的不同結果。因為孟子曾比較求義與求利的結果儼然

---

22 譚家哲：《孟子平解》，頁50。
23 譚家哲：《孟子平解》，頁51。
24 譚家哲：《孟子平解》，頁51。

不同：

> 大夫曰「何以利吾家」？士庶人曰「何以利吾身」？上下交征
> 利而國危矣。萬乘之國弒其君者，必千乘之家；千乘之國弒其
> 君者，必百乘之家。萬取千焉，千取百焉，不為不多矣。苟為
> 後義而先利，不奪不饜。未有仁而遺其親者也，未有義而後其
> 君者也。王亦曰仁義而已矣，何必曰利？（梁惠王上：1）

　　但謝冰瑩等著之《新譯四書讀本》在此章旨中說：「孟子見時人
唯利是求，以致社會混亂，國際紛爭；乃倡言仁義，以救時弊。」[25]
卻未能從當時流行的功利主義的流弊與行仁義上進行論辯，所以對於
孟子之「亦曰仁義而已矣，何必曰利？」的理由，可能會造成不甚瞭
解的結論。[26]為什麼必須如此呢？因為論辯本是孟子哲學的最大特
色。而三大論辯中的第一辯就是義利之辯。因此譚家哲從孟子論辯的
立場與方法，進行上述的深入解讀，我以為是他運用孟子論理的方
法，進行對孟學的正確理解。[27]
　　不過，如果我們還想對譚家哲從孟子論辯的立場與方法，進行這
章的解讀之外，進行這樣的補充的話，似乎可以從孟子提升人類價值

---

25 謝冰瑩等著：《新譯四書讀本》（臺北：三民書局，1991年），頁303。

26 以韓非來說，他在〈姦劫弒臣篇上〉竟然說：世之學術者說人主，不曰「乘威嚴之
　勢以困姦邪之臣」，而皆曰「仁義惠愛而已矣」。世主美仁義之名而不察其實，是以
　大者國亡身死，小者地削主卑。何以明之？夫施與貧困者，此世之所謂仁義；哀憐
　百姓不忍誅罰者，此世之所謂惠愛也。夫有施與貧困，則無功者得賞；不忍誅罰，
　則暴亂者不止。國有無功得賞者，則民不外務當敵斬首，內不急力田疾作，皆欲行
　貨財、事富貴、為私善、立名譽以取尊官厚俸。故姦私之臣愈眾，而暴亂之徒愈
　勝，不亡何待？夫嚴刑者，民之所畏也；重罰者，民之所惡也。故聖人陳其所畏以
　禁其邪，設其所惡以防其姦。

27 李素梅認為孟子的文體有四種：語錄式、短評式、問難式、敘議結合式。〈孟子文
　體辨〉，《安陽師範學院學報》，2007年第9期，頁64-66。

的立場來立論，就是在君子與一般人的區別來說的；如孟子曾說：

> 梓匠輪輿，其志將以求食也；君子之為道也，其志亦將以求食
> 與？（滕文公下：8）

　　故這裡還牽涉到一個極重要的道德問題，就是我們希望成為一個
唯利是圖的人，還是追求道德人格的人呢？

　　這顯然是一種人生重要的道德抉擇（moral choice）。不但如此，
即使自認為天下人謀福利，但不是基於道德的動機，而只是為達到某
一種目的（如墨者宋牼的止戰之說），也是孟子不取的，也就是說，
孟子發揚的是儒家的超越精神，因此希望君王能夠從根本問題（周文
疲弊）上，做超越的解決。[28]這是我們讀聖賢書的目的。所以立志於
此的人，也應該讀出孟子反對墨者的原因。否則，讀聖賢書的人，可
能依然陷入五里霧中。[29]不過，譚家哲能以孟子的論辯方法來進行孟

---

28 這種超越，可視為對當時一般君王作法的超越。也可視為對墨家專講功利的結果之
　超越；證據在〈告子下篇〉第24篇宋牼將之楚，孟子遇於石丘。曰：「先生將何
　之？」曰：「吾聞秦楚構兵，我將見楚王說而罷之。楚王不悅，我將見秦王說而罷
　之，二王我將有所遇焉。」曰：「軻也請無問其詳，願聞其指。說之將何如？」
　曰：「我將言其不利也。」曰：「先生之志則大矣，先生之號則不可。先生以利說秦
　楚之王，秦楚之王悅於利，以罷三軍之師，是三軍之士樂罷而悅於利也。為人臣者
　懷利以事其君，為人子者懷利以事其父，為人弟者懷利以事其兄。是君臣、父子、
　兄弟終去仁義，懷利以相接，然而不亡者，未之有也。先生以仁義說秦楚之王，秦
　楚之王悅於仁義，而罷三軍之師，是三軍之士樂罷而悅於仁義也。為人臣者懷仁義
　以事其君，為人子者懷仁義以事其父，為人弟者懷仁義以事其兄，是君臣、父子、
　兄弟去利，懷仁義以相接也。然而不王者，未之有也。何必曰利？」由此可知，孟
　子反對從結果來論道德的是非。或說，即使墨者宋牼自認為將做一件好事，但在孟
　子看來，凡以功利為動機的道德行為，都在他反對之列。
29 對於孟子何以要不斷與不同學派的思想家進行論辯？我以為：包括兩層意義；為真
　理而辯——其真理，自然是道德倫理。一為反對異端之說，包括當時的墨家宋牼、
　農家許行、道家告子等等。故我不認為：孟子沒有排斥異端的意思；其最重要的證
　據在孟子說的：「昔者禹抑洪水而天下平，周公兼夷狄驅猛獸而百姓寧，孔子成

子論述，已證明他具備一般學者沒有的功力。

3 能把握儒家的中心思想，進行論述

我認為：這是解讀儒家經典最重要的方法。今論儒家思想的中心思想為何？簡單說，就是發揮忠恕之道，這在孔子來說，就是發揚「己欲立而立人，己欲達而達人」的精神。在孟子則說「親親而仁民，仁民而愛物」。因此，在儒家論述中，一切經典如《詩經》，在孔孟眼中，已儒家化。例如孔子論《詩經》，是取其道德義；所以他說：「詩三百，一言以蔽之，曰『思無邪』。」（為政：2）。同理，孟子論詩，也往往對《詩經》斷章取義，從道德的觀點進行論述；如：

> 齊宣王問曰：「交鄰國有道乎？」
>
> 孟子對曰：「有。惟仁者為能以大事小，是故湯事葛，文王事昆夷；惟智者為能以小事大，故大王事獯鬻，句踐事吳。以大事小者，樂天者也；以小事大者，畏天者也。樂天者保天下，畏天者保其國。《詩》云：『畏天之威，于時保之。』」（梁惠王下：10）

但所引詩原文是：《周頌》〈我將篇〉：「我將我享、維羊維牛、維天其右之。儀式刑文王之典、日靖四方。伊嘏文王、既右享之。我其夙夜、畏天之威、于時保之。」[30]

《春秋》而亂臣賊子懼。《詩》云：『戎狄是膺，荊舒是懲，則莫我敢承。』無父無君，是周公所膺也。我亦欲正人心，息邪說，距詖行，放淫辭，以承三聖者；豈好辯哉？予不得已也。能言距楊墨者，聖人之徒也。」（滕文公下：14）

30 其原文意義是：敘述周武王在出兵伐殷時，祭祀上帝和文王，祈求他們保佑的詩。高亨：《詩經今注》（臺北：漢京文化公司，1984年），頁480。但孟子將其中一句，作為畏天的警語。

因此過去學者對於這樣的引用多所批評。[31]然而，我卻認為，讀孔孟的書，就是必須這樣去理解或解讀它，才是正確的。[32]例如〈梁惠王上〉第二章譚家哲認為其主旨是論快樂。但這種快樂，也必須建立在德行之上，這才能於上述孔孟之教義相應；因此譚家哲在此段論述中，就是如此說的：

> 孟子有關快樂之分析，以快樂先在心而非先在物，心在事後而非在事前，都同時指出，真正之快樂，是以行為基礎的，非悖離德行而能有所謂快樂的。[33]

今所謂「非悖離德行而能有所謂快樂的」，正是孟子希望梁惠王從道德上做到眾樂的意思。但我同時比較趙岐的註解，發現他並沒有這種高明的見解。[34]

小結

今就譚家哲解讀孟子的第二三方法而論，他從孟子的思維方法：論辯道德是非（如義利之辯）上進行論述，又能把孔孟儒家化的取向（即道德價值的取向）進行解讀。

---

31 如白川靜著，杜正勝譯：《詩經的世界》（臺北：東大出版社，89年10月初版），頁1-10。

32 這在黃俊傑來看，叫確認性的脈絡解經法；指「孟子常引用經典的文句以肯定支持或確認他論述的某一命題或主張。」黃俊傑：〈孟子運用經典的脈絡及一解經方法〉，李明輝主編：《儒家經典詮釋方法》（臺北：臺灣大學出版中心，2004年），頁169。

33 譚家哲：《孟子平解》，頁54-55。

34 趙岐的註解是：章旨言聖王之德與民樂，恩及鳥獸，則祈戴其上太平化興。無道之君眾怒則國滅祀絕，不得保守其所樂也。《孟子》上冊《四部要籍注疏叢刊》（北京：中華書局，1998年），頁5。趙岐的註解已偏向宗教的解讀，與孔子「敬鬼神而遠之」的觀念悖離。

（三）譚家哲《孟子平解》詮釋孟子的特色

所謂譚家哲《孟子平解》詮釋孟子的特色，當然是指其他學者，不曾做過，或雖然從事，卻未能深入的地方。在譚家哲《孟子平解》詮釋孟子時，他先有綜論；其中包括《孟子》書總說、《孟子》書結構、對〈盡心篇〉之說明、以及儒學與孟子綜論。然後，對各章的主旨加以說明；如對〈梁惠王上篇〉各章的主旨分析如下：

一、利。二、樂欲。三、戰。四、政（制度）。五、強。六、至高者。七、君主。[35]

有關後者，我已在上一節舉例說明，不再解釋其義。但值得注意的是，他能夠比較出《論語》《孟子》的不同，在於孟子對於儒家的要義歸納起來，而且以自己的方式，建立一個哲學系統。[36]有關這一點，我以為至為重要；因為一般研究《論語》或《孟子》的人，如果不能從哲學系統的角度去研究其要義，可能終究只能停留在就某章某節的個別解讀上，卻無法作全盤的掌握，而發生永遠停留在五里霧中的問題。當然，自從近代西方哲學的傳入之後，由於他們的哲學論述，大多都能建立在嚴謹的推理之上，所以無疑提供我們的研究中國哲學的學者，獲得一套較為合乎邏輯的推理方法。[37]至於中國傳統的墨辯的主軸，既然已走上邏輯與知識論的路線，我們治學者也應該不再以排斥的眼光，加以充分運用。[38]

在這方面，我以為，譚家哲《孟子平解》詮釋《孟子》時，大體上是能夠以上述方法進行各章解的論述。因此，此書構成的特色，就是建立在其上。不但如此，孟子哲學論述的特質，往往就是建立在隱

---

35 譚家哲：《孟子平解》，頁48。

36 譚家哲：《孟子平解》，頁22-23。

37 陳榮捷認為：「（學術研究）需要提出嚴格的論證與證據的說詞」劉福增：《語言哲學》（臺北：東大圖書公司，2001年），頁284。

38 孫長祥：《思維、語言、行動》（臺北：文津出版社，2005年），頁215。

喻的推理之上[39]，所以，也提示了我們──瞭解《孟子》時，也必須如此。特別是，對於其中不易瞭解的部分，更需要如此。此誠如作者所論：

> 《孟子》較長之篇幅及其情事性或對話性，反而使其中之推論更明顯、更易於呈現。而能見孟子在問題中之推敲，這是閱讀《孟子》時最大得益甚至樂趣之一，亦使見其思想最不可思議之地方。[40]

我認為，這段話，是作者經過長年研究孟子獲得的最重要心得，也是其送給讀者最大的禮物！當然這裡所謂的禮物，是這一段話，可以讓尚未進入孟子之門的人，獲得一把重要的鑰匙。因為孟子哲學中充滿著隱喻的講理方式。但由於我們今天又必須面對一些不易懂的古文，以至於，出現種種不易破解的難關。於是歷代注孟子的學者莫不以渾身解數的精神去努力。[41]而譚家哲《孟子平解》，正是其中的一位新加

---

39 今孟子論革命人權為例來說孟子見梁惠王。王曰：「叟不遠千里而來，亦將有以利吾國乎？」
　孟子對曰：「王何必曰利？亦有仁義而已矣。王曰『何以利吾國』？大夫曰『何以利吾家』？士庶人曰『何以利吾身』？上下交征利而國危矣。萬乘之國弒其君者，必千乘之家；千乘之國弒其君者，必百乘之家。萬取千焉，千取百焉，不為不多矣。苟為後義而先利，不奪不饜。未有仁而遺其親者也，未有義而後其君者也。王亦曰仁義而已矣，何必曰利？」（梁惠王：1）
　但齊宣王問曰：「湯放桀，武王伐紂，有諸？」孟子對曰：「於傳有之。」曰：「臣弒其君可乎？」曰：「賊仁者謂之賊，賊義者謂之殘，殘賊之人謂之一夫。聞誅一夫紂矣，未聞弒君也。」（梁惠王下：15）
　由此可知，孟子是以仁義為歷史人物的判斷標準。也就是鄧育仁在〈隱喻與情理──孟子論便放在當代西方哲學時〉中，指出的「孟子與人辯論時的譬喻手法，本文稱之為重設法則。」《清華學報》第38卷第3期，頁485-504。
40 譚家哲：《孟子平解》，頁20-21
41 參考《孟子》《四部要籍注疏叢刊》，北京：中華書局，1998年。

入者。不但如此，他以樂在其中的心情，設法解決其中的不可思議之處，這正是我輩的一位典範。

其次，此書的另一特色是，是否認孟子的第七章是孟子的思想。[42] 這是打破中國歷代的一種說法。對於這種說法，我將在下一節，以孟子論辯的方法，進行嚴格的檢驗。

但此書最大特色，應該是在其綜論中第四節有關儒學與孟子思想綜論的討論之中。因為在此一段落之中，他幾乎是提出一種石破天驚的學說。我認為，他就是以此來論述孟子的前六章，所以我們必須深入考察並驗證其是否具有合理性。他說：

> 儒學思想的總旨：人類中的一切，其最初起源或源起，只由上位者之權力構成，非來自人民百姓或一般人性。[43]

但我卻認為，譚家哲這種解讀，是一種「見樹不見林」的說法。其理由如下：

（1）今以其第一個論據來說，他大膽認為：

> 人類一切思想，……都最終以人類存在之善與不善一問題為依歸。因而一切理論，都必然根源於對惡之一種看法甚至假定。而有關人類存在中之惡，幾近全部人類思想，無論是東方抑西方，都以惡單純根源於人類自身，因而以人作為人或人性為本。[44]

在此，作者似乎忘了他目前研究的孟子或孔子所開發的人性論，都是

---

42 譚家哲：《孟子平解》，頁25-31。

43 譚家哲：《孟子平解》，頁32。

44 譚家哲：《孟子平解》，頁32。

朝向價值世界的人性進行辯護或論述，不是嗎？而中國的宋明理學家，在後代建立的新儒家，不也是如此嗎？當然孔孟也提到人類之惡的來源，[45]但是，這是指現實世界的問題，因此儒家的創始者孔子，就想要超越現實社會，以個人的一生修養為示範，建立一個道德王國（用康德的的話來說）。所以，以孔孟來說，他們的學說根源，並不是「對惡之一種看法甚至假定」。反之，是認為建立道德王國中的君子人格的可能。以孔子的自述來說，「五十知天命，六十而耳順，七十從心所欲，不逾矩」就是他現身說法，證明這種可能。至於孟子，更以人性中有善端，來證成人人皆可為堯舜的道理。至於後代學者，幾乎都以這種說法為基點，進行各種論述。

反之，在先秦時代確實出現主張現實社會中的人，包括主張人性有惡傾現象的荀子，又有接續荀子的這種學說，以嚴刑峻罰對峙人性惡傾的韓非，但這絕非作為中國哲學主流——孔孟的思想。

（2）就其第二論點來說，他認為：

> 人類存在中種種如法律與制度之現實形式、知識中資訊與速度之掌控、人其自我主義所形成之種種對立與相互超越，都是順

---

45 樊遲從遊於舞雩之下，曰：「敢問崇德、脩慝、辨惑。」子曰：「善哉問！先事後得，非崇德與？攻其惡，無攻人之惡，非脩慝與？一朝之忿，忘其身，以及其親，非惑與？」（顏淵：21）可見孔子是從自省上對付惡。這是為什麼呢？我以為可能是孔孟都認為人天生具備善端。故孟子曰：「君子所以異於人者，以其存心也。君子以仁存心，以禮存心。仁者愛人，有禮者敬人。愛人者人恆愛之，敬人者人恆敬之。有人於此，其待我以橫逆，則君子必自反也：我必不仁也，必無禮也，此物奚宜至哉？其自反而仁矣，自反而有禮矣，其橫逆由是也，君子必自反也：我必不忠。自反而忠矣，其橫逆由是也，君子曰：『此亦妄人也已矣。如此則與禽獸奚擇哉？於禽獸又何難焉？』是故君子有終身之憂，無一朝之患也。乃若所憂則有之：舜人也，我亦人也。舜為法於天下，可傳於後世，我由未免為鄉人也，是則可憂也。憂之如何？如舜而已矣。若夫君子所患則亡矣。非仁無為也，非禮無行也。如有一朝之患，則君子不患矣。」（離婁下：56）

著權力這只求強弱之型態而發展起來的。[46]

所以他似乎就得出前述：儒學思想的總旨：人類中的一切，其最初起源或緣起，只由上位者之權力構成，非來自人民百姓或一般人性。但就孔子的學說起源是政治問題，還是文化衰敗問題呢？我以為是周文文化的總崩潰；此如下列的紀載：

　　子曰：「禘自既灌而往者，吾不欲觀之矣。」（八佾：10）

禘禮是當時的大禮；《史記》〈禮書〉記曰：「人道經緯萬端，規矩無所不貫，誘進以仁義，束縛以刑罰，故德厚者位尊，祿重者寵榮，所以總一海內而整齊萬民也。人體安駕乘，為之金輿錯衡以繁其飾；目好五色，為之黼黻文章以表其能；耳樂鐘磬，為之調諧八音以蕩其心；口甘五味，為之庶羞酸鹹以致其美；情好珍善，為之琢磨圭璧以通其意。故大路越席，皮弁布裳，朱弦洞越，大羹玄酒，所以防其淫侈，救其彫敝。是以君臣朝廷尊卑貴賤之序，下及黎庶車輿衣服宮室飲食嫁娶喪祭之分，事有宜適，物有節文。仲尼曰：『禘自既灌而往者，吾不欲觀之矣。』」這是周文崩潰的最好證據與說明。

　　子曰：「居上不寬，為禮不敬，臨喪不哀，吾何以觀之哉？」（八佾：26）

這是政治上與社會上表現周文總崩壞的證據。孟子更說：

　　世衰道微，邪說暴行有作，臣弒其君者有之，子弒其父者有

之。孔子懼，作《春秋》。《春秋》，天子之事也。是故孔子曰：「知我者其惟春秋乎！罪我者其惟春秋乎！」（滕文公下：14）

可見，這不只是譚家哲說的只是政治問題，而是倫理道德文化的問題。所以我認為：或許譚家哲將儒家看問題太簡單了，或者說，以孟子的要旨來說，他有機會屢見到各國國君，但顯然並沒有希望對方將其權力下放給人民，反而是將「君臣之義」放在其倫常理論之中，不是嗎？以下是孟子論農家許行的話，而他欲建立的政治與社會新秩序，最多是一種開明的專制政治，試問，這和來從上位者之權利構成的弊端上立論之有？孟子說：

人之有道也，飽食、煖衣、逸居而無教，則近於禽獸。聖人有憂之，使契為司徒，教以人倫：父子有親，君臣有義，夫婦有別，長幼有序，朋友有信。放勳曰：「勞之來之，匡之直之，輔之翼之，使自得之，又從而振德之。」聖人之憂民如此，而暇耕乎？

這明明是想建立一套包含君主與臣民的倫理秩序，與譚家哲指出的權力問題有何關係呢？所以我認為他的上述之論，還有再商榷的必要。

小結

總之，譚家哲論孟子有下列的特色：

一、他能夠先把握各節與各章的要旨，然後才從中加以論述。而且在論述中，能夠反覆加以論證。這作為建立一種個人學說上，無疑是一件重要的工作。

今再舉一實例來說明他在〈公孫丑上篇〉的論述中，分別列出四組主題：

一、論一般之心之真實（1）與（2）。

二、論人心之知（3）至（6）。

三、論心與欲望——私心（7）至（10）

四、論個人之心，如心之誠，與期盼與怨，及心之志等；（11）至
　　（14）[47]

在上述第一主題中，他說：「所謂人一般其心之真實，也不外此三者
而已；人與人之和睦，其相互之敬重，及人與人之間情感關係。但公
孫丑只討論了三者中的後兩者。沒有論人與人之情感這人性的事
實。」[48]

　　在討論「人和」方面，作者有長篇討論，重點落在「人和」何以
是致勝的關鍵」？又以「我們今日之法制」為例，說：「都是權力對
人的一種對立了，而這種對立，只能由上位者所以引起」而且說：
「孟子所言之對立之引起，故非在人民，非人民百姓對制度之不從而
形成對立，而更先是，在尚未以法治之名對立人民。是從這意義言引
起和與對立的，必然是上位者與掌權者。」[49]

　　我以為，他在此章中所論述的方法極有道理，因為在一個專制極
權國家中，人民經常手無寸鐵（例如沒有一個是真正通過民主機制，
普選出自己國家的領導人或地方的首長），換句話說，人民只能永遠
作為唯命是從的順民。或說在沒有制衡力量存在的國家裡，政府永遠
高高在上的統治人民，其結果是，人民與政府不能真正的一條心，請
問在這種情形下，如何形成人民與政府的和諧狀態呢？

　　因此，這也是一種很好的孟子的現代解讀，因為這是一個很現實
的問題！何況，一個明智的政府，必須充分瞭解人心的向背，才是長
治久安之道。

---

47 譚家哲：《孟子平解》，頁171。

48 譚家哲：《孟子平解》，頁172。

49 譚家哲：《孟子平解》，頁174-175。

　　然而，作者的問題是，將此章的要旨，用於儒家總要旨來論，使否合乎事實呢？

　　我在前面已經論述，顯然不是；因為當時儒家面對的是一個禮壞樂崩的時代，故孔子或孟子看的根本問題，不只是如何得民心的政治問題，而是怎樣從道德層面面來愛護人民，在消極方面必須有羞恥心[50]，在積極方面有同情共感之心。或說，孔子不認為，政治面的問題，必須從道德的重整來進行解決，不能從法律上的政治權力之重新分配來解決；如：

> 子曰：「道之以政，齊之以刑，民免而無恥；道之以德，齊之以禮，有恥且格。」（為政：3）

意謂，用嚴刑峻法為政，人民只會消極應付。因此連消極的道德行為——知恥都做不到。甚至於會到達無羞恥心的狀態。但是若能以道德與以仁為中心之禮去治理國家，則人民能到達自發向善，也具備羞恥心的狀態。不但如此，他主張的良好政治是一種全國人民（包括為政者），必須依道的修養為高指導原則，以建立一個「為政以德，譬如北辰，居其所而眾星拱之」的修身政治。[51]

　　由此可知，雖然譚家哲以今天的觀點論述實行民主政治，需減少政府的權力不可（因為法律制度已造成政府與人民的對立），但在距經兩千多年前的政治發展來說，即使高明如孟子的智慧，尚無法形成從權力下放（或主權在民）觀念，來解決政治問題，而是照《大學》

---

50 憲問恥。子曰：「邦有道，穀；邦無道，穀，恥也。」「克、伐、怨、欲不行焉，可以為仁矣？」子曰：「可以為難矣，仁則吾不知也。」（憲問：1）；可見對孔子而言，知恥是消極的道德行為，相對而言，為仁（同情共感之心）才是積極的行為。

51 朱注：「不動而化，不言而信，無為而成。」朱熹：《四書章句集注》，引范氏注，頁62。

說的：「一切以修身為本」來解決政治問題。故我反對譚家哲的「儒家總論要旨」在他指出的地方。

再就孟子主張的論旨來說，「人和」固然在邏輯上較天時地利重要，可是孟子當時面對的問題，既然是功利主義盛行，以致造成殺人盈野、百姓流離失所的問題。故他後來有仁政論的主張。但我們不要忘記，孟子的這種主張源於「人不忍人心，斯有不忍人之政矣」或說，人的四端之心，才是儒家發展到孟子的要旨。

基於此，孟子主張人和，只算他就戰爭面的論題而論這章的要旨，與他學說——性善論的主旨，沒有直接的關聯，不過，譚家哲能夠以現實政治的權力問題，來討論「人和」，倒是他論述孟子時的一大特色。其弦外之音，更是值得我們思考的。

二、能順著孟子善辯之理路，來論孟子來說，這也是他解讀孟子的重要方法；因為論辯是孟子哲學的一大特色，更是他將中國哲學推向哲學高峰不可缺少的一環。

就這方面來說，譚家哲的解讀有其勝處如上所舉。今再舉例來分析如下：

今先論：何謂孟子的論辯？通常就是就某一哲學議題（如人性究竟為何），就自己的看法進行辯論。但其論方法有一個特點就是，從價值觀點，為其性善論進行辯護。例如，譚家哲在解釋告子與孟子義內義外之辯時，他也能把握點進行分析；他認為：

> 告子正是從德行觀仁義，因而縱然是仁義，只從其相關於人好
> 惡之感受者，……故對告子而言，仁內義外唯一差別只在其所
> 以悅者不同，一者在我，另一者在他人，故一者為內，另一者
> 為外。[52]

---

52 譚家哲：《孟子平解》，頁461-462。

但譚作者又說：

> 孟子最後之回答是「耆秦人之炙，無以異於耆吾炙。夫物則亦
> 有然者也，然則耆炙亦有外與？」……意思是……耆炙縱然似
> 是主觀之愛好，但其實都仍是有其客觀性在，非能以惟因耆愛好
> 便必然單純是個人之主觀感受之事，……那麼，主觀的愛和德
> 行之人兩者之間，都只是其對象考慮程度上深淺而已，都必然
> 有其對象考慮在的，因而人能只以義為外，人亦必有其外。」[53]

今以譚先生的反覆為孟子論證來看，告子的基本理念是中性的仁
義觀，或將仁義作為外在的法則來看，而孟子的基本理論，是將仁義
作為內在的超越法則來論（所謂由仁義行，非行仁義）。故孟子的要
旨，在論述人心之善，告子講的，卻是非善非惡的人性。但孟子並沒
有否認外在環境可能對人的影響；這就是他曾說的

> 孟子曰：「富歲，子弟多賴；凶歲，子弟多暴，非天之降才爾
> 殊也，其所以陷溺其心者然也。」（告子上：7）

可是問題是，孟子回應告子的說法的重點在於強調：人固有之心之善
端；此即他說的：

> 耆秦人之炙，無以異於耆吾炙。夫物則亦有然者也，然則耆炙
> 亦有外與？（告子上：11）

其意謂，「喜歡吃秦國人的燒肉，和喜歡吃自己的燒肉無所不同，各
種事物有不同的情況，那麼，難道吃燒肉的人的心也是外在的嗎？」

---

53 譚家哲：《孟子平解》，頁462

（那不和你說的飲食本性的論點相矛盾嗎？）[54]

我以為，楊伯峻著《孟子譯注》的相關解釋較合乎的原意；因為
孟子在此辯論中，反覆強調的，就是仁義內在。故楊伯峻著《孟子譯
注》的相關解釋之優點，是能夠讀出字面之外的意涵，這是我們讀中
國古代經典時，不容易做到的。但不易做到時，就會產生一些誤讀。

三、儒家的總旨來看孟子哲學的要旨。這自然是論一家之重要方
法，但問題在於，在我們解讀《孟子》中，仍然應該回到哲學的基本
問題去分析──到底儒家問的根本問題是什麼？

依徐復觀的說法，儒家的要旨是如何做人？用孔子的話來說，就
是怎樣解決提升個人的生命價值意義的問題。所以《論語》第一章孔
子就說道：「學而時習之，不亦說乎？有朋自遠方來，不亦樂乎？人
不知而不慍，不亦君子乎？」意謂：以學習做人之道開始，不斷做一
生的努力，能創造出學習的快樂，而又有學習同道的參與，彼此有砥
礪的機會時，更是人生的一大樂事。最後。在芸芸眾生中，如能獨立
特行，成為一位有道德人格的君子，雖然有時可能被稱為書呆子或冬
烘先生，但能自得其樂的人，不是表示出一種崇高的道德人格風度嗎？

基於此，由孔子的第一章，我們就可以知道：孔子的要旨，在於
道德人格──君子的追求。至於孟子，他以繼承孔子自居，而其哲學
基本問題是──成為君子如何可能？

譬如他在〈告子上〉第十一章直接回應大家最關心的學問之道：

> 孟子曰：仁，人心也；義，人路也。舍其路而弗由，放其心而
> 不知求，哀哉！人有雞犬放，則知求之；有放心，而不知求。
> 學問之道無他，求其放心而已矣。

意謂：人有四端之心（仁義禮智之心），而義就是從人內心發出的道

---

54 楊伯峻：《孟子譯注》（臺北：五南圖書公司，1992年），頁351。

德標準。[55]但這個義不是外在的道德標準，而是內在的道德標準。所以在它放失時，必須求其放心。不但如此，由於此心經常會放失，所以求放心必須成為一生的工作。[56]

這才是儒家的要旨，反之，權力問題的解決，不成為孟子的重心，理由除上述的，由於人類歷史的發展，無論東西方，尚不到這樣的階段之外，我以為與孔子從《易經》上所得到的道德啟發有直接的關聯：

> 子曰：「易其至矣乎！」夫易，聖人所以崇德而廣業也。知崇禮卑，崇效天，卑法地，天地設位，而易行乎其中矣。成性存存，道義之門。（易繫傳第七章）

即儒家都有一套天人合德的根本訴求，所以這也變成孔孟哲學的總要旨。所謂：

> 孟子曰：有天爵者，有人爵者。仁義忠信，樂善不倦，此天爵也；公卿大夫，此人爵也。古之人修其天爵，而人爵從之。今之人修其天爵，以要人爵；既得人爵，而棄其天爵，則惑之甚者也，終亦必亡而已矣。（告子上：16）

今將這段重要的論述，簡述其要旨如下：

一、天爵（仁義忠信，樂善不倦）與人爵（公卿大夫）的對比。

---

55 孟子曰：「自暴者，不可與有言也；自棄者，不可與有為也。言非禮義，謂之自暴也；吾身不能居仁由義，謂之自棄也。仁，人之安宅也；義，人之正路也。曠安宅而弗居，舍正路而不由，哀哉！」（離婁上：11）

56 孟子謂高子曰：「山徑之蹊閒，介然用之而成路。為閒不用，則茅塞之矣。今茅塞子之心矣。」（盡心下：67）

　　二、古人（修其天爵，而人爵從之）與今人（修其天爵，以要人爵；既得人爵，而棄其天爵，則惑之甚者也，終亦必亡而已矣。）的不同。

　　三、今分析其原因在於，人心的自甘墮落；孟子曰：「自暴者，不可與有言也；自棄者，不可與有為也。言非禮義，謂之自暴也；吾身不能居仁由義，謂之自棄也。仁，人之安宅也；義，人之正路也。曠安宅而弗居，舍正路而不由，哀哉！」（離婁上：11）

　　總之，論孟子總要旨，必須回到其論今人與古人人生目標的趨向不同來分辨。或說，必須回到人所以為人的根源處；天賜於人的天生爵位—善性來分析。因為這才是孟子接續孔子學說，發揚光大的地方。反之，孟子固然關心百姓的生活，但也是由此天生的仁心論，建立起來的學說。故我們不能逐末捨本。[57]

五　譚家哲《孟子平解》詮釋孟子的缺失

（一）

　　以上曾指出譚家哲在此書的方法與特色中的一些優點與缺失，可

---

57 孟子主張有差等的愛，就是一種求根本之說；見墨者夷之，因徐辟而求見孟子。孟子曰：「吾固願見，今吾尚病，病愈，我且往見，夷子不來！」他日又求見孟子。孟子曰：「吾今則可以見矣。不直，則道不見；我且直之。吾聞夷子墨者。墨之治喪也，以薄為其道也。夷子思以易天下，豈以為非是而不貴也？然而夷子葬其親厚，則是以所賤事親也。」徐子以告夷子。夷子曰：「儒者之道，古之人『若保赤子』，此言何謂也？之則以為愛無差等，施由親始。」徐子以告孟子。孟子曰：「夫夷子，信以為人之親其兄之子為若親其鄰之赤子乎？彼有取爾也。赤子匍匐將入井，非赤子之罪也。且天之生物也，使之一本，而夷子二本故也。蓋上世嘗有不葬其親者。其親死，則舉而委之於壑。他日過之，狐狸食之，蠅蚋姑嘬之。其顙有泚，睨而不視。夫泚也，非為人泚，中心達於面目。蓋歸反虆梩而掩之。掩之誠是也，則孝子仁人之掩其親，亦必有道矣。」徐子以告夷子。夷子憮然為閒曰：「命之矣。」（滕文公上：5）

是我認為，其中最大的問題是將孟子最重要的一章或可以做為孟子哲學的總解的〈盡心章〉，視為非孟子的學說；他這樣說：

> 這〈盡心篇〉之作者，可能是與孟子的弟子，因其中有些內容，及似在聆聽孟子講述後以自己的方式記錄下來，或基於孟子所說而自己進一步講論，甚或單純是自己之體會與領悟。[58]

但〈盡心篇〉孟子的弟子單純是自己之體會與領悟」說之立論基礎何在？今由孟子弟子的留下的最可靠紀錄來看，如《史記》的紀載，〈孟子荀卿列傳〉是說：

> 孟軻，騶人也。受業子思之門人。道既通，游事齊宣王，宣王不能用。適梁，梁惠王不果所言，則見以為迂遠而闊於事情。當是之時，秦用商君，富國彊兵；楚、魏用吳起，戰勝弱敵；齊威王、宣王用孫子、田忌之徒，而諸侯東面朝齊。天下方務於合從連衡，以攻伐為賢，而孟軻乃述唐、虞、三代之德，是以所如者不合。退而與萬章之徒序詩書，述仲尼之意，作孟子七篇。其後有騶子之屬。

這裡明明指出：「退而與萬章之徒序詩書，述仲尼之意，作《孟子》七篇。」可見，《孟子》七篇也是孟子與其弟子審定。至於其他可能證據，譚家哲能拿得出來嗎？若不能，可以任意說，「〈盡心篇〉是孟子的弟子單純是自己之體會與領悟」嗎？但他依然將〈盡心篇〉的十五章分十二組作為〈盡心篇〉非孟子學說的具體證據。例如他舉（13：1）（13：2）（13：3）為例說：

---

58 譚家哲：《孟子平解》，頁26。

〈盡心篇〉這以命之問題開首，本身是奇怪的。命在孟子思想中不佔有重要性，孟子甚至不會為命左右。其有關命之討論，主要也在〈萬章上〉第六章而已。〈盡心篇〉作者在這三篇中對命之依賴與重視，非孟子思想的，亦非正確之道理。[59]

我將分三點來反駁其論證其反對〈盡心篇〉前三章為孟子的思想：

一、作者認為：「命在孟子思想中不佔有重要性，孟子甚至不會為命左右。」但孟子在〈萬章上〉第六章即認為：

> 舜、禹、益相去久遠，其子之賢不肖，皆天也，非人之所能為也。莫之為而為者，天也；莫之致而至者，命也。匹夫而有天下者，德必若舜禹，而又有天子薦之者，故仲尼不有天下。繼世以有天下，天之所廢，必若桀紂者也，故益、伊尹、周公不有天下。伊尹相湯以王於天下。湯崩，太丁未立，外丙二年，仲壬四年。太甲顛覆湯之典刑，伊尹放之於桐。三年，太甲悔過，自怨自艾，於桐處仁遷義；三年，以聽伊尹之訓己也，復歸于亳。周公之不有天下，猶益之於夏，伊尹之於殷也。孔子曰：「唐虞禪，夏后、殷、周繼，其義一也。」

意謂：舜、禹、益之間相聚時間的長短，以其他他們兒子的好壞，都是天意，不是人力所能做到的。然後又定義「莫之為而為者，天也」（沒有人叫他這樣做了這叫天意）；「莫之致而至者，命也」（沒有人叫他來，而竟這樣來了這叫命運）。這好像最後孔子說的，唐虞禪讓於有賢德的人，可是夏商周卻有時傳位給不肖的子孫。這就叫做天命。所以孟子以凡人類無法控制的事，叫命。這就是孟子承認有命運存在的最具體證據。

---

59 譚家哲：《孟子平解》，頁27。

其次，「仲尼不有天下」這件事尤為重要，所以他曾經這樣的評論：

萬章問曰：「或謂孔子於衛主癰疽，於齊主侍人瘠環，有諸
乎？」
孟子曰：「否，不然也。好事者為之也。於衛主顏讎由。彌子
之妻與子路之妻，兄弟也。彌子謂子路曰：『孔子主我，衛卿
可得也。』子路以告。孔子曰：『有命。』孔子進以禮，退以
義，得之不得曰『有命』。而主癰疽與侍人瘠環，是無義無命
也。孔子悅於魯衛，遭宋桓司馬將要而殺之，微服而過宋。是
時孔子當阨，主司城貞子，為陳侯周臣。吾聞觀近臣，以其所
為主；觀遠臣，以其所主。若孔子主癰疽與侍人瘠環，何以為
孔子？」（萬章上：8）

今由孟子親自說「孔子進以禮，退以義，得之不得曰『有命』。」可
以做為孟子與孔子一樣，相信命運之說。事實上，相信命運存在本是
儒家創始人——孔子的重要主張。而孟子是孔子思想的主要繼承人。
故在這方面，也必然作為孟子也是一位命運論者。不過，孟子是一位
有獨立思考的大哲，自然有他進一步的發明，故建立正命之說。[60]
　　其次，我以旁證來看，墨子的非命之說，顯示針對儒家而來，此
符合〈非命篇〉中之說[61]。

---

60 孟子曰：「莫非命也，順受其正。是故知命者，不立乎巖牆之下。盡其道而死者，
正命也。桎梏死者，非正命也。」（盡心上：2）
61 於太誓曰：「紂夷處，不用事上帝鬼神，禍厥先神禔不祀，乃曰吾民有命，無廖排
漏，天亦縱棄之而弗葆。」此言武王所以非紂執有命也。今用執有命者之言，則上
不聽治，下不從事。上不聽治，則刑政亂；下不從事，則財用不足，上無以供粢盛
酒醴，祭祀上帝鬼神，下無以降綏天下賢可之士，外無以應待諸侯之賓客，內無以
食飢衣寒，將養老弱。故命上不利於天，中不利於鬼，下不利於人，而強執此者，
此特凶言之所自生，而暴人之道也。（非命上）

　　所以我認為，譚家哲之「命在孟子思想中不佔有重要性，孟子甚至不會為命左右。」，是說不過去的。

（二）

　　其又認為：「〈盡心篇〉作者在這三篇中對命之依賴與重視，非孟子思想的，亦非正確之道理。」今可分兩方面加以反駁：

　　一、這三篇中對命之依賴與重視，非孟子思想的——如13-1與13-2來說，其要旨是：

> 若能充分擴充善良的本性，就是懂得人的本性[62]

請問：這不是孟子說的：「無惻隱之心，非人也；無羞惡之心，非人也；無辭讓之心，非人也；無是非之心，非人也。惻隱之心，仁之端也；羞惡之心，義之端也；辭讓之心，禮之端也；是非之心，智之端也。人之有是四端也，猶其有四體也。有是四端而自謂不能者，自賊者也；謂其君不能者，賊其君者也。凡有四端於我者，知皆擴而充之矣，若火之始然，泉之始達。苟能充之，足以保四海；苟不充之，不足以事父母。」（公孫丑上：6）

　　又懂得人的本性，就懂得天命[63]——這不是上引的「孔子進以禮，退以義，得之不得曰『有命』。」的意思嗎？這就是說「孔子進以禮，退以義，得之不得曰『有命』。」孟子與孔子一樣，都認為，任何人依禮義進退，都存在得或不得成功的命運問題。

　　又保持人的本性，這就是對待天命的方法[64]——孟子有天命靡常的看法，所以應該用出自本心之善政（仁政）來克服之；這就是孟子說的：

---

62 楊伯峻：《孟子譯注》的語譯，頁413。
63 楊伯峻：《孟子譯注》的語譯，頁413。
64 楊伯峻：《孟子譯注》的語譯，頁413。

> 「天下有道，小德役大德，小賢役大賢；天下無道，小役大，
> 弱役強。斯二者天也。順天者存，逆天者亡。齊景公曰：『既
> 不能令，又不受命，是絕物也。』涕出而女於吳。今也小國師
> 大國而恥受命焉，是猶弟子而恥受命於先師也。如恥之，莫若
> 師文王。師文王，大國五年，小國七年，必為政於天下矣。
> 《詩》云：『商之孫子，其麗不億。上帝既命，侯于周服。侯
> 服于周，天命靡常。殷士膚敏，祼將于京。』孔子曰：『仁不
> 可為眾也。夫國君好仁，天下無敵。』今也欲無敵於天下而不
> 以仁，是猶執熱而不以濯也。《詩》云：『誰能執熱，逝不以
> 濯？』」（離婁上：7）

經過以上的分析，孟子的結論是，無論將來的壽命長或短，都以修身
的方式去面對──這就是孟子正命的概念。所以我以為孟子接下去對
於人類命運的解釋（13-2），不但與孔子的命運觀相似，[65]也與孔子的
弟子如子夏命運觀與顏淵生命的實踐相同。[66]也就是說，孔子與其及
門弟子，乃至其在再傳弟子──孟子的命運觀，是一脈相傳的，怎麼
可以說，這三篇中對命之依賴與重視，非孟子思想的？

　　至於〈盡心篇〉13-3，就是孟子說的為學之道在求放心：

　　　　孟子曰：仁，人心也；義，人路也。舍其路而弗由，放其心而

65　子謂顏淵曰：「用之則行，舍之則藏，唯我與爾有是夫！」子路曰：「子行三軍，則
　　誰與？」子曰：「暴虎馮河，死而無悔者，吾不與也。必也臨事而懼，好謀而成者
　　也。」（述而：11）這與孟子曰：「莫非命也，順受其正。是故知命者，不立乎巖牆
　　之下。盡其道而死者，正命也。桎梏死者，非正命也。」（盡心上：2）之意義相
　　同，都是主張不逞匹夫之勇。

66　司馬牛憂曰：「人皆有兄弟，我獨亡。」子夏曰：「商聞之矣：死生有命，富貴在
　　天。君子敬而無失，與人恭而有禮。四海之內，皆兄弟也。君子何患乎無兄弟
　　也？」（顏淵：5）子曰：「賢哉回也！一簞食，一瓢飲，在陋巷。人不堪其憂，回
　　也不改其樂。賢哉回也！」（雍也：5）

不知求，哀哉！人有雞犬放，則知求之；有放心，而不知求。
學問之道無他，求其放心而已矣。（告子上：11）

因為本心在內，故有〈盡心篇〉13-3之論述如下，不是嗎？

孟子曰：求則得之，舍則失之，是求有益於得也，求在我者
也。求之有道，得之有命，是求無益於得也，求在外者也。
（盡心上3）

故譚家哲認為這非孟子的思想，可能是他對於孟子學說，前後未能一
體貫通吧？

（三）

譚家哲對〈盡心上篇〉13-4又有下列的批評：

像「萬物皆備於我矣」這樣對於物與我關係之突出，明顯非孟
子的。孟子從來沒有對物作為物之突顯，亦從沒有強調人之自
我性，像「萬物皆備於我矣」這樣的思想，表面雖提昇了人其
自我之存有位置，但反而只是由人在世中再不能行、不能有其
更真實之份位時始有之超越想法，非確實平常之道理。[67]

然而事實上，對於物與我關係之突出，正是中國哲學的特質；儒家講
的天人合德，在孔子說中就開始呈現出來。例如子在川上，曰：「逝
者如斯夫！不舍晝夜。」（子罕：17），後來孟子解釋說：

---

67 譚家哲：《孟子平解》，頁27。

徐子曰：「仲尼亟稱於水，曰：『水哉，水哉！』何取於水也？」
孟子曰：「原泉混混，不舍晝夜。盈科而後進，放乎四海，有
本者如是，是之取爾。苟為無本，七八月之間雨集，溝澮皆
盈；其涸也，可立而待也。故聲聞過情，君子恥之。」（離婁
下：47）

這就是一種天人合德的觀念的源頭；就是在價值的宇宙觀中，上天給
於人類的最佳禮物就是孟子說的善端；這是一般生物沒有的。孟子感
慨道「萬物皆備於我矣！」至於又說「反身而誠，樂莫大焉。強恕而
行，求仁莫近焉。」這正因為孟子說仁是人的本質，所以能夠在努力
實踐時，完成仁的君子人格，這個道理在孔子孫子——子思的學說
中，也說了：

大哉，聖人之道！洋洋乎發育萬物，峻極于天。優優大哉！禮
儀三百，威儀三千，待其人然後行。故曰：苟不至德，至道不
凝焉。故君子尊德性而道問學，致廣大而盡精微，極高明而中
庸。溫故而知新，敦厚以崇禮。是故居上不驕，為下不倍；國
有道，其言足以興，國無道，其默足以容。《詩》曰：「既明且
哲，以保其身。」其此之謂與！（28）

所謂「聖人之道！洋洋乎發育萬物，峻極于天」的思想，就是天人合
德論。子思又曰：

仲尼祖述堯、舜，憲章文、武；上律天時，下襲水土。辟如天
地之無不持載，無不覆幬，辟如四時之錯行，如日月之代明。
萬物并育而不相害，道并行而不相悖，小德川流，大德敦化，
此天地之所以為大也。（31）

「小德川流，大德敦化，此天地之所以為大也。」也就是天人合德論的說明。所以要明白中國哲學的究竟，除了必須瞭解每一位作家問的哲學基本問題是什麼之外，必須從以上我一再強調的天人關係入手。

更精確來說，由於中國哲學有一個普遍的特質，就是究竟天與人如何構成一個和諧的關係？[68]雖然有極少數的例外（荀學），是講人與天如何對抗的，但已根本脫離中國哲學的特質。

因此，在此提問上，有四種關係最重要：

1. 天人合德論——儒家主張。
2. 天人合一論——道家主張。
3. 天人感應論——陰陽化的儒家主張。
4. 天人分立論——極端禮教化的荀子主張。

基於此，對於《孟子》〈盡心篇〉13-4的詮釋，就必須如此，故「萬物皆備於我矣」意謂：萬物之理皆具備於我們的性分中。[69]故不是譚家哲說的物與我關係之突出於物，而是突出於人心中，所以能反身而誠。

小結

到此而論，譚家哲最大的問題，是對於孟子哲學的基本架構，先不去參考各家的相關詮釋，因此對於中國古文的掌握，確實缺乏一種必要性的充分瞭解。雖然譚家哲是學有專精的儒學專家，[70]但對深奧

---

68 成中英說：「中國形上學思想的一項中心主張以為，萬物莫不自然而然地同出一源。中國各家思想的共同主題，在於說明天地間的人與物，如何於同出一源的萬物整體之格局中各得其所。」李翔海、鄧克武編：《成中英文集》四卷，《本體詮釋學》（北京：湖北人民出版社，2007年），頁275。

69 依朱子的詮釋。朱熹：《四書集注》（臺北：世界書局，2007年），頁393。

70 依他著作（《論語平解》）上的介紹，他在二十八歲就得到巴黎第一大學哲學史博士，亦曾在東海大學哲學系任教，後到香港隱居至今，著有《形上史論》、《論語與中國思想研究》、《孟子平解》等書（臺北：漫遊者文化出版社，2012年）封面內頁。

的「哲學用語」[71]，有相應的瞭解，必須多參考其他對於儒學研究已有重大成就的哲學家之相關研究，不是嗎？在這方面，我以為，當代的新儒家的相關著作，可能是必讀的導論。[72]這也是我讀了哲學所之後的最大收穫，值得有志於中國哲學者的參考。

其次，譚家哲又在此三章之前指出，「〈盡心篇〉作者在這三篇中對命之依賴與重視，非孟子思想的，亦非正確之道理。」但問題是何謂正確？我認為他的意思，非指政治正確，而是不合孟子前六章的命論吧？如果我說的是這個意思，則我們必須研究如何使自己的說法正確。

對於這樣重要的問題，Robert H. Thouless 在 *How To Think Straight* 一書中，說得很清楚：

> 若碰到了含混不清的字義，最好的方法是請求我們的對方以簡單的用語來解釋他所說的意思。[73]

所以我很希望不久的將來，作者能就孟子的非正確之道理上，做出清楚的說明。

（四）

作者又對〈盡心上篇〉13-5章，不以為然，道：

---

71 哲學用語與一般用語的不同，經常會引起誤解；譬如孟子說的浩然之氣，在別人問他時，他先說：「難言也！」然後他解釋了半天，可能不是人人能懂。但一如孟子說「萬物皆備於我矣」是一個值得深思的哲學議題。因此我們必須據理謹慎討論下去。

72 不管你喜不喜歡牟宗三的哲學，但他的《中國哲學的特質》是進入中國哲學的殿堂，必讀的導論（臺北：臺灣學生書局，1980年），如果還沒有時間，至少讀此書中，最重要的一段話：「他的著重點是生命與德性，他的出發點或進路是敬天愛民的道德實踐，是以這種實踐注意到『性命天道相貫通』而開出的。」頁10。

73 Robert H. Thouless, 林炳錚譯：《如何使思想正確》（*How To Think Straight*），（臺北：協志出版公司，1990年），頁53。

對眾之未能反身於己而覺，表面上這似在沿道之隱微或不著不察性，但實是作為對比於前章之能反身而誠之我而說的，故實有對人之為重眾之貶抑。其對察與知之強調，以為所謂眾即不能有如此覺知之心，均非孟子思想所有。[74]

但為何可以說，均非孟子思想所有？作者又是空白！這顯然是全書最嚴重的缺失。[75]我現在為這個問題，替孟子進行下列的論述，以說明：為什麼13-5是孟子的學說。其原文是

孟子曰：「行之而不著焉，習矣而不察焉，終身由之而不知其道者，眾也。」（盡心上：5）

其實這只是說明，在孟子時代一般百姓絕大多數是沒有機會受基本教育的人；因為那個時代沒有今天發達的教育制度。所以，我們的哲人教育這些人，只能教他們怎樣去實行？卻無法教導一些太深奧的哲學道理。同樣的孔子，也曾說過類似的話；子曰：「民可使由之，不可使知之。」（泰伯：4）但有心人竟將它曲解為愚民政策，這是沒有見識的胡說！這也是讀書人不容許有的誤解。再說，人本有上智、中智以及下愚之分，因此一個社會的進步，自然要靠先知覺後知，而以上孟子的話也可能由這個道理而來；如他曾說：

萬章問曰：「人有言『伊尹以割烹要湯』有諸？」
孟子曰：「否，不然。伊尹耕於有莘之野，而樂堯舜之道焉。

---

74 譚家哲：《孟子平解》，頁27。

75 我不反對譚家哲提出任何不同的孟子詮釋，但第一要件是，必須建立在充分的論據上；見陳少明：〈哲學與論證——兼及中國哲學方法論問題〉，《文史哲》2009卷第6期，頁29-33。

非其義也，非其道也，祿之以天下，弗顧也；繫馬千駟，弗視也。非其義也，非其道也，一介不以與人，一介不以取諸人，湯使人以幣聘之，囂囂然曰：『我何以湯之聘幣為哉？我豈若處畎畝之中，由是以樂堯舜之道哉？』湯三使往聘之，既而幡然改曰：『與我處畎畝之中，由是以樂堯舜之道，吾豈若使是君為堯舜之君哉？吾豈若使是民為堯舜之民哉？吾豈若於吾身親見之？天之生此民也，使先知覺後知，使先覺覺後覺也。予，天民之先覺者也；予將以斯道覺斯民也。非予覺之，而誰也？』」（萬章上：7）

至於（13-10）也可以作如是觀。所謂〈盡心上〉（13-10）

孟子曰：「待文王而後興者，凡民也。若夫豪傑之士，雖無文王猶興。」

請問，這與以下對文王成為中興之主，而一般人（除豪傑之士之外），必須靠他們來解救，又有什麼不同呢？

齊宣王問曰：「交鄰國有道乎？」

孟子對曰：「有。惟仁者為能以大事小，是故湯事葛，文王事昆夷；惟智者為能以小事大，故大王事獯鬻，句踐事吳。以大事小者，樂天者也；以小事大者，畏天者也。樂天者保天下，畏天者保其國。《詩》云：『畏天之威，于時保之。』」

王曰：「大哉言矣！寡人有疾，寡人好勇。」

對曰：「王請無好小勇。夫撫劍疾視曰，『彼惡敢當我哉』！此匹夫之勇，敵一人者也。王請大之！《詩》云：『王赫斯怒，爰整其旅，以遏徂莒，以篤周祜，以對于天下。』此文王之勇

也。文王一怒而安天下之民。《書》曰：『天降下民，作之君，作之師。惟曰其助上帝，寵之四方。有罪無罪，惟我在，天下曷敢有越厥志？』一人衡行於天下，武王恥之。此武王之勇也。而武王亦一怒而安天下之民。今王亦一怒而安天下之民，民惟恐王之不好勇也。」（梁惠王下：3）

所以譚家哲說：「（13-5）實有對人之為重眾之貶抑。」或「（13-10）以民為凡民而與豪傑對，更而貶之，這時非孟子能有之思想。」[76]實有言過其實的問題。

（五）

作者又對〈盡心上篇〉13-（6-7）章，不以為然，道：

這兩章似作者對孟子有關個人之言語反省，不是孟子本身所有。[77]

我認為，在邏輯上是不通的；例如《論語》紀載孔子一生的一言一行，都是構成研究孔子學說的一部分，不是嗎？何況，依這兩段話來說，是極有道理的哲學智慧。為什麼可以排除在孟學之外呢？

在這方面，我可以由孔子的君子與小人之分講起。孔子說過：

子曰：巧言、令色、足恭，左丘明恥之，丘亦恥之。匿怨而友其人，左丘明恥之，丘亦恥之。（公冶長：25）

巧言、令色、足恭以及匿怨而友其人等等道德瑕疵，事實上就是小人

---

76 譚家哲：《孟子平解》，頁29。
77 譚家哲：《孟子平解》，頁28。

的行徑，這是孔子最厭惡的。至於孟子不也如此嗎？反之孔子主張的君子修為是：

> 篤信好學，守死善道。危邦不入，亂邦不居。天下有道則見，無道則隱。邦有道，貧且賤焉，恥也；邦無道，富且貴焉，恥也。（泰伯：13）

今從這段話可知：孔子說的君子，是一位有為有守的人。否則，這人生最大的恥辱。那麼從這句話去解讀接續其哲學的孟子，講出（13-6）（13-7）的話，有何道理未正？[78]今分析（13-6）如下：

> 孟子曰：人不可以無恥。無恥之恥，無恥矣。（13-6）

在這段話中，他定義無恥為無恥之恥，「無」是否定動詞，即將人的羞惡之心否定掉，就叫無恥。這是從其行根本理論——性善論出發，講到孔子君子最重視的道德要義——恥。為何可以加以否定？又孟子（13-7）記

> 孟子曰：恥之於人大矣。為機變之巧者，無所用恥焉。不恥不若人，何若人有？（13-7）

「恥之於人大矣」已明白指出，恥在其哲學系統中的重要地位，豈可忽略不談？「為機變之巧者，無所用恥焉。」就是上述孔子說的小人。「不恥不若人，何若人有？」朱子解釋為：

---

78 譚家哲：《孟子平解》，頁28。

但無恥一事不如人，則事事不如人矣。或曰不恥其不如人，則
何能有如人之事？其意亦通。或問，人有恥不能之心如何？程
子曰：恥其不能而為之，可也。恥其不能而掩藏之，不可也。[79]

今從朱子或程子的詮釋，都可證明：對於恥德的重視；因為這畢竟關
係到他的根本論——人有四端之心論之實踐，不是嗎？故譚家哲竟將
這兩段重要的話排除在外，是缺乏理據的。何況，作者也說過：

一體系雖表面亦有其整體性，但因一切他物均在這體系下被涵
蓋著，故體系中之至高或至根本者，與體系內之其他事物之關
係，始終是單向的，為至高者所決定著故。[80]

依此理論，孟子知恥之重要，有以上我的分系與孟子的根本理論——
性善論有密切的關係，我們作為一位孟子的研究學者，豈能不重視這
種關係？

（六）

　　他針對孟子曰：「以佚道使民，雖勞不怨；以生道殺民，雖死不
怨殺者。」（13-12）說：

孟子是深愛人民的，如殺民這樣的文辭，無論其意思為何，都
不可能出現在孟子筆下的。[81]

但程子曰：「以佚道使民，本欲佚之也。播穀乘車之類是也，以生道

---

79 朱熹：《四書集注》（臺北：世界書局，2007年），頁393。
80 譚家哲：《孟子平解》，頁40。
81 譚家哲：《孟子平解》，頁29。

殺民，為本欲生之也，除害去惡之類是也，蓋不得已而為當為之類是也，則雖怫民之欲而民不怨，其不然者反是。」[82]

楊伯峻以生道殺民解釋為：「刑期無刑，殺以止殺。」意為，「在老百姓生存的原則下來殺人，那人雖被殺，也不會怨恨那殺他的人。」[83]試問這不是孟子主張的仁政嗎？這就好像孟子是反對會死人的戰爭，但依然主張義戰一般。或說，儒家雖然反對反道德的行為（如殺人），但依然以義為最後抉擇的標準（如對該死罪的人）；這就是孟子強調的：

> 大人者，言不必信，行不必果；惟義所在。（離婁下：11）

我認為這是儒家最重視的道德原則。如果不能瞭解到這一點，將會有將儒家教條化來實行的危機。但這樣的儒家，已向《孝經》的僵化儒家靠攏了。[84]

（七）

作者又對〈盡心篇〉（13-13）認為違逆於孟子思想，13-13原文是：

> 孟子曰：「霸者之民，驩虞如也；王者之民，皞皞如也。殺之而不怨，利之而不庸，民日遷善而不知為之者。夫君子所過者化，所存者神，上下與天地同流，豈曰小補之哉？」

但譚家哲認為：

82　朱熹：《四書集注》，頁395。

83　楊伯峻：《孟子譯注》的語譯，頁420。

84　子張曰：「何謂四惡？」子曰：「不教而殺謂之虐；不戒視成謂之暴；慢令致期謂之賊；猶之與人也，出納之吝，謂之有司。」（堯曰：2）可見孔子並不反對人殺人。只是反對不教而殺。由此也可見：儒家是反對廢除死刑的學派。

　　　　對霸者之民人說驩虞如也（感恩地喜樂），這實在是完全違逆
　　　　於孟子思想。又言神化或上下與天地合流之語，這一是盡心篇
　　　　作者之如中庸那樣，喜好形上之超越味，有違儒學其近人之切
　　　　實，故始有盡心下之（13-14）[85]

先論其「對霸者之民人說驩虞如也（感恩地喜樂），這實在是完全違
逆於孟子思想。」之說，事實上孟子只是據實而說，非去讚美霸道。
其中只是就一般百姓，往往不辨王霸之分，所以會成「生西瓜偎大
邊」的效應。再就，「盡心篇作者之如中庸那樣，喜好形上之超越
味，有違儒學其近人之切實，故始有盡心下之（13-14）」[86]但是作者
似乎有所不知：「儒學其近人之切實」與「儒家喜好形上之超越味」
並不互斥；因為在孔子或孟子所以能成為哲學，就在於其具備形上的
超越之道。不是嗎？

　　譬如，孔孟所說的君子或聖人，就是超越一般人的人格境界。而
他們主張的仁義之道，也有超越凡俗功利的意義在。至於孟子講的本
心或性的概念，就是他講的超越哲學的根據。故從這個層面來說，孟
子是講一種超越而內在的哲學——這已是學界的共識，除非你能有充
分理據加以推翻，否則，將違反讀中國哲學的基本常識。

　　基於此，我認為譚家哲又否認14-25是孟學，是沒有道理的！因為
14-25就是孟子經過個人生命的體會之後，自得的超越境界。[87]試讀
13-14，不是如同孔子自述的四十，五十，六十，七十如何嗎？他說：

　　　　浩生不害問曰：「樂正子，何人也？」孟子曰：「善人也，信人

85　譚家哲：《孟子平解》，頁30。

86　譚家哲：《孟子平解》，頁30。

87　孟子極重視建立一種自得的超越境界；孟子曰：「君子深造之以道，欲其自得之
　　也。自得之，則居之安；居之安，則資之深；資之深，則取之左右逢其原，故君子
　　欲其自得之也。」（離婁下：42）

也。」「何謂善？何謂信？」曰：「可欲之謂善，有諸己之謂信。充實之謂美，充實而有光輝之謂大，大而化之之謂聖，聖而不可知之之謂神。樂正子，二之中，四之下也。」（盡心下：25）

故譚家哲竟然忽略這一重點，似乎已嚴重否認儒家是一種必須經過實踐的生命之學。[88]

（八）

最後，作者又對〈盡心篇〉（13-14）進行批評如下：

政雖為孟子所否定，但若為仁政或王政則為孟子所單純肯定者。孟子從來把養民之道（仁政或王政）與教育人民分別而言，從不以一者重於另一者，更不會以善政不得民心，言政民畏之，用畏字，作者心中之政實絲毫不善，又以善政得民財，這實是毫不知孟子思想者。[89]

我在前面已指出，孔子對於當時各國政治的厭惡，故才有繼承孔學的孟子原文：

孟子曰：「仁言，不如仁聲之入人深也。善政，不如善教之得民也。善政民畏之，善教民愛之；善政得民財，善教得民心。」

---

88 生命之學的用語是中國哲學大師牟宗三的特殊用語；既然是生命之學，就必須講生命的超越與提升，這正有助於於今天中國社會幾乎人人只重視的資本主義問題的改善。

89 譚家哲：《孟子平解》，頁31。

今分析如下（以概念分析法）：

仁言（Ａ）與仁聲（Ｂ）；依上，表示──有仁德聲譽的人（仁士君子），比經常只以仁為口號的人為佳。此表示：孟子與孔子一樣；欣賞有德的政治家。

善政（Ｃ）與善教（Ｄ）；依上，表示──「道之以政，齊之以刑」的善政，不如推行仁教的德治。

又善政既然不為儒家所欣賞，與孟子說的仁政不同，而且有相反之虞。故孟子講「善政民畏之，善教民愛之；善政得民財，善教得民心。」正好表示──儒家反對如秦朝式的法家之政。

小結

譚家哲此書對於孟子的瞭解，當然不會因為他如上以不充足的理由或像以上對於孟子的誤讀，而失去其重要性。這也是我介紹他的這大作的主因。作為孟子研究的同好來說，我認為，一個人能夠以愛好這部經典的精神來反覆閱讀它，這已給下一代的年輕學者極大的啟發。何況，後來中國的哲學，幾乎都是圍繞住這部經典在發展，所以希望更多人能像這位前輩的努力與認真態度，繼續發揚中國優秀的傳統文化。

六　結論

經過以上的諸多分析，我有下列的結論：

一、譚家哲著《孟子平解》在今天中國學界來說，是一部能夠以獨立思考方式進行，而不必以意識形態寫作的進步之著作。其論述的方法也不在限於注疏一途，所以可以做為當今學者研究大陸學者，研究《孟子》的一本重要的參考書。

二、但其表現的問題有：

　　（一）以趙岐的集注與焦循的《孟子正義》為主要參考資料。[90]
至於全書的議論中，卻不見其他現代的文獻參考資料，這顯然是一件
相當可惜的事；因為這不是一個可以單打獨鬥，就可以將這樣一部影
響中國千年的偉大著作講清楚的時代。何況，在研究孟子學中，有好
多很好的論文值得我們參考；例如我最近讀到一篇有關孟子王霸之分
的學術論文，指出：孟子不是一位只重視王道，而漠視霸道存在的大
哲；其原因是──他雖然重視道德的理想主義，但也重視現實面的需
要。[91]這就好像孟子說的：

> 無恆產而有恆心者，惟士為能。若民，則無恆產，因無恆心。
> 苟無恆心，放辟，邪侈，無不為已。及陷於罪，然後從而刑
> 之，是罔民也。焉有仁人在位，罔民而可為也？是故明君制民
> 之產，必使仰足以事父母，俯足以畜妻子，樂歲終身飽，凶年
> 免於死亡。然後驅而之善，故民之從之也輕。今也制民之產，
> 仰不足以事父母，俯不足以畜妻子，樂歲終身苦，凶年不免於
> 死亡。此惟救死而恐不贍，奚暇治禮義哉？王欲行之，則盍反
> 其本矣。（梁惠王上：7）

基於此，孟子哲學顯然不是一個建立在哲學家理想境界的烏托邦，而
是希望能夠就現實面來解決現實問題的政治哲學。同理，我們讀孟子
的其他論述，不要僵化地認為：孟子不懂人民真正的生活需要，只會
作白日夢。這也就是說，他的學說是建立在以價值為基礎，而不以價

---

90 譚家哲：《孟子平解》，頁47。有關焦循的《孟子正義》對孟子心性論的詮釋及其方
　　法論問題，可見李明輝：〈焦循對孟子心性論的詮釋及其方法論問題〉，《臺大歷史
　　學報》第24期（1999年12月），頁71-102。

91 李明輝認為：「孟子的王霸之辨，代表一種存心倫理學的觀點，這種觀點雖然強調
　　善的異質性，但仍可將功利原則是為衍生的道德原則。」〈孟子王霸之辨重探〉，
　　《中國文哲研究集刊》第13期（1998年9月），頁243-268。

格為基礎的道德標準上。故他對梁惠王曰:「亦有仁義而以矣,何必曰利?」其含意,就是看到像梁惠王這樣的君主,一直以功利或價格為行政的基礎,而失去人類社會必要的以價值為基礎之道德標準。

我以為,如果我們能夠這樣重新去詮釋,不但能見到一個真正的孟子哲學,而非經常被醜化為放在博物館中的,「中看不中用」的古物而已。因為在這個只講功利的時代中,我們需要以價值為基礎之道德標準,比以功利或價格為行政的基礎之哲學思想更為重要。這是我讀譚家哲大作後,最重要的感想,也希望大家以上述這種方式,重讀孟子的各種變通而不僵化的學說(如其禮食孰重之辨或王霸之辨)。

(二)對於這一點而言,他實缺乏正反並陳、交互參照[92]的準備功夫。故會在解讀孟子中,犯獨斷或缺乏足夠證據的毛病;如竟然大膽做出——《孟子》第七章非孟子思想的論斷。其後果是,首先將〈盡心篇〉(13-1)可以做為孟子論述其基本架構的天人合一論之精華盡失。

另外,孟子第七章本是其重要的結論,今任意將其刪除的結果是,不知孟子的論述,有何具體的成就。因此,我認為將第七章捨棄,是一件相當令人遺憾的事。

(三)最大的問題是,他對於中國哲學的研究,似乎缺乏哲學研究之前必須有的哲學訓練;例如在研究孟子哲學之前,不先去問:這家作者問的根本問題是什麼?[93]

這件事所以這麼重要,實因如此發問,才能將本來缺乏完整論述系統的中國哲學,形成一個可以討論的理論系統。或說,經過問題的把握與提出,以及系統的整理之後,我們在回到孟子每一章節中進行

---

92 最近有一篇運用這一原則的重要論文是陳榮灼著〈孟子哲學新探〉,《當代儒學研究》第10期(2011年6月),頁1-45。

93 如林正義在研究孔子學說中,便問:「孔子所面臨的時代問題及其對治之道」《孔子學說探微》(臺北:東大圖書公司,1987年),頁35-60。

分析討論，則似乎更能接近這家學說的原意。

（四）另外，值得注意的是：

1.孟子既然是傳承孔子學說的大哲，故研究其學說的意義，我們必然需要參考孔子對於相關問題的看法；如前分析的善政，與孔子說的當時一般君主採取的「道之以政」的政，在意義上是相同的，但作者竟然不多參考其他各家的分析，[94]而將其與孟子的仁政畫上等號，因此形成誤解的由來。因此我又認為，解讀《孟子》，必須瞭解其接續與發揚的學說──孔學的究竟。故我贊成研究孟子時，必須先充分瞭解孔學的精義；注意我強調充分瞭解其意義（至於《大學》與《中庸》也應列為重要的考書）。

2.所謂創造性的詮釋，並非任意將證據不足的個人看法任意強加在孟子學上。而是說，研究孟學的學者或思想家，在反思孟子哲學之後，發覺出，孟子該說而未說的地方，做進一步的創發；今以孟子為例，他就是中國哲學發展史上，運用創造性的詮釋最好的例子。依我在本文的分析，孟子運用創造性的詮釋孔學之初，他提出的根本問題，就是，孔子的仁如何可能？結果他反省當時許多學派（包括告子的生之謂性、還有孔子弟子如公孫尼子等人的性論），[95]最後才領悟出性本善的道理。[96]同理，荀子不滿意孟子對於將人性理想化，所以主

94　例如朱子也說：「政為法度政令，所以制其外也，教為道德齊禮所以格其心也。」朱熹：《四書集注》（臺北：世界書局，2007年），頁395-396。

95　相關紀載包括王充《論衡・本性篇》記：「周人世碩以為人性有善有惡，舉人之善性，養而致之則善長；性惡，養而致之則惡長。如此，則性各有陰陽，善惡在所養焉。故世子作《養書》一篇。密子賤、漆雕開、公孫尼子之徒，亦論情性，與世子相出入，皆言性有善有惡。」又記：「自孟子以下，至劉子政，鴻儒博生，聞見多矣，然而論情性竟無定是。唯世碩儒、公孫尼子之徒，頗得其正。由此言之，事易知，道難論也。酆文茂記，繁如榮華；恢諧劇談，甘如飴密，未必得實。」

96　孟子對於哲問題有其一套論辯的方法，不但合乎邏輯，而其合乎孔子重視的，聞一知十的反思原則。我將加以申論。有關這方面，我建議參考David L. hall, Roger T. Ames著，蔣弋為等譯：《孔子哲學思微》（*Thinking Through Confucius*）（南京：江蘇人民出版社，2012年），頁16-46。

張回到人性現實面，來思考他為何講到的惡傾的部分。[97]基於此，我認為，我們若能將以上大哲的創造性詮釋的精神，運用於《孟子》的解讀，必須學習其「見人所未見」的精神，但在我們建立一種說法時，需要先有一種自覺——即這種看法（如譚家哲說《孟子》第七章非孟子之意），還需要建立在充分的證據上。

3.最後我必須指出，可以從現代倫理學的角度去做一本孟子哲學的現代詮釋；因為孟子哲學是以道德價值為最高的標準，來進行各種論述；例如他與告子的論辯，可以如此觀，與許行的論辯也不也如此嗎？由於許行的學說由君民同等的觀念，而推出一種假平等的功利後果，反之，孟子的道德學說，卻能以義為最高的標準，所以他在整個體系中，能以道德理性，做各種合情合理的道德判斷；所以才有「善政民畏之，善教民愛之；善政得民財，善教得民心。」的結論出現。換言之，今論孟學，已到達我輩學者必須從其中的各種論辯，置於一種道德標準上去衡量的時候，否則可能又落入譚家哲式的片段解讀的問題中。

總之，討論學問固然重要，但相互切磋或質問，更是邁向學術自由或學術多元發展，必不可少的重要工作。因此我希望我在此的提問，會得到對方的回應，與同好的共同討論。

附記

最近我在網路上見到中興大學助理教授張盈馨在《止善》雜誌上發表〈評譚家哲《孟子平解》〉（2011/6），頁133-137，[98]但內容偏向介紹，但可觀，希望讀者能找來同時閱讀。

（本文發表在《孔孟學報》第95期2017年9月28日）

---

97 Jangee Lee, *Xunzi and Early Chinese Naturalism*, State Univ. of New York Press, 2005, pp.9-56.

98 ir.lib.cyut.edu.tw: 8080/bitstream/310901800/12168/1/11.pdf（2017年6月21日瀏覽）

第十一章
評論馬森著《中國文化的基層結構》
——兼論孔孟學說與中國現代化是相容的

　　讀畢馬森新近完成之《中國文化的基層結構》（2013），發現作者對「中國文化的基層結構」儒家部分，顯然持近乎「完全否定」的態度；此由其「序言」中說的：

> 在農業生產的周文化中所形成的儒家思想，正代表了周文化的核心價值，呈現老人文化的樣貌，受到東方及中原地帶的族群擁戴。……（至於）異於周文化的墨家，道家等學派，自然也一一被排斥到邊緣地帶。黃老思想在漢初曾一度盛行，唯至漢武帝以政治的力量罷黜百家、獨尊儒術，因而也無能繼續與儒家抗衡，遂使儒家一枝獨秀，以其弘揚的盡孝與尚老的制度來規範國人的思想與行為，與農業方式相輔相成，綿延數千年無多大改變，直到五四運動在百大的西潮衝擊下，儒家思想才受到嚴厲的檢核與批評。[1]

此段中，所提及的儒家思想，正是他準備檢核與批評的對象。但，他瞭解的儒家思想，竟然只是「盡孝」與「尚老」兩項，未免太窄化儒家思想在中國文化兩千多年來的一切發展。而且他說：「直到五四運動在巨大的西潮衝擊下，儒家思想才受到嚴厲的檢核與批評」，此中涵義，似乎有「早該如此，何以必須等到五四運動？」的意思，故他

1　馬森：《中國文化的基層結構》（臺北：聯經出版事業公司，2013年），頁iii。

已間接否定中國二千年來，包括漢儒、唐代諸大哲、宋明理學諸大家，乃至明清二代哲學家的所有努力，因而確有否定二千年來建立中國文化的基礎結構之諸大哲成就的問題。

但我檢視全書中，他除對先秦哲學進行簡單分析，外加對《孝經》與《列女傳》的說明與批評之外，對於上述我指出的中國哲學發展，似乎竟然視而不見。因此，我對馬森教授「否定儒家」的態度，便先起了大大的疑問，即究竟作者對中國文化的基本結構（孔孟學說），能夠有充分瞭解嗎？

但看到他在〈序言〉中的另一段話之後，我才明白過來，原來，作者何以那麼否定中國文化的基層結構呢？他說：

> 一個人的生理及心理在成長的過程中，有些基本的性質無法為後天的環境與教育所改變，同理，一個民族的靈魂在外來文化的激盪中，不管這外力多麼強烈，也難以徹底改變或消弭。這民族魂，用現代的詞彙來說就是榮格（Carl G. Juny）所謂的「集體無意識」。既是集體的，又是意識不到的領域，就非個人的意願所可左右。也正因為這個緣故，青年人與女性在中國傳統的老人文化視野中始終處於劣勢，以致限制了活潑的年輕頭腦和族群一半的婦女對文化發展的貢獻，壓制了文化的生機；沉澱在潛意識中的尚老、慕父的情結，窒礙了開出現代的科學精神與民主、自由的觀念。[2]

首先，他把中國文化形成的「民族靈魂」，視為近年冥頑不靈的說法，我認為，是缺乏中國文化傳統充分研究所得的結論；因為熟知中國文化的學者，對於存在秦之後的中國文化，必能瞭解：它無論在文

2　馬森：《中國文化的基層結構》（臺北：聯經出版事業公司，2013），頁iii。

學、藝術，乃至思想的發展上，始終保持著充滿活力的創造精神和生機；例如，作者研究的中國小說、詩詞，乃至音樂、繪畫，或是戲劇等各方面，只要我們稍微去閱讀歷代的相關史料與歷史之後，都會承認：中國文化並不是作者「老人文化」一詞可以概括，反之，中國文化實際上是充滿了年輕、活力的生命。至於，婦女在創造中國文化的的行列中，的確是弱了些，但曾經參與中國傳統文化創造的，也不缺其人（如李清照等人）。因此，作者怎樣可將中國文化窄化為，近乎僵化、或不知變通的文化呢？

　　再者，現代科學與民主，固然不是中國傳統文化的強項，但並不損中國傳統文化價值與存在的意義；因為中國傳統文化的發展與走向，在二千年中，確實有其地域性與特殊性。而且，今由其特殊性來論，中國人講的孝道文化，顯然還是到今天的西方文化所不如的。故作者在此的迷失，包括（1）強將中國傳統文化以「老人文化」一詞來概括；（2）又在概括之後，又缺乏邏輯地說：「沉澱在潛意識中的尚老、慕父的窒礙了開出現代的科學精神與民主、自由的觀念」。但我還認為，他最嚴重的問題是——把中國文化視為老人文化之後，得出：「沉澱在潛意識中的（儒家）尚老、慕父的情結窒礙了開出現代的科學精神與民主、自由的觀念」。（見上引）

　　故本文的重心，將對馬森在其書中的三點迷失，進行深入的解析與反思如下。

一　中國傳統文化可以「老人文化」來概括嗎？

　　我們翻開此書的目錄，首先設法尋找作者說的「老人文化」究竟有何根據？

　　原來，最明顯的是在其書中的第九章〈孟子的光輝與矛盾〉第九節有「敬老、尊老與慕父」的論述。至於其「索引」中所列關鍵詞有

關「敬老」有六處，有關「慕老」有五處。又有關「老人文化」有十三處，但「尊老」並未成為關鍵詞，也值得參考。

今先研究作者在第九章第九節中說的：「老，代表了父的地位與權威。父是領導者，子是景從者；父是教化者，子是被教化者；父是治人者，子是治於人者，父子的人倫之軸的對待關係，移位到政治上，就成為君臣的對待關係⋯⋯。在周文化系統中，社會結構和人際關係無不由此父子的主軸而衍生，敬老與尊老則形成了以老年人視境、觀點為中心的『老人文化』[3]故作者所謂老人文化。包括的要件是（1）以長者為權威。（2）尊老、敬老。（3）以老年人視境、觀念。其意義則為，以敬老、尊老的方式，其長者為權威，並以其視境權威所形成的文化。

在表面上，這段話有其道理，因為在傳統中國社會的確是一個停留在威權狀態下的社會，但問題是作者以「老人文化」作為中國文化之基層結構中，所提出的孔孟思想的證據顯然是不充足的。而且有些地方是待商榷的（凡此，我在本文中，將一方進行反詰），例如，若回到孟子學說強調的聖人的五倫關係來觀察，便有很大的問題存在，因為孟子曾說的「聖人有憂之，使契為司徒，教以人倫；父子有親、君臣有義、夫婦有別、長幼有序、朋友有信。」（滕文公上：4），似乎並不能衍生出「敬老與尊老」的文化；因為孟子在外王學說講的是老人福利政策之外，可以泛稱為因為提倡「有不忍人之心」的學說，才延伸出馬森教授認為老人文化是主體的「斯有不忍人之政」的仁政。但孟子的仁政，並非只講如何照顧老人，而是一套內容豐富的政治文化。

其證據在：

1.孟子曰：「老吾老以及人之老，幼吾幼以及人之幼、天下可以

3　馬森：《中國文化的基層結構》（臺北：聯經出版事業公司，2013年），頁86。

運於掌。」（梁惠上：7）；此明白說孟子「仁政」論的本質是，要照顧的是社會上的弱勢（老人與小孩），而非只照顧老人而已，更非指必須以老人的視野作中心思考。又當齊宣王一味求打勝仗時，孟子曾回話說：「蓋亦反其本（指仁心）矣，今王發政施（按：即行仁政）」（同上引）；由此可見，孟子欲建立的政治文化，是一套由上述的，以仁心為「基礎」實施的仁愛政策；故其精神在仁愛心的普遍運用。至於其要點則可以包括：

（1）「使天下仕者皆欲立於王之朝，耕者皆欲於王之野，商賈皆欲藏於王之市，行旅皆欲出於王之塗。……天下之欲疾其君者皆欲赴愬於王」（梁惠王上：7）。故仁政的豐富內涵，包括里為王的請候能夠在政治上、社會上，做到使各行各業的人，確實感受到王者這種愛心，才算是仁政的開端。

不但如此，孟子又以比較的方法進行論述；即到底行反仁政的國君與行仁政的國君，有何區別呢？他說：「明君制民之產必使仰足以事父母，俯足以畜妻子，樂歲終身飽，凶年不免於死亡。……今也制民之產，仰不足以事父母，俯不足以畜妻子，樂歲終身苦，凶年不免於死亡；此為救死而恐不贍，奚暇治禮義哉？」（同上引）——今經此比較可知，孟子的仁政論內容，並非只限於去照顧年老的父母一項而已，而是包括社會上各個家庭中的妻子與小孩。不但如此，在他說：「王欲行之（指仁政），則盍反基本矣？」於是，下面更點出仁政的內容是以「五畝之宅樹之以桑、五十者可以衣帛矣。雞豚狗彘之畜，無失其時，申以孝悌之義，頒白者不負載於道路矣；老者衣帛食肉、黎民不饑不寒，然而不王者，未之有也。」（梁惠王上：7）。

在此，孟子明白講出其政治文化的主張與要旨，是讓農民能夠維持一定的生活水準，以讓「頒白者不負載於道路矣」（老者安之）或「老者衣帛食肉（衣食無憂）外，至於黎民（壯年人）也不至於受凍、挨餓」。故孟子仁政的要義，不只是想要照顧老年人（或以老年

人為尊），以發揮敬老的精神而已，而且要為政者實施一種「全方位」照顧百姓生活的農業政策；因為如此，才能使得家中的壯年人，及前述的妻子、兒女的生活都能得到妥善的照顧。

但是，作者在第九章第四節中，卻以《孟子》〈盡心上篇〉的「五畝之宅，樹牆下以桑，匹婦蠶之，則老者足以衣帛矣。五母雞、二母彘，無失其時，老者足以無失肉矣。」作為孟子重視老子福利的證據，之外，作者更以（梁惠王上：3）孟子說的「五畝之宅，樹之以桑，五十者可以衣帛矣，雞豚狗彘之畜，無失其時，七十者，可以食肉矣」[4]作為「孟子比孔子更注意到老人的權益」的證據，但試問，作者這樣的引述來作為孟子的外王說，只是重視老人，周延嗎？當然不周延；因為除了作者上述引述（梁惠王上：3）的證據之外，接下去，孟子還說：

> 「百畝之田，勿奪其時，數口之家可以無饑矣。謹庠序之教，申以孝悌之義，頒白者不負載於道路矣。七十者衣帛食肉，黎民不飢不寒，然而不亡者，未之有也。」又說：「狗彘食人食而不知檢，塗有餓莩而不知發，人死，則曰『非我也，歲也』，是何異於刺人而殺之？曰：『非我也，兵也』，王無罪歲，斯天下知民至矣」。（梁惠王上：3）

故由此來論，孟子整個政治文化哲學（或外王哲學），誠如上述，他不但要講「照顧老人」，而且更要照顧每個家庭中的一切成員，因為如此，才能達到「數口之家可以無饑」的目的。

至於作者以（盡心上：22）的「五畝之宅，樹牆下以桑，匹婦蠶之，則老者足以衣帛矣。五母雞，二母彘，無失其時，老者足以無失

4　馬森：《中國文化的基層結構》，頁79。

肉矣」[5]為證據，說「他（孟子）特別重視老人的利益，使老人的地位在中國社會中更加穩固。」[6]——似乎也有「邏輯推理」之問題，因為今依（盡心上：22）的原文，必須看完全文如下：

> 孟子曰：「伯夷辟紂，居北海之濱，聞文王作。興曰：『盍歸乎來！吾聞西伯善養老者。』太公辟紂，居東海之濱，聞文王作興，曰：『盍歸乎來！吾聞西伯善養老者。』天下有善養老，則仁人以為己歸矣。五畝之宅，樹牆下以桑，匹婦蠶之，則老者足以衣帛矣。五母雞，二母彘，無失其時，老者足以無失肉矣」

此固然說明仁政論者有善養老人之心意，但孟子不是同時指出：「百畝之田，匹夫耕之，八口之家是以無饑矣」——事實上，這才完全呈現孟子的真正合乎上述其仁政論的全部內容。何況，在此話下面，還有孟子的外王學，也說：

> 制其田里，教之樹畜，導其妻子，使養其老；五十非帛不煖，七十非肉不飽。不煖不飽謂之凍餒，文王之民無凍餒之老者，此之謂也。（盡心上：22）

故筆者認為，孟子在此段的說明，應該與其他各章的仁政論合觀之後，才不會有斷章取義的問題產生。否則，將會像此書作者認為的：「他（孟子）特別重視老人的利益」，就推論出「使老人的地位在中國社會中更加穩固」[7]的結論。

5　馬森：《中國文化的基層結構》，頁79。
6　馬森：《中國文化的基層結構》，頁79。
7　馬森：《中國文化的基層結構》，頁79。

（2）最重要的證據，應回到孟子說的：「人皆有不忍人之心。先王有不忍人之心，斯有不忍人之政矣；以不忍人之心行不忍人之政，治天下可運於掌上。」（公孫丑：7）；來進行論述；因為依照孟子「人皆有不忍人之心。先王有不忍人之心，斯有不忍人之政矣；以不忍人之心行不忍人之政」的論述方面，仁政論是一種不忍人之心（同情共感之心）的發揮，孟子的外王學說（不忍人之政或仁政），其來源是他的根本學說──「性善論」。故此論的基本命題是「人皆有不忍人之心」。有關此點，可以（梁惠王上：7）中引述的孟子與齊宣王的一段對話來瞭解。

即在齊宣王「以羊易牛」之談話中，孟子曾讚揚宣王「是乃仁術也，見牛未見羊也，君子之於禽獸也，見其生，不忍見其死。聞其聲，不忍食其肉，是君主遠庖廚也。」（梁惠王上：7）──今試問，齊宣王何以會因此獲得孟子的稱讚呢？今由孟子說的「是乃仁術也」來說，意謂仁心之具體表現；但「仁術」來自何方？在此對話中，孟子又曾說：「是心足以王矣。百姓皆以王為愛也，臣固知王之不忍也」（梁惠王上：7）意謂：「就憑您這種心腸便足夠王天下了。不過老百姓以為大王室吝惜那頭牛，但我本來就知道大王是出於內心的不忍」──由此論述，我們可以與上述孟子說的「有不忍人之心，斯有不忍人之政（仁政）矣」合觀，則可以肯定，包括照顧老人的政策，乃是表現出孟子所說「不忍人之心」（或仁心）發揮的一部分。換句話說，如果如作者認為的，中國文化的基本架構中的孟子學說，有重視老人的意義，但必須注意孟子所謂的仁政，必須包括兩部分：

1. 「本體」部分──仁心（或不忍人之心）。

2. 但「用」部分──不忍人之政，或說根據仁心（或不忍人之心）而產生的種種政策（包括建立一套道德教化與農業政策結合的政策）。故論孟子的基本精神，到底是如何形成中國文化的基層結構時，必先講照顧老人的仁政，其背後的基礎究竟是什麼？其基

礎，顯然是由孔子提倡的仁、聖的愛人境界為出發點，又由孟子出來發揚以仁心最為建立道德論述的本根，然後才講到「用」（仁政）的部分。

故若以我們能夠如此以孟子學說，來論述中國（傳統）文化的基層結構，似乎必先深入何謂「不忍人之政」（或仁政）的問題中，如研究其精神是什麼？今由上分析，可知，此乃出於人類本有的不忍人之心的表現。或是就仁心的表現而言。進一步說，如更深層去研究孟學，便不能談到孟子的「不忍人之政」所本的──仁心，因此我們不能不談到孟子的性善論。

但今檢視馬森此書所分析的孟子性善論來說，其最大問題在於：只從孟子與告子的辯論人性的究竟與以「孟子並進一步把性善內在化，用『四端』來描述性善的本然」的一段引述（公孫丑上），就認為「孟子是一個樂觀主義者」[8]卻未能論述孟子的「性善內在化」中，如何以此（仁心）為「體」，又如何將此體作為其政治學說的「用」；可是，今看作者在「孟子的政治觀」中，雖以井田制度的實施，只是「我們所要注意的是孟子提出『井田』做為農業生產的一種理想」[9]──如此說，我們才明白過來，原來，馬教授對於孟子的使用一如說（或內聖外王說）有斷裂的問題。或說，他先不能瞭解孟子重視老人，原來是實施仁政的一部分之外，如今，又顯然不能理解到照顧老人背後的「基礎」是什麼？接著，便以斷章取義的方式，由仁政論的部分內容（照顧老人），便指出，中國（傳統）文化的基層結構是老人文化。請問：這樣的論述合理嗎？

小結

如果說孟子學說是中國傳統文化的基層結構中的重要部分，顯然

8　馬森：《中國文化的基層結構》，頁79。
9　馬森：《中國文化的基層結構》，頁82。

「照顧老人」也只是孟子仁政論的一部分，但絕非因此可以說，孟子學說其中的表現的文化就是老人文化，因為照上述的分析可知：重視老人（敬老；尊老），也只算孟子外王說的一部分而已。

那麼，照邏輯關係來說，孟子仁政論才是「全體」，照顧老人只是「部分」。但，「部分」不能代表「全體」，那麼作者指出的「部分」（老人文化），自然不能做為孟子學說的「全部」來論述。

再者，由上分析孟子的外王學說，主要是以他肯定的「人皆有不忍人之心」的基本命題做為「本體」。另外，若從孟子學說所展現的文化，是一種「親親而仁民，仁民而愛物」的文化，那麼，如果有人只從孟子部分的主張（如親親），作為其精神來論述，顯然也有偏頗之嫌。

另外，他對孔子學說也有類似的解釋─如說「孔子是老人文化」的擁護者[10]但其理據包括《論語‧學而》的「弟子入則孝，出則弟，謹而信，汎愛眾而親仁，行有餘力，則以學文。」但他都忽略了孝道文化，乃是中國文化的精華；它不可以與《孝經》說的「三綱五常」同日而語；因為孔子講的孝道，雖然是「三年無改於父道」，卻不是講必須盲目的服從；其理據，包括〈為政：5〉孟懿子問孝，子曰：「無違」──此話有時可能被曲解為盲目服從，但後來樊遲御，子告之曰：「孟孫問孝於我，我對曰『無違』」樊遲曰：「何謂也？」子曰：「生，事之以禮，死，葬之以禮，祭之以禮」──原來，孔子論盡孝的意義，不是在人們不違父母之意，而是怎樣將周禮落實於日常生活之中。

另外，在孔子外王學說中，教導國王的為政方法，乃是以先修養自己的品德，來形成眾民歸服的目的，而非以國君為無上權威實行獨裁或極權統治；此所謂「為政以德，譬如北辰，居其所而眾星拱

---

10 馬森：《中國文化的基層結構》，頁63。

之。」（為政：1）可以證明，或以孔子說的：「道之以政，齊之以刑，民免而無恥」（為政：3）來說，此顯然因為當時國君過度的獨裁，已形成一種無恥之政。反之，他的理想政治則是講究為國之君必須先修德後行政之政；此所謂：「道之以德，齊之以禮，有恥且格」（為政：3），因此才有「季康子問使民敬忠以勸，如之何？」子對曰：「臨之以莊，則敬，孝慈，則孝，舉善而教不能，則勸」（為政：20）的記錄；凡此意謂，為政的基礎在於──國君能夠有莊重之德，又有推舉善人為官來教化百姓，以達成道德教化的目標。

但奇怪的是，作者在其結論中，竟然有下列話，來作為儒家文化是老人文化的證明；他說：

> 據史記的紀載，儒家文化的兩個重要的奠基者周公和孔子，在他們的思想和言論發生作用時，都已經是老人。另一個對周文化有決定性影響的姜尚，一開始就以老人的姿態出現，那麼在當時的具有影響力的決策者均為老人，蓋為疑義。[11]

但孔子在晚年是否成為決策者呢？我們是否可以回憶一下，孔子的影響力，至少到了他過世之後的百多年，才有一位自稱「私淑」其學的孟子將其學說，加以發揚光大，才實現其學說的偉大，不是嗎？

再者說「孔子思想和言論發生作用的時候，都已經是老人」[12]但請問作者，是否就可以因此，作為孔子學說代表老人文化的證明呢？我認為在邏輯上這種推論是不通的；因為說孔子成名在老年，是可以的，因為如孔子說自己到老，學問才有成（五十知天命，六十而耳順，七十從心所欲不踰矩），然而與他是否代表老人文化？何況，到老才有成就，這不都是一般哲學家的特質嗎？何況，以哲學的研究來

11　馬森：《中國文化的基層結構》，頁231。
12　馬森：《中國文化的基層結構》，頁231。

說，確實需要如荀子說的累積工夫，最後才有成就。又，中國哲人講修養更需如此，故像孔子到五十歲才知天命，六十歲才「順耳」，最後到七十歲，才能「從心所欲不踰矩」，不是嗎？故說到老，思想和言論才發生作用，是可以的，但不能因此作為這種的哲學家提倡老人文化的可靠證明；此正如天才如張愛玲在年輕時代寫小說已成名，也不能證明她在提倡年輕文化一樣明白。

故我認為，作者除了認為孟子提倡老人文化的論題，尚有嚴重的問題之外，今又以孔子在其思想和言論發生作用的時候，已是老人，便推出，孔子也是一位「老人文化」的擁護者，更是一種無稽之談。

基於此，我必須指出，馬森認為，孟子是老人文化的提倡者，已是一種「風馬牛」的推論，所以如果還用孔孟學說，作為老人文化來概括中國傳統文化，在論理上，更是說不通的。

當然，中國文化經過幾千年的演變之後，因為長期缺乏一般新思潮的刺激，也確實出現老化，甚至僵化的不良現象。但這種現象，與孔孟學說當時的表現，是否可以畫上等號呢？馬森顯然認為可以。可是，我卻以為，如果我們要正確解答此問題，不如回到孔孟學說本身去研究，而非以「斷章取義」的方式，來論述自己論述是「蓋無疑義」的。[13]否則，是不是會落入「先立結論，才去找證據」的謬誤中呢？

二 儒家文化是否妨礙、甚至窒礙中國民主現代化的重要原因？

馬森全書主要以孔孟等學說，來論述其老人文化的依據。所以，在此我仍然以孔孟學說為依據，論孔孟學說是否妨礙中國現代化？

---

13 馬森：《中國文化的基層結構》，頁231。

在此，我首先來看，馬教授所謂的現代化與中國現代化的意義為何？

在其書的第二十章〈從傳統到現代〉中，他並未很嚴密地界定「現代化」與「中國現代化」的意義。在「現代化」方面，他最多如此說：

> 就社會的層次而言，現代化標誌著社會機制的重現。首先，工業的發展使人們脫出了傳統聚積而居的模式，農村大量人口流入都市，人們的就業除由教育程度決定外，也取決於勞動市場的供求關係。基本上每個人都可以選擇自己的職業，雖說選擇的幅度不是沒有限制的。第二，人生價值不再是單一導向。例如在傳統社會中，宗教、政治、學術、科技、藝術、文學、工商業、娛樂、體育等各行各業都是獨立發展的領域，雖然期間不免產生互相干預的情勢，但多元的價值取向卻成為現代社會的大勢所趨。[14]

在此段中，作者已很清楚指出兩個現代化的要件是（1）工業的發展；（2）多元的價值取向——有關第一點是一個不爭的事實，因此屬於農業社會的孟子仁政論思維，必然與現代社會思維形成不同的方式；例如，作者說的農業社會人們的群居方式或工業社會每個人，可以自己選擇自己的職業的不同。又有關第二點，是多元的價值的取向。此充分反映，在現代社會多屬民主社會的關懷，因此，人們不再受制於傳統社會的價值觀。

但現在我要問一個問題，即作者再將中國文化的主流思想——孔孟學說歸類為「老人文化」之後，又在第二十二章中，指出它「不一定」能夠適應現代工業社會；他說：「這種『老人文化』正符合了依

---

14 馬森：《中國文化的基層結構》，頁208。

循四季循環進化遲緩的農業社會的發展要求。因此,在數千年的中國農業社會中一直不變地處於主導的地位。相對農業的生產方式和大家族的社會組織而言,自有其高度的價值,但相對於今日的工業社會與日漸式微的大家族組織而言,則不一定相適應。」[15]

凡此,說明了中國現代化,與儒家孔孟學說所形成的文化產生隔閡與不適應的問題,也確屬於事實。然而,我除了為孔孟學說並非是「老人文化」,進行論述之外,今我對於作者在其書的「結論」中,明言老人文化的幾個特點感到不滿;那是(1)持重難變;(2)反進化的態度;(3)以理想替代現實;(4)口舌感官特別發達,其他感官則相對的較為遲鈍;(5)對性慾之恐懼與輕視,連帶地輕視婦女地位與其生理現象;(6)重腦而輕身;(7)對老年人之地位與利益在理論與實際上均盡力維護而輕忽兒童、婦女及年輕人之地位與利益。[16]

故不滿的原因是,作者竟然將孔孟歸為老人文化之後,又在此給予老人文化上述諸多缺點。最後,做出下列的重要結論,竟然是:

> 今日與扞格難入地在儒家的格局中接收現代的意識,反不如從莊子的「齊物」與「逍遙」中尋求一種重生的出發點。[17]

起先,我對作者如此說的後半段,試著去理解;因為作者在第二十二章結論的結尾中曾說過:「那麼就讓我們把《莊子》做為我們前進的墊腳石,以逍遙的精神來突破自我的蔽障,以齊物的胸懷來吸收包容西方的文化。在融合了西方的文化後,中國應該可以超脫出『老人文化』的視野,獲得一個嶄新的生命」[18]

---

15 馬森:《中國文化的基層結構》,頁232。
16 馬森:《中國文化的基層結構》,頁231-232。
17 馬森:《中國文化的基層結構》,頁233。
18 馬森:《中國文化的基層結構》,頁234。

　　凡此，研究道家多年的陳鼓應確實已曾讚美道家有「寬宏的胸襟」[19]；我們在莊子〈秋水篇〉中也曾閱讀到這種包容的胸襟的存在。但問題是，馬教授一方面先把孔孟學說講成「老人文化」，後來又指出上述的種種「老人文化」的缺點，似乎並不是孔孟學說包含的，可是他最後卻又指出：「今日與扞格難入地在儒家的格局中接枝現代的意識」之結論。此不會令人懷疑，作者用這種「簡化儒家」的方式來講孔孟，並因此做出儒家難以「接枝現代意識」的結論，合乎道理嗎？

　　另外，作者在此書中，用二章（第十六、十七章）說明僵化後的儒家如《孝經》與《列女傳》的思想，確實是如作者說的孝的政治化、道德化的結果，所以「都沒有開啟出更為人道的平等與民主的觀念，反倒使不平等的階級有了制度的藉口。」[20]也如作者批評的《列女傳》：「《列女傳》中的貞女如此之多，並不能反映社會的實情，因為這不是社會調查的結果。而且此兩書為了達到說教的目的，編撰者自然可以多選貞女而少舉不貞者；即對貞女的事蹟，也可以加以渲染、誇大其詞。」[21]

　　可是，誠如作者在該書指出的：「假借孔子之名的《孝經》」[22]與「劉向編撰《列女傳》是有所本的。正如《漢書‧楚大王傳》中所言『採取詩書所載賢妃貞婦興國顯家可法則及孽嬖亂亡者，序為《列女傳》』」[23]而且又在第十六章中，論述「孝的理性化不可諱言地是儒家的貢獻，孝的教條化卻也不可諱言地是儒家視野的暗角。」[24]既然如此，即他已經分辨出「教條化的儒家思想」如《孝經》、《列女傳》與

19　陳鼓應：《道家的人文精神》（北京：中華書局，2013年），頁234。
20　馬森：《中國文化的基層結構》，頁167。
21　馬森：《中國文化的基層結構》，頁181。
22　馬森：《中國文化的基層結構》，頁164。
23　馬森：《中國文化的基層結構》，頁180。
24　馬森：《中國文化的基層結構》，頁170。

「理性化的儒家」是截然不同的思想系統，那麼，何可作出上述「今日與扞格難入地在儒家的格局中接枝現代的意識」的結論呢？這不是在混淆了「理性化儒家」（孔孟）與「教條化儒家」如《孝經》、《列女傳》的重大區別嗎？

誠如讀者所知，孔孟代表的中國文化是道德理性的發揮──或者說，孔孟表現仁道或人類良知良能學說的捍衛者，絕非道德教條的擁護者；有關這方面，由孔孟不約而同地說：「言必信，行必果，硜硜然小人哉！」（子路：20）「大人者，言不必信，行不必果，惟義所在。」（離婁下：11）的論述，可以證明；相對而言，凡像《孝經》與《列女傳》那種教條化（僵化的）儒家信仰者，確已走離了真正的儒家甚遠，故作者卻將它作為原始儒家的一部分，來說明儒家與中國現代化的嚴重隔閡，是我不能同意的。

不但如此，我雖然同意作者對道家充分的瞭解（見此書第十一章），但對於作者詮釋孟學與孔學中，對他們的理解，有許多不安之處；又譬如，他在第九章論述「孟子的矛盾」中說：「他（孟子）確有意無意地涉取汲取了一些墨家的見解，因此他說出了一些跟儒家所講孝悌忠恕並不合轍的『民貴、君輕』的話頭。」[25]

然而試問，孟子主張民貴、君輕與墨家的見解，究竟有何關係呢？

今就馬教授在墨家的論述（第十章）來說，他似乎完全忽略墨子有「尚同」思想這方面的事實；換句話說，墨子有〈尚同三篇〉；其中高揚「上行下效」的極端極權統治的主張，與孟學的民本的政治主張，已形成截然相反的結論。

不過，本段落我必須申論孟子的民本思想的由來，以回應馬教授的儒家講的孝悌忠恕之道下，孟子如何論述其政治學說？並試解答孟子「民重、君輕」的民本學說，是怎樣與其孝悌忠恕學說一致的？藉

---

25 馬森：《中國文化的基層結構》，頁78。

此，也等於回應了，本段落的重點──究竟儒家文化是否妨礙、甚至窒礙中國民主現代化的問題。

在此，我必須先指出，由於孟子有儒家意義下的民本學說，所以他並不妨礙或窒礙中國民主的現代化，但孟子有民本學說是在其時空背景下的民本，而非發生於十六世紀之後歐美的民主理論，故我必須先簡述：孟子意義下的民本學說，再論其說中有何地方「有助於」中國民主現代化的地方。

今先就第一問題（孟子意義下的民本學說）來說，通常分兩派學說：

一、主張孟子已有現代化意義的民主；如黃俊傑在〈儒家與人權──古典孟子學的觀點〉中認為：「儒家文化中不但不能缺乏近代西方『人權』觀念，而且儒家式的『人權』概念並非如近代西方之將個人與群體視為對立之敵體，而是在其博厚高明的宇宙論與人性論基礎之上，在『個人』與『群體』之間以及在『人文世界』與『自然世界』之間建立聯繫性關係，較之西方式『人權』概念更具有高度與廣度。」[26]

二、主張中國傳統文化沒有民主；例如李晨陽在《多光世界中的儒家》中認為：「儒家思想兩千年來沒有從自身導出民主。它再過兩千年也不會導致民主。」[27]

但我認為，希望實行民主的學者大概會同意一個概念，即實行民主的條件為何？如果如此提問，不但可化解中國傳統文化，是否有民主的問題與困境，而且可以回答馬森在其書中曾指出的「孟子的矛盾」；他說：「他（孟子）的民主思想，也不免流於早熟的空想。究其原因，實在也因為孟子自己思想中也具有一種尊君與輕君之間的難以

---

26 黃俊傑：〈儒學與人權──古典孟子學的觀點〉，見劉述先先生編：《儒家思想與現代世界》（臺北：中央研究院，1997年），頁33。

27 李晨陽：《多光世界中的儒家》（臺北：五南圖書公司，2006年），頁179。

解開的矛盾」[28]

今先就實行民主的重要條件中，今依據J. S. Mill的民主理論，有三個基本條件，即同意「參與及促進目的的實現。但在以上第二、三條件中，必須包括先促進與充實自己的道德與智能」[29]Earnest Barker 在*Reflections on Government*（1942）中，更直言實行民主活動中要有道德人格；他說：「個人具有道德人格，能根據自身對善之理念，決定其行為。這是我們論證之起點，也是結論之終點。」[30]

那麼，儒家孔孟的士君子，乃至聖人，不正合乎實行民主的道德條件嗎？例如孔子曾說：「富與貴，是人之所欲也，不以其道得之，不處也。貧與賤，是人之所惡也，不以其道得之，不去也。君子去仁，惡乎成名？君子無終食之間違仁；造次必於是，顛沛必於是。」（里仁：5）凡此，我比對臺灣實行民主中，有領導人經常會利用職權從事貪贓枉法的事實，又有人在選舉期間買票或收受賄賂之類的是。反之，實行真正民主，是否至少，要有孔子說的，君子般的「道德人格」呢？又如孟子曾經大力提倡「知恥的人格」而說：「人不可以無恥；無恥之恥，無恥矣。」（盡心上：6）又說：「恥之於人大矣。為機變之巧者，無所用恥焉。不恥不若人，何若人有？」（盡心上：7）──凡此，中國聖賢講的君子人格、知恥人格無疑可以構成實行民主的重要條件之一吧？因此，我首先必須說，雖然孟學中，有輕君的言論，但畢竟他是依然「君臣主義」的政治道德倫理政治哲學中的基本架構。

那麼，我們也必須同情其處在一個上古民智未開的時代，許多百姓的知識、智能有限的情況下，因此未能開出近代西方的民主是一件

---

28 馬森：《中國文化的基層結構》（臺北：聯經出版事業公司，2013年），頁79。

29 張明貴：《約翰彌爾》（臺北：東大圖書公司，1986年），頁139。

30 呂亞力著、吳乃德編譯：《民主理論選讀》（臺北：風雲論壇出版社，1993年），頁64。

自然的事。可是，以上述政治哲學家的民主條件來說，孔孟一生提倡的道德人格，的確是實行現代民主的要件之一。

再就是在孟學中，有一種革命的思想存在，卻常是我們倡導中國傳統民主的學者忽略掉的，那就是孟子顯然承認推翻暴政的正當性與合法性；例如在齊宣王問：「湯放桀，武王伐紂，有諸？」時，他說：「於傳有之。」曰：「臣弒其君可乎？」曰：「賊仁者謂之賊，賊義者謂之殘，殘賊之人，謂之一夫。聞誅一夫紂矣，未聞弒君也。」（梁惠王下：8）

在此，我必須說：在近代歐洲大哲洛克（J. Locke）的政治理論中，也有「革命權利」的主張，即認為在「政府違反自然法則時，則革命是一種正當的。」[31]，故孟子主張人民有推翻暴政的必要，或許與洛克的主張，有很大的差距（例如沒有「主權在民」的基本理念），但在其民權思想中，已隱然存在一些的民權的成分，則可以肯定。

另外，作者在其書第九章末節（第十節）中指出：

「如果說周文化並不鼓勵個人的獨立判斷和選擇（這種判斷和選擇正是現代民主政治所賴以運作的不可或缺的基礎），那麼孟子『民為貴，社稷次之，君為輕』的說法，不但與尊父重君的一般言論相矛盾，而且他這種所謂的民主思想實在來得突然而奇怪。」[32]

但筆者認為，一點不奇怪，因為孟子所說的「民為貴」，在整部孟學中，只是「重視民意」（或重視普遍的民意）而已，卻沒有一套實施民主的辦法；例如在重視民意方面，可以孟子見齊宣王，曰：「所謂故國者，非謂有喬木之謂也，有世臣之謂也。王無親臣矣，昔者所進，今日不知其亡也。」王曰：「吾何以識其不才而舍之？」曰：「國君進賢，如不得已，將使卑踰尊，疏踰戚，可不慎與？左右

---

31 A. R. M. Murray著，王兆荃譯：《政治哲學引論》（*An introduction to political philosophy*）（臺北：幼獅文化事業公司，1984年），頁137-138。

32 馬森：《中國文化的基層結構》，頁86-87。

皆曰賢，未可也；諸大夫皆曰賢，未可也；國人皆曰賢，然後察之；見賢焉，然後用之。左右皆曰不可，勿聽；諸大夫皆曰不可，勿聽；國人皆曰不可，然後察之；見不可焉，然後去之。左右皆曰可殺，勿聽；諸大夫皆曰可殺，勿聽；國人皆曰可殺，然後察之；見可殺焉，然後殺之。故曰，國人殺之也。如此，然後可以為民父母。」（梁惠王下：7）——換言之，孟子主張的「重視民意」，建立在君主實行專制下，主張多採取民意的「開明專制」。

至於作者上述周文化缺乏實施現代化民主的「鼓勵個人判斷和選擇」，也不是事實；因為如果孔孟代表周文化的發揚者，則孔孟都有鼓勵個人判斷和選擇的重要學說；例如孔子說：「學而不思，則罔」（為政：2）；「思」即作獨立判斷，又如說：「韶盡美矣，又盡善也，謂武盡美矣，未盡善也」（八佾：25），又如說：「周監於二代，郁郁乎文哉！吾從周。」（八佾：14）——「吾從周」，說韶盡善盡美，後來又有「子在齊聞韶，三月不知肉味，不圖為樂之至於斯也。」（述而：14），也是孔子獨立判斷與選擇的具體證明。

至於《孟子》全書以論辯為思考方式，正是鼓勵個人獨立判斷與選擇的最好證明（可以《孟子》第一章孟子見梁惠王曰：「亦有仁義而已矣，何必曰利？」進行瞭解）。

最後，我必須說，馬森認為：「孔子所為謂的仁學，針對的對象似乎只是在上階層的『君子』，並不包括下階層的『小人』在內。」[33]，不但是不瞭解孔子有「有教無類」的重要理念，於是連帶忽略了其中「不分階段、富貴、貧賤」，也是落實現代中國民主的重要條件。

基於此，我可以肯定說，儒家文化雖在二千年來並未能導引出中國民主的實現，但也並不妨礙或窒礙將來實現中國民主的現代化之可能；因為類似近代大哲洛克主張的革命權利，也存在孟子學說中出

---

33 馬森：《中國文化的基層結構》，頁67

現。至於近、現代政治哲學家（如 J. S. Mill, Earnest Barker）主張的
道德人格與平等的重要條件，不正是原始儒家，孔孟最重視的嗎？故
我以為，馬森教授在其書中結語章中，認為「儒家的格局」難以「接
枝現代的意識」之論，確實還有商榷的必要。

三　儒家文化是否違反科學精神呢？

最後，我必須反駁馬森教授說的「儒家的尚老、慕老的情結，窒
礙了開出現代科學」[34]之論。

不過，在反駁之前，我必須研究「何謂科學？」的重要問題；今
先根據的是德國科學哲學家 Hans Poser 在《科學：什麼是科學》
（*Wissenschaftstheorie: Eine philosophischeEinführung*）一書的說法加
以申論；作者在此書「結束語」中說：

> 科學哲學的特點是系統性地，按照一定的方法提出問題，科學
> 中對問題的答案應該帶有論證即說理的結構。也就是說，科學
> 的答案被認為是知識，是有理由的。因此，科學中的所有方法
> 與結構都應該以真理來作為希望達到的標準。這樣的話，就不
> 僅是個方法與結構的問題，而是牽涉一個科學態度的問題。這
> 種科學態度又不應單純限制在科學方面，而可以，亦應該成為
> 每個人生活的態度，使其成為推動文化進步的一個重要力量。[35]

今分析 Hans Poser 所謂的科學特點，可以包括數要點：

---

34 馬森：《中國文化的基層結構》，頁 iii。

35 Hans Poser 著，李文潮譯：《科學：什麼是科學》（*Wissenschaftstheorie: Eine philoso-
　phische Einführung*）（上海：三聯書店，2003 年），頁 244。

一、科學必須是系統的按照一定的方法（帶有論證、說理），提出問題並加以解答；及科學知識建立在充夠的理由之上。

二、科學是以真理為希望達到的標準。

三、科學研究必須有科學的態度，也是每個人的生活態度，才能推動文化的進步。

如就以上的分析，可以說在中國的科技經典中，確實沒有這樣的經過論證、說理的方式，來建立科學的理論；今以明朝的宋應星所著的《天工開物》來說，雖然他「注重實踐並基於自身觀察、調查和試驗從事寫作，絕不停留於紙堆中」[36]；如說到稻米的種植方式，該注意什麼，應該或不適宜怎麼種？都只停留在「知其然」，卻沒有發展出研究其「所以然」的學問。[37]不過，如照潘吉星的說法，則周代文化並沒有妨礙到後人宋應星，能脫離故紙堆（經典），以科學的態度去從事明代科學現代化的活動，不是嗎？

更重要的一點，作為周代文化的發揚者——孔孟，是否在建立其學說中，帶有科學精神的理性呢？

我認為，雖然孔孟都沒有建立科學學說或理論，因為他們學問的主旨是「如何做人？」[38]所以，顯然傾向道德實踐方面的發揮。然而，在其建立其學說中，是否運用人類理性呢？

---

36 潘吉星譯注：《天工開物》導言，見宋應星著：《天工開物》（臺北：臺灣古籍出版社，2007年），頁2。

37 例如《天工開物》紀載「稻宜」一條記：「凡稻土脈焦枯，則穗、實蕭索。勤農糞田，多方以助之。人畜穢遺、榨油枯餅（枯者，以去膏而得名也。胡麻、萊菔子為上，蕓苔次之，大眼桐又資之，樟、椿、棉花又次之）、草皮、木葉，以佐生機，普天之所同也。（南方磨綠豆粉者，取溲漿灌田肥甚。豆賤之時，撒黃豆于田，一粒爛土方三寸，得穀之息倍焉）。土性帶冷漿者，宜骨灰蘸秧根（凡禽獸骨），石灰淹苗足，向陽暖土不宜也。土脈堅緊者，宜耕隴，疊塊壓薪而燒之，埋墳鬆土不宜也。」；潘吉星譯注：《天工開物》導言，見宋應星著：《天工開物》（臺北：臺灣古籍出版社，2007年），頁9。

38 錢穆：《錢賓四先生全集》第38冊，《中國文化精神》（臺北：聯經出版事業公司），頁22。

我可以肯定說：「是的，只是他們顯然運用人類的道德理性，而非科學理性的。」但不管是科學理性，還是道德理性，都是德國科學哲學家Hans Poser所肯定的科學態度，或應該成為的人生態度。換句話說，在有人認為，我必須據「實」出來反駁。

我的理由是，孔孟在運用道德理性建立其學說時，由其「語錄」就可以肯定他們有科學的精神與科學治學方法。其證據如下：

1.在孔子方面

（1）子曰：「夏禮，吾能言之，杞不足徵也；殷禮，吾能言之，宋不足徵也。文獻不足故也，足，則吾能徵之矣。」今論其意義在那裡呢？及談論古代文化（如夏、商二代文化）的依據，必須以「文獻充足」為基本原則。反之，文獻不足，卻頻頻做出結論，是違反其治學原則的。而孔子此治學原則，不正是學問大師胡適說的：「有幾分證據，說幾分話。有七分證據，不說八分話。」的科學治學方法相當嗎？而且，此也與孔子自己說的：「知之，為知之，不知，為不知，是知也」（為政：7）──的說法完全一致。故我們可以肯定，孔子雖不是一位科學家，但有足夠的科學精神與方法。

（2）子曰：「視其所以，觀其所由，察其所安。人焉廋哉？人焉廋哉？」（為政：10）；按「所以」意為「所為」，「所由」（作此的原因），所安（做完後滿意在何處）；其中「所由」即探問原因，此也是富有科學方法的精神之表現，至於「所安」，乃道德家孔子論定一個人最後的標準；換言之，他論人是否是一位真誠的人，即在「觀其言行」，除有科學根據之外，還重視一個人是否在心理上達到「心安理得」的境界。

今以他對宰我的評斷中，有下列兩紀錄可尋：

（1）宰予晝寢。子曰：「朽木不可雕也，糞土之牆不可杇也，於予與何誅。」子曰：「始吾於人也，聽其言而信其行；今吾於人也，聽其言而觀其行。於予與改是。」（公冶長：10）由此可見，孔子在

道德教化中，實在運用了科學的觀察法，以避免被人們口齒的伶俐所蒙蔽。

（2）宰我問：「三年之喪，期已久矣。君子三年不為禮，禮必壞；三年不為樂，樂必崩。舊穀既沒，新穀既升，鑽燧改火，期可已矣。」子曰：「食夫稻，衣夫錦，於女安乎？」曰：「安。」「女安則為之！夫君子之居喪，食旨不甘，聞樂不樂，居處不安，故不為也。今女安，則為之。」（陽貨：19）

今由此可知，孔子論三年之喪，並不是以科學理性（純粹理性）為判斷，而是道德理性的最後標準。也就是說，在價值世界中，重視的是「一個人的真誠與否」；這也就是他在〈學而篇〉第十一章中，說的「父在觀其志，父沒觀其行。三年無改於父之道，可謂孝矣」的涵義。進一步說，道德理性畢竟不同於科學理性；後者是，講究效率與功效（如宰我的主張），前者重視一個人的真誠與否（如孔子主張）。因此，我們雖不能將兩者混淆，但都屬於人類理性範圍內的發揮。

（3）樊遲問知。子曰：「務民之義，敬鬼神而遠之，可謂知矣。」問仁。曰：「仁者先難而後獲，可謂仁矣。」（雍也：22）這說明，孔子處於中國殷商信仰鬼神之後的西周時代，但他作為一位哲人，能講出「敬鬼神而遠之」這樣重要的理性話語，在當時的確是「驚天動地」的。若再與學儒的墨子學說（重天志、明鬼）來比較，更可說他是一位理性的道德論者；這位道德論者，可由其說「學思」並用，以避免迷惘、無知與陷入危殆之境可知，更可由下列大弟子宰我與對話可知：

> 宰我問曰：「仁者，雖告之曰：『井有仁焉。』其從之也？」子曰：「何為其然也？君子可逝也，不可陷也；可欺也，不可罔也。」（雍也：26）

凡此對話，就可證明，孔子能夠充分運用其「學思」並重的原則於學生提出的道德情境之問題中，目的是，希望學生能夠作道德理性的正確判斷與抉擇。

小結

今從以上三例，就可以知道，周代文化的繼承者──孔子，是怎樣發揮科學理性於治學上，又除運用科學的觀察法於考察人們品格的真實與否之外，還運用道德理性，作最後標準是否能安？以觀察一個人的真誠程度。最後，就是在跳過殷商文化，充分運用科學理性的方法──「學思並重」原則，於道德情境中的各種抉擇中，作理性的發揮──基於此，誰能還說：「孔子學說窒礙中國科學的現代化」呢？

再以比較孔、墨而言，墨家雖然發展了一套理性的邏輯，[39]但由於墨子欲回到夏商周的信仰，並以此為其論理的方法（三表法），結果竟然出現作者指出的「我（指墨子）有天志，譬若輪人之有規，匠人有矩」的現象，於是作者又說：「首先墨子張揚天志，更信鬼神為實有，跟孔子敬鬼神而遠之的存疑態度大相懸殊」[40]這顯然是智慧之見；但可惜的是作者在「墨子式微的真正原因」一節中，不能從孔子繼承周文化之後，所表現的人文理性中進一步去著墨，是相當可惜的。

其次，我再以作者最重視的孟學，來論其中的理性精神；譬如，他有「盡信書不如無書；無於武城取二、三策而已」的名言，最後才作出「仁人無敵於天下。以至仁伐至不仁，而何其血之流杵也？」（盡心下：3）的結論。他又以此精神與治學方法論述春秋時代的戰爭，而說「春秋無義戰。彼善於此，則有之矣；征者上伐下也，敵國不相征也。」（盡心下：2）。而此理性的治學方法，又表現在齊宣王問曰：「文王之囿方七十里，有諸？」孟子對曰：「於傳有之。」然後

39　孫中原：《中國邏輯學》（臺北：水牛出版社，1994年），頁37-50。

40　馬森：《中國文化的基層結構》，頁93。

才進行「文王之囿方七十里，芻蕘者往焉，雉兔者往焉，與民同之。民以為小，不亦宜乎？」（梁惠王下：2）的論述。又表現在齊宣王問曰：「湯放桀，武王伐紂，有諸？」孟子對曰：「於傳有之。」然後，進行「賊仁者謂之賊，賊義者謂之殘，殘賊之人，謂之一夫。聞誅一夫紂矣，未聞弒君也。」（梁惠王下：8）。又如〈滕文公下篇〉第三章紀載：周霄問曰：「古之君子仕乎？」孟子曰：「仕。」又舉傳曰：「孔子三月無君，則皇皇如也，出疆必載質。」的事實，與公明儀說的「古之人三月無君則弔。三月無君則弔，不以急乎？」而下「士之失位也，猶諸侯之失國家也。」的結論。

最後，又〈梁惠王上：7〉紀載：齊宣王問曰：「齊桓、晉文之事可得聞乎？」孟子對曰：「仲尼之徒無道桓、文之事者，是以後世無傳焉。臣未之聞也。無以，則王乎？」的結論。

故論者以為，孟子繼承孔子的地方，還不止於仁道的發揮而已，同時更重要是，一種科學治學的方法必須具備理性的精神。

其次，我認為，孟子教學生不但能夠發揮孔子鼓勵學生「聞一知十」或「舉一反三」的思辨能力之外，他更鼓勵學生有「獨立判斷的能力」；譬如，萬章是孟子的得意門生，他經常向老師提出異議，並與之辯論。此更構成《孟子》的一大特色；如在〈萬章上篇：2〉，萬章提出「《詩》云：『娶妻如之何？必告父母。』信斯言也，宜莫如舜。舜之不告而娶，何也？」的疑問。又在孟子解釋之後，萬章又質問：「舜之不告而娶，則吾既得聞命矣；帝之妻舜而不告，何也？」最後還有一連串的對話與辯論——凡此都可證明，孟子更能重視認知在道德行為與清楚地思辨道德是非中的密切關係。換言之，孟學呈現的意義，雖然是在消極上「求放失之（本）心」，而且能積極去「擴充人類本有的四端之心」。另外，他在講其德性倫理學中，最重視的一點，顯然是，怎樣以辯論的方式，發揮「不忍人之心」（或同情共感之心）。並且在此同時，要以「是非之心」去釐清問題的癥結。否

則，就會落入他所謂的：「梓匠輪輿能與人規矩，不能使人巧。」（盡心下：5）的問題中；因為梓匠輪輿通常只會死板地運用規矩從事工作，但終究不能發揮人類的理性去行事，所以往往僵化到不能「巧妙運用工具」的地步。

同理，孟子主張發揮道德理性，此與孔子已運用的「經權原則」；是相同的孔子曾說：「可與共學，未可與適道；可與適道，未可與立；可與立，未可與權。」於是批評《詩經》上說的「唐棣之華，偏其反而。豈不爾思？室是遠而。」而認為：「未之思也，夫何遠之有？」（子罕‧30）又如（微子‧8）記孔子對隱士、逸民的行徑不以為合乎正道。於是說「廢中權。我則異於是，無可無不可。」；此表示，他追求的生命境界，不是僵化地死守正道，而是依不同時代的不同情況，作出不同的道德判斷與抉擇；所以，他不曾說「直哉史魚！邦有道如矢，邦無道如矢」（顯然不滿意其作法），反之，他又說：「君子哉遽伯玉，邦有道則仕，邦無道則卷而懷之」（說遽伯玉為君子，在於他能夠發揮經權原則），故由孔子的言論中，我們已確實察覺到孔子在道德抉擇中，具備的理性精神。

同理，經權原則在《孟子》是怎樣運用的呢？他曾對齊宣王說：「權，然後知輕重，度，然後知長短，物皆然，心為甚，王請度之。」然後作出「無恆產而有恆心者，惟士為能。若民，則無恆產，因無恆心。苟無恆心，放辟，邪侈，無不為已。及陷於罪，然後從而刑之，是罔民也。」（梁惠王上：7）的分析，於是提出「五畝之宅，樹之以桑」的「仁政理論」──試問，這不是孟子運用經權原則，來試圖突破士君子必須「先義而後利」的理論，回到現實社會實現的情況，作出的較為合理又合情的的政治判斷與主張嗎？

最後，我將舉出的例子是，大家熟習的，就是「嫂溺，必須援之以手」的例；他說：「嫂溺不援，是豺狼也。男女授受不親，禮也；嫂溺援之以手者，權也。」（離婁上：18）；「權」就是在我們遇到特

例時，必須知道變通的証明。此也才能夠變通，作出更何實情的道德抉擇（moral choice）。因為如此，才能分辨事情的輕重緩急。凡此，不證明：孟子是一位多麼能夠運用道德理性的大哲嗎？

小結

由於篇幅有限，我已沒辦法一一論述孔孟學說中，如何利用「權變原則」來發揮「仁」之外的「智」能了，所以我在此最後，只能再提及孟子在發揮理性精神，以獨立思考與判斷的方式，與告子進行理性的辯論。又在批評農家許行、墨家夷子等人的學說中，運用了理性精神。凡此，都可以充分證明，孔子是一位理性的大哲之外，孟子則是一位能繼承孔學的理性精神，能夠充分發揮理性去作道德判斷（moral judgment），獨立思考（independent thinking）的大哲。因此，在中國科學現代化中，我們雖然在學習西方科學理性與方法上，還有漫長路要走，但在此同時，我們似乎不能因此妄自菲薄，將《孝經》與《列女傳》的「教條化儒家」[41]與能夠發揚周代文化的孔孟「理性儒家」混為一談。否則，將落入類似馬森教授在《中國文化基層結構》所說的，孔孟只能代表僵化的儒家，而無法變成具有科學精神的「現代化儒家」。

四　結語

本文之作，並不完全否定馬森之《中國文化基層結構》此一大作的貢獻。事實上，他在此書之末，以有開闊心胸之道家，作為中國文化現代化的一條可行之途徑。此無疑已證明，也提示我們：在現代多元價值的社會中，還有不同的中國哲學存在，是值得我們去發揚的。

---

41 參照金耀基「制度化儒家」（institutional Confucianism）之解體的說法，其氏著：《中國的現代化轉向》（香港：牛津大學出版社，2013年），頁10-16。

可是，在這方面，我還沒看到他在書中，提出任何具體的辦法。所以，我也在此熱烈期待馬森就教授，能夠有這相關的論著出現，來進一步深化其在這一方面的論述。[42]

其次，我必須指出，馬森此著作，雖對孔孟代表的理性儒家欠缺以上重要的理解，但至少，是在「交互參照」相關論述（如孫隆基之《中國文化的深層結構》[43]殷海光之《中國文化展望》[44]等等相關著作）之後，能提出此頗具學術規模的一部值得重視的著作。所以，當我們也如此比較馬森與後二者的著作之後，便可瞭解馬森的優點，實包括已脫離了「個人經驗的心得」報告與「有傾向西化的觀點」論述所形成的問題，而進行了一次新的獨立思考的反思，才完成這一部值得一讀的著作。

當然，由於談文化問題或「中國文化與現代文化」接合的問題中，難免會遇到一個不易處理的難題；此即一生以研究「文化」與「中國文化」的金耀基所說：

> 嚴格地講文化問題是一個複雜得足以令人止步的題目，而像中西文化這樣的大題目，更棘手。[45]

因此，他主張採用「行為科學者重視的科際整合的方法」，如「採用心理學、社會學、人類學、民族學、精神分析學等一般公認的知識作

---

42 在馬森欲以道家的莊子來作為促進中國現代化中，必須遇到的障礙包括：是、非不分的「兩行之道」。至於道家老子在《道德經》第四十七章中說的「不出戶，知天下。不窺牖，見天道。其出彌遠，其知彌少。是以聖人不行而知，不見而名，無為而行。」對於中國科學的現代化，恐怕只會造成負面的影響。

43 孫隆基：《中國文化的深層結構》（新千年版），香港：花千樹出版公司，2005年。

44 殷海光：《中國文化的展望》（上）（下），臺北：臺灣大學出版中心，2011年。

45 金耀基：〈殷海光遺書《中國文化的展望》我評〉，見殷海光：《中國文化的展望》（下）（臺北：臺灣大學出版中心，2011年）。頁673。

為基礎，而摒棄了憑空的玄想與主觀的獨斷」[46]

　　但怎樣達到金耀基說的：「摒棄憑空的玄想與主觀的獨斷」呢？我認為，首要工作就是，拋棄馬森在其著中，依其斷章取義而形成的「孔孟學說是老人文化」的「主觀獨斷」與「憑空玄想」。反之，若想對中國文化形成初期的各家（特別是後來作為主流的儒家思想），有「真正的理解」，是不可少的基礎工作。否則，像馬森對孔孟的「片面」理解，事後未做有「自覺的反省」（如檢視自己的看法是否經得起學術界的檢視），就講出孔孟的矛盾與缺失，似乎是禁不起別人的考驗的。

　　最後，我還必須指出，以「老人文化」來描述中國文化，不免會落入梁漱溟在《東西文化及其哲學》中，以「意欲」概念，來概括中西印三種文化走向的嚴重問題[47]之窠臼中。或想以一種簡單概念，就希望能說明文化的複雜現象——試問，像這種的論述，能通過像金耀基等專研中國文化的學者之考驗嗎？

　　至於作者再將孔孟學說歸入老人文化之後，又列舉出老人文化的許多不堪的問題。這顯然已污衊孔孟學說之嫌了！試問：孔孟之敬老尊賢思想，與馬森說的老年人問題之間，有何必然的邏輯關係呢？

　　最後，我必須反問作者：孔孟學說究竟是不是一種暮氣沉沉的學說呢？

　　今由孔子的：「譬如為山，未成一簣，止，吾止也；譬如平地，雖覆一簣，進，吾往也。」（子罕：18）就可肯定，其中的自強不息的精神顯然可見。那麼，孔子不但不是一位提倡墮落的人，而且是有精進精神的大哲。又繼承其學說，發展成重要的孟子，深得孔子「學不厭，而教不倦」或聖人精神的感召，於是在古聖人伯夷、伊尹以及孔子之中，選擇孔子「可以仕則仕，可以止則止；可以久則久，可以

---

46 金耀基：〈殷海光遺書《中國文化的展望》我評〉，頁677。

47 梁漱溟：《東西文化及其哲學》（臺北：里仁書局，1982年），頁54-55。

速則速」的進路，作為其生命學問的方向（公孫丑上：2）。請問，孟子學說，又何老人文化之有？

　　至於，孔孟學說是否妨礙了中國的現代化呢？經本文的分析，由於他們在建立其道德學說中，能充分運用道德理性，與科學家在建立科學理論時，採取的科學理性是相通的（都是人類理性能力的運用）。故我從此肯定，孔孟學說不會妨礙了中國科學的現代化。又孔孟都主張為政者應有道德人格（或君子人格），這正是實行現代中國民主的重要與必要條件之一。故孔孟學說也不會妨礙中國民主的現代化。

　　總之，以上是我拜讀馬森教授此書的感想，並以此作為吾人治學時的最大警惕。

二○一五年七月十七日

（本文已在《孔孟學報》第94期2016年9月28日刊出）

第十二章
評論許仁圖新著《說孟子》[*]

一 前言

最近，我在中央大學圖書館參閱最新出版的書籍，驚見我長期研究的《孟子》，被臺大哲學系出身的許仁圖批得體無完膚。於是，耐住性子，仔細將全書讀完後，也不吐不快。其起因就在作者在此書自序，以孔子「溫、良、恭、儉、讓」的標準，嚴格去批評孟子，如說：「孟子利用告子言論來為自己立說，掠人之美，何讓之有？」又說：「孟子說『說大人則藐之，勿視其巍巍然！』標準的不恭之言。」最嚴重的話是：「孟子好辯口德不修，像隻鬥公雞般，很多言詞實是強詞奪理之辯。『溫』字離孟子個性甚遠。」[1]

二 本文

本文即針對其「強詞奪理」部分，一探究竟，並提出我的九點看法。

（一）就其論〈梁惠王上篇〉第一章來說

許指出：「王曰：『何以利吾國』至『何必曰利』，是孟子為他以仁義代利所作的陳述，敘說重利之害，孟子從魏惠王曰利往下推說，如果大夫、士庶人都像王說『何以利吾家？』士庶人同樣說：『何以

---

* 許仁圖新著：《說孟子》，臺北：河洛圖書出版社，2013年。
1 許仁圖：〈自序〉，《說孟子》，頁3。

利吾身？』那麼，就會『上下交征利而國危矣！』」許仁圖即評道：「孟子的推理十分牽強，上行不一定下效，國君是仁君，提倡仁義，臣子不一定是良臣，有時昏臣反而有良臣」[2]，此為其評孟子推理牽強的理由，究竟對不對呢？我認為大錯特錯！理由何在？

我們知道：孔子說過：「君子喻於義；小人喻於利」；在此的「小人」可以解釋為一般百姓，而君子則是指高出一般百姓，受過道德教化，可以做一般人表率，有道德修養的人。再者，孟子承繼孔教，因此有「未有仁而遺其親者也」的想法，並非指一般百姓，而是指君子的作為，故孟子講上述的話時，正是想少數的君子去教化當時多數沒有受教育的平民百姓，並希望大家都受教育，都能納入道德教化的世界中，成為有道德教養的一群。

進一步說，孟子第一篇（上篇）第一章見梁惠王，正是希望建立一個人人有修養的道德王國。或說，孔孟的訴求，不是許仁圖說的「上行不一定下效」的事實（或實然）問題，而是價值的應然問題，故他的批評，在本質上就不明瞭孔孟學說為何物。

（二）就其論〈梁惠王上篇〉第三章來說

許仁圖評：「《論語》〈顏淵篇〉子貢問政，子曰：『足食、足兵，民信之矣。』孔子以足食、足兵，以及立信三者為政要道，孟子亦以足食為政要道，孔孟為政格局差距不小，孟子認為七十者衣帛食肉，黎民不飢不寒，就能王天下，未免太簡化王道了。」[3]

我反駁道：這全是斷章取義之論；試看《孟子》原文是「謹庠序之教，申以孝悌之義，頒白者，不負載於道路者，七十者，衣帛食肉，黎民不飢不寒，然而不王者，未之有也。」其明明有「孝悌」之教，與孔子君子之教完全相同，何來簡化王道之有？

2　許仁圖：《說孟子》（上卷），頁17。
3　許仁圖：《說孟子》（上卷），頁31。

另外，許仁圖自己在解釋〈梁惠王篇〉第四章時，也認為：「孟子所謂的仁政，大體有三：一、惠民，省刑罰，薄稅斂。二足食，深耕易褥。三、教民者孝悌忠信。」[4]——豈是簡化王道？故許說孟子前面簡化王道，後面又說孟子教民孝悌忠信，不成為前言不顧後語的草率之論嗎？

（三）就其論〈梁惠王下篇〉第一章來說

許先生評曰：「『今王與百姓同樂，則王矣。』是孟子這一章的結論，我們閱讀孟子的遊說內容，有關樂樂部分，最是空洞無根。」又說：「在戰爭頻繁，生民塗炭的戰國時代，就正如孟子在上文所說的：『今也，制民之產，仰不足以事父母，俯不足以畜妻子，樂歲終身飽，凶年不免於死亡；此為救死而恐不贍，奚暇治禮義哉？』為政者在戰亂時代，要與民同憂，分擔百姓的苦難，怎可在樂字上立說呢？」[5]

我的評論是：這也是斷章取義之論，因為孟子與民同樂的學說之涵義，在於提醒國君，在百姓生活處於貧窮線之下時，如果國君自己只知自己享樂，而不顧人民生活，則不是一個好國君了。所以此與孟子「今也制民之產」的說法，正好是前後呼應的，故其中應沒有不恰當的地方。

進一步說，許評孟子不應從樂上談問題，正暴露出其不明白孟子「與民同樂」說的真正意義。其真正意義，正是由於平民百姓生活處於貧窮狀況（仰不足以事父母；俯不足以畜妻子），則孟子自然有「獨樂樂，不如眾樂樂」之論，故由此反觀許先生之論，可能是讀不懂孟子「同樂」數章的宗旨，才有上述的怪論。

4　許仁圖：《說孟子》（上卷），頁37。
5　許仁圖：《說孟子》（上卷），頁71-72。

　　許仁圖又曰：「孟子一再用譬喻方式來遊說齊宣王，且不說死，而是從兩端分說，要齊宣王自己做判斷抉擇，孟子先說個似乎顛撲不破的道理，攻伐取國要以民意為依歸，伐能讓燕民喜悅就攻伐，像武王弔民伐罪；如果攻取燕民不悅，則勿攻，像文王。」又說：「孟子說得大義凜然，事實不然。無論古今中外，任何一個國家遭滅亡，人民深陷水火苦不堪言，而一些叛降者或順民，大都被該國人民瞧不起，還會罵漢奸，那有被滅國的人民，用竹籃盛飯和用壺盛漿來歡迎施用武力的征服者呢？」[6]

　　我的評論是，許可能誤會孟子的意思，孟子說的是「當時有簞食壺漿，以迎王師」的歷史事實，因此如果他認為孟子的說法違反歷史事實，應該舉證（提出合理的反證），而不是以「無論古今中外，任何一個國家遭滅亡，人民深陷水火苦不堪言」而一筆帶過。何況，他以「伯夷叔齊在武王伐紂時，叩馬諫阻，後來義不食周粟，餓死首陽山」[7]作為反證，缺乏充分的說服力：因為孟子講的是人民大眾的「迎王師行為」，而非指伯夷叔齊等少數有氣節之士的行為，故怎麼可以此作為反證呢？

（四）就其論〈公孫丑上篇〉第一章來說

　　許仁圖評：「孟子距離孔子百餘年，他自己雖說『乃所願，則學孔子』，但事實上，口頭雖如此說，他卻常以己意，解讀孔子，而非真學孔子。」[8]

　　這的確是「很嚴重」的指控，因為孔孟一脈相傳，向來是學術界

6　許仁圖：《說孟子》（上卷），頁105。

7　許仁圖：《說孟子》（上卷），頁105-106。另外，在伯夷是少數清高的人；此正如許先生說的：「伯夷一旦立於有惡臣的朝廷，感覺和惡臣講話，就像上朝時正衣冠，穿朝服，戴朝冠，卻坐在污穢的地方的人」（上卷，頁188-189），既然如此，豈可以此極少數，來作為廣大群眾（百姓）不迎王師的反證呢？

8　許仁圖：《說孟子》（上卷），頁130-132。

的共識與定論。他如此說，即公然向共識挑戰。但我們挑戰共識時，必須有充分的證據，不是嗎？那麼其理由何在呢？

許仁圖說：「孟子評管仲是因有齊桓公長久的信任，管仲才能幫齊桓公九合諸侯，一匡天下。在春秋史上，管仲相桓公，霸諸侯，一匡框天下，攘夷狄，保護了中國文化傳統，孔子因而感慨說：『民則于今受其賜』，所以我們很難理解曾西會如孟子所言，如此嚴厲批評管仲。」[9]

論者以為，孟子在對管仲作為上有貶義，即使與孔子不同，卻不涉及是否真傳的問題，因為孔孟一脈相傳，事實上不涉及此小問題上，而在於學術界已有共識的，孟子在對人的肯定，與發展出性善論的卓越貢獻上。換言之，孔子肯定人的價值，希望由學習而成為一位真正的君子（下學而上達之訓）。之後，孟子以仁即人心（仁者，人也）本質，又以「人與禽獸幾希」的基本命題說明人必須從人性中的善心上發揮，以成就人的價值。以上是學術界共同的看法。

進一步說，孔子生平教人求學重在學思並重（學而不思則罔，思而不學則殆），故我認為，孟子在不少地方有不同於孔子，甚至超越於孔子之處，如仁政論的主張（對平民百姓生活的密切關懷），但在大方向上，以承傳並發揚了孔學愛人的精神，這就是真傳了。

另外，許仁圖曾就〈滕文公篇〉第七章，孟子的大丈夫之說而說：「孟子這章說出了儒家的真精神給儒者立了一個標竿。」[10]又說：「孟子提出大丈夫的標竿，這標準成為中國人立身行道的標準。」[11]——那麼，就中國文化的主流——孔孟之道來說，孟子學說不就是孔子的真傳呢？那麼，又何必斤斤計較於孟子在某些枝節問題上，說孟子是否與孔子完全相同呢？

9　許仁圖：《說孟子》（上卷），頁130-132。

10　許仁圖：《說孟子》（上卷），頁300-301。

11　許仁圖：《說孟子》（上卷），頁300-301。

（五）就〈公孫丑上篇〉第六章孟子說「……由是觀之，
　　無惻隱之心，非人也。無羞惡之心，非人也。無辭
　　讓之心，非人也。無是非之心，非人也。」來說

　　許仁圖評說：「按理說，孟子以乍見孺子將入井而推論人皆有不
忍人之心，甚至反說『無惻隱之心，非人也』整個文義已足，但孟子
卻繼續『非人』……，又說：「『非人也』，用淺白話說──即不是
人，不算一個仁，孟子常用詞嚴苛，不修口德，自己心裡有數，所以
會稱讚孔子『不為已甚者』（〈離婁篇〉）」[12]

　　這是他嚴厲批評孟子「不修口德」的一例，似有人身攻擊之嫌。
但我仍然耐住性子，試圖瞭解許先生生氣的原因是什麼？例如他又批
評說：「西洋邏輯重理性，邏輯要得一結論，需要用歸納、演繹法；
中國哲學重內證，孟子在這章只用「由是觀之」四字，就結論出『非
人也』。」[13]

　　今試為孟子〈公孫丑上篇〉第六章詮釋如下：其前提是「人皆有
不忍人之心」，但他如此說，並不是許說：「由是觀之」四字，就結論
出「非人也」，而是有重要的證據：如孟子說：「今人乍見孺子將入於
井，皆有怵惕惻隱之心，非所以內交於孺子之父母也，非所以要譽於
鄉黨朋友也，非惡其聲而然也」，用淺近的白話文來說：孟子說出
「非人也」的結論，而他又說「無羞惡之心，非人也，無辭讓之心，
非人也，無是非之心，非人也。」是因為包括以上四心，乃人人有的
四端之心。凡此，凡讀過〈告子上篇〉第六章的讀者都知道的；第六
章說：「惻隱之心，人皆有之，羞惡之心，人皆有之，恭敬之心，人
皆有之，是非之心，人皆有之。」但許仁圖不察，這也難怪他在解釋
〈告子篇〉時，竟然說出：「『仁』確實是固有，孟子卻把『義』、

---

12 許仁圖：《說孟子》（上卷），頁180。
13 許仁圖：《說孟子》（上卷），頁180。

『禮』、『智』也說是人之固有，但說「義內」十分勉強，而禮、智為固有，也未有較深入的鋪陳敘述。」[14]

　　既然如此，我引孟子的話，試為孟子說的仁、義、禮、智四端內在說，進行論述如下：〈告子上篇〉第六章記錄孟子說：「乃若其情，則可以為善矣。」可接續孟子在〈公孫丑上篇〉第六章說的「所以謂人皆有不忍人之心者，今人乍見孺子將入於井，皆有怵惕惻隱之心」來說，孟子認為「今人乍見孺子將入於井」產生的怵惕惻隱之心即孟子說的「情」，而此人情的表現，原來就是孟子定義「性善」的由來。

　　基於此，孟子才構成其仁、義、禮、智內在之學說。但回到孟子〈公孫丑上篇〉第六章孟子以類似論證說：「人之有是四端者，猶其有四體也」，意為四端之說，猶人有四肢，其含義是四肢是人的整體，不可分割，故講「無惻隱之心，非人也」，不能不同時講「無羞惡之心，非人也；無辭讓之心，非人也；無是非之心，非人也。」

　　以上分析，也正好回答了許仁圖另一疑慮：他說：「孟子只以人有四端，猶人之有四肢（四體），含糊帶過，我們無法得知何以羞惡之心為義之端也，辭讓之心為禮之端也，是非之心為智之端也。」[15]我的回應是，我們應該基於《孟子》全書，才來議論，否則將責任推給孟子，是筆者不能苟同的。

　　另外，許仁圖在其書上卷上，即提出西方邏輯的排中律，如在其書的下卷上又說：「孔子曰：『道二，仁與不仁而已矣』，孟子將道分為仁道和不仁道，合乎邏輯的排中律，凡事，即『是』與『非是』二種。」[16]既然如此，孟子先定義何謂人，即必須有四端之心，反之，沒有此四端之心，自然不在「人」的定義中，即「非人」。但值得注意的，此「非人」也不見得是「批判這樣的人不是人」，而是指缺乏

14　許仁圖：《說孟子》（下卷）（臺北：河洛圖書出版社，2013年），頁189。

15　許仁圖：《說孟子》（上卷），頁181。

16　許仁圖：《說孟子》（下卷），頁11。

道德教化的人（此正如他說的小人），故除指缺乏道德教化的人，就其社會環境來說，由於當時一般平民百姓沒有普遍的道德教育，自然不合乎提倡道德教化的孔孟標準。

小結

經過以上詳細的分析後，我發現許仁圖在這部分，試圖在《孟子》中找出問題加以攻擊。但其論述中，沒有充分掌握《孟子》全書相關的內容，進行「綜合瞭解」，卻以個人「片面的」、「膚淺的」瞭解，就急著下判斷，但這豈不成武斷之論？

（六）就〈盡心上篇〉第四十一章來說

此章紀載公孫丑曰：「道則高矣，美矣！宜若登天然，似不可及也；何不使彼為可幾及而日孳孳也？」

今先根據楊伯峻的解釋為：「道是很高很好，幾乎像登天一樣，似乎不可攀，為什麼不使他變成可以有希望攀求的，而叫別人每天去努力呢？」[17]

但許仁圖竟然道：「孟子聽到弟子公孫丑拍馬屁，並沒有謙遜些，仍像往常般訓話：『大匠師不會因為笨拙的徒弟改變或廢棄用墨線的方法製木器，后羿也不會因為學射箭的人笨拙而改變他張弓的限度。君子教人，如同教射箭一樣，只是張滿了弓而不發，疾箭即將脫弓而出的樣子。君子要立天下的中道正位，有能力的人，自然會跟隨上來。』然而他的評語是：「有怎樣的老師就有怎樣的學生。孟子的修養境界差孔子甚多，孟子的弟子公孫丑稱讚老師，也比不上顏淵、子貢稱讚孔子。」[18]

---

17 楊伯峻：《孟子譯注》（臺北：五南圖書公司，1992年），頁445。
18 許仁圖：《說孟子》（下卷），頁301。

今論孟子回應弟子的話，而公孫丑是否有拍馬屁之嫌呢？而孟子是否不謙虛呢？

今先從孟子在〈盡心上篇〉第四十一章的回應來說：他說：「大匠不為拙工改廢繩墨，羿不為拙射變其彀率。君子引而不發，躍如也。中道而立，能者從之。」也就是主張教人要像后羿一樣，有一定的成規。同理，有道德的君子教人，也會依中道做一個示範，然後成為學生的表率。

這種論述，正如在〈離婁上篇〉第二章上，孟子說的：「規矩，方圓之至也；聖人，人倫之至也。欲為君，盡君道；欲為臣，盡臣道。二者皆法堯舜而已矣。」，由此可知，孟子提倡的，與其在〈滕文公上篇〉第一章紀載的「道性善，言必稱堯舜」的言論一樣，都是在傳播自堯舜至周公、孔子以來，儒家講的仁義禮智之道。而其弟子受到感動，而請問孟子此道，有何拍馬屁之有？至於就以上孟子的回答來看，他也沒有把一切道的成就往自己身上攬，又有何不謙虛的地方呢？

進一步說，今就〈滕文公上篇〉第四章紀載孟子評許行之說時，其中有一段說：「堯獨憂之，舉舜而敷治焉。舜使益掌火，益烈山澤而焚之，禽獸逃匿。禹疏九河，瀹濟漯而注諸海；決汝漢，排淮泗，而注之江。然後中國可得而食也。當是時也，禹八年於外，三過其門而不入，雖欲耕，得乎？后稷教民稼穡，樹藝五穀。五穀熟而民人育。人之有道使契為司徒，教以人倫；父子有親，君臣有義，夫婦有別，長幼有序，朋友有信。放勳曰：『勞之來之，匡之直之，輔之翼之，使自得之，又從而振德之。』聖人之憂民如此，而暇耕乎？」來看，孟子繼承的是，其佩服的堯舜以來的儒家傳統，而且由此綜觀《孟子》全書，他也一直以承傳此傳統而發揚光大感到自豪，而他始終沒有說過，此道是他首創。請問，有何不謙虛的地方呢？

（七）就〈滕文公下篇〉第十一章（距楊墨之論）來論

許仁圖曰：「孟子拒楊墨，成了中國第一衛道之士，儒學在漢代成為獨尊之學，孟子當然會記下第一功，而楊朱墨翟也莫名其妙地領了『邪說』的頭牌名銜，尤其楊朱最是倒楣。」[19]

我認為，這也是不能深入《孟子》全書研究而發的膚淺之論。其膚淺的地方在於，不明白孟子如此說的背後原因在哪裡；因為孟子之學是建立在五倫之道上（及上節引述的君臣、父子、夫婦、朋友、兄弟，必須各司其職的倫常之道），反之，墨子主張打破此五倫的兼愛之說，故成為孟子學說的反面教材，故孟子要將墨子之說評為邪說，是其說的對立面學說之意。

不錯，這裡的確有衛道的意義。但我以為，長期以來，人們把「衛道」一詞視為具有負面或貶抑的概念，但站在同為儒家的立場，孟子維護的，也不是沒有道理的；因為孔子平生不是主張正名嗎？例如他有「名不正，言不順，而事不成」的論述，也就是他把正名（君君、臣臣、父父、子子）作為重建周代文化的根本方法。故在此道德要求下，孟子進一步從五倫的重建上著墨，是其思想的核心。反之，在他看來，墨子的兼愛之說：「視人之國，若視其國，視人之家，若視其家」，進一步，視人之父母，若視其父母──與儒家孟子說的「親親而仁民，仁民而愛物」的講親疏、次第仁愛說，成為重大的差距。

故今我主張我們讀孟子，必須先以同情之理解去「說孟子」，而不能驟然看到孟子中，出現「邪說」之字眼，便下「衛道」或「倒楣」的評語。

另外，許先生在論〈滕文公篇〉第十一章說：「陳仲子之行近乎墨子，不能順乎人性仁而為，不能成為後人的模範。」[20]

---

19 許仁圖：《說孟子》（上卷），頁332。

20 許仁圖：《說孟子》（上卷），頁337。

凡此已證明，許仁圖已知道為何孟子斥楊墨為邪說了；因為「邪說」的概念，是孟子從順乎人性的標準去分辨的。

今順此，我們來研究孟子之「正」說，又是如何的呢？再進一步研究，孟子給予墨子「邪說」之描寫，理由何在？

先就孟子的人性來論，我們若以〈告子篇〉中，孟子與告子人性論的比較來分析，告子說的人性是指「人欲」，所謂「生之謂性」，但孟子是指超越人欲望之上的仁義忠信之性，此即〈告子上篇〉第十六章說的「有天爵者，有人爵者。仁義忠信，樂善不倦，此天爵也，公卿大夫，此人爵也。古之人修其天爵，而人爵從之。今之人修其天爵，以要人爵；既得人爵，而棄其天爵，則惑之甚者也，終亦必亡而已矣。」，由此節可知，孟子並非否定人們對名利存在的瞭解，而是更希望：人們能追求超越人欲之上的天爵，即仁義忠信的人性。

其理由在〈告子上篇〉第十五章孟子說的：「鈞是人也，或從其大體，或從其小體，何也？」曰：「耳目之官，不思而蔽於物；物交物，則引之而已矣。心之官則思，思則得之，不思則不得也。此天之所與我者，先立乎其大者，則其小者不能奪也。此為大人而已矣。」這是說，大體之性，讓人有超越人欲的道德能力，這是建立「大人」偉大人格的由來，故他從此來提倡其性善之說。

那麼，從其人性來研究，孟子給予墨子說為「邪說」之描寫，理由何在呢？

誠如上述，孟子學說是建立在五倫的倫常關係上，又主張親親而仁民，仁民而愛物上；這種次第說，是儒家的「根本主張」，所以孟子在〈梁惠王〉第一章即說：「未有仁而遺其親者也，未有義而後其君者也。」換言之，其意義在「仁愛之道」有一倫常秩序，豈可破壞此秩序來講仁愛呢？

基於此，如果許仁圖要批評孟子視楊墨為邪說，必先知道，孟子的言論是從此展開。

（八）就〈告子篇〉第六章來說

許仁圖評〈告子上篇〉第三章說：「其實孟子的立論說詞並不特出，這章說得尤有爭議。」理由是「白羽之白，猶白雪之白；白雪之白，猶白玉之白歟？孟子並未有邏輯理念，不知殊相與共相之分，只能含混玩弄文字遊戲。」[21]

到底孟子是否「只能含混玩弄文字遊戲」呢？又是否孟子未有邏輯理念呢？

今以徐復觀在《中國人性論史‧先秦篇》第七節的分析可知，孟子不但不是含混玩弄文字遊戲，又有邏輯理念，徐先生認為，告子「生之謂性」的命題是「全稱判斷」，其形式是「凡 S 是 P」所以他以為「生之謂性」等於「白之謂白」。在此點來說，白玉、白雪、白羽皆同。但孟子是用特稱判斷，其形式為「S 中的若干是 P」，此在孟子的意思，白玉、白雪、白羽雖然在「白」這一點有相同之處，故不能從白來區分，應從其不同的地方來說。[22]

我今就徐復觀分析來說，他能意識到孟子的人性論中，並非指人性中只有小體部分，還有大體的部分（即 S 中若干是 P 的特稱判斷），而此「若干是 P」正是孟子在《孟子》全書中，論述的重點。

為證明此點，我回到〈告子上篇〉第三章中告子問題的提出，到兩人的答辯來分析：

告子曰：「生之謂性。」孟子曰：「生之謂性也，猶白之謂白與？」曰：「然。」「白羽之白也，猶白雪之白；白雪之白，猶白玉之白與？」曰：「然。」「然則犬之性，猶牛之性；牛之性，猶人之性與？」

---

21 許仁圖：《說孟子》（下卷），頁178。

22 徐復觀：《中國人性論史》第六章第七節（臺北：臺灣商務印書館，1969年），頁189。

在「然則」之詞以前，孟子說的，都是順告子的全稱命題來說，但他從「然則」的疑問提出，我們明顯知道，他轉入特稱命題中，即在人性中分析，有一般動物不是具備的特質，故有「牛之性，猶人之性與」的反駁。

而此反駁，與其強調：「人與禽獸者幾希」的觀察是相應的。此中道理，又可由〈告子上篇〉第七章孟子說的：「口之於味也，有同耆焉；耳之於聲也，有同聽焉；目之於色也，有同美焉。至於心，獨無所同然乎？心之所同然者何也？謂理也，義也。聖人先得我心之所同然耳。故理義之悅我心，猶芻豢之悅我口。」換言之，孟子並非否定人欲（口耳目欲）之存在，但他似乎更肯定心官能力（道德是非判斷能力）的重要性。

故我主張在我們批評孟子不懂邏輯時，應該先將《孟子》全書瞭解清楚，再下判斷。

然而，許仁圖又在《孟子》告子「義內義外」的辯論中，批評說：「中國古人不懂邏輯，折服對手不靠推理，而是逞其機鋒，好辯的孟子有時說得惚兮恍兮。」[23]

又說：「孟季子和公都子的辯論，何以謂『義內』兩人都舉例答問，但這些例子都乏味無趣，孟子面受機宜也不見高妙。理由是孟子為反對告子的仁內義外說，只能逞其口舌反對義外的言論。」然後竟然說道：「孔子言義即以外而言，孟子自己也說：『行一不義、殺一不辜而得天下，皆不為也。』（公孫丑章）義指行而言，非言內。」[24]

這明顯在反對孟子的義內學說，但他竟忘了他在解釋〈離婁上篇〉第十一章「仁，人之安宅也；義，人之正路也。」時說的「居仁由義」是如此詮釋的：「居，守。由，從。居仁由義，即守仁從

---

23 許仁圖：《說孟子》（下卷），頁181。
24 許仁圖：《說孟子》（下卷），頁184。

義。」[25]故將「行一不義」的義視為外在的行，而非發行內心的正義感的行為，可知，他是怎樣在誤解孟子。

另外，他也忘了自己在詮釋孟子〈盡心上篇〉第十五章時，曾經說過的話：「孟子更由親愛父母的良知良能，說是仁敬愛長上，說是義，把良知良能解釋為仁義之行。」[26]。由於良知良能包括了發自內心的仁義能力，而表現出的，就是許仁圖說的仁義之行，那麼豈可說，孟子沒有邏輯能力？反之，我從此，倒認為許仁圖缺乏論說孟子的邏輯能力。

三　結語

驚見許仁圖是臺大哲學系畢業生，又自稱是國學大師愛新覺羅毓鋆的門下弟子。但如今竟然說出許多誤解，甚至於污衊孟子的話。而其論述中，不斷說出孟子如何不懂邏輯的話，感到大惑不解，更嚴重的是，他以孟子「不修口德」來批評孟子，更有人身攻擊之嫌。

故我提出下列重要的批評：

一、許先生由說畢《論語》，而後比較出一個被他狠批的孟子。但請問，其言下的孟子還能有幾分真實？若將其放在學術殿堂上來論，還有幾位存在的價值？

二、他批評孟子最大的問題是：經常「先入為主」又「強詞奪理」。用現代學術的話來說，是不合邏輯上強調的，「以理服人」的原則。所謂以理服人，即你的批評，到底是根據什麼來說的呢？如果是基於「學術的進步」，必須拿出充分、合理的證據。否則，即使寫出這種的著作，也等於沒寫。

---

25 許仁圖：《說孟子》（下卷），頁24。
26 許仁圖：《說孟子》（下卷），頁272。

三、本文只就其中最嚴重的一部份來評論。就其中的九點來說，不是缺乏充分的證據，就是不具合理的推理。所以我只能說他是在做「牽強、無理」的工作。而其中無理之處，是他往往只以片面的解讀，就想來解釋孟子學說，故我首先建議，作者先把《孟子》全書看完。但還不只於此，必須把握其精神，加以融會貫通。如此，才能先得一真實的孟子學說，然後，再來批評其中的利弊得失。

四、就解讀孟子來說，似乎先要把握其主幹的性善說。此說來自於主張人類具有「本心之善」的基礎。但許仁圖在此點上，似乎還未進入狀況（如有認為說的「行一不義」的義為外在。）另外，孟子中，的確大不少令人費解之處，但學術界早已不少相關的深入討論，因此希望研究者，能先多做參考比較的工作，否則，就會以不懂邏輯」來評論孟子的結果。

總之，許著全書，雖然有其見地，可是往往不能觸及孟子哲學的精華之處，而且時發出許多莫名其妙的「驚人之語」。此已令人感到不解與不安，故草此短文，以就教於學術界諸公，並引以為戒也。

二〇一四年三月二十五日

（本文已發表於《鵝湖月刊》第40卷第11期〔總479期〕）

結語

　　本研究雖然是以論文集出現，但目的卻是很明確的，就是朝如何理解先秦儒學或以儒家為主流的中國文化，做為討論中國儒家哲學的中心。在本書中，我朝以下幾個方向去進行論述。

一　詮釋中國哲學的方法

　　我認為：我們首先必須瞭解，中國哲學所以成為中國哲學，必須從其特質；包括它是包括詩人、道德學家、哲學家的身分去從事思考的。所以他們所完成的哲學體系，兼具文學家的想像與最後所建立的理想，極富個人的理想色彩；例如老子、莊子是如此建立其理想國，孔孟的聖人與大人，何嘗不是這樣？對如今極有研究的美國學者安樂哲、羅思文在《《論語》的哲學詮釋》中，說明孔子說的聖人是：

> 《論語》描述聖人的比喻頗具宇宙意義上的神聖意味：「仲尼，日月也，無得而不逾。」（第十九篇第二十四章）關注孔子這個特別人物的中國文化，將人類經驗提升到意蘊深遠的美學和宗教的高度，從而使人類能夠與天地相提並論。[1]

他們這段話是有根據的，就是《論語》〈子張篇〉紀載的：

---

[1] 安樂哲、羅思文著，余瑾譯：《《論語》的哲學詮釋》（北京：中國社會科學出版社，2003年），頁65

叔孫武叔語大夫於朝，曰：「子貢賢於仲尼。」子服景伯以告子貢。子貢曰：「譬之宮牆，賜之牆也及肩，窺見室家之好。夫子之牆數仞，不得其門而入，不見宗廟之美，百官之富。得其門者或寡矣。夫子之云，不亦宜乎！」（子張：23）

叔孫武叔毀仲尼。子貢曰：「無以為也，仲尼不可毀也。他人之賢者，丘陵也，猶可踰也；仲尼，日月也，無得而踰焉。人雖欲自絕，其何傷於日月乎？多見其不知量也！」（子張：24）

陳子禽謂子貢曰：「子為恭也，仲尼豈賢於子乎？」子貢曰：「君子一言以為知，一言以為不知，言不可不慎也。夫子之不可及也，猶天之不可階而升也。夫子之得邦家者，所謂立之斯立，道之斯行，綏之斯來，動之斯和。其生也榮，其死也哀，如之何其可及也。」（子張：25）

其中「仲尼，日月也，無得而踰焉。人雖欲自絕，其何傷於日月乎？多見其不知量也！」與「夫子之不可及也，猶天之不可階而升也。」，最可說明：聖子的形象兼具美學與宗教神聖的特質。

而孟子則是這樣形容孔子：

「宰我、子貢善為說辭，冉牛、閔子、顏淵善言德行。孔子兼之，曰：『我於辭命則不能也。』然則夫子既聖矣乎？」曰：「惡！是何言也？昔者子貢、問於孔子曰：『夫子聖矣乎？』孔子曰：『聖則吾不能，我學不厭而教不倦也。』子貢曰：『學不厭，智也；教不倦，仁也。仁且智，夫子既聖矣！』夫聖，孔子不居，是何言也？」「昔者竊聞之：子夏、子游、子張皆

有聖人之一體，冉牛、閔子、顏淵則具體而微。敢問所安。」

曰：「姑舍是。」曰：「伯夷、伊尹何如？」

曰：「不同道。非其君不事，非其民不使；治則進，亂則退，伯夷也。何事非君，何使非民；治亦進，亂亦進，伊尹也。可以仕則仕，可以止則止，可以久則久，可以速則速，孔子也。皆古聖人也，吾未能有行焉；乃所願，則學孔子也。」

「伯夷、伊尹於孔子，若是班乎？」曰：「否。自有生民以來，未有孔子也。」曰：「然則有同與？」曰：「有。得百里之地而君之，皆能以朝諸侯有天下。行一不義、殺一不辜而得天下，皆不為也。是則同。」曰：「敢問其所以異？」曰：「宰我、子貢、有若智足以知聖人。汙，不至阿其所好。宰我曰：『以予觀於夫子，賢於堯舜遠矣。』子貢曰：『見其禮而知其政，聞其樂而知其德。由百世之後，等百世之王，莫之能違也。自生民以來，未有夫子也。』有若曰：『豈惟民哉？麒麟之於走獸，鳳凰之於飛鳥，太山之於丘垤，河海之於行潦，類也。聖人之於民，亦類也。出於其類，拔乎其萃，自生民以來，未有盛於孔子也。』」

這已把孔子的聖人形象推至極致。所以可以證明先秦儒家，追求的是一個理想性的道德王國。所以，反過來批評這種哲學是偽造的假道學，是自我的學術自殺。

我的證據則在孟子說的井田制度，是一種回到現實社會去反思之後理想化的經濟制度，例如他說：

使畢戰問井地。孟子曰：「子之君將行仁政，選擇而使子，子必勉之！夫仁政，必自經界始。經界不正，井地不鈞，穀祿不平。是故暴君汙吏必慢其經界。經界既正，分田制祿可坐而定

也。夫滕壤地褊小,將為君子焉,將為野人焉。無君子莫治野
人,無野人莫養君子。請野九一而助,國中什一使自賦。卿以
下必有圭田,圭田五十畝。餘夫二十五畝。死徙無出鄉,鄉田
同井。出入相友,守望相助,疾病相扶持,則百姓親睦。方里
而井,井九百畝,其中為公田。八家皆私百畝,同養公田。公
事畢,然後敢治私事,所以別野人也。此其大略也。若夫潤澤
之,則在君與子矣。」(滕文公上:3)

雖然周書燦在〈民國以來井田有無之辨綜論〉中認為:「在特殊的政
治背景下,學術界對胡適《井田辨》的批判,融入了更多帶有時代烙
印的非學術因素,二十世紀八十年代以來,井田制的研究逐漸擺脫了
新中國成立後政治主導下種種非學術因素的干擾和影響,逐漸向著縱
深方向推進,該階段的井田有無之辨大體上呈現出肯定論者不斷實現
理論突破和否定論由沉寂再度趨於『活躍』兩個頗為鮮明的特點,從
而再度打破二十世紀五〇年代以來在政治因素主導下井田制肯定論
『漸趨統一』的格局,部分學者關於井田、井田制名實之辨的理性反
思,頗有助於重新審視二十世紀二〇年代以來井田有無之辨長期難以
打破僵局、未能取得根本性突破的癥結之關鍵所在。」[2]
　　可是我們先看上引的孟子說的:「夫滕壤地褊小,將為君子焉,
將為野人焉。無君子莫治野人,無野人莫養君子。請野九一而助,國
中什一使自賦。卿以下必有圭田,圭田五十畝。餘夫二十五畝。死徙
無出鄉,鄉田同井。出入相友,守望相助,疾病相扶持,則百姓親
睦。方里而井,井九百畝,其中為公田。八家皆私百畝,同養公
田。」;可是,孟子這樣對滕文公的請求,必須與其全文合觀,就以

---

2 周書燦:〈民國以來井田有無之辨綜論〉,《河南社會科學》第24卷第1期(2016
年),頁100-112。

「其理想的仁道」做基礎的外王之論；例如他在其他仁政之論中，這樣論述：

> 梁惠王曰：「晉國，天下莫強焉，叟之所知也。及寡人之身，東敗於齊，長子死焉；西喪地於秦七百里；南辱於楚。寡人恥之，願比死者一洒之，如之何則可？」孟子對曰：「地方百里而可以王。王如施仁政於民，省刑罰，薄稅斂，深耕易耨。壯者以暇日修其孝悌忠信，入以事其父兄，出以事其長上，可使制梃以撻秦楚之堅甲利兵矣。彼奪其民時，使不得耕耨以養其父母，父母凍餓，兄弟妻子離散。彼陷溺其民，王往而征之，夫誰與王敵？故曰：『仁者無敵。』王請勿疑！」（梁惠王上：5）

我們若細數這篇仁政論中包括的幾個重點：
  A 法律方面，能做到「省刑罰」。
  B 財稅方面，能做到「薄稅斂」。
  C 農事方面，能做到「深耕易耨」。不「彼奪其民時，使得耕耨以養其父母，使父母不凍餓，兄弟妻子不離散。」
  D 道德倫常方面能做到「壯者以暇日修其孝悌忠信，入以事其父兄，出以事其長上」。

所以我覺得：孟子的重點是落在解決一般老百姓的實際生活的需要上。之外，必須注意到他說的 D 項；就是儒家的禮義教化對人類生活的重要價值上。有關這一點，我注意到上引的〈滕文公上：3〉全文上又這樣說：

> 滕文公問為國。孟子曰：「民事不可緩也。《詩》云：『晝爾于茅，宵爾索綯；亟其乘屋，其始播百穀。』民之為道也，有恆

產者有恆心，無恆產者無恆心。苟無恆心，放辟邪侈，無不為
已。及陷乎罪，然後從而刑之，是罔民也。焉有仁人在位，罔
民而可為也？是故賢君必恭儉禮下，取於民有制。陽虎曰：
『為富不仁矣，為仁不富矣。』

而所謂「民之為道也，有恆產者有恆心，無恆產者無恆心。苟無恆
心，放辟邪侈，無不為已。及陷乎罪，然後從而刑之，是罔民也。焉
有仁人在位，罔民而可為也？是故賢君必恭儉禮下，取於民有制。」
就是說，我們必須建立一套良好的禮教制度來治國。

　　以下，則是他根據歷史紀載的農業制度來分析：歷朝稅賦制度的
不同；包括「夏后氏五十而貢，殷人七十而助，周人百畝而徹，其實
皆什一也。徹者，徹也；助者，藉也。」已經將國家徵稅的方式，以
歷史的紀錄去說明，所以他又引：

龍子曰：『治地莫善於助，莫不善於貢。』」；所謂助，根據
《左傳》「助」的解釋是「幫助」。[3] 而貢，是「貢者校數歲之
中以為常。」（一年中要繳稅數次）。又說：『樂歲，粒米狼
戾，多取之而不為虐，則寡取之；凶年，糞其田而不足，則必
取盈焉。為民父母，使民盻盻然，將終歲勤動，不得以養其父
母，又稱貸而益之。使老稚轉乎溝壑，惡在其為民父母也？』
夫世祿，滕固行之矣。《詩》云：『雨我公田，遂及我私。』惟
助為有公田。由此觀之，雖周亦助也。

現在我從孟子根據《詩》云：「雨我公田，遂及我私。」來推斷，孟

3　「大宰犯諫曰，諸侯唯宋事其君，今又爭國，釋君而臣是助，無乃不可乎，王曰，
　　而告我也，後既許之矣。」（左傳・昭公二十一年）

子接下去說的：「惟助為有公田。」是沒有可靠的歷史根據；因為他上引述的《詩經》一句話來說，只能證明：古代雖田有公、私之分，卻無法證明孟子說的井田制度的重要內容是否存在。

不僅如此，以下這一段話正應驗我在前面說的：孟子仁論的關鍵點，是落在人倫教化的基礎之上；這就是他重視的：

> 設為庠序學校以教之：庠者，養也；校者，教也；序者，射
> 也。夏曰校，殷曰序，周曰庠，學則三代共之，皆所以明人倫
> 也。人倫明於上，小民親於下。有王者起，必來取法，是為王
> 者師也。《詩》云『周雖舊邦，其命惟新』，文王之謂也。子力
> 行之，亦以新子之國。

基於此，孟子這種外王的學說，可以延續子思在《中庸》上說的：「天命之謂性，率性之謂道，修道之謂教」；換言之，孟子哲學是根據《中庸》這三個基本命題來建立其哲學的。

就是在「天命之謂性」上，孟子肯定《中庸》上說的：「自誠明，謂之性；自明誠，謂之教。誠則明矣，明則誠矣。唯天下至誠，為能盡其性；能盡其性，則能盡人之性；能盡人之性，則能盡物之性；能盡物之性，則可以贊天地之化育；可以贊天地之化育，則可以與天地參矣。」（23）

根據《中庸》這一段的說法，「自誠明，謂之性。」，又說：「天命之謂性」，則孟子建構其心性學是從誠心而發作。那麼，孟子不僅解決孔子天命的問題，也更進一步將「率性之謂道」的，究竟由何建立其道的問題，有了具體的方向與著落。

現在為仔細說明此理，我將此思想線索，以孟子的話來說明：

> 居下位而不獲於上，民不可得而治也。獲於上有道：不信於

友，弗獲於上矣；信於友有道：事親弗悅，弗信於友矣；悅親有道：反身不誠，不悅於親矣；誠身有道：不明乎善，不誠其身矣。是故誠者，天之道也；思誠者，人之道也。至誠而不動者，未之有也；不誠，未有能動者也。（離婁上：12）

他把「反身而誠」，作為與孔子孫——子思學說的重大連接。但他還要進一步說明如何反身而誠，就是進行其四端之說時，進行的思考：

公都子曰：「告子曰：『性無善無不善也。』或曰：『性可以為善，可以為不善；是故文武興，則民好善；幽厲興，則民好暴。』或曰：『有性善，有性不善；是故以堯為君而有象，以瞽瞍為父而有舜；以紂為兄之子且以為君，而有微子啟、王子比干。』今曰『性善』，然則彼皆非與？」

這是鋪陳孟子時代對於人性論的討論，但其特色都是在現實世界，去觀察所獲得的結論。反之，我們必須注意到，孟子所說的四端之心，都不是現實的人性，而是指先驗界中，最理想的人性；例如說人具備羞惡之心。但這就是儒家所以為儒家的重要特質。所以我們必須從這個重要脈絡去瞭解他們的學說。

以下，是孟子論述其性善論，是從性情之善良面去肯定，而不是像荀子從性情之惡傾去分析：

孟子曰：「乃若其情，則可以為善矣，乃所謂善也。若夫為不善，非才之罪也。惻隱之心，人皆有之；羞惡之心，人皆有之；恭敬之心，人皆有之；是非之心，人皆有之。惻隱之心，仁也；羞惡之心，義也；恭敬之心，禮也；是非之心，智也。仁義禮智，非由外鑠我也，我固有之也，弗思耳矣。故曰：

『求則得之，舍則失之。』或相倍蓰而無算者，不能盡其才者
也。《詩》曰：『天生蒸民，有物有則。民之秉夷，好是懿
德。』孔子曰：『為此詩者，其知道乎！故有物必有則，民之
秉夷也，故好是懿德。』」（告子上：6）

其中關鍵點就是在：「仁義禮智，非由外鑠我也，我固有之也，弗思
耳矣。故曰：『求則得之，舍則失之。』或相倍蓰而無算者，不能盡
其才者也。」

　　這就是說，或許，孟子受到《中庸》的啟發之後，更從孔子的遺
教：「為此詩者，其知道乎！故有物必有則，民之秉夷也，故好是懿
德。」上更加肯定其性善說的合理性與正確性。

　　現在回到前面我提出的問題是，我們究竟該如何去詮釋孔孟學
說？我發現：我們如何能夠像上面一樣的路數，去將其中發展的歷史
脈絡，做合理的釐清，則對於整個先秦儒學有一「全新的認知」。這
就是我主張的，以某一個具有關鍵地位的哲學，例如孟子哲學的來龍
去脈先有清楚的認知之後，才能知道其真正的意義。

　　此外，還要包括上述的，孟子先承接孔子之孫的天人合一學說之
後，肯認孔子留下的教訓（這一些教訓原來是《論語》未曾收入的部
分）。但我們越將這些孟子當年可能從子思處所獲得的資料上分析，
則更有自信認為：孟子是一位孔學的真正繼承人。

　　不僅如此，由於子思承繼的是一個理想的聖人世界的哲學建構；[4]
所謂理想的聖人世界的建構，就是在現實之上，所說的形上之道與德

4　例如子思說：子曰：「舜其大孝也與！德為聖人，尊為天子，富有四海之內。宗廟
　饗之，子孫保之。故大德必得其位，必得其祿，必得其名，必得其壽。故天之生
　物，必因其材而篤焉。故栽者培之，傾者覆之。《詩》曰：『嘉樂君子，憲憲令德！
　宜民宜人，受祿于天。保佑命之，自天申之！』故大德者必受命。」（17）；孔子的
　理想政治是擁有皇帝大位的人，必須是有道德修養的聖人。所以先秦儒家哲學的一
　種助要特色就是重視道德上的理想主義。

的世界。因此，我們今天不宜以客觀世界的眼光，去批評先秦儒家的理想世界的是非對錯（Therefore, it is not appropriate for us today to criticize the right and wrong of the ideal world of pre-Qin Confucianism from the perspective of an objective world）。

反之，我們如果能夠把握這種特質去重新去瞭解孔孟，則可以發現，其堅持這個理想之性，才是根據這個脈絡去建立的。[5]

二　哲學建構詮釋之示例

以上是我論儒家先秦哲學詮釋的方法。但讀者可能會問：究竟我們可以運用這種方式去詮釋先秦儒家？所以在這一部分我的結論是：

（一）先給儒家一種同情的瞭解

我認為：在我們設法詮釋一家哲學之前，必先對這家哲學有「同情的瞭解」（Before we try to interpret a philosophy, we must first have a "sympathetic understanding" of it）；因為如果我們在解讀之前，就將它放置在敵對的立場，加以無情的攻擊，則其真相會被我們的錯誤眼光所蒙蔽（Because if we put it in a hostile position and attack it mercilessly before we read it, the truth will be blinded by our misreading）。這是我近年來的心得，但我卻發現：近年來許多憤世忌俗的人，將一切內心對於中國的不滿，全部加在中國傳統哲學上。但「中國」不等於」中國文化」，毛澤東化之後的中國文化，也不等於中國優秀的文化（實際

5　例如孟子對聖人的描述是，孟子曰：「規矩，方員之至也；聖人，人倫之至也。」（離婁上：2）而且說：「聖人，百世之師也，伯夷、柳下惠是也。故聞伯夷之風者，頑夫廉，懦夫有立志；聞柳下惠之風者，薄夫敦，鄙夫寬。奮乎百世之上。百世之下，聞者莫不興起也。非聖人而能若是乎，而況於親炙之者乎？」（盡心下：61）

上這種文化已為港臺新儒家所繼承）。所以這樣的孔孟論述充滿不知所云的說法，是會被學術界所唾棄的。但這種現象，卻經常會蒙蔽一般臺灣人的眼睛而不自覺。

（二）回到歷史上的孔孟，去瞭解這種重要的哲學

這是從是學術的基本認知！換句話說，許多學者經常以西方哲學的眼光去論述中國的哲學思想，這固然是一種自我蒙蔽的作法，[6]但我今天更發現有不懂哲學的人，胡亂批評孔孟，更是對這種主流哲學一知半解，甚至是當它為攻擊的對象來處理，怎麼能夠進入他的世界中，獲得相應的瞭解。又不能有這樣的瞭解，又談不上進一步的評論。這在我的這本書裡已有詳細的個案分析。

不過，我現在要表達的是，究竟我們持何種基本方法去論述孔孟，才是恰當的？

經過我在這本書中的分析，第一是「歷史的詮釋法」（After my analysis in this book, the first is the interpretation of history）。所謂歷史的詮釋法，就是將這種思想放在他發生的時代中，做適當的瞭解。所以適當的瞭解，是說：在他表達一種哲學思想時，我們能夠回到其說話的場景去瞭解。或許許多人認為：怎麼可能完全做到？我認為這種說法有理；因為如果是古代的著作，我們怎麼可能有足夠的資料去還原其背後的完全意義？

可是這樣去追究，我們至少可以根據現成的歷史資料去追究真相。這是我主張這樣做的原因。就是至少回到其說話或思想的歷史脈絡去尋找一些真相。

舉例來說，孔子學說中的「天命」一詞，出現過兩次；例如子

---

6 如當年胡適以達爾文的哲學來分析莊子的哲學，就是最好的例子。但他晚年顯然有一些後悔。

曰：「吾十有五而志于學，三十而立，四十而不惑，五十而知天命，六十而耳順，七十而從心所欲，不踰矩。」（為政：4）孔子曰：「君子有三畏：畏天命，畏大人，畏聖人之言。小人不知天命而不畏也，狎大人，侮聖人之言。」（季氏：8）

現在由「五十而知天命」與「君子有三畏：畏天命，畏大人，畏聖人之言。」兩段話來分析，確實可以知道孔子對於天命的重視程度。但何謂天命？我們可以從《孟子》與《中庸》去理解：

如孟子在〈離婁上〉說：

> 天下有道，小德役大德，小賢役大賢；天下無道，小役大，弱役強。斯二者天也。順天者存，逆天者亡。齊景公曰：『既不能令，又不受命，是絕物也。』涕出而女於吳。今也小國師大國而恥受命焉，是猶弟子而恥受命於先師也。如恥之，莫若師文王。師文王，大國五年，小國七年，必為政於天下矣。《詩》云：『商之孫子，其麗不億。上帝既命，侯于周服。侯服于周，天命靡常。殷士膚敏，祼將于京。』孔子曰：『仁不可為眾也。夫國君好仁，天下無敵。』今也欲無敵於天下而不以仁，是猶執熱而不以濯也。《詩》云：『誰能執熱，逝不以濯？』

孟子指出：「順天者存，逆天者亡。」，就表示出儒家對於「天命」的重視程度。又說：「上帝既命，侯于周服。侯服于周，天命靡常。殷士膚敏，祼將于京。」；《詩經‧大雅‧文王》：「侯服于周、天命靡常。殷士膚敏、祼將于京。厥作祼將、常服黼冔。王之藎臣、無念爾祖。」現在又根據《漢書》的說法，就更能夠知道其中的深意：

> 臣聞易曰：「安不忘危，存不忘亡，是以身安而國家可保

也。」故賢聖之君，博觀終始，窮極事情，而是非分明。王者
必通三統，明天命所授者博，非獨一姓也。孔子論詩，至於
「殷士膚敏，祼將于京」，喟然歎曰：「大哉天命！善不可不傳
于子孫，是以富貴無常；不如是，則王公其何以戒慎，民萌何
以勸勉？」蓋傷微子之事周，而痛殷之亡也。雖有堯舜之聖，
不能化丹朱之子；雖有禹湯之德，不能訓末孫之桀紂。自古及
今，未有不亡之國也。昔高皇帝既滅秦，將都雒陽，感寤劉敬
之言，自以德不及周，而賢於秦，遂徙都關中，依周之德，因
秦之阻。世之長短，以德為效，故常戰栗，不敢諱亡。孔子所
謂「富貴無常」，蓋謂此也。（《漢書：楚元王傳》）

原來古人從「自古及今，未有不亡之國也。」而覺知：「世之長短，
以德為效」（世代的長短常取決於王政者之德與否？）所以我們可以
肯定說：儒家所以認為有天命之存在，是認為天是一個具有道德性質
的天。所以想成為君子的人，依道德去而行，才是正途。

　　以上這個例子，就在說明：要認識先秦儒家對於天命的強調，
可以借助如班固的《漢書》的知識去做進一步瞭解先秦儒家的天命之
意義。

　　再舉一實例來說明這樣重要的道理，就是孔子生平少談論仁道，
究竟是怎麼意思？

　　在《孟子》中，就可以找到正確的解答；例如《孟子》紀載：

孟子曰：「規矩，方員之至也；聖人，人倫之至也。欲為君盡
君道，欲為臣盡臣道，二者皆法堯舜而已矣。不以舜之所以事
堯事君，不敬其君者也；不以堯之所以治民治民，賊其民者
也。孔子曰：『道二：仁與不仁而已矣。』暴其民甚，則身弒
國亡；不甚，則身危國削。名之曰『幽厲』，雖孝子慈孫，百

世不能改也。《詩》云『殷鑒不遠，在夏后之世』，此之謂
也。」（離婁上：2）

我們現在先從「欲為君盡君道，欲為臣盡臣道，二者皆法堯舜而已
矣。不以舜之所以事堯事君，不敬其君者也；不以堯之所以治民治
民，賊其民者也。」得知：人道是一種五倫之道的表現。但必須強調
說：這個人道是孔孟發展出來的哲學之道。因為道的哲學意義是他們
所肯定的真理。這從史書的說明，我們就更理解這一重要事實。所以
我在下面，以《國語》上的話來說。

1 史書的證明

靈王二十二年，穀、洛斗，將毀王宮。王欲壅之，太子晉諫
曰：「不可。晉聞古之長民者，不墮山，不崇藪，不防川，不
竇澤。夫山，土之聚也，藪，物之歸也，川，氣之導也，澤，
水之鍾也。夫天地成而聚于高，歸物于下。疏為川穀，以導其
氣；陂塘污庫，以鍾其美。是故聚不阤崩，而物有所歸；氣不
沈滯，而亦不散越。是以民生有財用，而死有所葬。然則無
夭、昏、札、瘥之憂，而無饑、寒、乏、匱之患，故上下能相
固，以待不虞，古之聖王唯此之慎。」

「昔共工棄此道也，虞于湛樂，淫失其身，欲壅防百川，墮高
堙庫，以害天下。皇天弗福，庶民弗助，禍亂并興，共工用
滅。其在有虞，有崇伯鯀，播其淫心，稱遂共工之過，堯用殛
之于羽山。其後伯禹念前之非度，厘改制量，象物天地，比類
百則，儀之于民，而度之于群生，共之從孫四岳佐之，高高下
下，疏川導滯，鍾水豐物，封崇九山，決汨九川，陂鄣九澤，
豐殖九藪，汨越九原，宅居九隩，合通四海。故天無伏陰，地

無散陽，水無沈氣，火無災燀，神無間行，民無淫心，時無逆數，物無害生。帥象禹之功，度之于軌儀，莫非嘉績，克厭帝心。皇天嘉之，祚以天下，賜姓曰『姒』、氏曰『有夏』，謂其能以嘉祉殷富生物也。祚四岳國，命以侯伯，賜姓曰『姜』、氏曰『有呂』，謂其能為禹股肱心膂，以養物豐民人也。」

「自后稷以來寧亂，及文、武、成、康而僅克安民。自后稷之始基靖民，十五王而文始平之，十八王而康克安之，其難也如是。屬始革典，十四王矣，基德十五而始平，基禍十五其不濟乎！吾朝夕儆懼，曰：『其何德之修，而少光王室，以逆天休？』王又章輔禍亂，將何以堪之？王無亦鑒于黎、苗之王，下及夏、商之季，上不象天，而下不儀地，中不和民，而方不順時，不共神祇，而蔑棄五則。是以人夷其宗廟，而火焚其彝器，子孫為隸，下夷于民，而亦未觀夫前哲令德之則。則此五者而受天之豐福，饗民之勛力，子孫豐厚，令聞不忘，是皆天子之所知也。」

「天所崇之子孫，或在畎畝，由欲亂民也。畎畝之人，或在社稷，由欲靖民也。無有異焉！《詩》云：『殷鑒不遠，在夏后之世。』將焉用飾宮？其以徹亂也。度之天神，則非祥也。比之地物，則非義也。類之民則，則非仁也。方之時動，則非順也。咨之前訓，則非正也。觀之詩書，與民之憲言，則皆亡王之為也。上下議之，無所比度，王其圖之！夫事大不從象，小不從文。上非天刑，下非地德，中非民則，方非時動而作之者，必不節矣。作又不節，害之道也。」（國語‧周語下）

現在我們從《國語》這本史書的「《詩》云：『殷鑒不遠，在夏后之世。』與因此引證出的：「將焉用飾宮？其以徼亂也。度之天神，則非祥也。比之地物，則非義也。類之民則，則非仁也。方之時動，則非順也。咨之前訓，則非正也。觀之詩書，與民之憲言，則皆亡王之為也。上下議之，無所比度，王其圖之！」，可以知道：古人極為重視過去的歷史經驗，而想從一種民間詩歌中道德的歷史觀做出一種歷史的解釋（The ancients attached great importance to the historical experience of the past and wanted to make a historical interpretation from the moral view of history in folk poetry）。這是儒家一脈相傳的道德歷史解釋的方法。[7]

由此可見，儒家講的「仁」，除本書經常分析的內聖之道之外，其外王之道的重視，在後來的史書上也是斑斑可考的。所以我主張：解讀孔孟，必須從史書上，獲取相關的知識，才可以事半功倍！

又以《中庸》的「天命說」為實例來說明，子思說過：

> 天命之謂性，率性之謂道，修道之謂教。道也者，不可須臾離也，可離非道也。是故君子戒慎乎其所不睹，恐懼乎其所不聞。莫見乎隱，莫顯乎微。故君子慎其獨也。喜怒哀樂之未發，謂之中；發而皆中節，謂之和；中也者，天下之大本也；和也者，天下之達道也。致中和，天地位焉，萬物育焉。（1）

從這一段話來說，子思對於天命，簡直已到戒慎恐懼的地步。所以提出中和之道上，做修養的根本法則。而「天命」的達成，由他說的：「致中和，天地位焉，萬物育焉。」，可知：先秦儒家一直希望從道

7　林耀潾：〈論孟子的歷史解釋及其影響〉（上），《孔孟學報》1991年第62期（1991年9月），頁233-256。

德的修養，來安立一切問題。所以呈現出中國哲學家的重要企圖。至
於《禮記》的〈表記〉道：

> 子曰：下之事上也，雖有庇民之大德，不敢有君民之心，仁之
> 厚也。是故君子恭儉以求役仁，信讓以求役禮，不自尚其事，
> 不自尊其身，儉於位而寡於欲，讓於賢，卑己尊而人，小心而
> 畏義，求以事君，得之自是，不得自是，以聽天命。

這段話顯示出：「聽天命」是儒家重視道德的重要由來。至於又說：
「《詩》云：『莫莫葛藟，施于條枚；凱弟君子，求福不回。』其舜、
禹、文王、周公之謂與！有君民之大德，有事君之小心。《詩》云：
『惟此文王，小心翼翼，昭事上帝，聿懷多福，厥德不回，以受方
國。』」則是將《詩經》的詩歌上的警語，作為為政者必須聽從天命
的重要理由。

　　基於此，我認為：儒家經典《禮記》中的〈表記篇〉，也是根據
傳說中的理想人物——舜、禹，以及文王、周公等真實人物對於天命
之重視，作為一種前車之鑑或重要的歷史教訓。所以我們唯有把握類
似的儒家經書，作為理解，去還原先秦儒家的真相。所以這是一種重
要的歷史解釋的依據，是我們重新認識孔孟的必要的手段。

2　辯論技巧的大幅度提升

　　經過我對於先秦儒家孟子乃至荀子的研究，在詮釋的示例中，我
獲得的最重要結論是，經過墨家洗禮之後的儒家，以根本提升許多思
辨能力。這是我在本書中，已經提到的。為什麼我要最後還必須提出
來呢？就是孔子到曾子，乃至孫子——子思的哲學發展過程中，儒家
的論述依然是停留在「感知為中心、理性分析為附屬」的階段中；所
謂感知，是指：對外界的一切現象的感覺能力的發揮，所以往往是形

諸個人的感知能力或文學能力去表達內在的思想；如孔子在川上曰：

> 逝者如斯夫！不舍晝夜。（子罕：17）

孔子在河邊說：「時光如流水！日夜不停留。」這彷彿是詩人的口頭作品，不是嗎？但善理性思辨的孟子，在孔子百多年之後，卻這樣去解釋這首簡短詩歌的道德意義：

> 徐子曰：「仲尼亟稱於水，曰：『水哉，水哉！』何取於水也？」
> 孟子曰：「原泉混混，不舍晝夜。盈科而後進，放乎四海，有
> 本者如是，是之取爾。苟為無本，七八月之間雨集，溝澮皆
> 盈；其涸也，可立而待也。故聲聞過情，君子恥之。」（離婁
> 下：46）

這是說：在徐子請教孟子解釋孔子的詩歌時，孟子雖然善於以儒家的文學類比法去回應他，但能夠從本根——真誠，去解釋孔子的上述簡短的詩歌，實能代表他已經能夠運用哲學的語言，從事哲學說理的工作（Although Mencius is good at returning to him with an attention-paying literary simulation, his ability to explain Confucius's short poems from Bengen（本真）-sincerely represents that he has been able to use the language of philosophy to engage in philosophical reasoning。

相對而言，當年孔子對於能夠舉一反三去體會出他的道德教訓時，反應就比較屬於文學性的；例如

> 子謂子貢曰：「女與回也孰愈？」對曰：「賜也何敢望回。回也
> 聞一以知十，賜也聞一以知二。」子曰：「弗如也！吾與女弗
> 如也。」（公冶長：9）

孔子對子貢說：「你和顏回比，誰強些？」子貢說：「我怎能和他比！他能聞一知十，我祇能聞一知二。」孔子說：「你是不如他，我同意你的看法。」

> 子貢曰：「貧而無諂，富而無驕，何如？」子曰：「可也。未若貧而樂，富而好禮者也。」子貢曰：「《詩》云：『如切如磋，如琢如磨。』其斯之謂與？」子曰：「賜也，始可與言詩已矣！告諸往而知來者。」（學而：15）

子貢說：「貧窮卻不阿諛奉承，富貴卻不狂妄自大，怎樣？」孔子說：「可以。不如窮得有志氣，富得有涵養的人。」子貢說：「修養的完善，如同玉器的加工：切了再磋，琢了再磨，對吧？」孔子說：「子貢啊，現在可以與你談詩了。說到過去，你就知道未來。」而原文：「弗如也！吾與女弗如也。」更是一種詩人感嘆之詞，而非孟子的以類比法的方式去說明其中的道理。這是我們解讀孔孟時，必須體會出的重要差異。至於「始可與言詩已矣！告諸往而知來者。」在《論語》上還出現過；如：

> 子夏問曰：「『巧笑倩兮，美目盼兮，素以為絢兮。』何謂也？」子曰：「繪事後素。」曰：「禮後乎？」子曰：「起予者商也！始可與言詩已矣。」（八佾：8）

子夏問：「『笑臉真燦爛啊，美目真嫵媚啊，天生麗質打扮得真高雅隘。是什麼意思？」孔子說：「先有宣紙，然後才能繪畫。」子夏問：「先有仁義，後有禮法嗎？」孔子說：「子夏，你啟發了我，可以開始同你談詩了！」

這也詩人哲學家孔子對於能啟發他智慧的學生，使用的詩人語言

去表達的具體證明。不僅如此，我認為：孔子是一位感懷能力是很深的哲人。以上說明，就可以作為證據。又如這樣的故事也呈現他的詩性個性：

> 「點！爾何如？」鼓瑟希，鏗爾，舍瑟而作。對曰：「異乎三子者之撰。」子曰：「何傷乎？亦各言其志也。」曰：「莫春者，春服既成。冠者五六人，童子六七人，浴乎沂，風乎舞雩，詠而歸。」夫子喟然歎曰：「吾與點也！」（先進：26）

「吾與點也！」也是一句感懷極深的話；因為詩人哲學家，是以曾點能夠將人生的境界提升至物慾名聲之上，發出詩人的感慨！所謂喟然歎曰：「吾與點也！」必須去體會出其中濃厚的文學家的氣息。

但理性重的哲學家孟子，說理時，經常會露出如回應徐子的理性語氣。這在他論述道理是時是這樣的：

> 曰：「不為者與不能者之形何以異？」
> 曰：「挾太山以超北海，語人曰『我不能』，是誠不能也。為長者折枝，語人曰『我不能』，是不為也，非不能也。故王之不王，非挾太山以超北海之類也；王之不王，是折枝之類也。」

「類」就是邏輯上的分類的概念，這種邏輯的概念，在孔子時似乎沒有出現過；如孔子說的：「有教無類。」（衛靈公：29）孔子說：「人人都有受教育的權利。」這是《論語》中，僅見的「類」的概念。所以我們似乎可說，墨家經常提出的類的邏輯概念還未形成學術界的風氣。

再舉《孟子》中的許多實例說，我只舉出其中兩個重要的例子來說明，孟子是怎樣受它的時代墨家思維方法的影響之後，在論述方法

上，脫胎換骨的情形。如墨家的解釋「類」，在墨子在〈非攻下篇〉
說：

> 今遝夫好攻伐之君，又飾其說以非子墨子曰：「以攻伐之為不
> 義，非利物與？昔者禹征有苗，湯伐桀，武王伐紂，此皆立為
> 聖王，是何故也？」子墨子曰：「子未察吾言之類，未明其故
> 者也。彼非所謂攻，謂誅也。」

所以他是從追求一種道理的緣故中，重視「分類」的概念。同理，
《孟子》中的論述也呈現這樣的方式，與墨子是一樣的；如：

> 孟子見梁惠王。王曰：「叟不遠千里而來，亦將有以利吾國
> 乎？」
> 孟子對曰：「王何必曰利？亦有仁義而已矣。王曰『何以利吾
> 國』？大夫曰『何以利吾家』？士庶人曰『何以利吾身』？上
> 下交征利而國危矣。萬乘之國弒其君者，必千乘之家；千乘之
> 國弒其君者，必百乘之家。萬取千焉，千取百焉，不為不多
> 矣。苟為後義而先利，不奪不饜。未有仁而遺其親者也，未有
> 義而後其君者也。王亦曰仁義而已矣，何必曰利？」（梁惠王
> 上：1）

我引用這一段大家以熟悉的話的目的是，其中孟子用「弒」的概
念，固然有延續孔子正名的倫理的深意。但可以因此瞭解到，孟子也
同時運用到墨子類的重要的邏輯概念去作為其論辯的方法，是我們不
可不知的重要道理：

> 齊宣王問曰：「湯放桀，武王伐紂，有諸？」

孟子對曰：「於傳有之。」

曰：「臣弒其君可乎？」

曰：「賊仁者謂之賊，賊義者謂之殘，殘賊之人謂之一夫。聞
誅一夫紂矣，未聞弒君也。」（梁惠王下：15）

這時孟子說：「賊仁者謂之賊，賊義者謂之殘，殘賊之人謂之一
夫。聞誅一夫紂矣，未聞弒君也。」不是與上引的墨子說的「以攻伐
之為不義，非利物與？昔者禹征有苗，湯伐桀，武王伐紂，此皆立為
聖王，是何故也？」墨子曰：「子未察吾言之類，未明其故者也。彼
非所謂攻，謂誅也。」；雖然表現出在不同的哲學體系中，表現出其
論辯的內容，但類的運用，似乎已成為學術界的風氣。[8]

此重要詮釋孟子思維方法的道理，又如下面的孟子論述：

曰：「宰我、子貢、有若智足以知聖人。汙，不至阿其所好。
宰我曰：『以予觀於夫子，賢於堯舜遠矣。』子貢曰：『見其禮
而知其政，聞其樂而知其德。由百世之後，等百世之王，莫之
能違也。自生民以來，未有夫子也。』有若曰：『豈惟民哉？
麒麟之於走獸，鳳凰之於飛鳥，太山之於丘垤，河海之於行
潦，類也。聖人之於民，亦類也。出於其類，拔乎其萃，自生

---

8 到荀子時，也是這樣去強烈批評孟子的學說：「略法先王而不知其統，然而猶材劇
志大，聞見雜博。案往舊造說，謂之五行，甚僻違而無類，幽隱而無說，閉約而無
解。案飾其辭，而祇敬之，曰：此真先君子之言也。子思唱之，孟軻和之。世俗之
溝猶瞀儒，嚾嚾然不知其所非也，遂受而傳之，以為仲尼子弓1為茲厚於後世：是
則子思孟軻之罪也。」（非十二子篇）；他的論述基礎也是「統類」；例如〈性惡
篇〉上說：「有聖人之知者，有士君子之知者，有小人之知者，有役夫之知者。多
言則文而類，終日議其所以，言之千舉萬變，其統類一也：是聖人之知也。少言則
徑而省，論而法，若佚之以繩：是士君子之知也。其言也諂，其行也悖，其舉事多
悔：是小人之知也。齊給便敏而無類，雜能旁魄而無用，析速粹孰而不急，不恤是
非，不論曲直，以期勝人為意，是役夫之知也。」

民以來，未有盛於孔子也。』」（公孫丑上：2）

孟子曰：「富歲，子弟多賴；凶歲，子弟多暴，非天之降才爾殊也，其所以陷溺其心者然也。今夫麰麥，播種而耰之，其地同，樹之時又同，浡然而生，至於日至之時，皆熟矣。雖有不同，則地有肥磽，雨露之養，人事之不齊也。故凡同類者，舉相似也，何獨至於人而疑之？聖人與我同類者。故龍子曰：『不知足而為屨，我知其不為蕢也。』屨之相似，天下之足同也。口之於味，有同耆也。易牙先得我口之所耆者也。如使口之於味也，其性與人殊，若犬馬之與我不同類也，則天下何耆皆從易牙之於味也？至於味，天下期於易牙，是天下之口相似也惟耳亦然。至於聲，天下期於師曠，是天下之耳相似也。惟目亦然。至於子都，天下莫不知其姣也。不知子都之姣者，無目者也。故曰：口之於味也，有同耆焉；耳之於聲也，有同聽焉；目之於色也，有同美焉。至於心，獨無所同然乎？心之所同然者何也？謂理也，義也。聖人先得我心之所同然耳。故理義之悅我心，猶芻豢之悅我口。」（告子上：7）

所以我們應該這樣去解釋：孟子是一位能夠吸收其時代進步的思維方法，去建造新哲學的偉大哲學家！這也是我重視的詮釋先秦哲學的方法。

三　先秦哲學詮釋的誤解與覺醒

最後，我的結語是，經過以上的論述，我們得回到今天可喜可賀的一個重要現象來說，當今《論語》與《孟子》，甚至《四書》已經再度成為華人社會的顯學。雖然唐君毅先生當年有中華文化飄零的感

慨，但經過他們多年的努力，我不再認為是如此；因為我看到的現象是，我們怎樣去提倡儒學才是正途？或才是一件更重要的事；因為我們如果還是依照過去一樣，將孔孟學說是一種萬靈丹；例如近乎揠苗助長的兒童讀經，或將孔孟思想做為中國如何偉大的宣傳工具，則正好是消滅孔孟的方法。

這個道理就在我們所理解的孔子教育學說，除有教無類的主張之外，更看到他的精神是從「仁愛」出發，而非從征服或擴張領土出發；譬如孟子見梁惠王，就說過「何必曰利，亦有仁義而已矣！」。再者，我不主張將孔孟當神來敬拜，因為這與孔子敬鬼神而遠之的教訓，差得好遠好遠！

總之，孔孟學說最重要的精神，不是只顧個人或民族利益的，而是為建立一種人類文明發展中的高尚生活，所以必須先有的道德良心與覺知。可是，我們今天勤於研究他們的學說的人，能夠如此嗎？如果是這樣，閱讀、解釋以及評論孔孟，才具實質的意義，不是嗎？

哲學研究叢書・學術思想研究叢刊　0701Z02

先秦儒家哲學詮釋與評論

作　　者	譚宇權
責任編輯	呂玉姍
特約校對	龔家祺

發 行 人　林慶彰

總 經 理　梁錦興

總 編 輯　張晏瑞

編 輯 所　萬卷樓圖書股份有限公司

　　　　　臺北市羅斯福路二段 41 號 6 樓之 3

　　　　　電話　(02)23216565

　　　　　傳真　(02)23218698

發　　行　萬卷樓圖書股份有限公司

　　　　　臺北市羅斯福路二段 41 號 6 樓之 3

　　　　　電話　(02)23216565

　　　　　傳真　(02)23218698

　　　　　電郵　SERVICE@WANJUAN.COM.TW

香港經銷　香港聯合書刊物流有限公司

　　　　　電話　(852)21502100

　　　　　傳真　(852)23560735

ISBN 978-986-478-447-9

2021 年 4 月初版

定價：新臺幣 880 元

如何購買本書：

1. 劃撥購書，請透過以下郵政劃撥帳號：

　帳號：15624015

　戶名：萬卷樓圖書股份有限公司

2. 轉帳購書，請透過以下帳戶

　合作金庫銀行　古亭分行

　戶名：萬卷樓圖書股份有限公司

　帳號：0877717092596

3. 網路購書，請透過萬卷樓網站

　網址 WWW.WANJUAN.COM.TW

大量購書，請直接聯繫我們，將有專人為您服務。客服：(02)23216565 分機 610

如有缺頁、破損或裝訂錯誤，請寄回更換

國家圖書館出版品預行編目資料

先秦儒家哲學詮釋與評論/譚宇權著. -- 初版. -- 臺北市：萬卷樓圖書股份有限公司, 2021.04

　　面；　　公分. -- (哲學研究叢書. 學術思想研究叢刊；701Z02)

ISBN 978-986-478-447-9(平裝)

1.儒家　2.儒學　3.先秦哲學　4.研究考訂

121.2　　　　　　　　　　　110001736